ΚΛΙΚ
στα ελληνικά

επίπεδο Β2

ΕΛΛΗΝΙΚΗ ΔΗΜΟΚΡΑΤΙΑ

ΥΠΟΥΡΓΕΙΟ ΠΑΙΔΕΙΑΣ ΚΑΙ ΘΡΗΣΚΕΥΜΑΤΩΝ

ΚΕΝΤΡΟ ΕΛΛΗΝΙΚΗΣ ΓΛΩΣΣΑΣ

ΜΕΛΟΣ ΤΗΣ ΕΥΡΩΠΑΪΚΗΣ ΟΜΟΣΠΟΝΔΙΑΣ

ΕΘΝΙΚΩΝ ΙΔΡΥΜΑΤΩΝ ΓΙΑ ΤΗ ΓΛΩΣΣΑ (EFNIL)

Μαρία Καρακύργιου

Βικτωρία Παναγιωτίδου

Επιμέλεια Α΄ έκδοσης: Θωμαΐς Ρουσουλιώτη, Μαρία Χρίτη

Επιμέλεια Β΄ έκδοσης: Ευδοξία Μητρούση

Σχεδιασμός βιβλίου – εξωφύλλου: Καλλιόπη Πιπελίδου

Ηθοποιοί: Σπυριδούλα Βλαχοπούλου

Δημήτρης Καρτόκης

Μιχάλης Σιώνας

Ηχολήπτης/Στούντιο: Polytropon (Αθανάσιος Καζαντζής)

Στίχοι: Βικτωρία Παναγιωτίδου

Καραμαούνα 1, Πλατεία Σκρα, 551 32 Καλαμαριά, Θεσσαλονίκη

τηλ.: +302313331500

ηλεκτρονικό ταχυδρομείο: centre@komvos.edu.gr

ιστοσελίδα: https://www.greeklanguage.gr/

Θεσσαλονίκη 2016

Ανατύπωση 2025

ISBN: 978-960-7779-75-5

ΚΕΝΤΡΙΚΗ ΔΙΑΘΕΣΗ: ΚΕΝΤΡΟ ΕΛΛΗΝΙΚΗΣ ΓΛΩΣΣΑΣ

ΕΛΛΗΝΙΚΗ ΔΗΜΟΚΡΑΤΙΑ
ΥΠΟΥΡΓΕΙΟ ΠΑΙΔΕΙΑΣ ΚΑΙ ΘΡΗΣΚΕΥΜΑΤΩΝ
ΚΕΝΤΡΟ ΕΛΛΗΝΙΚΗΣ ΓΛΩΣΣΑΣ

ΚΛΙΚ
στα ελληνικά

ΓΛΩΣΣΑΡΙ
ΕΛΛΗΝΟ-ΑΓΓΛΙΚΟ

Μέθοδος εκμάθησης της ελληνικής ως δεύτερης/ξένης γλώσσας

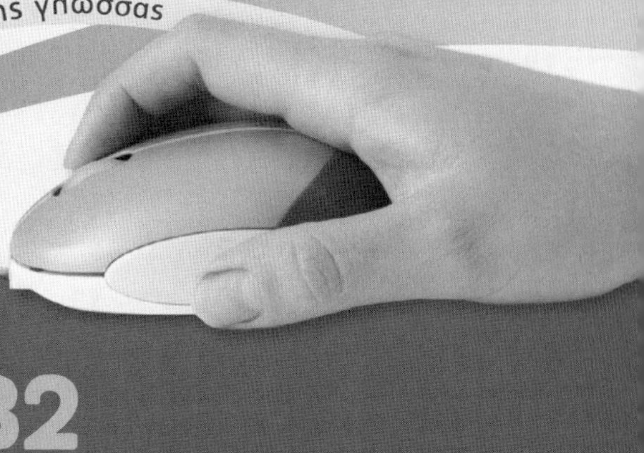

επίπεδο Β2

ΕΛΛΗΝΙΚΗ ΔΗΜΟΚΡΑΤΙΑ
ΥΠΟΥΡΓΕΙΟ ΠΑΙΔΕΙΑΣ ΚΑΙ ΘΡΗΣΚΕΥΜΑΤΩΝ
ΚΕΝΤΡΟ ΕΛΛΗΝΙΚΗΣ ΓΛΩΣΣΑΣ

ΚΛΙΚ
στα ελληνικά

ΓΛΩΣΣΑΡΙ
ΕΛΛΗΝΟ-ΑΓΓΛΙΚΟ

επίπεδο Β2

Το τεύχος *ΚΛΙΚ στα ελληνικά – Γλωσσάρι ελληνο-αγγλικό* συνοδεύει το βιβλίο των Μ. Καρακύργιου & Β. Παναγιωτίδου *ΚΛΙΚ στα ελληνικά, επίπεδο Β2,* ISBN: 978-960-7779-75-5, *Θεσσαλονίκη* 2016, ανατ. *2025.*

Σύνταξη & Επιμέλεια: Αθανασία Μαργώνη Κατερίνα Πρανέντση

Σχεδιασμός: Εκδόσεις Ζήτη

Καραμαούνα 1, Πλατεία Σκρα, 551 32 Καλαμαριά, Θεσσαλονίκη
τηλ.: +302313 331500

ηλεκτρονικό ταχυδρομείο: centre@komvos.edu.gr
ιστοσελίδα: https://www.greeklanguage.gr/

Α, α = άλφα

αβγό/αυγό, το = egg
αβέβαιος, -η, -ο = uncertain
αβεβαιότητα, η = uncertainty
άβολος, -η, -ο = uncomfortable
Αβορίγινας, ο/η = Aborigine
άγαμος, -η, -ο = single, not married
αγανακτισμένος, -η, -ο = indignant
αγανακτώ = to be indignant, to get angry
αγαπάω & -ώ = to love
αγάπη, η = love
αγαπημένος, -η, -ο = favorite, beloved, dear
αγαπητός, -ή, -ό = dear, darling, popular
αγαπιέμαι = to be loved
αγγείο, το = pot, vessel
αγγίζω = to touch
Αγγλία, η [place name] = England
αγγλική γλώσσα, η — αγγλικά, τα = English
αγέλαστος, -η, -ο = serious, sullen
αγέλη, η = herd, flock
αγένεια, η = rudeness, impoliteness
αγενής, -ής, -ές = rude, impolite
αγέννητος, -η, -ο = unborn
αγκαλιά, η = embrace, hug
αγκαλιάζομαι = to snuggle, to embrace, to hug
αγκαλιάζω = to embrace, to hug
αγνοημένος, -η, -ο = ignored
αγνοούμαι = to be missing
αγνοώ = to ignore
άγνωστος, ο — άγνωστη, η [n.] = stranger
άγνωστος, -η, -ο [adj.] = unknown, unfamiliar
αγορά, η = purchase, shopping
αγορά, η [place] = market, marketplace
αγοράζω = to buy
αγορασμένος, -η, -ο = bought, purchased
αγοραστής, ο — αγοράστρια, η = buyer, purchaser, shopper
αγόρι, το = boy
αγριεύω = to roughen, to become wild, to make angry
άγριος, -α, -ο = wild, savage
αγριότητα, η = ferocity, cruelty, wildness, savagery
αγρότης, ο — αγρότισσα, η = farmer
αγροτικός, -ή, -ό = farming, agricultural, agrarian
άγχος, το [see also *αγωνία*] = stress, anxiety, worry
αγχώνομαι = to stress out
αγχώνω = to make tense, to make nervous
αγώνας, ο = match, game
αγωνία, η [see also *άγχος*] = stress, anxiety, worry
αγωνίζομαι = to fight, to struggle, to strive
αγωνιστικός, -ή, -ό = competing, fighting, militant, racing
άδεια, η = leave, permit
αδειάζω = to empty, to clear
αδερφή, η = sister
αδερφός, ο = brother
αδέσποτος, -η, -ο = stray
αδιαθεσία, η = ailment, indisposition
αδιακρισία, η = indiscretion
αδιάκριτος, -η, -ο = indiscreet, tactless
αδιαφορία, η = indifference
αδιάφορος, -η, -ο = indifferent, uninterested
άδικος, -η, -ο = unfair, wrongful, unjust
αδούλευτος, -η, -ο = unrefined, unprocessed, not worked on
αδυναμία, η = weakness, weak spot, frailty, infirmity
αδύναμος, -η, -ο = weak, frail
αδυνατίζω = to get thin, to lose weight
αδύνατος, -η, -ο = thin, slim
αέρας, ο = wind, air
άεργος, -η, -ο = idle
αέριο, το = gas
αετός, ο = eagle
αηδόνι, το = nightingale
Αθήνα, η [place name] = Athens
άθλημα, το = sport
άθληση, η = gymnastics, athletics, sport, the practice of sport
αθλητής, ο — αθλήτρια, η = athlete
αθλητικός, -ή, -ό = athletic
    αθλητικοί αγώνες, οι = sports games
αθλητισμός, ο = athletics, sports
άθλιος, -α, -ο = miserable, despicable
αθλούμαι = to work out, to exercise
αθόρυβος, -η, -ο = silent, quiet
αθωότητα, η = innocence
Αιγαίο, το [place name] = the Aegean sea
αίθουσα, η = hall, room, chamber, classroom
αιλουροειδής, -ής, -ές = feline
αίμα, το = blood
αιμοδοσία, η = blood donation
αισθάνομαι = to feel, to sense
αίσθημα, το = feeling, emotion, sentiment
αισθηματικός, -ή, -ό = emotional, sentimental
αίσθηση, η = feeling, sense
αισθητική, η = aesthetics
αισιόδοξος, -η, -ο = optimist
αίτημα, το = request, demand
αίτηση, η = application, application form
αιτία, η — αίτιο, το = cause, reason
αιχμαλωτίζω = to capture
αιώνας, ο = century
αιώνια [adv.] = eternally, forever
ακαδημαϊκός, ο/η = academic
άκακος, -η, -ο = harmless, innocent
άκαρδος, -η, -ο = heartless
ακατάλληλος, -η, -ο = inappropriate
ακίνδυνος, -η, -ο = harmless
ακινησία, η = immobility, inactivity
ακίνητος, -η, -ο = still, motionless
ακοή, η = hearing
ακοινώνητος, -η, -ο = unsociable
ακόλουθος, -η, -ο = subsequent, follower, retainer, attendant
ακολουθώ = to follow
ακόμη [quantitative] = even, more
ακόμη [temporal] = yet, still
άκομψος, -η, -ο = inelegant, in poor taste
ακούγομαι = to be heard
ακούραστος, -η, -ο = tireless
ακουστικός, -ή, -ό = hearing, listening, acoustic, auditory
ακούω = to hear, to listen to
ακριβά [adv.] = expensively
ακριβαίνω = to become more expensive

ακρίβεια, η = accuracy, precision, punctuality, exactness, expensiveness
ακριβής, -ής, -ές = accurate, precise
ακριβός, -ή, -ό = expensive, costly
ακριβώς [adv.] = exactly, precisely
άκρο, το = edge, end, end point
ακροβατικός, -ή, -ό = acrobatic
ακροστιχίδα, η = acrostic, acronym
ακτή, η = coast, beach
ακτίνα, η = ray, beam
ακτινοβολία, η = radiation
ακυρώνομαι = to be canceled, to be invalidated
ακυρώνω = to cancel, to invalidate
αλάτι, το = salt
Αλβανία, η [place name] = Albania
αλήθεια [adv.; see also *αληθινά*] = really, truly
αλήθεια, η [n.] = truth
αληθής, -ής, -ές = true, real
αληθινά [adv.; see also *αλήθεια*] = really, truly
αληθινός, -ή, -ό = true, real
αλλά [see also *μα, όμως*] = but
αλλαγή, η = change
αλλάζω = to change, to alter
  αλλάζω γνώμη = to change my mind
αλλεργία, η = allergy
αλλεργικός, -ή, -ό = allergic
αλληλεπίδραση, η = interaction, interplay
αλλιώς [see also *διαφορετικά*] = otherwise, differently
αλλοδαπός, -ή, -ό = foreigner
άλλος, -η, -ο = other, another, else
άλλωστε = besides, moreover, after all
αλογοουρά, η = ponytail
αλυσίδα, η = chain
άμα = if, when
Αμαζόνιος, ο [river] = Amazon
αμαξοστοιχία, η = train
αμελώ = to neglect
αμερικανικός, -ή, -ό [adj.] = American
Αμερικανός, ο — Αμερικανίδα, η [n.] = American
Αμερική, η [place name] = USA, America
άμεσος, -η, -ο = immediate, prompt, direct
άμεσα [adv.] = promptly, directly
αμέσως [adv.] = immediately, right away
αμετάβατος, -η, -ο = intransitive
αμέτρητος, -η, -ο = innumerable, immeasurable
αμμουδιά, η = beach, sand
αμοιβαίος, -α, -ο = mutual, reciprocal
αμύγδαλο, το = almond
αμφιβάλλω = to doubt
αμφιβολία, η = doubt
αμφίβολος, -η, -ο = doubtful, uncertain, equivocal
αμφισβήτηση, η = dispute, controversy
αμφισβητώ = to question, to challenge
αν = if
αν και = although, even though
αναβιώνω = to revive, to resurrect, to come to life again
αναβλητικός, -ή, -ό = dilatory, flaky, procrastinating
ανάβω = to switch on, to fire up
Αναγέννηση, η = Renaissance
αναγκάζομαι = to be forced, to be obliged
αναγκάζω = to force, to oblige, to compel
αναγκαίος, -α, -ο = necessary, essential
αναγκασμένος, -η, -ο = forced, obliged, compelled
ανάγκη, η = need, necessity
αναγνωρίζω = to recognize, to acknowledge
αναγνωρισμένος, -η, -ο = official, recognized
αναδεικνύω = to bring out, to point out
αναζητάω & -ώ = to seek, to look for
αναζήτηση, η = search, quest
ανακαινίζομαι = to be renovated, to be restored
ανακαινίζω = to renovate, to restore
ανακαίνιση, η = renovation, restoration
ανακαινισμένος, -η, -ο = renovated, restored
ανακαλύπτομαι = to be discovered
ανακαλύπτω = to discover, to find out
ανακάλυψη, η = discovery, find
ανακατεύομαι = to get involved, to get tangled
ανακατεύω = to mix, to blend, to stir, to tangle, to intervene, to interfere
ανακοίνωση, η = announcement
ανακουφίζω = to relieve, to comfort
ανακριβής, -ής, -ές = inaccurate, imprecise, inexact
ανακρίβεια, η = inaccuracy, inexactitude
ανακυκλωμένος, -η, -ο = recycled
ανακύκλωση, η = recycling
αναλαμβάνω = to take over, to undertake, to take upon oneself
ανάλατος, -η, -ο = unsalted
ανάλογα [adv.] = depending on, accordingly
αναλυμένος, -η, -ο = analyzed
ανάλυση, η = analysis
αναλυτικός, -ή, -ό = thorough, extensive, detailed
αναλύω = to analyze
ανάμειξη, η = mixing, blending, interference
αναμένομαι = to be expected
αναμένω = to expect, to wait
ανάμεσα [adv.] = between
αναμμένος, -η, -ο = switched on
ανάμνηση, η = memory
αναμονή, η = wait, on hold
αναμφίβολα [adv.] = undoubtedly, unquestionably
ανανεώνω = to renew
αναντικατάστατος, -η, -ο = irreplaceable
ανάξιος, -α, -ο = unworthy
αναπαλαιώνω = to restore
αναπαλαίωση, η = restoration
αναπαράγω = to reproduce
αναπαραγωγή, η = reproduction, reduplication
αναπαραγωγικός, -ή, -ό = reproductive
αναπαράσταση, η = representation, reconstruction

αναπληρωματικός, -ή, -ό = substitute, surrogate
αναπληρώνω = to compensate, to replace, to substitute, to make up for
αναπλήρωση, η = substitution, replacement
ανάποδος, -η, -ο = upside down, reverse, opposite
αναπτυγμένος, -η, -ο = advanced, expanded, developed
ανάπτυξη, η = development, growth
αναπτύσσομαι = to be developed, to grow
αναπτυσσόμενος, -η, -ο = developing, expanding
αναπτύσσω = to develop, to grow, to expand
αναρρίχηση, η = climb, climbing
αναρριχητικός, -ή, -ό = climbing
αναρριχώμαι = to climb
ανάρρωση, η = recovery, recuperation, convalescence
αναρτημένος, -η, -ο = posted
ανάρτηση, η = post
αναρτώ = to post
αναρωτιέμαι = to wonder, to ask myself
ανάσα, η = breath
ανασκαφή, η = excavation, dig
αναστρέφω = to reverse, to invert
ανασφάλεια, η = insecurity
ανασφαλής, -ής, -ές = insecure, unsafe
ανατολικά [adv.] = east
ανατρέφομαι = to be raised, to be brought up
αναφέρομαι = to refer, to talk about
αναφέρω = to mention, to report
αναφορά, η = reference, report
αναχωρώ = to depart
αναψυκτικό, το = refreshment, beverage
ανεβαίνω = to rise, to climb, to get on
ανεβασμένος, -η, -ο = elevated
ανεβοκατεβαίνω = to go up and down, to fluctuate
ανειδίκευτος, -η, -ο = unskilled
ανειλικρίνεια, η = dishonesty, falseness, insincerity, deceit
ανεκτίμητος, -η, -ο = priceless, invaluable
ανεμελιά, η = carefreeness, carelessness
άνεμος, ο = wind
ανεμοστρόβιλος, ο = tornado
ανεντιμότητα, η = dishonesty
ανεξαρτησία, η = independence
ανεξάρτητα [adv.] = independently, separately
ανεξάρτητος, -η, -ο = independent
ανεπάρκεια, η [see also *επάρκεια*] = insufficiency, deficiency
ανεπαρκής, -ής, -ές [see also *επαρκής*] = insufficient, deficient
ανεπίσημος, -η, -ο = informal
ανεπιφύλακτα [adv.] = unreservedly, unconditionally, whole-heartedly
ανεργία, η = unemployment
άνεργος, ο — άνεργη, η = unemployed
άνεση, η = comfort
άνετα [adv.] = comfortably
άνετος, -η, -ο = comfortable, comfy, cosy
ανευθυνότητα, η = irresponsibility
ανεφάρμοστος, -η, -ο = inpracticable, inapplicable, not applied
ανέχομαι = to tolerate
ανήκω = to belong
ανήσυχος, -η, -ο = worried, concerned, restless
ανησυχία, η = worry, concern, restlessness
ανησυχώ = to worry
ανθίζω = to blossom, to bloom
ανθρώπινος, -η, -ο = human, humane
άνθρωπος, ο = human, human being, person
ανθρωπότητα, η = humanity
ανιαρός, -ή, -ό = boring, dull
ανίκανος, -η, -ο = inefficient, incapable
ανικανότητα, η = incapability
ανισότητα, η = inequity, inequality
άνοδος, η = ascension, ascent, accession, rise, increase
ανόητος, -η, -ο = stupid
ανοιγμένος, -η, -ο = open
ανοιγοκλείνω = to open and close
ανοίγομαι = to open up, to be opened
ανοίγω = to open
άνοιξη, η = spring
ανοιξιάτικος, -η, -ο = spring, springtime
ανοιχτός, -ή, -ό = open
ανοιχτόχρωμος, -η, -ο = light-colored
ανομβρία, η = drought
ανταγωνίζομαι = to compete
ανταγωνισμός, ο = competition
ανταγωνιστής, ο — ανταγωνίστρια, η = competitor
αντάλλαγμα, το = exchange, return
ανταλλακτικός, -ή, -ό = replacement, spare
ανταμοιβή, η = reward
ανταμώνω = to meet
αντανακλαστικό, το = reflex
ανταποκρίνομαι = to respond
αντέχω = to endure, to bear, to withstand
αντηλιακό/αντιηλιακό, το = sunblock, sunscreen
αντί = instead of, in place of
αντιγράφω = to copy
αντίδραση, η = reaction
αντιδραστικός, -ή, -ό = reactive, reactionary
αντιδρώ = to react
αντίθεση, η = contradiction, contrast, opposition
αντίθετα [adv.] = on the contrary
αντίθετος, -η, -ο = opposite, contrary, conflicting
αντίκα, η = antique
αντικαθιστώ = to replace, to substitute, to supplant, to relieve
αντικατάσταση, η = replacement, substitution
αντικαταστάτης, ο — αντικατάστρια, η = replacement, substitute
αντικείμενο, το [see also *πράγμα*] = object, thing
αντιλαμβάνομαι = to perceive, to understand
αντιληπτός, -ή, -ό = perceptible, perceivable, noticable
αντίληψη, η = perception, understanding, opinion
αντιμετωπίζω = to confront, to face, to encounter, to cope with
αντιμετώπιση, η = confrontation, dealing

αντιπαθητικός, -ή, -ό = obnoxious, disagreeable, unpleasant
αντιπαθώ = to dislike, to detest
αντίπαλος, -η, -ο = opponent
αντιπροσωπεύω = to represent
αντίρρηση, η = objection
αντίσταση, η = resistance, opposition
αντίστοιχος, -η, -ο = equivalent, corresponding, respective
αντιστοιχίζω = to match
αντιστοιχώ = to correspond
αντλώ = to pump
άντρας, ο = man, husband
αντρόγυνο, το = husband and wife, married couple
ανυπαρξία, η = nonexistence
ανυπομονησία, η = impatience
ανυπομονώ = to be impatient
ανωνυμία, η = anonymity
ανώριμος, -η, -ο = immature
ανωριμότητα, η = immaturity
ανώτατος, -η, -ο = supreme, highest, maximum
ανώτερος, -η, -ο = superior, higher, upper
ανώφελος, -η, -ο = fruitless, pointless
αξέχαστος, -η, -ο = unforgettable
αξία, η = value, worth
αξιαγάπητος, -η, -ο = lovable, lovely
αξίζω = to be worth
αξιοθέατο, το = sight, attraction
αξιολόγηση, η = evaluation, assessment
αξιολογώ = to evaluate, to assess
αξιόπιστος, -η, -ο = reliable, trustworthy
αξιοποίηση, η = utilization
αξιοποιούμαι = to be utilized
αξιοποιώ = to make good use of, to utilize
αξιοπρέπεια, η = dignity
αξιοπρεπώς [adv.] = with dignity
αξιότιμος, -η, -ο = dear, honorable, estimable
αξίωμα, το = rank, office, commission
άξονας, ο = axis, axle
αόρατος, -η, -ο = invisible
απαγορευμένος, -η, -ο = prohibited, forbidden
απαγορεύομαι = to be forbidden
απαγορευτικός, -ή, -ό = forbidding
απαγορεύω = to forbid
απαισιόδοξος, -η, -ο = pessimist
απαίσιος, -α, -ο = awful, terrible, horrible
απαίτηση, η = demand, requirement
απαιτητικός, -ή, -ό = demanding
απαιτώ = to demand, to require
απαντάω & -ώ = to answer, to respond, to reply
απάντηση, η = answer, response, reply
απαραίτητος, -η, -ο = necessary, essential, required
απαρατήρητος, -η, -ο = unnoticed, unobserved
απασχολημένος, -η, -ο = busy, preoccupied
απασχόληση, η = work, employment, occupation
απασχολούμαι = to be kept busy, to be employed, to be occupied
απασχολώ = to trouble, to bother, to employ, to occupy
απεικονίζομαι = to be pictured, to be depicted
απεικονίζω = to depict, to represent
απειλή, η = threat
απειλητικός, -ή, -ό = threatening
απειλητικά [adv.] = in a threatening way
απειλούμαι = to be threatened
απειλούμενος, -η, -ο = threatened
απειλώ = to threaten
άπειρος, -η, -ο = inexperienced
απέναντι [adv.] = across, opposite
απέραντος, -η, -ο = endless, vast, immense, infinite
απεριόριστος, -η, -ο = boundless, limitless, unlimited
απευθύνομαι = to be addressed to, to address someone
απέχω = to be at a distance, to be far, to abstain
άπιαστος, -η, -ο = elusive
απίθανος, -η, -ο = amazing
απίθανα [adv.] = wonderful
απίστευτος, -η, -ο = unbelievable
απιστία, η = disloyalty, infidelity, unfaithfulness
απλός, -ή, -ό = simple, plain
απλά [adv.] = simply, only
άπληστος, -η, -ο = greedy
απλοποιούμαι = to be simplified
απλότητα, η = simplicity
απλώς [adv.] = only, simply
από = from, since
από τότε = since then
αποβάλλω = to expel
απόβαση, η = exit, landing, disembarkation
απόβλητο, το = waste, sewage
απόγευμα, το = afternoon, evening
απογευματινός, -ή, -ό = afternoon, evening
απόγνωση, η = despair
απογοητευμένος, -η, -ο = disappointed
απογοητεύομαι = to be disappointed
απογοήτευση, η = disappointment
απογοητεύω = to disappoint
αποδεικνύομαι = to prove myself
αποδεικνύω = to prove
απόδειξη, η = proof, receipt
αποδέχομαι = to accept
αποδημητικός, -ή, -ό = migratory
αποδίδω = to attribute, to perform, to be efficient
απόδοση, η = performance, efficiency
αποδοχή, η = acceptance
αποδυναμώνω = to weaken
αποζημιώνομαι = to be compensated
αποζημιώνω = to compensate
αποζημίωση, η = compensation
αποθαρρυμένος, -η, -ο = discouraged, dispirited, despondent
αποθαρρύνομαι = to be discouraged
αποθαρρύνω = to discourage, to dishearten
αποθηκεύομαι = to be stored
αποθήκευση, η = storing, storage
αποθηκευτικός, -ή, -ό = storage
αποθηκεύω = to store
αποθήκη, η = storage room, warehouse, depot
αποικία, η = colony
αποικούμαι = to be colonized

αποκαθιστώ = to restore
αποκαλούμαι = to be called
αποκαλύπτομαι = to be found out, to be revealed, to be uncovered
αποκαλύπτω = to reveal, to uncover
αποκάλυψη, η = disclosure, revelation
αποκαλώ = to call, to name
αποκατάσταση, η = restoration, rehabilitation
απόκεντρος, -η, -ο = out of the way, not central
αποκλειστικός, -ή, -ό = exclusive
αποκλειστικά [adv.] = exclusively
αποκλείω = to exclude, to disqualify
απόκομμα, το = clipping
απόκριες, οι = halloween, carnival
αποκρουστικός, -ή, -ό = repulsive, repugnant, repellent
απόκτηση, η = acquisition
αποκτώ = to have, to obtain, to acquire
απολαμβάνω = to enjoy
απόλαυση, η = enjoyment, pleasure
απολαυστικός, -ή, -ό = enjoyable
απολιθωμένος, -η, -ο = fossil
απολίτιστος, -η, -ο = uncivilized
απολυμαίνομαι = to be disinfected
απολυμαίνω = to disinfect
απολύομαι = to be fired, to be dismissed
απόλυτος, -η, -ο = absolute
απόλυτα [adv.] = absolutely
απολύω = to fire, to dismiss
απομακρύνομαι = to be distanced, to walk away, to distance myself
απομακρύνω = to remove
απομακρυσμένος, -η, -ο = removed, remote, distant
απομένω = to remain, to be left
απόμερος, -η, -ο = remote, secluded
απομονωμένος, -η, -ο = isolated
απομονώνω = to isolate
απομόνωση, η = isolation
απονομή, η = award ceremony
αποπροσανατολισμένος, -η, -ο = disoriented
αποπροσανατολισμός, ο = disorientation
αποπροσανατολιστικός, -ή, -ό = disorientational
απορία, η = question, query
απορρίμματα = garbage, waste, trash
απόρριψη, η = rejection, dismissal
απορροφώ = to absorb
απορροφώμαι = to sink in, to be absorbed
απορρυπαντικό, το = detergent
απορώ = to wonder
αποσκευή, η = suitcase, luggage, baggage
αποσκοπώ = to aim at, to intend
απόσπασμα, το = passage, extract
απόσταση, η = distance
εξ αποστάσεως πρόγραμμα = distance programme
αποστέλλω = to send
αποστολέας, ο/η = sender
αποστολή, η = expedition, mission
Αποστόλης, ο [proper name] = Apostolis
αποστρέφω = to turn away, to avert
αποσυνδέω = to disconnect
αποτέλεσμα, το = result
αποτελεσματικός, -ή, -ό = effective
αποτελεσματικά [adv.] = effectively
αποτελούμαι = to be composed of, to consist of
αποτελώ = to constitute
απότομος, -η, -ο = abrupt, steep, sudden
απότομα [adv.] = abruptly, suddenly, sharply
αποτυπώνω = to impress, to imprint
αποτύπωση, η = impression, imprint
αποτυχαίνω = to fail
αποτυχημένος, -η, -ο = failed, loser
αποτυχία, η = failure
απουσία, η = absence
απόφαση, η = decision
αποφασίζω = to decide, to make up my mind
αποφασιστικός, -ή, -ό = decisive
αποφεύγω = to avoid
αποφοίτηση, η = graduation
απόφοιτος, ο — απόφοιτη, η = graduate
αποφοιτώ = to graduate
αποφώνηση, η = an address to the audience at the end of a speech
αποχαιρετιέμαι = to say goodbye, to bid [sb] farewell
αποχαιρετισμός, ο = farewell
αποχαιρετώ = to say goodbye, to bid [sb] farewell
απόχρωση, η = hue, tint, shade, tone, nuance
αποχωρώ = to leave, to withdraw
απόψε [adv.] = tonight
άποψη, η = opinion
Απρίλης, ο = April
απροετοίμαστος, -η, -ο = unprepared
απρόθυμος, -η, -ο = reluctant
απρόσιτος, -η, -ο = inaccessible, unapproachable
απώλεια, η = loss
άρα = therefore
άραγε = is it?
αργά [adv.] = slowly, late
αργάω & -ώ = to be late
αργοναύτης, ο = argonaut
αργότερα [adv.] = later
αργυροπελεκάνος, ο = the Dalmatian pelecan, pelecanus crispus
Άρης, ο [planet]= Mars
άρθρο, το = article
Αριζόνα, η [place name] = Arizona
αριθμητικός, -ή, -ό = numeric
αριθμός, ο = number
αριθμός κυκλοφορίας, ο = licence plate number
άριστος, -η, -ο = excellent, perfect
αριστερά [adv.] = (to the) left
αριστερός, -ή, -ό = left
αριστοκρατία, η = aristocracy
αρκετός, -ή, -ό = enough, plenty
αρκούδα, η — αρκούδι, το = bear
αρκώ = to suffice
αρμενίζω = to sail
αρμόδιος, ο — αρμόδια, η = responsible, in charge
αρμοδιότητα, η = responsibility, competence, jurisdiction
αρμονικός, -ή, -ό = harmonious
άρνηση, η = negation
αρνητικός, -ή, -ό = negative
αρνητικά [adv.] = negatively
αρνούμαι = to deny, to refuse, to decline
αρπάζω = to grab, to snatch, to seize
αρπακτικός, -ή, -ό = predatory

αρρωσταίνω = to become sick, to get sick
αρρωστημένος, -η, -ο = sick, diseased
άρρωστος, -η, -ο = ill, sick
αρσενικός, -ή, -ό = male, masculine
αρχαίος, -α, -ο = ancient
αρχαιολόγος, ο/η = archaeologist
αρχαιότητα, η = antiquity, ancient times
αρχείο, το = file
αρχή, η = beginning, start
αρχές, οι = in the beginning
αρχίζω = to begin, to start
αρχικά [adv.] = initially, firstly
αρχικός, -ή, -ό = initial
αρχιτέκτονας, ο/η = architect
αρχιτεκτονικός, -ή, -ό = architectural
αρχιτεκτονική σχολή, η = architecture department
άρωμα, το = perfume, scent
ας = let(s)
ασαφής, -ής, -ές = vague, unclear
άσημος, -η, -ο = little known, unknown
ασήμαντος, -η, -ο = unimportant, insignificant
ασημένιος, -ια, -ιο = silver
ασθένεια, η = disease, sickness
ασθενής, -ής, -ές [adj.] = mild, weak
ασθενής, ο/η [n.] = patient
άσκηση, η = exercise, task
άσκοπα [adv.] = aimlessly
ασκούμενος, -η, -ο = intern, trainee
ασκώ = to use, to excercise
ασπρόμαυρος, -η, -ο = black and white
άσπρος, -η, -ο = white
αστάθεια, η = instability, unsteadiness
άστατος, -η, -ο = unstable, temperamental, inconstant, erratic, fickle
άστεγος, -η, -ο = homeless
αστειεύομαι = to make a joke, to joke around, to be kidding
αστείος, -α, -ο = funny
αστέρι, το = star
αστεροειδής, -ής, -ές [adj.] = star-shaped
αστεροειδής [n.] = asteroid
αστήριχτος, -η, -ο = unsupported, untenable, groundless, unfounded
αστραπή, η = lightning
αστραφτερός, -ή, -ό = sparkling, shiny
αστράφτω = to sparkle
αστράφτει [weather] = lightning flashes, lightning strikes
αστρολογία, η = astrology
αστροναύτης, ο = astronaut
αστρονομία, η = astronomy
αστρονομικός, -ή, -ό = astronomical
αστρονόμος, ο/η = astronomer
αστροφυσική, η = astrophysics
αστροφυσικός, ο/η = astrophysicist
αστυνομία, η = police
ασύγχρονος, -η, -ο = asynchronous
ασυνήθιστος, -η, -ο = unusual
ασύρματος, -η, -ο = wireless
ασφαλής, -ής, -ές = safe, secure
ασφάλεια, η = safety, security
ασφαλίζω = to secure
ασφαλισμένος, -η, -ο = insured
ασφαλιστικός, -ή, -ό = insurance, safety
άσχημα [adv.] = badly
ασχημόπαπο, το = ugly duckling
άσχημος, -η, -ο = ugly
ασχολία, η = occupation, diversion, hobby
ασχολούμαι = to be occupied with
ατελείωτος, -η, -ο = endless, incomplete
ατελιέ, το = workshop, atelier
άτιμος, -η, -ο = dishonest, ignoble
ατιμία, η = dishonesty, fraudulence
ατμόσφαιρα, η = atmosphere
ατμοσφαιρικός, -ή, -ό = atmospherical
ατομικός, -ή, -ό = individual
άτομο, το [human being] = person
ατράνταχτος, -η, -ο = solid, unshakeable
άτυχος, -η, -ο = unlucky, unfortunate
ατύχημα, το = accident
ατυχία, η = misfortune
Αύγουστος, ο = August
αυθεντικός, -ή, -ό = authentic, original
αυθόρμητος, -η, -ο = spontaneous
αυλαία, η = curtain
αυλή, η = yard
αυξάνομαι = to be increased
αυξάνω = to increase
αυξημένος, -η, -ο = increased
αύξηση, η = increase, raise
αυριανός, -ή, -ό = of tomorrow
αύριο [adv.] = tomorrow
αυστηρός, -ή, -ό = strict
αυστηρά [adv.] = strictly
Αυστραλία, η [place name] = Australia
Αυστρία, η [place name] = Austria
αυτί, το = ear
αυτογνωσία, η = self-awareness
αυτοδημιούργητος, -η, -ο = self-made
αυτοδίδακτος, -η, -ο = self-taught
αυτοεκτίμηση, η = self-esteem
αυτοκίνητο, το = car
αυτοκόλλητος, -η, -ο = self-adhesive
αυτοκόλλητη ταινία = adhensive tape
αυτοματοποιημένος, -η, -ο = automated
αυτοματοποίηση, η = automation
αυτοματοποιώ = to automate
αυτόματος, -η, -ο = automatic
αυτοπεποίθηση, η = self-confidence
αυτός, -ή, -ό [for persons] = he, she, it
αυτός, -ή, -ό [not for persons] = this
αυτοί, -ές, -ά = these, they
αυτοσχεδιάζω = to improvise
αυτοσχεδιασμός, ο = improvisation
αυτόφωτος, -η, -ο = self-luminous
αφαιρούμαι = to be subtracted, to lose track of time, to space out
αφαιρώ = to subtract, to remove
αφανίζω = to wipe out
αφελής, -ής, -ές = naive
αφεντικό, το = boss
αφετηρία, η = start, beginning, starting line
αφήγηση, η = narration
αφήνω = to leave, to let go
αφηρημένος, -η, -ο = absent-minded
άφθονος, -η, -ο = plenty
αφθονία, η = abundance
αφιερωμένος, -η, -ο = dedicated
αφιερώνομαι = to be dedicated
αφιερώνω = to dedicate
αφιέρωση, η — αφιέρωμα, το = dedication

αφιλόξενος, -η, -ο = hostile, inhospitable
άφιξη, η = arrival
αφίσα, η = poster
αφομοιώνω = to absorb, to integrate
αφορμή, η = cause, reason, motive, excuse, opportunity
αφορώ = to concern
αφοσίωση, η = dedication, devotion
αφού, αφότου = since
Αφρική, η [place name] = Africa
άχαρος, -η, -ο = graceless
αχαριστία, η = ingratitude
άχρηστος, -η, -ο = useless
αχτένιστος, -η, -ο = uncombed
αχώνευτος, -η, -ο = undigested
αψιμαχία, η = argument, skirmish

Β, β = βήτα

βδομάδα, η [see also *εβδομάδα*] = week
βαγόνι, το = carriage, railway car
βάζω = to put
    βάζω βάρος = to gain weight
βαθύς, -ιά, -ύ = deep
βαθιά [adv.] = deeply
βαθμιαία [adv.] = gradually
βαθμός, ο = grade, degree
Βαλκάνια, τα = the Balkans
βαλκανικός, -ή, -ό = Balkan
βάλτος, ο = swamp
βαλτώνω = to stagnate
βάρδια, η = shift
βαρέλι, το — βαρέλα, η = barrel
βαριέμαι = to be bored
βαρύς, -ιά, -ύ = heavy
βάση, η = base
    με βάση = based on
βασίζομαι = to depend, to rely
βασίζω = to base
βασικός, -ή, -ό = basic, main
βασιλιάς, ο = king
βασιλόπουλο, το — βασιλοπούλα, η = young king or prince, young queen or princess
βασισμένος, -η, -ο = based on
βάφομαι = to put on make up
βάφω = to paint, to dye
βάψιμο, το = coloring, painting, dying
βγάζω = to take out, to take off
βγαίνω = to get out, to go out
βέβαιος, -α, -ο = certain
βέβαια [adv.] = of course, certainly
βεβαιότητα, η = certainty
βεβαίωση, η = certificate, certification
βέλο, το = veil
βελτιωμένος, -η, -ο = improved
βελτιώνομαι = to get better, to improve
βελτιώνω = to improve, to make better
βελτίωση, η = improvement
βελτιωτικός, -ή, -ό = improving
Βερβερίνος, ο — Βερβερίνα, η = Berber (an ethnic group indigenous to North Africa)
βήμα, το = step
βία, η = violence
βιάζομαι = to be in a rush, to be in a hurry, to hurry up
βίαιος, -α, -ο = violent, forcible
βιαιότητα, η = violence
βιαστικά [adv.] = in a rush, hurriedly
βιβλιάριο, το = bankbook
βιβλίο, το = book
βιβλιογραφία, η = bibliography
βιβλιοθήκη, η [furniture] = bookcase
βιβλιοθήκη, η [room, building] = library
βίδρα, η = otter
βιντεοκάμερα, η = videocamera
βιογραφία, η = biography
βιογραφικό, το = curriculum vitae / CV, resumé
βιολιστής, ο — βιολίστρια, η = violinist
βιολογία, η = biology
βιολογικός, -ή, -ό = biological
βιολόγος, ο/η = biologist
βιομηχανία, η = industry
βιοποικιλότητα, η = biodiversity
βιότοπος, ο = habitat, natural reserve
βιρτουόζος, ο/η = virtuoso
βιτρίνα, η = display window, shop window
βλάβη, η = damage
βλαστάρι, το = sprout, sapling
βλάστηση, η = vegetation
βλέμμα, το = look, glance
βλέπω = to see, to look, to watch
βοηθάω & -ώ = to help
βοήθεια, η = help, assistance
βολεύομαι = to be settled in, to make do
βολεύω = to settle, to arrange, to accommodate, to be convenient, to manage
βολικός, -ή, -ό = comfortable, convenient
Βόλος, ο [place name] = Volos
βόλτα, η = walk, stroll
βορειοανατολικά [adv.] = northeast
βορειοδυτικά [adv.] = northwest
βόρειος, -α, -ο = northern
βορράς, ο = north
βότσαλο, το = pebble
βουίζω = to buzz
Βουλγαρία, η [place name] = Bulgaria
βουλώνω = to stop up, to plug
βουνίσιος, -α, -ο = mountain, mountainous
βουνό, το = mountain
βουνοκορφή, η = mountaintop
βουρτσίζω = to brush
βουτάω & -ώ = to dive
βραβείο, το = prize, award
βραβευμένος, -η, -ο = prizewinning
βραβεύομαι = to be awarded, to receive a prize or award
βραβεύω = to award
βραδιάζει = it's getting dark
βράδυ, το = evening
Βραζιλία, η [place name] = Brazil
βρεγμένος, -η, -ο = wet
Βρετανός, ο — Βρετανή, η = British
βρέφος, το = baby, infant
βρέχομαι = to get wet
βρέχω = to wet, to damp, to moisten
    βρέχει [weather] = it's raining
βρίσκομαι = to be located, to be situated
βρίσκω = to find
βρόμα, η = dirt, filth
βρομιάρης, -α, -ικο = dirty
βρόμικος, -η, -ο = dirty
βροχή, η = rain
βρύση, η = tap, faucet
βυζαντινός, -ή, -ό = byzantine
βυθισμένος, -η, -ο = sunk
βυσσινής, -ιά, -ί = cerise, cherry red

Γ, γ = γάμα

γάβγισμα, το = bark
γάιδαρος, ο = donkey
γάλα, το = milk
γαλάζιος, -ια, -ιο = sky, light blue
γαλαξίας, ο = galaxy
Γαλλία, η [place name] = France
γαλλική γλώσσα, η — γαλλικά, τα = French
γάμος, ο = wedding, marriage
γαμπρός, ο = son-in-law, brother-in-law
γάντι, το = glove
γεγονός, το = fact
γεια = hi, hello
γείτονας, ο — γειτόνισσα, η = neighbor
γειτονιά, η = neighborhood
γειτονικός, -ή, -ό = neighboring
γελαστός, -ή, -ό = smiling
γελάω & -ώ = to laugh
γελιέμαι = to be mistaken
γέλιο, το = laughter
γελοίος, -α, -ο = ridiculous
γεμάτος, -η, -ο = full, chubby
γενέθλια, τα = birthday
γενετική, η = genetics
γενιά, η = generation
γενικός, -ή, -ό = general
γενικά [adv.] = generally
γενναίος, -α, -ο = brave
γενναιόδωρος, -η, -ο = generous
γεννάω & -ώ = to give birth
γεννημένος, -η, -ο = born
γέννηση, η = birth
γεννιέμαι = to be born
γερασμένος, -η, -ο = old
Γερμανία, η [place name] = Germany
Γερμανός, ο — Γερμανίδα, η = German
γερνάω & -ώ = to get older
γεροδεμένος, -η, -ο = strong
γερός, -ή, -ό = strong, firm
γέρος, ο — γριά, η = old man, old woman
γεύομαι = to taste
γεύση, η = taste
γέφυρα, η = bridge
γεφυρώνω = to bridge
γεωλογία, η = geology
γεωπονία, η = agronomy
γη, η = earth
γήπεδο, το = playing field
γήρανση, η = ageing
γηρατειά, τα — γεράματα, τα = old age
γηροκομείο, το = retirement home
για = for
  γι' αυτό = that's why
γιαγιά, η = grandmother, grandma
γιατί [explanatory] = because
γιατί [interrogative] = why
γιατρός, ο/η = doctor, physician
γιγαντιαίος, -α, -ο = gigantic, enormous
γίνομαι = to become
γιορτάζω = to celebrate
γιορτή, η = party, feast
γιος, ο = son
γκάζι, το = gas
γκαλερί, η = art gallery
γκαρσιονιέρα, η = small appartment
γκράφιτι, το = graffiti
γκρινιάρης, ο = Ludo (board game)
γλεντάω & -ώ = to celebrate, to party, to have fun
γλυκό, το = sweet, candy, dessert
  γλυκό του κουταλιού = spoon sweets, preserves
γλυκός, -ιά, -ό = sweet, cute
γλώσσα μητρική, η = mother tongue
γλώσσα, η [linguistics] = language
γλωσσικός, -ή, -ό = linguistic
γνώμη, η = opinion
γνωρίζω [see also *ξέρω*] = to know
γνωριμία, η = acquaintance
γνώρισμα, το = feature
γνώση, η = knowledge
γνωστός, -ή, -ό [see also *διάσημος*, *επώνυμος*] = (well) known, famous
γοητευτικός, -ή, -ό = charming
γοητεύω = to fascinate, to charm
γονέας, ο — γονιός, ο = parent
  γονείς, οι = parents
γοργός, -ή, -ό [see also *γρήγορος*] = quick, fast, rapid, speedy
Γουατεμάλα, η [place name] = Guatemala
γούνα, η = fur
γούνινος, -η, -ο = furry
γουρούνι, το = pig
γούστο, το = taste
γράμμα, το = letter
γραμματέας, ο/η = secretary
γραμμένος, -η, -ο = written
γραφείο, το [furniture] = desk
γραφείο, το [room, service] = office
γραφικός, -ή, -ό = picturesque
γραφίστας, ο — γραφίστρια, η = graphic designer
γραφιστική, η = graphic design
γραφιστικός, -ή, -ό = graphic, graphic design
γράφομαι = to enroll, to register
γράφω = to write
γρήγορα [adv.] = fast, quickly
γρήγορος, -η, -ο [see also *γοργός*] = quick, fast, rapid, speedy
γρίπη, η = the flu
γρουσούζης, -α, -ικο = jinx
γυαλιά, τα = spectacles, eyeglasses
γυμνάζομαι = to work out, to exercise
γυμναστήριο, το = gym
γυμναστική, η = exercise, gymnastics
γυναίκα, η = woman
γυναικείος, -α, -ο = feminine
γυρίζω — γυρνάω & -ώ = to come back, to return, to turn around
γύρω [adv.] = around
γωνία & -ιά, η = corner
γωνιακός, -ή, -ό = situated in a corner

Δ, δ = δέλτα

δαιμόνιο, το = demon, acumen
δακρύζω = to tear up
δακρυσμένος, -η, -ο = tearful
δανείζομαι = to borrow
δανείζω = to lend
δάνειο, το = loan
δανεισμένος, -η, -ο = borrowed
δανεισμός, ο = borrowing, lending
δανειστικός, -ή, -ό = loan
Δανία, η [place name] = Denmark
δαπάνη, η = expense, cost
δαπανούμαι = to be spent
δάπεδο, το = floor
δασικός, -ή, -ό = woodland
δάσκαλος, ο — δασκάλα, η = teacher
δάσος, το = forest
δεδομένο, το = data, fact, datum
δείγμα, το = sample, specimen
δείκτης, ο = pointer, indicator

δειλός, -ή, -ό = coward
δεινός, -ή, -ό = mighty, keen, accomplished, masterly
δεινόσαυρος, ο = dinosaur
δεινότητα, η = skill, talent
δείχνω = to show
δέκα = ten
δεκαετία, η = decade
δέκατος, -η, -ο = tenth
δεκτός, -ή, -ό = accepted
δελφίνι, το = dolphin
δέμα, το = parcel, package
δέντρο, το = tree
δένω = to tie
δεξαμενή, η = tank
δεξιά [adv.] = (to the) right
δεξιότητα, η = skill
δέρμα, το = skin, leather
δερμάτινος, -η, -ο = leather
δέσιμο, το = binding, tying, bond
δεσμευμένος, -η, -ο = committed
δεσμεύομαι = to commit
δέσμευση, η = commitment
δεσμευτικός, -ή, -ό = binding
δεσμεύω = to bind
δεύτερον [adv.] = secondly
δεύτερος, -η, -ο = second
δέχομαι = to accept
δηλαδή = meaning, that is
δηλώνω = to state
δήμαρχος, ο/η = mayor/mayoress
δημιουργημένος, -η, -ο = produced, created
δημιουργία, η — δημιούργημα, το = creation
δημιουργικός, -ή, -ό = creative
δημιουργικότητα, η = creativity
δημιουργός, ο/η = creator
δημιουργούμαι = to be created
δημιουργώ = to create, to make
δήμος, ο = municipality
δημοσιευμένος, -η, -ο = published
δημοσιεύομαι = to be published
δημοσίευση, η = publication
δημοσιεύω = to publish
δημοσιογράφος, ο/η = journalist, reporter
δημόσιος, -α, -ο = public
δημότης, ο/η = citizen
δημοτικός, -ή, -ό = municipal
δημοφιλής, -ής, -ές = famous, popular
διαβάζω = to read
διάβαση, η = passage, pass, crossing
διάβασμα, το = reading, study
διαβεβαιώνω = to assure, to affirm
διαβίωση, η = life, living, living conditions
διαγράφομαι = to be deleted, to unsubscribe
διαγράφω = to delete, to erase
διαγώνια [adv.] = diagonally
διαγωνισμός, ο = competition
διαδίδω = to propagate, to spread, to disseminate
διαδικασία, η = process, procedure
διαδικτυακός, -ή, -ό = online, internet
διαδίκτυο, το = internet
διάδοση, η = dissemination, diffusion, propagation
διαδοχικά [adv.] = successively, consecutively
διάδρομος, ο = corridor
διάθεση, η = mood
διαθέσιμος, -η, -ο = available
διαθέτω = to possess, to have
διαίρεση, η = division
διαιρούμαι = to be divided
διαιρώ = to divide
διαίσθηση, η = intuition
διαιτολόγιο, το = diet, dietary regiment
διαιτολόγος, ο/η = dietitian, nutritionist
διακοπή, η = break, interruption
διακοπές, οι = holidays, vacation
διακόπτω = to interrupt
διακόσμηση, η = decoration
διακοσμητικός, -ή, -ό = decorative
διακοσμώ = to decorate
διακρίνομαι = to be distinguished
διακρίνω = to distinguish
διάκριση, η = distinction
διακριτικός, -ή, -ό = discreet
διαλέγω = to choose
διάλειμμα, το = break
διάλεκτος, η = dialect
διάλεξη, η = lecture
διαλογή, η = selection, screening
διάλογος, ο = dialogue
διαλύομαι = to be dissolved
διαλύω = to dissolve
διαμένω = to stay, to live
διαμέρισμα, το = apartment, flat
διαμονή, η = stay, accommodation
διαμορφωμένος, -η, -ο = formed, shaped, configured
διαμορφώνω = to form, to shape
διαμόρφωση, η = configuration, shaping, formation
διανυκτέρευση, η = staying overnight, spending the night, overnight stop, all night service
διανύω = to go through, travel
διαπιστώνομαι = to be found out
διαπιστώνω = to find out, to realize
διαπίστωση, η = ascertainment, discovery
διαπρέπω = to excel, to flourish
διαπροσωπικός, -ή, -ό = interpersonal
διαρκής, -ής, -ές = lasting, durable
διάρκεια, η = duration, length
διαρκώ = to last, to endure
διαρκώς [adv.] = all the time, always
διάσημος, -η, -ο [see also *γνωστός, επώνυμος*] = famous, well-known
διασκεδάζω = to have fun, to enjoy myself, to have a good time
διασκέδαση, η = entertainment, fun, amusement
διασκευή, η = adaptation
διάσταση, η = dimension
διασταυρωμένος, -η, -ο = cross-checked, cross-referenced, intersected
διαστέλλομαι = to be expanded, to be dilated
διάστημα, το = space, period, time
διαστημικός, -ή, -ό = spatial
διάσωση, η = rescue, salvation
διατήρηση, η = maintenance, preservation
διατηρητέος, -α, -ο = preservable
διατηρούμαι = to be maintained, to be preserved
διατηρώ = to maintain, to preserve
διατρέχω = to run across, to skim
διατροφή, η = nutrition, diet, alimentation
διατροφικός, -ή, -ό = nutritional
διατυπώνομαι = to be formulated, to be expressed

διαφέρω = to differ from
διαφημίζομαι = to be advertised
διαφημιζόμενος, -η, -ο = advertised
διαφημίζω = to advertise
διαφήμιση, η = advertisement, ad
διαφημιστικός, -ή, -ό = advertising
διαφορά, η = difference
διαφορετικά [adv.; see also *αλλιώς*] = differently, otherwise
διαφορετικός, -ή, -ό = different
διαφοροποιώ = to differentiate
διάφορος, -η, -ο = different, various
διαφωνία, η = disagreement, dispute, argument
διαφωνώ = to disagree, to argue
διαχείριση, η = management
διαχωρίζω = to separate, to dissociate, to divide, to segregate
διαψεύδομαι = to be disproved, to be denied, to be disappointed
διαψεύδω = to disprove, to deny, to disappoint
διαψευσμένος, -η, -ο = denied, contradicted, disproven, disappointed
διδασκαλία, η = teaching, instruction
διδάσκομαι = to be taught
διδάσκω = to teach
δίδυμος, ο — δίδυμη, η = twin (sibling)
διεθνής, -ής, -ές = international
διεκδικώ = to claim, to demand
διεξάγομαι = to be conducted, to be carried out
διερεύνηση, η = investigation, examination, probing, exploration
διερευνητικός, -ή, -ό = exploratory, investigative, probing
διερευνώ = to investigate, to explore, to probe, to examine
διετής, -ής, -ές = two-year
διεύθυνση, η [post] = address
διεύθυνση, η = administration, direction, management
διευθυντής, ο — διευθύντρια, η = manager, director
διευθυντικός, -ή, -ό = managerial
διευκόλυνση, η = accommodation, facilitation
διευκολύνω = to facilitate, to accommodate, to make easy
διευκρίνιση, η = clarification
διευρυμένος, -η, -ο = expanded
διεύρυνση, η = expansion
διευρύνω = to expand
διηγούμαι = to narrate
δικαίωμα, το = right
δικαστήριο, το = court of law
δικηγόρος, ο/η = lawyer, attorney, solicitor
δίκιο, το = right
δικός, -ή, -ό / δικοί, -ές, -ά μου = my, mine
δικός, -ή, -ό / δικοί, -ές, -ά σου = your, yours
δικός, -ή, -ό / δικοί, -ές, -ά του [masc.] = his
δικός, -ή, -ό / δικοί, -ές, -ά της = her, hers
δικός, -ή, -ό / δικοί, -ές, -ά του [neutr.] = its
δικός, -ή, -ό / δικοί, -ές, -ά μας = our, ours
δικός, -ή, -ό / δικοί, -ές, -ά σας = your, yours
δικός, -ή, -ό / δικοί, -ές, -ά τους = their, theirs
δικτυακός, -ή, -ό = web, internet
δίκτυο, το = network
δικτυωμένος, -η, -ο = networked
δικτυώνω = to network
δικτύωση, η = networking
δίνομαι = to be given, to be offered
δίνω = to give
διοίκηση, η = management
διοργανώνω = to host, to organize
διοργάνωση, η = event
διοργανωτής, ο — διοργανώτρια, η = coordinator, organizer, host
διοργανωτικός, -ή, -ό = organizing, organizational
διορθώνω = to correct
διότι = because
διπλανός, -ή, -ό = nearby
διπλασιάζω = to double
διπλάσιος, -ια, -ιο = double, twice as much
διπλός, -ή, -ό = double
δίπλωμα, το = license
δισεκατομμύριο, το = billion
διστακτικός, -ή, -ό = reluctant
δίχτυ, το = fishnet
δίχως [see also *χωρίς*] = without
διψασμένος, -η, -ο = thirsty
διψάω & -ώ = to be thirsty
διώροφος, -η, -ο = with two floors
διώχνω = to send away
δοκιμάζω = to taste, to try out
δομή, η = structure
δόση, η = installment, dose
δοσμένος, -η, -ο = provided, given
δουλεία, η = slavery
δουλειά, η = work, job
δουλειές σπιτιού, οι = housework, housekeeping chores
δουλεύω = to work
δραματικός, -ή, -ό = dramatic
δράση, η = effect, action
δραστηριοποιούμαι = to become active, to take action
δραστηριότητα, η = activity
δράστης, ο — δράστρια, η = perpetrator
δρομάκι, το = alley
δρομολόγιο, το = route, itinerary
δρόμος, ο = road, street
δροσερός, -ή, -ό = cool
δρω = to act
δύναμη, η = force, power, energy
δυναμικός, -ή, -ό = vigorous, dynamic, energetic
δυνατά [adv.] = strongly, loudly
δυνατός, -ή, -ό = strong
δυνατότητα, η = possibility, potential
δύο = two
δυσάρεστος, -η, -ο = unpleasant
δυσαρεστημένος, -η, -ο = dissatisfied, unhappy, disappointed
δύσκολα [adv.] = hard, with difficulty
δυσκολεύομαι = to have a hard time, to have trouble, to have difficulty in
δυσκολεύω = to make harder, to make difficult
δυσκολία, η = difficulty, trouble
δύσκολος, -η, -ο = difficult
δυσπιστία, η = disbelief
δύστροπος, -η, -ο = cranky, bad-tempered
δυστυχής, -ής, -ές = unhappy, miserable

δυστυχισμένος, -η, -ο = unhappy, miserable
δυστυχώ = to be unhappy
δυστυχώς [adv.] = unfortunately, sadly
δυτικά [adv.] = west
δωμάτιο, το = room
δωρεά, η = donation
δωρεάν [adv.] = free of charge
δωρίζω = to donate, to offer

Ε, ε = έψιλον

εαυτός, ο = self
εβδομάδα, η [see also *βδομάδα*] = week
έβδομος, -η, -ο = seventh
Έβρος, ο [place name] = Evros
έγγαμος, -η, -ο = married
εγκαθίσταμαι = to settle down, to be established, to be installed
εγκαθιστώ = to install
εγκαινιάζω = to inaugurate
εγκαταλείπομαι = to be abandoned, to be left behind
εγκαταλείπω = to abandon, to leave
εγκατάσταση, η = establishment
εγκατεστημένος, -η, -ο = established, installed
εγκέφαλος, ο = brain
έγκλημα, το = crime
εγκρίνω = to approve
έγκριση, η = approval, authorization
έγκυρος, -η, -ο = valid
έγχρωμος, -η, -ο = colored
εγωιστής, ο — εγωίστρια, η = egoist
έδαφος, το = soil, ground
έδεσμα, το = food, dish
Εδιμβούργο, το [place name] = Edinburgh
έδρα, η = seat
εδώ [adv.] = here
εθελοντής, ο — εθελόντρια, η = volunteer
εθελοντικά [adv.] = voluntarily
εθελοντικός, -ή, -ό = voluntary
εθελοντισμός, ο = volunteering
έθιμο, το = custom, tradition
εθνικός, -ή, -ό = national
εθνικότητα, η = nationality
έθνος, το = nation
ειδήσεις, οι = news
ειδικά [adv.] = especially, specifically
ειδικευμένος, -η, -ο = skilled, trained
ειδικεύομαι = to specialize
ειδίκευση, η = specialization
ειδικός, ο/η = expert, specialist
ειδικός, -ή, -ό = special
ειδικότητα, η = specialization
είδος, το = kind, type, species
εικαστικός, -ή, -ό = visual arts
εικόνα, η = image, picture
εικονικός, -ή, -ό = virtual
είκοσι = twenty
εικοστός, -ή, -ό = twentieth
ειλικρινής, -ής, -ές = honest, sincere
είμαι [infinitive] = to be
    είμαι [1st singular] = I am
ειπωμένος, -η, -ο = said, told
ειρήνη, η = peace
εισάγω = to introduce, to import
εισαγωγή, η = introduction, importation
εισέρχομαι = to enter
εισιτήριο, το = ticket
εισόδημα, το = income
είσοδος, η = entrance
εισφορά, η = contribution
είτε… είτε = either… or
εκατομμύριο, το = million
εκατομμυριούχος, -α, -ο = millionaire
εκατοστός, -ή, -ό = hundredth
εκβιασμός, ο = blackmail, extortion
εκβιαστής, ο — εκβιάστρια, η = blackmailer
εκβολή, η = estuary
εκδηλώνομαι = to be expressed
εκδήλωση, η = event, show
εκδίδω = to publish, to issue, to release
έκδοση, η = publication
εκδρομή, η = excursion
εκεί [adv.] = there
εκείνος, -η, -ο = him, her, this/that
    εκείνη [accusative] = her
    εκείνον [accusative] = him
έκθεση, η = exhibition, exposition, report
εκθεσιακός, -ή, -ό = exhibition, expository
εκθέτης, ο/η = exhibitor, exponent
εκθέτω = to expose, to exhibit, to display
εκκίνηση, η = start, beginning
εκλογή, η = election
    εκλογές, οι = election, poll
εκλογικός, -ή, -ό = elective
εκμυστηρεύομαι = to confide in
εκνευρίζομαι = to be irritated
εκπαιδεύομαι = to get trained, to get my education
εκπαιδευόμενος, -η, -ο = trainee
εκπαίδευση, η = education, training
εκπαιδευτικός, -ή, -ό [adj.] = educational
εκπαιδευτικός, ο/η [n.] = teacher, professor
εκπαιδεύω = to educate, to train
έκπληξη, η = surprise
εκπομπή, η = show, program
εκπρόσωπος, ο/η = representative
εκπροσωπώ = to represent
έκπτωση, η = discount
    εκπτώσεις, οι = sales
έκρηξη, η = explosion
εκστρατεία, η = campaign
έκτος, -η, -ο = sixth
έκτακτος, -η, -ο = emergent, urgent
έκταση, η = area, range
εκτέλεση, η = carrying out, execution
εκτελούμαι = to be executed
εκτεταμένος, -η, -ο = wide, extensive
εκτίμηση, η = esteem, respect, estimation
εκτιμώ = to respect, to appreciate, to esteem, to value, to estimate, to appraise
εκτιμώμαι = to be respected, to be appreciated, to be esteemed, to be valued, to be estimated, to be appraised
εκτός [adv.] = besides
    εκτός έδρας = away from base, off-site
έκτος, -η, -ο = sixth
εκτροφή, η = breeding
εκτυπώνω = to print
εκτύπωση, η = printing
εκτυπωτής, ο = printer
εκτυπωτικός, -ή, -ό = print, printing
εκφοβισμός, ο = bullying, intimidation
εκφράζομαι = to be expressed, to express myself
εκφράζω = to express, to state

έκφραση, η = expression
εκφραστικός, -ή, -ό = expressive
ελαττώνω = to reduce, to decrease
ελαφρύς, -ιά, -ύ = light
ελάχιστος, -η, -ο = minimum, least
ελέγχομαι = to be under review, to be controlled, to be checked
έλεγχος, ο = check, inspection, control
ελέγχω = to check, to inspect, to control
ελεύθερα [adv.] = freely
ελεύθερος, -η, -ο = free
ελκυστικός, -ή, -ό = attractive, charming
ελκύω = to attract
Ελλάδα, η [place name] = Greece
έλλειμμα, το = deficit, deficiency, lack, shortage
έλλειψη, η = shortage, lack
Έλληνας, ο — Ελληνίδα, η = Greek
ελλιπής, -ής, -ές, = lacking, incomplete
έλξη, η = attraction, appeal
ελπίδα, η = hope
ελπίζω = to hope
εμβολιάζομαι = to be vaccinated
εμβόλιο, το = vaccine
εμπειρία, η = experience
εμπειρικός, -ή, -ό = empirical
έμπειρος, -η, -ο = experienced, skilled
εμπιστεύομαι = to trust
εμπιστευτικός, -ή, -ό = confidential
εμπιστευτικότητα, η = confidentiality
εμπιστοσύνη, η = trust, faith
εμπνέομαι = to be inspired
έμπνευση, η = inspiration
εμπνευσμένος, -η, -ο = inspiring
εμπνευστής, ο — εμπνεύστρια, η = inspirer, initiator
εμπνέω = to inspire
εμπόρευμα, το = merchandise, goods
εμπορευματοποίηση, η = commercialization
εμπορεύομαι = to trade, to sell
εμπορικός, -ή, -ό = commercial
εμπόριο, το = trade, commerce
έμπορος, ο/η = trader, merchant
εμφανίζομαι = το appear
εμφανίζω = to show
εμφάνιση, η = appearance, look
πρώτη εμφάνιση, η = premiere, debut
εμφανίσιμος, -η, -ο = good looking
έμφαση, η = emphasis
εναλλαγή, η = switching, alternation
εναλλακτικός, -ή, -ό = alternate, alternative
εναλλάσσομαι = to alternate
εναλλασσόμενος, -η, -ο = alternate, alternating
εναλλάσσω = to alternate, to interchange, to take turns
εναντιώνομαι = to be against, to be opposed
ένας, μια, ένα [indefinite] = a/an
ένας, μία, ένα [numerical] = one
ενασχόληση, η = occupation
ενδεικτικός, -ή, -ό = indicative, characteristic, typical
ενδιάμεσος, -η, -ο = in between
ενδιαφέρομαι = to be interested in
ενδιαφερόμενος, -η, -ο = interested
ενδιαφέρον, το [n.] = interest
ενδιαφέρων, -ουσα, -ον [adj.] = interesting
ενδυμασία, η = clothing, clothes
ενεργός, -ή, -ό = active, activated
ενέργεια, η = action, energy
ενεργοποιώ = to activate
ενεργώ = to act, to do
ενηλικιώνομαι = to reach adulthood, to come of age
ενηλικιώνω = to make someone an adult
ενηλικίωση, η = adulthood
ενήλικος, ο — ενήλικη, η = adult
ενημερώνομαι = to be informed
ενημερώνω = to inform, to notify
ενημέρωση, η = update, information
ενθουσιάζω = to excite
ενικός, ο = singular
ενισχύω = to reinforce, to boost
έννοια, η = sense, meaning
ενοικίαση, η = renting, leasing
ενοικιαστής, ο — ενοικιάστρια, η [see also *νοικάρης*] = renter, tenant
ενοίκιο, το [see also *νοίκι*] = rent
ένοικος, ο/η = tenant, occupant
ενότητα, η = unity
ενοχή, η = guilt, remorse
ενοχλημένος, -η, -ο = annoyed, disturbed, bothered
ενόχληση, η = disturbance, annoyance
ενοχλούμαι = to be disturbed, to be annoyed
ενοχλώ = to annoy, to disturb
ενσωματωμένος, -η, -ο = integrated, incorporated
ενσωματώνομαι = to be integrated, to be incorporated
ενσωμάτωση, η = inclusion, integration, embodiment
ένταση, η = tension
εντάσσομαι = to be integrated, to fall into, to be included, to be categorized
εντατικός, -ή, -ό = intensive
εντείνω = to intensify
εντελώς [adv.] = totally, completely
έντεχνος, -η, -ο = artistic
έντιμος, -η, -ο = honest
εντολή, η = order, command
έντομο, το = insect
έντονος, -η, -ο = intense
εντοπίζω = to locate, to detect
εντοπισμός, ο = location, detection
έντυπο, το = form, document
εντύπωση, η = impression, idea
εντυπωσιάζομαι = to be impressed
εντυπωσιάζω = to impress
εντυπωσιακός, -ή, -ό = astonishing, impressive
εντυπωσιασμός, ο = sensationalism, grandstanding
ενώ [adv.] = while
ενώνω = to join, to unite
ένωση, η = connection, union
εξαίρετος, -η, -ο = great, perfect, excellent
εξαιρετικός, -ή, -ό = great, perfect, excellent
εξαιρετικά [adv.] = exceptionally, especially
εξαιρώ = to exclude, to exempt
εξαιτίας = because of, due to
εξακολουθώ = to continue, to go on
εξάλλου [adv.] = moreover, in addition
εξάμηνο, το = semester
εξάντληση, η = exhaustion
εξαντλητικός, -ή, -ό = exhausting, tiring
εξαντλούμαι = to be exhausted, to run out
εξαντλώ = to exhaust

εξαπλώνω = to spread, to expand
εξάρτημα, το = part
εξαρτημένος, -η, -ο = dependent, addicted
εξάρτηση, η = addiction, dependence
εξαρτώμαι = to depend on, to be dependent
εξασκώ = to practice
εξασφαλίζω = to secure, to ensure
εξαφανίζομαι = to disappear, to vanish, to be extinct
εξαφανίζω = to make [sb/sth] disappear, to extinguish
εξαφάνιση, η = disappearance
εξαφανισμένος, -η, -ο = missing, disappeared, extinct
εξελιγμένος, -η, -ο = advanced
εξέλιξη, η = evolution, development
εξελίσσομαι = to be evolved, to develop
εξερεύνηση, η = exploration
εξερευνητής, ο — εξερευνήτρια, η = explorer, adventurer
εξερευνώ = to explore
εξετάζομαι = to be examined
εξετάζω = to examine, to test
εξέταση, η = examination, exam
εξετάσεις, οι = examinations, exams
εξεύρεση, η = finding, discovery
εξήγηση, η = explanation
εξηγούμαι = to be explained, to explain myself
εξηγώ = to explain
εξής [adv.] = the following
εξίσου = equally, just as
έξοδο, το = expense, cost
εξοικειωμένος, -η, -ο = familiar, accustomed to
εξοικείωση, η = familiarization
εξοικονόμηση, η = saving
εξοικονομώ = to save
εξολοθρεύομαι = to be exterminated
εξολοθρεύω = to exterminate
εξοντώνω = to exterminate, to destroy
εξοπλίζομαι = to be equipped, to be armed
εξοπλίζω = to equip
εξοπλισμένος, -η, -ο = equipped
εξοπλισμός, ο = equipment, gear
εξυπνάδα, η = cleverness, intelligence, smartness
έξυπνος, -η, -ο = clever, smart
έξω [adv.] = out
εξωπραγματικός, -ή, -ό = unreal
εξωστρεφής, -ή, -ές = outgoing
εξωτερικός, -ή, -ό [adj.] = external
εξωτερικό, το [n.] = overseas, abroad
επάγγελμα, το = profession, job
επαγγελματίας, ο/η = professional
επαγγελματικός, -ή, -ό = professional
έπαινος, ο = praise
επαινώ = to praise
επαναλαμβανόμενος, -η, -ο = repeated, recurrent, iterated
επαναλαμβάνω = to repeat, to iterate
επανάληψη, η = repetition, iteration
επανάσταση, η = revolution
επαναστατικός, -ή, -ό = revolutionary
επάνω [adv.; see also *πάνω*] = on
επάρκεια, η = adequacy, sufficiency
επαρκής, -ής, -ές = enough, adequate, sufficient
επαρκώ = to suffice, to be adequate, to be enough
επαρχία, η = province
επαφή, η = connection, contact
επειδή = because
επεισόδιο, το = episode
επεκτείνομαι = to be extended, to expand
επεκτείνω = to expand, to extend
επέμβαση, η = operation, surgery
επένδυση, η = investment
επενδυτής, ο — επενδύτρια, η = investor
επενδυτικός, -ή, -ό = investment
επενδύω = to invest
επεξεργάζομαι = to process
επεξεργασία, η = processing, editing
επεξεργάσιμος, -η, -ο = editable
επεξεργαστής, ο = processor
επεξήγηση, η = clarification
επέτειος, η = anniversary
επηρεάζομαι = to be affected, to be influenced
επηρεάζω = to affect, to influence
επηρεασμένος, -η, -ο = affected, influenced
επιβαρυμένος, -η, -ο = burdened, encumbered
επιβαρύνομαι = to burden myself with
επιβάρυνση, η = burden, charge
επιβάτης, ο/η = passenger
επιβεβαίωση, η = confirmation
επιβιώνω = to survive, to live on
επιβίωση, η = survival
επιβολή, η = enforcement, imposition
επιβράβευση, η = reward
επιδεικνύω = to display, to demonstrate
επιδιορθώνω = to fix, to mend, to repair
επιδιώκω = to pursue
επιδίωξη, η = pursuit, goal
επιδοκιμάζω = to approve, to applaud
επίδομα, το = benefit, allowance
επίδοση, η = performance
επιδότηση, η = subvention, subsidy
επιδοτούμενος, -η, -ο = subsidized
επιδοτώ = to subsidize
επιδρομή, η = invasion
επιδρώ = to impact, to influence, affect, have effect
επιεικής, -ής, -ές = lenient
επιείκεια, η = lenience
επιεικώς [adv.] = leniently
επίθεση, η = attack
επιθετικός, -ή, -ό = aggressive
επιθυμία, η = desire, wish
επιθυμώ = to desire, to want
επικαλούμαι = to invoke, to call upon, to appeal
επίκεντρο, το = main focus, focal point
επικερδής, -ής, -ές = profitable, lucrative
επικίνδυνος, -η, -ο = dangerous, risky
επικοινωνία, η = communication, contact
επικρατώ = to dominate, to prevail

επιλεγμένος, -η, -ο = chosen, selected
επιλέγομαι = to be selected
επιλεγόμενος, -η, -ο = selected, elective
επιλέγω = to choose, to select, to pick
επιλεκτικός, -ή, -ό = selective
επιλογή, η = choice, selection
επίλογος, ο = conclusion, afterword
επίλυση, η = solution
επιμένω = to insist
επίμονα [adv.] = persistently
επιμόρφωση, η = further education, training
επιμορφωτικός, -ή, -ό = educative
επίπεδο, το = level
επιπλέον [adv.] = moreover, furthermore, additionally
έπιπλο, το = furniture
επιπλωμένος, -η, -ο = furnished
επίπλωση, η = furnishing
επιπόλαιος, -η, -ο = irresponsible, frivolous, superficial
επιπολαιότητα, η = superficiality, frivolity
επίπονος, -η, -ο = laborious, arduous, toilsome
επιπρόσθετα [adv.] = additionally
επιρροή, η = influence
επισημαίνω = to point out, to emphasize, to underline
επισήμανση, η = pointing out, emphasizing, labeling
επίσημος, -η, -ο = official, formal
επίσης [adv.] = also, too, as well
επισκέπτης, ο — επισκέπτρια, η = visitor, guest
επισκέπτομαι = to visit
επισκεπτόμενος, -η, -ο = visiting
επισκευή, η = repair, fix
επίσκεψη, η = visit
επισκεψιμότητα, η = traffic, number of visitors
επιστήμη, η = science
επιστήμονας, ο/η = scientist
επιστημονικός, -ή, -ό = scientific
επιστημονική φαντασία = science fiction
επιστολή, η = letter
επιστρέφω = to come back, to return
επιστροφή, η = return
επιτέλους [adv.] = at last, finally
επιτόκιο, το = interest rate
επιτραπέζιος, -α, -ο = board, table top
επιτρέπω = to allow, to permit, to let
επιτροπή, η = committee
επιτυγχάνω = to accomplish, to achieve
επιτυχημένος, -η, -ο = successful
επιτυχία, η = success
επιφάνεια, η = surface
επιφανειακός, -ή, -ό = superficial
επιχείρημα, το = argument, point
επιχειρηματίας, ο/η = businessman, businesswoman
επιχειρηματικός, -ή, -ό = business
επιχειρηματικότητα, η = entrepreneurship
επιχείρηση, η = business, company
επιχειρώ = to attempt, to try
επιχορήγηση, η = grant
επόμενος, -η, -ο = next, following
επομένως [adv.] = thus, therefore
εποχή, η = season, time
στην εποχή μου = in my time
εποχιακός, -ή, -ό = seasonal
επωνυμία, η = brand name
επώνυμος, -η, -ο [see also *γνωστός*, *διάσημος*] = famous, celebrity
εργάζομαι = to work
εργαζόμενος, ο — εργαζόμενη, η = employee, worker
εργαλείο, το = tool
εργασία, η = work, project
εργασιακός, -ή, -ό = work
εργάσιμος, -η, -ο = working
εργαστήριο, το = laboratory
εργάτης, ο — εργάτρια, η = worker, laborer
εργατικός, -ή, -ό = work, working, labor
εργατικότητα, η = industriousness, diligence
έργο, το = work, artwork, project, play
εργοστασιακός, -ή, -ό = factory
εργοστάσιο, το = factory
ερείπιο, το = ruin
έρευνα, η = research
ερευνητής, ο — ερευνήτρια, η = researcher
ερημικός, -ή, -ό = deserted, alone, desolate, lonesome
έρημος, η = desert
Ερμής, ο [planet] = Mercury
έρχομαι = to come, to arrive
ερωτεύομαι = to fall in love
ερώτημα, το = question, query
ερώτηση, η = question, query
ερωτικός, -ή, -ό = love, amorous, erotic
εσωστρεφής, -ής, -ές = introverted
εσωστρέφεια, η = introversion
εσωτερικός, -ή, -ό = indoor, inside
εταιρεία, η = company, firm, enterprise
ετοιμάζομαι = to get ready
ετοιμάζω [see also *προετοιμάζω*] = to prepare
έτοιμος, -η, -ο = ready
έτος, το [see also *χρόνος*] = year
έτσι [adv.] = this way, thus, so
έτσι ώστε = so
ευαίσθητος, -η, -ο = sensitive
ευγένεια, η = kindness, politeness
ευγενής, -ής, -ές = kind, polite, gentle
ευγενικά [adv.] = kindly, politely, gently
ευγενικός, -ή, -ό = kind, polite
ευγνωμοσύνη, η = gratidude
ευέλικτος, -η, -ο = flexible
ευελιξία, η = flexibility
ευημερία, η = prosperity, well-being
ευθύνη, η = responsibility
ευθύς, -εία, -ύ, = straight, straightforward
ευκαιρία, η = opportunity, chance
ευκίνητος, -η, -ο = agile
εύκολα [adv.] = easily
ευκολία, η = ease, convenience
εύκολος, -η, -ο = easy
εύκρατος, -η, -ο = temperate
ευλύγιστος, -η, -ο = flexible, bendy
ευνοώ = to favor
ευρασιατικός, -ή, -ό = Eurasian
ευρύς, -εία, -ύ = wide, broad
ευρύχωρος, -η, -ο = spacious, roomy
ευρωπαϊκός, -ή, -ό = European
Ευρωπαίος, ο — Ευρωπαία, η = European
Ευρώπη, η [place name] = Europe
ευτυχής, -ής, -ές = happy, blissful
ευτυχία, η = happiness
ευτυχισμένος, -η, -ο = happy

ευτυχώ = to be happy
ευτυχώς [adv.] = luckily, fortunately
ευφορία, η = euphoria, joy, happiness
ευχαριστημένος, -η, -ο = pleased, content, satisfied
ευχαρίστηση, η = pleasure
ευχάριστος, -η, -ο = pleasant
ευχαρίστως [adv.] = gladly
ευχέρεια, η = ease, facility, aptitude, fluency
ευχή, η = wish
εύχομαι = to wish
εφαρμογή, η = implementation, enforcement, fit
εφαρμόζομαι = to be applied
εφαρμόζω = to implement, to execute, to apply
εφαρμοσμένος, -η, -ο = applied, implemented
εφεύρεση, η = invention
εφευρίσκομαι = to be invented
εφευρίσκω = to invent
εφηβεία, η = adolescence, puberty
έφηβος, ο — έφηβη, η = teenager
εφημερίδα, η = newspaper
εφοδιάζομαι = to be supplied, to be equipped
εφοδιάζω = to provide
έχθρα, η = enmity, hatred
εχθρικός, -ή, -ό = hostile
εχθρός, ο = enemy
έχω = to have

Ζ, ζ = ζήτα

ζαλίζομαι = to feel dizzy, to get dizzy
ζεσταίνομαι = to be warmed, to feel hot
ζεσταίνω = to warm [sth] up
ζεσταμένος, -η, -ο = warmed-up
ζεστασιά, η = heat, warmth
ζεστός, -ή, -ό = warm, hot
ζευγάρι, το = pair
ζευγαρώνω = to mate, to pair
ζηλεύω = to be jealous, to envy
ζηλιάρης, -α, -ικο = jealous
ζημιά, η = damage
ζητάω & -ώ = to ask for, to demand
ζήτημα, το = issue, matter
ζήτηση, η = demand
ζιζάνιο, το = weed
ζούγκλα, η = jungle
ζυγίζω = to weigh
ζυμαρικό, το = pasta
ζυμώνω = to knead
ζυμωτός, -ή, -ό = kneaded
ζω = to live
ζωγραφίζω = to paint, to draw
ζωγραφική, η — ζωγραφιά, η = painting, drawing
ζωγραφικός, -ή, -ό = painting
ζωγράφος, ο/η = painter
ζώδιο, το = astrological sign
ζωή, η = life
ζωηρός, -ή, -ό = lively, naughty
ζωικός, -ή, -ό = animal
ζώνη, η [clothes] = belt
    ζώνη ασφαλείας = safety belt, seat belt
ζώνη, η = zone, area
ζωντανός, -ή, -ό = alive, living
ζώο, το = animal
ζωολογικός, -ή, -ό = zoological

Η, η = ήτα

ηθικός, -ή, -ό = moral
ηθοποιός, ο/η = actor, actress
ήθος, το = morals
ηλεκτρικός, -ή, -ό = electric
    ηλεκτρική συσκευή, η = electric device
ηλεκτρονικός, -ή, -ό = electronic
    ηλεκτρονικός υπολογιστής, ο = personal computer
ηλιακός, -ή, -ό = solar
ηλικία, η = age
ηλικιωμένος, ο — ηλικιωμένη, η = elderly, old, senior
ήλιος, ο = sun
ημέρα, η [see also *μέρα*] = day
ημερήσιος, -α, -ο = daily
ημερολόγιο, το = calendar
ημερομηνία, η = date
ημιεπιπλωμένος, -η, -ο = half-furnished
Ηνωμένο Βασίλειο, το [place name] = United Kingdom
Ήπειρος, η [place name] = Epirus
ήπιος, -α, -ο = mild, gentle
ηρεμία, η = calm, peacefulness
ήρεμος, -η, -ο = calm, peaceful
ήρωας, ο — ηρωίδα, η = hero, heroine
ήσυχος, -η, -ο = silent, quiet, calm
ηχητικός, -ή, -ό = audio, auditory
ηχογράφηση, η = recording
ηχογραφώ = to record
ηχοεντοπισμός, ο = echolocation

Θ, θ = θήτα

θαλασσής, -ιά, -ί = light blue
θάλασσα, η = sea
θαλάσσιος, -α, -ο = marine
θαλασσινός, -ή, -ό = sea, marine
θάμνος, ο = bush
θαμνώδης, -ης, -ες = bushy
θάνατος, ο = death
θαυμάζω = to admire
θαυμάσιος, -α, -ο = wonderful
θαυμασμός, ο = admiration
θαυμαστός, -ή, -ό = admired, admirable
θέα, η = view
θεατής, ο/η = spectator, viewer
θεατρικός, -ή, -ό = theatrical
    θεατρικό έργο, το = play, drama
θέατρο, το = theater
θεατρολογία, η = dramatics, theater studies
θεία, η = aunt
θείος, ο = uncle
θέληση, η = willpower
θέλω = to want
θέμα, το = subject, subject matter
θεμελιώνομαι = to be founded
θεότρελος, -η, -ο = crazy
θεραπεία, η = treatment
θεραπευμένος, -η, -ο = cured
θεραπεύομαι = to be cured, to be healed
θεραπευτικός, -ή, -ό = therapeutic
θεραπεύω = to cure, to heal
θερμός, -ή, -ό = hot
θερμαίνομαι = to be heated up
θερμαινόμενος, -η, -ο = heated
θερμαίνω = to warm, to heat
θέρμανση, η = heating
    κεντρική θέμανση = central heating
θερμίδα, η = calorie
θερμοκρασία, η = temperature
θερμός, -ή, -ό = warm

θερμοσίφωνας, ο = electric water heater
θερμότητα, η = warmth, heat
θέση, η = seat, place, position
θεσμός, ο = institution
θετικός, -ή, -ό = positive
θετικά [adv.] = positively
θέτω = to put, to place
θεωρητικός, -ή, -ό = theoretical
θεωρία, η = theory
θεωρούμαι = to be considered
θεωρώ = to consider, to regard
θηλαστικό, το = mammal
θηλυκός, -ή, -ό = female, feminine
θήραμα, το = prey
θησαυρός, ο = treasure
θίγω = to insult, to offend
θλιβερός, -ή, -ό = sad
θολός, -ή, -ό = blurry
θόρυβος, ο = noise
Θράκη, η [place name] = Thrace
θρασύς, -εία, -ύ = insolent, audacious
θρεπτικός, -ή, -ό = nutritious
θρησκεία, η = religion
θρησκευτικός, -ή, -ό = religious
θρίλερ, το = thriller, horror movie
θύμα, το = victim
θυμάμαι = to remember
θυμίζω = to remind
θυμός, ο = anger
θυμωμένος, -η, -ο = angry
θυμώνω = to become angry, to get mad
θυσία, η = sacrifice

Ι, ι = γιώτα

Ιαπωνία, η [place name] = Japan
ιαπωνικός, -ή, -ό = Japanese
Ιάσονας, ο [proper name] = Jason
ιατρικός, -ή, -ό = medical
ιδανικός, -ή, -ό = ideal, perfect
ιδέα, η = idea, suggestion
ιδεολογία, η = ideology
ιδιαίτερος, -η, -ο = special, particular
ιδιαίτερα [adv.] = particularly, specifically, in particular
ιδιοκτήτης, ο — ιδιοκτήτρια, η = owner
ίδιος, -α, -ο = same
ιδιότητα, η = capacity, status
ιδιόχρηστος, -η, -ο = private, used privately
ιδίως [adv.] = especially
ιδιωτικός, -ή, -ό = personal, private
ιδιωτικότητα, η = privacy
ιδρυμένος, -η, -ο = founded
ιδρύομαι = to be founded, to be established
ιδρύω = to found, to establish
ιθαγένεια, η = nationality, citizenship
ιθαγενής, -ής, -ές = native
ικανοποιημένος, -η, -ο = satisfied, pleased
ικανοποίηση, η = satisfaction
ικανοποιούμαι = to be satisfied
ικανοποιώ = to satisfy, to fulfill
ικανός, -ή, -ό = capable, able
ικανότητα, η = capability, ability, skill
Ινδία, η [place name] = India
Ινδιάνος, ο — Ινδιάνα, η = American Indian
ινδικός, -ή, -ό = Indian
ινδοευρωπαϊκός, -ή, -ό = Indo-European
ινστιτούτο, το = institute
ιός, ο = virus
Ιούνιος, ο = June
ίσιος, -ια, -ιο = straight, equal
ισόγειο, το = ground floor
ισορροπημένος, -η, -ο = balanced
ισορροπία, η = balance
ισορροπώ = to balance
ισότητα, η = equality
Ισπανία, η [place name] = Spain
ισπανικός, -ή, -ό = Spanish
Ισπανός, ο — Ισπανίδα, η = Spanish
ιστορία, η = history, story
ιστορικός, -ή, -ό = historic
ιστοσελίδα, η = webpage
ισχυρός, -ή, -ό = strong, severe, powerful
ισχύω = to apply
ίσως [adv.] = maybe, perhaps
Ιταλία, η [place name] = Italy

Κ, κ = κάπα

καβαλέτο, το = easel
καβουράκι, το [hat] = fedora
κάδος, ο = bucket, bin
  κάδος απορριμμάτων, ο = dumpster
κάδρο, το = frame, picture frame
καημένος, -η, -ο = poor thing
καθάριος, -α, -ο = clear, clear as day
καθαρίζω = to clean
καθαριότητα, η = cleaning, cleanliness
καθαρός, -ή, -ό = clean
κάθε = every
  κάθε φορά, η = every time
καθένας, καθεμία, καθένα = everyone, anyone
κάθετα [adv.] = vertically, across
καθηγητής, ο — καθηγήτρια, η = professor, teacher
καθήκον, το = duty
καθημερινά [adv.] = daily, every day
καθημερινός, -ή, -ό = everyday
καθημερινότητα, η = daily life
καθιερωμένος, -η, -ο = usual, standard, established
καθιερώνω = to establish
καθισμένος, -η, -ο = to be seated, sitting
καθόλου [adv.] = any, at all
κάθομαι = to sit, to have a seat, to sit down
καθορίζω = to define
καθορισμένος, -η, -ο = defined
καθορισμός, ο = definition, determination, designation
καθοριστικός, -ή, -ό = decisive
καθρεφτίζομαι = to be reflected, to be mirrored
καθυστερημένος, -η, -ο = delayed
καθυστερώ = to be late, to delay
καθώς [adv.] = while, as, since
και = and
καίγομαι = to be burnt, to be on fire
καινοτόμος, -α, -ο = innovative
καινοτομία, η = innovation
καινοτομώ = to innovate
καινούριος, -α, -ο [see also *νέος*] = new

καιρός, ο = weather
περνάει ο καιρός = time passes
αυτόν τον καιρό = at the moment
δελτίο καιρού, το = weather forcast
καίω = to burn
κακοκαιρία, η = bad weather
κακός, -ή, -ό = bad
κακόφημος, -η, -ο = infamous, disreputable
κακώς [adv.] = wrongly
καλαμώνας, ο = field with reeds
καλεσμένος, -η, -ο = invited, guest
καλλιέργεια, η = farming, cultivation
καλλιεργημένος, -η, -ο = cultivated
καλλιεργητής, ο — καλλιεργήτρια, η = grower, farmer
καλλιεργούμαι = to be cultivated
καλλιεργώ = to cultivate
καλλιτέχνης, ο/η = artist
καλλιτεχνικός, -ή, -ό = artistic
καλλονή, η = beauty
καλλυντικό, το = cosmetic
καλόγουστος, -η, -ο = tasteful, elegant
καλοκαίρι, το = summer
καλοκαιρινός, -ή, -ό = summery, summer
καλόκαρδος, -η, -ο = goodhearted
καλοπληρωμένος, -η, -ο = well-paid
καλοριφέρ, το = radiator, heater
καλός, -ή, -ό = good
για το δικό σας καλό = for your own good
καλοσύνη, η = kindness
καλόψυχος, -η, -ο = goodhearted
κάλυμμα, το = cover, top
καλυμμένος, -η, -ο = covered
καλύπτομαι = to be covered
καλύπτω = to cover
καλύτερα [adv.] = better
καλυτέρευση, η = improvement
καλυτερεύω = to improve, to get better
καλύτερος, -η, -ο = better
κάλυψη, η = cover
καλώ [to a party, an event, etc.; see also *προσκαλώ*] = to invite
καλώδιο, το = cable, wire
καλωσόρισμα, το = welcome
καμαρίνι, το = dressing room
καμένος, -η, -ο = burned
κάμπιγκ, το = camping
καναπές, ο = sofa, couch
κάνει/έχει κρύο = it is cold
κανένας (/κανείς), καμία/καμιά, κανένα [affirmative] = nobody, no one
κανένας (/κανείς), καμία/καμιά, κανένα [interrorative] = any, anybody, anyone
κανόνας, ο = rule, regulation
κανονίζω = to arrange
κανονικά [adv.] = normally, regularly
κανονικός, -ή, -ό = normal, regular
κανονισμός, ο = regulation
κάνω = to do, to make
καουμπόης, ο = cowboy
καπελίνο, το = panama hat
καπέλο, το = hat
καπετάνιος, ο = captain
κάποιος, -α, -ο [pronoun] = someone
κάποιος, -α, -ο [used as adj.] = some, a
κάποτε [adv.] = once, someday
κάπου [adv.] = somewhere
κάπως [adv.] = somehow
καράβι, το [see also *πλοίο*] = boat, ship
καραμέλα, η = candy, caramel
κάρβουνο, το = coal
καρδιά, η = heart
καρδιακός, -ή, -ό = cardiac, heart
καρέκλα, η = chair
καρέτα καρέτα, η = loggerhead sea turtle (Caretta caretta)
καριέρα, η = career
καρπός, ο = fruit
κάρτα, η = card
καρφωμένος, -η, -ο = pinned, nailed
κασκέτο, το = cap
κατάγομαι = to be descended, descendant
καταγραφή, η = recording
καταγράφομαι = to be recorded
καταγράφω = to write down, to record
καταγωγή, η = descent, origin
καταδεκτικός, -ή, -ό = affable, condescending
καταδιώκω = to pursue, to chase
κατάθεση, η = testimony, deposition, deposit
καταθέτης, ο/η = depositor
καταθέτω = to deposit, to testify
κατακλυσμός, ο = flood, deluge
κατακόκκινος, -η, -ο = bright red
κατακόρυφα [adv.] = vertically
κατακτητής, ο — κατακτήτρια, η = conqueror
κατακτώ = to conquer
καταλαβαίνω = to understand
καταλαμβάνω = to occupy
καταλανικός, -ή, -ό = Catalan
καταλήγω = to end up
κατάληξη, η = ending
κατάλληλος, -η, -ο = appropriate, suitable
κατάλογος, ο = list, catalogue
κατάλυμα, το = accommodation
καταναγκασμός, ο = coercion, compulsion
καταναλώνομαι = to be consumed
καταναλώνω = to consume
κατανάλωση, η = consumption
καταναλωτής, ο — καταναλώτρια, η = consumer
καταναλωτικός, -ή, -ό = consumerist
καταναλωτισμός, ο = consumerism
κατανόηση, η = understanding, comprehension
κατανοώ = to understand, to comprehend
καταπληκτικός, -ή, -ό = amazing, wonderful
καταρρέω = to collapse, to fall
καταρτίζω = to plan, to design
κατάρτιση, η = knowledge, education
καταρτισμένος, -η, -ο = educated, informed
καταρχήν [adv.] = in principle
κατασκευάζομαι = to be built, to be constructed
κατασκευάζω = to build, to construct
κατασκευασμένος, -η, -ο = built, constructed
κατασκευαστικός, -ή, -ό = constructional
κατασκευή, η = construction, building
κατασκήνωση, η = camping, camp
κατασκοπεία, η = espionage
κατασκοπευτικός, -ή, -ό = spying

κατασκοπεύω = to spy
κατάσκοπος, ο/η = spy
κατάσταση, η = state, condition, situation
κατάστημα, το = store, shop
καταστρέφομαι = to be destroyed
καταστρέφω = to destroy, to ruin
καταστροφή, η = destruction
κατατοπιστικός, -ή, -ό = informative, helpful, instructive
καταυλισμός, ο = camp
καταφέρνω = to manage, to achieve, to make it
καταφέρομαι = to inveigh against
καταφεύγω = to resort to, to take refuge in, to take shelter, to fall back on
καταφύγιο, το = shelter
κατεβάζω = to lower
κατεβασμένος, -η, -ο = reduced, lowered
κατεργασία, η = process, treatment
κατεύθυνση, η = direction
κατευθύνω = to lead, to give directions
κατηγορούμαι = to be accused
κάτι = something
κατοικημένος, -η, -ο = inhabited
κατοικία, η = residence
κατοικίσιμος, -η, -ο = livable
κάτοικος, ο/η = inhabitant
κατοικούμαι = to lived in
κατοικώ = inhabit, live
κατοχυρώνω = to establish, to consolidate, to secure
κάτω [adv.] = down
κάτω από = under
κατώτερος, -η, -ο = lower, subordinate, inferior
καφενείο, το — καφενές, ο — καφέ, το = coffee shop, café
καφές, ο = coffee
καφετής, -ιά, -ή = brown
καχυποψία, η = suspicion
κάψουλα, η = capsule
κείμενο, το = text
κελαηδάω & -ώ = to chirp, to sing, to warble
κελί, το = cell
Κέλτης, ο — Κέλτισσα, η = Celt
κενό, το = gap
κενός, -ή, -ό = vacant, free
κεντρικός, -ή, -ό = central
κέντρο, το = center
κέρατο, το = horn
κερδίζω = to win
κέρδος, το = profit
κερί, το = candle
κεφάλαιο, το = capital, asset
κεφαλάρι, το = headboard
κεφάλι, το = head
κεφάτος, -η, -ο = cheerful, jolly
κέφι, το = joy
κήπος, ο = garden
κηρύττομαι = to be preached
κηρύττω = to preach
κηφήνας, ο = male bee
κιλό, το = kg, kilo
Κίνα, η [place name] = China
κινδυνεύω = to be in danger, to be in risk
κίνδυνος, ο = danger, risk
Κινέζος, ο — Κινέζα, η = Chinese
κίνημα, το = movement
κινηματογράφος, ο [see also *σινεμά*] = cinema, movies
κίνηση, η = action, move, traffic
κινητικός, -ή, -ό = kinetic, energetic
κινητό τηλέφωνο, το = mobile phone
κινητοποιούμαι = to mobilize
κίνητρο, το = motivation, motive, incentive
κινούμαι = to move, to be moved
κινώ = to move, to initiate
κιόλας [adv.] = already
κίτρινος, -η, -ο = yellow
κιτρινόμαυρος, -η, -ο = yellow and black
κλάδος, ο = field, branch
κλαίω = to cry, to shed tears
κλακέτα, η = clapperboard
κλάμα, το = crying
κλαμένος, -η, -ο = in tears, tearful
κλασικός, -ή, -ό = classical, classic
κλέβομαι = to elope
κλέβω = to steal
κλειδαριά, η = lock
κλειδί, το = key
κλειδί-λέξη, η = key-word
κλειδώνω = to lock, to lock up
κλείνομαι = to be closed, to be reserved
κλείνω [a door, a window, the radio] = to close, to shut, to turn off
κλείνω [a table at a restaurant] = to reserve
κλείνω [a ticket, a room at a hotel, etc.] = to book
κλείσιμο, το = closure
κλεισμένος, -η, -ο = closed, shut
κλειστός, -ή, -ό = shut, closed, turned off
κλεμμένος, -η, -ο = stolen
κλέφτης, ο — κλέφτρα, η = thief, robber
κληρονομιά, η = heritage
κλήση, η = call
κλίμα, το = climate
κλιματικός, -ή, -ό = climatic
κλιματολογικός, -ή, -ό = concerning the climate, climatological
κλονίζω = to shake, to unsettle
κλοπή, η = theft, robbery
κόβομαι = to fail, to be cut, to cut myself
κόβω = to cut, to chop
κοιλαράς, ο — κοιλαρού, η = paunchy, big-bellied
κοιμάμαι = to sleep
κοιμισμένος, -η, -ο = asleep
κοινός, -ή, -ό = common
κοινό, το = audience
κοινότητα, η = community
κοινοτοπία, η = cliché, platitude, banality, commonplace
κοινόχρηστος, -η, -ο = shared
κοινόχρηστα, τα [bills] = shared expenses
κοινωνία, η = society
κοινωνικός, -ή, -ό = social
κοινωνικός λειτουργός, ο — κοινωνική λειτουργός, η = social worker
κοινωνικότητα, η = sociability
κοινωνιολόγος, ο/η = sociologist
κοιτάζομαι = to be looked at, to look at myself
κοιτάω & -ώ / κοιτάζω = to look (at)
κόκκινος, -η, -ο = red
κολάζ, το = collage
κολιέ, το = necklace
κόλλα, η = glue
κολλάω & -ώ = to stick
κολλημένος, -η, -ο = stuck
κολλητικός, -η, -ο = contagious, adhesive

κόλπο, το = trick
κολυμβητής, ο — κολυμβήτρια, η = swimmer
κολυμπάω & -ώ = to swim
κομμάτι, το [see also *μέρος*] = part, piece
κομμένος, -η, -ο = chopped, cut, failed
κομμωτήριο, το = hair salon
κομμωτής, ο — κομμώτρια, η = haidresser
κομψός, -ή, -ό = elegant
κονσόλα, η = console
κοντά [adv.] = close, near, nearby
κοντεύω = to approach, to be near
κοντινός, -ή, -ό = close, nearby
κοπάδι, το = herd
Κοπεγχάγη, η [place name] = Copenhagen
κοπέλα, η = girl
κόπος, ο = effort
κοράλλι, το = coral
κοραλλιογενής, -ής, -ές = coral
κορίτσι, το = girl
κορνίζα, η = frame
κοροϊδεύω = to fool, to mock
κοροϊδία, η = mockery
κορυφαίος, -α, -ο = leading, top
κορυφή, η = top, peak
κορυφώνω = to rise, to peak
κοσκινίζω = to sieve
κόσμημα, το – jewelry
κοσμικός, -ή, -ό = social
κόσμος, ο = people, crowd, world
κόστος, το = cost, price
κοστούμι, το = suit, costume
κουβέντα, η = conversation, chat
κουβέρτα, η = blanket
κουδούνι, το = doorbell
κουζίνα, η [room] = kitchen
κουλτούρα, η = culture
κουμπί, το = button
κουνάω & -ώ = to shake, to swing
κουνιέμαι = to move, to swing
κουράζομαι = to get tired
κουράζω = to tire
κούραση, η = tiredness, fatigue
κουρασμένος, -η, -ο = tired
κουραστικός, -ή, -ό = tiring
κουρέας, ο = barber
κουρεμένος, -η, -ο = trimmed, with cut hair
κουρεύομαι = to get a haircut
κουτί, το — κούτα, η = box
κουτός, -ή, -ό = dumb, foolish
κούφωμα, το = wooden case, door or window frame
κόψιμο, το = cut, carving
κρασί, το = wine
κρατάω & -ώ = to hold, to last
κράτηση, η = booking, reservation
κρατιέμαι = to be held, to be kept
κρατικός, -ή, -ό = national, of state
κράτος, το = state
κρέας, το = meat
κρεβάτι, το = bed
κρεβατοκάμαρα, η = bedroom
κρέμασμα, το = posting, hanging
κρεμασμένος, -η, -ο = hanged
κρεμάω & -ώ = to hang
κρεμιέμαι = to be hung
κρησφύγετο, το = hideaway
κρίκος, ο = ring, hoop
κρίμα = pity, shame
κρίνομαι = to be judged, to be rated
κρίνω = to judge, to rate
κρίση, η = judgement, decision, crisis
κριτήριο, το = criterion
κριτικός, -ή, -ό = critic, critical
κριτική, η = criticism
Κρόνος, ο [planet] = Saturn
κρούσμα, το = case, instance
κρύβομαι = to be hidden
κρύβω = to hide
κρυμμένος, -η, -ο = hidden
κρύο, το = cold
κρύος, -α, -ο = cold, chilly
κρυστάλλινος, -η, -ο = crystal
κρυφακούω = to eavesdrop
κρυψώνα, η = hiding spot
κτίριο, το = building
κτίσμα, το = building, construction
κυβέρνηση, η = government
κυκλικός, -ή, -ό = round, circular
κυκλικά [adv.] = in a circle
κύκλος, ο = circle
κυκλοφορία, η = circulation, traffic
κυκλοφοριακός, -ή, -ό = traffic
κυκλοφορώ = to go around, to go about, to circulate
κύκλωμα, το = net, circuit
κυκλωμένος, -η, -ο = encircled, surrounded
κύκνος, ο = swan
κυλάω & -ώ = to flow
κύμα, το = wave
κυμαινόμενος, -η, -ο = fluctuating, varying, floating
κυνηγάω & -ώ = to hunt
κυνηγετικός, -ή, -ό = hunting
κυνήγι, το = hunt
κυνηγός, ο/η = hunter
κυρίαρχος, -η, -ο = dominant
κυριαρχώ = to dominate
κυριότερος, -η, -ο = most important
κυρίως [adv.] = mainly
κώδικας, ο = code
κωδικοποιημένος, -η, -ο = coded, encoded
κωδικός, ο = password, code
κωμικός, -ή, -ό = comic, funny

Λ, λ = λάμδα

λάθος [adj.] = false, incorrect, wrong
λάθος, το [n.] = mistake, error
λαθροκυνηγός, ο = poacher
λαϊκός, -ή, -ό = folk
 λαϊκή μουσική, η = folk music
λαιμός, ο = neck
λαμβάνω = to receive, to take
 λαμβάνω υπόψη = take under consideration
λάμπα, η = lamp
λαμπερός, -ή, -ό = shiny
λαός, ο = people
Λάπωνας, ο = Sami, Lapp, Laplander
λατρεύω = to adore
λαχανικό, το = vegetable
λάχανο, το = cabbage
λαχνός, ο = lottery ticket
λαχταρώ = to long for
λέγομαι = to be said, to be named
λεία, η = prey, loot
λείπω = to be absent, to be missing
λειτουργία, η = service, operation, function
λειτουργικός, -ή, -ό = functional
λειτουργώ = to work, to function
λεκές, ο = stain
λέξη, η = word
λεξιλόγιο, το = vocabulary
λεπτομέρεια, η = detail
λεπτομερώς [adv.] = in detail, thoroughly

λεπτομύτα, η [bird] = slender-billed curlew
λεπτός, -ή, -ό = slim, thin
λευκός, -ή, -ό = white
λεφτά, τα [see also *χρήματα*] = money
λέω = to say
λεωφορείο, το = bus
Λήμνος, η [place name] = Limnos
λήξη, η = expiry, expiration, termination, end
λιβάδι, το = meadow
λίγοι, -ες, -α [countable] = a few
λίγος, -η, -ο [non countable] = some, a little
λιγοστός, -ή, -ό = very little
λιγότερος, -η, -ο = less, fewer
λιθογραφία, η = lithography
λικέρ, το = liqueur
λιμάνι, το = port, harbor
λίμνη, η = lake
λιμνοθάλασσα, η = lagoon
λιοντάρι, το = lion
λίπος, το = fat
λίστα, η = list
λογαριασμός, ο = bill, account
λόγια, τα = words
λογικεύομαι = to come to my senses, to see reason
λογικεύω = to reason with, make [sb] see reason
λογική, η = logic, reason
λογισμικό, το = software
λογιών λογιών = of all sorts
λόγος, ο = reason, cause, talk, speech
λογοτέχνης, ο/η = writer, author
λόγω [adv.] = because of, due to
λοιπόν = so, well
Λονδίνο, το [place name] = London
λούζομαι = to take a shower
λούζω = to wash, to bathe
λουλούδι, το = flower
λόφος, ο = hill
λυγιέμαι = to sway, to bend
λυγίζω = to bend
λύκος, ο = wolf
λύνω = to solve, to untie
λυπάμαι = to be sorry, to be sad
λύπη, η = sorrow, sadness
λυπημένος,-η, -ο = sad
λυρικός, -ή, -ό = lyric, poetic
λύση, η = solution, answer

Μ, μ = μι

μα [see also *αλλά, όμως*] = but
μαγεία, η = magic
μαγειρεύω = to cook
μαγειρική, η — μαγείρεμα, το = cooking
μαγειρικός, -ή, -ό = cooking, culinary
μαγευτικός, -ή, -ό = enchanting, bewitching, magic
μαγεύω = to enchant, to bewitch, to put a spell on [sb]
Μαδρίτη, η [place name] = Madrid
μαζεμένος, -η, -ο = gathered, withdrawn
μαζεύομαι = to be gathered, to withdraw
μαζεύω = to gather, to collect
μαθαίνω = to learn
μάθημα, το = subject, lesson, course, class
μαθηματικός, -ή, -ό = mathematical
μαθηματικά, τα = mathematics, maths
μαθηματικός, ο/η = mathemacian
μαθημένος, -η, -ο = experienced, accustomed to
μάθηση, η = learning, knowledge
μαθητευόμενος, -η, -ο = trainee
μαθητής, ο — μαθήτρια, η = student, pupil
μαθητικός, -ή, -ο = school, scholastic
μαία, η = midwife
μακάρι = if only, I wish
μακέτα, η = maquette, model
μακρύς, -ιά, -ύ = long
μακραίνω = to extend, to lengthen
μακριά [adv.] = far, far away, away
μακροχρόνιος, -ια, -ιο = long-lasting, long-term
μαλακός, -ή, -ό = soft, smooth
μάλιστα [adv.] = indeed, actually
μαλλιά, τα = hair
μάλλινος, -η, -ο = made of wool, woolen
μαλώνω = to quarrel, to argue, to fight
μαμά, η [see also *μητέρα*] = mom, mommy
μανάβης, ο — μανάβισσα, η = greengrocer
μανιτάρι, το = mushroom
μαντεύω = to guess
μαντολίνο, το = mandolin
μαραίνομαι = to wilt
μαραμένος, -η, -ο = withering, sere, wilted
μαρασμός, ο = decay, withering
μαρμελάδα, η = jam
Μάρτιος, ο = March
μάρτυρας, ο/η = witness
μασάω & -ώ = to chew
μάστορας, ο — μαστόρισσα, η = craftsman, expert
μάτι, το = eye
ματιά, η = look, angle
μαύρος, -η, -ο = black
μαχαίρι, το = knife
μαχαιροπίρουνα, τα = cutlery
μεγαλοπιάνομαι = to put on airs
μεγάλος, -η, -ο [age] = grown up, adult
μεγάλος, -η, -ο [size] = big, large
μεγαλύτερος, -η, -ο = bigger, larger
μεγαλώνω [age] = to grow up, to grow old
μεγαλώνω [size] = to get/become bigger
μέγεθος, το = size
μέθη, η = intoxication
μέθοδος, η = method, way
μεθυσμένος, -η, -ο = drunk, intoxicated
μεθώ = to get drunk
μειονέκτημα, το = disadvantage
μειοψηφία, η = minority
μειωμένος, -η, -ο = reduced, decreased
μειώνομαι = to be decreased, to be reduced
μειώνω = to decrease, to reduce
μείωση, η = reduction, decrease
μελαχρινός, -ή, -ό = dark haired
μελετάω & -ώ = to study
μελέτη, η = study, reading
μελετητής, ο = researcher
μέλισσα, η = bee
μέλλον, το = future
μελλοντικός, -ή, -ό = future
μέλος, το = member
μένω = to live, to stay, to remain
Μεξικό, το [place name] = Mexico
μέρα, η [see also *ημέρα*] = day
μεριά, η = side

μερίδα, η = portion
μερικός, -ή, -ό = some, partial
μερικοί, -ές, -ά = some, several
μέρος, το [see also *κομμάτι*] = part, place, location
μέσος, -η, -ο = middle
μέσα [adv.] = in, into
μεσημέρι, το = noon
μεσημεριανό, το = lunch
μέσο, το = medium, means of transport
μέσα, τα = media
μέσα κοινωνικής δικτύωσης, το = social media
Μεσόγειος, η [place name] = the Mediterranean
μεσόκοπος, -η, -ο = middle-aged
μεταβαίνω = to transition to, to go to
μετάβαση, η = transition
μεταβατικός, -ή, -ό = transitional
μεταδίδω = to transmit
μετακίνηση, η = transportation
μετακινούμαι = to be transferred, to be moved
μετακινώ = to move, to transfer
μετακομίζω = to move
μετακόμιση, η = move, moving
μεταλλικός, -ή, -ό = metallic
μετάλλιο, το = medal
μετανάστευση, η = emigration, migration, immigration
μεταναστευτικός, -ή, -ό = emigration, migratory
μεταναστεύω = to immigrate, to emigrate, to migrate
μετανάστης, ο — μετανάστρια, η = immigrant, emigrant, migrant
μετανιώνω = to regret
μεταξοτυπία, η = silkscreen printing, serigraphy, silkscreening
μεταξύ [adv.] = between
μεταπτυχιακός, -ή, -ό = graduate, post-graduate
μετατόπιση, η = shift
μετατρέπομαι = to be converted
μετατρέπω = to convert
μετατροπή, η = change, modification, conversion
μεταφέρω = to transfer, to transport, to carry
μεταφορά, η = transfer, transport, transportation
μεταφορέας, ο/η = carrier, courier, transporter
μετάφραση, η = translation
μετεωρολογία, η = meteorology
μετεωρολογικός, -ή, -ό = meteorological
μετράω & -ώ = count
μετρημένος, -η, -ο = counted, measured
μέτρηση, η = measurement
μετριάζω = moderate, ease
μέτριος, -α, -ο = medium, average
μέτρο, το = meter, measure
μέχρι = until, till, up to, by
μήκος, το = length
μηλιά, η = apple tree
μήλο, το = apple
μήνας, ο = month
μηνιαίος, -α, -ο = monthly
μήνυμα, το = message
μήπως = whether, if
μητέρα, η [see also *μαμά*] = mother
μηχανή, η — μηχάνημα, το = machine, engine
μηχανικός, -ή, -ό = mechanical
μηχανική, η = engineering, mechanics
μηχανικός, ο/η = engineer, mechanic
μηχανισμός, ο = mechanism
μηχανουργία, η = mechanical engineering
Μικρά Ασία, η [place name] = Asia Minor
μικροαστικός, -ή, -ό = small-town, suburban
μικρόβιο, το = germ, microbe
μικροπωλητής, ο — μικροπωλήτρια, η = street vendor
μικρός, -ή, -ό [age; see also *νέος*] = little, young
μικρός, -ή, -ό [size] = small, little
μικρόσωμος, -η, -ο = petite, little
μικρόφωνο, το = microphone
μιλάω & -ώ = to talk, to speak
μισθός, ο = salary, wage
μισθωτός, -ή, -ό = hired, paid, salaried
μισός, -ή, -ό = half
μισό λεπτό = just a minute!
μνημείο, το = monument
μνήμη, η = memory
μνήμη υπολογιστή = random access memory
Μογγολία, η [place name] = Mongolia
Μογγόλος, ο — Μογγόλα, η = Mongol
μόδα, η = fashion, trend
μοιάζω = to look like, to resemble
μοιράζομαι = to share
μοιράζω = to distribute, to divide
μόλις [adv.] = just, only
μολονότι = although, though
μόλυνση, η = pollution
μονάδα, η = unit
μοναδικός, -ή, -ό [see also *μόνος*] = unique, one of a kind, only
μοναξιά, η = loneliness, solitude
μοναχικός, -ή, -ό = lonely
μόνιμος, -η, -ο = permanent
μόνιμα [adv.] = permanently
μόνο [adv.] = only
μονοκατοικία, η = detached house
μονοπάτι, το = path
μόνος, -η, -ο [see also *μοναδικός*] = alone, only
μονότονος, -η, -ο = monotonous
μοντέλο, το = model
μοντέρνος, -α, -ο = modern
μόνωση, η = insulation
μορφή, η = shape, form
μορφωμένος, -η, -ο = educated
μορφώνω = to educate
μοτίβο, το = pattern, motif
μουσείο, το = museum
μούσι, το = beard
μουσική, η = music
μουσικό όργανο, το = musical instrument
μοχθηρός, -ή, -ό = malicious
μόχθος, ο = labor, toil
μπαίνω = to get into, to enter
μπαλκόνι, το = balcony
μπαμπάς, ο [see also *πατέρας*] = dad, daddy
μπάνιο, το [room] = bathroom, bath
μπάνιο, το = bathing, swimming
κάνω μπάνιο = to have/take a bath, to swim, to have a swim
μπαούλο, το = chest, trunk
μπαρ, το = bar
μπερδεύομαι = to become confused, to be tangled

μπερδεύω = to confuse, to tangle
μπερές, ο = beret
μπλε [color] = blue
μπλοκάρομαι = to be blocked
μπλούζα, η = shirt
μπογιά, η = paint
μπορώ = can, to be able to
μπουφάν, το = jacket, coat
μπροστά [adv.] = ahead
    μπροστά από = in front of
μυαλό, το = mind, brain
μύγα, η = fly
μυθιστόρημα, το = novel
μυρίζω = to smell
μυρμήγκι, το = ant
μυρωδιά, η = smell, scent
μυς, ο = muscle
μυστήριο, το = mystery
μυστικό, το = secret
μύτη, η = nose
μωρό, το = baby
μωσαϊκό, το = mosaic

Ν, ν = νι

ναός, ο = temple
Νέα Υόρκη, η [place name] = New York
νέα, τα = news
νεανικός, -ή, -ό = youthful
νεαρός, -ή, -ό = young
νεκρός, -ή, -ό = dead, deceased
νεογέννητος, -η, -ο = newborn
νέος, -α, -ο [age; see also *μικρός*] = young
νέος, -α, -ο [condition; see also *καινούριος*] = new
νεράιδα, η = fairy
νερό, το = water
νετρίνο, το = neutrino
νευριάζω = to get angry, to get irritated, to get mad
νευριασμένος, -η, -ο = irritated, angry
νευρικός, -ή, -ό = nervous, anxious
νηπιαγωγείο, το = kindergarten
νηπιακός, -ή, -ό = toddler
νησί, το = island
νικάω & -ώ = to win
νίκη, η = victory
νιότη, η = youth
νιώθω = to feel
νόημα, το = meaning, point
νοημοσύνη, η = intelligence
νοικάρης, ο — νοικάρισσα, η [see also *ενοικιαστής*] = renter, tenant
(ε)νοικιαζόμενος, -η, -ο = rented, for rent
νοίκι, το [see also *ενοίκιο*] = rent
νοικοκυριό, το = household
νομαδικός, -ή, -ό = nomadic
νομάς, ο = nomad
νομίζω = to think, to believe
νόμος, ο = law
νομπελίστας, ο = nobel prize winner
νοσηλευμένος, -η, -ο = hospitalized
νοσηλεύομαι = to be hospitalized
νοσοκομείο, το = hospital
νοστιμιά, η = flavor
νόστιμος, -η, -ο = delicious, flavorful, tasty
νότα, η = note
νότιος, -α, -ο = southern
ντοκιμαντέρ, το = documentary
ντομάτα, η = tomato
ντοπαμίνη, η = dopamine
ντόπιος, -α, -ο = local
ντρέπομαι = to be ashamed, to be embarrassed
ντροπαλός, -ή, -ό = shy
ντροπή, η = shame, embarrassment
ντυμένος, -η, -ο = dressed
ντύνομαι = to get dressed
ντύνω = to dress
ντύσιμο, το = outfit
νυστάζω = to be sleepy
νύφη, η = bride, daugher-in-law, sister-in-law
νύχι, το = nail
νύχτα, η = night
νυχτερινός, -ή, -ό = night, overnight
νωρίς [adv.] = early

Ξ, ξ = ξι

ξακουστός, -ή, -ό = famous, well-known
ξανά [adv.] = again
ξαναβλέπω = to see again
ξαναβρίσκω = to rediscover, to find again
ξαναγράφω = to rewrite
ξαναγυρίζω = to go back, to return
ξανακάνω = to do again, to do over
ξαναμιλάω & -ώ = to talk again
ξανθομάλλης, ο — ξανθομαλλούσα, η = blond-haired, blondy
ξανθός, -ή/-ιά, -ό = blond
ξαφνικά, ξάφνου [adv.] = suddenly
ξεβάφω = to bleach, to fade
ξεβουλώνω = to unclog, to unblock
ξεδιπλώνω = to unfold, to unfurl
ξεκάθαρα [adv.] = clearly
ξεκάθαρος, -η, -ο = straightforward, clear
ξεκινάω & -ώ [non transitive] = to depart, to go
ξεκινάω & -ώ [transitive] = to begin, to start
ξεκλειδώνω = to unlock
ξεκολλάω = to come off
ξεκουράζομαι = to rest, to relax
ξεκουράζω = to rest, to relax
ξεκούραση, η = rest
ξενοδοχείο, το = hotel
ξένος, -η, -ο [adj.] = foreign
ξένος, ο — ξένη, η [n.] = stranger, foreigner
ξενύχτι, το = staying out late, all-nighter
ξενώνας, ο = guesthouse
ξεπερνάω [for a problem, a difficulty] = to overcome
ξεπερνάω [to go beyond] = to exceed, to surpass
ξεπροβάλλω = to emerge, to stick out, to appear suddenly
ξέρω [see also *γνωρίζω*] = to know
ξεσηκώνομαι = to be roused, to be excited
ξεσπάω = to burst
ξετυλίγω = to unwrap
ξεφεύγω = to get away from
ξεφουσκώνω = to deflate
ξεχασμένος, -η, -ο = forgotten
ξεχειμωνιάζω = to winter, to pass the winter
ξεχνάω & -ώ = to forget
ξεχνιέμαι = to be forgotten, to forget myself, to lose track of time
ξεχωρίζω = to distinguish, to be dinstinguished
ξεχωριστός, -ή, -ό = special, separate
ξημερώνω = to dawn
ξηρός, -ή, -ό = dry
    ξηρός καρπός, ο = dried nuts

ξοδεύω = to spend
ξυλεία, η = timber
ξυλιά, η = slap, spanking
ξύλινος, -η, -ο = wooden
ξύλο, το = wood
ξυλογλυπτική, η = woodcraft
ξυλοκόπος, ο = lumberjack
ξυπνάω & -ώ = to wake up
ξύπνημα, το = awakening

Ο, ο = όμικρον

οδηγάω & -ώ = to drive, to guide
οδήγηση, η = driving
οδηγία, η = instruction, direction
οδηγός, ο/η = guide, driver
οδηγούμαι = to be led, to be guided
οδικός, -ή, -ό = road
οδοντόβουρτσα, η = toothbrush
οδός, η = road, street
οθόνη, η = screen
οικία, η = house
οικιακός, -ή, -ό = domestic
    οικιακά, τα = housekeeping
οικισμός, ο = settlement
οικογένεια, η = family
οικογενειακός, -ή, -ό = family
οικοδομή, η — οικοδόμημα, το = building, construction
οικολογικός, -ή, -ό = ecological, environmentally friendly
οικολόγος, ο/η = ecologist
οικονομία, η = economy
οικονομικός, -ή, -ό = economic, cheap
οικονομολόγος, ο/η = economist
οικόπεδο, το = plot
οικοσύστημα, το = ecosystem
οινοπαραγωγός, ο/η = wine producer, viniculturist
ολοένα [adv.] = always, more, more and more, increasingly
ολοκαίνουριος, -η, -ο = brand new
ολόκληρος, -η, -ο = whole, entire
    εξ ολοκλήρου [adv.] = fully
ολοκληρώνομαι = to be completed
ολοκληρώνω = to complete, to finish
όλος, -η, -ο = whole, entire
    όλοι, -ες, -α = all, every
ομάδα, η = team
ομαδικός, -ή, -ό = group, team
ομιλητής, ο — ομιλήτρια, η = speaker, lecturer
ομιλητικός, -ή, -ό = talkative
ομιλία, η = speech
ομοιοκαταληξία, η = rhyme
ομοιότητα, η = similarity, resemblance
ομορφιά, η = beauty
όμορφος, -η, -ο = beautiful, pretty
ομπρέλα, η = umbrella
όμως [see also *αλλά, μα*] = but, yet
ονειρεύομαι = to dream
όνειρο, το = dream
ονειροπόλος, -α, -ο = daydreamer
ονειροπολώ = to daydream
όνομα, το = name
ονομαζόμενος, -η, -ο = named
οντισιόν, η = audition
οπαδός, ο/η = fan, follower
όπερα, η = opera
οποίος, -α, -ο = who, which
όποιος, -α, -ο = whoever
οποιοσδήποτε, οποιαδήποτε, οποιοδήποτε = anyone
όποτε = whenever
οπτικός, -ή, -ό = optical, visual
όπως [adv.] = like, such as
οπωσδήποτε [adv.] = certainly
όραση, η = vision, sight
οργανικός, -ή, -ό = organic
οργανισμός, ο = organism
όργανο, το = tool, instrument
οργανοπαίκτης, ο — οργανοπαίκτρια, η = organist, instrument player
οργανωμένος, -η, -ο = organized
οργανώνομαι = to be organized
οργανώνω = to organize
οργάνωση, η = organization
οργανωτικός, -ή, -ό = organizational
ορειβάτης, ο — ορειβάτισσα, η = mountain climber
ορεινός, -ή, -ό = mountainous
όρεξη, η = appetite, mood
όρθιος, -α, -ο = standing
ορίζοντας, ο = horizon
οριζόντια [adv.] = horizontally
οριζόντιος, -α, -ο = horizontal
όριο, το = limit
ορισμένος, -η, -ο = certain
ορισμός, ο = definition
ορκίζομαι = to swear, to take an oath
όρος, ο = term, mountain
οροφή, η = ceiling
όροφος, ο = floor
ορχήστρα, η = orchestra
όσος, -η, -ο = any, as much as, any, as long as
    όσα = all that
οσμή, η = smell
όσπριο, το = legume
οστό, το = bone
οστρακιά, η = scarlet fever
όταν = when
ότι = that
Ουγγαρία, η [place name] = Hungary
Ούγγρος, ο — Ουγγαρέζα, η = Hungarian
ουρανής, -ιά, -ί, = sky blue
ουράνιος, -α, -ο = celestial
ουρανός, ο = sky
Ουρανός, ο [planet] = Uranus
ουσία, η = point, substance
ουσιαστικός, -ή, -ό = main, basic
ούτε = not even
οφείλομαι = to be owed, to be due to
οφείλω = to owe
όφελος, το = advantage, benefit
όχθη, η = bank, shore
όχι = no
όψη, η = view, sight, look

Π, π = πι

παγίδα, η = trap
πάγκος, ο = counter, bench
παγκόσμιος, -α, -ο = global, universal
παγκοσμίως [adv.] = globally
παγωμένος, -η, -ο = frozen
παγωνιά, η = freezing cold
παγώνω = to freeze
παθαίνω = to suffer from, [sth] happens to me
παθητικός, -ή, -ό = passive
πάθος, το = passion
παιδεία, η = education
παιδί, το = child, kid
παιδίατρος, ο/η = pediatrician
παιδικός, -ή, -ό = infantile, children's
    παιδική χαρά, η = playground
    παιδικός σταθμός, ο = nursery, kindergarten

παιδότοπος, ο = playground, playing facilities
παίζω = to play
παίκτης, ο — παίκτρια, η = player
παινεύω = to praise
παίρνω = to take
  παίρνω μέρος = to take part, to participate
παιχνίδι, το = game, toy
παιχνιδιάρης, -α, -ικο = playful
πακετάρισμα, το = packaging, packing
πακέτο, το = package
παλάτι, το = palace
πάλι [adv.] = again
παλικάρι, το = lad, young man
παλιός, -ά, -ό = old
  παλιά [adv.] = in the past, once
παλιόσπιτο, το = old house
πανέμορφος, -η, -ο = gorgeous
πανεπιστημιακός, -ή, -ό = university, academic
πανεπιστήμιο, το = university
πανίδα, η = fauna
πάντα [adv.] = always
παντελόνι, το = trousers (a pair of), pants
παντοπωλείο, το = grocery store
πάντοτε [adv.] = forever
παντού [adv.] = everywhere
παντόφλα, η = slipper
παντρεμένος, -η, -ο = married
παντρεύομαι = to get married
παντρεύω = to marry
πάνω [adv.; see also *επάνω*] = up, on, above
παπαγάλος, ο = parrot
πάπια, η = duck
πάπλωμα, το = blanket, comforter, duvet, quilt
παπούτσι, το = shoe
παππούς, ο = grandfather
παρά = despite, in spite of
παράβαση, η = offense
παραγγελία, η — παραγγελιά, η = order
παραγγέλλω/παραγγέλνω = to order
παράγοντας, ο = factor, agent
παράγραφος, η = paragraph
παράγω = to produce
παραγωγή, η = production
παραγωγικός, -ή, -ό = productive
παραγωγός, ο/η = producer, manufacturer
παράδειγμα, το = example
παράδεισος, ο = heaven
παραδέχομαι = to admit, to accept
παραδίδω = to deliver
παράδοση, η [μαθήματος] = teaching
παράδοση, η = tradition, delivery
  κατά παράδοση = according to tradition
παραδοσιακός, -ή, -ό = traditional
παράθυρο, το = window
παραιτούμαι = to resign, to quit
παρακαλώ = to please
  Παρακαλώ! [in response to "Thank you!"] = You 're welcome!
  Σε/Σας παρακαλώ! = Please!
παρακάνω = to overdo, to go too far
παρακάτω [adv.] = below, following
παρακμή, η = decline, decay
παρακολούθηση, η = attendance, monitoring, observation
παρακολουθώ = to watch, to attend, to monitor, to observe
παράκτιος, -α, -ο = coastal, inshore, off-shore
παραλαβή, η = receipt, pickup
παραλαμβάνω = to receive
παραλία, η = beach, coast
παράλια, τα = coastline
παράλληλα [adv.] = meanwhile, parallelly
παράλληλος, -η, -ο = parallel
παραμελώ = to neglect
παραμένω = to remain, to stay
παραμικρός, -ή, -ό = slightest, minimal
παραμορφώνω = to disfigure, to deform
παραμυθάς, ο = storyteller
παραμύθι, το = fairy tale
παρανομία, η = offense
παράνομος, -η, -ο = illegal
παρανομώ = to break the law, commit an offence
παράξενος, -η -ο = strange, odd
παραπάνω / πιο πάνω [adv.] = above, more
παραπονεμένος, -η, -ο = complaining
παραπονιέμαι = to complain
παράπονο, το = complaint
παραποτάμιος, -α, -ο = riverside
παρασκευάζομαι = to be produced, to be prepared
παρασκευάζω = to produce
παρασκευή, η = making, production
παρασκήνιο, το = backstage
παράσταση, η = show, performance
παρασύρομαι = to be carried away, to get carried away
παρατάω & -ώ = to abandon, to give up
παρατεταμένος, -η, -ο = extended, protracted, prolonged
παρατημένος, -η, -ο = neglected, abandoned
παρατήρηση, η = comment, remark, observation
παρατηρητής, ο — παρατηρήτρια, η = observer
παρατηρητικός, -ή, -ό = observant
παρατηρητικότητα, η = observation
παρατηρώ = to observe, to notice
παρατσούκλι, το = nickname
παραχώρηση, η = concession
παρέα, η = company
παρελθόν, το = past
παρεμβαίνω = to interfere
παρέμβαση, η = intervention
παρεμβατικός, -ή, -ό = intervening
παρένθεση, η = parenthesis, bracket
παρεξήγηση, η = misunderstanding
παρέχω = to provide
παρκάρισμα, το = parking
πάρκο, το = park
παροιμία, η = proverb, saying
παρόλο = even though
παρόμοιος, -α, -ο = similar
παρόν, το = the present
παρουσία, η = appearance, presence
παρουσιάζομαι = to appear, to be present, to be presented
παρουσιάζω = to present, to display
παρουσίαση, η = presentation
παροχή, η = facility, provision
πάρτι, το = party
παρών, -ούσα, -όν = present
πασπαλίζω = to sprinkle

παστίτσιο, το [Greek dish/food]= pasticchio (made with macaroni, minced meat ragù, and béchamel sauce, resembles lasagna)
πατάω & -ώ = step
πατέρας, [see also *μπαμπάς*] = father
πατίνι, το = ice-skate, roller-skate
πατρίδα, η = homeland
πατρικός, -ή, -ό = paternal
πάτωμα, το = floor
παύω = stop
παχύς, -ιά, -ύ = fat
παχαίνω = to gain weight
πάχος, το = fat
παχουλός, -ή, -ό = plump, chubby
παχυντικός, -ή, -ό = fattening
παχυσαρκία, η = obesity
πεδίο, το = field
πεζός, -ή, -ό = pedestrian
πεθαίνω = to die, to pass away
πεθαμένος, -η, -ο = dead
πειθαρχία, η = discipline
πείθομαι = to be persuaded, to be convinced
πείθω = to persuade, to convince
πειθώ, η = persuasion
πείνα, η = hunger, famine
πεινασμένος, -η, -ο = hungry
πεινάω & -ώ = to be hungry
πείρα, η = experience
πείραγμα, το = teasing
πειράζω = to mess around with, to harm, to tease
πειράζει = It matters
πείραμα, το = experiment
πεισματάρης, -α, -ικο = stubborn
πειστικός, -ή, -ό = convincing, persuasive
πελαργός, ο = stork
πελατεία, η = clientele
πελατειακός, -ή, -ό = customer
πελάτης, ο — πελάτισσα, η = client, customer
πέμπτος, -η, -ο = fifth
Πέμπτη, η = Thursday
πεντάμορφος, -η, -ο = stunning, very beautiful
πενταπλός, -ή, -ό = fivefold, five times as many
πέντε = five
πεποίθηση, η = belief
πεπτικός, -ή, -ό = digestive
πέρα [adv.] = beyond
πέρασμα, το = passage, pass
περασμένος, -η, -ο = past, gone, previous
περαστικός, -ή, -ό = passing, passer-by
Περαστικά! = Get well soon!
περιβάλλον, το = environment
περιβαλλοντικός, -ή, -ό = environmental
περιγραφή, η = description
περιγράφω = to describe
περίεργος, -η, -ο = curious
περιέργεια, η = curiosity
περιεχόμενο, το = content
περιέχω = to contain, to include
περιθώριο, το = margin
περιλαμβάνω = to include
περίληψη, η = summary, abstract
περιμένω = to wait, to look for
περιοδεία, η = tour
περιοδικό, το = magazine
περίοδος, η = period, time
περιορίζω = to confine, to limit
περιορισμένος, -η, -ο = confined, limited
περιορισμός, ο = constraint, limit
περιουσία, η = property, fortune
περιοχή, η = region, district, area
περιπέτεια, η = adventure
περιπετειώδης, -ης, -ες = adventurous
περίπλοκος, -η, -ο = complicated
περιποιούμαι = to look after, to take care of
περίπου [adv.] = about, more or less, sort of
περιπτεράς, ο = man who works in a kiosk
περίπτερο, το = kiosk
περίπτωση, η = case
περίσσευμα, το = surplus
περισσεύω = to be superfluous, to be in excess, to be left over
περισσότερος, -η, -ο = more, most
περίσταση, η = occasion
περιστατικό, το = incident
περιστρέφομαι = to be rotated, to be spinned
περιστρεφόμενος, -η, -ο = rotating, spinning
περιστρέφω = to rotate, to spin
περιστροφικός, -ή, -ό = turning, revolving
περίτεχνος, -η, -ο = elaborate
περιττός, -ή, -ό = unnecessary
περίχωρα, τα = suburbs
περνάω & -ώ = to pass
περπατάω & -ώ = to walk
περπάτημα, το = walking
πέρσι [adv.] = last year
περσικός, -ή, -ό = Persian
περσινός, -ή, -ό = last year's
πεσμένος, -η, -ο = fallen
πετα(γ)μένος, -η, -ο = scattered, thrown away
πετάγομαι = to jump
πετάω & -ώ [non transitive] = to fly
πετάω & -ώ [transitive] = to throw, to throw away
πετιέμαι = to pop out
πέτρα, η = stone, rock
πετρελαιοκηλίδα, η = oil spill
πέτρινος, -η, -ο = stony
Πέτρος, ο [proper name] = Peter
πετσέτα, η = towel
πετυχαίνω = to succeed
πετυχημένος, -η, -ο = successful
πέφτω = to fall
πέψη, η = digestion
πηγάδι, το = well
πηγαίνω = to go
πηγή, η = source, spring
πηδάω & -ώ = to jump
πήλινος, -η, -ο = made of clay, ceramic, earthenware
πηλιορείτικος, -η, -ο = from Mount Pelion
πηλός, ο = clay
πιάνω = to pick up on, to catch, to catch on
πιάτο, το = plate, dish
πιγκουίνος, ο = penguin
πιγούνι, το = chin
πιέζομαι = to be pushed, to be pressured
πιέζω = to press, to push
πίεση, η = pressure
πιεστικός, -ή, -ό = pressing, pushing, urgent
πιέτα, η = pleat
πιθανός, -ή, -ό = possible
πιθανά [adv.] = possibly

πιθανότητα, η = possibility
πιθανώς [adv.] = possibly
πικρός, -ή, -ό = bitter
πικραίνομαι = to be embittered, to become bitter
πικραίνω = to make bitter
πικραμένος, -η, -ο = bitter, sad, disappointed
πιλότος, ο = pilot
πίνακας, ο [exercise] = chart, table
πίνακας, ο [work of art] = painting
πινακοθήκη, η = gallery
πινέλο, το = brush
πίνω = to drink
πιο [adv.] = more
πιόνι, το = pawn, piece
πιπέρι, το = pepper
πιρούνι, το = fork
πιστά [adv.] = faithfully, loyally
πιστευτός, -ή, -ό = believable
πιστεύω = to believe
πίστη, η = faith, belief
πιστός, -ή, -ό = loyal, faithful
πίσω [adv.] = behind
πίτα, η = pie
πιτζάμα, η = pajamas
πιωμένος, -η, -ο = drunk
πλαγιά, η = hillside, slope
πλαγιότιτλος, ο = section heading
πλαγκτόν, το = plankton
πλάι [adv.] = side
πλαίσιο, το = context, framework
πλαισιώνω = to frame
πλακάκι, το = tile
πλανήτης, ο = planet
πλάνο, το = plan
πλάσμα, το = creature, being
πλασματικός, -ή, -ό = fictitious, fictional
πλαστικός, -ή, -ό = plastic
πλατύς, -ιά, -ύ = wide
πλαταίνω = to widen, to broaden
πλατεία, η = square
πλάτη, η = back
πλάτος, το = width
πλειοψηφία, η = majority
πλένομαι = to be washed, to wash myself
πλένω = to wash
πλεξίδα, η = braid
πλέξιμο, το = knitting
πλέον [adv.] = anymore
πλεονέκτημα, το = advantage
πλευρά, η = side
πληγώνω = to hurt
πληθυσμός, ο = population
πληκτρολόγιο, το = keyboard
πληκτρολογώ = to type
πλημμύρα, η = flood
πλήρης, -ης, -ες = complete
πληροφόρηση, η = informing, information
πληροφορία, η — πληροφορίες, οι = information, info
πληροφορική, η = information technology
πλήρωμα, το = crew
πληρώνω = to pay
πλησιάζω = to get near, to approach
πλήττω = to be bored
πλοίο, το [see also *καράβι*] = boat, ship
πλοκή, η = plot
πλούσιος, -α, -ο = rich, wealthy
πλυμένος, -η, -ο = washed
πλυντήριο, το = washing machine
πλύσιμο, το = washing
πνεύμα, το = spirit, wit
πνευματικός, -ή, -ό = intellectual
πνεύμονας, ο = lung
πνευμονολόγος, ο/η = pulmonologist
πνιγμένος, -η, -ο = drowned, swamped, overwhelmed
ποδήλατο, το = bicycle, bike
πόδι, το = foot, leg
ποδοσφαιριστής, ο — ποδοσφαιρίστρια, η = football player, soccer player
ποδόσφαιρο, το = football, soccer
ποζάρω = to pose
πόθος, ο = longing, desire
ποιανού, -ής [for a person] = whose
ποιητής, ο — ποιήτρια, η = poet
ποικιλία, η = variety, selection
ποικίλος, -η, -ο = various
ποιος, -α, -ο [for human beings] = who
ποιον, ποια [accusative for a person] = whom
ποιος, -α, -ο [not for human beings] = which
ποιότητα, η = quality
πολεμιστής, ο — πολεμίστρια, η = warrior, fighter
πόλεμος, ο = war
πόλη, η = city
πολικός, -ή, -ό = polar
πολίτης, ο/η = citizen, civilian
πολιτικός, -ή, -ό = political
πολιτική, η = politics
πολιτισμικός, -ή, -ό = cultural
πολιτισμός, ο = civilization, culture
πολιτιστικός, -ή, -ό = cultural
πολλαπλασιάζω = to multiply
πολλαπλασιασμός, ο = multiplication
πολλαπλασιαστικός, -ή, -ό = multiplicative, multiplying
πολλαπλός, -ή, -ό = multiple
πολλοί, -ές, -ά [countable] = many, a lot of
πολύ [adv.] = much
πολυβραβευμένος, -η, -ο = award-winning
πολυεθνικός, -ή, -ό = multinational
πολυκατοικία, η = apartment building, block of flat
πολυλογάς, ο — πολυλογού, η = babbler, chatterbox
Πολυνησία, η [place name] = Polynesia
πολύς, πολλή, πολύ [uncountable] = much
πολυσύχναστος, -η, -ο = busy, much frequented
πολυτέλεια, η = luxury
πολυτελής, -ής, -ές = luxurious
πολύτιμος, -η, -ο = precious, valuable
πονάω & -ώ = to hurt, to feel pain, to be in pain
πονηρός, -ή, -ό = sneaky
πονοκέφαλος, ο = headache
πόνος, ο = pain, ache
ποντίκι, το = mouse
Πόντος, ο = Pontus
πόντσο, το = poncho
πορεία, η = route
πορεύομαι = to subsist on, to manage, to make shift
πόρτα, η = door
πορτοκαλής, -ιά, -ί = orange
πορτοκαλοκόκκινος, -η, -ο = orange red
πορτοφόλι, το = wallet
πορτρέτο, το = portrait
Ποσειδώνας, ο [planet] = Neptune

ποσό, το = amount
πόσος, -η, -ο [non countable] = how much
πόσοι, -ες, -α [countable] = how many
ποσοστό, το = percentage
ποσότητα, η = quantity
ποστάρω = to post
ποτάμι, το = river
ποταμίσιος, -α, -ο = fluvial, river
ποτέ [adv.] = never
πότε = when
πότε πότε = now and then
ποτήρι, το = glass, cup
πότισμα, το = watering
πού [interrogative] = where
πουθενά [adv.] = nowhere
πουκάμισο, το = shirt
πουλάω & -ώ = to sell
πουλερικό, το = poultry
πουλημένος, -η, -ο = sellout, sold out
πουλί, το = bird
πουλιέμαι = to be for sale
πράος, -α, -ο = mild, gentle
πράγμα, το [see also *αντικείμενο*] = thing
πράγματι [adv.] = indeed
πραγματικός, -ή, -ό = real, true, genuine
πραγματικά [adv.]= really, indeed, in fact
πραγματικότητα, η = reality
πραγματοποίηση, η = realization
πραγματοποιούμαι = to come true, to be realized
πραγματοποιώ = to realize, to accomplish
πρακτικός, -ή, -ό = practical, functional
πράξη, η = act
πράσινος, -η, -ο = green
πράσο, το = leek
πράττω = to act
πρέπει = must, to have to
πρίγκιπας, ο — πριγκίπισσα, η = prince/princess
πρίζα, η = socket
πριν = before
προαγωγή, η = promotion
προαναγγέλω = announce in advance
προάστιο, το = suburb
πρόβα, η = rehearsal
προβάλλομαι = to play, to show
προ(βε)βλημένος, -η, -ο = featured
προβάλλω = to promote, to show
πρόβατο, το = sheep, lamb
προβλέπω = to foresee, to expect
πρόβλεψη, η = prediction
προβλέψιμος, -η, -ο = predictable
πρόβλημα, το = problem
προβληματικός, -ή, -ό = difficult
προβλήτα, η = dock
προβολέας, ο = projector
προβολή, η = promotion, projection, screening [movie]
πρόγονος, ο/η = ancestor
πρόγραμμα, το = program
προγραμματίζω = to plan
προγραμματισμένος, -η, -ο = scheduled
προγραμματιστής, ο — προγραμματίστρια, η = developer, computer programmer
προδιαγραφή, η = specification
προδίδω = to betray
προδομένος, -η, -ο = betrayed
προδοσία, η = betrayal
προδότης, ο — προδότρια, η = traitor
προειδοποιώ = to warn
προεκλογικός, -ή, -ό = pre-electional, electoral
προέκταση, η = extension
προέλευση, η = origin
προεξέχω = to stand out
προέρχομαι = to come from, to originate
προετοιμάζομαι = to prepare myself
προετοιμάζω [see also *ετοιμάζω*] = to prepare
προετοιμασία, η = preparation
προηγούμενος, -η, -ο = previous, last
πρόθεση, η = intention, preposition
πρόθυμος, -η, -ο = willing
προικισμένος, -η, -ο = gifted, endowed
προϊόν, το = product
προϊστορικός, -ή, -ό = prehistorical
προκαλώ = to provoke, to cause
προκατασκευασμένος, -η, -ο = prefabricated
προκειμένου = in order to, rather than
πρόκειται = it's going to, it's about to
πρόκληση, η = provocation, challenge
προκλητικός, -ή, -ό = provocative
προκύπτω = to arise, emerge
προλαβαίνω = to be in time for, to catch up with
προμήθεια, η = supply, provisions
προνόμιο, το = privilege
προοδευτικός, -ή, -ό = progressive, radical
πρόοδος, η = progress
προοπτική, η = perspective
προορίζω = to destine, to intend for
προορισμός, ο = destination
προπόνηση, η = practice, training
προπονητής, ο — προπονήτρια, η = trainer, coach
προπτυχιακός, -ή, -ό = undergraduate
προς = to, towards
προσανατολίζω = orient
προσανατολισμένος, -η, -ο = oriented
προσανατολισμός, ο = orientation
προσανατολιστικός, -ή, -ό = orientational
προσαρμόζομαι = to be adapted, to adapt myself
προσαρμόζω = to adapt, to adjust
προσβάλλω = to offend
πρόσβαση, η = access
προσεγγίζω = to approach
προσεγγίσιμος, -η, -ο = approachable
προσεκτικός, -ή, -ό = careful
προσεκτικά [adv.] = carefully
προσέλευση, η = coming, arrival, attendance
προσέχω = to be careful, to pay attention to
προσθήκη, η = addition
προσιτός, -ή, -ό = accessible
προσκαλώ [see also *καλώ*] = to invite
πρόσκληση, η = invitation
προσλαμβάνομαι = to get hired
προσλαμβάνω = to hire
προσόν, το = qualification

προσοχή, η = attention
προσπάθεια, η = effort, try, attempt
προσπαθώ = to try, to make an effort
προσταγή, η = order
προστασία, η = protection
προστατεύομαι = to guard against
προστατευόμενος, -η, -ο = protected, protégé
προστατεύω = to protect, to keep safe
προστίθεμαι = to be added
πρόσφατος, -η, -ο = recent
πρόσφατα [adv.] = recently
προσφέρομαι = to be offered, to offer myself
προσφέρω = to offer
προσφορά, η = bargain, offer
προσφώνηση, η = salutation, address
προσωπικό, το = staff
προσωπικός, -ή, -ό = personal, private
προσωπικότητα, η = personality
πρόσωπο, το [individual, or grammar] = person
πρόσωπο, το [part of the body] = face
προσωρινός, -ή, -ό = temporary
προσωρινά [adv.] = temporarily
πρόταση, η = sentence, suggestion, proposal
προτεινόμενος, -η, -ο = suggested, proposed
προτείνω = to suggest, to propose
προτέρημα, το = virtue
προτιμάω & -ώ = to prefer
προτίμηση, η = preference
προτιμότερος, -η, -ο = preferable
προτού = before
προτροπή, η = encouragement
πρότυπο, το = standard
προϋπηρεσία, η = employment experience
προϋπόθεση, η = condition, prerequisite, presupposition
προφανώς [adv.] = obviously
πρόφαση, η = pretext
προφητεία, η = prophecy
προφητεύω = to foretell
προφητικός, -ή, -ό = prophetic
προφίλ, το = profile
προφορά, η = pronunciation, accent
προφορικός, -ή, -ό = oral
  προφορικές εξετάσεις, οι = oral exams
προφυλάσσομαι = to be protected
προφυλάσσω = to protect
πρόχειρος, -η, -ο = casual
πρόχειρα [adv.] = casually
προχθές [adv.] = the day before yesterday
προχωράω & -ώ = to move forward, to proceed
προχωρημένος, -η, -ο = advanced, forward
προώθηση, η = forwarding, propulsion, promotion
προωθώ = to promote, to forward
πρωθυπουργός, ο/η = prime minister
πρωί, το = morning
πρωινό, το = morning
  πρωινό (γεύμα), το = breakfast
πρωινός, -ή, -ό [adj.] = morning, early
πρώτος, -η, -ο = first
  πρώτα [adv.] = firstly, first of all, in the first place
πρωταγωνιστής, ο — πρωταγωνίστρια, η = protagonist, leading person
πρωτεύουσα, η = capital city
πρωτοβουλία, η = initiative
πρωτόγονος, -η, -ο = primitive
πρωτότυπος, -η, -ο = original
πρωτοτυπία, η = originality
πρωτοτυπώ = to be original
Πρωτοχρονιά, η = New Year's Day
πτηνό, το = bird
πτήση, η = flight
πυκνός, -ή, -ό = thick, dense
πυξίδα, η = compass
πύργος, ο = castle, tower
πυρήνας, ο = core
πυρκαγιά, η = fire
πυροσβέστης, ο = fireman
πώληση, η = sale
πωλητήριο, το = deed, bill of sale
πωλητής, ο — πωλήτρια, η = seller, salesman/saleswoman
πώς = how

Ρ, ρ = ρο

ραγδαίος, -α, -ο = rapid
ραδιοφωνικός, -ή, -ό = radio
ραδιόφωνο, το = radio
ράμφος, το = beak
ραντεβού, το = date, appointement
ράτσα, η = breed, race
ρεπορτάζ, το = reportage, report
ρεπούμπλικα, η = hat, trilby hat
ρεύμα, το = electricity
ρεφρέν, το = refrain, chorus
ρίζα, η = root
ριζικός, -ή, -ό = radical
ρινόκερος, ο = rhinocerus
ρισκάρω = risk, take a chance
ρίσκο, το = risk, hazard
ρίχνω = to throw, to drop
  ρίχνω μια ματιά = to have a look
ρολόι, το = watch, clock
ρόλος, ο = role, part
Ρομά = Rom, Romani people
ρομαντικός, -ή, -ό = romantic
ρομπότ, το = robot
ρομποτική, η = robotics
Ρουμανία, η [place name] = Romania
ρουμανικός, -ή, -ό = Romanian
ρουτίνα, η = routine
ρουφάω & -ώ = to suck, to absorb
ρούχο, το = clothes, an item of clothing
ρύζι, το = rice
ρυθμιζόμενος, -η, -ο = adjustable
ρυθμίζω = to arrange, to adjust
ρυθμικός, -ή, -ό = rhythmic
ρυθμός, ο = rhythm
ρύπανση, η = pollution
ρώγα, η = grape
ρωτάω & -ώ = to ask

Σ, σ = σίγμα

Σαββατοκύριακο, το = weekend
σαλιγκάρι, το = snail
σαλόνι, το = living room
Σαμοθράκη, η [place name] = Samothraki
σαν = as though
σανίδι, το = stage, wooden board, plank

σάουντρακ, το = soundtrack
σαπούνι, το = soap
σαπουνίζω = to soap, to wash with soap
σαπουνόπερα, η = soap opera
σάρκα, η = flesh
σαρκοφάγος, -ος, -ο = carnivorous
σαφής, -ής, -ές = clear, obvious
σβήνω = to delete, to erase, to turn off
σγουρομάλλης, -α, -ικο = curly haired
σε = at, to
σε σχέση με = relating to
σεβασμός, ο = respect
σέβομαι = to respect
σεβόμενος, -η, -ο = respectful
σειρά, η = order, line, row, queue, series
σεισμός, ο = earthquake
Σελήνη, η [planet] = the Moon
σεληνιακός, -ή, -ό = lunar
σελίδα, η = page
σέλινο, το = celery
σεμινάριο, το = seminar
σεμνός, -ή, -ό = modest, humble
σενάριο, το = screenplay
σεντόνι, το = sheet
Σεπτέμβριος, ο = September
σηκώνομαι = to get up
σηκώνω = to pick up, to raise
σημαδεύω = to mark, to aim
σημαίνω = to mean, to stand for
σημαντικός, -ή, -ό = important, significant
σημασία, η = meaning, importance
σηματοδοτώ = to signal
σημείο, το = point, spot
σημειωματάριο, το = notebook
σημειώνω = to take down notes, to write down
σημείωση, η = note, memo
κρατάω σημειώσεις = to take down notes, to keep notes, to write down
σήμερα [adv.] = today
σημερινός, -ή, -ό = modern, today's
σιγά [adv.] = silently, slowly
σιγή, η = silence
σίγουρα [adv.] = definitely, sure, certainly, of course
σιγουρεύομαι = to make sure, to make certain
σιγουριά, η = certainty
σίγουρος, -η, -ο = certain, sure
σιδηρουργία, η = iron works, iron metallurgy, smithery
Σικελία, η [place name] = Sicily
σινεμά, το [see also *κινηματογράφος*] = cinema, movie theater
σίριαλ, το = TV series
σιχαίνομαι = to hate, to detest
σκάζω = to chap
σκαρφάλωμα, το = climbing
σκαρφαλώνω = to climb
σκάψιμο, το = digging
σκελετός, ο = skeleton
σκεπάζω = to cover
σκεπή, η = roof
σκεπτικός, -ή, -ό = pensive, skeptical, thoughtful
σκεύος, το = utensil, cooking vessel
σκέφτομαι = to think
σκέψη, η = thought
σκηνή, η = scene, stage, tent
σκηνικό, το = set, scenery
σκηνοθεσία, η = direction
σκηνοθέτης, ο/η = director
σκιά, η = shade
σκιαγράφηση, η = sketching, outlining
σκίαση, η = shading
σκίτσο, το = sketch
σκληρός, -ή, -ό = hard, stiff
σκληρός δίσκος = hard disc drive
σκόνη, η = dust, powder
σκοπεύω = to intend, to aim
σκοπιμότητα, η = advisability, expediency
σκοπός, ο = aim, goal, target
σκορπίζω = to scatter
σκοτάδι, το = the dark
σκοτεινός, -ή, -ό = dark
σκοτώνομαι = to be killed
σκοτώνω = to kill, to murder
σκουλήκι, το = worm
σκουντάω & -ώ = to poke, to nudge
σκουπίδι, το = trash, garbage
σκουπίζομαι = to be wiped, to wipe myself
σκουπίζω = to wipe, to sweep
σκούρος, -α, -ο = dark
σκούφος, ο — σκουφί, το = beanie, hat
σκύλος, ο — σκυλί, το = dog
σλαβικός, -ή, -ό = Slav, Slavic
σμήνος, το = flock
σμίγω = to blend
σοβαρεύω = to become serious
σοβαρολογώ = be serious
σοβαρός, -ή, -ό = serious
σοβαρότητα, η = gravity
σοκάκι, το = alley
σοκολάτα, η — σοκολατάκι, το = chocolate, candy bar
σόλο, το = solo
σομπρέρο, το = sombrero
σοπράνο, η = soprano
σούπα, η = soup
σούπερ μάρκετ, το = supermarket
σπάζω = to smash, to brake
σπανάκι, το = spinach
σπάνιος, -α, -ο = rare
σπάνια [adv.] = rarely, seldom
σπασμένος, -η, -ο = broken
σπάταλος, -η, -ο = wasteful
σπαταλάω & -ώ = to waste
σπέρνω = to sow, to seed
σπηλιά, η — σπήλαιο, το = cave
σπίτι, το = home, house
σπιτικός, -ή, -ό = home-made
σπόρος, ο = seed
σπουδάζω = to study
σπουδαίος, -α, -ο = great
σπουδαστήριο, το = studying room
σπουδαστής, ο — σπουδάστρια, η = student
σπουδές, οι = studies
σπουργίτι, το = sparrow
σπρέι, το = spray
σπρώχνω = to push
σπυρί, το = pimple
σταγόνα, η = drop
σταδιακά [adv.] = gradually
σταδιακός, -ή, -ό = gradual
στάδιο, το = stage, step, stadium
σταδιοδρομία, η = career
σταθερά [adv.] = firmly, securely
σταθερός, -ή, -ό = stable
σταθερότητα, η = stability, consistency
στάθμη, η = level
σταθμός, ο = station, landmark
σταματάω & -ώ = to stop

στάση, η = attidute, poise, stance, posture, pose
σταυρόλεξο, το = crossword puzzle
σταχτής, -ιά, -ί = grey in color
στεγαζόμενος, -η, -ο = housed, accommodated
στεγάζω = to house, to accommodate
στέγαση, η = accommodation, housing
στεγασμένος, -η, -ο = sheltered, roofed, housed
στεγαστικός, -ή, -ό = housing
στέγη, η = roof
στέκι, το = hangout
στέκομαι = to stand, to be standing
στέλεχος, το = executive
στέλνομαι = to be sent
στέλνω = to send
στενός, -ή, -ό = narrow, tight
στεναχωρημένος, -η, -ο = sad, unhappy, depressed
στεναχώρια, η = sadness
στεναχωριέμαι = to worry, to be sad
στεναχωρώ = to depress, to make sad
στενεύω = to take in, to make narrow, to become narrow
στερεός, -ή, -ό = solid
στέρηση, η = deprivation
στεριά, η = land
στεφάνι, το = wreath
στήνομαι = to be placed, to be erected, to stand
στήνω = to set, to place, to erect
στηρίζομαι = to be supported
στηρίζω = to support
στήριξη, η = support
στιγμή, η = moment
στίχος, ο = lyric, line, verse
στιχουργός, ο/η = verse writer
στοιχείο, το = data, element
στοιχειώδης, -ης, -ες = elementary
στολή, η = costume, uniform
στολίδι, το = decoration, ornament
στόμα, το = mouth
στούντιο, το = studio
στοχεύω = to target, to aim
στόχος, ο = aim
στραβός, -ή, -ό = crooked, bent, twisted, wry
στραγάλι, το = roasted chickpeas used as dry nuts
στραμμένος, -η, -ο = facing, turned towards
στρατηγική, η = strategy
στρέφομαι = to turn towards
στρέφω = to turn, to revolve, to direct towards
στριμωγμένος, -η, -ο = crammed, crowded
στριμώχνομαι = to be packed, to be squeezed
στριμώχνω = to pack, to squeeze
στροβιλίζω = to spin, to whirl, to swirl
στρώνομαι = to get down to, to get serious
στρώνω = to lay, to set, to make
στρώσιμο, το = setting
συγγενεύω = to be related
συγγενής, ο/η = relative
συγγενικός, -ή, -ό = kindred, related
συγγνώμη, η = apology
Συγγνώμη! = I'm sorry!
σύγγραμμα, το = written work
συγγραφέας, ο/η = author
συγγραφή, η = writing
συγγραφικός, -ή, -ό = authorial
συγκατοίκηση, η = cohabitation
συγκάτοικος, ο/η = roommate, flatmate
συγκεκριμένος, -η, -ο = specific
συγκεκριμένα [adv.] = specifically
συγκεντρώνομαι = to be gathered, to focus
συγκεντρώνω = to gather, to collect
συγκίνηση, η = emotion
συγκινούμαι = to be touched
συγκινώ = to move, to touch
συγκρίνω = to compare
σύγκριση, η = comparison
συγκριτικά [adv.] = in comparison, compartively
συγκριτικός, -ή, -ό = comparative, relative
συγκρότημα, το = group, band
συγκροτημένος, -η, -ο = composed
συγκροτώ = to constitute, to compose
συγκρούομαι = to crash, to collide
σύγκρουση, η = crash, conflict, collision
συγχαρητήρια, τα = congratulations
σύγχρονος, -η, -ο = modern, contemporary
συζητάω & -ώ = to discuss
συζήτηση, η = conversation, talk, discussion
συζητιέμαι = to be discussed
σύλληψη, η = arrest
συλλογιζόμενος, -η, -ο = thinking (person)
συλλογικός, -ή, -ό = collaborative
συλλογισμένος, -η, -ο = thoughtful, pensive
σύλλογος, ο = association
συμβαδίζω = to conform with, to be in step with
συμβαίνω = to happen, to occur
συμβάλλω = to contribute
σύμβαση, η = contract
συμβατικός, -ή, -ό = conventional
συμβατός, -ή, -ό = compatible
συμβόλαιο, το = contract
συμβολή, η = contribution
συμβολικός, -ή, -ό = symbolic
σύμβολο, το = symbol
συμβουλεύομαι = to consult
συμβουλευτικός, -ή, -ό = advisory
συμβουλεύω = to advise, to give advice
συμβουλή, η = advice
συμβούλιο, το = council, board
σύμβουλος, ο/η = consultant, advisor
συμμαθητής, ο — συμμαθήτρια, η = schoolmate, classmate
σύμμαχος, ο/η = ally
συμμετέχω = to participate, to take part in
συμμετοχή, η = participation
συμπάθεια, η = liking
συμπαθητικός, -ή, -ό = nice, charming
συμπαθώ = to like
σύμπαν, το = universe
συμπαντικός, -ή, -ό = cosmic
συμπαράσταση, η = support
συμπατριώτης, ο — συμπατριώτισσα, η = countryman
συμπέρασμα, το = conclusion
συμπεριλαμβάνομαι = to be included
συμπεριφέρομαι = to behave
συμπεριφορά, η = behavior, attitude

σύμπλεγμα, το = complex
συμπληρωμένος, -η, -ο = filled-out, completed
συμπληρώνω = to complete, to fill
συμπλήρωση, η = filling in, completion
συμπολίτης, ο — συμπολίτισσα, η = fellow-citizen
συμπτωματικά [adv.] = incidentally
συμφέρον, το = interest
σύμφωνα [adv.] = according to
συμφωνώ = to agree
συνάδελφος, ο/η = colleague
συναίσθημα, το = feeling
συναναστροφή, η = socializing, company
συναντάω & -ώ = to meet, to come across
συνάντηση, η = meeting
συναντιέμαι = to meet with
συναρπάζω = to excite, to thrill
συναρπαστικός, -ή, -ό = exciting, thrilling
συναυλία, η = concert
συνδεδεμένος, -η, -ο = connected
συνδέομαι = to be connected
συνδεόμενος, -η, -ο = connecting
σύνδεση, η = connection
συνδετικός, -ή, -ό = connective
συνδέω = to connect
συνδυάζω = to combine
συνδυασμός, ο = combination
συνέδριο, το = conference
συνειδητοποιώ = to realize
συνειδητός, -ή, -ό = conscious, conscientious
συνέλευση, η = meeting, assembly
συνέντευξη, η = interview
συνένωση, η = coalescence
συνέπεια, η = consequence, consistency, punctuality
συνεπής, -ής, -ές = consistent, punctual
συνεπώς [adv.] = as a result, therefore, so
συνεργάζομαι = to collaborate
συνεργαζόμενος, -η, -ο = collaborating
συνεργασία, η = collaboration
συνεργάσιμος, -η, -ο = cooperative
συνεργάτης, ο — συνεργάτιδα, η = co-worker, partner
συνεργείο, το = garage, workshop
συνέχεια, η = continuation
στη συνέχεια = afterwards, after that
συνέχεια [adv.] = all the time, constantly, continuously
συνεχής, -ής, -ές = continuous
συνεχίζομαι = to be continued
συνεχίζω = to continue
συνεχόμενος, -η, -ο = consecutive
συνεχώς [adv.] = constantly
συνήθεια, η = habit
συνηθίζω = to get used to, to get accustomed to
συνηθισμένος, -η, -ο = usual
συνήθως [adv.] = usually
σύνθεση, η = composition, arrangement, synthesis
συνθέτης, ο — συνθέτρια, η = composer
συνθετικός, -ή, -ό = synthetic
συνθέτω = to compose
συνθήκη, η = circumstance, condition
συννεφιά, η = cloud cover
συννεφιάζω = to become cloudy
συννεφιασμένος, -η, -ο = cloudy
σύννεφο, το = cloud
συνοδεία, η = escort
συνοδεύομαι = to be accompanied
συνοδευτικός, -η, -ο = companion
συνοδεύω = to accompany
συνολικός, -ή, -ό = whole
συνολο, το = whole, total, sum
συνομιλητής, ο — συνομιλήτρια, η = interlocutor
συνομιλώ = to have a conversation, to chat
σύνορο, το = border
συνταγή, η = recipe
συντελεστής, ο = factor, coefficient
συντελούμαι = to take place, to be in progress
συντελώ = to contribute to
συντεχνία, η = guild
συντήρηση, η = maintenance, preservation
συντηρητικός, -ή, -ό = conservative, preservative
συντηρούμαι = to be preserved
σύντομα [adv.] = soon, shortly
σύντομος, -η, -ο = short, brief
συντονίζομαι = to coordinate
συντονίζω = to coordinate, to moderate
συντονισμένος, -η, -ο = coordinated
συντονισμός, ο = coordination
συντροφεύω = keep [sb] company, accompany
συντροφιά, η = company
συντροφικός, -ή, -ό = comradely
συντροφικότητα, η = companionship, camaraderie
σύντροφος, ο/η = companion, comrade
συνυπάρχω = to coexist
συνώνυμος, -η, -ο = synonymous
σύρμα, το = wire
συσκευάζω = to pack
συσκευασία, η = packaging
συσκευή, η = device, appliance
συστατικό, το = ingredient
σύστημα, το = system
συστηματικός, -ή, -ό = regular, systematic
συστηματικά [adv.] = regularly, on a regular basis
συστήνομαι = to be introduced
συστήνω = to introduce, to recommend
συχνός, -ή, -ό = often, frequent
συχνά [adv.] = often
συχνάζω = to frequent, to be a regular
συχνότητα, η = frequency
σφαιρικός, -ή, -ό = global, spherical
σφάλμα, το = mistake, error
σφουγγάρι, το = sponge
σφυρίζω = to whistle
σχεδιάζω = to draw, to design, to plan
σχεδιασμένος, -η, -ο = designed, drawn
σχεδιασμός, ο = design
σχεδιαστής, ο — σχεδιάστρια, η = designer
σχεδιαστικός, -ή, -ό = designing
σχέδιο, το = drawing, pattern, plan
σχεδόν [adv.] = almost
σχέση, η = relationship
σχετίζομαι = to be related
σχετικός, -ή, -ό = relevant
σχετικά [adv.] = concerning, regarding, in regard to

σχήμα, το = shape
σχηματίζομαι = to be formed
σχηματίζω = to form, to shape
σχολείο, το — σχολή, η = school
σχολιάζω = to comment
σχολικός, -ή, -ό = school
σχόλιο, το = comment
σώζομαι = to be saved, to be rescued
σώζω = to save, to rescue
σώμα, το = body
σωματίδιο, το = particle
σωματικός, -ή, -ό = physical
σωπαίνω = to be quiet
σωσμένος, -η, -ο = saved, resued
σωστός, -ή, -ό = right, correct

Τ, τ = ταυ

ταβάνι, το = ceiling
ταινία, η = movie, film
ταινία τρόμου, η = horror movie
ταιριάζω = to fit, to match, to suit
τακτικά [adv.] = regularly
τακτοποιώ = to settle, to arrange
ταλαιπωρία, η = hardship, discomfort
ταλαντούχος, -α, -ο = talented
ταλέντο, το = talent
ταμείο, το = cash register
ταμίας, ο/η = cashier
ταμπέλα, η = sign, label
ταμπλό, το = dashboard
τάξη, η [persons] = class
τάξη, η [room] = classroom
ταξιδεύω = to travel, to take a trip, to make a journey
ταξίδι, το = travel, journey, trip
ταξιδιάρης, -α, -ικο = someone who likes to travel
ταξιδιώτης, ο — ταξιδιώτρια, η = traveller
ταραγμένος, -η, -ο = upset, agitated, disturbed, disconcerted, troubled
ταράζομαι = to worry, to be upset
ταράζω = to worry, to upset
τάση, η = trend, tendency
ταυτίζομαι = to identify with
ταυτότητα, η = identity
ταυτόχρονος, -η, -ο = simultaneous, concurrent, contemporaneous
ταυτόχρονα [adv.] = simultaneously
ταχυδρομείο, το = post office
ταχύς, -εία, -ύ = quick, fast
ταχύτητα, η = speed
τέλειος, -α, -ο = perfect
τελειώνω = to end, to finish
τελείως [adv.] = completely, totally
τελετή, η = ceremony
τελευταίος, -α, -ο = last, final
τελικά [adv.] = finally, after all
τέλος, το = end
τεμάχιο, το = piece
τεμπέλης, -α, -ικο = lazy
τεμπελιά, η = laziness
τεμπελιάζω = to laze, to idle
τέρας, το = monster
τεράστιος, -α, -ο = huge, enormous
τέσσερις, -α = four
τέτοιος, -α, -ο = such
τετραγωνικός, -ή, -ό = square
τεύχος, το = issue
τέχνη, η = art
τεχνητός, -ή, -ό = artificial
τεχνικός, -ή, -ό = technical
τεχνίτης, ο — τεχνίτρια, η = handyman, craftsman
τεχνολογία, η = technology
τεχνολογικός, -ή, -ό = technological
τζάκι, το = fireplace
τζάμι, το = glass
τηγανητός, -ή, -ό = fried
τηλεοπτικός, -ή, -ό = on-screen, on television
τηλεόραση, η = television/TV
τηλεσκοπικός, -ή, -ό = telescopic
τηλεσκόπιο, το = telescope
τηλεφωνία, η = telephony
τηλέφωνο, το = telephone, phone
παίρνω τηλέφωνο = to call, to phone, to make a phone call
τηλεφωνώ = to call, to phone, to make a phone call
τηρώ = to follow, to keep
τι = what
τιμή, η [person] = honor
τιμή, η [item] = price
τίμιος, -α, -ο = honest
τίμια [adv.] = honestly, fairly
τίποτα = nothing
τίτλος, ο = title
τμήμα, το = part, section, department
τοιχογραφία, η = mural
τοίχος, ο = wall
τολμάω & -ώ = to dare
τόλμη, η = daring, courage
τολμηρός, -ή, -ό = daring, brave, courageous
τομέας, ο = field, area
τονίζομαι = to be pointed out, to be highlighted
τονίζω = to point out, to highlight
τόνος, ο = accent, stress, hue, tint
τοπικός, -ή, -ό = local, regional
τοπίο, το = landscape
τοποθεσία, η = location
τοποθετώ = to place, to locate
τόπος, ο = place, area
τόσος, -η, -ο = as, so
τόσος, -η, -ο [uncountable] = so/ that much
τότε [adv.] = then
Τουαρέγκ, ο/η = Tuareg
τουλάχιστον [adv.] = at least
τουρισμός, ο = tourism
τουρίστας, ο — τουρίστρια, η = tourist
τουριστικός, -ή, -ό = tourist, touristic
τουρμπάνι, το = turban
τουρσί, το = pickle
τραβάω & -ώ = to attract, to withdraw, to pull
τραβάω φωτογραφία = to take a picture
τραβηγμένος, -η, -ο = drawn, pulled, extreme
τραβιέμαι = to be pulled, be drawn
τραγιάσκα, η [hat] = cap
τραγικός, -ή, -ό = tragic
τραγουδάω & -ώ = to sing
τραγούδι, το = song
τραγουδιστής, ο — τραγουδίστρια, η = singer
τραγουδοποιός, ο/η = songwriter
τραντάζομαι = to be shaken
τραντάζω = to shake, to rock
τρανταχτός, -ή, -ό = obvious, apparent
τράπεζα, η = bank
τραπεζαρία, η = dining room
τραπεζικός, -ή, -ό = banking
τραχανάς, ο [Greek dish/food] = tarhana (a dried food based on a fermented mixture of grain and milk)

τρελός, -ή, -ό = crazy, mad
τρελαίνομαι = to go crazy, to go mad
τρένο, το = train
τρέξιμο, το = running
τρέφομαι = to be fed, to be nourished
τρέφω = to feed, to nourish
τρέχω = to run
τριγυρίζω = to walk around
τριπλός, -ή, -ό = triple
τριπλάσιος, -ια, -ιο = triple
τρισδιάστατος, -η, -ο = three-dimensional, 3D
τρισευτυχισμένος, -η, -ο = very happy, over the moon happy, on top of the world happy
τρίτον = thirdly
τρίτος, -η, -ο = third
τρίχωμα, το = fur
τρομερός, -ή, -ό = terrible, horrible, awful
τρόμος, ο = horror, terror
τροπικός, -ή, -ό = tropical
τρόπος, ο = way, manner, style
τροφή, η — τρόφιμο, το = food
τροφικός, -ή, -ό = food, nutritive
τρυφερός, -ή, -ό = tender, gentle, soft
τρυφερότητα, η = tenderness
τρώγομαι = to be edible, to be eaten, to quarrel, to grumble
Τρωικός, -ή, -ό = Trojan
τρώω = to eat
τσιγκούνης, -α, -ικο = stingy, tightfisted, miserly
τσιμέντο, το = cement, concrete
τυπικός, -ή, -ό = typical, formal, conventional, usual
τυποποιημένος, -η, -ο = standardized
τυποποίηση, η = standardization
τυποποιώ = to standardize
τύπος, ο = type, kind
τυπώνω = to print
τυχαίος, -α, -ο = random, accidental, fortuitous
τυχαία [adv.] = randomly, accidentally
τυχερός, -ή, -ό = lucky
τύχη, η = luck
τύψη, η = remorse
τώρα [adv.] = now

Υ, υ = ύψιλον

υγεία, η = health
στην υγειά σου/μας, εις υγείαν! = cheers
υγιής, -ής, -ές = healthy
υγιεινός, -ή, -ό = healthy
υγρότοπος, ο = wetland
υιοθεσία, η = adoption
υιοθετημένος, -η, -ο = adopted
υιοθέτηση, η = adoption
υιοθετούμαι = to be adopted
υιοθετώ = to adopt
ύλη, η = matter
υλικό, το = material
υλικός, -ή, -ό = material
υλοποίηση, η = implementation
υλοποιούμαι = to be implemented
υλοποιώ = to realize, to implement
υπάλληλος, ο/η = employee, clerk
ύπαρξη, η = existence
υπαρξιακός, -ή, -ό = existential
υπάρχω = to exist, to be
υπάρχει = there is
υπενθυμίζω = to remind
υπέρ = pro, for
υπεραλίευση, η = overfishing
υπεράνθρωπος, ο = superhuman
υπερασπίζομαι = to defend, to stand up for
υπερβάλλω = to exaggerate, to overreact
υπερβολικός, -ή, -ό = extravagant, extreme, excessive
υπερέχω = to excel
υπέροχος, -η, -ο = marvellous, wonderful, splendid
υπερπληθυσμός, ο = overpopulation
υπερσύγχρονος, -η, -ο = ultramodern
υπεύθυνος, -η, -ο = responsible, manager
υπευθυνότητα, η = responsibility
υπηρεσία, η = service, agency, office
υπναράς, ο — υπναρού, η = sleepyhead
υπνοδωμάτιο, το = bedroom
ύπνος, ο = sleep
υπόγειος, -α, -ο = underground
υπόγειο, το = basement
υπογείως [adv.] = underground
υπογεννητικότητα, η = low birth rate, birth deficit
υπογραμμίζω = to underline
υπογραμμισμένος, -η, -ο = accented, emphasized, underlined
υπογραφή, η = signature
υπογράφω = to sign
υποδοχή, η = reception, welcome
υποδύομαι = to impersonate, to play
υπόθεση, η = case, hypothesis, assumption
υπολογίζω = to calculate, to estimate, to count on
υπολογιστής, ο = computer
υπόλοιπος, -η, -ο = remaining, rest of
υπομονή, η = patience
ύποπτος, -η, -ο = suspect
υποστηρίζω = to support
υποστηρικτής, ο — υποστηρίκτρια, η = supporter
υποστηρικτικός, -ή, -ό = supportive
υποστήριξη, η = support
υπόσχεση, η = promise
υπόσχομαι = to promise
υποτροφία, η = scholarship
υπουργείο, το = ministry
υπουργός, ο/η = minister
υποχρεωμένος, -η, -ο = obliged, compelled
υποχρεώνω = to oblige, to compel
υποχρέωση, η = obligation, responsibility, duty
υποχρεωτικά [adv.] = necessarily, mandatorily
υποχρεωτικός, -ή, -ό = obligatory, mandatory
υποψήφιος, -α, -ο = candidate
υποψία, η = suspicion
υποψιάζομαι = to suspect
ύστερα [adv.] = after, aftertwards, then
ύφαλος, ο = reef
ύφος, το = expression, style
υφυπουργός, ο/η = under-secretary
υψηλός, -ή, -ό = high, tall, big
υψόμετρο, το = altitude
ύψος, το = height

Φ, φ = φι

φαγητό, το = food
φαγωμένος, -η, -ο = eaten
φαίνομαι = to seem, to be visible
φαινόμενο, το = phenomenon
φάκελος, ο = envelope
φακός, ο = flashlight, camera lens
φάλαινα, η = whale
φανατίζομαι = to be fanatical, to become a fanatic
φανατίζω = to fanaticize
φανατικός, -ή, -ό = fanatical
φανατισμένος, -η, -ο = fanatical, fanaticized
φανερώνω = to reveal, to show
φαντάζομαι = to imagine
φαντασία, η = fantasy
φανταστικός, -ή, -ό = imaginary, unreal
φαρδύς, -ιά, -ύ = broad, wide
φάρμακο, το = drug, medicine
φασαρία, η = fuss, noise
φάση, η = phase, stage
Φεβρουάριος, ο = February
φέρνω = to bring
φέσι, το = fez
φεστιβάλ, το = festival
φετινός, -ή, -ό = of this year, this year's
φέτος [adv.] = this year
φεύγω = to leave, to pass away
φήμη, η = reputation, rumor
φημίζομαι = to be well known
φημισμένος, -η, -ο = famous
φθηνός, -ή, -ό = cheap
φθινοπωριάζει = autumn is coming, summer is changing into autumn
φθινοπωρινός, -ή, -ό = fall, autumn, autumnal
φθινόπωρο, το = autumn, fall
φθόνος, ο = jealousy, envy
φιγούρα, η = dance move, figure, shape
φίλαθλος, -η, -ο = sports fan
φιλία, η = friendship
φιλικός, -ή, -ό = friendly
φιλόδοξος, -η, -ο = ambitious
φιλοδοξώ = to be ambitious
φιλοξενία, η = hospitality
φιλόξενος, -η, -ο = hospitable, welcoming
φιλοξενούμαι = to lodge, to be a guest
φιλοξενούμενος, -η, -ο = guest
φιλοξενώ = to host, to offer hospitality
φίλος, ο — φίλη, η = friend
φιλοσοφία, η = philosophy
φλαμέγκο, το [dance] = flamenco
φλεγόμενος, -η, -ο = burning
φλουρί, το = coin, florin
φοβάμαι = to be afraid of, to fear
φοβερός, -ή, -ό = terrifying, frightful
φοβισμένος, -η, -ο = frightened, scared
φόβος, ο = fear
φοιτητής, ο — φοιτήτρια, η = student
φοιτητικός, -ή, -ό = student
    φοιτητική εστία = student dorm
φοιτώ = to study
φόρα, η = speed, impetus
φορά, η = time, occasion, course
    μία φορά = once
φοράω & -ώ = to wear
φορέας, ο = sector, organization
φόρεμα, το = dress
φορεμένος, -η, -ο = used, worn
φορητός, -ή, -ό = portable
φοριέμαι = to be worn
φουντωτός, -ή, -ό = bushy
φουρτούνα, η = storm
φράση, η = phrase
φρεσκαρισμένος, -η, -ο = freshened
φρεσκάρομαι = to freshen up
φροντίδα, η = care, attention
φροντίζω = to take care of, to look after
φροντιστήριο, το = tutorial lessons
φρούτο, το = fruit
φταίξιμο, το = fault, blame
φταίω = to be responsible, to be at fault
φτάνω = to arrive, to reach
φτερό, το = feather, wing
φτερωτός, -ή, -ό = winged
φτιαγμένος, -η, -ο = made, manufactured
φτιάχνω = to make, to repair
φτωχός, -ή, -ό = poor
φυλαγμένος, -η, -ο = reserved
φυλακισμένος, -η, -ο = imprisoned
φυλασσόμενος, -η, -ο = guarded
φυλετικός, -ή, -ό = racial, tribal
φυλή, η = tribe, race
φύλλο, το = pastry sheet, leaf
φυσάω & -ώ = to blow
φύση, η = nature
φυσικά [adv.] = of course, certainly
φυσική, η = physics
φυσικός, -ή, -ό = natural
φυτεύω = to plant
φυτικός, -ή, -ό = vegetal
φυτό, το = plant
φυτοφάγος, -α, -ο = herbivorous
φωλιά, η = nest, hole
φωλιάζω = to nest
φωνάζω = to shout, to yell
φωνακλάς, ο — φωνακλού, η = screamer
φωνή, η = voice, shout
φωνήεν, το = vowel
φως, το = light
φωτεινός, -ή, -ό = bright
φωτογραφία, η = picture, photo
φωτογραφίζω = to take a picture
φωτογραφικός, -ή, -ό = photographic
    φωτογραφική μηχανή, η = camera
φωτογράφιση, η = photo shoot

Χ, χ = χι

χαζεύω = to laze about, to be idle
χαιρετισμός, ο = greeting, salute
χαίρομαι = to be glad, to be happy
χαλαρός, -ή, -ό = relaxed, loose
χαλαρώνω = to loosen, to relax
χαλάρωση, η = relaxation
χαλασμένος, -η, -ο = broken, damaged
χαλάω & -ώ = to break down, to spoil, to destroy
χάλκινος, -η, -ο = copper, bronze
χαλκογραφία, η = etching
χαλκός, ο = copper
χαμένος, -η, -ο = lost
χαμηλός, -ή, -ό = short, low
χαμηλώνω = to lower
χαμογελάω & -ώ = to smile
χαμόγελο, το = smile
χαμομήλι, το = chamomile
χάνομαι = to be lost
χάνω = to lose, to miss

χαρά, η = happiness, joy
χαρά μου = my pleasure
χαρακτήρας, ο = character, personality
χαρακτηρίζω = to characterize
χαρακτηριστικός, -ή, -ό = typical, characteristic
χαρακτική, η = engraving
χάρη [adv.] = because of
χαρίζω = to donate, to gift
χαρταετός, ο = kite
χάρτης, ο = map
χαρτί, το = paper
χαρτόνι, το = cardboard
χειμερινός, -ή, -ό = winterly
χειμώνας, ο = winter
χειμωνιάζω = to winter, to pass the winter
χειμωνιάτικος, -η, -ο = winterly
χειρίζομαι = to operate
χειρόγραφο, το = manuscript
χειροκρότημα, το = applause
χειρονομία, η = gesture
χειροποίητος, -η, -ο = handmade
χειρότερος, -η, -ο = worse
χελιδόνι, το = swallow
χελώνα, η = turtle
χέρι, το = hand, arm
χερσόνησος, η = peninsula
χημεία, η = chemistry
χημικός, -ή, -ό = chemical
χήρος, ο — χήρα, η = widower/widow
χιλιάδα, η = thousand
χίλιοι, -ες, -α = thousand
χιλιόμετρο, το = kilometer
χιλιόχρονος, -η, -ο = a thousand years old
χιόνι, το = snow
χιούμορ, το = humor
χίπικος, -η, -ο = hippie
χλωμός, -ή, -ό = pale
χλωρίδα, η = flora
χόμπι, το = hobby
χοντρός, -ή, -ό = fat, thick
χορευτής, ο — χορεύτρια, η = dancer
χορευτικός, -ή, -ό = dancing
χορεύω = to dance
χορηγώ = to sponsor, to grant, to provide
χορογραφία, η = choreography
χορός, ο = dance
χόρτο, το — χορτάρι, το = grass
χρειάζομαι = to need
χρήμα, το — χρήματα, τα [see also *λεφτά*] = money
χρηματοδότης, ο — χρηματοδότρια, η = patron, sponsor
χρηματοδότηση, η = funding
χρηματοδοτικός, -ή, -ό = financial, financing
χρηματοδοτώ = to fund, to finance
χρήση, η = use, usage
χρήσιμος, -η, -ο = useful
χρησιμεύω = to be of use
χρησιμοποιώ = to use
χρήστης, ο — χρήστρια, η = user
χρηστικός, -ή, -ό = functional
χρονικός, -ή, -ό = temporal
χρονοβόρος, -α, -ο = time-consuming
χρονολογία, η = year, date
χρόνος, ο = time
χρόνος, ο — χρονιά, η [see also *έτος*] = year
χρόνια, τα = years
χρυσός, -ή, -ό = golden
χρώμα, το = color
χρωματιστός, -ή, -ό = colorful
χρωστάω & -ώ = to owe, to be in debt
χτενίζομαι = to comb my hair
χτένισμα, το = hairstyle, hairdo
χτες/χθες [adv.] = yesterday
χτεσινός/χθεσινός, -ή, -ό = yesterday
χτίζω = to build to construct
χτυπάω & -ώ = to knock, to hit
χτυπάει το τηλέφωνο = the phone is ringing
χυμός, ο = juice
χώρα, η = country
χωράω & -ώ = to fit
χωρητικότητα, η = capacity
χωρίζομαι = to be separated
χωρίζω = to divide, to separate
χωριό, το = village
χωρίς [see also *δίχως*] = without
χώρος, ο = space, room

Ψ, ψ = ψι

ψαθάκι, το = straw hat
ψαλίδι, το = scissors
ψάξιμο, το = search
ψαράς, ο = fisherman
ψάρι, το = fish
ψάχνω = to search, to look for
ψεκάζω = to spray
ψέμα, το = lie
ψεύτης, ο — ψεύτρα, η = liar
ψεύτικος, -η, -ο = fake
ψηλός, -ή, -ό = tall, high
ψηλά [adv.] = highly, up
ψηλόλιγνος, -η, -ο = lanky, gangling
ψήνομαι = to be grilled, to be roasted
ψήνω = to bake, to grill, to roast
ψητός, -ή, -ό = roasted, baked, grilled
ψητό, το = roast meat
ψηφιακός, -ή, -ό = digital
ψηφίζω = to vote
ψηφίο, το = digit, number
ψιθυρίζω = to whisper
ψιχαλίζει = to sprinkle
ψυγείο, το = refrigerator, fridge
ψυχαγωγία, η = entertainment, amusement
ψυχή, η = soul
ψυχολογία, η = psychology
ψυχολογικός, -ή, -ό = psychological
ψυχολόγος, ο/η = psychologist
ψυχρός, -ή, -ό = cold
ψύχραιμος, -η, -ο = calm, composed
ψωμί, το = bread
ψώνια, τα = shopping
ψωνίζω = to shop, to go shopping

Ω, ω = ωμέγα

υποθέτω = to suppose, to presume
Ωκεανία, η [place name] = Oceania
ωκεανός, ο = ocean
ώρα, η = hour
ωραία [adv.] = nice, nicely
ωραίος, -α, -ο = nice, beautiful
ωράριο, το = schedule, working hours
ώριμος, -η, -ο = mature
ως = until, till
ώσπου = until
ώστε = so that
ωστόσο = however
ωφελούμαι = to benefit
ωφελώ = to profit, to benefit

γλῶσσαν νωμᾶν

ΚΕΝΤΡΟ ΕΛΛΗΝΙΚΗΣ ΓΛΩΣΣΑΣ

ΜΕΛΟΣ ΤΗΣ ΕΥΡΩΠΑΪΚΗΣ ΟΜΟΣΠΟΝΔΙΑΣ
ΕΘΝΙΚΩΝ ΙΔΡΥΜΑΤΩΝ ΓΙΑ ΤΗ ΓΛΩΣΣΑ (EFNIL)

ΕΛΛΗΝΙΚΗ ΔΗΜΟΚΡΑΤΙΑ
ΥΠΟΥΡΓΕΙΟ ΠΑΙΔΕΙΑΣ ΚΑΙ ΘΡΗΣΚΕΥΜΑΤΩΝ
ΚΕΝΤΡΟ ΕΛΛΗΝΙΚΗΣ ΓΛΩΣΣΑΣ

ΚΛΙΚ στα ελληνικά

Μέθοδος εκμάθησης της ελληνικής
ως δεύτερης / ξένης γλώσσας

επίπεδο Β2

Ανεξάρτητος Χρήστης

Κατά τα νέα επίσημα
εγκεκριμένα επίπεδα

Εγχειρίδιο έντυπο
και ηλεκτρονικό

Μαρία Καρακύργιου **Βικτωρία Παναγιωτίδου**

Θεσσαλονίκη

ΠΡΟΛΟΓΙΚΑ

Η καταστατική αποστολή του Κέντρου Ελληνικής Γλώσσας (ΚΕΓ) ως φορέα του Υπουργείου Παιδείας είναι «η προβολή και η διάδοση της ελληνικής γλώσσας εντός και εκτός της Ελλάδας, η οργάνωση της διδασκαλίας της σε αλλοδαπούς και ομογενείς, η στήριξη των διδασκόντων και η παραγωγή διδακτικού υλικού». Το ΚΕΓ εκπόνησε, συντηρεί, εμπλουτίζει και διευρύνει τα ολοκληρωμένα ψηφιακά περιβάλλοντα φιλολογικής εργασίας ΚΟΜΒΟΣ (www.komvos.edu.gr), ΠΥΛΗ (www.greek-language.gr), ΨΗΦΙΔΕΣ (www.greek-language.gr/digitalResources), ελεύθερα προσβάσιμα σε όλους και με υψηλότατη αποδοχή διεθνώς. Επίσης, οργανώνει τακτικά και έκτακτα συνέδρια, σεμινάρια και εργαστηριακές επιμορφώσεις (workshops). Προσφέρει, κυρίως, πιστοποιημένη επιμόρφωση σε εκπαιδευτικούς στην ειδική αυτή μορφή διδασκαλίας με το εννεάμηνο εξ αποστάσεως πρόγραμμα «ΔΙΑΔΡΟΜΕΣ στη διδασκαλία της ελληνικής ως δεύτερης/ξένης γλώσσας (diadromes.greek-language.gr)» — και, σε πυρηνική μορφή και μηνιαία διάρκεια, τον εντατικό ΔΙΑΥΛΟ. Οργάνωσε, τέλος, και λειτουργεί —εδώ και πολλά χρόνια— στοχευμένα προγράμματα συνεχούς επιμόρφωσης, τις κλειστές ψηφιακές κοινότητες πρακτικής: τις ΦΡΥΚΤΩΡΙΕΣ για εκπαιδευτικούς αποσπασμένους σε έδρες ελληνικών σε Πανεπιστήμια του εξωτερικού και τις ΝΕΕΣ ΦΡΥΚΤΩΡΙΕΣ για φιλολόγους που υπηρετούν σε μονάδες τυπικής ή άτυπης εκπαίδευσης εξωτερικού — χωριστά μία για την Κωνσταντινούπολη και μία για τη Μ. Βρετανία.

Κατ' ανάθεση του Υπουργού Παιδείας, από το 1998, το ΚΕΓ εκπόνησε το θεωρητικό πλαίσιο και εφεξής διεξάγει ανελλιπώς τις «Εξετάσεις Πιστοποίησης Επάρκειας της Ελληνομάθειας» για όλες τις κατηγορίες υποψηφίων, με περισσότερα από 150 εξεταστικά κέντρα του ΚΕΓ στην Ελλάδα και σε όλη την υφήλιο. Επίσης, διεξάγει Εξετάσεις Ελληνομάθειας για επαγγελματικούς σκοπούς, καθώς και για μετανάστες που επιδιώκουν να αποκτήσουν το καθεστώς του επί μακρόν διαμένοντος στη χώρα. Το ΚΕΓ εναρμονίστηκε πλήρως με τις επιταγές της Ευρωπαϊκής Ένωσης και έτσι επισήμως διεξάγονται από τον Μάιο του 2011 και για την ελληνική γλώσσα εξετάσεις σε έξι επίπεδα (Α1, Α2, Β1, Β2, Γ1, Γ2), σύμφωνα με το Κοινό Ευρωπαϊκό Πλαίσιο Αναφοράς για τις Γλώσσες. Πέραν των έξι επιπέδων, στα οποία διενεργούνται εξετάσεις για την Πιστοποίηση Επάρκειας της Ελληνομάθειας, ο φορέας προχώρησε στη σύνταξη και δημοσίευση νέου *αναλυτικού προγράμματος*, το οποίο υπό τον τίτλο *Πιστοποίηση Επάρκειας της Ελληνομάθειας: Νέο Αναλυτικό Εξεταστικό Πρόγραμμα*, συνιστά το απολύτως απαραίτητο vade mecum των διδασκόντων (Θεσσαλονίκη: ΚΕΓ, 2013, διάθεση από το ΚΕΓ). Τέλος, με τη σειρά «ΚΛΙΚ στα Ελληνικά» το ΚΕΓ ανοίγει ένα νέο κεφάλαιο στη συστηματοποίηση της ελληνομάθειας. Όλα τα διδακτικά εγχειρίδια της σειράς «ΚΛΙΚ στα ελληνικά» που έχουν εκδοθεί από το 2013 (Α1 για παιδιά, Α1, Α2, Β1, Γ1) συναντούν άμεση ενθαρρυντική υποδοχή σε όλο τον κόσμο και έχουν ήδη ανατυπωθεί πολλές φορές. Και τούτο όχι μόνο διότι, για πρώτη φορά, ακολουθήθηκε το ως άνω επίσημο σύστημα διδασκαλίας (με το κάθε κεφάλαιο διαρθρωμένο κατά τις εξεταζόμενες τέσσερις δεξιότητες), αλλά και επειδή οι δύο εξειδικευμένες συνεργάτιδες του ΚΕΓ, Β. Παναγιωτίδου και Μ. Καρακύργιου, ακολούθησαν την τελευταία λέξη της σύγχρονης γλωσσοδιδακτικής. Επιπλέον παρέχονται: ο σύνδεσμος https://greeklanguage.gr/klikstaellinikaB2 με τον κωδικό **audiofilesB2** (με όλο το ακουστικό υλικό, και με πρωτοσυνθεμένα και πρωτοεκτελεσμένα διδακτικά τραγούδια), οι απαντήσεις των ασκήσεων σε έντυπη μορφή και το αντίστοιχο Ελληνο-αγγλικό γλωσσάρι. Οι τεχνικές και οι ουσιαστικές καινοτομίες που εισάγει η εγχειριδιακή αυτή, έντυπη, ηλεκτρονική και διαδικτυακή πρόταση του ΚΕΓ δικαιώνουν τον χαρακτηρισμό της ως πραγματικά καινοτόμου. Ακριβώς πάνω στα χνάρια όλων των εγχειριδίων της σειράς συντέθηκε από τις ίδιες συγγραφείς και ο ανά χείρας τόμος *ΚΛΙΚ στα Ελληνικά, Επίπεδο Β2*, που αναμένουμε να τύχει της ίδιας υποδοχής από το διεθνές κοινό.

Θερμές οι ευχαριστίες μου προς τους συντελεστές και αυτής της έκδοσης: καταρχήν προς τις δύο συγγραφείς του τόμου, τους επιμορφούμενους φιλολόγους και δασκάλους του προγράμματος ΔΙΑΔΡΟΜΕΣ, προς τους καλλιτεχνικούς και τυπογραφικούς συνεργάτες που εργάστηκαν άψογα πάνω στην εκτέλεση και αυτού του εγχειριδίου της σειράς.

Καθηγητής Ι. Ν. Καζάζης,
Πρόεδρος του Δ.Σ. του Κέντρου Ελληνικής Γλώσσας

Σημείωμα για τον δάσκαλο

Αγαπητοί συνάδελφοι,

Σας καλωσορίζουμε στις σελίδες του νέου διδακτικού εγχειριδίου της σειράς «ΚΛΙΚ στα ελληνικά». Και αυτό, όπως και όλα τα εγχειρίδια της σειράς, έχει γραφτεί με πολύ κέφι και μεράκι και η κύρια φιλοδοξία του είναι να αποτελέσει μια ευχάριστη συντροφιά για μαθητές και διδάσκοντες, κατά τη διάρκεια της προσπάθειάς τους να μάθουν και να διδάξουν την ελληνική γλώσσα αντίστοιχα. Το βιβλίο που κρατάτε στα χέρια σας είναι ένα σύγχρονο, καινοτόμο και δυναμικό διδακτικό εγχειρίδιο: απευθύνεται σε εφήβους και ενηλίκους που είτε *α)* ενδιαφέρονται να συμμετάσχουν στις Εξετάσεις Πιστοποίησης Επάρκειας της Ελληνομάθειας επιπέδου Β2 του Κέντρου Ελληνικής Γλώσσας (ΚΕΓ) είτε *β)* έχουν στόχο την ανάπτυξη της επικοινωνιακής τους ικανότητας στην ελληνική γλώσσα. Μετά το τέλος των ενοτήτων, οι μαθητές θα ανταποκρίνονται ανεξάρτητα και χωρίς να χρειάζονται ιδιαίτερη βοήθεια σε ποικίλες καθημερινές περιστάσεις επικοινωνίας. Το περιεχόμενο του βιβλίου ακολουθεί πιστά την περιγραφή του επιπέδου Β2, όπως αυτή πραγματοποιείται στον τόμο *Πιστοποίηση Επάρκειας της Ελληνομάθειας: Νέο Αναλυτικό Εξεταστικό Πρόγραμμα* και στο *Κοινό Ευρωπαϊκό Πλαίσιο Αναφοράς για τις Γλώσσες του Συμβουλίου της Ευρώπης* (ΚΕΠΑ).

Επίπεδο Β2

Το επίπεδο Β2 είναι το επίπεδο στο οποίο οι μαθητές αναπτύσσουν αρκετές γλωσσικές δεξιότητες και διαθέτουν ικανοποιητικά γλωσσικά μέσα, έτσι ώστε να ανταποκρίνονται επιτυχώς σε ζητήματα που έχουν σχέση με την καθημερινή ζωή και την επικαιρότητα. Στο συγκεκριμένο επίπεδο «ο χρήστης της γλώσσας χαρακτηρίζεται ως ανεξάρτητος και διαθέτει τη δυνατότητα για μεγαλύτερη ακρίβεια στη χρήση της γλώσσας. Δεν είναι απλά γλωσσικά αυτοδύναμος, έχει επίγνωση των λαθών του, διορθώνει τυχόν παραδρομές και αναπτύσσει ικανότητα συνεχούς λόγου». Στη περιγραφή του επιπέδου Β2 εμφανίζονται για πρώτη φορά όροι που περιγράφουν την ικανότητα του ομιλητή όπως *αυθορμητισμός, ευελιξία, ευχέρεια, σαφήνεια, λεπτομέρεια, εξειδίκευση*. Η γλωσσική χρήση παύει να χαρακτηρίζεται από προβλεψιμότητα κι επανάληψη, ενώ οι περιστάσεις επικοινωνίας ξεφεύγουν από το στενό προσωπικό ενδιαφέρον του ομιλητή και αφορούν ένα ευρύ φάσμα θεμάτων, ακόμη και αφηρημένων, που σχετίζονται με τον ακαδημαϊκό λόγο.

Οι γλωσσικές ικανότητες των μαθητών αναπτύσσονται σε όλες τις επικοινωνιακές δεξιότητες. Καταρχήν, αυξάνεται η έκταση και το εύρος των κειμενικών ειδών με τα οποία είναι εξοικειωμένοι οι μαθητές. Στο ρεπερτόριο των δεξιοτήτων τους εντάσσεται η ικανότητά τους να κατανοούν δελτία ειδήσεων και προγράμματα επικαιρότητας που εκφέρονται σε κανονικό πια ρυθμό ομιλίας με απώλεια φωνηέντων, χωρίς ιδιαίτερα διαλεκτικά χαρακτηριστικά. Επίσης, οι χρήστες του επιπέδου αυτού αναπτύσσουν την ικανότητα να επιχειρηματολογούν, για να υπερασπιστούν τις απόψεις τους. Προκειμένου να αντεπεξέλθει ο μαθητής στις απαιτήσεις του συγκεκριμένου επιπέδου, είναι απαραίτητο να αποκτήσει ποικίλα γλωσσικά μέσα επικοινωνίας. Το λεξιλόγιο γίνεται περισσότερο απαιτητικό, χαμηλότερης συχνότητας και δεν περιορίζεται στην κυριολεκτική σημασία των λέξεων. Οι μαθητές έρχονται πια σε επαφή με τις διαφορετικές σημασίες που μπορεί να έχει μια λέξη, με τις συγγενικές σημασίες που έχουν κάποιες άλλες, με τις παγιωμένες φράσεις κι εκφράσεις που χρησιμοποιούνται συχνά στον λόγο, με τις διαφορετικές επιλογές που κάνει ο χρήστης της γλώσσας ανάλογα με την περίσταση επικοινωνίας στην οποία συμμετέχει. Ως προς τη γραμματική, οι δομές της γλώσσας με τις οποίες εξοικειώνεται ο χρήστης του επιπέδου Β2 γίνονται συνθετότερες. Επομένως, οι απαιτήσεις του επιπέδου Β2 είναι αυξημένες σε σχέση με τα προηγούμενα επίπεδα και οι δραστηριότητες του βιβλίου προσαρμόζονται σε αυτές. Στο παρόν διδακτικό εγχειρίδιο εισάγονται νέες ασκήσεις που υπηρετούν τους αντίστοιχους στόχους. Οι ασκήσεις του βιβλίου παρουσιάζονται αναλυτικότερα στη συνέχεια.

Πηγές

Το υλικό που υπάρχει στο συγκεκριμένο βιβλίο είναι αποτέλεσμα:

- της μακροχρόνιας ενασχόλησης του ΚΕΓ με *i)* τη διδασκαλία της ελληνικής ως ξένης γλώσσας, *ii)* την κατάρτιση των δασκάλων που διδάσκουν την ελληνική και *iii)* την καταγραφή των αναγκών τους·
- της εμπειρίας του ΚΕΓ στις Εξετάσεις Πιστοποίησης Επάρκειας της Ελληνομάθειας, από την οποία προκύπτει η άριστη γνώση των επιπέδων ελληνομάθειας, σε συνδυασμό με την καταγραφή των αδυναμιών των υποψηφίων.

Η επιλογή των θεμάτων και των επικοινωνιακών περιστάσεων που συμπεριλαμβάνονται στο βιβλίο είναι απόλυτα σύμφωνη με τον τόμο *Πιστοποίηση Επάρκειας της Ελληνομάθειας: Νέο Αναλυτικό Εξεταστικό Πρόγραμμα*. Επιπλέον, για την παρουσίαση της ύλης της γραμματικής συμβουλευτήκαμε αρκετά βιβλία αναφοράς, όπως είναι η *Γραμματική της ελληνικής γλώσσας* των Holton, Mackridge, Φιλιππάκη-Warburton, η *Νεοελληνική Γραμματική* του Τριανταφυλλίδη κ.ά, ενώ για την παρουσίαση του λεξιλογίου αξιοποιήσαμε τα ηλεκτρονικά μαθησιακά εργαλεία του ΚΕΓ:

α) το *Λεξικό της Κοινής Νεοελληνικής Τριανταφυλλίδη*, διαθέσιμο στην ιστοσελίδα http://www.greeklanguage.gr/greekLang/modern_greek/tools/lexica/triantafyllides/index.html και

β) τα σώματα κειμένων που βρίσκονται στην ηλεκτρονική σελίδα http://www.greek-language.gr/greekLang/modern_greek/tools/corpora/index.html.

Τέλος, για τον σχεδιασμό των ασκήσεων και των δραστηριοτήτων του βιβλίου λήφθηκαν υπόψη θεωρητικά και πρακτικά βιβλία που αναφέρονται στη διδασκαλία των ξένων γλωσσών.

Κοινό-στόχος

Το υλικό που περιλαμβάνεται στο παρόν εγχειρίδιο απευθύνεται σε εφήβους και ενηλίκους που μαθαίνουν την ελληνική γλώσσα εντός ή εκτός της Ελλάδας. Η έντονη ανομοιογένεια του κοινού ως προς τα ιδιαίτερα χαρακτηριστικά του (ηλικία, πολιτισμικό υπόβαθρο, στόχοι και προσδοκίες από το μάθημα) κατέστησε ιδιαίτερα δύσκολη τη συλλογή και συγγραφή του υλικού του παρόντος τόμου. Ωστόσο, πιστεύουμε ότι τελικά καταφέραμε να καλύψουμε τις ανάγκες της ομάδας στόχου με την ποικιλία των ασκήσεων και των δραστηριοτήτων που συμπεριλαμβάνονται σε αυτό. Δεν είναι βέβαια απαραίτητο ο δάσκαλος να κάνει όλες τις ασκήσεις που υπάρχουν σε κάθε ενότητα. Μπορεί να μελετήσει τη λογική και τα είδη των δραστηριοτήτων και να εφαρμόσει κάποιες από αυτές στην τάξη του, να επιλέξει, δηλαδή, αυτές που είναι καταλληλότερες για τους μαθητές του.

Στόχοι

Στόχοι του βιβλίου είναι:

- Η προετοιμασία των μαθητών για τις Εξετάσεις Πιστοποίησης Επάρκειας της Ελληνομάθειας.
- Η ανάπτυξη της επικοινωνιακής τους ικανότητας.
- Η ανάπτυξη κινήτρων στους μαθητές για την εκμάθηση της ελληνικής γλώσσας.
- Η ανάπτυξη εύστοχων στρατηγικών μάθησης.
- Η καλλιέργεια της αυτονομίας και της αυτενέργειας του μαθητή.
- Η ένταξη των νέων τεχνολογιών στην τάξη εκμάθησης της ελληνικής ως ξένης γλώσσας.
- Η τροφοδότηση του δασκάλου με προτάσεις για ένα ευχάριστο και αποτελεσματικό μάθημα που καλλιεργεί την αυτοπεποίθηση και την αυτενέργεια των μαθητών του.

Προκειμένου να επιτευχθούν οι παραπάνω στόχοι:

α. Υιοθετούνται οι προδιαγραφές που αναφέρονται στον τόμο *Πιστοποίηση Επάρκειας της Ελληνομάθειας: Νέο αναλυτικό εξεταστικό πρόγραμμα* του ΚΕΓ ως προς το λεξιλόγιο και τη γραμματική, τις τέσσερις επικοινωνιακές δεξιότητες που αναπτύσσονται και τις θεματικές ενότητες που επιλέγονται.

β. Δίνονται συμβουλές για την επιτυχή συμμετοχή των υποψηφίων στις εξετάσεις.

γ. Επιλέγεται η επαγωγική μέθοδος διδασκαλίας, δηλαδή επιδιώκεται η καλλιέργεια της παρατήρησης και προωθείται η ανακάλυψη της γνώσης από τους ίδιους τους μαθητές.

δ. Υπάρχει πληθώρα ασκήσεων ελεγχόμενων, καθοδηγούμενων και επικοινωνιακών, από τις οποίες ο δάσκαλος μπορεί να επιλέξει όσες και όποιες είναι σύμφωνες με το προφίλ και τα χαρακτηριστικά των μαθητών του.

ε. Ενθαρρύνεται η συνεργασία των μαθητών μέσα στην τάξη.

στ. Ενθαρρύνεται η αξιοποίηση των ηλεκτρονικών μαθησιακών εργαλείων του ΚΕΓ.

ζ. Παρέχεται η δυνατότητα χαλάρωσης και διασκέδασης με παιχνίδια και τραγούδια.

η. Ενθαρρύνεται η αυτοαξιολόγηση.

Διδακτική Μεθοδολογία

Το παρόν εγχειρίδιο δεν υιοθετεί μία μόνο διδακτική προσέγγιση. Το υλικό που υπάρχει σε αυτό προέρχεται από τον συνδυασμό ποικίλων μεθόδων, έτσι ώστε το βιβλίο να ανταποκρίνεται στις ανάγκες και τις ιδιαιτερότητες όλων των μαθητών που θα το χρησιμοποιήσουν. Σίγουρα, είναι κυρίαρχα τα επικοινωνιακά στοιχεία, όπως η έμφαση στις τέσσερις επικοινωνιακές δεξιότητες, το πλήθος επικοινωνιακών ασκήσεων, η διδασκαλία της γραμματικής και του λεξιλογίου με αφορμή τα κείμενα. Ωστόσο, υπάρχουν και ασκήσεις παραδοσιακού τύπου, οι οποίες δίνουν μεγαλύτερη βαρύτητα στην ακρίβεια της χρήσης της γλώσσας παρά στην επικοινωνία. Πιστεύουμε ότι η επιλογή δραστηριοτήτων από ποικίλες και διαφορετικές προσεγγίσεις διδασκαλίας κάνει το παρόν υλικό ιδιαίτερα ενδιαφέρον και κατάλληλο για πολλές κατηγορίες μαθητών, παρέχοντας το ανάλογο περιθώριο ευελιξίας στον δάσκαλο να επιλέξει και να εφαρμόσει τις κατάλληλες ασκήσεις για την τάξη του.

Δομή - Ενότητες

Το βιβλίο αποτελείται από 10 ενότητες: *α)* 7 ενότητες που προετοιμάζουν τον μαθητή για το επίπεδο Β2˙ *β)* 3 επαναληπτικές ενότητες, στις οποίες γίνεται επανάληψη του λεξιλογίου και της γραμματικής. Στο πλαίσιο των επαναληπτικών ενοτήτων, οι μαθητές έχουν την ευκαιρία να παίξουν ένα επιτραπέζιο παιχνίδι, κατά το οποίο παράγουν προφορικό λόγο σχετικά με τις θεματικές των ενοτήτων που προηγήθηκαν.

Όλες οι ενότητες έχουν την ίδια δομή. Εξετάζεται μια θεματική περιοχή και στις τέσσερις επικοινωνιακές δεξιότητες, ενώ διδάσκεται το λεξιλόγιο και η γραμματική με αφορμή τα κείμενα του βιβλίου.

Πιο συγκεκριμένα, η δομή της κάθε ενότητας είναι η εξής:

Α. Κατανόηση γραπτού λόγου (Λεξιλόγιο – Γραμματική)

Β. Κατανόηση προφορικού λόγου (Λεξιλόγιο – Γραμματική)

Γ. Παραγωγή προφορικού λόγου

Δ. Παραγωγή γραπτού λόγου

Ε. Τραγούδι

ΣΤ. Αυτοαξιολόγηση

Μετά τις ενότητες, παρατίθεται ένα αυθεντικό τεστ ελληνομάθειας, έτσι ώστε οι μαθητές να έχουν την ευκαιρία να εξακριβώσουν κατά πόσο μπορούν να συμμετάσχουν στις εξετάσεις του επιπέδου Β2.

Κατανόηση Γραπτού και Προφορικού Λόγου

Οι δεκτικές δεξιότητες είναι ιδιαίτερα κυρίαρχες στην καθημερινή ζωή και γι' αυτό δίνεται ιδιαίτερη έμφαση στην ανάπτυξη και στην καλλιέργειά τους. Σε κάθε ενότητα υπάρχει ένα κεντρικό κείμενο για την ανάπτυξη της κατανόησης του γραπτού λόγου και ένα για την ανάπτυξη της κατανόησης του προφορικού λόγου. Τα κείμενα που αξιοποιούνται στις δεκτικές δεξιότητες αντλούν τη θεματολογία τους από τις θεματικές περιοχές που περιγράφονται στον τόμο *Πιστοποίηση Επάρκειας της Ελληνομάθειας: Νέο Αναλυτικό Εξεταστικό Πρόγραμμα*. Οι προδιαγραφές που αναφέρονται στο αναλυτικό εξεταστικό πρόγραμμα ακολουθούνται πιστά και ως προς τα κειμενικά είδη με τα οποία οφείλει να είναι εξοικειωμένος ο υποψήφιος στο επίπεδο Β2. Ωστόσο, τα κείμενα του βιβλίου αρκετά συχνά είναι εκτενέστερα από αυτά των εξετάσεων. Η επιλογή αυτή έγινε, για να δοθούν στους μαθητές ικανοποιητικά περιθώρια εξοικείωσής τους με το απαιτούμενο λεξιλόγιο που πρέπει να γνωρίζουν. Όλα τα κείμενα του βιβλίου, παρά την απόκλισή τους στον αριθμό των λέξεων, είναι κείμενα των οποίων η δυσκολία αντιστοιχεί στα επίπεδα Β2 και Β2+, σύμφωνα με τα αποτελέσματα που προέκυψαν από τη στάθμισή τους στο ειδικά σχεδιασμένο λογισμικό αναγνωσιμότητας κειμένων του ΚΕΓ που βρίσκεται στην ιστοσελίδα με το υποστηρικτικό υλικό για την Πιστοποίηση της Ελληνομάθειας. Πέρα από τα κύρια κείμενα των δεκτικών δεξιοτήτων, στο εγχειρίδιο που κρατάτε υπάρχουν πολλά ακόμη κείμενα σε κάθε ενότητα, τα οποία μπορούν να αξιοποιηθούν για την καλλιέργεια των δεκτικών δεξιοτήτων. Σε κάποια από αυτά, οι ασκήσεις ακολουθούν την τυπολογία των Εξετάσεων Πιστοποίησης Επάρκειας της Ελληνομάθειας. Ωστόσο, σε πολλά κείμενα οι ερωτήσεις είναι ανοιχτού τύπου, ενώ δεν είναι λίγα και εκείνα στα οποία ο δάσκαλος έχει τη δυνατότητα να επιλέξει ο ίδιος τον τρόπο με τον οποίο θα ελέγξει την κατανόησή τους από τους μαθητές του. Πρόκειται για τα κείμενα που υπάρχουν στις ασκήσεις του λεξιλογίου και της γραμματικής και τα οποία προσφέρονται για περαιτέρω εξάσκηση των μαθητών στις δεκτικές δεξιότητες. Στη συνέχεια, αναφέρονται αναλυτικά τα στάδια που ακολουθούνται στο συγκεκριμένο βιβλίο για τη διδασκαλία της κατανόησης προφορικών και γραπτών κειμένων.

- ***Δραστηριότητες πριν από την ανάγνωση ή την ακρόαση του κειμένου***

Α. Ερωτήσεις γενικού ενδιαφέροντος: στοχεύουν στην εξοικείωση των μαθητών με το θέμα της ενότητας, την κινητοποίηση του ενδιαφέροντος, τη διδασκαλία του καινούριου και την ενεργοποίηση του παθητικού λεξιλογίου.

Β. Άσκηση ανάπτυξης της τεχνικής της γρήγορης ανάγνωσης: βοηθάει στην κατανόηση της κεντρικής ιδέας του κειμένου και των πολύ γενικών πληροφοριών που υπάρχουν σε αυτό. Οι διδάσκοντες δεν πρέπει να προσπεράσουν βιαστικά το συγκεκριμένο στάδιο. Αντίθετα, θα πρέπει να ενθαρρύνουν τους μαθητές τους να απαντήσουν στις ερωτήσεις του σταδίου αυτού, για να τους εντάξουν ομαλά στο θέμα της ενότητας. Μπορούν να γράψουν στον πίνακα τις λέξεις τις οποίες θα χρειαστούν και να προετοιμάσουν επιτυχώς την τάξη τους για την ανάγνωση, την ακρόαση και την κατανόηση του κειμένου. Το συγκεκριμένο στάδιο είναι ιδιαίτερα απαραίτητο, γιατί αποτελεί μια ουσιαστική προθέρμανση κατά την οποία οι μαθητές ενεργοποιούν λεξιλόγιο και προϋπάρχουσες σχετικές γνώσεις και προετοιμάζονται κατάλληλα, για να ανταποκριθούν στις απαιτήσεις των ακουστικών ή των γραπτών κειμένων που ακολουθούν.

- ***Δραστηριότητες λεπτομερούς κατανόησης του κειμένου***

Οι περισσότεροι τύποι των ασκήσεων που υπάρχουν στο συγκεκριμένο μέρος του βιβλίου είναι ίδιοι με αυτούς στους οποίους εξετάζονται οι υποψήφιοι στις Εξετάσεις Πιστοποίησης Επάρκειας της Ελληνομάθειας του επιπέδου Β2. Έτσι, οι μαθητές έχουν την ευκαιρία να εξοικειωθούν με την τυπολογία των εξεταστικών θεμάτων και να αναπτύξουν συγκεκριμένες χρήσιμες στρατηγικές για την αποτελεσματική ανάγνωση και ακρόαση του κειμένου. Τον συγκεκριμένο σκοπό υπηρετούν οι συμβουλές που υπάρχουν πριν από τις ασκήσεις κατανόησης και οι οποίες στοχεύουν στο να διευκολύνουν τους μαθητές να ανταποκριθούν επικοινωνιακά, να κατανοήσουν, δηλαδή, το περιεχόμενο των κειμένων.

Προτείνεται ο δάσκαλος να δώσει έμφαση στις ασκήσεις κατανόησης γραπτού ή προφορικού λόγου, ιδιαίτερα μάλιστα αν οι μαθητές του πρόκειται να πάρουν μέρος στις εξετάσεις. Είναι πολύ σημαντικό ο δάσκαλος να προετοιμάσει κατάλληλα τους μαθητές για τη συγκεκριμένη τυπολογία ασκήσεων, αλλά και να τους διδάξει τον αποτελεσματικό έλεγχο του γραπτού τους. Προτείνεται να τους εξηγήσει ότι κατά τον έλεγχο του γραπτού δεν αρκεί μια παθητική ανάγνωση των απαντήσεων. Είναι απαραίτητο οι μαθητές να ακούσουν ή να διαβάσουν ξανά το κείμενο, δίνοντας πολύ μεγάλη προσοχή στα ερωτήματα της άσκησης, καθώς και να ξανασκεφτούν αν οι απαντήσεις τους είναι σωστές. Επίσης, οι διδάσκοντες μπορούν να ζητήσουν από τους μαθητές τους να ελέγξουν αν απάντησαν σε όλα τα ερωτήματα της άσκησης.

- ***Δραστηριότητες μετά την κατανόηση του κειμένου***

Οι συγκεκριμένες δραστηριότητες έχουν στόχο την καλλιέργεια των παραγωγικών δεξιοτήτων. Με τις ασκήσεις που υπάρχουν στο μέρος αυτό, οι μαθητές έχουν την ευκαιρία να αναπαραγάγουν το περιεχόμενο του κειμένου που άκουσαν ή διάβασαν και να παραγάγουν προφορικό και γραπτό λόγο, έχοντας ως αναφορά ένα γνωστό, οικείο και επεξεργασμένο κείμενο. Οι συγκεκριμένες δραστηριότητες παρέχουν την ευκαιρία στον διδάσκοντα να διδάξει, αν το κρίνει σκόπιμο, επιπλέον λεξιλόγιο στους μαθητές. Οι διδάσκοντες θα πρέπει να αξιοποιήσουν τη γνώση που έχουν ήδη από τα κείμενα, για να καλλιεργήσουν άμεσα τις παραγωγικές δεξιότητες και να τονώσουν την εμπιστοσύνη των μαθητών τους στον εαυτό τους και στις ικανότητές τους.

Λεξιλόγιο

Στο συγκεκριμένο βιβλίο δόθηκε ιδιαίτερη έμφαση στο λεξιλόγιο. Πέρα από την κυριολεκτική σημασία των λέξεων, επιχειρείται η εξοικείωση των μαθητών με πολύσημες λέξεις, τις μεταφορικές σημασίες κάποιων λέξεων, τις παγιωμένες εκφράσεις που χρησιμοποιούνται στον λόγο, τις λέξεις με τις συγγενικές σημασίες και τις λέξεις με διαφορετικές υφολογικές διακυμάνσεις. Στο πλαίσιο της ανάπτυξης της αυτονομίας του μαθητή, πολλές από τις ασκήσεις που συμπεριλαμβάνονται σε αυτό ενθαρρύνουν τους μαθητές να χρησιμοποιήσουν το *Ηλεκτρονικό Λεξικό Τριανταφυλλίδη*. Οι ασκήσεις του λεξιλογίου είναι πολλές και διαφόρων τύπων, ελεγχόμενες, καθοδηγούμενες, επικοινωνιακές, κλειστού ή ανοιχτού τύπου, με τη μορφή παιχνιδιού ή όχι. Δεν είναι βέβαια απαραίτητο να γίνουν όλες οι ασκήσεις από όλους τους μαθητές. Ο δάσκαλος αφού τις μελετήσει, μπορεί να επιλέξει αυτές που ο ίδιος θα κρίνει καταλληλότερες για τον κάθε μαθητή. Παρακάτω περιγράφονται οι συχνότεροι τύποι ασκήσεων που αξιοποιούνται για την κατανόηση, εμπέδωση και χρήση του λεξιλογίου.

- ***Αντιστοίχιση συνωνύμων ή ορισμών***

Οι μαθητές αντιστοιχίζουν κάποιες από τις λέξεις των κειμένων των δεκτικών δεξιοτήτων με τις συνώνυμές τους ή με τον ορισμό τους. Για να ανταποκριθούν στη συγκεκριμένη δραστηριότητα, οι μαθητές θα πρέπει να κάνουν επιτυχή αξιοποίηση των συμφραζομένων.

- ***Αντιστοίχιση αντιθέτων***

Με αυτήν την άσκηση επιχειρείται η επέκταση του λεξιλογίου, αξιοποιώντας τις σχέσεις αντωνυμίας. Συχνά οι μαθητές καλούνται να κάνουν προτάσεις με τις λέξεις, για να εμπεδώσουν τη σημασία τους μέσα από τη χρήση τους στον λόγο. Πρόκειται για έναν συνδυασμό ελεγχόμενης και καθοδηγούμενης δραστηριότητας, που οδηγεί στην απομνημόνευση των λέξεων.

- ***Αντιστοίχιση φράσεων***

Συχνά στον λόγο χρησιμοποιούνται παγιωμένες στερεότυπες εκφράσεις, οι οποίες μπορεί κάποιες φορές να έχουν διαφορετική σημασία από αυτή που έχουν οι λέξεις που τις αποτελούν μία-μία ξεχωριστά. Τέτοιες εκφράσεις καλούνται να αντιστοιχίσουν οι μαθητές με τη βοήθεια των κειμένων των δεκτικών δεξιοτήτων.

- ***Κρυπτόλεξο***

Πρόκειται για μια δραστηριότητα ευχάριστη με τη μορφή παιχνιδιού, κατά την οποία οι μαθητές καλούνται να συμπληρώσουν απλούς ορισμούς με λέξεις που ανακαλύπτουν μέσα από ένα κρυπτόλεξο. Μέσα από τη διαδικασία ανακάλυψης της λέξης, οι μαθητές απομνημονεύουν αποτελεσματικά τόσο τη μορφή όσο και τη σημασία της.

- ***Σωστό – Λάθος***

Είναι μια ελεγχόμενη δραστηριότητα που εξετάζει την κατανόηση της σημασίας των λέξεων. Οι μαθητές καλούνται να διαβάσουν κάποιες προτάσεις και να τις χαρακτηρίσουν ως σωστές ή λάθος, ανάλογα με το αν διακρίνουν σε αυτές κάποια νοηματική παραβίαση.

- ***Οικογένειες λέξεων***

Στο επίπεδο αυτό, οι μαθητές εξοικειώνονται ακόμη περισσότερο με τις οικογένειες λέξεων. Στο πλαίσιο της συγκεκριμένης άσκησης, οι μαθητές θα πρέπει να συμπληρώσουν έναν πίνακα με τις λέξεις που τους δίνονται, για να δημιουργήσουν οικογένειες λέξεων. Με αυτόν τον τρόπο εμπλουτίζουν το λεξιλόγιό τους και αυξάνουν τις λεξιλογικές τους επιλογές, εξασφαλίζοντας βέβαια την ικανότητα να κατανοούν και να παράγουν αυθόρμητο και σαφή λόγο με άνεση κι ευελιξία.

- ***Συμπλήρωση κενών***

Κλασική ελεγχόμενη δραστηριότητα που αξιολογεί την κατανόηση της σημασίας των λέξεων και της χρήσης τους σε επίπεδο κειμένων. Για να ανταποκριθούν οι μαθητές στην άσκηση αυτή, θα πρέπει να είναι σε θέση να αξιοποιήσουν ικανοποιητικά τα συμφραζόμενα. Σημειώνουμε ότι τα κείμενα που χρησιμοποιούνται για την εμπέδωση του λεξιλογίου μπορούν να αποτελέσουν υλικό στο οποίο ο δάσκαλος θα στηριχτεί, για να ελέγξει την κατανόηση του λόγου με ανοιχτές ερωτήσεις, αναπτύσσοντας —παράλληλα με το λεξιλόγιο— τις επικοινωνιακές δεξιότητες των μαθητών του.

- ***Πολύσημες λέξεις***

Η πολυσημία των λέξεων συχνά δημιουργεί προβλήματα στην επικοινωνία και στο συγκεκριμένο διδακτικό εγχειρίδιο δίνεται ιδιαίτερη σημασία στην εμπέδωση των διαφορετικών σημασιών τους. Έτσι, οι μαθητές συχνά καλούνται να διαβάσουν τις διαφορετικές σημασίες κάποιας λέξης και να αποφασίσουν με ποια από αυτές χρησιμοποιείται μέσα στο κείμενο. Και σε αυτήν την άσκηση είναι απαραίτητη η αξιοποίηση των συμφραζομένων, αφού, για να απαντήσουν οι μαθητές, θα πρέπει να κατανοήσουν το περικείμενο. Επίσης, συχνά οι μαθητές πρέπει να αντιστοιχίσουν τις διαφορετικές σημασίες της περιγραφόμενης λέξης με τα παραδείγματα που περιγράφουν την καθεμιά από αυτές. Μέσα από αυτήν τη διαδικασία οι μαθητές έρχονται σε επαφή με τις διαφορετικές σημασίες, αλλά και με τις διαφορές στα επίπεδα ύφους που μπορεί να υπάρχουν στον λόγο. Συνέχεια της συγκεκριμένης δραστηριότητας είναι η δημιουργία αντίστοιχου πίνακα από τους μαθητές με τη βοήθεια του *Λεξικού της Κοινής Νεοελληνικής (Τριανταφυλλίδη)* και των σωμάτων κειμένων του ΚΕΓ. Οι δραστηριότητες αυτές είναι αρκετά απαιτητικές, βοηθούν, ωστόσο, πάρα πολύ στην ανάπτυξη της αυτονομίας των μαθητών, γιατί τους εξοικειώνουν με τη χρήση των λεξικών, αλλά και στην εισαγωγή των ΤΠΕ στη διδασκαλία της δεύτερης/ξένης γλώσσας.

- ***Λέξεις με συγγενική σημασία***

Οι μαθητές συχνά καλούνται να διακρίνουν τις σημασιολογικές διαφορές που έχουν λέξεις με παρόμοια σημασία συμπληρώνοντας τα κενά προτάσεων, ενώ ενθαρρύνονται να εμπλουτίσουν τα παραδείγματα με τις χρήσεις και τις σημασίες τους, αξιοποιώντας τα ηλεκτρονικά σώματα κειμένων του ΚΕΓ.

- ***Σταυρόλεξα***

Πρόκειται για μια δραστηριότητα με επικοινωνιακό πλαίσιο. Οι μαθητές γίνονται ζευγάρια και καθένας επιλέγει το ένα από τα δύο σταυρόλεξα. Κρύβει το σταυρόλεξο του συμμαθητή/της συμμαθήτριάς του και του/της κάνει ερωτήσεις, για να μπορέσει να συμπληρώσει τα κενά που έχει το σταυρόλεξό του. Στην άσκηση αυτή οι μαθητές πρέπει: *α)* να βρουν έναν τρόπο να εξηγήσουν τις λέξεις που χρειάζεται ο συμμαθητής τους και *β)* να κατανοήσουν τις λέξεις που περιγράφει/εξηγεί ο συμμαθητής τους. Πρόκειται για μια ευχάριστη αλλά και απαιτητική δραστηριότητα, η οποία βοηθάει τους μαθητές να αναπτύξουν τον λόγο τους.

- ***Ακροστιχίδα***

Παρόμοια με την προηγούμενη δραστηριότητα, η συγκεκριμένη άσκηση ζητά από τους μαθητές να συμπληρώσουν την ακροστιχίδα κατανοώντας τους ορισμούς λέξεων που έχουν διδαχτεί στην ενότητα.

- ***BINGO***

Πρόκειται για μια δραστηριότητα που υπάρχει σε όλα τα εγχειρίδια της σειράς και η οποία χαρακτηρίστηκε ιδιαίτερα αποτελεσματική από τους δασκάλους και τους μαθητές. Η δραστηριότητα αυτή αποτελεί ένα ευχάριστο παιχνίδι, στο πλαίσιο του οποίου οι μαθητές αξιοποιούν το λεξιλόγιο που διδάχτηκαν, για να περιγράψουν εικόνες, και, βέβαια, αναπτύσσουν παράλληλα τον προφορικό τους λόγο.

- Συχνά οι μαθητές σε ρόλο δασκάλου καλούνται να δημιουργήσουν οι ίδιοι μια άσκηση με κενά και να ζητήσουν από τους συμμαθητές τους να τη συμπληρώσουν. Με τη συγκεκριμένη δραστηριότητα οι μαθητές αναπτύσσουν τη συνεργασία μεταξύ τους και αποκτούν υπεύθυνο ρόλο στη μαθησιακή τους πορεία αξιοποιώντας το λεξιλόγιο της ενότητας.

Γραμματική

Η διδασκαλία της γραμματικής έχει προκαλέσει πολλές συζητήσεις και αντιπαραθέσεις, καθώς συχνά αμφισβητήθηκε η χρησιμότητά της στην τάξη διδασκαλίας της δεύτερης/ξένης γλώσσας. Ωστόσο, τα τελευταία χρόνια έχει αναγνωριστεί η επικοινωνιακή διάσταση της γραμματικής, καθώς και αυτή είναι φορέας σημασίας και συνδέεται με την αποτελεσματικότητα στην επικοινωνία. Στο συγκεκριμένο βιβλίο, η γραμματική, όπως βέβαια και το λεξιλόγιο, διδάσκεται επαγωγικά μέσα από κείμενα και παραδείγματα, ακολουθώντας το τρίπτυχο Παρουσίαση-Πρακτική-Παραγωγή.

- ***Παρουσίαση – πρακτική – παραγωγή***

Η παρουσίαση της γραμματικής ξεκινά με την παράθεση ενός κειμένου, το οποίο οι μαθητές καλούνται να ακούσουν, για να συμπληρώσουν τα κενά του, έχοντας στόχο να απαντήσουν σε συγκεκριμένες ερωτήσεις κατανόησης. Με αυτόν τον τρόπο δίνεται έμφαση στο σημασιολογικό φορτίο της γραμματικής και συνδέεται με την κατανόηση του γραπτού ή/και προφορικού λόγου και με την επικοινωνία. Ακολουθούν πίνακες με παραδείγματα κλίσης.

Ακολουθούν τα στάδια της πρακτικής και παραγωγής με ασκήσεις ελεγχόμενες, καθοδηγούμενες και επικοινωνιακές, ασκήσεις κλειστού και ανοιχτού τύπου, που έχουν στόχο την εμπέδωση και τη χρήση του φαινομένου. Καταρχήν, στο πλαίσιο των ελεγχόμενων δραστηριοτήτων, οι μαθητές καλούνται να παρατηρήσουν το φαινόμενο που διδάσκονται και να το αναγνωρίσουν μεταξύ άλλων επιλογών. Αναλυτικότερα, οι ασκήσεις που υπάρχουν σε αυτό το στάδιο είναι οι εξής:

- ***Παίζουμε τένις***

Με τη συγκεκριμένη άσκηση οι μαθητές σε ζευγάρια καλούνται να μελετήσουν τον σχηματισμό των γραμματικών φαινομένων και να παίξουν με τον συμμαθητή τους.

- ***Λαβύρινθος***

Σε αυτήν την άσκηση οι μαθητές καλούνται να εντοπίσουν το φαινόμενο που μελετούν, για να μπορέσουν να βγουν από τον λαβύρινθο.

- ***Βρες το λάθος***

Αφού έχουν μελετήσει τον σχηματισμό των φαινομένων, οι μαθητές καλούνται να εντοπίσουν και να διορθώσουν λάθη σε προτάσεις.

Ακολουθούν ελεγχόμενες ασκήσεις, στις οποίες οι μαθητές θα πρέπει να συμπληρώσουν τα κενά σε προτάσεις και να βάλουν λέξεις στη σωστή σειρά, για να κάνουν μια πρόταση. Στις ασκήσεις αυτές, δίνεται έμφαση στη σημασία που έχουν οι γραμματικοί τύποι. Στο βιβλίο αυτό για πρώτη φορά συγκρίνονται τα γραμματικά φαινόμενα μεταξύ τους, καθώς οι μαθητές καλούνται να ξαναγράψουν προτάσεις χωρίς να αλλάξει το νόημά τους, παρατηρώντας τη σχέση που έχουν μεταξύ τους διαφορετικές εκφραστικές επιλογές.

Ακολουθούν οι καθοδηγούμενες ασκήσεις, όπου οι μαθητές καλούνται να παραγάγουν λόγο πιο αυθόρμητα, έχοντας, όμως, την απαραίτητη καθοδήγηση. Στο συγκεκριμένο πλαίσιο, οι μαθητές παράγουν προφορικό ή γραπτό λόγο εφαρμόζοντας στην πράξη το φαινόμενο που διδάχτηκαν και κάποιες λέξεις-κλειδιά που τους δίνονται. Τέλος —όπου επιτρέπεται— οι μαθητές καλούνται να παραγάγουν αυθόρμητο λόγο με επικοινωνιακές ασκήσεις (παιχνίδια ρόλων, προσωπικές ερωτήσεις κτλ.).

Παραγωγή Προφορικού Λόγου

Η παραγωγή του προφορικού λόγου είναι μια δύσκολη δεξιότητα, καθώς πολύ συχνά οι μαθητές, πέρα από τις γλωσσικές δυσκολίες που αντιμετωπίζουν, δεν ξέρουν τι να πουν κι έτσι αποφεύγουν να μιλήσουν. Στο βιβλίο αυτό, έγινε προσπάθεια οι μαθητές να διδαχτούν πώς να εμπλουτίζουν τον λόγο τους, έτσι ώστε να αποφεύγονται οι μονολεκτικές απαντήσεις στις εξετάσεις, αλλά και να επιτυγχάνεται ολοκληρωμένη και αποτελεσματική επικοινωνία έξω από την τάξη σε αυθεντικές περιστάσεις επικοινωνίας. Καταρχήν, υπάρχουν ερωτήσεις σχετικές με τη θεματική της κάθε ενότητας, στις οποίες οι μαθητές καλούνται να απαντήσουν έχοντας στη διάθεσή τους βοηθητικό λεξιλόγιο. Ακολουθεί η περιγραφή εικόνων κατά το πρότυπο των Εξετάσεων Πιστοποίησης Επάρκειας της Ελληνομάθειας. Αν ο δάσκαλος κρίνει ότι οι μαθητές του έχουν ανάγκη να εξασκηθούν περισσότερο στην περιγραφή των εικόνων, το συγκεκριμένο βιβλίο παρέχει πληθώρα επιλογών που μπορούν να αξιοποιηθούν προς αυτήν την κατεύθυνση. Τέλος, οι μαθητές προετοιμάζονται για το παιχνίδι ρόλων, το οποίο αποτελεί μέρος της εξεταστικής διαδικασίας.

Παραγωγή Γραπτού Λόγου

Η παραγωγή γραπτού λόγου ίσως είναι η δυσκολότερη δεξιότητα κατά την εκμάθηση μιας δεύτερης/ξένης γλώσσας. Όπως προκύπτει από τα γραπτά των Εξετάσεων Πιστοποίησης Επάρκειας της Ελληνομάθειας, συχνά οι υποψήφιοι δεν προλαβαίνουν να ολοκληρώσουν το γραπτό τους στον προβλεπόμενο χρόνο ή δεν αναπτύσσουν πάντα επιτυχώς το θέμα που τους δίνεται, καθώς δεν απαντούν σε όλα τα ερωτήματά του. Επίσης, υποψήφιοι, που φαίνεται ότι έχουν κατακτήσει ικανοποιητικά τη γλώσσα, παρουσιάζουν κείμενα «φτωχά» ως προς την ανάπτυξη του περιεχομένου και ανεπαρκή ως προς την τήρηση των συμβάσεων που υπάρχουν στα κειμενικά είδη. Προκειμένου να ξεπεραστούν τα παραπάνω προβλήματα των ομιλητών του συγκεκριμένου επιπέδου στην «Παραγωγή Γραπτού Λόγου», στο συγκεκριμένο βιβλίο δίνεται έμφαση στις στρατηγικές γραφής ενός κειμένου και στην αποτελεσματική επανάληψή του. Πιο συγκεκριμένα, πριν γράψουν οι μαθητές το δικό τους κείμενο, έχουν την ευκαιρία να δουν ένα κείμενο-πρότυπο και να συμπληρώσουν πλαγιότιτλους, για να παρατηρήσουν τη δομή και τα στοιχεία συνοχής και συνεκτικότητας των παραγράφων και των νοημάτων. Τα κείμενα αυτά παρέχουν σημαντικές πληροφορίες για τα χαρακτηριστικά διαφορετικών κειμενικών ειδών, ενώ παρέχουν, επίσης, πολύτιμο λεξιλόγιο και ιδέες για την παραγωγή γραπτού λόγου σε αντίστοιχο θέμα. Στη συνέχεια, με στοχευμένες δραστηριότητες οι μαθητές έχουν την ευκαιρία να αναπτύξουν τις (εκ)φραστικές επιλογές τους μέσα από τη συγγραφή απλών προτάσεων σχετικών με το θέμα του κειμένου που θα κληθούν να γράψουν. Επίσης, η παραγωγή γραπτού λόγου διακρίνεται σε συγκεκριμένα στάδια και έτσι όλη η διαδικασία γίνεται ευκολότερη, ενώ οι μαθητές υιοθετούν σταδιακά συγκεκριμένες στρατηγικές που θα κάνουν τον τρόπο που γράφουν αποτελεσματικότερο. Τέλος, μαθαίνουν πώς να ελέγχουν διεξοδικά το γραπτό κείμενο που παράγουν.

Μουσική

Πριν από το τέλος της ενότητας, οι μαθητές χαλαρώνουν με την ακρόαση ενός τραγουδιού που έχει γραφτεί ειδικά για το συγκεκριμένο διδακτικό εγχειρίδιο. Η θεματολογία των τραγουδιών είναι σύμφωνη με τη θεματική της ενότητας που συνοδεύουν. Οι μαθητές έχουν την ευκαιρία να διασκεδάσουν και να χαλαρώσουν. Επίσης, μέσα από τους στίχους των τραγουδιών εμπεδώνουν και διευρύνουν το λεξιλόγιο που είναι σχετικό με την κάθε θεματική. Τέλος, γνωρίζουν τις σύγχρονες τάσεις της ελληνικής έντεχνης και λαϊκής μουσικής. Οι διδάσκοντες έχουν στη διάθεσή τους ένα ιδιαίτερα ευχάριστο υλικό, το οποίο μπορούν να αξιοποιήσουν πολλαπλώς. Τα τραγούδια αποτελούν ένα υλικό που προσφέρεται για χαλάρωση, που πολύ συχνά είναι απαραίτητη στη μαθησιακή διαδικασία, αλλά και για εκμάθηση της γλώσσας. Τα τραγούδια του βιβλίου ακολουθούνται από ασκήσεις, σίγουρα, όμως, ο δάσκαλος μπορεί να τα αξιοποιήσει με πολλούς ακόμη τρόπους και να εντάξει στο μάθημά του μια ευχάριστη νότα διδασκαλίας. Τα τραγούδια κινητοποιούν το ενδιαφέρον των μαθητών για τη γλώσσα. Μπορούν να αξιοποιηθούν ως αφόρμηση για συζήτηση, προβληματισμό, ανάπτυξη των επικοινωνιακών γλωσσικών δεξιοτήτων, εμπέδωση λεξιλογίου και φυσικά διασκέδαση και παιχνίδι.

Αυτοαξιολόγηση

Προτού οι μαθητές ξεκινήσουν μια νέα ενότητα, έχουν τη δυνατότητα να διαπιστώσουν αυτό που μπορούν να κάνουν και να συνειδητοποιήσουν τις γνώσεις που αποκόμισαν από την ενότητα η οποία μόλις έχει τελειώσει. Με τον τρόπο αυτό, μαθαίνουν να ελέγχουν την πρόοδό τους και αναπτύσσουν αυτονομία στη μαθησιακή τους πορεία.

Κλείνοντας το εισαγωγικό αυτό κείμενο, θέλουμε να ευχαριστήσουμε από καρδιάς όλους όσους συνέβαλαν στον σχεδιασμό του παρόντος υλικού: τους υποψήφιους των Εξετάσεων Πιστοποίησης Επάρκειας της Ελληνομάθειας και τους καταρτιζόμενους εκπαιδευτικούς. Ευχόμαστε και αυτό το βιβλίο της σειράς «ΚΛΙΚ στα ελληνικά» να αποτελέσει ένα σημαντικό μαθησιακό εργαλείο στα χέρια εκπαιδευτικών και μαθητών, να κερδίσει τους χρήστες του και...να τους «κάνει κλικ».

Μαρία Καρακύργιου | Βικτωρία Παναγιωτίδου

Περιεχόμενα

* Τα ηχητικά αρχεία είναι προσβάσιμα στη διεύθυνση https://greeklanguage.gr/klikstaellinikaB2 με τον κωδικό audiofilesB2

Στις δύο πρώτες ενότητες θα ασχοληθούμε με τους λαούς, τις φυλές, τους πολιτισμούς και την κατοικία. Πριν μελετήσετε τις ενότητες που ακολουθούν, συζητήστε στην τάξη τι σημαίνει η φράση «Τα σπίτια μοιάζουν με τους ανθρώπους που τα κατοικούν».

Ενότητα 1

ΑΠΟ ΠΟΥ ΚΡΑΤΑΕΙ Η ΣΚΟΥΦΙΑ ΣΟΥ;

- Τι βλέπεις στις εικόνες;
- Τι ξέρεις για τον τρόπο με τον οποίο ζουν οι άνθρωποι που βλέπεις στις εικόνες;

ΚΑΤΑΝΟΗΣΗ ΓΡΑΠΤΟΥ ΛΟΓΟΥ

Άσκηση 1

α. Δες την εικόνα που συνοδεύει το κείμενο. Ποιο νομίζεις ότι είναι το θέμα του;

β. Διάβασε γρήγορα το κείμενο και βάλε σε κάθε παράγραφο έναν από τους παρακάτω πλαγιότιτλους.

Πληθυσμός | Γλώσσα | Ρομά και τέχνη | Επαγγελματικές δραστηριότητες | Καταγωγή

Άσκηση 2

Διάβασε το παρακάτω κείμενο και συμπλήρωσε τα κενά με τις παρακάτω φράσεις. Υπάρχουν έξι (6) φράσεις που δεν ταιριάζουν σε κανένα κενό.

Συμβουλή: Πριν κάνεις την άσκηση, διάβασε μία φορά το κείμενο και προσπάθησε να συμπληρώσεις μόνος/-η τα κενά.

- [ ] σλαβικές και ρουμανικές λέξεις
- [0] σημαίνει στη γλώσσα τους
- [ ] όμως σε εμάς
- [ ] όπως επίσης με τη
- [ ] οι έλληνες μουσικοί
- [ ] και επιπλέον
- [ ] Όπως π.χ.
- [ ] τη λαϊκή μουσική
- [ ] παντού
- [ ] σε όλο τον κόσμο
- [ ] τη λαϊκή τέχνη
- [ ] η οποία γιορτάζεται
- [ ] της κάθε περιοχής
- [ ] όσο και εκεί.
- [ ] και σε άλλες χώρες
- [ ] όσο και στη Ρουμανία
- [ ] δραστηριότητες στις οποίες
- [ ] Χαρακτηριστικό παράδειγμα

Ρομά

1

Οι Ρομά (στον ενικό αριθμό Ρομ) είναι ένας νομαδικός λαός με ινδική καταγωγή. Η λέξη «Ρομ», που χρησιμοποιείται σε πολλές περιοχές από τους ίδιους τους Ρομά, [0]_____ 'άντρας' ή 'σύζυγος'.

2

Η γλώσσα των Ρομά είναι η «ρομανί» ή «ρομανές». Ανήκει στις ινδοευρωπαϊκές γλώσσες και <u>συγγενεύει</u> με τις διάφορες γλωσσικές <u>διαλέκτους</u> της Ινδίας. Οι τοπικές διάλεκτοι που μιλούν οι Ρομά έχουν σαφείς <u>επιρροές</u> από τη γλώσσα [1]_____. Οι διαφορετικές μορφές ρομανί που υπάρχουν σε όλη την Ευρώπη έχουν πολλές περσικές, ελληνικές, καθώς και [2]_____.

3

Σύμφωνα με εκτιμήσεις, υπάρχουν 12 εκατομμύρια Ρομά [3]_____. Στην Ευρώπη, ο <u>πληθυσμός</u> τους είναι περίπου στα 8-10 εκατομμύρια και οι περισσότεροι κατοικούν στη Ρουμανία, την Ουγγαρία, τη Βουλγαρία, την Ισπανία, τη Γαλλία, την Ελλάδα [4]_____.

4

Οι Ρομά κατά παράδοση ασχολούνται με το εμπόριο, τις κατασκευές από ξύλο, την κατασκευή οικιακών σκευών, διακοσμητικών κλπ., [5]______ σιδηρουργία και τη μηχανουργία. Αρκετοί ασχολούνται με τη μουσική και τον χορό, [6]______ έχουν ιδιαίτερο ταλέντο. Οι μουσικοί τους είναι αυτοδίδακτοι και διακρίνονται κυρίως ως οργανοπαίχτες. [7]______ αποτελούν οι Ρομά της Ουγγαρίας, οι οποίοι είναι άριστοι βιολιστές. Υποστηρίζεται μάλιστα ότι έχουν επηρεάσει σημαντικά [8]______ των Ούγγρων. Πολλοί από τους αυτοδίδακτους λαϊκούς μουσικούς έγιναν διάσημοι μουσικοί και τραγουδιστές, τόσο στην Ουγγαρία, [9]______, όπου σήμερα οι λαϊκές ορχήστρες των Ρομά δεν αποτελούνται από άτομα χωρίς θεωρητική κατάρτιση, αλλά συμμετέχουν σε αυτές έμπειροι μουσικοί με σημαντικές σπουδές στο αντικείμενό τους.

5

Η ζωή και ο χαρακτήρας των Ρομά αποτέλεσαν έμπνευση για πολλούς μουσικούς, σκηνοθέτες και λογοτέχνες. Χαρακτηριστικά παραδείγματα υπάρχουν στα έργα του Μπετόβεν, του Σούμπερτ, του Θερβάντες, του Μεριμέ, του Κουστουρίτσα και του Μπρέγκοβιτς. Για τους Ρομά και τη ζωή τους έχουν γράψει και αρκετοί έλληνες λογοτέχνες, όπως ο Βιζυηνός, ο Παπαδιαμάντης, ο Δροσίνης και ο Παλαμάς.

Διάσημοι Ρομά είναι οι ηθοποιοί Τσάρλι Τσάπλιν, Γιουλ Μπρίνερ, Μπομπ Χόσκινς και [10]______ Κώστας Χατζής, Βασίλης Παϊτέρης, Ελένη Βιτάλη κ.ά.

Η πιο σημαντική γιορτή των Ρομά είναι η γιορτή της Άνοιξης (Εντερλέζι) [11]______ από 23 Απρίλη μέχρι 1 Μάη σε όλη την Ευρώπη.

Πηγή: Διασκευή κειμένου από:
http://el.wikipedia.org
http://history-pages.blogspot.gr

Άσκηση 3
Υπάρχουν κάποια χαρακτηριστικά από τη ζωή των Ρομά που σου αρέσουν; Γιατί;

Λεξιλόγιο

Άσκηση 1

Γίνετε ζευγάρια, δείτε τις υπογραμμισμένες λέξεις του κειμένου (σελ. 20-21) και βρείτε ποιοι από τους παρακάτω ορισμούς περιγράφουν τη σημασία τους.

0. αυτός που είναι πολύ γνωστός σε κάτι = διάσημος

1. ξεχωρίζω από τους άλλους σε έναν συγκεκριμένο τομέα = ____________

2. αυτός που είναι ο καλύτερος σε κάτι = ____________

3. παίρνω μέρος κάπου = ____________

4. έχω ομοιότητες με κάποιον ή με κάτι = ____________

5. αυτός που διδάχτηκε μόνος του κάτι, χωρίς τη βοήθεια κάποιου δασκάλου = ____________

6. η ποικιλία μιας γλώσσας = ____________

7. η δύναμη που έχει κάποιος να επηρεάζει = ____________

8. το σύνολο των ανθρώπων που κατοικούν σε ένα μέρος = ____________

9. σύνολο τεχνικών μεθόδων που χρησιμοποιούνται για την παραγωγή και την κατεργασία του σιδήρου = ____________

10. κλάδος της τεχνικής που αφορά την κατασκευή/επισκευή μηχανών ή την κατασκευή απλών μηχανικών εξαρτημάτων = ____________

11. συστηματική διδασκαλία που παρέχει τις απαραίτητες γνώσεις για κάποιον τομέα = ____________

Άσκηση 2

Γίνετε ζευγάρια, ενώστε τις λέξεις με την ίδια ή παρόμοια σημασία και κάντε προτάσεις με αυτές.

0.	λαός	**α.**	επίδραση	
1.	σαφής	**β.**	σχήμα, είδος, εμφάνιση	
2.	επιρροή	**γ.**	γνωστός, φημισμένος, ξακουστός	
3.	μορφή	**δ.**	σπουδαίος	
4.	σημαντικός	**ε.**	εξαίρετος, εξαιρετικός	
5.	διακρίνομαι	**στ.**	πληθυσμός, κάτοικοι, πολίτες, κόσμος	0
6.	καταγωγή	**ζ.**	ξεχωρίζω, υπερέχω, φαίνομαι, διαπρέπω	
7.	διάσημος	**η.**	ξεκάθαρος	
8.	άριστος	**θ.**	γενιά, ράτσα	

Άσκηση 3

Γίνετε ζευγάρια, ενώστε τις λέξεις με αντίθετη σημασία και κάντε προτάσεις με αυτές.

0.	τοπικός	**α.**	απέχω	
1.	σαφής	**β.**	άσημος, άγνωστος	
2.	συμμετέχω	**γ.**	άπειρος	
3.	θεωρητικός	**δ.**	εθνικός	0
4.	διάσημος	**ε.**	πρακτικός	
5.	έμπειρος	**στ.**	ασαφής	

Άσκηση 4

Βρες σε ποια από τις παρακάτω προτάσεις η υπογραμμισμένη λέξη έχει την ίδια σημασία με αυτή που έχει στο παράδειγμα και ποια είναι η σημασία της στις υπόλοιπες προτάσεις.

0 Σύμφωνα με εκτιμήσεις, υπάρχουν 12.000.000 Ρομά σε όλο τον κόσμο.

- **α.** Πότε θα γίνουν εκλογές, κατά την εκτίμησή σας;
- **β.** Θα πουλήσω το αυτοκίνητό μου, αφού γίνει εκτίμηση της αξίας του.
- **γ.** Αυτόν τον άνθρωπο τον έχω σε μεγάλη εκτίμηση.

1 Κάποιοι ερευνητές υποστηρίζουν ότι η μουσική των Ρομά επηρέασε τη μουσική των Ούγγρων.

- **α.** Η Μαρία με υποστήριξε πολύ στις δύσκολες στιγμές μου.
- **β.** Η Ελένη υποστηρίζει ότι αυτό δεν είναι αλήθεια.
- **γ.** Ποια ομάδα υποστηρίζεις;

2 Οι τεχνίτες προσπαθούν να συνεχίσουν την τοπική παράδοση στην κατασκευή πήλινων αγγείων.

- **α.** Η παράδοση του πακέτου γίνεται σε δύο μέρες με το ταχυδρομείο.
- **β.** Η παράδοση του μαθήματος είναι πολύ κουραστική και για τον δάσκαλο και για τον μαθητή.
- **γ.** Το φλαμέγκο είναι μέρος της ισπανικής παράδοσης.

3 Στις ορχήστες των Ρομά συμμετέχουν μουσικοί με σπουδές και κατάρτιση στο αντικείμενό τους.

- **α.** Ο Πάνος έχει άριστη κατάρτιση στο επάγγελμά του.
- **β.** Κατά την κατάρτιση του προγράμματός μας, λάβαμε υπόψη τις ανάγκες των κατοίκων της περιοχής μας.
- **γ.** Η κατάρτιση των εκλογικών καταλόγων ήταν ιδιαίτερα δύσκολη διαδικασία.

Άσκηση 5

Γίνετε ζευγάρια. Πηγαίνετε στην ιστοσελίδα www.greek-language.gr/greekLang/modern_greek/tools/corpora/corpora/search.html. Πληκτρολογήστε τη λέξη *μορφή* και βρείτε παραδείγματα με τις διαφορετικές σημασίες της λέξης.

Άσκηση 6

Συμπλήρωσε τα κενά με τις παρακάτω λέξεις.

λαού, πληθυσμός, κάτοικοι, πολίτες, κόσμος

- **0.** Είχε πολύ ___κόσμο___ στη συναυλία.
- **1.** Ο ____________ της Ελλάδας είναι 9.000.000.
- **2.** Οι ____________ της επαρχίας είναι πιο ήρεμοι από αυτούς των μεγάλων πόλεων.
- **3.** Όλοι οι ____________ είναι ίσοι απέναντι στον νόμο.
- **4.** Ο Νίκος είναι παιδί του ____________.

ράτσα, γενιά, καταγωγή, εθνικότητα, φυλής, λαό, πατρίδα

- **5.** Ο Πέτρος ζει στην Αθήνα. Η ____________ του, όμως, είναι από τη Δράμα.
- **6.** Σήμερα ζει στην Ελλάδα η δεύτερη ____________ των μεταναστών από την Αλβανία.
- **7.** Αυτή η ____________ σκύλων έχει πλούσιο τρίχωμα.
- **8.** Η επιλογή των παιδιών στα Παιδικά Χωριά SOS γίνεται με αποκλειστικό κριτήριο την ανάγκη προστασίας τους, ανεξάρτητα από τη φυλή, την ____________ ή τη θρησκεία τους.
- **9.** Ινδιάνοι της ____________ Ζανάντες, στον Αμαζόνιο, περπατούν ανάμεσα σε ό,τι απέμεινε από το δάσος του καταυλισμού τους.
- **10.** Ο πρωθυπουργός διαβεβαίωσε τον ____________ ότι θα μείνει πιστός στις προεκλογικές του υποσχέσεις.
- **11.** Το όνειρό μου είναι να επιστρέψω στην ____________ μου, εκεί που γεννήθηκα και μεγάλωσα. Προς το παρόν, όμως, αυτό είναι δύσκολο.

Άσκηση 7

Διάλεξε μία (1) ομάδα λέξεων από αυτές της άσκησης 6 και βρες παραδείγματα με τη χρήση τους από τα σώματα κειμένων στην ιστοσελίδα www.greek-language.gr/greekLang/modern_greek/tools/corpora/corpora/search.html.

Άσκηση 8
Διάλεξε το σωστό.

0. Ο Τομ είναι Άγγλος στην ______.
(**α.**) καταγωγή **γ.** εθνικότητα
β. ράτσα **δ.** πατρίδα

1. Ο Γιάννης ασκεί μεγάλη ______ στον αδερφό του.
α. δύναμη **γ.** επιρροή
β. επιβολή **δ.** ενέργεια

2. Ο Κώστας είναι ______ στον χώρο του.
α. είδος **γ.** σχήμα
β. χαρακτήρας **δ.** μορφή

3. Ο Θωμάς τρέφει μεγάλη ______ για μένα.
α. γνώμη **γ.** τιμή
β. εκτίμηση **δ.** άποψη

4. Σε αυτήν τη δύσκολη εποχή πρέπει όλοι να ______ τους αδύναμους ανθρώπους.
α. ευνοήσουμε **γ.** επιμείνουμε
β. υποστηρίξουμε **δ.** καταδιώξουμε

Άσκηση 9
Ποιες από τις παρακάτω φράσεις είναι Σωστές και ποιες Λάθος;

0. Η Ελένη δεν συμπαθεί πολύ τον Κώστα, αλλά δεν τον έχει σε ιδιαίτερη εκτίμηση. Λ
1. Είναι πολύ διάσημος μουσικός, αλλά δεν τον ξέρουν πολλοί. ______
2. Ο Πέτρος απέχει από όλες τις εκδηλώσεις, γιατί δεν τον ενδιαφέρει καμία. ______
3. Ο Λευτέρης έχει μεγάλη πείρα στο επάγγελμά του, γι' αυτό είναι πολύ αποτελεσματικός. ______
4. Η Σωτηρία δεν παίρνει ποτέ το μέρος μου, αλλά με υποστηρίζει πάντα. ______
5. Κατάγομαι από την Ελλάδα, αλλά μένω στο Λονδίνο. ______

Άσκηση 10
Γίνετε ζευγάρια και ενώστε τις λέξεις, για να κάνετε φράσεις που χρησιμοποιούνται πολύ συχνά. Μετά γράψτε προτάσεις με τις φράσεις που κάνατε.

0. νομαδικός
1. θεωρητική
2. τοπική
3. οικιακά
4. χαρακτηριστικό
5. λαϊκοί

0	λαός
	σκεύη
	διάλεκτος
	κατάρτιση
	μουσικοί
	παράδειγμα

Άσκηση 11

Συμπλήρωσε τα κενά με τις παρακάτω λέξεις.

φυλές, επιρροές, έθνος, ~~καταγωγή~~, πολιτισμό, πληθυσμό, κατοίκους (2), σαφή, πληθυσμοί

Οι Γκάουτσος (Gaucho), οι καουμπόηδες της Βραζιλίας, έχουν λατινοαμερικάνικη [0] καταγωγή. Ζουν ακόμη και σήμερα σε πολλές περιοχές της Βραζιλίας και προσφέρουν μια παραδοσιακή νότα στον σύγχρονο [1] __________. Η συγκεκριμένη ονομασία χρησιμοποιείται για να χαρακτηρίσει τους [2] __________ του Rio Grande do Sul. Η ενδυμασία τους έχει [3] __________ χαρακτηριστικά. Συνήθως φορούν ένα πόντσο, φαρδύ παντελόνι και ζώνη.

Οι Έλληνες είναι ένα [4] __________ που κατοικεί κυρίως στα νότια Βαλκάνια. Ιστορικά, ελληνικοί [5] __________ κατοικούσαν στην Κάτω Ιταλία και τη Σικελία που αποτελούσαν τη Μεγάλη Ελλάδα κατά την αρχαιότητα, στην Κορσική, στα παράλια της Μικράς Ασίας, στον Πόντο και τη Βόρεια Ήπειρο.

Ο σύγχρονος ιαπωνικός πολιτισμός έχει [6] __________ από την Ασία, την Ευρώπη και τη Βόρεια Αμερική.

Με πάνω από 53 εκατομμύρια [7] __________, η Αγγλία είναι η μεγαλύτερη σε [8] __________ χώρα του Ηνωμένου Βασιλείου.

Την προ-ρωμαϊκή εποχή, η περιοχή της σημερινής Αυστρίας κατοικούνταν από [9] __________ Κελτών.

Οι πληροφορίες προέρχονται από το διαδίκτυο.

Άσκηση 12

(cd 1, 1)

Τώρα άκουσε τα παραπάνω κείμενα και σημείωσε ποιες λέξεις/φράσεις αντικαθιστούν τις λέξεις που συμπλήρωσες στα κενά τους.

Άσκηση 13

Συζητάς με τον συμμαθητή/τη συμμαθήτριά σου για τα χαρακτηριστικά των ανθρώπων της περιοχής σου. Χρησιμοποίησε λέξεις από την άσκηση 11.

Άσκηση 14

Γίνετε ζευγάρια, δείτε τις παρακάτω λέξεις και συμπληρώστε τα κενά κάθε σειράς του πίνακα με λέξεις που ανήκουν στην ίδια οικογένεια.

εμπνέω, κατασκευάζω, καταρτίζω, σπουδαστής, παράδοση, κατοικία, απασχολημένος, λαϊκός, επηρεάζω, διάκριση, κάτοικος, ~~κατάγομαι~~, πετυχαίνω, συγγενικός, εκτίμηση, ασχολία, κατασκευαστικός, σπουδές, σημασία, επηρεασμένος, πολυάσχολος, εμπνευσμένος, συγγενής, συγγένεια, παγκόσμιος, απασχόληση, επιτυχία, καταρτισμένος, εμπνευστής, έμπειρος, εμπειρικός, φυλετικός, σπουδαστήριο, ιθαγενής, σημαντικός, παραδίδω

ρήμα	ουσιαστικό	επίθετο
0 κατάγομαι	καταγωγή	-
σημαίνω	1 ________	2 ________
συγγενεύω	3 ________, 4 ________	5 ________
6 ________	επιρροή	7 ________
εκτιμώ	8 ________	-
-	κόσμος	9 ________
ασχολούμαι	10 ________, 11 ________	12 ________, 13 ________
14 ________	κατασκευή	15 ________
16 ________	17 ________	επιτυχημένος
18 ________	κατάρτιση	19 ________
20 ________	έμπνευση, 21 ________	22 ________
σπουδάζω	23 ________, 24 ________, 25 ________	-
διακρίνω	26 ________	-
-	εμπειρία	27 ________, 28 ________
-	λαός	29 ________
-	φυλή	30 ________
31 ________	32 ________	παραδοσιακός
κατοικώ	33 ________, 34 ________	-
-	ιθαγένεια, 35 ________	-

Άσκηση 15

Συμπλήρωσε τα κενά, όπως στο παράδειγμα.

mother's.blog.gr

Η «Χίμπα» (Himba), η άγνωστη φυλή της Αφρικής

Αρχική σελίδα | Himba | Αναζήτηση | Επικοινωνία

Η «Χίμπα» (Himba) είναι μια [0] ___φυλή___ (φυλετικός) στην Αφρική με πολύ ιδιαίτερες [1] ________________ (παραδίδω). Για παράδειγμα, η ημερομηνία γέννησης ενός ανθρώπου δεν υπολογίζεται από τη στιγμή της γέννησης, αλλά από την ημέρα που το παιδί υπάρχει ως επιθυμία στο μυαλό της μητέρας του.

Όταν μια γυναίκα θέλει να να γίνει μητέρα, γράφει ένα τραγούδι για το παιδί που θα γεννήσει. Έτσι, απομονώνεται για να έχει [2] ________________ (εμπνέω) και να δημιουργήσει το τραγούδι του παιδιού της. Μόλις η μαμά [3] ________________ (επιτυχία) τον στόχο της και γράψει τους στίχους και τη μουσική, διδάσκει το καινούριο τραγούδι σε όλους τους ανθρώπους που έχουν σχέση με την ίδια και το μωρό που πρόκειται να γεννηθεί στο μέλλον, το διδάσκει, δηλαδή, στον πατέρα του παιδιού, στις ηλικιωμένες γυναίκες του χωριού, στις μαίες, στους [4] ________________ (συγγένεια) της. Από τη στιγμή αυτή, το νέο τραγούδι ακολουθεί και [5] ________________ (επιρροή) το παιδί σε όλη του τη ζωή.

Οι [6] ________________ (κατοικία) του χωριού τραγουδούν το τραγούδι κάθε παιδιού σε όλες τις ιδιαίτερες στιγμές της ζωής του, π.χ. στη γέννησή του, στα ατυχήματα κατά την παιδική του ηλικία, στις τελετές της εφηβείας και της ενηλικίωσης, στις επιτυχίες και τις [7] ________________ (διάκριση) του. Επίσης, στους γάμους ακούγονται ταυτόχρονα τα τραγούδια του γαμπρού και της νύφης. Τέλος, όταν ο άνθρωπος γεράσει και είναι άρρωστος στο κρεβάτι, οι φίλοι του και πάλι τραγουδούν το τραγούδι του για τελευταία φορά!

Άσκηση 16

Διάλεξε έξι (6) λέξεις από τον πίνακα της άσκησης 14 και κάνε μια άσκηση, όπως η άσκηση 15. Ζήτησε από τον συμμαθητή/τη συμμαθήτριά σου να συμπληρώσει τα κενά της άσκησής σου και κάνε το ίδιο με τη δική του/της άσκηση.

Άσκηση 17

Ζήτησε τη βοήθεια του συμμαθητή/της συμμαθήτριάς σου, για να συμπληρώσεις το σταυρόλεξό σου.

Παράδειγμα:

Μαθητής Α: Τι έχεις στο 1 κάθετα;

Μαθητής Β: Όταν κάποιος μας επηρεάζει, λέμε ότι ασκεί επάνω μας...

Μαθητής Α: Επιρροή.

Μαθητής Α

							3						
						1 Κ	Α	Τ	Α	Γ	Ω	Γ	Η
				2									
		2 Π	Α	Τ	Ρ	Ι	Δ	Α					
													5
										4			
		1 Ε											
		3 Π	Λ	Η	Θ	Υ	Σ	Μ	Ο	Σ			
		Ι											
		Ρ											
		Ρ		4 Τ	Ο	Π	Ι	Κ	Ο	Σ			
5 Λ	Α	Ο	Σ										
		Η		6 Π	Ρ	Ω	Τ	Ο	Γ	Ο	Ν	Ο	Σ

Μαθητής Β

							3 Π						
						1	Α						
				2 Ε			Ρ						
				Κ			Α						
		2		Τ			Δ						
				Ι			Ο						5 Π
				Μ			Σ						Ο
				Η			Η			4 Κ			Λ
		1 Ε		Σ						Ο			Ι
		3 Π		Η						Σ			Τ
		Ι								Μ			Ι
		Ρ								Ο			Σ
		Ρ		4						Σ			Μ
5		Ο											Ο
		Η		6									Σ

Γραμματική: ΑΟΡΙΣΤΟΣ

Άκουσε το κείμενο και συμπλήρωσε τα κενά, για να απαντήσεις στις ερωτήσεις που ακολουθούν.

(cd 1, 2)

ΤΑ ΝΕΑ ΤΗΣ ΠΟΛΗΣ: ΠΟΛΙΤΙΣΜΟΣ

ΜΑΟΡΙ

Μαορί (Māori) είναι το όνομα ενός ιθαγενούς πληθυσμού της Νέας Ζηλανδίας και σημαίνει ‘κανονικός’ ή ‘κοινός’. Οι Μαορί έφτασαν στη Νέα Ζηλανδία από την Πολυνησία. Οι παραδοσιακοί Μαορί ήταν κυνηγοί, ψαράδες και καλλιεργητές, ενώ ένα σημαντικό μέρος της κουλτούρας τους ήταν η τέχνη.

Όταν η Νέα Ζηλανδία 0 αποικήθηκε από τους Ευρωπαίους, ξεκίνησε μια περίοδος παρακμής για τους Μαορί. 1 ________________ μάλιστα ότι μέχρι το τέλος του 19ου αιώνα ο πληθυσμός τους θα έπαυε να υπάρχει ως ξεχωριστή φυλή και θα αφομοιωνόταν από τον ευρωπαϊκό πληθυσμό. Αυτό βέβαια δεν 2 ________________.

Αντίθετα, οι Μαορί της Νέας Ζηλανδίας 3 ________________ πολύ καλά και 4 ________________ απόλυτα στις νέες συνθήκες που ίσχυσαν στην περιοχή τους. Κράτησαν τις παραδόσεις τους, αξιοποίησαν τον τουρισμό, αλλά και τις ικανότητές τους στη χειροτεχνία και την ξυλογλυπτική. Οι Μαορί γοητεύουν μέχρι σήμερα τους τουρίστες με τον χορό και τα τραγούδια τους, τα οποία 5 ________________ όπως όλα τα λαϊκά παραδοσιακά τραγούδια. 6 ________________, δηλαδή, κάποιοι στίχοι από απλούς ανθρώπους, 7 ________________ από κάποιους άλλους και σιγά σιγά 8 ________________ από στόμα σε στόμα και 9 ________________.

Οι γυναίκες των Μαορί έχουν ιδιαίτερες ικανότητες στη μουσική και το κλασικό τραγούδι. Πολλές μάλιστα 10 ________________ για τη φωνή τους. Ένα τέτοιο παράδειγμα είναι η διάσημη λυρική σοπράνο Κίρι Τε Κανάουα, η οποία 11 ________________ στην περιοχή που ζει η φυλή Νγκάτι Πόρου και ανατράφηκε από μια οικογένεια της φυλής Μανιαπότο.

Παρά τον μεγάλο βαθμό ανάμειξής τους με ευρωπαϊκούς πληθυσμούς, η πολιτισμική τους ταυτότητα 12 ________________ και δεν 13 ________________ τελείως. Ωστόσο, κανένας Μαορί δεν ζει σήμερα αποκλειστικά κατά τον παραδοσιακό τρόπο ζωής που επικρατούσε πριν από την επαφή τους με τους Ευρωπαίους.

Οι πληροφορίες προέρχονται από το διαδίκτυο.

Ερωτήσεις:

1. Ποιοι κατοίκησαν τη Νέα Ζηλανδία μετά τους Μαορί;
2. Ποιος έγραψε τη μουσική και τους στίχους στα παραδοσιακά τραγούδια των Μαορί;
3. Οι Μαορί κράτησαν τα πολιτιστικά τους στοιχεία μετά την επαφή τους με ευρωπαϊκούς πληθυσμούς;
4. Κάνε την περίληψη του κειμένου που διάβασες.

	ΑΟΡΙΣΤΟΣ ΕΝΕΡΓΗΤΙΚΗΣ/ΠΑΘΗΤΙΚΗΣ ΦΩΝΗΣ
	Χρήση: για μια ενέργεια που έγινε στο παρελθόν χωρίς να ενδιαφέρει η διάρκειά της **Σχηματισμός:** - (αύξηση) + θέμα αορίστου ενεργητικής φωνής + καταλήξεις - θέμα αορίστου παθητικής φωνής + -ηκ- + καταλήξεις
ακούω/ακούγομαι	**άκουσ**α/**ακούστ**ηκα *
ιδρύω/ιδρύομαι	**ίδρυσ**α/**ιδρύθ**ηκα
εμπνέω/εμπνέομαι	**ενέπνευσ**α/**εμπνεύστ**ηκα
ντύνω/ντύνομαι	έντυσα/**ντύθ**ηκα
κλείνω/κλείνομαι	έ**κλεισ**α/**κλείστ**ηκα
πείθω/πείθομαι	έ**πεισ**α/**πείστ**ηκα
αναγκάζω/αναγκάζομαι	**ανάγκασ**α/**αναγκάστ**ηκα *
διαψεύδω/διαψεύδομαι	διέψευσα/διαψεύ**στ**ηκα *
διδάσκω/διδάσκομαι	**δίδαξ**α/**διδάχτ**ηκα *
ανοίγω/ανοίγομαι	**άνοιξ**α/**ανοίχτ**ηκα *
τρέχω/ -	έ**τρεξ**α/ -
- /**αποδέχ**ομαι	- /**αποδέχτ**ηκα *
στριμώχνω/στριμώχνομαι	**στρίμωξ**α/**στριμώχτ**ηκα *
αναπτύσσω/αναπτύσσομαι	**ανέπτυξ**α/**αναπτύχτ**ηκα *
κηρύττω/κηρύττομαι	**κήρυξ**α/**κηρύχτ**ηκα *
ταράζω/ταράζομαι	**τάραξ**α/**ταράχτ**ηκα *
εγκαταλείπω/εγκαταλείπομαι	εγκατέλει**ψ**α/εγκαταλεί**φτ**ηκα *
κρύβω/κρύβομαι	έκρυ**ψ**α/**κρύφτ**ηκα *
γράφω/γράφομαι	έγρα**ψ**α/**γράφτ**ηκα *
αποκαλύπτω/αποκαλύπτομαι	**αποκάλυψ**α/**αποκαλύφτ**ηκα *
μπερδεύω/μπερδεύομαι	**μπέρδεψ**α/**μπερδεύτ**ηκα
απαγορεύω/απαγορεύομαι	**απαγόρευσ**α/**απαγορεύτ**ηκα *
ζεσταίνω/**ζεσταίν**ομαι	**ζέσταν**α/**ζεστάθ**ηκα
απολυμαίνω/απολυμαίνομαι	**απολύμ**ανα/**απολυμάνθ**ηκα
αυξάνω/αυξάνομαι	**αύξησ**α/**αυξήθ**ηκα
- /**αισθάν**ομαι	- /**αισθάνθ**ηκα
αποθαρρύνω/αποθαρρύνομαι	**αποθάρρυν**α/**αποθαρρύνθ**ηκα
θυμάμαι (κοιμάμαι, λυπάμαι, φοβάμαι)	θυμήθηκα
αγαπώ/αγαπιέμαι (αγνοώ, απαντώ, γεννώ κ.ά.)	**αγάπησ**α/**αγαπήθ**ηκα
γελώ/γελιέμαι (διψώ, πεινώ, χαλώ κ.ά.)	**γέλασ**α/**γελάστ**ηκα
τραβώ/τραβιέμαι (βουτώ, σκουντώ, ρουφώ)	**τράβηξ**α/**τραβήχτ**ηκα
πετώ/πετιέμαι (κοιτώ)	**πέταξ**α/**πετάχτ**ηκα
- /παραπονιέμαι (βαριέμαι κ.ά.)	- /**παραπονέθ**ηκα
αφαιρώ/αφαιρούμαι (επαινώ, εξαιρώ, πονώ, κ.ά.)	**αφαίρεσ**α/**αφαιρέθ**ηκα
αποκαλώ/αποκαλούμαι (αρκώ, αποτελώ κ.ά.)	**αποκάλεσ**α/**αποκαλέστ**ηκα

ΚΛΙΤΙΚΟ ΠΑΡΑΔΕΙΓΜΑ ΑΟΡΙΣΤΟΥ ΠΑΘΗΤΙΚΗΣ ΦΩΝΗΣ

ντύθηκ**α**
ντύθηκ**ες**
ντύθηκ**ε**
ντυθήκ**αμε**
ντυθήκ**ατε**
ντύθηκ**αν**/ντυθήκ**ανε**

* σε πιο επίσημο ύφος τα *-στ*, *-χτ*, *-φτ*, *-ευτ* γίνονται αντίστοιχα *-σθ*, *-χθ*, *-φθ*, *-ευθ*

ΑΝΩΜΑΛΑ ΡΗΜΑΤΑ		ΣΧΗΜΑΤΙΣΜΟΣ ΑΟΡΙΣΤΟΥ ΣΕ ΣΥΝΘΕΤΑ ΡΗΜΑΤΑ	
ΕΝΕΣΤΩΤΑΣ	**ΑΟΡΙΣΤΟΣ**	**ΕΝΕΣΤΩΤΑΣ**	**ΑΟΡΙΣΤΟΣ**
βρέχομαι	βράχηκα	αναλαμβάνω	αν**έ**λαβα
βρίσκομαι	βρέθηκα	αναπτύσσω/αναπτύσσομαι	αν**έ**πτυξα/αναπτύχτηκα
γίνομαι	έγινα	επιλέγω/επιλέγομαι	επ**έ**λεξα/επιλέχτηκα
δίνομαι	δόθηκα	καταγράφω/καταγράφομαι	κατ**έ**γραψα/καταγράφ(τ)ηκα
εφευρίσκομαι	εφευρέθηκα	διαγράφω/διαγράφομαι	δι**έ**γραψα/διαγράφ(τ)ηκα
εύχομαι	ευχήθηκα		
κάθομαι	κάθισα		
καίγομαι	κάηκα		
κόβομαι	κόπηκα		
κλέβομαι	κλάπηκα		
λέγομαι	ειπώθηκα		
ντρέπομαι	ντράπηκα		
πλένομαι	πλύθηκα		
προβάλλομαι	προβλήθηκα		
στέκομαι	στάθηκα		
στέλνομαι	στάλθηκα		
στρέφομαι	στράφηκα		
σώζομαι	σώθηκα		
τρέφομαι	τράφηκα		
τρώγομαι	φαγώθηκα		
φαίνομαι	φάνηκα		
χαίρομαι	χάρηκα		

Άσκηση 1

Γίνετε ζευγάρια, ακολουθήστε τα ρήματα που είναι στον αόριστο παθητικής φωνής και βγείτε από τον λαβύρινθο.

κλείστηκα	έλειψα	στρώθηκα	τραντάχτηκα	βολεύτηκα	τράβηξα
νοσηλεύτηκα	σβήστηκα	αναγκάστηκα	έστρωσα	έφαγα	έγραψα
εξέτασα	έλουσα	λούστηκα	ήπια	μέτρησα	κοίταξα
έφυγα	έκρυψα	εφαρμόστηκα	εξολοθρεύτηκα	πικράθηκα	δημιουργήθηκα
έπεσα	τραβήχτηκα	κουνήθηκα	ήρθα	ξέχασα	ξεχάστηκα

Άσκηση 2
Διάλεξε το σωστό.

0 Οι κάτοικοι της περιοχής διώχθηκαν / διώκηκαν από τους κατακτητές. Αντιστάτηκαν / Αντιστάθηκαν, όμως, με αποτέλεσμα στο τέλος να επιβιώσουν.

1 Όταν κηρύχτηκε / κύρηξε ο πόλεμος, ήμουν 10 χρονών.

2 Η περιοχή κατοικήθηκε / κατοικήστηκε από ευρωπαίους εξερευνητές.

3 Ξεχάστηκα / Ξεχάθηκα και δεν πρόσεξα τον σκύλο που πετάχτηκε / πέταξε στον δρόμο. Ευτυχώς δεν έτρεχα πολύ.

4 Δυσκολεύτηκα / Δυσκολέφτηκα πολύ. Δεν τα παράτησα / παραιτήθηκα όμως. Απογοητεύτηκα / Απογοητέθηκα πολλές φορές, στο τέλος, όμως, αποζημιώθηκα / αποζημιώστηκα.

5 Στηρίχτηκα / Στηρίστηκα στις δυνάμεις μου και τελικά τα κατάφερα / καταφέρθηκα και ανταμείφτηκα / ανταμείψηκα για την προσπάθειά μου.

Άσκηση 3
Συμπλήρωσε τα κενά, όπως στο παράδειγμα.

0. Στάθηκα (στέκομαι) τυχερός και σώθηκα (σώζομαι) από τον πόλεμο.

1. Ο μάρτυρας κατέθεσε ότι από το κατάστημά του __________ (κλέβομαι) πολύτιμα αντικείμενα.

2. Τα παιδιά έμαθαν τα νέα μου σχετικά με τη δουλειά και __________ (λυπάμαι) πολύ. Δεν ήξεραν τι να μου πουν. __________ (κάθομαι) μαζί πολλές ώρες και μιλήσαμε για το πρόβλημά μου. __________ (φαίνομαι) ότι με άκουσαν με προσοχή. Όταν φύγαμε, μου __________ (εύχομαι) καλή τύχη.

3. Δεν τα πήγα καλά στις εξετάσεις. __________ (κόβομαι) σ' ένα μάθημα. __________ (Ντρέπομαι) να το πω στους γονείς μου και ακόμη δεν ξέρουν τίποτα.

4. __________ (αργώ) να ξυπνήσω. __________ (πλένομαι), __________ (ντύνομαι) γρήγορα γρήγορα κι έφυγα από το σπίτι πολύ βιαστικά.

5. __________ (επιλέγω) αυτό το φόρεμα, γιατί πιστεύω ότι μου πηγαίνει πολύ.

6. Κατά λάθος __________ (διαγράφω) το αρχείο από τον υπολογιστή και τώρα είναι πολύ στεναχωρημένος, γιατί πρέπει να το ξαναγράψει.

Άσκηση 4
Συμπλήρωσε τα κενά, όπως στο παράδειγμα.

Μάγια

Ανάμεσα στους εντυπωσιακότερους και πιο εξελιγμένους πολιτισμούς της Αμερικής ήταν ο πολιτισμός της φυλής των Μάγια. Οι Μάγια ήταν ένας λαός της Κεντρικής Αμερικής, που καταλάμβανε μια τεράστια έκταση στο νότιο Μεξικό και στη Γουατεμάλα. Οι ρίζες του πολιτισμού των Μάγια φτάνουν πολύ πίσω, πέρα από το 2000 π.Χ. Οι Μάγια δημιούργησαν μερικά από τα μεγαλύτερα έργα τέχνης του κόσμου.

Ξαφνικά 0 εξαφανίστηκαν (εξαφανίζω) από τις σελίδες της ιστορίας. Εξαιτίας κάποιου άγνωστου γεγονότος, ο πολιτισμός τους κατέρρευσε και οι πόλεις τους 1 ________ (εγκαταλείπομαι). Μεγάλο τμήμα της περιοχής όπου κάποτε κατοικούσαν, 2 ________ (καλύπτομαι) από τη ζούγκλα. «Από τον πολιτισμό των Μάγια 3 ________ (εμπνέομαι) όλοι εμείς οι μελετητές του αρχαίου κόσμου», αναφέρει σύγχρονος ιστορικός μελετητής. «Ο πολιτισμός τους αποτελεί σημείο αναφοράς, αλλά και πηγή μυστηρίου».

Οι Μάγια ήταν μελετητές των άστρων, εξαιρετικοί αρχιτέκτονες, καλλιτέχνες, έμποροι, καλλιεργητές της γης και σκληροί πολεμιστές. Έτρεφαν μεγάλο σεβασμό για τη φύση, τον πλανήτη και το σύμπαν. Οι Μάγια δημιούργησαν έναν πολιτισμό που 4 ________ (θεμελιώνομαι) πάνω σε βαθύτατες μαθηματικές και αστρονομικές γνώσεις. Κάθε ναός των Μάγια, όπως αντιλαμβάνονται τώρα οι επιστήμονες, αποτελεί και ένα απολιθωμένο ημερολόγιο.

Ο πρώτος Ευρωπαίος που μελέτησε τους Μάγια και 5 ________ (καταγράφω) τα ήθη και τα έθιμά τους γύρω στο 1566 ήταν ο ισπανός Ντιέγκο ντε Λάντα. Στη συνέχεια, για πολλούς αιώνες δεν 6 ________ (ακούγομαι) τίποτα για αυτούς. Μόλις το 1773 7 ________ (ανακαλύπτομαι) μέσα στη ζούγκλα το Παλένκε, η πιο γνωστή πόλη τους. Το 1841, 8 ________ (δημοσιεύομαι) μια μελέτη όπου γινόταν και πάλι λόγος γι' αυτούς.

Οι πληροφορίες προέρχονται από το διαδίκτυο.

Άσκηση 5
Παρουσίασε στην τάξη έναν αρχαίο πολιτισμό που θαυμάζεις. Χρησιμοποίησε αόριστο παθητικής φωνής, π.χ. *ανακαλύφθηκε*.

ΚΑΤΑΝΟΗΣΗ ΠΡΟΦΟΡΙΚΟΥ ΛΟΓΟΥ

– Περίγραψε τις εικόνες.
– Σε τι διαφέρουν οι άνθρωποι των εικόνων από εσένα;

Άσκηση 1

(cd 1, 3)

Άκουσε προσεκτικά και κράτησε σύντομες σημειώσεις, όπως στο παράδειγμα.

Συμβουλή:
Πριν ακούσεις το κείμενο, διάβασε προσεκτικά τις προτάσεις της άσκησης και σκέψου τι είδους πληροφορίες λείπουν.

0. Στα τελευταία του ταξίδια ο κ. Νέλσον φωτογράφισε φυλές ιθαγενών.

1. Τα χαρακτηριστικά των ανθρώπων επηρεάζονται από __________.

2. Σε περιοχές με παρόμοιες κλιματικές συνθήκες κατοικούν __________.

3. Αυτό που θυμάται από το ταξίδι του στη Μογγολία ο κ. Νέλσον είναι ότι οι άνθρωποι αρχικά δεν έδειχναν __________.

4. Στο ταξίδι στη Μογγολία ο κ. Νέλσον φοβήθηκε, γιατί __________.

5. Το πιο δύσκολο πράγμα στη δουλειά του κ. Νέλσον είναι να __________.

6. Τα μαλλιά των γυναικών στη φυλή Χίμπα φανερώνουν __________.

7. Το ντύσιμο των ανθρώπων εξαρτάται κυρίως __________.

8. Ο λόγος που οι άνθρωποι είναι διαφορετικοί είναι ότι __________.

9. Αυτό που ενδιαφέρεται να μεταδώσει με τις φωτογραφίες του ο κ. Νέλσον είναι __________.

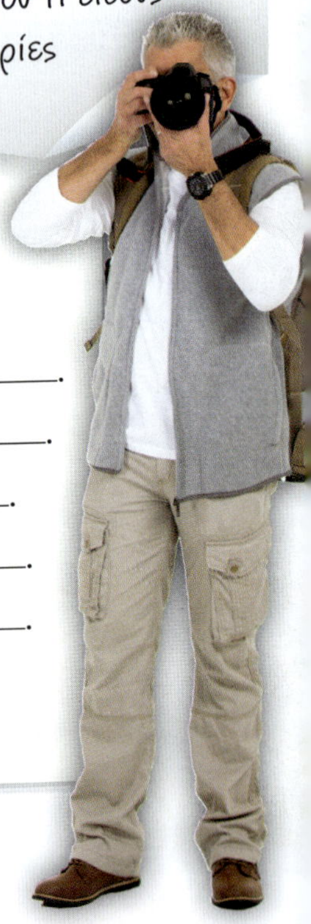

Άσκηση 2

Γίνεστε ζευγάρια με τον διπλανό/τη διπλανή σου. Υποδύεστε τον κ. Νέλσον και τον δημοσιογράφο. Ποιες άλλες ερωτήσεις θα έκανε ο δημοσιογράφος στον κ. Νέλσον σχετικά με τα ταξίδια του; Τι θα απαντούσε ο κ. Νέλσον;

λεξιλόγιο

Άσκηση 1

Εκτυπώστε το κείμενο της κατανόησης προφορικού λόγου, γίνετε ζευγάρια, δείτε τις υπογραμμισμένες λέξεις του κειμένου και βρείτε ποιοι από τους παρακάτω ορισμούς περιγράφουν τη σημασία τους.

0. κάτι που συνέβη σε ορισμένη χρονική στιγμή, γεγονός = περιστατικό

1. κάμερα, φωτογραφική μηχανή = __________

2. αυτός που είναι δύσκολο να τον πλησιάσεις = __________

3. ψεύτικα μαλλιά = __________

4. πέφτω στο κρεβάτι, για να ξεκουραστώ ή για να κοιμηθώ = __________

5. η εκτίμηση και ο θαυμασμός που έχω για κάποιον = __________

6. χτένισμα για μακριά μαλλιά, αλογοουρά, πλεξίδα = __________

7. μιλώ άσχημα σε κάποιον, θίγω την τιμή του = __________

8. αυτός που ζει στη χώρα/στο μέρος όπου γεννήθηκε και από όπου κατάγεται = __________

Άσκηση 2

Οι παρακάτω λέξεις έχουν περισσότερες από μία σημασίες. Γίνετε ζευγάρια, βρείτε τις λέξεις μέσα στο κείμενο και σημειώστε ποια σημασία έχουν σε αυτό.

απομακρύνω / απομακρύνομαι

- διώχνω, απολύω: Η κυβέρνηση απομάκρυνε τον υπουργό από τη θέση του.
- μειώνω τις πιθανότητες να γίνει κάτι: Η μείωση κατανάλωσης λίπους απομακρύνει τον κίνδυνο της παχυσαρκίας στους ενήλικες.
- μεταφέρω κάτι ή κάποιον σε άλλο μέρος: Οι πυροσβέστες μάς απομάκρυναν από την πυρκαγιά, για να μην κινδυνεύσουμε.
- σταματώ να έχω σχέσεις με κάποιον: Δεν κάνω πια πολλή παρέα με την Ελένη. Απομακρυνθήκαμε τον τελευταίο καιρό.
- φεύγω μακριά: Παιδιά, μην απομακρύνεστε από κοντά μου.

αστειεύομαι

- λέω αστεία: Ο Πέτρος αστειεύεται συνέχεια, είναι πολύ κεφάτος άνθρωπος.
- αντιμετωπίζω κάτι χωρίς σοβαρότητα: Δεν πρέπει να αστειεύεσαι με την υγεία σου.

αποδέχομαι

- δέχομαι κάτι που μου προσφέρουν ή μου προτείνουν: Ο Ηλίας αποδέχτηκε την πρόταση της εταιρείας να πάει στο εξωτερικό.
- παραδέχομαι, συμφωνώ: Τελικά αποδέχτηκα ότι έχεις δίκιο.

οφείλω

- πρέπει, αισθάνομαι υποχρεωμένος, έχω καθήκον: Οι μαθητές οφείλουν να σέβονται τους δασκάλους τους.
- χρωστάω σε κάποιον χρήματα: Τι σας οφείλω για τον καφέ;
- έχω υποχρέωση ηθική σε κάποιον: Σου οφείλω ευγνωμοσύνη για τη βοήθειά σου.
- (παθ.) συμβαίνω εξαιτίας: Η επιτυχία του οφείλεται κυρίως στην εργατικότητά του.

Άσκηση 3

Γίνετε ζευγάρια. Πηγαίνετε στην ιστοσελίδα www.greek-language.gr/greekLang/modern_greek/tools/corpora/corpora/search.html. Πληκτρολογήστε τη λέξη *κερδίζω* και βρείτε παραδείγματα με τις διαφορετικές σημασίες της λέξης.

Άσκηση 4

Γίνετε ζευγάρια, ενώστε τις λέξεις με αντίθετη σημασία και κάντε προτάσεις με αυτές.

0. ευγενικός ___γ___
1. απρόσιτος ______
2. διαφέρω ______
3. αυστηρός ______
4. αστειεύομαι ______

α. επιεικής
β. σοβαρολογώ
~~**γ.**~~ αγενής
δ. μοιάζω
ε. προσιτός

Άσκηση 5

Γίνετε ζευγάρια και ενώστε τις λέξεις, για να κάνετε φράσεις που χρησιμοποιούνται πολύ συχνά. Με μερικές λέξεις μπορείτε να κάνετε περισσότερους από έναν συνδυασμούς. Μετά γράψτε προτάσεις με τις φράσεις που κάνατε.

0. συνθήκες
1. κλιματικές
2. τρόπος
3. ποζάρω
4. κερδίζω
5. πολιτισμική
6. μοιράζομαι
7. καλή
8. κακή

0	ζωής
	συμπεριφορά
	συνθήκες
	τις εμπειρίες
	την εμπιστοσύνη
	επιτυχία
	κληρονομιά
	στον φακό
	ταυτότητα

Άσκηση 6
Συμπλήρωσε τα κενά με τις παρακάτω λέξεις.

συμπεριφορά, ιθαγενείς, πολιτισμού, φυλής, ζωής, πληθυσμούς, προσιτοί, λαούς, ταυτότητα, εμπιστοσύνη, κληρονομιά

Ιθαγενείς πληθυσμοί

Τον 15ο αιώνα πολλοί εξερευνητές ταξίδεψαν σε διάφορα μέρη της Γης και γνώρισαν τους [0] ____ιθαγενείς____ πληθυσμούς πολλών περιοχών. Η [1] ______________ των πολιτισμένων εξερευνητών απέναντι στους ιθαγενείς δεν ήταν και τόσο...πολιτισμένη. Με πρόφαση την ανάγκη να φέρουν τα φώτα του [2] ______________ σε κάθε απολίτιστη περιοχή, συμπεριφέρθηκαν με τόση αγριότητα στους ντόπιους [3] ______________, που τελικά εξαφάνισαν πολλούς [4] ______________. Κάποιοι καταστράφηκαν απόλυτα, ενώ κάποιοι άλλοι έχασαν την πολιτισμική τους [5] ______________.

Ωστόσο, υπάρχουν λαοί που επιβίωσαν μέχρι τις μέρες μας και ζουν σε διάφορες γωνιές του πλανήτη, διατηρώντας τον παραδοσιακό τρόπο [6] ______________ τους. Έτσι, στην Αμερική διασώθηκαν οι Ινδιάνοι, στην Ασία οι Μογγόλοι και οι Βεδουίνοι, στις βόρειες πολικές περιοχές οι Εσκιμώοι, οι Λάπωνες και οι Σαάμι. Στην Ωκεανία σώθηκαν οι Αβορίγινες, οι Παπούα και οι Μαορί, και στην Αφρική οι Μασάι, οι Μπαντού, οι Πυγμαίοι, οι Βερβερίνοι, οι Τουαρέγκ, οι Βουσμάνοι. Οι φυλές αυτές ζουν μακριά από την τεχνολογία και τον σύγχρονο πολιτισμό. Είναι άνθρωποι απλοί που κατοικούν σε απρόσιτες περιοχές, οι ίδιοι όμως, είναι ιδιαίτερα [7] ______________, φιλικοί και ευγενικοί, αν καταφέρεις να κερδίσεις την [8] ______________ τους. Σέβονται την πολιτισμική [9] ______________ των προγόνων τους και κρατούν τα ήθη και τα έθιμα της [10] ______________ τους.

Οι πληροφορίες προέρχονται από τον ιστότοπο http://anoixtosxoleio.weebly.com

Άσκηση 7 (cd 1, 4)
Τώρα άκουσε το παραπάνω κείμενο και σημείωσε ποιες λέξεις/φράσεις αντικαθιστούν τις λέξεις που συμπλήρωσες στα κενά του.

Άσκηση 8
Διάλεξε έξι (6) λέξεις από αυτές που έμαθες στην ενότητα και κάνε μια άσκηση, όπως η άσκηση 6. Ζήτησε από τον συμμαθητή/τη συμμαθήτριά σου να συμπληρώσει τα κενά της άσκησής σου και κάνε το ίδιο με τη δική του/της άσκηση.

Άσκηση 9

Για ποιον τύπο ανθρώπου κάνουν λόγο οι παρακάτω παροιμίες/εκφράσεις; Αντιστοίχισε τις παροιμίες/εκφράσεις με τις λέξεις.

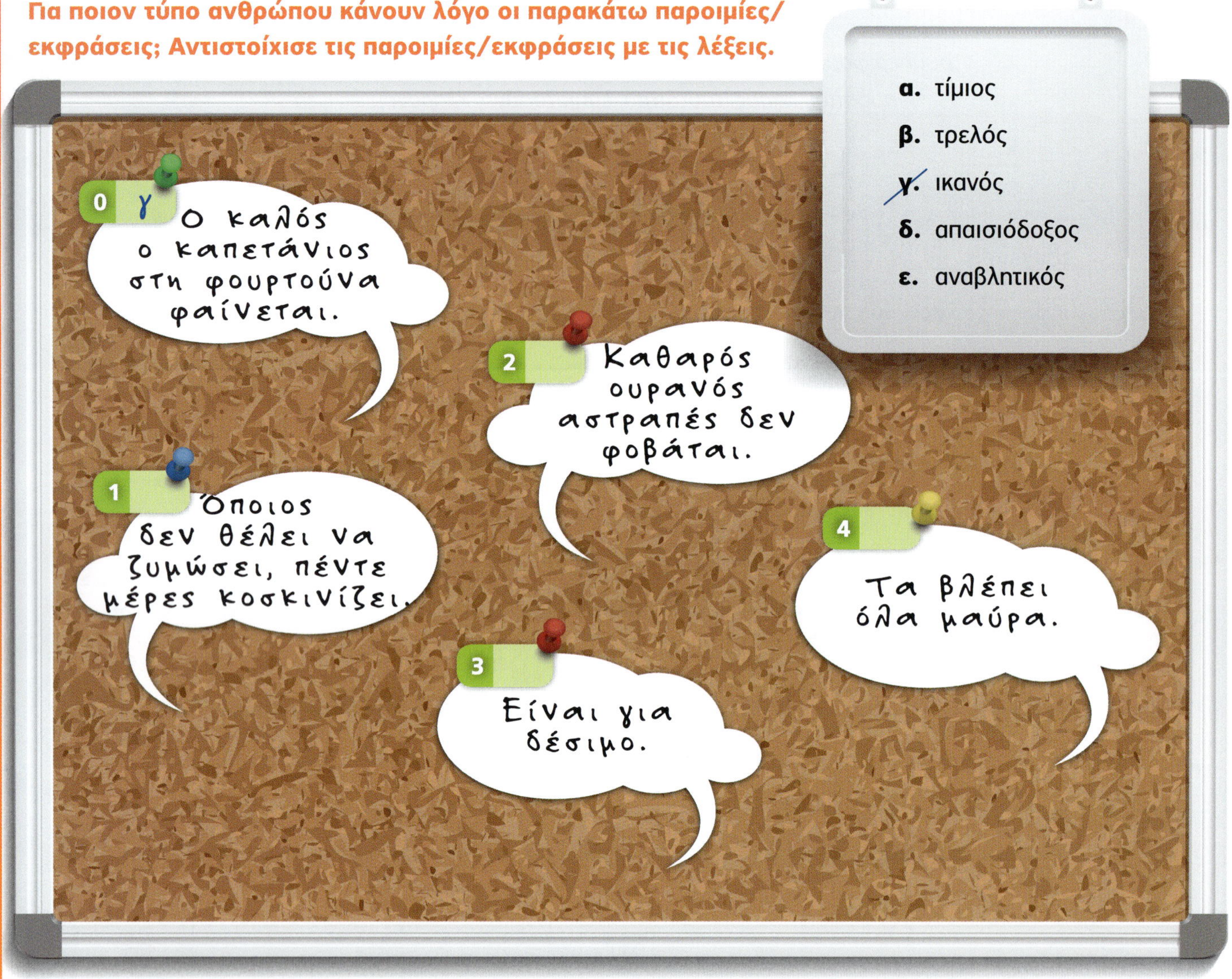

Άσκηση 10

Συμπλήρωσε τα κενά με τις παρακάτω λέξεις και γράψε τις αντίθετες.

αποδέχομαι ≠ αρνούμαι *εγκρίνω ≠* ______ *επιδοκιμάζω ≠* ______

0. Η Ελένη αποδέχτηκε με ευχαρίστηση την πρόσκληση που της έκανε ο διευθυντής της.

1. Ο διευθυντής αρνήθηκε να ______ την άδειά μου.

2. Οι φίλαθλοι ______ την ομάδα τους μετά τη μεγάλη νίκη.

ευχαρίστηση ≠ ______ *χαρά ≠* ______ *ικανοποίηση ≠* ______

3. Όταν πέρασα στο Πανεπιστήμιο, ο μπαμπάς μου έκλαιγε από τη ______ του.

4. Με μεγάλη μου ______ δέχομαι την πρότασή σας.

5. Κάθε Κυριακή πηγαίνω στο γήπεδο να τρέξω για την ______ μου.

6. Δεν μου αρέσει η δουλειά μου, δεν μου δίνει πλέον καμία επαγγελματική ______.

Άσκηση 11

Γίνετε ζευγάρια και συμπληρώστε τις παρακάτω φράσεις με τις λέξεις *βαρύς*, *δύσκολος*, *απρόσιτος*. Σε ποιες περιπτώσεις οι παραπάνω λέξεις μπορούν να χρησιμοποιηθούν στην ίδια φράση και σε ποιες όχι;

0. Τον χειμώνα φοράμε ___*βαριά*___ ρούχα.
1. Οι τιμές είναι ______________.
2. Έχει ______________ γούστα.
3. Είναι πολύ ______________ στο φαγητό.
4. Ο Γιώργος είναι ______________ χαρακτήρας.
5. Κάθε αρχή και ______________.
6. Είναι ______________ να μείνουν ευχαριστημένοι όλοι.
7. Το κλίμα σ' αυτήν την περιοχή είναι ______________.
8. Η Ελένη είναι ______________ άνθρωπος.
9. Τώρα αρχίζουν τα ______________.
10. Είναι ______________ συγγραφέας.
11. Τα μαθηματικά είναι ______________ μάθημα.
12. Δεν συμφωνεί μ' αυτό, αλλά το δέχτηκε με ______________ καρδιά.
13. Μου είπε ______________ λόγια, δεν θέλω να τον ξαναδώ.
14. Μιλάω αγγλικά με πολύ ______________ προφορά.
15. Χωριά απομονωμένα, που είναι ______________ στους τουρίστες.
16. Περνάει ______________ μέρες/ώρες.
17. Είμαι σε ______________ θέση.
18. Έχει ______________ περπάτημα.
19. Μου έκανε τη ζωή ______________.
20. Δεν μου αρέσουν τα ______________ αρώματα.
21. Η ζωή του είναι πολύ ______________.
22. Τα τηγανητά είναι ______________ φαγητά.
23. Ο Παύλος έχει μια χαρακτηριστικά ______________ φωνή.
24. Αυτή είναι ______________ καθηγήτρια.

Άσκηση 12

Διάβασε τους ορισμούς και συμπλήρωσε την ακροστιχίδα.

0. Αυτός που μπορεί κάποιος εύκολα να τον πλησιάσει.

1. Το σύνολο των κατοίκων ενός τόπου.

2. Η βαθιά εκτίμηση.

3. Αυτός που δεν έχει καλούς τρόπους.

4. Κάνω ή λέω αστεία.

5. Οι παραδόσεις ενός λαού που μεταδίδονται από γενιά σε γενιά.

6. Σε αυτήν ανήκουν άνθρωποι με κοινά χαρακτηριστικά.

7. Αυτός που δεν δείχνει επιείκια σε κανέναν.

Άσκηση 13

Ο κάθε μαθητής/Η κάθε μαθήτρια διαλέγει μια εικόνα από τον πίνακα. Την περιγράφει δυνατά στην τάξη. Οι υπόλοιποι μαθητές/Οι υπόλοιπες μαθήτριες βρίσκουν την εικόνα και τη σημειώνουν. Σημειώνουν τέσσερα διαδοχικά κελιά διαγώνια, οριζόντια ή κάθετα που περνούν από το κεντρικό BINGO και φωνάζουν BINGO.

Παράδειγμα: Η φωτογραφία δείχνει μια κοπέλα που κοιτάζει προς τα κάτω. Τα μαλλιά της είναι πλεξίδες και φοράει κολιέ στον λαιμό. Φαίνεται αρκετά σκεπτική και είναι σοβαρή. Δεν χαμογελάει καθόλου.

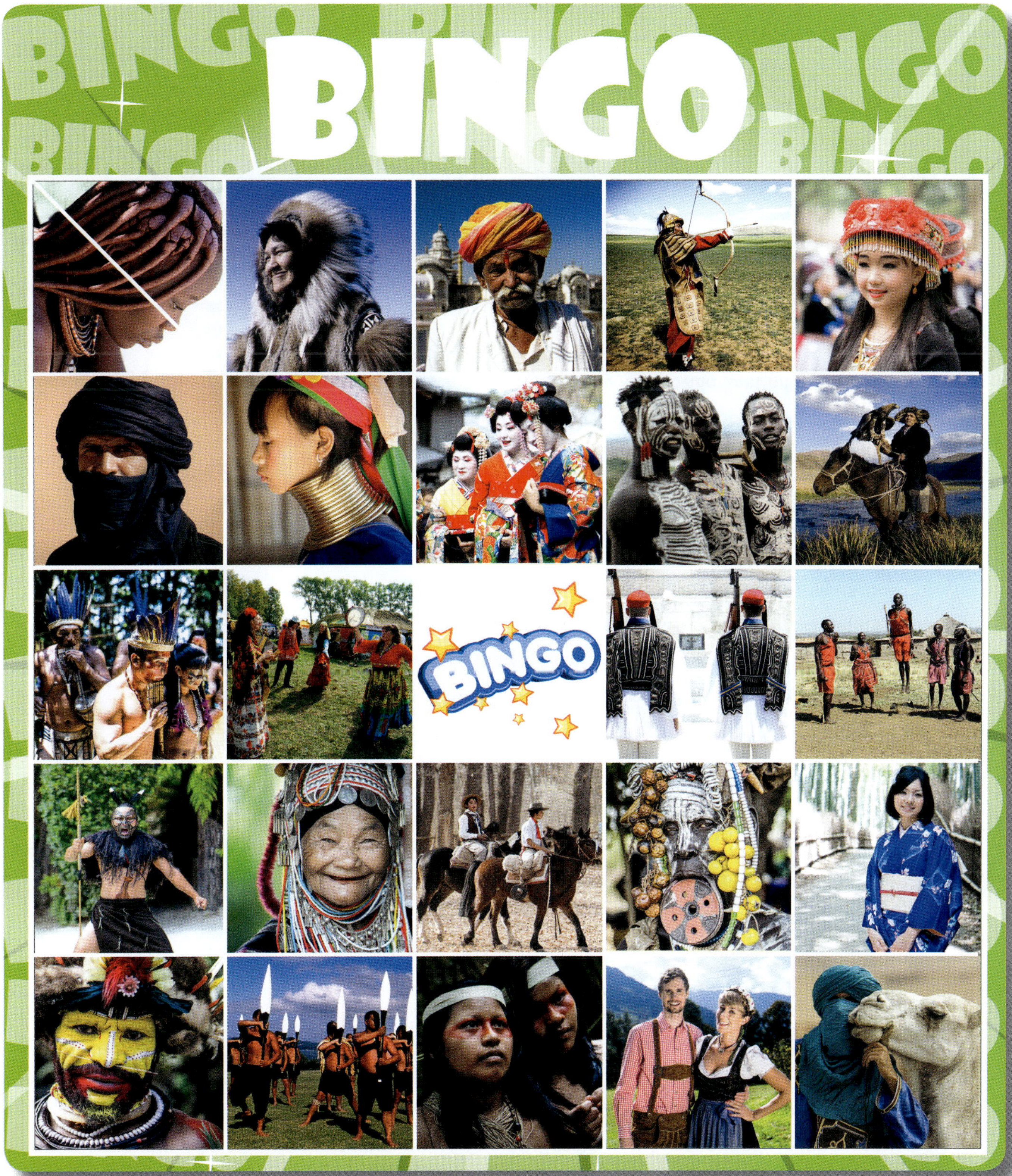

Γραμματική: ΠΑΡΑΤΑΤΙΚΟΣ

Άκουσε το κείμενο και συμπλήρωσε τα κενά, για να απαντήσεις στις ερωτήσεις που ακολουθούν.

(cd 1, 5)

Ένας φωτογράφος θυμάται...

Κάθε μήνα [0] επισκεπτόμασταν ένα μέρος και εκεί καθόμασταν κάποιες μέρες. Έτσι, με τους συναδέλφους μου είχαμε την ευκαιρία να ζήσουμε εμπειρίες με τους ντόπιους κατοίκους της κάθε περιοχής. Κάθε ταξίδι [1] ______________ για όλους μας μια εμπειρία μοναδική.

Αυτό που ήταν κοινό σε κάθε μας επίσκεψη ήταν ο αμοιβαίος θαυμασμός μεταξύ φιλοξενούμενων και ντόπιων. Εμείς εντυπωσιαζόμασταν από την απλότητα με την οποία ζούσαν και εκείνοι [2] ______________ από την τεχνολογία των μηχανημάτων, τα ρούχα, τα παπούτσια... Όσο απομακρυνόμασταν από τον πολιτισμό, τόσο πιο ευγενικούς ανθρώπους συναντούσαμε. Δεν νιώσαμε ποτέ, οι συνεργάτες μου κι εγώ, ότι [3] ______________, νιώθαμε συνεχώς ασφαλείς.

Το πρόβλημά μας, όμως, ήταν ότι οι άνθρωποι δεν μας [4] ______________ και δεν συνεργάζονταν από την αρχή μαζί μας. Αρνούνταν συστηματικά και δεν [5] ______________ να ποζάρουν στον φακό. Παρόλο που αυτή η αντίδραση ήταν πια συνηθισμένη, μας ξάφνιαζε κάθε φορά που έπρεπε να την αντιμετωπίσουμε. Μετά από κάθε αποτυχημένη προσπάθεια απογοητευόμασταν και [6] ______________. Κάθε φορά γινόταν το ίδιο. Έπρεπε να αντιμετωπίσουμε και να νικήσουμε τη δυσπιστία τους. Δεν είναι εύκολο ξέρετε... Μόνο μετά από πολλή προσπάθεια άλλαζε η στάση τους απέναντί μας και μας [7] ______________. Τότε τους φωτογραφίζαμε, κι έτσι [8] ______________ το φωτογραφικό υλικό για το οποίο συζητάμε.

Ερωτήσεις:

1. Πόσο συχνά ο φωτογράφος και οι συνεργάτες του έκαναν ταξίδια;
2. Τι τους εντυπωσίαζε σε κάθε ταξίδι;
3. Υπήρχε κάτι που τους απειλούσε στην επαφή τους με τους ντόπιους κατοίκους κάθε περιοχής;
4. Ποια ήταν η δυσκολία που αντιμετώπιζαν σε κάθε ταξίδι;
5. Ποια ήταν η βασική προϋπόθεση για τη φωτογράφιση των ιθαγενών;

ΠΑΡΑΤΑΤΙΚΟΣ ΕΝΕΡΓΗΤΙΚΗΣ/ΠΑΘΗΤΙΚΗΣ ΦΩΝΗΣ

Χρήση: – για μια ενέργεια που βρισκόταν σε εξέλιξη ή είχε διάρκεια στο παρελθόν
– για μια ενέργεια που γινόταν επαναλαμβανόμενα στο παρελθόν

Σχηματισμός: – (αύξηση) + θέμα ενεστώτα ενεργητικής + καταλήξεις
– θέμα ενεστώτα παθητικής φωνής + καταλήξεις

πλένω-πλένομαι		κρατώ-κρατιέμαι		κινώ-κινούμαι		θυμάμαι, κοιμάμαι, λυπάμαι, φοβάμαι
έπλεν**α**	πλεν**όμουν(α)**	κρατ**ούσα**/κράτ**αγα**	κρατ**ιόμουν(α)**	κιν**ούσα**	κιν**ούμουν**	κοιμ**όμουν(α)**
έπλεν**ες**	πλεν**όσουν(α)**	κρατ**ούσες**/κράτ**αγες**	κρατ**ιόσουν(α)**	κιν**ούσες**	κιν**ούσουν**	κοιμ**όσουν(α)**
έπλεν**ε**	πλεν**όταν(ε)**	κρατ**ούσε**/κράτ**αγε**	κρατ**ιόταν(ε)**	κιν**ούσε**	κιν**ούνταν(ε)**	κοιμ**όταν(ε)**
πλέν**αμε**	πλεν**όμασταν/-στε**	κρατ**ούσαμε**/κρατ**άγαμε**	κρατ**ιόμασταν/-τε**	κιν**ούσαμε**	κιν**ούμασταν**	κοιμ**όμασταν/-στε**
πλέν**ατε**	πλεν**όσασταν/-στε**	κρατ**ούσατε**/κρατ**άγατε**	κρατ**ιόσασταν/-τε**	κιν**ούσατε**	κιν**ούσασταν**	κοιμ**όσασταν/-στε**
έπλεν**αν** /πλέν**ανε**	πλέν**ονταν** /πλεν**όντουσαν**	κρατ**ούσαν(ε)** /κράτ**αγαν**	κρατ**ιόνταν(ε)** /κρατ**ιόντουσαν** /κρατ**ιούνταν(ε)**	κιν**ούσαν(ε)**	κιν**ούνταν(ε)**	κοιμ**ούνταν(ε)/** κοιμ**όντουσαν**

Λέξεις κλειδιά: συνέχεια, συχνά, σπάνια, πάντα, τακτικά, κάθε βράδυ/μέρα/καλοκαίρι/φορά που, όλο το βράδυ/τον χειμώνα, όλη την εβδομάδα/τη χρονιά/τη μέρα, κάποτε, παλιά, τότε, στην εποχή μου, εκεί που, μια ζωή, όταν ήμουν μικρός, στο Πανεπιστήμιο, από...έως, ενώ/όσο, από το πρωί, για όση ώρα, για όσο διάστημα

Άσκηση 1

Γίνετε ζευγάρια, ακολουθήστε τα ρήματα που είναι στον παρατατικό παθητικής φωνής και βγείτε από τον λαβύρινθο.

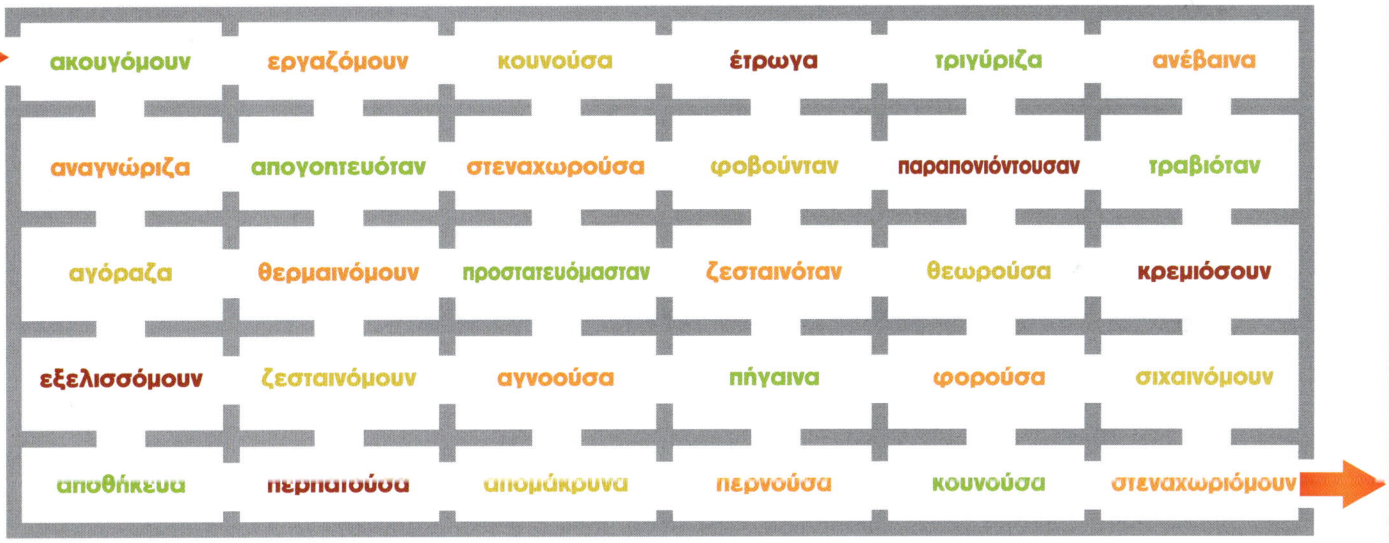

Άσκηση 2

Συμπλήρωσε τον παρακάτω πίνακα, όπως στο παράδειγμα.

Στήλη Α	• •	• • •
δέχομαι	δεχόμουν, δεχόταν	δεχόμασταν, δεχόσασταν, δέχονταν
πετιέμαι		
στηρίζομαι		
ζεσταίνομαι		
παραπονιέμαι		
ενοχλούμαι		
τραβιέμαι		
ετοιμάζομαι		

Άσκηση 3

Διάλεξε το σωστό.

Internet

File Edit View History Bookmarks Tools Help

Όταν [0] ~~ήμασταν~~ (ήμασταν) / ήμουν μικρά, [1] καθόμασταν / καθόμουν με τη γιαγιά και τον παππού και [2] ακούγαμε / ακουγόμασταν τις ιστορίες που μας [3] διηγούνταν / διηγούσασταν είτε ο ένας είτε ο άλλος.

Loading ...

Internet

History Bookmarks Tools Help

search...

Όταν [4] πήγαινα / πηγαίναμε στο σχολείο και δεν [5] έπαιρνα / παίρναμε καλό βαθμό σε ένα διαγώνισμα, [6] στεναχωριόμουν / στεναχωριόταν πάρα πολύ. Δεν μου [7] άρεζε / αρεζόμουν ούτε η αποτυχία ούτε που [8] στεναχωριόμουν / στεναχωρούσα τους γονείς μου.

File Edit ... kmarks Tools Help

search...

[9] Καθόμουν / Καθόταν στο καφενεδάκι που ήταν στο λιμάνι, [10] βλεπόμασταν / έβλεπα τους ανθρώπους που [11] αποχαιρετούσαν / αποχαιρετιόντουσαν και με [12] έπαιρναν / έπαιρνα τα κλάματα. [13] Στεναχωρούσα / Στεναχωριόμουν με τους αποχαιρετισμούς. Συχνά [14] κρυφάκουγα / κρυφάκουγε τις συζητήσεις των παππούδων. Και τι δεν [15] συζητούσες / συζητιόταν σ' εκείνο το καφενεδάκι! Όλες οι οικογένειες του χωριού [16] εκπροσωπούνταν / εκπροσωπούσαν στις απογευματινές συζητήσεις. Φαντάζεστε λοιπόν τι [17] έγινε / γινόταν. [18] Ακούγαμε / Ακουγόμασταν με τον αδερφό μου τόσες ιστορίες εκεί μέσα...κι επειδή τις [19] γνωρίζαμε / γνωριζόμασταν ήδη από τις συζητήσεις που [20] γίνονταν / έγιναν στα σπίτια από τις γυναίκες, ξέραμε τα ζητήματα που [21] απασχολούσαν / απασχολούνταν την κάθε οικογένεια και από την καλή και από την ανάποδη. [22] Κοιταζόμασταν / Κοιτάζαμε με τον αδερφό μου και ούτε μπορώ να θυμηθώ πώς [23] συγκρατιόμασταν / συγκρατούσαμε και δεν [24] σκάγαμε / έσκαγες στα γέλια. Κάποιες φορές βέβαια το ατύχημα γινόταν! Ξεκινούσαμε να γελάμε χωρίς σταματημό και άντε να εξηγήσεις το γιατί... Όλοι μας [25] κοιτούσαν / κοιταζόμασταν με καχυποψία, [26] καταλάβαιναν / καταλάβαινε ότι κάτι ξέραμε. Και δίκιο είχαν, εδώ που τα λέμε...

Loading ...

Άσκηση 4

Συμπλήρωσε τα κενά με παρατατικό ενεργητικής ή παθητικής φωνής.

ΚΑΛΟΚΑΙΡΙΑ ΣΤΟ ΝΗΣΙ

Τα καλοκαίρια μας τα 0 περνούσαμε (περνάω) στο νησί με τον θείο και τη θεία. 1 __________ (περνάω) πολύ ωραία, γιατί 2 __________ (έχω) εξαιρετική παρέα και φυσικά γιατί η θεία μάς 3 __________ (περιποιούμαι) πάρα πολύ.

4 __________ (παίζω) στις αυλές και στο μικρό δασάκι κοντά στο σπίτι της θείας. Τα παιχνίδια μας δεν ήταν πάντα ακίνδυνα. Αυτό που δεν μπορώ να ξεχάσω είναι τον αδερφό μου που 5 __________ (κρεμώ) από τα δέντρα και με 6 __________ (φωνάζω) να τον δω. Το πόσο φοβόμουν, όταν τον 7 __________, (βλέπω), δεν μπορώ να το περιγράψω! Εγώ συχνά 8 __________ (πηγαίνω) στην παραλία με το λογοτεχνικό μου βιβλίο και το ραδιοφωνάκι μου. 9 __________ (ξεχνώ) με τις ώρες, παρέα με τα βιβλία και την αγαπημένη μου μουσική.

Συχνά 10 __________ (έρχομαι) η θεία να με φωνάξει, όταν 11 __________ (βραδιάζει) για τα καλά. Άλλες φορές 12 __________ (εξερευνώ) ένα παλιόσπιτο που ήταν παρατημένο χρόνια τώρα. 13 __________ (κρύβω) με τις ώρες εκεί μέσα και ποτέ από κανέναν δεν ανακαλύφτηκε το μυστικό μου καταφύγιο. 14 __________ (πουλώ) σε καλή τιμή, αλλά εγώ πάντα 15 __________ (απορώ) ποιος θα ήθελε να αγοράσει ένα τέτοιο σπίτι. Όταν τελικά αγοράστηκε και ανακαινίστηκε, κατάλαβα την αξία του. Είχα τόσα μυστικά σε εκείνον τον χώρο που 16 __________ (πιστεύω) ότι, όσα χρόνια και να περάσουν, το σπίτι αυτό θα ήταν πάντα πιο δικό μου από κάθε ιδιοκτήτη του.

Αυτά με τις αναμνήσεις από το νησί. Αξέχαστα καλοκαίρια! Η καημένη η θεία! 17 __________ (κουράζω) τόσο πολύ με τόσα παιδιά που 18 __________ (είμαι). Δεν 19 __________ (παραπονιέμαι), όμως, ποτέ.

Άσκηση 5

Συμπλήρωσε τα κενά με παρατατικό ή αόριστο.

0. Χθες ___έπαιζα___ (παίζω) όλη τη μέρα.
1. Όταν ______ (είμαι) μικρός, κάθε καλοκαίρι ______ (πήγαινω) κατασκήνωση. Μόνο ένα καλοκαίρι δεν ______ (πηγαίνω) πουθενά και ______ (στεναχωριέμαι) πολύ.
2. Εκεί που ______ (μιλάω), ______ (χτυπώ) το τηλέφωνό της κι ______ (φεύγω).
3. Τα παλιά τα χρόνια τα παιδιά ______ (περνώ) πιο ωραία, γιατί ______ (παίζω) περισσότερο.
4. Την ώρα που ______ (πηγαίνω) σχολείο, ______ (βλέπω) τον μπαμπά μου που ______ (γυρίζω) από το ταξίδι του.
5. Ενώ ______ (ετοιμάζομαι) να κοιμηθώ, ______ (χτυπώ) το κουδούνι και ______ (έρχομαι) οι φίλοι μου, για να μου κάνουν έκπληξη.
6. Όταν ______ (παίρνω) τηλέφωνο, ______ (κοιμάμαι). Γι' αυτό δεν σου ______ (απαντώ).
7. ______ (βλέπω) τέσσερις φορές αυτήν την ταινία. Τόσο πολύ μου άρεσε!
8. Χτες ______ (τακτοποιώ) όλο το σπίτι και σήμερα είναι πολύ καθαρό.
9. Χτες όλη μέρα ______ (καθαρίζω) το σπίτι και ακόμη δεν ______ (τελειώνω).
10. Μόλις ______ (τελειώνω) τα μαθήματά μου, ______ (βγαίνω) έξω με τους φίλους μου.
11. Ο Δημήτρης, ενώ ______ (πονώ), δεν ______ (κλαίω) καθόλου.
12. Όταν ήταν μωρό, κάθε φορά που ______ (πεινάω), ______ (κλαίω).
13. Μόλις ______ (μαθαίνω) τα νέα σου, ______ (χαίρομαι) πάρα πολύ.
14. Ενώ τα παιδιά ______ (παίζω), εγώ ______ (μαγειρεύω).
15. ______ (γνωρίζω) τον άντρα μου, ενώ ______ (σπουδάζω).

Άσκηση 6

Συμπλήρωσε τα κενά με παρατατικό ή αόριστο.

Κάθε μέρα [0] ___σηκωνόμασταν___ (σηκώνομαι) πολύ πρωί, [1] ______ (ντύνομαι) και [2] ______ (ξεκινώ) τη δουλειά μας. [3] ______ (εργάζομαι) σκληρά και [4] ______ (κουράζομαι) πάρα πολύ!

Το μεσημέρι [5] ______ (κοιμάμαι) και [6] ______ (ξεκουράζομαι). Παρόλο που [7] ______ (δυσκολεύομαι) πολύ, δεν [8] ______ (παραπονιέμαι) ποτέ, γιατί η δουλειά είχε ενδιαφέρον. Μερικές φορές, [9] ______ (στεναχωριέμαι) που [10] ______ (είμαι) μακριά από τους δικούς μας και τότε [11] ______ (σκέφτομαι) ότι θα περάσει ο καιρός και θα γυρίσουμε πάλι πίσω στους αγαπημένους μας. Κι έτσι έγινε. [12] ______ (περνώ) ο καιρός και [13] ______ (γυρίζω) στο σπίτι μας.

[14] ______ (διηγούμαι) με κάθε λεπτομέρεια τις περιπέτειές μου σε συγγενείς και φίλους. Τώρα που γυρίζω πίσω τη σκέψη μου, έχω μόνο θετικές αναμνήσεις. [15] ______ (ξεχνώ) την κούραση και θυμάμαι μόνο τη σχέση μου με τους ανθρώπους, τα αστεία και τις ιστορίες που λέγαμε τις ώρες της χαλάρωσης...

Άσκηση 7

Συζητάς με τον συμμαθητή/τη συμμαθήτριά σου για το καλοκαίρι που πέρασε. Χρησιμοποιείς παρατατικό και αόριστο.

ΠΑΡΑΓΩΓΗ ΠΡΟΦΟΡΙΚΟΥ ΛΟΓΟΥ

Άσκηση 1

Γίνετε ζευγάρια και απαντήστε στις παρακάτω ερωτήσεις.

- Ποιος τύπος ανθρώπου σού αρέσει;
- Ποιες γλώσσες μιλάς;
- Στη γλώσσα σου υπάρχουν διαφορετικές ποικιλίες;
- Με τι ασχολούνται οι άνθρωποι στη χώρα σου, στις μεγάλες πόλεις και στα χωριά;
- Πώς είναι η παραδοσιακή στολή της χώρας σου;

Άσκηση 2

Διάβασε τις παρακάτω φράσεις. Ποιες είναι οι πιο κατάλληλες για σένα;

Η επικοινωνία είναι...	
ανάγκη του ανθρώπου.	
το να μιλάς την ίδια γλώσσα.	
πιο εύκολη με την τεχνολογία.	
δύσκολη στην εποχή μας.	
αδύνατη, όταν δύο άνθρωποι μιλούν άλλη γλώσσα.	
να καταλαβαίνει ο ένας τον άλλο.	

Άσκηση 3

Δες τις εικόνες και απάντησε στις ερωτήσεις.

1

2

Οι άνθρωποι της εικόνας...

- πού βρίσκονται;
- τι κάνουν;
- πώς είναι εξωτερικά;
- τι αισθάνονται;
- τι σκέφτονται;

Χρήσιμο λεξιλόγιο

- Η εικόνα δείχνει μερικούς ανθρώπους, οι οποίοι...
- Στο πίσω μέρος της εικόνας...

Άσκηση 4

(cd 1, 6)

Άκουσε τον διάλογο και βρες σε ποια από τις δύο εικόνες αντιστοιχεί.

Συμβουλή:
Πριν ακούσεις τον διάλογο, δες προσεκτικά τις δύο εικόνες. Ποιες είναι οι ομοιότητες και ποιες οι διαφορές τους;

1

2

Άσκηση 5

(cd 1, 6)

Άκουσε ξανά τον διάλογο και πες την περίληψή του.

Άσκηση 6

Γίνετε ζευγάρια και συζητήστε το παρακάτω θέμα.

Συζήτηση

Συνομιλητής/Συνομιλήτρια Α

Πηγαίνεις σε ένα πάρτι, όπου συναντάς έναν παλιό σου φίλο/μια παλιά σου φίλη, με τον οποίο/την οποία είχες μαλώσει στο παρελθόν. Έχετε να συναντηθείτε πολλά χρόνια. Στο πάρτι ξαναμιλάτε, λέτε τα νέα σας και συζητάτε για την παρεξήγηση που είχε γίνει τότε.

Συνομιλητής/Συνομιλήτρια Β

Πηγαίνεις σε ένα πάρτι, όπου συναντάς έναν παλιό σου φίλο/μια παλιά σου φίλη, με τον οποίο/την οποία είχες μαλώσει στο παρελθόν. Έχετε να συναντηθείτε πολλά χρόνια. Στο πάρτι ξαναμιλάτε, λέτε τα νέα σας και συζητάτε για την παρεξήγηση που είχε γίνει τότε.

Χρήσιμο λεξιλόγιο

- Στην υγειά σου!/Εις υγείαν!
- Χιλιόχρονος/-η!/Να τον/τη χαίρεστε!
- Εσείς μιλάτε ελληνικά, έτσι δεν είναι;
- Ένα ακόμη;/Λίγο ακόμη;
- Άραγε το ξέρει αυτό ο/η/...;
- Θα έρθει άραγε; Ίσως έρθει αργότερα.
- Τον θυμάμαι να.../Τον θυμάμαι που...
- Θυμάσαι τότε που παίζαμε όλοι μαζί;
- Λυπάμαι πολύ για ό,τι έγινε.
- Λυπάμαι πολύ που έγιναν έτσι τα πράγματα.
- Σ' επιθύμησα.
- Μετάνιωσα για ό,τι έγινε.
- Είμαι πολύ δυσαρεστημένη με τη συμπεριφορά σου.
- Δεν θέλω να τον/τη βλέπω.
- Τα βλέπει όλα μαύρα.
- Δεν μου αρέσει να παραπονιέμαι, αλλά θα σου το πω...
- Έχω ένα μεγάλο παράπονο.
- Εγώ φταίω για όλα...
- Είμαι ένοχος/-η./Το παραδέχομαι.
- Δεν φταίω για τίποτα.
- (Δεν) είναι δικό μου το φταίξιμο...
- Εσύ φταις που...
- Είσαι υπεύθυνος/-η για όλα...
- Δεν μπορώ να σ' εμπιστευτώ.
- Δεν μπορώ να στηριχτώ στα λόγια σου.
- Να σε πιστέψω;
- Δεν έκανα τίποτα.
- Μην το συζητάς!
- Χαρά μου!

ΠΑΡΑΓΩΓΗ ΓΡΑΠΤΟΥ ΛΟΓΟΥ

Άσκηση 1

Συμπλήρωσε τα κενά με τις παρακάτω λέξεις/φράσεις.

τον καθένα, αλλά, ~~πού~~, και, αργότερα, γιατί, τον οποίο, ενώ, Έτσι, Ωστόσο, Επίσης

1 ______________
____
____

2 ______________
____
____

3 ______________
____
____

4 ______________
____
____

Ήταν Ιούνιος του 2009. Η παρέα μου θα πήγαινε σε μια συναυλία [0] ___που___ γινόταν στην πόλη μου το βράδυ. Εκείνο το διάστημα ήμουν πολύ κουρασμένη [1] ____________ η διάθεσή μου δεν ήταν ιδιαίτερα καλή. Κι [2] ____________ σκεφτόμουν να μείνω στο σπίτι μου, τελικά πείστηκα από μια φίλη και βγήκα. Έφτασα κάπως αργά στον χώρο της συναυλίας και κάθισα μπροστά από τον αδερφό της, [3] ____________ είχα ξαναδεί βέβαια, [4] ____________ δεν τον γνώριζα και πάρα πολύ καλά.

Ήταν ψηλός, μελαχρινός, με ένα μικρό μούσι στο πιγούνι. Το ντύσιμό του ήταν καλόγουστο και κομψό. Γενικά, θα έλεγα ότι ήταν ένα εμφανίσιμο αγόρι και η πρώτη εντύπωση για αυτόν ήταν ότι είναι ένας διακριτικός και ντροπαλός άνθρωπος. [5] ____________, εγώ τον συμπάθησα για το πλατύ του χαμόγελο και το ζεστό του βλέμμα. Η διαίσθησή μου έλεγε ότι αυτός ο άνθρωπος θα έπαιζε σημαντικό ρόλο στη ζωή μου και επιβεβαιώθηκα απολύτως.

Γνωριστήκαμε καλύτερα μετά τη συναυλία και [6] ____________ παντρευτήκαμε. Ύστερα από 6 χρόνια γάμου, μπορώ να πω με βεβαιότητα ότι ο Αποστόλης είναι ο άνθρωπος που έχει επηρεάσει περισσότερο από [7] ____________ τη ζωή μου. Με τη σταθερότητα που τον διακρίνει, μου έδωσε ασφάλεια και αυτοπεποίθηση. Ξέρω ότι έχω έναν άνθρωπο κοντά μου ό,τι και να συμβεί. [8] ____________, κατάφερε να νικήσει την εσωστρέφειά μου και μου έμαθε να μοιράζομαι τα συναισθήματά μου με τους δικούς μου ανθρώπους. [9] ____________ τώρα πια οι χαρές μου είναι διπλές και οι στεναχώριες μου μισές.

Θαυμάζω και αγαπώ τον Αποστόλη, [10] ____________ είναι ένας άνθρωπος απλός, καθαρός και πιστός στις αρχές και τις αντιλήψεις του.

Άσκηση 2

Διάβασε ξανά το κείμενο και βάλε έναν από τους παρακάτω πλαγιότιτλους σε κάθε παράγραφο.

Εξωτερική εμφάνιση/χαρακτήρας | **Εισαγωγή** | **Συναισθήματα** | **Επιρροή στη ζωή μου**

Άσκηση 3

Στον παρακάτω πίνακα ένωσε με κόκκινο κύκλο τις συνώνυμες και μπλε κύκλο τις αντίθετες λέξεις.

εξωστρεφής, λεπτός, δυναμικός, σεμνός, εμφανίσιμος, άγαμος, σοβαρός, έξυπνος, διαζευγμένος, αθόρυβος, αστραφτερός, κρύος, ώριμος, δύστροπος, μαλακός, κοινωνικός, προοδευτικός, επιπόλαιος, κοντός, γέρος, τεράστιος, προσιτός, γεροδεμένος, άστατος, τσιγκούνης, πλούσιος, ζωντανός, ψύχραιμος, μελαχρινός, μακρύς, εσωστρεφής, πρόθυμος, νευρικός, νόστιμος, παχύς, όμορφος, αγενής, παχουλός, απρόσιτος, αισιόδοξος, ζεστός, ανήσυχος, μεγάλος, νέος, ωραίος, έφηβος, ενδιαφέρων, ελαφρύς, αναίσθητος, τεμπέλης, ευγενικός, σπάταλος, ψεύτης, φοβητσιάρης, μικρός, βαρύς, άκαρδος, σταθερός, εύκολος, επιεικής, αντιπαθητικός, πεισματάρης, συμπαθητικός, ειλικρινής, φιλόξενος, χλωμός, ηλικιωμένος, πονηρός, ψυχρός, ευαίσθητος, αυστηρός, συνεργάσιμος, γελαστός, άγριος, αλλοδαπός, ακοινώνητος, ανοιχτός, παντρεμένος, ενήλικος, κεφάτος, γεμάτος, ζηλιάρης, γοητευτικός, ικανός, ομιλητικός, μεσόκοπος, ήπιος, μοναχικός, γενναιόδωρος, χοντρός, καλός, ελεύθερος, κλειστός, αποφασιστικός, άσχημος, ψηλός, φιλόδοξος, ντροπαλός, κουτός, χήρος, φουντωτός, έγγαμος, ανόητος, παιδί, θρασύς, γενναίος, φαρδύς, καλόκαρδος, αχώνευτος, ανώριμος, ήρεμος, αδιάκριτος, απρόθυμος, φιλικός, συντηρητικός, σκληρός, θερμός, αδύνατος, ήσυχος, διακριτικός, εργατικός, δύσκολος, παραδοσιακός, αυστηρός, βρέφος, μορφωμένος, αξιαγάπητος, δυνατός, ξανθός, πράος, προχωρημένος, σκληρός

Άσκηση 4

Ξαναγράψε τις προτάσεις, χρησιμοποιώντας τις λέξεις/φράσεις της παρένθεσης.

0. Δεν φοβάμαι την αποτυχία. (μήπως)
Δεν φοβάμαι μήπως αποτύχω.

1. Δεν ήθελα να βγω, γιατί ήμουν πολύ κουρασμένη. (τόσο)

2. Τον συμπάθησα για το πλατύ του χαμόγελο και το ζεστό του βλέμμα. (επειδή)

3. Είναι πραγματικά πολύ ωραίο που κάνουμε παρέα και είναι φίλος μου. (Το ότι)

4. Ήμουν πολύ κουρασμένη και σκεφτόμουν να μείνω στο σπίτι. (διότι)

Άσκηση 5

Βάλε στη σειρά τις λέξεις και κάνε προτάσεις, όπως στο παράδειγμα.

0. Η/επιπόλαια/τόσο/φοβάμαι/επιλογή/λάθος/μήπως/Ελένη/που/κάνει/είναι
Η Ελένη είναι τόσο επιπόλαια που φοβάμαι μήπως κάνει λάθος επιλογή.

1. Το/γελαστός/κάνει/πολύ/σε/και/χαρούμενος/τόσο/ότι/είναι/τον/συμπαθητικό/όλους

2. Ήταν/δεν/να/ντροπαλός/σπίτι/τόσο/ήθελε/βγει/που/από/το/του

3. αδύνατος/Είναι/φοβάμαι/αρρωστήσει/που/τόσο/μήπως

4. Μήπως/νευρικός/τον/συμπαθείς/δεν/επειδή/είναι

5. γιατί/φοβάσαι/άγριος/πραγματικότητα/δεν/ενώ/Μην/τον/φαίνεται/είναι/στην

6. προσιτός/φαίνεται/και/είναι/που/ακοινώνητος/Παρόλο/πολύ/άνθρωπος/ψυχρός/ζεστός/και

7. δεν/έκανε/την/ότι/ευγενικά/με/από/αντιπαθήσω/μιλάει/να/την/αρχή/Το

8. Είναι/και/γεμάτη/λίγο/όμορφη/πολύ/κοπέλα/γοητευτική/αλλά/είναι

9. θέλει/Κανείς/δεν/καθόλου/να/δεν/της/μαζί/δουλέψει/επειδή/είναι/συνεργάσιμη

10. ξανθά/Είναι/βλέμμα/γεροδεμένος/μαλλιά/με/αστραφτερό/και

Άσκηση 6

Γράψε προτάσεις, για να περιγράψεις έναν άνθρωπο χρησιμοποιώντας τις παρακάτω λέξεις/φράσεις:

μήπως, μην, φοβάμαι, που, τόσο, καθώς, αν και, επομένως, άρα, λοιπόν

Άσκηση 7

Γράφεις στο ημερολόγιό σου για μια νέα γνωριμία που έκανες και σ' ενθουσίασε. Περιγράφεις την εξωτερική εμφάνιση και τον χαρακτήρα του καινούριου σου φίλου/της καινούριας σου φίλης και αναφέρεις τα συναισθήματά σου. (200 λέξεις)

Πριν από τη συγγραφή του κειμένου

- αναφέρεις ποιον/ποια θα περιγράψεις, πότε και πού τον/τη γνώρισες
- περιγράφεις την εξωτερική εμφάνιση του/της (χαρακτηριστικά, ντύσιμο κτλ.)
- περιγράφεις τον χαρακτήρα του/της και δίνεις κάποια παραδείγματα
- αναφέρεις τα συναισθήματά σου για τη νέα σου γνωριμία

Μετά τη συγγραφή του κειμένου

- Έχεις αναπτύξει όλα τα ερωτήματα του θέματος;
- Χρησιμοποίησες το κατάλληλο ύφος;
- Αξιοποίησες το χρήσιμο λεξιλόγιο από την ενότητα;

Ώρα για τραγούδι

(cd 1, 7)

1. Δες τις εικόνες. Μάντεψε το περιεχόμενο του τραγουδιού.
2. Διάβασε τους στίχους του τραγουδιού. Πώς πιστεύεις ότι θα είναι ο ρυθμός και η μουσική του;
3. Άκουσε το τραγούδι. Η μουσική είναι όπως τη φαντάστηκες;

Καπέλα δυο αριστοκρατίας
σκάσαν μύτη στας Αθήνας,
συχνάζουν τώρα στα μπαράκια
και στης Πλάκας τα σοκάκια. (δις)
Φίλους έχουν τα σομπρέρος,
τους μπερέδες καβαλιέρος,
καπέλα Κίνας και καουμπόι,
φοβερό καπελολόι!
Κασκέτα, φέσια και τραγιάσκες,
μπερέδες, κλος, μα και ουσάνκες
και άλλα που έχουνε και βέλο,
σε όλα βγάζω το καπέλο.
Ο χρόνος ήρεμα κυλάει,
καπελίνα και τουρμπάνι,
συζητούν με καβουράκια
κι ερωτεύονται ψαθάκια. (δις)
Ξαφνικά χτυπάει σύρμα,
τα δαιμόνια, αχ τι κρίμα,
ξεκινούν αψιμαχίες,
ποπό κάτι φασαρίες!
Ρεπούμπλικες, ψηλά καπέλα,
ξεσηκώνονται ένα ένα,
τις δυνάμεις τους ενώνουν,
τους εχθρούς τους καπελώνουν!
Μοχθηρά, κακά δαιμόνια
δεν θα σπείρετε διχόνοια,
δεν θα σπείρετε τον φθόνο,
το καπέλο σας και δρόμο! (δις)

4. Ποιος είναι ο αγαπημένος σου στίχος; Γιατί;
5. Ποιες λέξεις κάνουν ομοιοκαταληξία;
6. Διάλεξε κάποιες από τις λέξεις που κάνουν ομοιοκαταληξία και γράψε το δικό σου τραγούδι.
7. Πες στην τάξη σου την ιστορία του τραγουδιού.
8. Άκουσε μόνο τη μουσική και τραγούδησε το τραγούδι. (cd 1, 8)

Τώρα ξέρεις...

	Ναι	Όχι
να κατανοείς κείμενα σχετικά με διάφορους πολιτισμούς;		
να περιγράφεις εξωτερικά έναν άνθρωπο;		
να περιγράφεις τον χαρακτήρα ενός ανθρώπου;		
να σχηματίζεις τον αόριστο της ενεργητικής και της παθητικής φωνής;		
να χρησιμοποιείς τον αόριστο της ενεργητικής και της παθητικής φωνής;		
να σχηματίζεις τον παρατατικό της ενεργητικής και της παθητικής φωνής;		
να χρησιμοποιείς τον παρατατικό της ενεργητικής και της παθητικής φωνής;		

Ενότητα 2

ΚΤΙΡΙΑ ΑΠΟ ΟΛΟ ΤΟΝ ΚΟΣΜΟ

- Τι βλέπεις στις εικόνες;
- Σου αρέσουν τα κτίρια που βλέπεις στις εικόνες;
- Ποιοι πιστεύεις πως τα χρησιμοποιούν;

ΚΑΤΑΝΟΗΣΗ ΓΡΑΠΤΟΥ ΛΟΓΟΥ

Συμβουλή:
Πριν διαβάσεις τα κείμενα, ρίξε μια ματιά στις ερωτήσεις για να εντοπίσεις τα σημεία που πρέπει να προσέξεις περισσότερο. Αφού διαβάσεις τα κείμενα, υπογράμμισε τα σημεία στα οποία υπάρχουν οι απαντήσεις για κάθε ερώτηση.

Άσκηση 1

α. Γνωρίζεις τι είναι οι φοιτητικές εστίες;

β. Πώς (φαντάζεσαι ότι) είναι οι φοιτητικές εστίες;

Άσκηση 2

Διάβασε τα κείμενα και διάλεξε τη σωστή απάντηση στις παρακάτω ερωτήσεις.

Η ωραιότερη φοιτητική εστία...στον κόσμο!!!

Για τους περισσότερους φοιτητές, η εστία φέρνει στο μυαλό μια άβολη καθημερινότητα, στριμωγμένη σε λίγα τετραγωνικά. Όχι, όμως, και για τους φοιτητές που μένουν στην εστία του Πανεπιστημίου Tietgen. Μια εστία διαφορετική από τις άλλες! Πολύ πράσινο, μοντέρνα αρχιτεκτονική και άνετοι, κοινόχρηστοι χώροι. Θέλετε κι άλλα;

Το κτίριο βρίσκεται στην Κοπεγχάγη και η διαμονή σε αυτό είναι μια πολύ όμορφη εμπειρία. Η κατασκευή του ολοκληρώθηκε το 2006. Είναι κυκλικό και συμβολίζει την ισότητα, το αίσθημα της συμμετοχής στην κοινότητα και τη σφαιρική γνώση. Επίσης, βασική έμπνευση πίσω από την αρχιτεκτονική του είναι ο συνδυασμός του συλλογικού και του ατομικού πνεύματος.

Στην όψη του κτιρίου, ξεπροβάλλουν κάποιες κατοικίες που σπάνε έξυπνα τη μονότονη και κυκλική του μορφή. Πέντε διάδρομοι χωρίζουν το κτίριο σε τμήματα και ενώνουν τον εξωτερικό χώρο με την κεντρική αυλή και τους ορόφους. Η συνολική του έκταση είναι 26.800 τετραγωνικά μέτρα. Αποτελείται από 6 ορόφους, 360 δωμάτια από 26 έως 42 τετραγωνικά μέτρα.

Στο ισόγειο βρίσκονται οι κοινόχρηστοι χώροι, η αίθουσα υπολογιστών, οι αίθουσες μουσικής, το αναγνωστήριο, τα πλυντήρια και το γυμναστήριο. Στο ισόγειο βρίσκεται και η εσωτερική αυλή, το μεγάλο πλεονέκτημα του συγκροτήματος.

Το κυκλικό σχήμα του κτιρίου εξασφαλίζει σε όλα τα δωμάτια άφθονο φυσικό φως, αέρα και θέα στη γύρω περιοχή. Όλα τα δωμάτια έχουν ειδική θέρμανση δαπέδου. Επίσης, όλα έχουν το δικό τους μπάνιο. Για κάθε 12 κατοικίες, υπάρχει μία ευρύχωρη και εξοπλισμένη κοινόχρηστη κουζίνα.

Στους κοινόχρηστους χώρους του κτιρίου κυριαρχούν τα ζωηρά χρώματα. Η επιφάνεια του κτιρίου διατηρείται καθαρή, γιατί η πρόσοψή του είναι καλυμμένη με χαλκό. Στο πέρασμα του χρόνου, η επιφάνεια θα πάρει έναν σκούρο τόνο και θα καλύψει έτσι τις ανάγκες για αποκατάσταση.

Η εντυπωσιακή αυτή φοιτητική εστία πήρε βραβείο αρκετές φορές για τον σχεδιασμό και την καινοτομία της ως η ωραιότερη φοιτητική εστία στον κόσμο! Είναι το στολίδι της Κοπεγχάγης, σύμφωνα με τους κατοίκους της πόλης!

Πηγή: Διασκευή κειμένου από: http://www.lifo.gr

Οι πιο χίπικες εστίες...στον κόσμο!!!

Ο χώρος που ζούμε, είτε είναι το σπίτι, όπου μένουμε μόνιμα, είτε οποιοσδήποτε χώρος, στον οποίο περνάμε κάποια χρόνια από τη ζωή μας, έχει πολύ μεγάλη σημασία για τον καθένα μας.

Με βάση αυτήν τη φιλοσοφία, η Αρχιτεκτονική Σχολή στο Τουισκόνσιν της Αριζόνα δημιούργησε μια φοιτητική εστία πολύ διαφορετική από τις άλλες. Κάθε προπτυχιακός και μεταπτυχιακός φοιτητής μπορεί να χτίσει το δικό του καταφύγιο στην έρημο και να ζήσει εκεί κατά τη διάρκεια των σπουδών του. Και το πιο σημαντικό; Δεν υπάρχουν όρια και περιορισμοί στον σχεδιασμό των κτισμάτων. Τα περισσότερα ακολουθούν την έμπνευση του κάθε φοιτητή, όσο ασυνήθιστη κι αν είναι. Όλα τα σπιτάκια είναι από φυσικά υλικά, όπως ξύλο και πέτρα, και ενσωματώνονται απόλυτα στο ερημικό, φυσικό περιβάλλον.

Το αποτέλεσμα ξεπερνά κάθε φαντασία! Καμία από τις δομές δεν θυμίζει ένα συμβατικό δωμάτιο φοιτητικής εστίας. «Εδώ ο φοιτητής εκφράζεται ελεύθερα. Δημιουργεί τον δικό του χώρο, έτσι όπως τον φαντάζεται», επισημαίνει ο υπεύθυνος της Σχολής. Με το χτίσιμο της κατοικίας τους, οι φοιτητές αναλαμβάνουν από νωρίς τον ρόλο του αρχιτέκτονα και καλλιεργούν τη δημιουργικότητά τους. Έτσι, ξεκινούν από νωρίς τη μετάβαση από τη φοιτητική στην επαγγελματική τους ζωή.

Πηγή: Διασκευή κειμένου από: http://www.perierga.gr

Άσκηση 3
Διάβασε ξανά τα κείμενα και πες σε ποια από τις δύο φοιτητικές εστίες θα ήθελες να μείνεις και γιατί.

0. Το σχήμα των φοιτητικών εστιών στην Κοπεγχάγη έχει χαρακτήρα
- **α.** συμβουλευτικό.
- **β.** επαγγελματικό.
- **γ.** συμβολικό. (●)
- **δ.** επιστημονικό.

1. Τα δωμάτια των φοιτητικών εστιών στην Κοπεγχάγη έχουν ποικιλία ως προς
- **α.** το σχήμα.
- **β.** την έκταση.
- **γ.** το χρώμα.
- **δ.** τη θέρμανση.

2. Στις φοιτητικές εστίες της Κοπεγχάγης υπάρχει κουζίνα
- **α.** σε όλα τα δωμάτια.
- **β.** στο ισόγειο.
- **γ.** στον 6ο όροφο.
- **δ.** σε κάθε τμήμα κατοικιών.

3. Οι κοινόχρηστοι χώροι του κτιρίου της Κοπεγχάγης έχουν
- **α.** φυσικές αποχρώσεις.
- **β.** αντιθέσεις μεταξύ τους.
- **γ.** σκούρο τόνο.
- **δ.** έντονες αποχρώσεις.

4. Οι φοιτητικές εστίες στην Αριζόνα βρίσκονται
- **α.** στο κέντρο της πόλης.
- **β.** στη φύση.
- **γ.** στο πανεπιστήμιο.
- **δ.** στη θάλασσα.

5. Οι φοιτητικές εστίες στην Αριζόνα κατασκευάζονται σύμφωνα
- **α.** με τις οδηγίες των αρχιτεκτόνων.
- **β.** τις επιθυμίες των καθηγητών.
- **γ.** τη φαντασία των φοιτητών.
- **δ.** τις ανάγκες της εποχής.

Λεξιλόγιο

Άσκηση 1

Γίνετε ζευγάρια, δείτε τις υπογραμμισμένες λέξεις των κειμένων (σελ. 56-57) και βρείτε ποιοι από τους παρακάτω ορισμούς περιγράφουν τη σημασία τους.

1° κείμενο

0. η έλλειψη διαφοράς ανάμεσα στους ανθρώπους, τόσο σχετικά με τα δικαιώματα, όσο και με τις υποχρεώσεις τους = ισότητα

1. η εξωτερική όψη μιας οικοδομής, όπου βρίσκεται η κύρια είσοδος = ____________________

2. αυτός που τον χρησιμοποιούν πολλοί = ____________________

3. ενέργεια/πράξη που βασίζεται σε μια πρωτότυπη ιδέα και προκαλεί μια ριζική αλλαγή = ____________________

4. αυτός που αναφέρεται σε όλες τις διαστάσεις ενός θέματος και καλύπτει όλες τις πλευρές του = ____________________

2° κείμενο

5. κάνω κάτι να αναπτυχθεί και να γίνει μεγαλύτερο και πιο δυνατό = ____________________

6. αυτός που δεν έχει καμία πρωτοτυπία = ____________________

7. εξαιρετική ιδέα = ____________________

8. συνεχώς, διαρκώς, χωρίς χρονικές διακοπές = ____________________

Άσκηση 2

Γίνετε ζευγάρια, ενώστε τις λέξεις με την ίδια ή παρόμοια σημασία και κάντε προτάσεις με αυτές.

1ο κείμενο

0. μοντέρνος	β	**α.** ομαδικός
1. μονότονος	______	~~**β.**~~ σύγχρονος
2. συλλογικός	______	**γ.** πάρα πολύς
3. δάπεδο	______	**δ.** πάτωμα
4. άφθονος	______	**ε.** ανιαρός, επαναλαμβανόμενος

2ο κείμενο

5. μόνιμα	______	**στ.** περίεργος, παράξενος
6. κτίσμα	______	**ζ.** εκδηλώνομαι
7. ασυνήθιστος	______	**η.** σταθερά
8. συμβατικός	______	**θ.** οικοδόμημα/κτίριο
9. εκφράζομαι	______	**ι.** καθιερωμένος
10. ενσωματώνομαι	______	**ια.** εντάσσομαι σε κάτι, απορροφώμαι από κάτι

Άσκηση 3

Γίνετε ζευγάρια, ενώστε τις λέξεις με αντίθετη σημασία και κάντε προτάσεις με αυτές.

1ο κείμενο

0. άβολος	δ	**α.** παραδοσιακός
1. μοντέρνος	______	**β.** ταβάνι, οροφή
2. ισότητα	______	**γ.** λιγοστός, ελάχιστος
3. πλεονέκτημα	______	~~**δ.**~~ βολικός, άνετος
4. άφθονος	______	**ε.** ανισότητα
5. δάπεδο	______	**στ.** μειονέκτημα

2ο κείμενο

6. μόνιμα	______	**ζ.** συνηθισμένη
7. συμβατικός	______	**η.** προσωρινά
8. ασυνήθιστη	______	**θ.** πρωτότυπος

Άσκηση 4

Γίνετε ζευγάρια και ενώστε τις λέξεις, για να κάνετε φράσεις που χρησιμοποιούνται πολύ συχνά. Με μερικές λέξεις μπορείτε να κάνετε περισσότερους από έναν συνδυασμούς. Μετά γράψτε προτάσεις με τις φράσεις που κάνατε.

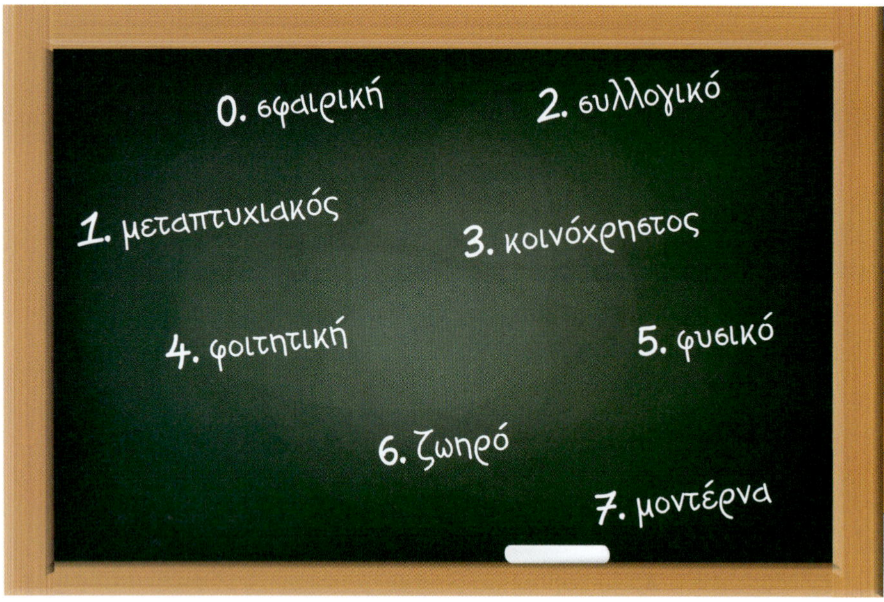

	εστία
	φοιτητής
	περιβάλλον
	χώρος
0	γνώση
	πνεύμα
	χρώμα
	αρχιτεκτονική

Άσκηση 5

Βάλε σε κύκλο τις προτάσεις στις οποίες η υπογραμμισμένη λέξη έχει την ίδια σημασία.

0. (**α.**) Μην προχωράς στη ζωή σου με βάση το <u>αίσθημα</u>, αλλά με βάση τη λογική.
β. Πιείτε πολύ νερό, για να νικήσετε το <u>αίσθημα</u> της πείνας.
(**γ.**) Έχει πολύ τρυφερά <u>αισθήματα</u> για αυτόν τον άνθρωπο.

1. α. Στις επαγγελματικές μου σχέσεις θέλω να υπάρχει <u>πνεύμα</u> εμπιστοσύνης.
β. Μου αρέσουν πολύ οι ιδέες του. Ο άνθρωπος αυτός έχει πολύ δημιουργικό <u>πνεύμα</u>.
γ. Στη συνέλευση επικράτησε <u>πνεύμα</u> συνεργασίας.

2. α. Πριν μετακομίσουν στο νέο σπίτι, έγινε <u>αποκατάσταση</u> όλων των ζημιών που υπήρχαν.
β. Πριν φύγει για το εξωτερικό, φρόντισε για την <u>αποκατάσταση</u> των παιδιών του.
γ. Η <u>αποκατάσταση</u> της βλάβης έγινε γρήγορα και έτσι είχαμε και πάλι ρεύμα.

3. α. Το πλυντήριο είναι πάνω σε μια μεταλλική <u>βάση</u>.
β. Χρειάστηκαν τέσσερα χρόνια, για να ολοκληρωθεί η <u>βάση</u> του κτιρίου.
γ. Το πρόβλημά μου είναι πως δεν έχω καλές <u>βάσεις</u> στα μαθηματικά.

Άσκηση 6

Γίνετε ζευγάρια. Πηγαίνετε στην ιστοσελίδα <u>www.greek-language.gr/greekLang/modern_greek/tools/corpora/corpora/search.html</u>. Πληκτρολογήστε τις λέξεις *συγκρότημα* και *κοινότητα* και βρείτε παραδείγματα με τις διαφορετικές σημασίες κάθε λέξης.

Άσκηση 7
Συμπλήρωσε τα κενά με την κατάλληλη λέξη.

1. *ανακαίνιση, αναπαλαίωση, αποκατάσταση*

α. Αυτόν τον μήνα το κατάστημα θα είναι κλειστό λόγω ανακαίνισης.

β. Η εταιρεία ανέλαβε την ________________ και ενίσχυση πολλών παλαιών κατοικιών στον παραδοσιακό οικισμό.

γ. Το ιστορικό αυτό κτίριο χρειάζεται άμεση ________________ της σκεπής του.

2. *μεταφορά, μετάβαση, μετακίνηση, μετακόμιση*

α. Με αγορές επίπλων πάνω από 100 ευρώ η ________________ γίνεται δωρεάν.

β. Αλλάζετε σπίτι; Να μερικά κόλπα, για να κάνετε εύκολη τη ________________.

γ. Ανανεώστε τον χώρο του σαλονιού σας με μικρές ________________ των επίπλων από την αρχική τους θέση.

δ. Για τη ________________ από το σπίτι μου στο πανεπιστήμιο χρειάζομαι τουλάχιστον μισή ώρα.

3. *κατασκευή, παρασκευή*

α. Η βιομηχανία αυτή έχει μεγάλη πείρα στην ________________ σοκολάτας.

β. Τα προϊόντα αυτής της εταιρείας είναι ελληνικής ________________ και έχουν άριστη ποιότητα.

γ. Αυτή η ________________ είναι πολύ γερή.

4. *κάτοικος, ένοικος, συγκάτοικος, ενοικιαστής-νοικάρης*

α. Όλο και περισσότεροι ________________ της πόλης χρησιμοποιούν ως μέσο μεταφοράς το ποδήλατο.

β. Σύμφωνα με τον κανονισμό της πολυκατοικίας, όλοι οι ________________ πρέπει να πληρώνουν τα κοινόχρηστα και να συμμετέχουν στις μηνιαίες συνελεύσεις.

γ. Μετά τη λήξη του συμβολαίου, ο ________________ μπορεί να αποχωρήσει όποτε θέλει και ο ιδιοκτήτης να ζητήσει όποτε θέλει το σπίτι του.

δ. Με τον Πέτρο ήμαστε ________________ σε όλη τη διάρκεια των φοιτητικών μας χρόνων.

Άσκηση 8

Διάλεξε δύο (2) ομάδες λέξεων από αυτές της άσκησης 7 και βρες παραδείγματα με τη χρήση τους από τα σώματα κειμένων στην ιστοσελίδα www.greek-language.gr/greekLang/modern_greek/tools/corpora/corpora/search.html.

Άσκηση 9

Βάλε σε κύκλο το σωστό.

0. Η Μαίρη και η Κατερίνα είναι ______ και μοιράζονται τις δουλειές του σπιτιού.

α. ένοικοι **(β.)** συγκάτοικοι **γ.** ενοικιαστές **δ.** κάτοικοι

1. Η ______ από το ένα σπίτι στο άλλο δημιουργεί στους περισσότερους πολύ άγχος.

α. μετάβαση **β.** μετατόπιση **γ.** μετακόμιση **δ.** μεταφορά

2. Αγοράστε καινούριες κουρτίνες, βάψτε μόνοι σας τους τοίχους και θα έχετε μια γρήγορη και φθηνή ______ στο σπίτι σας.

α. αναπαλαίωση **β.** αποκατάσταση **γ.** αντικατάσταση **δ.** ανακαίνιση

3. Δεν τον συμπαθώ καθόλου. Πουλάει συνέχεια ______ στην παρέα.

α. ιδέα **β.** πνεύμα **γ.** χιούμορ **δ.** εξυπνάδα

4. Τα πλακάκια που υπάρχουν ______ του σπιτιού μας δεν μου αρέσουν καθόλου.

α. στην οροφή **β.** στο δάπεδο **γ.** στο ταβάνι **δ.** στον πυρήνα

5. ______ της κεντρικής βιβλιοθήκης στον Βόλο εγκαινιάστηκε στις 9 Απριλίου 2015.

α. Το κτίριο **β.** Η οικοδομή **γ.** Το κτίσμα **δ.** Το διαμέρισμα

Άσκηση 10

Συμπλήρωσε τα κενά, όπως στο παράδειγμα.

μετάβασή, θέρμανση, μετακομίσεις, εμπειρίες, πλεονεκτήματα, βολικό, κοινόχρηστα, ~~διαμονή~~, μεταφοράς

ΟΔΗΓΟΣ ΕΠΙΛΟΓΗΣ ΦΟΙΤΗΤΙΚΗΣ ΚΑΤΟΙΚΙΑΣ

Πέρασες στο Πανεπιστήμιο! Συγχαρητήρια! Σχετικά με την επιλογή του κατάλληλου φοιτητικού σπιτιού πρόσεξέ μας! Ο μικρός μας οδηγός θα σε βοηθήσει να βρεις το κατάλληλο σπίτι για τα φοιτητικά σου χρόνια και να κάνεις τη [0] διαμονή σου σε αυτό ευχάριστη και –γιατί όχι– αξέχαστη. Για πάμε, λοιπόν:

ΤΟ ΣΠΙΤΙ ΝΑ ΕΙΝΑΙ ΚΟΝΤΑ ΣΤΗ ΣΧΟΛΗ

Ο χρόνος είναι πολύτιμος, γι' αυτό δεν πρέπει να τον ξοδεύουμε άσκοπα και ειδικά στον δρόμο και στα μέσα μεταφοράς. Η απόσταση, λοιπόν, του σπιτιού από τη σχολή είναι ένα πολύ σημαντικό στοιχείο. Όσο πιο κοντά είναι το σπίτι στο πανεπιστήμιο, τόσο πιο εύκολη θα είναι η καθημερινότητά σου. Βέβαια, από την άλλη, ένα από τα [1] ________________ του να μένεις μακριά από τη σχολή, είναι οι χαμηλές τιμές των σπιτιών. Ωστόσο, επειδή και εγώ ως φοιτητής στο πρώτο έτος έμενα σε ένα σπίτι που ήταν περίπου 1 ώρα μακριά από τη σχολή, έχω να πω ότι ήταν από τις χειρότερες [2] ________________ του πρώτου έτους, ειδικά αν έχεις πρωινά μαθήματα.

ΜΕΣΑ ΜΑΖΙΚΗΣ ΜΕΤΑΦΟΡΑΣ

Ακόμη κι αν δεν καταφέρεις να βρεις σπίτι κοντά στη σχολή, να θυμάσαι ότι η εύκολη, γρήγορη και ασφαλής [3] ________________ σου από το ένα μέρος στο άλλο είναι εξίσου σημαντική. Επομένως, φρόντισε να έχεις κοντά στο σπίτι σου τα μέσα [4] ________________. Θα βγεις με την παρέα σου, θα γυρίσεις στο σπίτι σου το βράδυ και δεν θα φοβηθείς να περπατήσεις από εκεί που σε αφήνει το μεταφορικό μέσο μέχρι το σπίτι σου, αν βρίσκονται κοντά το ένα με το άλλο. Το πιο [5] ________________, βέβαια, θα ήταν να έχεις κοντά λεωφορείο που κυκλοφορεί 24 ώρες. Δεν μπορείς να φανταστείς τι τύχη είναι!

ΓΚΑΡΣΟΝΙΕΡΑ, Η ΚΑΛΥΤΕΡΗ ΕΠΙΛΟΓΗ

Αν πρόκειται να μείνεις μόνος σου, τότε η καλύτερη και προτιμότερη συνήθως επιλογή είναι η γκαρσονιέρα. Πρώτον, επειδή πρόκειται για μικρό σπίτι, τόσο το ενοίκιο όσο και τα [6] ________________ της οικοδομής θα είναι πιο λίγα. Δεύτερον, θα σου είναι πολύ εύκολο να το καθαρίζεις.

Επίσης, η [7] ________________ πρέπει να αποτελεί κριτήριο για την επιλογή του. Φαντάζεσαι ένα παγωμένο σπίτι μέσα στον χειμώνα; Δεν θα το προτιμούσες...

Τέλος, η επίπλωση του σπιτιού είναι ένα ακόμη θέμα που πρέπει να σκεφτείς. Καλό θα ήταν να βρεις ένα επιπλωμένο ή ημιεπιπλωμένο σπίτι, για να αποφύγεις τις [8] ________________ και τα περιττά έξοδα. Ελπίζω να σε βοήθησα αρκετά στην επιλογή σου. Όλα θα πάνε καλά, αρκεί να είσαι προσεκτικός και έξυπνος σε κάθε απόφασή σου. Καλή αρχή!

Πηγή: Διασκευή κειμένου από: http://www.mystudentpass.gr

Άσκηση 11

(cd 1, 9)

Τώρα άκουσε το παραπάνω κείμενο και σημείωσε ποιες λέξεις/φράσεις αντικαθιστούν τις λέξεις που συμπλήρωσες στα κενά του.

Άσκηση 12

Διάλεξε επτά (7) λέξεις από αυτές που έμαθες στην ενότητα και κάνε μια άσκηση, όπως η άσκηση 10. Ζήτησε από τον συμμαθητή/τη συμμαθήτριά σου να συμπληρώσει τα κενά της άσκησής σου και κάνε το ίδιο με τη δική του/της άσκηση.

Άσκηση 13

Γίνετε ζευγάρια, δείτε τις παρακάτω λέξεις και συμπληρώστε τα κενά κάθε σειράς του πίνακα με λέξεις που ανήκουν στην ίδια οικογένεια.

καλλιεργημένος, ~~ενσωμάτωση~~, εξοπλισμός, σπιτάκι, ενσωματωμένος, καταφεύγω, συγκροτημένος, έκφραση, σύμβαση, εκφραστικός, σπιταρόνα, εμπνέω, καινοτομώ, εμπνευσμένος, καλλιέργεια, δημιουργία, κάλυψη, δημιουργικός, βραβείο, δημιουργημένος, κουζινάκι, δημιουργώ, δωματιάκι, επισήμανση, διαμένω, βραβεύω, κουζινούλα, συγκροτώ, εξοπλίζω, καλύπτω, καινοτόμος, εμπειρία, χρωματάκι

ρήμα	ουσιαστικό	επίθετο
ενσωματώνω	0 ενσωμάτωση	1 ______
2 ______	καταφύγιο	-
εκφράζω	3 ______	4 ______
5 ______	έμπνευση	6 ______
καλλιεργώ	7 ______	8 ______
9 ______	10 ______, δημιουργικότητα	11 ______, 12 ______
-	13 ______	συμβατικός
επισημαίνω	14 ______	-
15 ______	διαμονή	-
16 ______	17 ______	βραβευμένος
18 ______	συγκρότημα	19 ______
20 ______	21 ______	εξοπλισμένος
22 ______	23 ______	καλυμμένος
24 ______	καινοτομία	25 ______
-	26 ______	έμπειρος
-	σπίτι, 26 ______, 27 ______	-
-	χρώμα, 28 ______	-
-	δωμάτιο, 29 ______	-
-	κουζίνα, 30 ______, 31 ______	-

Άσκηση 14

Συμπλήρωσε τα κενά, όπως στο παράδειγμα.

http://www.tovima.gr/vimadonna/

Κτίρια | Ιδέες | Αναζήτηση | Επικοινωνία

ΝΕΟ ΒΡΑΒΕΙΟ ΓΙΑ ΤΟΥΣ DECA ARCHITECTURE

Στις 15 Μαΐου 2014 έγινε η απονομή των αρχιτεκτονικών 0 ___βραβείων___ (βραβεύω) Architizer. Η αρχιτεκτονική ομάδα deca Architecture βραβεύτηκε για το έργο της στη νότια ακτή της Μήλου. Πρόκειται για ένα μικρό σπίτι που γίνεται ένα με το φυσικό περιβάλλον.

Η 1 ________________ (δημιουργώ) ομάδα των deca με το συγκεκριμένο έργο έσπασε τις 2 ________________ (συμβατικός), όπως είχε κάνει και παλαιότερα με τα πρώτα σπίτια που δημιούργησε στην Αντίπαρο. Η ιδέα της ελληνικής αρχιτεκτονικής ομάδας βασίζεται στην απόλυτη 3 ________________ (ενσωματωμένος) των κτισμάτων στο φυσικό περιβάλλον. Όλες οι δημιουργίες τους μοιάζουν να ξεπηδούν από τη γη.

«Είμαστε αρχιτέκτονες, αυτή είναι η εκπαίδευσή μας. Παράλληλα, όμως, σεβόμαστε ιδιαίτερα το τοπίο και το φυσικό περιβάλλον. Από το τοπίο αντλούμε πολλές φορές την 4 ________________ (εμπνέω) μας, όταν σχεδιάζουμε τα έργα μας. Το να δημιουργείς κτίσματα που είναι φυσική προέκταση του περιβάλλοντος απαιτεί σκληρή δουλειά, γνώση, δημιουργικότητα και φαντασία. Είναι μια 5 ________________ (έμπειρος) μοναδική», αναφέρει ο Αλέξανδρος Βαΐτσος και συμπληρώνει: «Η γη είναι το βασικό υλικό στα έργα που σχεδιάζουμε».

Αυτό εκτίμησε και η κριτική επιτροπή των βραβείων του Ελληνικού Ινστιτούτου Αρχιτεκτονικής, με την 6 ________________ (επισημαίνω) πως οι συγκεκριμένοι αρχιτέκτονες προτείνουν μια συνολική στρατηγική για όλο το οικόπεδο...επιλέγουν έναν διάλογο μεταξύ γεωπονίας και αρχιτεκτονικής, μεταξύ παράδοσης και 7 ________________ (καινοτόμος).

Άσκηση 15

Διάλεξε ένα κτίριο της περιοχής σου και περίγραψέ το στην τάξη.

Γραμματική: ΟΥΣΙΑΣΤΙΚΑ

Άκουσε το κείμενο και συμπλήρωσε τα κενά, για να απαντήσεις στις ερωτήσεις που ακολουθούν.

(cd 1, 10)

Τα μαθητικά χρόνια μόλις τελείωσαν και απέκτησες τη φοιτητική σου ιδιότητα.

Το πρώτο πράγμα που καθορίζει το πώς θα περάσεις τα φοιτητικά σου χρόνια είναι το μέρος όπου θα σπουδάσεις. Το δεύτερο είναι αν θα μείνεις μόνος/μόνη ή με μόνιμη παρέα στο σπίτι.

Πριν πάρεις την απόφαση που θα σε συντροφεύει για περίπου τέσσερα χρόνια, δες γιατί ένας συγκάτοικος στα φοιτητικά χρόνια μπορεί να είναι ανεκτίμητος. Ένας συγκάτοικος δεν είναι χρήσιμος μόνο γιατί θα μοιράζεστε το ενοίκιο, τα κοινόχρηστα και τα διάφορα έξοδα.

Είναι εκείνος που θα γίνει ο πρώτος σύμμαχός σου στην καινούρια πόλη.

Είναι εκείνος που θα σου γνωρίσει καινούριους φίλους, καινούρια [0] ___μέρη___, καινούρια βιβλία και [1] ________________.

Είναι εκείνος που θα σε κάνει να γελάσεις με αστείες ιστορίες και [2] ________________ από τη δική του ζωή, όταν εσύ δεν έχεις κέφι.

Είναι εκείνος που θα σου δώσει από το δικό του [3] ________________ το πρωί, όταν ξεχάσεις να αγοράσεις.

Είναι εκείνος που θα σου σβήσει τα [4] ________________, όταν σε πάρει ο ύπνος κουρασμένο.

Είναι εκείνος που θα είναι παρών σε όλα τα όμορφα και άσχημα [5] ________________ της φοιτητικής σου ζωής. Θα χαρεί μαζί σου, όταν περάσεις το πιο δύσκολο μάθημα της σχολής και θα σου σκουπίσει το δάκρυ, όταν κλάψεις για έναν άτυχο έρωτα.

Λοιπόν;

Ερωτήσεις:

1. Ποιο είναι το πρώτο σημαντικό πράγμα που καθορίζει τα φοιτητικά χρόνια ενός νέου;
2. Εκτός από καινούριους φίλους, τι άλλο μπορεί να σου γνωρίσει ένας συγκάτοικος;
3. Σε περίπτωση που ένας από τους δύο συγκατοίκους αρρωστήσει, τι μπορεί να αναλάβει ο άλλος;

ΟΥΣΙΑΣΤΙΚΑ

Αρσενικά σε -έας

ΕΝΙΚΟΣ ΑΡΙΘΜΟΣ		
ονομαστική	ο	συγγραφέας
γενική	του	συγγραφέα
αιτιατική	τον	συγγραφέα
κλητική	-	συγγραφέα
ΠΛΗΘΥΝΤΙΚΟΣ ΑΡΙΘΜΟΣ		
ονομαστική	οι	συγγραφείς
γενική	των	συγγραφέων
αιτιατική	τους	συγγραφείς
κλητική	-	συγγραφείς

Θηλυκά σε -ω

ΕΝΙΚΟΣ ΑΡΙΘΜΟΣ			
η	πειθώ	Ηρώ	Μάρω
της	πειθούς (πειθώς)	Ηρώς	Μάρως
τη(ν)	πειθώ	Ηρώ	Μάρω
-	πειθώ	Ηρώ	Μάρω
ΠΛΗΘΥΝΤΙΚΟΣ ΑΡΙΘΜΟΣ			
οι	-	-	-
των	-	-	-
τις	-	-	-
-	-	-	-

Ουδέτερα σε -ος

ΕΝΙΚΟΣ ΑΡΙΘΜΟΣ		
το	μέρος	έδαφος
του	μέρους	εδάφους
το	μέρος	έδαφος
-	μέρος	έδαφος
ΠΛΗΘΥΝΤΙΚΟΣ ΑΡΙΘΜΟΣ		
τα	μέρη	εδάφη
των	μερών	εδαφών
τα	μέρη	εδάφη
-	μέρη	εδάφη

Ουδέτερα σε -ιμο

ΕΝΙΚΟΣ ΑΡΙΘΜΟΣ		
ονομαστική	το	τρέξιμο
γενική	του	τρεξίματος
αιτιατική	το	τρέξιμο
κλητική	-	τρέξιμο
ΠΛΗΘΥΝΤΙΚΟΣ ΑΡΙΘΜΟΣ		
ονομαστική	τα	τρεξίματα
γενική	των	τρεξιμάτων
αιτιατική	τα	τρεξίματα
κλητική	-	τρεξίματα

Ουδέτερα σε -ς

ΕΝΙΚΟΣ ΑΡΙΘΜΟΣ			
το	κρέας	φως	γεγονός
του	κρέατος	φωτός	γεγονότος
το	κρέας	φως	γεγονός
-	κρέας	φως	γεγονός
ΠΛΗΘΥΝΤΙΚΟΣ ΑΡΙΘΜΟΣ			
τα	κρέατα	φώτα	γεγονότα
των	κρεάτων	φώτων	γεγονότων
τα	κρέατα	φώτα	γεγονότα
-	κρέατα	φώτα	γεγονότα

Ουδέτερα σε -ν

ΕΝΙΚΟΣ ΑΡΙΘΜΟΣ					
ονομαστική	το	προϊόν	φωνήεν	συμβάν	σύμπαν
γενική	του	προϊόντος	φωνήεντος	συμβάντος	σύμπαντος
αιτιατική	το	προϊόν	φωνήεν	συμβάν	σύμπαν
κλητική	-	προϊόν	φωνήεν	συμβάν	σύμπαν
ΠΛΗΘΥΝΤΙΚΟΣ ΑΡΙΘΜΟΣ					
ονομαστική	τα	προϊόντα	φωνήεντα	συμβάντα	σύμπαντα
γενική	των	προϊόντων	φωνηέντων	συμβάντων	συμπάντων
αιτιατική	τα	προϊόντα	φωνήεντα	συμβάντα	σύμπαντα
κλητική	-	προϊόντα	φωνήεντα	συμβάντα	σύμπαντα

Ουσιαστικά σε φωνήεν

ΕΝΙΚΟΣ ΑΡΙΘΜΟΣ	
το	γάλα
του	γάλα(κ)τος
το	γάλα
-	-
ΠΛΗΘΥΝΤΙΚΟΣ ΑΡΙΘΜΟΣ	
τα	γάλατα
των	-
τα	γάλατα
-	γάλατα

Άσκηση 1

Παίζουμε τένις; Γίνετε ζευγάρια και παίξτε τένις. Χρησιμοποιήστε τις παρακάτω λέξεις:

~~μέρος~~, αίμα, κρέας, παρόν, συμφέρον, συγγραφέας, πλέξιμο, κτίσμα, τέρας, προϊόν, χρώμα, περιβάλλον, μεταφορέας, σκάψιμο, γραμματέας, ενδιαφέρον, τμήμα, παρόν, δέσιμο, προβολέας, παρελθόν, ψάξιμο, αποστολέας, περιβάλλον, χρήμα, μέλλον, θέμα, κουρέας

Άσκηση 2

Συμπλήρωσε τον παρακάτω πίνακα, όπως στο παράδειγμα.

Στήλη Α	• • •	• •	• •
μέρος		μέρος, μέρους, μέρη	μερών
έδαφος			
γεγονός			
τρέξιμο			
κρέας			
προϊόν			

Άσκηση 3

Διάλεξε το σωστό.

0. Αύριο το πρωί περιμένω το συνεργείο με τους (βαφείς) / βαφέες / βαφήδες για το βάψιμο του σπιτιού.
1. Δείτε τα περιεχόμενα του καινούριου τεύχου / τεύχους / τεύχιου του Σεπτεμβρίου.
2. Το νέο αυτό μοντέλο πλυντηρίου υπόσχεται να αλλάξει τα δεδομένα στην ιστορία του πλύσιμου / πλυσίματος / πλυσιμιού.
3. Κάντε κλικ και κατεβάστε δωρεάν το παιχνίδι «Το πάρτι της Πεντάμορφης και του Τέρας / Τέρους / Τέρατος».
4. Πολλοί άνθρωποι πιστεύουν μόνο στη δύναμη του χρήμα / χρήμου / χρήματος.
5. Για την ασφάλεια του προϊόντος / προϊόντου / προϊού σας, συμβουλευτείτε τις οδηγίες χρήσης.
6. Οι διαφορές μεταξύ τους οφείλονται και στη διαφορά των κοινωνικών περιβάλλοντων / περιβαλλόντων / περιβάλλων, από όπου προέρχονται.

Άσκηση 4

Συμπλήρωσε τα κενά, όπως στο παράδειγμα.

0 Τι σκέφτονται __οι δρομείς__ (δρομέας), όταν τρέχουν; Μα φυσικά, τον ρυθμό τους και την απόσταση που πρέπει να διανύσουν.

1 Τηλεφώνησα και μίλησα με ______________ (γραμματέας) του. Ήταν πολύ ευγενική.

2 Το κινητό μου χάλασε. Δεν εμφανίζει στην οθόνη κανέναν από ______________ (αποστολέας) των μηνυμάτων.

3 Η επιστροφή ______________ (εκδρομέας) της Πρωτοχρονιάς πραγματοποιήθηκε με κακοκαιρία.

4 Στις 8 το πρωί θα είναι κάτω από το σπίτι μας ______________ (μεταφορέας), για να ξεκινήσουν τη μετακόμιση.

5 Τις πρώτες εβδομάδες της ζωής τους ______________ (βρέφος) κοιμούνται κατά τη διάρκεια του μεγαλύτερου ______________ (μέρος) της ημέρας.

6 Οι αρχαιολόγοι ερευνούν τη χρονολογία ______________ (κτίσμα), αλλά και τη λειτουργία του κατά την αρχαιότητα.

7 Η αποκατάσταση των ζημιών της φοιτητικής εστίας ήταν ένα από ______________ (θέμα) της χθεσινής συνέλευσης των φοιτητών της σχολής.

8 Το οικονομικό ζήτημα υπήρξε το επίκεντρο ______________ (ενδιαφέρον) της τηλεοπτικής εκπομπής.

9 Όλα ______________ (κράτος) της Ευρώπης συμφώνησαν στην επιβολή έκτακτων οικονομικών μέτρων.

Άσκηση 5

Γίνετε ζευγάρια και γράψτε στον άλλο αριθμό τις παρακάτω προτάσεις.

0. Ο γονέας του παιδιού είναι υπεύθυνος για τη συμπεριφορά του.
Οι γονείς των παιδιών είναι υπεύθυνοι για τη συμπεριφορά τους.

1. Από τις ομιλίες των καθηγητών που συμμετείχαν, διαπιστώσαμε τα σημαντικά τους προσόντα.

____

2. Αυτά τα ντυσίματα δεν ταιριάζουν καθόλου στην ηλικία τους.

____

3. Πρέπει να αποθηκεύεις πολύ προσεκτικά το γάλα και το κρέας.

____

4. Δεν συμπαθώ τους ανθρώπους που εξυπηρετούν μόνο τα δικά τους συμφέροντα.

____

5. Τα γεγονότα αυτά σημάδεψαν τις ζωές μας.

____

Άσκηση 6

Ξαναγράψε τις προτάσεις, όπως στο παράδειγμα.

0. Το προϊόν αυτό έχει πολύ ακριβή τιμή.
Η τιμή αυτού του προϊόντος είναι πολύ ακριβή.

1. Ο μεταφορείς έχουν δύσκολο επάγγελμα.

____

2. Σε αυτό το σουπερμάρκετ το γάλα και το κρέας έχουν πιο χαμηλή τιμή.

____

3. Τα φώτα έχουν μεγάλη ένταση και με ενοχλούν.

____

4. Η πειθώ έχει τεράστια δύναμη στις ανθρώπινες σχέσεις.

____

5. Το έδαφος σε αυτήν την περιοχή έχει πολύ καλή ποιότητα.

____

6. Το σημερινό γεγονός έχει ιδιαίτερη σημασία για την οικογένειά μου.

____

7. Το πλέξιμο έχει μεγάλο βαθμό δυσκολίας και δεν μπορώ να το μάθω.

____

Άσκηση 7

Συμπλήρωσε τα κενά, όπως στο παράδειγμα.

Για να προετοιμάσετε καλύτερα τη μετακόμιση, φτιάξτε μια λίστα με όλα τα πράγματα που πρέπει να κάνετε. Χωρίστε τις δουλειές σε αυτές που πρέπει να γίνουν πριν από, κατά τη διάρκεια, και αμέσως μετά τη μετακόμιση. Ακόμη, οργανώστε τα [0] καθήκοντα (καθήκον) κάθε [1] ________ (μέλος) της οικογένειας. Έτσι θα διεξαχθούν όλα πιο εύκολα και συντονισμένα.

Επιπλέον, μην ξεχάσετε να ενημερώσετε όλους τους γνωστούς για την αλλαγή της διεύθυνσής σας. Φροντίστε για τη διακοπή τηλεφώνου, ηλεκτρικού [2] ________ (ρεύμα), ή άλλων παροχών από την παλιά στη νέα σας κατοικία.

Ξεχωρίστε τα χρήσιμα από τα άχρηστα πράγματα. Πετάξτε πράγματα του [3] ________ (παρελθόν) που δεν χρησιμοποιείτε πια και κρατήσετε μόνο εκείνα που είναι χρήσιμα. Πριν μεταφέρετε τα πράγματά σας, ελέγξτε τη λειτουργία όλων των [4] ________ (φως) του σπιτιού. Επιπλέον, λειτουργήστε την κεντρική θέρμανση, τις βρύσες, τον θερμοσίφωνα κτλ. Τέλος, εάν το σπίτι διαθέτει τζάκι, ανάψτε το και ελέγξτε την καλή λειτουργία του.

Για το πακετάρισμα πάρτε κούτες σε διάφορα [5] ________ (μέγεθος). Επιλέξτε αυτοκόλλητες ταινίες συσκευασίας που δεν ξεκολλούν εύκολα. Πάρτε πολλά τεμάχια, ειδικά αν τα [6] ________ (κλείσιμο) στις κούτες σας είναι και από τις δύο μεριές. Χρησιμοποιήστε τις πολύ μεγάλες κούτες, για να αποθηκεύσετε πιο ελαφριά και μεγάλα αντικείμενα, όπως [7] ________ (είδος) οικιακής χρήσης ή μαγειρικά [8] ________ (σκεύος). Για πιο βαριά αντικείμενα, χρησιμοποιήστε κούτες μικρότερου ή κανονικού [9] ________ (μέγεθος).

Σκεφτείτε τι θα χρειαστείτε άμεσα την πρώτη μέρα και νύχτα που θα μείνετε στο καινούριο σας σπίτι. Βάλτε σε μια κούτα νερό, καφέ, πρόχειρο φαγητό, ρούχα ή πιτζάμες, πετσέτες, σεντόνια, κουβέρτες, έναν φακό. Έτσι, θα έχετε οποιαδήποτε στιγμή τα απαραίτητα.
Καλή δύναμη και καλή σας επιτυχία!

Πηγή: Διασκευή κειμένου από:
http://www.praktiker.gr

Άσκηση 8

Σε λίγες μέρες μετακομίζεις. Γράφεις σε ένα χαρτί το πρόγραμμα με τις δουλειές που πρέπει να κάνεις. Χρησιμοποίησε τις παρακάτω λέξεις:

μεταφορέας, σκεύος, φως, είδος, ρεύμα, προϊόν, μέρος

ΚΑΤΑΝΟΗΣΗ ΠΡΟΦΟΡΙΚΟΥ ΛΟΓΟΥ

- Τι βλέπεις στις εικόνες;
- Ποια είναι τα βασικά προβλήματα των ανθρώπων που βλέπεις στις εικόνες;
- Τι πιστεύεις ότι είναι τα σπίτια που βλέπεις στις εικόνες;
- Διάβασε τις προτάσεις της άσκησης και μάντεψε το θέμα της εκπομπής που θα ακούσεις.

Άσκηση 1

Άκουσε προσεκτικά την εκπομπή και κράτησε σύντομες σημειώσεις.

(cd 1, 11)

0. Το θέμα του διαγωνισμού αφορούσε την κατασκευή κατοικιών που προοριζόταν για _____αστέγους_____.

1. Σύμφωνα με τον διαγωνισμό, οι κατοικίες έπρεπε ως προς το κόστος τους να είναι ____________________

2. Σύμφωνα με την έρευνα και τις εκτιμήσεις των ελλήνων αρχιτεκτόνων, το Ράλεϊ και η Ελλάδα ____________________

3. Η κοινότητα κατοικιών που πρότειναν οι έλληνες αρχιτέκτονες περιλαμβάνει ____________________.

4. Οι κοινόχρηστοι χώροι του συγκροτήματος είναι: ____________________.

5. Η σοφίτα των σπιτιών μπορεί να χρησιμοποιηθεί ____________________.

6. Μια μεταλλική βάση και δύο κιβώτια από σύρμα αποτελούν ____________________.

7. Η ενεργή συμμετοχή των αστέγων στην κατασκευή των κατοικιών επιδιώχθηκε με ____________________.

8. Οι κατοικίες ξεχωρίζουν για τη μεγάλη ευκολία, τόσο ως προς ____________________, όσο και ως προς ____________________ τους.

Συμβουλή:
Πριν ακούσεις το κείμενο, ρίξε μια ματιά στις προτάσεις, για να εντοπίσεις τα σημεία που πρέπει να προσέξεις περισσότερο.

Άσκηση 2

Πιστεύεις ότι προτάσεις όπως αυτή που παρουσιάστηκε στο κείμενο που άκουσες μπορούν να αποτελέσουν πρωτοβουλίες που θα ανακουφίσουν το πρόβλημα των αστέγων;

Λεξιλόγιο

Άσκηση 1

Εκτυπώστε το κείμενο της κατανόησης προφορικού λόγου, γίνετε ζευγάρια, δείτε τις υπογραμμισμένες λέξεις του κειμένου και βρείτε ποιοι από τους παρακάτω ορισμούς περιγράφουν τη σημασία τους.

0. αυτός που δεν έχει σπίτι, κατοικία = άστεγος

1. αυτός που μπορεί κάποιος να τον αποκτήσει εύκολα = ______

2. αυτός που έχει μικρή διάρκεια, είναι προσωρινός, διαρκεί λίγο και οδηγεί σε μια άλλη κατάσταση = ______

3. η πραγματοποίηση μιας ιδέας, η αξιοποίησή της = ______

4. ενισχύω, βοηθώ = ______

5. έκταση γης που είναι κατάλληλη για την κατασκευή ενός κτιρίου = ______

6. ειδικός χώρος όπου συνήθως οι αθλητές αλλάζουν ρούχα = ______

7. δημιουργία σκιάς = ______

Άσκηση 2

Διάβασε τους παρακάτω ορισμούς και συμπλήρωσε τα κενά με τις λέξεις του κρυπτόλεξου.

0. Η θέση κάποιου αντικειμένου σε σχέση με τα σημεία του ορίζοντα λέγεται προσανατολισμός.

1. Όταν θέλουμε να προστατεύσουμε μια κατασκευή από τις απώλειες θερμότητας, τότε κάνουμε ______.

2. Αυτός που μπορεί να χρησιμοποιείται στη θέση κάποιου άλλου λέγεται ______.

3. Ό,τι έχει σχέση με την ιδιωτική ζωή του ατόμου λέγεται ______.

4. Όταν δεν υπάρχει κάτι, τότε λέμε ότι υπάρχει ______.

5. Η περιοχή που βρίσκεται γύρω από μια πόλη ονομάζεται ______.

6. Η παροχή χρημάτων, για να γίνει ένα έργο λέγεται ______.

7. Η προσεκτική εξέταση ενός προβλήματος ή μιας υπόθεσης λέγεται ______.

0	Σ	Π	Ρ	Ο	Σ	Α	Ν	Α	Τ	Ο	Λ	Ι	Σ	Μ	Ο	Σ
1	Τ	Ω	Δ	Θ	Ε	Ρ	Μ	Ο	Μ	Ο	Ν	Ω	Σ	Η	Λ	Ρ
2	Ε	Μ	Τ	Ε	Ν	Α	Λ	Λ	Α	Κ	Τ	Ι	Κ	Ο	Σ	Η
3	Υ	Π	Ι	Δ	Ι	Ω	Τ	Ι	Κ	Ο	Τ	Η	Τ	Α	Ρ	Ε
4	Ω	Α	Γ	Κ	Ο	Φ	Ν	Ε	Λ	Λ	Ε	Ι	Ψ	Η	Ε	Τ
5	Ο	Ε	Ο	Ι	Γ	Κ	Π	Ε	Ρ	Ι	Χ	Ω	Ρ	Α	Κ	Ε
6	Σ	Π	Χ	Ρ	Η	Μ	Α	Τ	Ο	Δ	Ο	Τ	Η	Σ	Η	Σ
7	Λ	Ε	Δ	Κ	Η	Δ	Ι	Ε	Ρ	Ε	Υ	Ν	Η	Σ	Η	Α

Άσκηση 3

Γίνετε ζευγάρια, ενώστε τις λέξεις με την ίδια ή παρόμοια σημασία και κάντε προτάσεις με αυτές.

0.	οικονομικά προσιτός	**α.**	πλαταίνω, αυξάνω, μεγαλώνω	
1.	διευρύνω	**β.**	διαρκής, σταθερός	
2.	πρωτοτυπία	**γ.**	ανεπάρκεια, απουσία	
3.	έλλειψη	**δ.**	καινοτομία	
4.	μόνιμος	**ε.**	φθηνός	0

Άσκηση 4

Γίνετε ζευγάρια, ενώστε τις λέξεις με αντίθετη σημασία και κάντε προτάσεις με αυτές.

0.	μόνιμος	**α.**	προσωρινός	0
1.	μεταβατικός	**β.**	στενεύω, περιορίζω	
2.	προσιτός	**γ.**	ιδιόχρηστος	
3.	προσανατολισμός	**δ.**	κοινοτοπία	
4.	διευρύνω	**ε.**	αμετάβατος	
5.	κοινόχρηστος	**στ.**	αφθονία	
6.	πρωτοτυπία	**ζ.**	αποπροσανατολισμός	
7.	έλλειψη	**η.**	απρόσιτος	

Άσκηση 5

Γίνετε ζευγάρια και ενώστε τις λέξεις, για να κάνετε φράσεις που χρησιμοποιούνται πολύ συχνά. Μετά γράψτε προτάσεις με τις φράσεις που κάνατε.

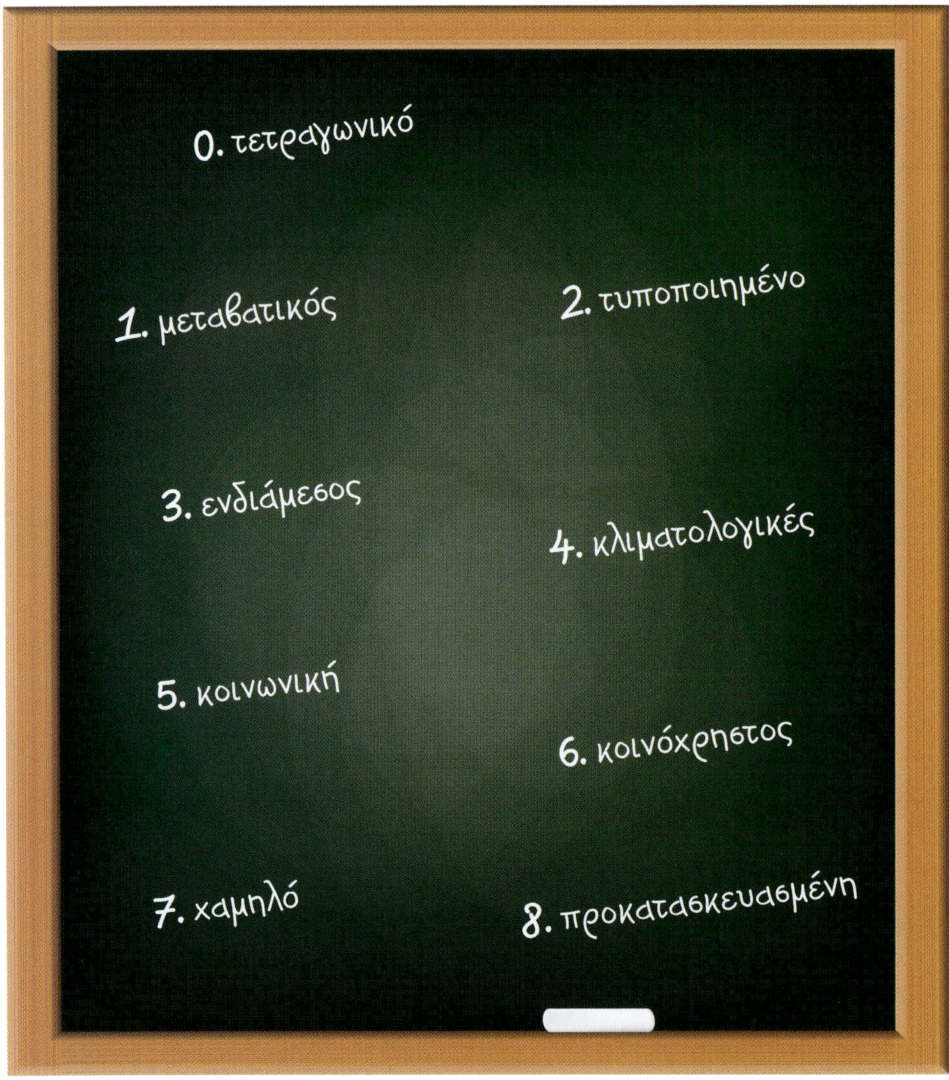

	προϊόν
0	μέτρο
	κρίκος
	δομή
	χαρακτήρας
	κατοικία
	συνθήκες
	χώρος
	κόστος

Άσκηση 6

Οι παρακάτω λέξεις έχουν περισσότερες από μία σημασίες. Βρες τις λέξεις μέσα στο κείμενο κατανόησης προφορικού λόγου και σημείωσε ποια σημασία έχουν σε αυτό.

προσιτός

- **προσεγγίσιμος:** Η παραλία δεν είναι καθόλου προσιτή, καθώς ο δρόμος που οδηγεί σε αυτήν είναι ένα πολύ στενό και απότομο μονοπάτι.
- **φιλικός, καταδεκτικός:** Κατάλαβα ότι είναι πολύ προσιτός άνθρωπος από το χαμόγελο και την ευγένειά της.
- **φθηνός, οικονομικός:** Μου αρέσουν πολύ τα συγκεκριμένα ρούχα, γιατί είναι καλής ποιότητας και έχουν πολύ προσιτές τιμές. Δεν χρειάζεται να ξοδέψεις μια περιουσία, για να τα αγοράσεις.

εφαρμογή

- **στρώσιμο:** Το φόρεμα αυτό έχει πολύ καλή εφαρμογή πάνω σου.
- **πραγματοποίηση μιας ιδέας:** Από την εφαρμογή αυτού του προγράμματος αναμένεται ότι θα υπάρξουν σημαντικά οφέλη για την περιοχή.
- **πρόγραμμα Η/Υ:** Ο υπολογιστής μου δεν έχει εφαρμογή για την επεξεργασία φωτογραφιών.

προσανατολισμός

- **η θέση σε σχέση με τα σημεία του ορίζοντα:** Ο νοτιοανατολικός προσανατολισμός του σπιτιού συμβάλλει στη θέρμανσή του τον χειμώνα από τον ήλιο.
- **ο εντοπισμός μιας συγκεκριμένης θέσης σε σχέση με τα σημεία του ορίζοντα:** Οι ορειβάτες μέσα στο σκοτάδι έχασαν τον προσανατολισμό τους.
- **κατεύθυνση, επιλογή:** Η κυβέρνηση έχει σωστό προσανατολισμό στην αντιμετώπιση του προβλήματος.

σκελετός

- **τα οστά:** Μέσα στη σπηλιά βρέθηκαν δύο σκελετοί ζώων.
- **το τμήμα στήριξης:** Ο σκελετός της στέγης του σπιτιού είναι μεταλλικός.
- **βασικά σημεία:** Η αφήγηση της γυναίκας είναι ο σκελετός της παράστασης που πλαισιώνεται και από άλλες σκηνές.

Άσκηση 7

Γίνετε ζευγάρια. Πηγαίνετε στην ιστοσελίδα www.greek-language.gr/greekLang/modern_greek/tools/corpora/corpora/search.html. Πληκτρολογήστε τη λέξη *καταθέτω* και βρείτε παραδείγματα με τις διαφορετικές σημασίες της λέξης.

Άσκηση 8

Συμπλήρωσε τα κενά με την κατάλληλη λέξη.

1 **έλλειψη, έλλειμμα, στέρηση**

α. Λόγω ____έλλειψης____ χρημάτων, η εκδήλωση δεν θα γίνει.

β. Όταν έγινα ταμίας στον σύλλογο, το ταμείο είχε ____________ 200 ευρώ.

γ. Η παράβαση του κώδικα οδικής κυκλοφορίας μπορεί να οδηγήσει και σε ____________ της άδειας οδήγησης.

2 **έπαινος, βραβείο, επιβράβευση**

α. Η ταινία αυτή πήρε ____________ σκηνοθεσίας.

β. Είναι σημαντικό να δίνεται ____________ στα παιδιά για τις μικρές, καθημερινές επιτυχίες τους.

γ. Αξίζει ____________, τόσο για τη συμπεριφορά, όσο και για την επίδοσή του στο σχολείο.

3 **έρευνα, διερεύνηση, εξερεύνηση**

α. Μου αρέσει πολύ η ____________ καινούριων τόπων και πόλεων.

β. Θα γίνει ____________ όλων των συνθηκών υγιεινής και ασφάλειας του κτιρίου.

γ. Η αστυνομία πραγματοποίησε ____________ σε όλη την περιοχή, για να βρει τους δράστες.

4 **κατοικία, διαμονή, κατάλυμα**

α. Η ____________ στο ξενοδοχείο μας θα είναι πραγματικά μια πολύ όμορφη εμπειρία.

β. Η Κατερίνα μένει στο κέντρο της πόλης. Η διεύθυνση ____________ της είναι Εγνατίας 25.

γ. Οι ταξιδιώτες βρήκαν ____________ σε διάφορες περιοχές του νησιού.

Άσκηση 9

Διάλεξε δύο (2) ομάδες λέξεων από αυτές της άσκησης 8 και βρες παραδείγματα με τη χρήση τους από τα σώματα κειμένων στην ιστοσελίδα www.greek-language.gr/greekLang/modern_greek/tools/corpora/corpora/search.html.

Άσκηση 10

Βάλε σε κύκλο το σωστό.

0. Έζησα μια ζωή γεμάτη ______.

(α.) στερήσεις **β.** ελλείψεις **γ.** ελλείμματα

1. Καθίσαμε κάτω από τη μεγάλη ______ του δέντρου και απολαύσαμε το τοπίο.

α. σκιά **β.** σκίαση **γ.** σκιαγράφηση

2. Του αγόρασαν ένα παιχνίδι ως ______ για τους καλούς βαθμούς που πήρε στο σχολείο.

α. έπαινο **β.** βραβείο **γ.** επιβράβευση

3. Η περιοχή διαθέτει ______ για κάθε οικονομική δυνατότητα.

α. κατοικία **β.** διαμονή **γ.** καταλύματα

4. Έγινε μια μεγάλη ______ για τις διατροφικές συνήθειες των νέων.

α. έρευνα **β.** διερεύνηση **γ.** εξερεύνηση

Άσκηση 11
Συμπλήρωσε τα κενά με τις παρακάτω λέξεις.

ιδιωτικότητά, αποκατάσταση, προσανατολισμό, προσιτή, ~~τετραγωνικών~~, διερεύνηση, μόνιμη, περίχωρα, κόστος, έλλειψη, εναλλακτικά

Σε ένα οικόπεδο 500 [0] τετραγωνικών μέτρων, αποφασίσαμε να χτίσουμε τη [1] __________ κατοικία μας. Το οικόπεδο βρισκόταν στα [2] __________ της πόλης, στην κορυφή μιας πλαγιάς, είχε [3] __________ στη θάλασσα και υπέροχη θέα.

Το σκεφτήκαμε πολύ πριν πάρουμε αυτήν την απόφαση. Στην αρχή ήμασταν πολύ διστακτικοί, μετά, όμως, από μια γρήγορη [4] __________ των τιμών για αγορά ή ενοικίαση, καταλάβαμε ότι αυτή ήταν η οικονομικότερη και μοναδική [5] __________ επιλογή. Η αγορά ενός σπιτιού θα είχε πολύ μεγαλύτερο [6] __________ και πολύ μεγαλύτερη ταλαιπωρία. Όλα τα σπίτια που είχαμε δει ήταν παλιά και μόνο για την [7] __________ των ζημιών τους χρειαζόταν μια περιουσία.

Έτσι κι εμείς αποφασίσαμε να ζήσουμε σε μια μονοκατοικία. Και δεν το μετανιώσαμε ποτέ. Σίγουρα η [8] __________ γειτόνων μάς απασχόλησε αρχικά, αλλά τελικά δεν μείναμε ποτέ χωρίς παρέα. Το σπίτι μας ήταν πάντα γεμάτο κόσμο, ποτέ, όμως, δεν χάσαμε την [9] __________ μας. Κάναμε ένα σπίτι με πολλά υπνοδωμάτια και χώρους που θα μπορούσαν να έχουν [10] __________ πολλές χρήσεις, ανάλογα με τις ανάγκες μας. Να φανταστείτε, το σπίτι μας είχε γυμναστήριο! Και όλα αυτά σε μια υπέροχη περιοχή με απέραντη αυλή και ανοιχτωσιά.

(cd 1, 12)

Άσκηση 12
Τώρα άκουσε το παραπάνω κείμενο και σημείωσε ποιες λέξεις/φράσεις αντικαθιστούν τις λέξεις που συμπλήρωσες στα κενά του.

Άσκηση 13
Παρουσίασε στην τάξη το σπίτι των ονείρων σου. Χρησιμοποίησε λέξεις από την άσκηση 11.

Άσκηση 14

Διάβασε τους ορισμούς και συμπλήρωσε την ακροστιχίδα.

0. Αυτός που είναι σε κοινή χρήση, που τον χρησιμοποιούν πολλοί.

1. Η διαδικασία με την οποία δημιουργείται κάτι με υλικά.

2. Μονάδα μέτρησης της επιφάνειας ενός τετραγώνου με πλευρά ένα μέτρο.

3. Οι επισκευές και οι βελτιώσεις σε ένα σπίτι.

4. Το να μένει, να κατοικεί κάποιος κάπου.

5. Η μεταφορά ενός νοικοκυριού από ένα σπίτι σε ένα άλλο.

6. Η θέση κάποιου πράγματος σε σχέση με τα σημεία του ορίζοντα.

7. Ο χώρος που μένει κάποιος, το σπίτι.

8. Ο τόπος όπου πηγαίνει κάποιος για να προστατευτεί.

9. Το ποσό που πρέπει να δαπανηθεί για την απόκτηση ενός πράγματος.

10. Το σύστημα με το οποίο ζεσταίνουμε έναν χώρο.

Άσκηση 15

Γίνετε ζευγάρια, δείτε τις παρακάτω λέξεις και συμπληρώστε τα κενά κάθε σειράς του πίνακα με λέξεις που ανήκουν στην ίδια οικογένεια.

(απο)προσανατολισμένος, χρηματοδοτικός, στέγαση, εναλλασσόμενος, αποθήκευση, διοργανωτικός, (απο)προσανατολίζω, ανεφάρμοστος, χρηματοδότης, χρηματοδοτώ, τυποποιώ, συμβολή, τυποποίηση, διευρυμένος, διαπίστωση, εφαρμόζω, εφαρμοσμένος, μετάβαση, πρωτοτυπώ, εναλλαγή, διοργανώνω, υποστήριξη, διεύρυνση, στεγαστικός, πρωτότυπος, αποθηκεύω, υποστηρικτικός, στέγη, διοργάνωση, βραβεύω, συμπλήρωση, διερευνητικός, υποστηρικτής, ~~μεταβαίνω~~, (απο)προσανατολιστικός, εναλλάσω/-ομαι, εμπνέω, διερευνώ, άστεγος, συμπληρωματικός, βραβευμένος

ρήμα	ουσιαστικό	επίθετο
0 μεταβαίνω	1 ______	μεταβατικός
στεγάζω	2 ______, 3 ______	4 ______, 5 ______
συμβάλλω	6 ______	-
7 ______	διερεύνηση	8 ______
9 ______	έμπνευση	-
διαπιστώνω	10 ______	-
11 ______	εφαρμογή	12 ______, 13 ______
υποστηρίζω	14 ______, 15 ______	16 ______
17 ______	(απο)προσανατολισμός	18 ______, 19 ______
20 ______	21 ______	εναλλακτικός, 22 ______
23 ______	24 ______	αποθηκευτικός
συμπληρώνω	25 ______	26 ______
διευρύνω	27 ______	28 ______
29 ______	30 ______	τυποποιημένος
31 ______	πρωτοτυπία	32 ______
33 ______	34 ______, διοργανωτές	35 ______
36 ______	χρηματοδότηση, 37 ______	38 ______
39 ______	βραβείο	40 ______

Άσκηση 16

Συμπλήρωσε τα κενά, όπως στο παράδειγμα.

ΑΝΤΑΛΛΑΚΤΙΚΗ ΒΙΒΛΙΟΘΗΚΗ ΚΑΙ ΣΤΗ ΘΕΣΣΑΛΟΝΙΚΗ

Η πρώτη δημόσια ανταλλακτική βιβλιοθήκη στην πόλη μας είναι γεγονός και προσκαλεί τους κατοίκους της Θεσσαλονίκης να την ανακαλύψουν. Η πρώτη προβλήτα του Λιμανιού της Θεσσαλονίκης, που αποτελεί εδώ και πολύ καιρό χώρο πολιτισμού, για περίπου τέσσερις μήνες θα είναι ο χώρος εγκατάστασης της πρώτης ανταλλακτικής βιβλιοθήκης της Θεσσαλονίκης.

Η [0] ____έμπνευση____ (εμπνέω) ανήκει σε τρεις Θεσσαλονικείς, τον Βαγγέλη Κοκκοτζή, την Ιωάννα Καρυπίδου και τον Δημήτρη Θεοδωράκο, μέλη της ομάδας Thessaloniki Next 2U.

Η δανειστική βιβλιοθήκη Think Tank διαθέτει μια μεγάλη σειρά τίτλων. Οι ενδιαφερόμενοι μπορούν να διαλέξουν βιβλία, να τα διαβάσουν και να τα επιστρέψουν, ή ακόμη και να τα κρατήσουν. Σκοπός των [1] ____________ (διοργανώνω) είναι να δώσουν το κίνητρο στους κατοίκους της Θεσσαλονίκης να δωρίσουν και να χαρίσουν τα βιβλία που δεν χρειάζονται πλέον στις βιβλιοθήκες τους, αλλά και να [2] ____________ (διεύρυνση) τους ορίζοντές τους διαβάζοντας καινούρια.

Το [3] ____________ (πρωτοτυπία) αυτό σχέδιο παρουσιάστηκε πριν από λίγους μήνες στο κοινό της πόλης, στο πλαίσιο ενός διαγωνισμού. Η ιδέα είχε πολλούς [4] ____________ (υποστηρίζω) από το κοινό, οι οποίοι και την ψήφισαν. Έτσι, πήρε σάρκα και οστά, αφού πρώτα βέβαια δόθηκε και η απαραίτητη [5] ____________ (χρηματοδοτώ), ως [6] ____________ (βραβευμένος) για τη νίκη στον διαγωνισμό.

Αυτήν την περίοδο «στήνεται» και η δεύτερη κατασκευή, ενώ, αμέσως μετά το λιμάνι, η βιβλιοθήκη Think Tank πρόκειται να πάρει τον δρόμο για τη δεύτερη δημοτική κοινότητα. Το επόμενο διάστημα αναμένεται η σχετική άδεια από τη δημοτική αρχή της Θεσσαλονίκης, ώστε να υπάρξει μια μόνιμη κατασκευή στο κέντρο της πόλης.

Ο σκελετός της βιβλιοθήκης αποτελείται από τέσσερα ξύλινα «πόδια» και η οροφή της είναι μια δεξαμενή, ένα βαρέλι που χρησιμοποιούν οι οινοπαραγωγοί για την [7] __________________ (αποθηκευτικός) των σταφυλιών. Για τους έξι μήνες που θα είναι εγκαταστημένη στην πρώτη προβλήτα, η ομάδα θα την εφοδιάζει με βιβλία τουλάχιστον μία φορά την εβδομάδα.

Σημαντική [8] __________________ (συμβάλλω) στην ανταλλακτική βιβλιοθήκη έχουν διάφοροι φορείς της πόλης, όπως η Δημοτική βιβλιοθήκη, το Φεστιβάλ Κινηματογράφου αλλά και πολλοί ιδιώτες με δωρεές βιβλίων.

Πηγή: Διασκευή κειμένου από:
http://www.karfitsa.gr

Άσκηση 17

Με δέκα (10) από τις λέξεις του πίνακα της άσκησης 15 γράφεις μια ιστορία και μετά τη διαβάζεις στην τάξη σου.

Γραμματική: ΣΥΝΟΠΤΙΚΟΣ ΚΑΙ ΜΗ ΣΥΝΟΠΤΙΚΟΣ ΜΕΛΛΟΝΤΑΣ

(cd 1, 13)

Άκουσε το κείμενο και συμπλήρωσε τα κενά, για να απαντήσεις στις ερωτήσεις που ακολουθούν.

«Το Σπίτι του Οδυσσέα Ελύτη»

Το «Σπίτι του Οδυσσέα Ελύτη» ⁰ θα αναβιώσει στην Πλάκα. Ένα διατηρητέο διώροφο κτίριο στην πιο γραφική γειτονιά της Αθήνας [1]__________ και [2]__________ στον έλληνα νομπελίστα ποιητή. Στους χώρους του [3]__________ πολλά χειρόγραφά του και σημειωματάρια εργασίας. Επίσης, [4]__________ σπάνιο φωτογραφικό, κινηματογραφικό και ηχητικό υλικό μαζί με έργα ζωγραφικής από το προσωπικό του αρχείο. Τέλος, [5]__________ ακριβής αναπαράσταση του γραφείου του.

Το διώροφο κτίσμα, που βρίσκεται επί των οδών Διοσκούρων 4 και Πολυγνώτου 7, περιλάμβανε στην αρχική του μορφή δύο ανεξάρτητες κατοικίες και στέγαζε το Κέντρο Συντήρησης Αρχαιοτήτων του υπουργείου Πολιτισμού. Ωστόσο, μετά τον σεισμό του 1999 κρίθηκε επικίνδυνο, γι' αυτό και αποκαταστάθηκε.

Στο εσωτερικό του σπιτιού [6]__________ ορισμένες αλλαγές, ώστε ο χώρος να γίνει πιο λειτουργικός. Στο ισόγειο [7]__________ τα αυθεντικά έπιπλα από το γραφείο του νομπελίστα, προκειμένου να γίνει ακριβής αναπαράσταση και αποτύπωση του χώρου, όπου περνούσε πολλές ώρες της συγγραφικής του ζωής.

Επίσης, [8]__________ χώρος έκθεσης των πρώτων εκδόσεών του. Στον ίδιο χώρο [9]__________ χειρόγραφα, έργα ζωγραφικής του ποιητή ή έργα που ο ίδιος αγαπούσε, καθώς και ενδεικτικές μεταφράσεις.

Το υπόγειο [10]__________ ως βιβλιοθήκη-σπουδαστήριο και [11]__________ βιβλία για το έργο του νομπελίστα ποιητή, περιοδικά, αποκόμματα του Τύπου, αφίσες κτλ. Στον πρώτο όροφο, τέλος, [12]__________ ένας χώρος πληροφόρησης του κοινού, μια αίθουσα εκδηλώσεων κι ένα καφέ. Στην αίθουσα εκδηλώσεων [13]__________ εκθέσεις καλλιτεχνών, τα έργα των οποίων σχετίζονται με την ποίηση του Ελύτη.

Ελπίζουμε όλοι ότι το «Σπίτι του Οδυσσέα Ελύτη» [14]__________ μέχρι το επόμενο έτος.

Πηγή: Διασκευή κειμένου από:
ttp://www.tovima.gr/culture

Ερωτήσεις:

1. Τι θα γίνει στην Πλάκα της Αθήνας;
2. Τι θα γίνει στο ισόγειο του σπιτιού;
3. Τι χρήση θα έχει το υπόγειο του σπιτιού;
4. Τι θα γίνει στον πρώτο όροφο του σπιτιού;
5. Τι ελπίζουν οι συγγραφείς του κειμένου;

	ΜΗ ΣΥΝΟΠΤΙΚΟΣ ΜΕΛΛΟΝΤΑΣ ΕΝΕΡΓΗΤΙΚΗΣ / ΠΑΘΗΤΙΚΗΣ ΦΩΝΗΣ	ΣΥΝΟΠΤΙΚΟΣ ΜΕΛΛΟΝΤΑΣ ΕΝΕΡΓΗΤΙΚΗΣ / ΠΑΘΗΤΙΚΗΣ ΦΩΝΗΣ
	Χρήση: - για μια ενέργεια που θα γίνεται στο μέλλον και θα έχει διάρκεια - για μια ενέργεια που θα γίνεται στο μέλλον επαναλαμβανόμενα **Σχηματισμός:** θα + ενεστώτας ενεργητικής/ παθητικής φωνής	**Χρήση:** για μια ενέργεια που θα γίνει στο μέλλον **Σχηματισμός:** θα + θέμα αορίστου ενεργητικής/παθητικής φωνής + καταλήξεις
ακούω	θα ακούω	θα ακούσω
ακούγομαι	θα ακούγομαι	θα ακουστώ *
ιδρύω	θα ιδρύω	θα ιδρύσω
ιδρύομαι	θα ιδρύομαι	θα ιδρυθώ
εμπνέω	θα εμπνέω	θα εμπνεύσω
εμπνέομαι	θα εμπνέομαι	θα εμπνευστώ
ντύνω	θα ντύνω	θα ντύσω
ντύνομαι	θα ντύνομαι	θα ντυθώ
κλείνω	θα κλείνω	θα κλείσω
κλείνομαι	θα κλείνομαι	θα κλειστώ
πείθω	θα πείθω	θα πείσω
πείθομαι	θα πείθομαι	θα πειστώ
αναγκάζω	θα αναγκάζω	θα αναγκάσω
αναγκάζομαι	θα αναγκάζομαι	θα αναγκαστώ *
διαψεύδω	θα διαψεύδω	θα διαψεύσω
διαψεύδομαι	θα διαψεύδομαι	θα διαψευστώ *
διδάσκω	θα διδάσκω	θα διδάξω
διδάσκομαι	θα διδάσκομαι	θα διδαχτώ *
ανοίγω	θα ανοίγω	θα ανοίξω
ανοίγομαι	θα ανοίγομαι	θα ανοιχτώ *
τρέχω	θα τρέχω	θα τρέξω
αποδέχομαι	θα αποδέχομαι	θα αποδεχτώ *
στριμώχνω	θα στριμώχνω	θα στριμώξω
στριμώχνομαι	θα στριμώχνομαι	θα στριμωχτώ *
αναπτύσσω	θα αναπτύσσω	θα αναπτύξω
αναπτύσσομαι	θα αναπτύσσομαι	θα αναπτυχτώ *
κηρύττω	θα κηρύττω	θα κηρύξω
κηρύττομαι	θα κηρύττομαι	θα κηρυχτώ *
ταράζω	θα ταράζω	θα ταράξω
ταράζομαι	θα ταράζομαι	θα ταραχτώ *
εγκαταλείπω	θα εγκαταλείπω	θα εγκαταλείψω
εγκαταλείπομαι	θα εγκαταλείπομαι	θα εγκαταλειφτώ *
κρύβω	θα κρύβω	θα κρύψω
κρύβομαι	θα κρύβομαι	θα κρυφτώ *
γράφω	θα γράφω	θα γράψω
γράφομαι	θα γράφομαι	θα γραφτώ *
αποκαλύπτω	θα αποκαλύπτω	θα αποκαλύψω
αποκαλύπτομαι	θα αποκαλύπτομαι	θα αποκαλυφτώ *

ΚΛΙΤΙΚΟ ΠΑΡΑΔΕΙΓΜΑ ΜΗ ΣΥΝΟΠΤΙΚΟΥ ΜΕΛΛΟΝΤΑ ΠΑΘΗΤΙΚΗΣ ΦΩΝΗΣ

θα ντύν**ομαι**
θα ντύν**εσαι**
θα ντύν**εται**
θα ντυν**όμαστε**
θα ντύν**εστε/-όσαστε**
θα ντύν**ονται**

ΚΛΙΤΙΚΟ ΠΑΡΑΔΕΙΓΜΑ ΣΥΝΟΠΤΙΚΟΥ ΜΕΛΛΟΝΤΑ ΠΑΘΗΤΙΚΗΣ ΦΩΝΗΣ

θα ντυθ**ώ**
θα ντυθ**είς**
θα ντυθ**εί**
θα ντυθ**ούμε**
θα ντυθ**είτε**
θα ντυθ**ούν(ε)**

* σε πιο επίσημο ύφος τα *-στ, -χτ, -φτ, -ευτ* γίνονται αντίστοιχα *-σθ, -χθ, -φθ, -ευθ*

	ΜΗ ΣΥΝΟΠΤΙΚΟΣ ΜΕΛΛΟΝΤΑΣ ΕΝΕΡΓΗΤΙΚΗΣ / ΠΑΘΗΤΙΚΗΣ ΦΩΝΗΣ	ΣΥΝΟΠΤΙΚΟΣ ΜΕΛΛΟΝΤΑΣ ΕΝΕΡΓΗΤΙΚΗΣ / ΠΑΘΗΤΙΚΗΣ ΦΩΝΗΣ
μπερδεύω μπερδεύομαι απαγορεύω απαγορεύομαι	θα μπερδεύω θα μπερδεύομαι θα απαγορεύω θα απαγορεύομαι	θα μπερδέψω θα μπερδευτώ θα απαγορεύσω θα απαγορευτώ *
ζεσταίνω ζεσταίνομαι απολυμαίνω απολυμαίνομαι	θα ζεσταίνω θα ζεσταίνομαι θα απολυμαίνω θα απολυμαίνομαι	θα ζεστάνω θα ζεσταθώ θα απολυμάνω θα απολυμανθώ
αυξάνω αυξάνομαι αισθάνομαι	θα αυξάνω θα αυξάνομαι θα αισθάνομαι	θα αυξήσω θα αυξηθώ θα αισθανθώ
αποθαρρύνω αποθαρρύνομαι	θα αποθαρρύνω θα αποθαρρύνομαι	θα αποθαρρύνω θα αποθαρρυνθώ
θυμάμαι (κοιμάμαι, λυπάμαι, φοβάμαι)	θα θυμάμαι	θα θυμηθώ
αγαπώ αγαπιέμαι	θα αγαπώ θα αγαπιέμαι	θα αγαπήσω θα αγαπηθώ
γελώ γελιέμαι	θα γελώ θα γελιέμαι	θα γελάσω θα γελαστώ
τραβώ τραβιέμαι	θα τραβώ θα τραβιέμαι	θα τραβήξω θα τραβηχτώ
πετώ πετιέμαι	θα πετώ θα πετιέμαι	θα πετάξω θα πεταχτώ
- παραπονιέμαι	- θα παραπονιέμαι	- θα παραπονεθώ
αγνοώ αγνοούμαι	θα αγνοώ θα αγνοούμαι	θα αγνοήσω θα αγνοηθώ
αφαιρώ αφαιρούμαι	θα αφαιρώ θα αφαιρούμαι	θα αφαιρέσω θα αφαιρεθώ
αποκαλώ αποκαλούμαι	θα αποκαλώ θα αποκαλούμαι	θα αποκαλέσω θα αποκαλεστώ

ΚΛΙΤΙΚΟ ΠΑΡΑΔΕΙΓΜΑ ΜΗ ΣΥΝΟΠΤΙΚΟΥ ΜΕΛΛΟΝΤΑ ΠΑΘΗΤΙΚΗΣ ΦΩΝΗΣ

θα αγαπ**ιέμαι**
θα αγαπ**ιέσαι**
θα αγαπ**ιέται**
θα αγαπ**ιόμαστε**
θα αγαπ**ιέστε/-ιόσαστε**
θα αγαπ**ιούνται**

ΚΛΙΤΙΚΟ ΠΑΡΑΔΕΙΓΜΑ ΜΗ ΣΥΝΟΠΤΙΚΟΥ ΜΕΛΛΟΝΤΑ ΠΑΘΗΤΙΚΗΣ ΦΩΝΗΣ

θα αγνο**ούμαι**
θα αγνο**είσαι**
θα αγνο**είται**
θα αγνο**ούμαστε**
θα αγνο**είστε**
θα αγνο**ούνται**

* σε πιο επίσημο ύφος τα *-στω*, *-χτω* γίνονται αντίστοιχα *-σθω*, *-χθω*

ΣΥΝΟΠΤΙΚΟΣ ΜΕΛΛΟΝΤΑΣ

Λέξεις κλειδιά:

αύριο το πρωί,
τον επόμενο μήνα,
κάποια στιγμή

ΜΗ ΣΥΝΟΠΤΙΚΟΣ ΜΕΛΛΟΝΤΑΣ

Λέξεις κλειδιά:

κάθε μέρα/μήνα/χρόνο/πρωί,
όλο το πρωί/το βράδυ/τον χρόνο,
αύριο τέτοια ώρα το πρωί,
συνέχεια,
πάντα,
συχνά,
πότε-πότε,
τακτικά,
σπάνια,
από αύριο

ΑΝΩΜΑΛΑ ΡΗΜΑΤΑ

	ΣΥΝΟΠΤΙΚΟΣ ΜΕΛΛΟΝΤΑΣ
βρέχομαι	θα βραχώ
βρίσκομαι	θα βρεθώ
γίνομαι	θα γίνω
δίνομαι	θα δοθώ
εφευρίσκομαι	θα εφευρεθώ
εύχομαι	θα ευχηθώ
κάθομαι	θα καθίσω
καίγομαι	θα καώ
κόβομαι	θα κοπώ
κλέβομαι	θα κλαπώ
λέγομαι	θα ειπωθώ
ντρέπομαι	θα ντραπώ
πλένομαι	θα πλυθώ
προβάλλομαι	θα προβληθώ
στέκομαι	θα σταθώ
στέλνομαι	θα σταλθώ
στρέφομαι	θα στραφώ
σώζομαι	θα σωθώ
τρέφομαι	θα τραφώ
τρώγομαι	θα φαγωθώ
φαίνομαι	θα φανώ
χαίρομαι	θα χαρώ

Άσκηση 1

Γίνετε ζευγάρια, ακολουθήστε τις λέξεις που είναι στον συνοπτικό μέλλοντα και βγείτε από τον λαβύρινθο.

θα ακουστώ	θα πειστώ	θα ταράζω	θα αυξάνω	θα αγαπήσω	θα εγκαταλείψω
θα ιδρύω	θα παίξω	θα αποκαλύψω	θα αισθανθώ	θα αφαιρώ	θα κρυφτώ
θα ακυρώνομαι	θα αναπτύσσομαι	θα κρυφτώ	θα τραβιέμαι	θα παραπονεθώ	θα ζεστάνω
θα πειστώ	θα διδάξω	θα πεταχτώ	θα αποτελέσω	θα πετάξω	θα ταράζω
θα κλείνω	θα διώχνω	θα ντυθώ	θα βάφομαι	θα παντρευτώ	θα εμπνευστώ

Άσκηση 2

Συμπλήρωσε τα κενά, όπως στο παράδειγμα.

0. Βασίλη, θ' αναλάβεις (αναλαμβάνω) την ανακαίνιση του σπιτιού μας;

1. Παιδιά, πάρτε ομπρέλα μαζί σας, έξω ψιχαλίζει. ____________ (βρέχομαι).

2. ____________ (χαίρομαι) πολύ με τα νέα που έχω να σου πω. Η καινούρια μου ταινία ____________ (προβάλλομαι) στο φεστιβάλ κινηματογράφου της Θεσσαλονίκης!

3. Λοιπόν, δεν ____________ (ανέχομαι) άλλα ψέματα από σένα! Αρκετά μας κορόιδεψες!

4. Πιστεύεις ότι το φαγητό που μας ετοίμασες θα μας φτάσει; Εγώ νομίζω ότι ____________ (φαγώνομαι) αμέσως.

5. ____________ (αναγκάζομαι) να φύγω από τη δουλειά μου, μετά από όσα έγιναν.

6. Πήγαινε μια βόλτα. ____________ (αισθάνομαι) πολύ καλύτερα.

7. Παιδιά, ____________ (πετάγομαι) στο σουπερμάρκετ. Θέλετε κάτι;

8. Αυτήν τη χρονιά ____________ (αυξάνομαι) τα έξοδά μας.

9. Βάλε αντηλιακό, γιατί ____________ (καίγομαι) από τον ήλιο.

10. Σήμερα ____________ (κοιμάμαι) νωρίς, γιατί αύριο έχουμε δύσκολη μέρα.

11. ____________ (λυπάμαι) πολύ, αν δεν καταφέρω να πάω στον γάμο του φίλου μου.

Άσκηση 3

Διάλεξε το σωστό.

0. Από τον επόμενο μήνα (θα πηγαίνω) / θα πάω στη δουλειά κάθε μέρα.

1. Αν το ξανακάνεις, θα παραπονεθώ / θα παραπονιέμαι στον διευθυντή του σχολείου.

2. Μόλις φύγει αυτός ο προπονητής, η ομάδα θα διαλυθεί / θα διαλύεται.

3. Κάθε μήνα θα αφαιρείται / θα αφαιρεθεί αυτό το ποσό από τον λογαριασμό σας.

4. Πρέπει να γίνεις πιο υπεύθυνος. Ως πότε θα στηρίζεσαι / θα στηριχθείς στις δυνάμεις των άλλων;

5. Βγάλε το μπουφάν σου. Θα ζεσταίνεσαι / Θα ζεσταθείς.

6. Έτσι θα γεννηθούν / θα γεννιούνται τα παιδιά στο μέλλον, σύμφωνα με την ταινία επιστημονικής φαντασίας που προβάλλεται στους κινηματογράφους.

7. Μετά τη σημερινή μας συνάντηση θα απαντηθούν / θα απαντιούνται όλα σας τα ερωτήματα.

8. Από εδώ και πέρα θα απαγορεύεται / θα απαγορευτεί το ελεύθερο κάμπιγκ σε αυτήν την περιοχή.

Άσκηση 4

Συμπλήρωσε τα κενά με συνοπτικό ή μη συνοπτικό μέλλοντα στον κατάλληλο τύπο, όπως στο παράδειγμα.

ΝΕΟΙ ΣΤΟΧΟΙ ΤΗΣ NASA

Η NASA σχεδιάζει να φτιάξει μέχρι το 2030 αποικίες, όπου οι άνθρωποι 0 θα ζουν (ζω) και 1 ______________ (εργάζομαι) στο διάστημα χωρίς δυσκολίες και προβλήματα. Η NASA μέσα στις επόμενες δεκαετίες θα κάνει βήματα και 2 ______________ (καθιερώνω) την ανθρώπινη παρουσία σε πλανήτες όπως ο Άρης. 3 ______________ (δημιουργούμαι) οι συνθήκες που θα επιτρέψουν στους ανθρώπους να δουλεύουν και να ζουν για μεγάλα χρονικά διαστήματα μακριά από τη Γη. Κάθε ταξίδι στον Άρη 4 ______________ (διαρκώ) πολλούς μήνες. Οι προσπάθειες που γίνονται σήμερα 5 ______________ (θέτω) τα θεμέλια για μια παρατεταμένη παρουσία στο διάστημα.

Οι πληροφορίες 6 ______________ (συγκεντρώνομαι) από πειράματα που γίνονται στον Διεθνή Διαστημικό Σταθμό. Στόχος είναι να μπορούν τα πληρώματα να ζήσουν στο διάστημα χωρίς προβλήματα υγείας. Τα πρώτα πειράματα μακριά από τον Διεθνή Διαστημικό Σταθμό 7 ______________ (πραγματοποιούμαι) στην περιοχή γύρω από τη Σελήνη, όπου 8 ______________ (στρέφομαι) καταρχήν η προσοχή της επιστημονικής κοινότητας.

Η NASA είναι πιο κοντά στην αποστολή αμερικανών αστροναυτών στον Άρη από οποιαδήποτε άλλη στιγμή στην ιστορία της. Μέσα στις επόμενες εβδομάδες 9 ______________ (συζητιέμαι) οι λεπτομέρειες του σχεδίου με μέλη του Κογκρέσου και τους εμπορικούς και διεθνείς συνεργάτες. Πολλοί από αυτούς 10 ______________ (εμφανίζομαι) στο Διεθνές Αστροναυτικό Συνέδριο την επόμενη εβδομάδα. Πολλά 11 ______________ (λέγομαι) σε αυτήν τη συνάντηση όπου 12 ______________ (δίνομαι) διευκρινίσεις για τα σχέδια της NASA. Η NASA και οι συνεργάτες της 13 ______________ (εργάζομαι) καθημερινά για την εξεύρεση απαντήσεων σε βασικά ερωτήματα για τη ζωή πέρα από τη Γη.

Πηγή: Διασκευή κειμένου από:
http://www.newsit.gr/

Άσκηση 5

Συζητάς με τον συμμαθητή/τη συμμαθήτριά σου πώς θα είναι τα σπίτια στο μέλλον και πώς θα ζουν οι άνθρωποι μέσα σ' αυτά.

ΠΑΡΑΓΩΓΗ ΠΡΟΦΟΡΙΚΟΥ ΛΟΓΟΥ

Άσκηση 1

Γίνετε ζευγάρια και απαντήστε στις παρακάτω ερωτήσεις.

- Μένεις σε πόλη ή σε χωριό;
- Το σπίτι σου είναι μονοκατοικία ή διαμέρισμα σε πολυκατοικία;
- Ποια είδη σπιτιού σού αρέσουν από αρχιτεκτονική άποψη;
- Ποιο κτίριο στη χώρα που μένεις σου αρέσει πιο πολύ;
- Σου αρέσει να αλλάζεις συχνά σπίτι;
- Πού μένεις/έμενες κατά τη διάρκεια της φοιτητικής σου ζωής;
- Σου αρέσει να μένεις μόνος/-η ή προτιμάς τη συγκατοίκηση;
- Υπάρχουν άστεγοι στην περιοχή σου;

Άσκηση 2

Διάβασε τις παρακάτω φράσεις. Ποιες είναι οι πιο κατάλληλες για σένα;

Το σπίτι μου είναι για μένα...	
χώρος ξεκούρασης.	
χώρος έκφρασης.	
η προσωπική μου ζωή.	
λογαριασμοί και έξοδα.	
κούραση και ευθύνες.	
υποχρεωτική συγκατοίκηση.	
οι δικοί μου άνθρωποι.	

Άσκηση 3

Δες τις εικόνες και δώσε σε καθεμιά έναν τίτλο.

1

2

3

4

(cd 1, 14)

Άσκηση 4

Άκουσε έναν διάλογο. Βάλε ✓ στις ερωτήσεις για τις οποίες δίνονται πληροφορίες στον διάλογο.

1. Η απόσταση του σπιτιού από τον χώρο του πανεπιστημίου επηρεάζει το κόστος του ενοικίου;
2. Ένα ανακαινισμένο σπίτι είναι πάντα πιο ακριβό ως προς το ενοίκιό του;
3. Το είδος της θέρμανσης ενός σπιτιού είναι βασικό χαρακτηριστικό για την ενοικίαση ενός σπιτιού;
4. Η αρχιτεκτονική και η αισθητική ενός σπιτιού φανερώνει την προσωπικότητα του ιδιοκτήτη του;
5. Η περιοχή στην οποία βρίσκεται ένα σπίτι είναι ενδεικτική για την ασφάλεια όσων μένουν σε αυτό;
6. Η συγκατοίκηση διευκολύνει την ανάπτυξη φιλικών σχέσεων με τους γείτονες;

(cd 1, 14)

Άσκηση 5

Άκουσε ξανά τον διάλογο και κάνε την περίληψή του.

Άσκηση 6

Δες με προσοχή τις εικόνες και περίγραψέ τες.

1

2

Οι άνθρωποι της εικόνας...
- πού μένουν;
- τι αισθάνονται;
- γιατί μένουν σ' αυτό το μέρος;
- τι κάνουν;
- τι σκέφτονται;

Άσκηση 7

Γίνετε ζευγάρια και συζητήστε το παρακάτω θέμα.

Συζήτηση

Συνομιλητής/Συνομιλήτρια Α

Πέρασες σε μια πανεπιστημιακή σχολή σε άλλη πόλη και πρέπει να μείνεις εκεί. Συζητάς με έναν φίλο/μια φίλη σου για τα πλεονεκτήματα και τα μειονεκτήματα της συγκατοίκησης. Εσύ θέλεις να νοικιάσεις μια μικρή γκαρσονιέρα κοντά στη σχολή και να μείνεις μόνος/μόνη. Ο φίλος/Η φίλη σου σε συμβουλεύει να βρεις συγκάτοικο. Εσύ επιμένεις στην άποψή σου και εξηγείς γιατί θέλεις να μείνεις μόνος/μόνη.

Συνομιλητής/Συνομιλήτρια Β

Ο φίλος/Η φίλη σου πέρασε σε μια πανεπιστημιακή σχολή σε άλλη πόλη και πρέπει να μείνει εκεί. Συζητάς με τον φίλο/τη φίλη σου για τα πλεονεκτήματα και τα μειονεκτήματα της συγκατοίκησης. Εκείνος/Εκείνη θέλει να νοικιάσει μια μικρή γκαρσονιέρα κοντά στη σχολή και να μείνει μόνος/μόνη. Εσύ τον/τη συμβουλεύεις να βρει συγκάτοικο και του/της εξηγείς γιατί είναι καλύτερη η συγκατοίκηση.

Χρήσιμο λεξιλόγιο

- ενδιαφέρομαι για
- υποθέτω ότι...
- το μειονέκτημα/το πλεονέκτημα είναι...
- μια σοβαρή έλλειψη
- είναι εξοπλισμένο με...
- σας το επισημαίνω
- δεν σημειώθηκαν κρούσματα...
- ανακαινισμένο
- κεντρική θέρμανση
- επιπλωμένο
- οργανωμένο περιβάλλον
- μετακόμιση
- αποκατάσταση ζημιών

ΠΑΡΑΓΩΓΗ ΓΡΑΠΤΟΥ ΛΟΓΟΥ

Άσκηση 1

Παρακάτω είναι η περιγραφή ενός παραδοσιακού ξενώνα στο Πήλιο. Διάβασε το κείμενο προσεκτικά, βρες τις επιπλέον λέξεις και διάγραψέ τες. Οι λέξεις που πρέπει να διαγράψεις είναι έξι (6).

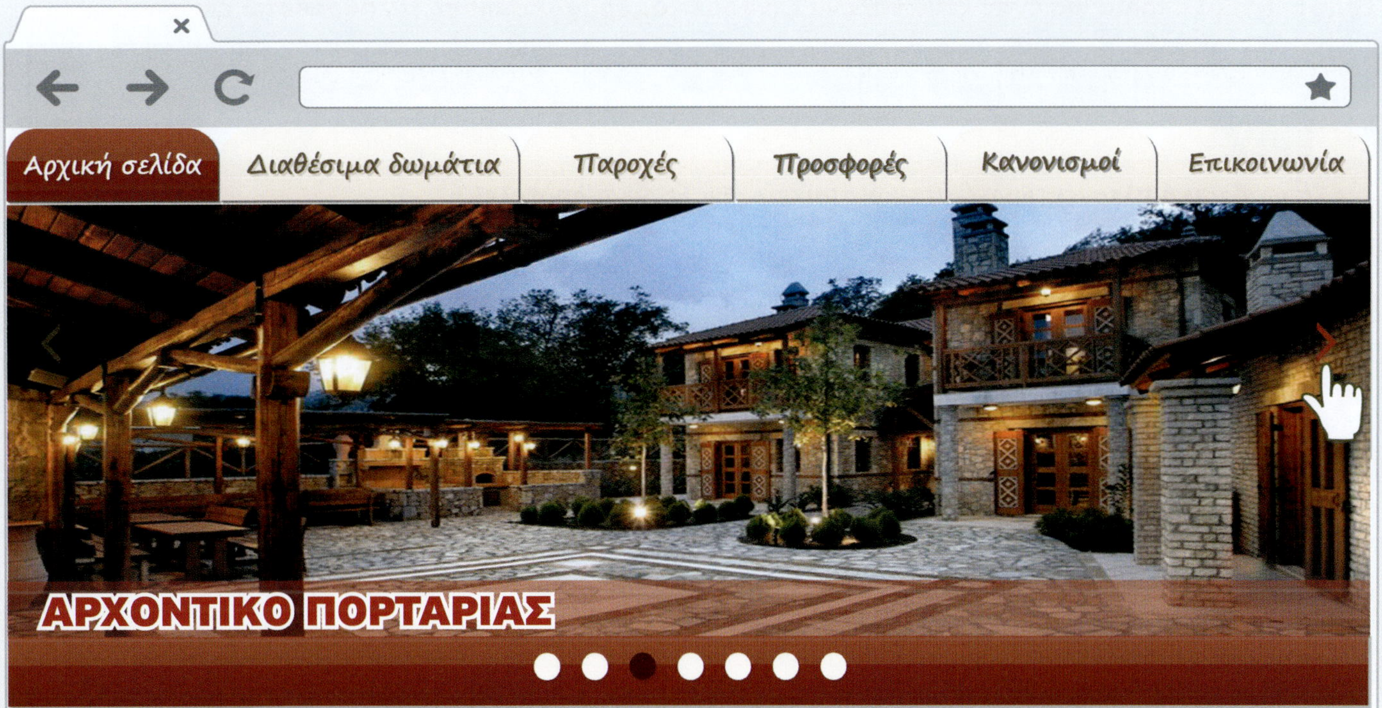

1 ____________________
____

2 ____________________
____

3 ____________________
____

4 ____________________
____

5 ____________________
____

6 ____________________
____

Το «Αρχοντικό» είναι ένας παραδοσιακός ξενώνας που βρίσκεται στην κεντρική πλατεία της Πορταριάς. Από το χωριό αυτό μπορείτε να κάνετε πολλές εκδρομές, αφού βρίσκεται κοντά σε πολλά όμορφα χωριά και τον Βόλο. Ο Βόλος είναι μια πολύ όμορφη πόλη κοντά από στη θάλασσα. Είναι γνωστή για το καλό φαγητό και την έντονη νυχτερινή ζωή.

Ο ξενώνας είναι ένα θαυμάσιο κτίσμα με την παραδοσιακή αρχιτεκτονική. Οι ιδιοκτήτες του το αναπαλαίωσαν και δημιούργησαν ένα απλό και φιλόξενο περιβάλλον. Σε όλους τους χώρους επικρατεί μια ζεστή, φιλόξενη ατμόσφαιρα και οι επισκέπτες έχουν την ευκαιρία να ξεκουραστούν και να ξεφύγουν από αυτήν την καθημερινότητά τους.

Ο ξενώνας αποτελείται από δύο αναπαλαιωμένα πέτρινα κτίρια. Ένα από τα βασικά πλεονεκτήματά του είναι ένας ο κήπος. Εκτός από τα δέντρα και τα λουλούδια, σε αυτόν υπάρχει μια εξωτερική πισίνα με θέα το βουνό και τη θάλασσα.

Στο εσωτερικό του κτιρίου ξεχωρίζει η αίθουσα του πρωινού, φωτεινή, μεγάλη, με ιδιαίτερη αισθητική. Σε αυτήν μπορεί κανείς να απολαύσει όπως σπιτικές πίτες, μαρμελάδες και με ζυμωτό ψωμί.

Τα δωμάτια του ξενώνα συνδυάζουν την παραδοσιακή αρχιτεκτονική με τη μοντέρνα διακόσμηση. Έχουν μεγάλα παράθυρα και πολύ φως. Είναι άνετα, με τζάκι, έπιπλα αντίκες και κουζίνα εξοπλισμένη με ηλεκτρικές συσκευές. Ο ξενώνας διαθέτει κεντρική θέρμανση.

Το «Αρχοντικό» στην Πορταριά είναι ένα κτίσμα με ιδιαίτερη σημασία για όλη την περιοχή. Επισκεφτείτε το και γνωρίστε μια από τις πιο όμορφες περιοχές της Ελλάδας.

Άσκηση 2

Διάβασε ξανά το κείμενο και βάλε έναν από τους παρακάτω πλαγιότιτλους σε κάθε παράγραφο.

Περιγραφή εξωτερικών χώρων | Τοποθεσία | Περιγραφή εσωτερικών χώρων | Αρχιτεκτονική κτιρίου | Επίλογος

Άσκηση 3

Γράψε θετικά σχόλια για έναν ξενώνα/ένα ξενοδοχείο. Χρησιμοποίησε τις παρακάτω εκφράσεις:

Ένα βασικό πλεονέκτημα / θετικό στοιχείο του ξενώνα αποτελεί η...

____

____

Ο ξενώνας αποτελεί ιδανικό μέρος για...

____

____

Γράψε αρνητικά σχόλια για έναν ξενώνα/ένα ξενοδοχείο. Χρησιμοποίησε την παρακάτω έκφραση:

Ένα βασικό μειονέκτημα / μια βασική έλλειψη του ξενώνα αποτελεί...

____

____

____

____

____

Άσκηση 4

Ξαναγράψε τις προτάσεις, χρησιμοποιώντας τις λέξεις/φράσεις της παρένθεσης.

0. Το παραδοσιακό αυτό χωριό αποτελεί ιδανικό σημείο εκκίνησης για ημερήσιες εκδρομές, αφού πολύ κοντά βρίσκονται πολλά όμορφα χωριά και ο Βόλος. (διότι)
Το παραδοσιακό αυτό χωριό αποτελεί ιδανικό σημείο εκκίνησης για ημερήσιες εκδρομές, διότι πολύ κοντά βρίσκονται πολλά όμορφα χωριά και ο Βόλος.

1. Ο Βόλος είναι μια πόλη γνωστή για το καλό φαγητό της, την έντονη νυχτερινή ζωή, αλλά και τα παραδοσιακά χωριά, που μπορεί να επισκεφτεί κανείς. (καθώς)

2. Οι ιδιοκτήτες του αναπαλαίωσαν το αρχικό κτίσμα με σεβασμό στην αρχιτεκτονική, με στόχο να δημιουργήσουν ένα απλό και κομψό περιβάλλον. (έτσι ώστε)

3. Οι επισκέπτες θα απολαύσουν στο πρωινό τους τις σπιτικές πίτες, τις μαρμελάδες και άλλα χειροποίητα εδέσματα, όπως ζυμωτό ψωμί. (παράδειγμα)

4. Σε όλους τους χώρους επικρατεί μια ζεστή, προσωπική ατμόσφαιρα που επιτρέπει στους επισκέπτες να ζήσουν την πηλιορείτικη φιλοξενία. (ευκαιρία)

Άσκηση 5

Βάλε στη σειρά τις λέξεις και κάνε προτάσεις, όπως στο παράδειγμα.

0. αγοράσεις/σπίτι/καλύτερα/θέλεις/δεν/νοικιάσεις/Αφού/να/έπιπλα/επιπλωμένο/να/ένα
Αφού δεν θέλεις να αγοράσεις έπιπλα, καλύτερα να νοικιάσεις ένα επιπλωμένο σπίτι.

1. την/άρεσε/γιατί/τους/κανένα/σου/τιμή/δεν/Αφού/ρωτάς

2. έχουμε/επειδή/διότι/στο/απαραίτητα/χρήματα/ανακαίνιση/και/δεύτερον/δεν/έχουμε/δεν/σπίτι/Πιστεύω/κάνουμε/δεν/ότι/θα/πρώτον/τα/χρόνο

3. με/μόνο/βγούμε/αφού/Θα/έξω/του/δουλειές/τελειώσουμε/τις/σπιτιού

4. του/τον/ξέρεις/τη/γιατί/Αφού/βοήθειά/καλά/του/ζητάς/δεν

5. είπες/δεν/γιατί/Αφού/το/μου/ήξερες/το

6. έγινε/καλά/διότι/ξέρω/τα/Αυτά/λέω/τι

Άσκηση 6

Γράψε προτάσεις, για να περιγράψεις το σπίτι σου χρησιμοποιώντας τις παρακάτω λέξεις/φράσεις:

έτσι ώστε, καθώς, αφού, επομένως, παράδειγμα, ενώ, αν και, καλύτερα, διότι

Άσκηση 7

Στο πλαίσιο μιας διαφημιστικής εκστρατείας για τον τουρισμό στην περιοχή σου, γράφεις ένα κείμενο για ένα ιδιαίτερο κτίριο/έναν ιδιαίτερο ξενώνα. Παρουσιάζεις το κτίριο, την αρχιτεκτονική του, τους εξωτερικούς και εσωτερικούς του χώρους, τη λειτουργία του και τονίζεις τον σημαντικό ρόλο του στην τουριστική ανάπτυξη της περιοχής σου. (200 λέξεις)

Πριν από τη συγγραφή του κειμένου

παράγραφος 1 – εισαγωγή: αναφέρεις το κτίριο που θα περιγράψεις, την περιοχή στην οποία βρίσκεται, και τους λόγους για τους οποίους επέλεξες να το περιγράψεις
παράγραφος 2: περιγράφεις τους εξωτερικούς χώρους του κτιρίου
παράγραφος 3: περιγράφεις τον εσωτερικό χώρο του κτιρίου
παράγραφος 4: αναφέρεις τη σημασία του κτιρίου για την τουριστική ανάπτυξη της περιοχής
παράγραφος 5 – επίλογος: προτείνεις λύσεις αξιοποίησης του κτιρίου από τον Δήμο

Μετά τη συγγραφή του κειμένου

- Έχεις αναπτύξει όλα τα ερωτήματα του θέματος;
- Χρησιμοποίησες το κατάλληλο ύφος;
- Αξιοποίησες χρήσιμο λεξιλόγιο από την ενότητα;
- Έχει τίτλο το κείμενό σου;

Ώρα για τραγούδι

(cd 1, 15)

1. Δες τις εικόνες. Μάντεψε το περιεχόμενο του τραγουδιού.
2. Διάβασε τους στίχους του τραγουδιού. Πώς πιστεύεις ότι θα είναι ο ρυθμός και η μουσική του;
3. Άκουσε το τραγούδι. Η μουσική είναι όπως τη φαντάστηκες;

Λέγομαι εστία φοιτητική,
απ' όλα τα σπίτια ξεχωριστή,
χωρίς πολυτέλεια ή κάτι ακριβό,
είμαι ένα σπίτι συναρπαστικό!
Αγόρια, κορίτσια, γνωρίζω πολλά,
εδώ τα περάσαν τα φοιτητικά,
τα χρόνια της νιότης τα πιο τρυφερά.
Έρχονται νέοι μ' ελπίδες κρυφές,
βλέμμα καθάριο, ματιές λαμπερές.
Διαβάζουν, σπουδάζουν, γλεντούν και γελούν,
αγάπες γνωρίζουν κι ονειροπολούν.

Κλάματα, γέλια, θυμός και χαρά,
αισθήματα νιότης και ανεμελιά,
ανάμνηση η εστία θα γίνει γλυκιά.
Εστία με λένε φοιτητική.
Η στέγη εγώ είμαι του φοιτητή.
Ένα δωμάτιο μοναδικό,
χωρίς πολυτέλεια ή κάτι ακριβό!
Αγόρια, κορίτσια, γνωρίζω πολλά,
εδώ τα περάσαν τα φοιτητικά,
τα χρόνια της νιότης τα πιο τρυφερά.

4. Ποιος είναι ο αγαπημένος σου στίχος; Γιατί;
5. Ποιες λέξεις κάνουν ομοιοκαταληξία;
6. Διάλεξε κάποιες από τις λέξεις που κάνουν ομοιοκαταληξία και γράψε το δικό σου τραγούδι.
7. Πες στην τάξη σου την ιστορία του τραγουδιού.
8. Άκουσε μόνο τη μουσική και τραγούδησε το τραγούδι. (cd 1, 16)

Τώρα ξέρεις...

	Ναι	Όχι
να κατανοείς κείμενα σχετικά με την περιγραφή ενός κτιρίου;		
να περιγράφεις ένα κτίριο;		
να κλίνεις αρσενικά σε *-έας*; θηλυκά σε *-ω*; ουδέτερα σε *-ος*; ουδέτερα σε *-ιμο*; ουδέτερα σε *-ς*; ουδέτερα σε *-ν*; ουσιαστικά σε φωνήεν;		
να σχηματίζεις τον συνοπτικό μέλλοντα της ενεργητικής και παθητικής φωνής;		
να χρησιμοποιείς τον συνοπτικό μέλλοντα της ενεργητικής και της παθητικής φωνής;		
να σχηματίζεις τον μη συνοπτικό μέλλοντα της ενεργητικής και της παθητικής φωνής;		
να χρησιμοποιείς τον μη συνοπτικό μέλλοντα της ενεργητικής και της παθητικής φωνής;		

Ώρα για επανάληψη

Λεξιλόγιο

Άσκηση 1

Διάβασε παρακάτω την περίληψη του κειμένου των σελίδων 20-21. Αφού δεις ξανά το πλήρες κείμενο, συμπλήρωσε τα κενά της περίληψης με τις κατάλληλες λέξεις/φράσεις, όπως στο παράδειγμα.

Τρόπος ζωής | Διάσημοι Ρομά | Αναζήτηση | Επικοινωνία

Οι Ρομά είναι ένας [0] ___λαός___ που ζει νομαδικά. Έχει ινδική [1] ________ για αυτό και η γλώσσα τους έχει [2] ________ με διάφορες γλωσσικές [3] ________ της Ινδίας. Οι διαφορετικές μορφές της ρομανί, της γλώσσας τους, έχουν πολλές περσικές, ελληνικές, ρουμανικές και σλαβικές λέξεις.

Σε όλον τον κόσμο ο [4] ________ των Ρομά είναι περίπου 8-10 εκατομμύρια. Οι πιο πολλοί Ρομά [5] ________ στη Ρουμανία, την Ουγγαρία, τη Βουλγαρία, την Ισπανία, τη Γαλλία κ.ά. Οι Ρομά ασχολούνται κυρίως με το εμπόριο, την κατασκευή οικιακών σκευών, τη σιδηρουργία και τη μηχανουργία. Πολλοί Ρομά έχουν ιδιαίτερο ταλέντο στη μουσική και τον χορό και, παρόλο που είναι [6] ________, διακρίνονται ως μουσικοί ή τραγουδιστές, όπως για παράδειγμα οι Ρομά βιολιστές της Ουγγαρίας.

Πολλοί μουσικοί, σκηνοθέτες και λογοτέχνες [7] ________ από τη ζωή των Ρομά. Διάσημοι Ρομά είναι πολλοί ηθοποιοί, όπως ο Τσάρλι Τσάπλιν, ο Γιουλ Μπρίνερ, ο Κώστας Χατζής, η Ελένη Βιτάλη κ.ά.

Άσκηση 2
Ποια είναι τα αντίθετα των παρακάτω επιθέτων;

0.	μόνιμος	προσωρινός
1.	βολικός	
2.	συμβατικός	
3.	διάσημος	
4.	σαφής	
5.	μοντέρνος	
6.	άφθονος	
7.	τοπικός	
8.	θεωρητικός	
9.	έμπειρος	
10.	συνηθισμένος	

Άσκηση 3
Διάλεξε το σωστό.

0. Σύμφωνα με την τιμή / (εκτίμηση) / άποψη της αξίας του, αυτό το σπίτι πρέπει να πουληθεί πολύ ακριβά.
1. Η ράτσα / καταγωγή / γενιά του σκύλου μου είναι πολύ σπάνια.
2. Όταν παρέλαβα το ταμείο, είχε ελλείψεις / ελλείμματα / στερήσεις.
3. Μετά από τόσα χρόνια, κατάφερα να υποστηρίξω / κερδίσω / εμπνεύσω την εμπιστοσύνη του.
4. Ο Κώστας είναι ο καινούριος ενοικιαστής / συγκάτοικος / ένοικος της πολυκατοικίας που μένω.
5. Αυτή η χώρα έχει πολύ μικρό λαό / κόσμο / πληθυσμό.
6. Τι σας οφείλω / συμβάλλω / διακρίνω για το βάψιμο του σπιτιού;
7. Τον συμπαθώ πολύ, αλλά δεν υποστηρίζω / εγκρίνω / διαπιστώνω αυτήν τη συμπεριφορά του.
8. Δεν τον καταλαβαίνω πολύ καλά, γιατί έχει πολύ δύσκολη / ασυνήθιστη / βαριά προφορά.
9. Οι τοπικές / φυσικές / κλιματικές συνθήκες ενός τόπου παίζουν σημαντικό ρόλο στον τρόπο ζωής των κατοίκων του.
10. Μπορείς, σε παρακαλώ, να γίνεις λίγο πιο προσιτός / σαφής / συμβατικός; Δεν καταλαβαίνω τίποτα από αυτά που λες.

Γραμματική

Άσκηση 1
Βάλε τις λέξεις της παρένθεσης στον σωστό τύπο.

0. Μου αρέσει να διαβάζω βιβλία ξένων συγγραφέων (συγγραφέας).
1. Αυτά τα ________ (τεύχος) του περιοδικού δεν τα έχω.
2. Η ενασχόληση με τα φυτά δεν είναι μέσα στα ________ (ενδιαφέρον) μου.
3. Δεν μου αρέσει να μιλάω για καταστάσεις του ________ (παρελθόν).
4. Στα δέκα ________ (πλύσιμο) του αυτοκινήτου σας, σας κάνουμε δώρο ακόμη ένα.
5. Όλα αυτά τα ________ (προϊόν) είναι εντελώς άχρηστα στην καθημερινότητά μας.
6. Οι ________ (γραμματέας) της εταιρείας δουλεύουν 8 το πρωί με 5 το απόγευμα.
7. Μου αρέσει πολύ η σοκολάτα ________ (γάλα).
8. Η ποιότητα του ________ (έδαφος) είναι κατάλληλη για αυτήν την καλλιέργεια.
9. Ο άντρας της ασχολείται με εμπόριο ________ (κρέας).
10. Η εξερεύνηση του ________ (σύμπαν) είναι πολύ γοητευτική και ενδιαφέρουσα.

Άσκηση 2
Διάλεξε το σωστό.

0. Όταν ήμουν μικρός, ~~κοιμόμουν~~ (κοιμόμουν) / κοιμήθηκα πολύ νωρίς το βράδυ.
1. Φοβάμαι πως δεν θα βρίσκεται / θα βρεθεί ευκαιρία, για να μιλήσουμε εμείς οι δύο.
2. Όσο καιρό εργαζόμουν / εργάστηκα στην εταιρεία τους, δεν δέχτηκα / δεχόμουν ποτέ καμιά κριτική.
3. Κάθε φορά που απομακρυνόμουν / απομακρύνθηκα από κοντά τους, κρυβόμουν / κρύφτηκα στο σπίτι της Κατερίνας.
4. Του ευχήθηκα / ευχόμουν καλή επιτυχία και εκείνος χάρηκε / χαιρόταν πολύ.
5. Στάθηκε / Στεκόταν πολύ άτυχος στη ζωή του.
6. Αν δεν έρθει, θα αναλάβω / θα αναλαμβάνω εγώ τις δουλειές του σπιτιού.
7. Θα χαίρεται / Θα χαρεί πολύ, αν του δώσεις λίγη σημασία.
8. Κάθε μήνα δυστυχώς θα αυξάνεται / θα αυξηθεί το ποσό της δόσης του δανείου.
9. Όλη την εβδομάδα κινούμουν / κινήθηκα μέσα στην πόλη με το αυτοκίνητό του.
10. Πριν από δύο χρόνια παντρεύτηκε / παντρευόταν και αναγκαζόταν / αναγκάστηκε να φύγει από εδώ.

Άσκηση 3
Συμπλήρωσε με αόριστο, παρατατικό ή μέλλοντα.

0. Αν δεν βάλεις το μπουφάν σου, *θα βραχείς* (βρέχομαι).
1. Χθες όλη μέρα ______________ (ετοιμάζομαι) για το ταξίδι.
2. Μόλις αφαιρεθεί το ποσό της έκπτωσης, ______________ (δίνομαι) το προϊόν στον πελάτη.
3. Όταν ______________ (καίγομαι) το δάσος, ήμουν 5 χρονών.
4. Τελικά, τα ψέματά τους ______________ (αποκαλύπτομαι) χθες βράδυ και ______________ (ντρέπομαι) πολύ για αυτό.
5. Πρέπει να γίνεις πιο σκληρός. Μέχρι πότε ______________ (αισθάνομαι) άσχημα για αυτό που έγινε; Δεν φταις εσύ άλλωστε.
6. Δεν ______________ (φαίνομαι) να χάρηκε ιδιαίτερα με αυτήν την εξέλιξη.
7. Δεν ______________ (λαμβάνω) ποτέ τα μήνυματά σου, γι' αυτό και σε ______________ (διαγράφω) από τη λίστα των επαφών μου.
8. Όσο πιο πολύ εγώ ______________ (παραπονιέμαι), τόσο πιο πολύ ______________ (στεναχωριέμαι) αυτός.
9. Στην αυριανή εκδήλωση ______________ (παρουσιάζομαι) όλα τα προϊόντα της εταιρείας μας.
10. Κάθε φορά που ______________ (θυμόμουν) το περιστατικό, ______________ (απογοητεύομαι) πολύ.

Επιτραπέζιο παιχνίδι

ΕΙΚΟΝΑ 1

ΕΙΚΟΝΑ 2

ΕΙΚΟΝΑ 3

Πώς λέγεται αυτός που είναι πολύ γνωστός σε κάτι;

ΑΡΧΗ

Κάνε μια πρόταση με τη λέξη *προσβάλλω*.

Τι είναι το *οικόπεδο*;

Κάνε μια πρόταση με τη λέξη *κατοικία* και μια με τη λέξη *διαμονή*.

Τι χαρακτήρας είναι αυτός που «τα βλέπει όλα μαύρα»;

Χάνεις τη σειρά σου!

Προχωράς ένα βήμα μπροστά!

Περιγράφεις την εικόνα...

Πώς είναι οι φοιτητικές εστίες στη χώρα σου;	Υπάρχουν τοπικές διάλεκτοι στη γλώσσα που μιλάς;		Πώς λέγεται αυτός που είναι δύσκολο να τον πλησιάσεις;
Τι σημαίνει η φράση «δεν μου γεμίζει το μάτι»;	Ποιο ουσιαστικό είναι στην ίδια οικογένεια με το ρήμα *εξοπλίζω*;		Κάνε μια πρόταση με τη λέξη *προσανατολισμός*.
Ποιο είναι το αντίθετο της λέξης *μόνιμα*;	Πώς είναι η παραδοσιακή στολή της πατρίδας σου;	3	Πώς είναι τα παραδοσιακά τραγούδια στη χώρα σου;
Πώς αλλιώς λέγεται το *πάτωμα*;	*Ευρωπαϊκό κράτος*. Πώς είναι στον άλλον αριθμό;		Πες ένα έθιμο της πατρίδας σου. ΤΕΛΟΣ
Τι θα πει η φράση «πουλάει συνέχεια πνεύμα»;	Κάνε μια πρόταση με τη λέξη *καταγωγή*.		Τι είναι για σένα η συγκατοίκηση; Ευχαρίστηση ή δυσκολία;

Στις επόμενες δύο ενότητες θα ασχοληθούμε με το περιβάλλον και την τεχνολογία. Πριν μελετήσετε τις ενότητες που ακολουθούν, συζητήστε στην τάξη πώς πιστεύετε ότι το περιβάλλον επηρεάζεται από την τεχνολογία.

Ενότητα 3

Ο ΘΑΥΜΑΣΤΟΣ ΚΟΣΜΟΣ ΤΩΝ ΖΩΩΝ

Δες τη φωτογραφία.

Τι βλέπεις;

Τι ξέρεις για τον τρόπο που ζουν τα πουλιά που βλέπεις στη φωτογραφία;

ΚΑΤΑΝΟΗΣΗ ΓΡΑΠΤΟΥ ΛΟΓΟΥ

Άσκηση 1
Διάβασε τον τίτλο του κειμένου και δες τις φωτογραφίες. Τι νομίζεις ότι λέει το κείμενο;

Άσκηση 2
Διάβασε το κείμενο και συμπλήρωσε τα κενά με τις παρακάτω φράσεις. Υπάρχουν τρεις (3) φράσεις που δεν ταιριάζουν σε κανένα κενό.

Συμβουλή: Καθώς διαβάζεις το κείμενο, προσπάθησε να βρεις τι λείπει από κάθε κενό. Ψάξε αντωνυμίες, συνδέσμους, συνδετικές λέξεις που θα σε βοηθήσουν. Σκέψου αν η πρώτη λέξη που πρέπει να βάλεις στο κενό είναι επίθετο, ουσιαστικό, ρήμα, σύνδεσμος κτλ.

- **θερμές περιοχές** 0
- **από όλη την πανίδα** ☐
- **κάποια ουράνια σώματα** ☐
- **διαρκεί μεγαλύτερη περίοδο** ☐
- **για να περάσουν τον χειμώνα** ☐
- **της βόρειας και της κεντρικής Ευρώπης** ☐
- **μεταναστευτικά πουλιά φεύγουν** ☐
- **βρίσκουν καταφύγιο και τροφή** ☐
- **του φυσικού περιβάλλοντος** ☐
- **επισκέπτες της περιοχής** ☐
- **να παρατηρήσει πουλιά** ☐
- **θα επιστρέψουν ξανά** ☐
- **ο κυριότερος λόγος** ☐
- **αυτό δεν ισχύει** ☐

Το συναρπαστικό ταξίδι της μετανάστευσης

Κάθε φθινόπωρο, εκατομμύρια πουλιά κάνουν με απόλυτη επιτυχία το ίδιο ακριβώς ταξίδι! Το ταξίδι προς τις [0] ________________, κυρίως της Αφρικής. Δεν έχουν χάρτες και πυξίδα, αλλά συγκεκριμένα σημεία που τα βοηθούν στον προσανατολισμό τους. Μπορεί να είναι [1] ________________, όπως ο Ήλιος, η Σελήνη ή τα αστέρια, ίσως οι θάλασσες, τα βουνά, τα ποτάμια...

Μετά τον Φεβρουάριο [2] ________________ στην Ευρώπη. Εκεί θα ζευγαρώσουν, θα φτιάξουν τις φωλιές τους και θα μεγαλώσουν τα μικρά τους. Στη συνέχεια θα αναχωρήσουν και πάλι για πιο θερμές περιοχές. Κάθε φθινόπωρο τα [3] ________________ ομαδικά από τους τόπους <u>αναπαραγωγής</u> τους, για να περάσουν τον χειμώνα σε περιοχές με εύκρατο κλίμα.

Παρόλο που οι πιο πολλοί άνθρωποι πιστεύουν ότι μόνο τα χελιδόνια είναι μεταναστευτικά πουλιά, [4] ______________. Αντίθετα, δεκάδες είδη πουλιών πραγματοποιούν δύο φορές τον χρόνο το μακρύ, επίπονο και επικίνδυνο ταξίδι προς και από την Αφρική. Η φθινοπωρινή <u>μετανάστευση</u> [5] ______________ από την ανοιξιάτικη. Επίσης, στη φθινοπωρινή μετανάστευση συμμετέχουν περισσότερα πουλιά, γιατί στα <u>σμήνη</u> με τους γονείς προστίθενται και τα <u>νεογέννητα</u> μικρά τους!

Στην Ελλάδα, χιλιάδες πουλιά [6] ______________, σε όλη τη διάρκεια του έτους, στην προστατευόμενη περιοχή του Δέλτα του Έβρου. Πρόκειται για τον ιδανικό τόπο όπου μπορεί κανείς [7] ______________!

Ο ποταμός Έβρος είναι ο δεύτερος μεγαλύτερος ποταμός στη βαλκανική χερσόνησο. Η μεγάλη ποικιλία [8] ______________ (καλαμώνες, παραποτάμιο δάσος, βάλτοι γλυκού νερού, λιμνοθάλασσες, λιβάδια, θαμνώδεις περιοχές) κάνουν το Δέλτα του ιδιαίτερα <u>ελκυστικό</u> στους <u>φτερωτούς</u> [9] ______________.

Η πλούσια πανίδα της περιοχής είναι [10] ______________ για τον οποίο βρίσκεται ανάμεσα στους πιο δημοφιλείς προορισμούς για παρατηρητές πουλιών από όλη την Ευρώπη. Στο Δέλτα του Έβρου παρατηρείται το 75% των ειδών που κατοικεί στη χώρα! Κάποια μάλιστα από αυτά έχουν ιδιαίτερο ενδιαφέρον και σημασία. Ένα τέτοιο παράδειγμα αποτελεί η Λεπτομύτα, είδος το οποίο είναι απειλούμενο σε παγκόσμιο επίπεδο.

Πηγή: Διασκευή κειμένου από:
http://www.naturanrg.gr

Άσκηση 3
Κάνε τρεις (3) ερωτήσεις στον συμμαθητή/στη συμμαθήτριά σου σχετικά με το κείμενο και απάντησε στις δικές του/της.

Λεξιλόγιο

Άσκηση 1

Γίνετε ζευγάρια, δείτε τις υπογραμμισμένες λέξεις του κειμένου (σελ. 104-105) και βρείτε ποιοι από τους παρακάτω ορισμούς περιγράφουν τη σημασία τους.

0. η μετακίνηση ολόκληρου πληθυσμού = μετανάστευση

1. αυτός που μόλις έχει γεννηθεί = ______________________

2. γέννηση ή παραγωγή νέου οργανισμού = ______________________

3. πουλιά ή έντομα που πετάνε όλα μαζί = ______________________

4. κάτι που τραβάει την προσοχή μας ή είναι πολύ ωραίο = ______________________

5. αυτός που έχει φτερά = ______________________

Άσκηση 2

Γίνετε ζευγάρια, ενώστε τις λέξεις με την ίδια ή παρόμοια σημασία και κάντε προτάσεις με αυτές.

0. ιδανικός ζ

1. λόγος ______

2. ανάμεσα ______

3. σμήνος ______

4. επίπονο ______

5. μεταναστευτικά ______

6. ελκυστικός ______

α. ενδιάμεσα, μεταξύ

β. γοητευτικός

γ. κουραστικό

δ. αποδημητικά

ε. κοπάδι

στ. αιτία

ζ. κατάλληλος, τέλειος

Άσκηση 3

Γίνετε ζευγάρια, ενώστε τις λέξεις με αντίθετη σημασία και κάντε προτάσεις με αυτές.

0. απόλυτος β

1. παρουσία ______

2. πλειοψηφία ______

3. παγκόσμιος ______

4. ελκυστικός ______

α. απουσία

β. σχετικός

γ. αποκρουστικός

δ. μειοψηφία

ε. τοπικός

Άσκηση 4

Διάβασε τους παρακάτω ορισμούς και συμπλήρωσε τα κενά με τις λέξεις του κρυπτόλεξου.

0. Αυτό που προστατεύεται με διάφορα μέτρα από εξαφάνιση ή καταστροφή λέγεται προστατευόμενο.

1. Το κλίμα που το χαρακτηρίζει η μέτρια θερμοκρασία, όχι πολύ χαμηλή τον χειμώνα και όχι πολύ υψηλή το καλοκαίρι, λέγεται ____________________.

2. Το όργανο που χρησιμοποιούμε, για να βρούμε τη σωστή κατεύθυνση, λέγεται ____________________.

3. Το μέρος που φτιάχνουν τα πουλιά, για να μείνουν, είναι η ____________________ τους.

4. Το μέρος όπου πηγαίνουμε, για να προστατευτούμε, ένα μικρό σπίτι σε βουνό όπου πηγαίνουμε όταν είμαστε εκδρομή, για κυνήγι κτλ., λέγεται ____________________.

5. Το μακρύ και στενό κομμάτι στεριάς που βρέχεται από θάλασσα σε 3 πλευρές λέγεται ____________________.

6. Αυτός που βρίσκεται κοντά σε ποτάμι λέγεται ____________________.

7. Ένα κομμάτι γης που σκεπάζεται από στάσιμα νερά λέγεται ____________________.

8. Η λίμνη με αλμυρό νερό, που είναι κοντά στη θάλασσα λέγεται ____________________.

9. Το κομμάτι γης με πολύ χορτάρι και άλλα χαμηλά φυτά λέγεται ____________________.

10. Το σύνολο των ζώων μιας περιοχής αποτελεί την ____________________ της.

0	Π	Ρ	Ο	Σ	Τ	Α	Τ	Ε	Υ	Ο	Μ	Ε	Ν	Ο	Ε	Ο
1	Α	Β	Ε	Υ	Κ	Ρ	Α	Τ	Ο	Γ	Τ	Η	Κ	Θ	Λ	Α
2	Ξ	Θ	Ν	Μ	Ρ	Π	Υ	Ξ	Ι	Δ	Α	Ε	Δ	Γ	Υ	Θ
3	Λ	Φ	Ω	Λ	Ι	Α	Ρ	Τ	Ι	Κ	Μ	Β	Σ	Ρ	Η	Τ
4	Δ	Ο	Κ	Α	Τ	Α	Φ	Υ	Γ	Ι	Ο	Σ	Τ	Η	Ν	Μ
5	Χ	Ε	Ρ	Σ	Ο	Ν	Η	Σ	Ο	Σ	Ο	Π	Ω	Χ	Σ	Ρ
6	Γ	Φ	Π	Α	Ρ	Α	Π	Ο	Τ	Α	Μ	Ι	Ο	Σ	Τ	Θ
7	Α	Β	Γ	Φ	Ρ	Ε	Τ	Υ	Θ	Ι	Β	Α	Λ	Τ	Ο	Σ
8	Λ	Ι	Μ	Ν	Ο	Θ	Α	Λ	Α	Σ	Σ	Α	Τ	Ρ	Ω	Β
9	Ρ	Υ	Θ	Ι	Κ	Λ	Λ	Ι	Β	Α	Δ	Ι	Τ	Υ	Θ	Η
10	Ν	Π	Α	Ν	Ι	Δ	Α	Τ	Σ	Ε	Ρ	Θ	Ι	Ο	Π	Κ

Άσκηση 5

Βρες σε ποια από τις παρακάτω προτάσεις η υπογραμμισμένη λέξη έχει την ίδια σημασία με αυτή που έχει στο παράδειγμα και ποια είναι η σημασία της στις υπόλοιπες προτάσεις.

1 **Η περίοδος <u>αναπαραγωγής</u> των χελιδονιών είναι από τον Μάρτιο μέχρι τον Ιούλιο.**

α. Η <u>αναπαραγωγή</u> αυτών των σεναρίων εξυπηρετεί σκοπιμότητες και τίποτε άλλο.

β. Η εποχή της <u>αναπαραγωγής</u> των σαλιγκαριών έχει σχέση με το κλίμα της περιοχής. Στην Ελλάδα η περίοδος <u>αναπαραγωγής</u> τους είναι συνήθως τους καλοκαιρινούς μήνες.

γ. Απαγορεύεται η <u>αναπαραγωγή</u> οποιουδήποτε τμήματος αυτού του βιβλίου χωρίς γραπτή άδεια του συγγραφέα.

2 **Ο <u>λόγος</u> για τον οποίο αυτή η περιοχή βρίσκεται ανάμεσα στους πιο δημοφιλείς προορισμούς για παρατηρητές πουλιών από όλη την Ευρώπη είναι ότι εδώ υπάρχουν πολλά είδη πτηνών.**

α. Μου μιλάει άσχημα τώρα τελευταία χωρίς <u>λόγο</u>.

β. Τον τελευταίο καιρό γίνεται πολύ <u>λόγος</u> για τα βιολογικά προϊόντα.

γ. Είναι πολύ κουραστική, γιατί θέλει πάντα να έχει τον τελευταίο <u>λόγο</u>.

δ. Έχει μεγάλη ευχέρεια <u>λόγου</u>, γι' αυτό γράφει πολύ ωραία και είναι τόσο καλός δικηγόρος.

Άσκηση 6

Γίνετε ζευγάρια. Πηγαίνετε στην ιστοσελίδα <u>www.greek-language.gr/greekLang/modern_greek/tools/corpora/corpora/search.html</u>. Πληκτρολογήστε τη λέξη *επίπεδο* και βρείτε παραδείγματα με τις διαφορετικές σημασίες της λέξης.

Άσκηση 7

Διάλεξε το σωστό και βρες ποια πρόταση περιγράφει την εικόνα που υπάρχει σε κάθε πλαίσιο.

καταφύγιο/κρησφύγετο/κρυψώνα

0. Λόγω της κακοκαιρίας, οι δήμοι μετατρέπουν θερμαινόμενους χώρους σε (καταφύγια) / κρησφύγετα / κρυψώνες για τους άστεγους.

1. Εάν θέλουμε να μάθουμε τον λόγο, αρκεί να θυμηθούμε τα δικά μας παιδικά χρόνια, όταν μας άρεσε να δημιουργούμε καταφύγια / κρησφύγετα / κρυψώνες κάτω από σεντόνια και κουβέρτες.

2. Διαβάστε το άρθρο και δείτε δέκα καταφύγια / κρησφύγετα / κρυψώνες για τα χρήματά σας.

3. Εδώ είναι το καταφύγιο / το κρησφύγετο / η κρυψώνα του 35χρονου που κατηγορείται για το έγκλημα.

4. Η θαλάσσια χελώνα καρέτα-καρέτα ζει στη Μεσόγειο, τον Ατλαντικό, τον Ινδικό και τον Ειρηνικό Ωκεανό, ενώ καταφύγιά / κρησφύγετά / κρυψώνες της αποτελούν ο Όρμος της Απολακκίας στη Ρόδο και ο Κόλπος του Λαγανά στη Ζάκυνθο.

αγέλη/κοπάδι/σμήνος

5. Τον χειμώνα, οι λύκοι σχηματίζουν αγέλες / κοπάδια / σμήνη, για να μπορούν να κυνηγούν με μεγαλύτερη ευκολία.

6. Μια αγέλη / Ένα κοπάδι / Ένα σμήνος με δελφίνια εμφανίστηκε δίπλα στο πλοίο, στη θαλάσσια περιοχή ανοιχτά της Λήμνου, περίπου στις 12:50 το μεσημέρι.

7. Κάθε αγέλη / κοπάδι / σμήνος προβάτων έχει έναν σκύλο, ο οποίος τα προστατεύει από διάφορους κινδύνους.

8. Μείνανε έκπληκτοι οι κάτοικοι, όταν είδαν μια αγέλη / ένα κοπάδι / ένα σμήνος μελισσών να...τριγυρίζει, το μεσημέρι της Τετάρτης, σε γειτονιά της Πρέβεζας!

9. Εντυπωσιακή ήταν η εμφάνιση της αγέλης / του κοπαδιού / του σμήνους πουλιών το περασμένο Σάββατο στον αυτοκινητόδρομο Καλαμάτας – Τρίπολης.

τροφή/φαγητό/τρόφιμο

10. Ψάχνετε υγρή τροφή / υγρό φαγητό / υγρό τρόφιμο για τον σκύλο σας; Εδώ θα βρείτε μεγάλη ποικιλία τροφών / φαγητών / τροφίμων σκύλου σε κονσέρβα.

11. Μελέτες έχουν αποδείξει ότι δεν είναι σωστό να εισαγάγουμε στερεές τροφές / στερεά φαγητά / στερεά τρόφιμα στο διαιτολόγιο του παιδιού πριν από τον πέμπτο μήνα.

12. Πάμε για τροφή / φαγητό / τρόφιμο το Σάββατο το μεσημέρι;

13. Ο γιατρός μού είπε να παίρνω το χάπι μετά την τροφή / το φαγητό / το τρόφιμο.

14. Τους πέτυχα πάνω στην τροφή / στο φαγητό / στο τρόφιμο.

15. Μου αρέσει πολύ το παστίτσιο, αλλά η αλήθεια είναι ότι πρόκειται για πολύ βαριά τροφή / βαρύ φαγητό / βαρύ τρόφιμο.

16. Στο κατάστημα θα βρείτε αναψυκτικά, καλλυντικά και τυποποιημένα τρόφιμα / φαγητά.

17. Ελλείψεις σε τροφές / φαγητά / τρόφιμα και φάρμακα διαπιστώθηκαν στην αγορά.

Άσκηση 8

Με ποια από τις παρακάτω σημασίες χρησιμοποιείται το ρήμα *μεγαλώνω* σε καθεμία από τις προτάσεις που ακολουθούν;

> ***α.*** *αναπτύσσομαι σωματικά,* ***β.*** *αυξάνομαι,* ***γ.*** *μακραίνω,* ***δ.*** *κάνω κάτι πιο μεγάλο, για να φαίνεται,* ***ε.*** *βοηθώ κάποιον να αναπτυχθεί κυρίως σωματικά,* ***στ.*** *αποκτώ μεγαλύτερη διάρκεια,* ***ζ.*** *κάνω κάποιον να φαίνεται μεγαλύτερης ηλικίας από όσο είναι πραγματικά,* ***η.*** *αυξάνω τις διαστάσεις*

0. Με αυτόν τον φακό θα τα δεις καλύτερα όλα. Τα μεγαλώνει αρκετά τα αντικείμενα. δ

1. Αύριο θα πάω στο κομμωτήριο. Μεγάλωσαν πολύ τα μαλλιά μου. Θέλουν κόψιμο. ____

2. Αυτό το καλοκαίρι θα κάνουμε δουλειές στο σπίτι μας. Σκεφτόμαστε να μεγαλώσουμε λίγο το σαλόνι, ενώνοντάς το με την κουζίνα. ____

3. Τώρα μεγάλωσαν τα παλικαράκια. Δεν είναι πια μωρά. ____

4. Ο Νίκος είναι πολύ νέος, αλλά η αλήθεια είναι ότι τον μεγαλώνουν τα περισσότερα κιλά. ____

5. Μην παραπονιέσαι. Σε μία εβδομάδα αλλάζει η ώρα και θα μεγαλώσουν πολύ οι μέρες. ____

6. Μεγάλωσε η οικογένειά μας με τη γέννηση του τρίτου μας παιδιού. Τώρα φυσικά θα μεγαλώσουν και τα έξοδά μας. ____

7. Τα τελευταία χρόνια, εκτός από το να μεγαλώνω τα παιδιά μου, δεν προλαβαίνω να κάνω τίποτα άλλο. ____

Άσκηση 9

Γράψε οκτώ (8) προτάσεις με τις διαφορετικές σημασίες του ρήματος *μεγαλώνω*.

Άσκηση 10

Ποιες από τις παρακάτω φράσεις είναι Σωστές και ποιες Λάθος;

0. Εκατομμύρια ψάρια μπορούν να κολυμπούν σε κοπάδια χωρίς την παραμικρή σύγκρουση. Σ

1. Τα χελιδόνια είναι αποδημητικά πουλιά. ____

2. Ο Νίκος είναι πολύ ελκυστικός, αλλά καθόλου γοητευτικός. ____

3. Ύστερα από ένα κουραστικό ταξίδι πάντα αισθάνομαι επίπονο το κεφάλι μου. ____

4. Μμμ..., πολύ νόστιμο το τρόφιμο σήμερα, μαμά! ____

Άσκηση 11

Γίνετε ζευγάρια και ενώστε τις λέξεις, για να κάνετε φράσεις που χρησιμοποιούνται πολύ συχνά. Με μερικές λέξεις μπορείτε να κάνετε περισσότερους από έναν συνδυασμούς. Μετά γράψτε προτάσεις με τις φράσεις που κάνατε.

0. εύκρατο
1. προστατευόμενη
2. αποδημητικά
3. ουράνια
4. απειλούμενο
5. φυσικό
6. χλωρίδα
7. μεταναστευτικά

0	κλίμα
	σώματα
	και πανίδα
	περιβάλλον
	πουλιά
	περιοχή
	είδος

Άσκηση 12

Συμπλήρωσε τα κενά με τις παρακάτω λέξεις.

λόγους, ~~καταφύγιο~~, τροφή, θαλασσών, προστατευόμενων, ειδών, χλωρίδας, θάλασσες

ΚΟΡΑΛΛΙΟΓΕΝΕΙΣ ΥΦΑΛΟΙ

Οι κοραλλιογενείς ύφαλοι αποτελούν το φυσικό ⁰ καταφύγιο για πολλά είδη ψαριών. Παίζουν σημαντικό ρόλο στη διατήρηση της βιοποικιλότητας. Συχνά ονομάζονται «τροπικά δάση της θάλασσας» και αποτελούν μερικά από τα πιο ποικίλα οικοσυστήματα στη Γη. Παρόλο που η συνολική τους έκταση είναι μικρότερη από το 0,1% της επιφάνειας των [1] ________________ του κόσμου, παρέχουν ένα ασφαλές καταφύγιο για το 25% όλων των θαλάσσιων [2] ________________.

Οι κοραλλιογενείς ύφαλοι, από τον Ειρηνικό Ωκεανό μέχρι την Καραϊβική, είναι πολύ σημαντικοί για την [3] ________________ των ψαριών και των ανθρώπων που ζουν στις παράκτιες περιοχές. Εκτιμάται ότι το 40% του πληθυσμού της γης ζει σε απόσταση 50 χιλιομέτρων από τις ακτές της θάλασσας. Η κλιματική αλλαγή, η ρύπανση και η υπεραλίευση είναι μερικοί από τους σημαντικότερους [4] ________________ για τους οποίους οι κοραλλιογενείς ύφαλοι απειλούνται.

Ένας νέος κίνδυνος για τα κοράλλια είναι η απώλεια των χρωμάτων τους. Οι επιστήμονες, μάλιστα, προειδοποιούν ότι η απειλή επεκτείνεται σε όλες τις [5] ________________ της Γης. Η υψηλή θερμοκρασία αρρωσταίνει τα κοράλλια, τα οποία όχι μόνο χάνουν τα ωραία χρώματά τους, αλλά τελικά πεθαίνουν. Αυτό που χρειάζεται για τη διάσωσή τους, είναι ένα δίκτυο προστατευόμενων περιοχών που να λειτουργεί σωστά. Στη στεριά κάποια είδη της [6] ________________ και της πανίδας μπορούν να προστατευτούν στα εθνικά πάρκα. Στη θάλασσα τα όρια των [7] ________________ περιοχών είναι σχετικά.

Οι πληροφορίες προέρχονται από το διαδίκτυο.

Άσκηση 13

(cd 1, 17)

Τώρα άκουσε το παραπάνω κείμενο και σημείωσε ποιες λέξεις/φράσεις αντικαθιστούν τις λέξεις που συμπλήρωσες στα κενά του.

Άσκηση 14

Συζητάς με τον συμμαθητή/τη συμμαθήτριά σου για κάποιο προστατευόμενο είδος. Λέτε τι ξέρετε για αυτό, μιλάτε για τους κινδύνους που το απειλούν και ό,τι άλλο νομίζετε.

Άσκηση 15

Γίνετε ζευγάρια, δείτε τις παρακάτω λέξεις και συμπληρώστε τα κενά κάθε σειράς του πίνακα με λέξεις που ανήκουν στην ίδια οικογένεια.

ελκύω, μεταναστεύω, αναπαράγω, απαρατήρητος, παρατηρητικός, ουρανός, θαμνώδης, προστατευόμενος, αναπαραγωγικός, φωλιάζω, παραποτάμιος, (δια)τροφικός, έλξη, ανοίγω, προστατεύω, παρατήρηση, θρεπτικός, παρατηρώ, φτερό, βουνίσιος, σεληνιακός, προσανατολίζω, απειλώ, ποταμίσιος, μετανάστευση, απειλή, θαλάσσιος, καταφεύγω, ~~φθινοπωρινός~~, βαλτώνω, τρόφιμο, ανοιξιάτικος, χειμωνιάζει, προσανατολισμένος, ξεχειμωνιάζω, τρέφω, ηλιακός, θαλασσίτσα, χειμωνιάτικος, θερμαίνω, θέρμανση, θαλασσινός

ρήμα	ουσιαστικό	επίθετο
φθινοπωριάζει	φθινόπωρο	0 φθινοπωρινός
1 ______	2 ______	θερμός
3 ______	προσανατολισμός	4 ______
-	5 ______	ουράνιος
-	ήλιος	6 ______
-	σελήνη	7 ______
8 ______	αναπαραγωγή	9 ______
-	θάλασσα, 10 ______	11 ______, 12 ______
-	βουνό	13 ______
-	ποτάμι	14 ______, 15 ______
16 ______	φωλιά	-
17 ______	18 ______	μεταναστευτικός
-	19 ______	φτερωτός
20 ______, 21 ______	χειμώνας	22 ______
23 ______	άνοιξη	24 ______
25 ______	καταφύγιο	-
26 ______	τροφή, 27 ______	28 ______, 29 ______
30 ______	βάλτος	-
-	θάμνος	31 ______
32 ______	παρατηρητής, 33 ______	34 ______, 35 ______
36 ______	37 ______	ελκυστικός
38 ______	39 ______	απειλούμενο
40 ______	προστασία	41 ______

Άσκηση 16

Συμπλήρωσε τα κενά, όπως στο παράδειγμα.

0. Το πρώτο ταξίδι μιας καρέτα-καρέτα από την αμμουδιά, όπου σκάει το αβγό της, μέχρι την ακτή είναι και το σημαντικότερο της ζωής της. Στηρίζεται στο ένστικτο και το DNA της, για να βρει τον __προσανατολισμό__ (προσανατολίζω) της. Μόνο αν τα καταφέρει την πρώτη φορά, θα ξαναγυρίσει μετά από μερικές δεκαετίες στην ίδια παραλία, για να γεννήσει τα μικρά της.

1. Όλα τα δελφίνια έχουν ένα σύστημα ηχοεντοπισμού με τη βοήθεια του οποίου προσανατολίζονται, εντοπίζουν την ________________ (τρέφομαι) τους και επικοινωνούν μεταξύ τους. Μια επικοινωνία με κώδικες που δεν θα μπορούσε εύκολα να φανταστεί κανείς για ένα ________________ (θάλασσα) θηλαστικό.

2. Οι ρινόκεροι στα προϊστορικά χρόνια ζούσαν ακόμη και στην Ευρώπη. Σήμερα, όμως, πολύ λίγοι ρινόκεροι επιβιώνουν έξω από εθνικά πάρκα και ________________ (καταφεύγω) στην Αφρική και την Ασία.

3. Ο αργυροπελεκάνος αποτελεί ένα παγκόσμια ________________ (προστασία) είδος με συνολικό πληθυσμό μεταξύ 10.400 και 13.900 ατόμων.

4. Η ανθρώπινη δραστηριότητα κατά τη διάρκεια της ________________ (αναπαραγωγή) περιόδου είναι η κυριότερη ________________ (απειλούμαι) για τον αργυροπελεκάνο στην Ελλάδα. Το παράνομο κυνήγι και οι συγκρούσεις με ηλεκτρικά καλώδια αποτελούν, επίσης, σημαντικούς κινδύνους για τους πελεκάνους, ιδιαίτερα κατά τη ________________ (μεταναστατεύω) περίοδο.

5. Οι αετοί είναι μεγάλα, αρπακτικά πουλιά, με βαρύ κεφάλι και ράμφος και σχετικά μικρό λαιμό. Τα ________________ (φτερωτός) τους έχουν τις περισσότερες φορές σκούρο χρώμα (σταχτί, καφετί ή μαύρο) και έχουν πιο ανοιχτόχρωμη την κάτω επιφάνειά τους. Λόγω του μεγέθους και της δυναμής τους, οι αετοί βρίσκονται στην κορυφή της ________________ (τρέφομαι) αλυσίδας μεταξύ των αρπακτικών πτηνών παγκοσμίως.

Πηγή: Διασκευή κειμένου από: www.wwf.gr

Άσκηση 17

Διάλεξε έξι (6) λέξεις από τον πίνακα της άσκησης 15 και κάνε μια άσκηση, όπως η άσκηση 16. Ζήτησε από τον συμμαθητή/τη συμμαθήτριά σου να συμπληρώσει τα κενά της άσκησής σου και κάνε το ίδιο με τη δική του/της άσκηση.

Άσκηση 18

Ζήτησε τη βοήθεια του συμμαθητή/της συμμαθήτριάς σου, για να συμπληρώσεις το σταυρόλεξό σου.

Παράδειγμα:

Μαθητής Α: Τι έχεις στο 1 οριζόντια;

Μαθητής Β: Έτσι λέμε όλα τα φυτά που υπάρχουν σε έναν τόπο.

Μαθητής Α: Χλωρίδα!

Μαθητής Α

1 Χ	Λ	Ω	Ρ	Ι	Δ	5 Α				
						Ν				7 Σ
	2 Π					Α				Ε
	Α					Π				Λ
	Ν		4 Β			3 Α				Η
	Ι		Α			Ρ				Ν
	Δ		4 Λ			Α				Η
	Α		Τ			Γ				
			Ο			Ω				
			Σ			Γ		6 Κ		
		3 Φ		5		Η		Ο		
		Ω						Π		
		Λ		6				Α		
		Ι						Δ		
	7	Α						Ι		

Μαθητής Β

1 Χ	Λ	Ω	Ρ	Ι	Δ	5 Α				
										7
	2 Π	Υ	Ξ	Ι	Δ	Α				
			4 Β			3 Α	Γ	Ε	Λ	Η
			4 Λ	Ι	Β	Α	Δ	Ι		
								6		
		3		5 Σ	Μ	Η	Ν	Ο	Σ	
				6 Κ	Λ	Ι	Μ	Α		
	7 Κ	Α	Τ	Α	Φ	Υ	Γ	Ι	Ο	

Γραμματική: ΣΥΝΘΕΣΗ ΛΕΞΕΩΝ

Άκουσε το κείμενο και συμπλήρωσε τα κενά, για να απαντήσεις στις ερωτήσεις που ακολουθούν.

(cd 1, 18)

ΛΗΜΝΟΣ

Ψηλά στο [0] βορειοανατολικό Αιγαίο, εκεί όπου οι άνεμοι δεν σταματούν ποτέ, βρίσκεται το νησί της Λήμνου, όπου μπορείτε να [1] ____________ και να περάσετε [2] ____________ διακοπές.

[3] ____________ παραλίες με [4] ____________ και κρυστάλλινα νερά, λόφοι γεμάτοι φύση και ζωή, [5] ____________ πλημμυρισμένες ιστορία, πολιτισμός αιώνων, χιλιάδες φλαμίγκο και πέτρινα αρχοντικά με χρωματιστά παράθυρα και [6] ____________ στέγες, είναι μόνο μερικά από τα στοιχεία που συνθέτουν το σκηνικό, το οποίο συναντά κανείς επισκεπτόμενος τη Λήμνο, έναν τόπο μαγικό, ένα νησί να το πιεις στο ποτήρι, που ξεχειλίζει ζωή και περιμένει να το ανακαλύψεις.

Πατώντας κανείς το πόδι του στο νησί, ακούει τα κύματα να του μιλούν για την ιστορία της περιοχής, τις περιπέτειες του Ιάσονα με τους Αργοναύτες του, τις ιστορίες του Τρωικού πολέμου κ.ά.

Ερωτήσεις:

1. Ποια λέξη του κειμένου σημαίνει «πράσινο και γαλάζιο»; ____________

2. Ποια λέξη του κειμένου σημαίνει το αντίθετο από το *κουράζομαι*; ____________

ΣΥΝΘΕΣΗ ΛΕΞΕΩΝ

α(ν): στερητικό			
α(ν) + επίθετο = αντίθεση		*α(ν)* + ουσιαστικό = έλλειψη	
α + βέβαιος = αβέβαιος	α + ίσος = ά**ν**ισος	α + βεβαιότητα = αβεβαιότητα	α + ισότητα = α**ν**ισότητα
άτιμος	ανάλατος	αδιαθεσία	ανεντιμότητα
άχαρος	ανακριβής	αδιακρισία	ανικανότητα
άχρωμος	ανεπίσημος	αδιαφορία	ανακρίβεια
ακούραστος	ανάξιος	αχαριστία	ανευθυνότητα
αδούλευτος	ανεπαρκής	απιστία	ανειλικρίνεια
απίθανος		ατιμία	
ακίνητος			
αδύνατος			
άκακος			

ξε + ρήμα = αντίθεση
ξεγράφω
ξεβάφω
ξεβιδώνω
ξεβουλώνω

ουσιαστικό + ουσιαστικό
μαχαίρι + πιρούνι = μαχαιρ-**ο**-πίρουνο
λάχανο + ρύζι = λαχανόρυζο

επίθετο + επίθετο
πορτοκαλής + κόκκινος = πορτοκαλ-**ο**-κόκκινος

ρήμα + ρήμα
μπαίνω + βγαίνω = μπαιν-**ο**-βγαίνω

επίρρημα + επίρρημα
νότια + ανατολικά = νοτι-**ο**-ανατολικά

επίρρημα + ρήμα
σιγά + τραγουδώ = σιγ-**ο**-τραγουδώ

Άσκηση 1

Γίνετε ζευγάρια, ακολουθήστε τις σύνθετες λέξεις και βγείτε από τον λαβύρινθο.

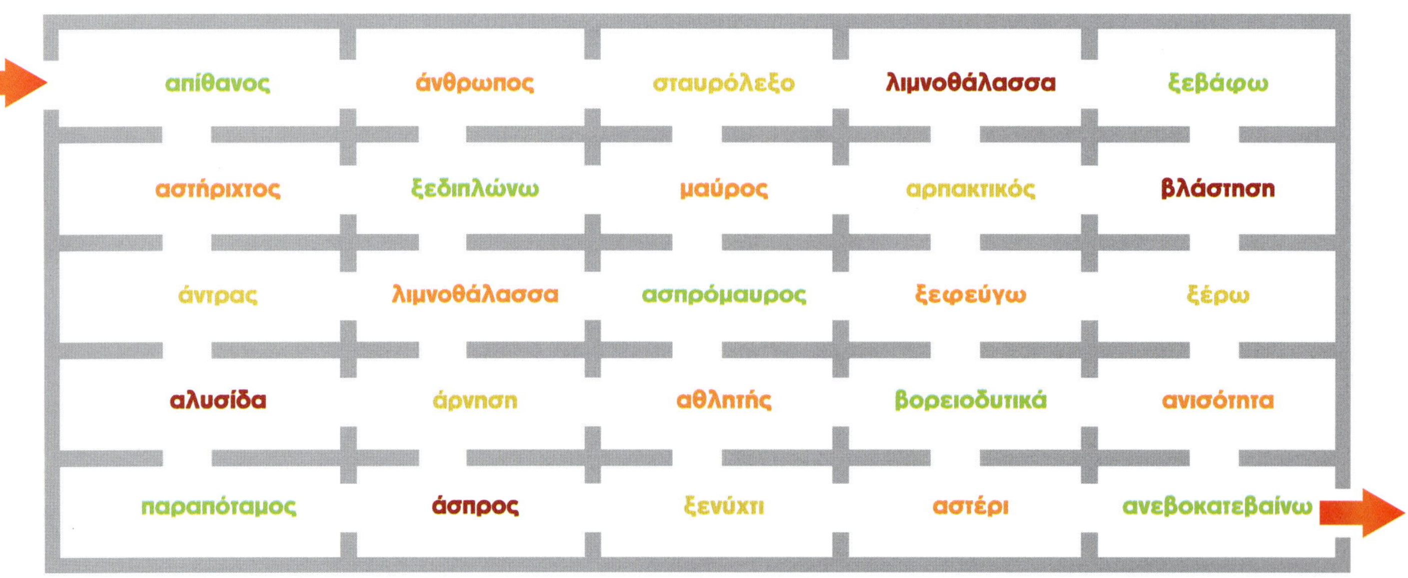

Άσκηση 2
Τι χρώμα είναι; Ένωσε τις λέξεις με τις εικόνες.

ασπρόμαυρο, κιτρινόμαυρο, πορτοκαλοκόκκινο

Άσκηση 3
Ένωσε τις λέξεις με τις εικόνες.

αντρόγυνο, μαχαιροπίρουνο, ψηλόλιγνος

1

2

3

Άσκηση 4
Συμπλήρωσε, όπως στο παράδειγμα.

γελαστός	0 αγέλαστος
πιθανός	1 ______
έντιμος	2 ______
3 ______	ξεκλειδώνω
4 ______	ξεκουράζω
5 ______	ξεφουσκώνω
ισότητα	6 ______

Άσκηση 5
Πώς λέγεται...

0. Ο μπαμπάς μου είναι Έλληνας και η μαμά μου είναι Αμερικανίδα.
Εγώ είμαι Ελληνοαμερικανός.

1. Ο μπαμπάς μου είναι Έλληνας και η μαμά μου είναι Γερμανίδα.
Εγώ είμαι ______.

2. Ο μπαμπάς μου είναι Έλληνας και η μαμά μου είναι Ισπανίδα.
Εγώ είμαι ______.

3. Μια μπαίνει, μια βγαίνει. Βαρέθηκα να τον βλέπω να ______.

4. Πηγαίνει πάνω-κάτω, πάνω-κάτω.
______ εδώ και μία ώρα.

Άσκηση 6
Συνδύασε τις λέξεις από τις δύο στήλες και βρες τα φαγητά.

1 λάχανο	
2 ντομάτα	ρύζι
3 σπανάκι	γάλα
4 ρύζι	σέλινο
5 πράσο	σούπα

Άσκηση 7
Διάλεξε το σωστό.

0. Πώς ~~ξεκλειδώνει~~ (ξεκλειδώνει) / κλειδώνει το μυαλό μας! Διαβάστε το άρθρο μας και νιώστε ελεύθεροι!
1. Η Ρεάλ αν και βρέθηκε με την πλάτη στον τοίχο από την Κάδιθ (0–1 ως το 67΄), επικράτησε 3–1 χάρη στα πιθανά / απίθανα γκολ των Ρομπέρτο Κάρλος, Μπέκαμ, Ρομπίνιο.
2. Δείτε 16 απίστευτους / πιστευτούς προορισμούς που δεν έχουν ανακαλύψει οι τουρίστες.
3. Οι οικολόγοι επισημαίνουν ότι το μέλλον των λευκών φαλαινών και των πολικών αρκούδων φαίνεται μάλλον βέβαιο / αβέβαιο.
4. Από το πρωί τυλίγω / ξετυλίγω τα δώρα που πήρα στο πάρτι μου και έχω μεγάλη χαρά.
5. Στο εξ αποστάσεως πρόγραμμα υπάρχει δυνατότητα σύγχρονης και ξεσύγχρονης / ασύγχρονης επικοινωνίας.
6. Πρέπει να πιστέψεις αυτό που σου λέω, γιατί οι αποδείξεις που έχω είναι ατράνταχτες / τρανταχτές.
7. Ο Πέτρος είναι ορειβάτης κι έχει ανέβει στις πιο προσιτές / απρόσιτες βουνοκορφές.
8. Δείτε πώς μπορείτε να ξεβουλώσετε / βουλώσετε με φυσικό τρόπο τον νιπτήρα σας.

Άσκηση 8
Συμπλήρωσε τα κενά, όπως στο παράδειγμα.

samothraki. gr

Διαβάστε το άρθρο και [0] ξεκλειδώστε (≠ κλειδώνω) τα μυστικά της Σαμοθράκης.

Στο [1] ____________ (βόρειος + ανατολικός) άκρο του Αιγαίου, κοντά στην Ίμβρο και τα παράλια της Τουρκίας, ξεπροβάλλει από τη θάλασσα η Σαμοθράκη, το πιο ψηλό νησί του Αιγαίου μετά την Κρήτη, ένα νησί προικισμένο με εξαιρετική φύση.

Η φύση της Σαμοθράκης είναι μια ζούγκλα εκτός τροπικής ζώνης. Είναι, όμως, αυτή η ζούγκλα άγρια και [2] ____________ (≠ φιλόξενος); Η απάντηση είναι όχι. Και αυτό συμβαίνει, γιατί η Σαμοθράκη έχει τη βλάστηση της ζούγκλας, αλλά και την ομορφιά και τη χάρη του παραδείσου. Είναι γνωστή για το βουνό και τα ποτάμια της.

Αυτό που είναι [3] ____________ (≠ γνωστός), όμως, είναι ότι στο νησί υπάρχουν [4] ____________ (≠ μετρημένος) σπηλιές που αποτελούν καταφύγια της φώκιας monachus-monachus και της θαλάσσιας χελώνας caretta-caretta. Το δυσάρεστο είναι ότι τα καταφύγια αυτά παραμένουν [5] ____________ (≠ προστατευμένος).

Την άνοιξη και το φθινόπωρο, το νησί αποτελεί έναν σπουδαίο σταθμό για [6] ____________ (≠ κούραση) και τροφή των αποδημητικών πτηνών. Κατά μήκος της βόρειας αλλά και της νότιας ακτής σχηματίζονται πολλοί εποχιακοί υγρότοποι, πολύτιμοι σταθμοί για τη μετανάστευση πουλιών. Ο πιο χαρακτηριστικός τέτοιος υγρότοπος είναι η Βδελολίμνη που σχηματίζεται στις εκβολές του Φονιά. Ενδιαφέρον για τους παρατηρητές πουλιών έχει και η [7] ____________ (λίμνη + θάλασσα) του Αγ. Αντρέα κοντά στην Καμαριώτισσα. Η απέραντη παραλία των Κήπων, με σκούρο [8] ____________ (γκρίζος + μαύρος) βότσαλο, αποκαλύπτει μερικές από τις μυστικές ομορφιές της Σαμοθράκης. Τα νερά της θάλασσας, παρόλο που δεν είναι [9] ____________ (πράσινος + γαλάζιος), μαγεύουν κι αιχμαλωτίζουν τον επισκέπτη με το βαθύ μπλε χρώμα τους.

Ακόμη και ένα [10] ____________ (Σάββατο + Κυριακή) στη Σαμοθράκη θα σας μείνει [11] ____________ (≠ ξεχασμένος). Επισκεφτείτε την!

Άσκηση 9
Περίγραψε ένα μέρος της χώρας σου. Χρησιμοποίησε όσες περισσότερες σύνθετες λέξεις μπορείς.

ΚΑΤΑΝΟΗΣΗ ΠΡΟΦΟΡΙΚΟΥ ΛΟΓΟΥ

– Έχεις δει ποτέ κάποιο από τα ζώα της εικόνας;
– Τι σου κάνει εντύπωση σχετικά με αυτά;
– Τι ξέρεις για τον τρόπο ζωής τους;

Συμβουλή:
Πριν κάνεις την άσκηση, διάβασε τις προτάσεις του πίνακα και σημείωσε τι πρέπει να προσέξεις.

(cd 1, 19)

Άσκηση 1
Άκουσε το κείμενο και στον παρακάτω πίνακα σημείωσε ✓ στις σωστές απαντήσεις. Θα πρέπει να σημειώσεις συνολικά εννέα (9) ✓ χωρίς το παράδειγμα.

	τίγρη	πάντα
0. Τρέφεται με χόρτα.		✓
1. Κολυμπάει πολύ καλά.		
2. Χρησιμοποιεί τα μάτια και τα αυτιά του, για να βρει την τροφή του.		
3. Είναι μοναχικό ζώο.		
4. Αναζητά την τροφή του στην ίδια πάντα περιοχή.		
5. Απειλείται από την καταστροφή των δασών.		
6. Απειλείται από παράνομα κυκλώματα εμπόρων.		

(cd 1, 19)

Άσκηση 2
Άκουσε ξανά το κείμενο και παρουσίασε στην τάξη ένα από τα δύο ζώα για τα οποία μιλούν οι μαθητές.

Λεξιλόγιο

Άσκηση 1

Εκτυπώστε το κείμενο της κατανόησης προφορικού λόγου, γίνετε ζευγάρια, δείτε τις υπογραμμισμένες λέξεις του κειμένου και βρείτε ποιοι από τους παρακάτω ορισμούς περιγράφουν τη σημασία τους.

0. αυτός που αναφέρεται στην πέψη ή που έχει σχέση με αυτή = πεπτικός

1. μασάω κάτι για πολλή ώρα, αργά = ____

2. αφήνω κάποιον μόνο του, τον περιορίζω σε ένα μέρος = ____

3. βάζω κάποιον σε κίνδυνο = ____

4. αυτός που βρίσκεται απέναντι σε κάποιον ή σε κάτι = ____

5. αυτός που έχει μεγάλη έκταση = ____

6. δέρμα ζώου με μαλακό και πυκνό τρίχωμα = ____

7. αυτός που δεν γίνεται σύμφωνα με τον νόμο = ____

Άσκηση 2

Γίνετε ζευγάρια, ενώστε τις λέξεις με την ίδια ή παρόμοια σημασία και κάντε προτάσεις με αυτές.

0.	δεινός	**α.**	ικανός	0
1.	σκαρφαλώνω	**β.**	κινδυνεύω	
2.	απειλούμαι	**γ.**	σκαρφάλωμα	
3.	αναρρίχηση	**δ.**	ανεβαίνω	

Άσκηση 3

Γίνετε ζευγάρια, ενώστε τις λέξεις με αντίθετη σημασία και κάντε προτάσεις με αυτές.

0.	μαραίνομαι	**α.**	νόμιμος	
1.	παράνομος	**β.**	ανθίζω	0
2.	μοναχικός	**γ.**	κοινωνικός	
3.	ικανός	**δ.**	συνηθισμένος	
4.	περίεργος	**ε.**	ανίκανος	

Άσκηση 4

Διάβασε τους παρακάτω ορισμούς και συμπλήρωσε τα κενά με τις λέξεις του κρυπτόλεξου.

0. Το σαρκοφάγο ζώο με ευέλικτο και ευκίνητο σώμα και δυνατά νύχια λέγεται αιλουροειδές.

1. Κάθε ζώο ή πτηνό, κυρίως άγριο, που κυνηγούν οι κυνηγοί, η λεία άγριου ζώου λέγεται ____________.

2. Η αίσθηση με την οποία μπορούμε να βλέπουμε με τα μάτια μας είναι η ____________.

3. Η περιοχή που είναι κατάλληλη για την ανάπτυξη ή την προστασία σπάνιων φυτών και ζώων λέγεται ____________.

4. Αυτός που ανήκει ή αναφέρεται στα οικοδομήματα λέγεται ____________.

5. Το ζώο που τρέφεται με σάρκες λέγεται ____________.

6. Το δάσος που βρίσκεται στις θερμές και υγρές περιοχές του Ισημερινού και έχει πολύ πυκνή βλάστηση λέγεται ____________.

7. Η αίσθηση με την οποία αντιλαμβανόμαστε την οσμή είναι η ____________.

8. Η αίσθηση με την οποία αισθανόμαστε τα ηχητικά ερεθίσματα είναι η ____________.

9. Όταν ένα φυτό χάνει τη φυσική του μορφή λόγω έλλειψης νερού, τότε ____________.

0	Α	Ι	Λ	Ο	Υ	Ρ	Ο	Ε	Ι	Δ	Ε	Σ	Δ
1	Α	Δ	Ρ	Θ	Η	Ρ	Α	Μ	Α	Τ	Η	Κ	Λ
2	Υ	Ο	Ρ	Α	Σ	Η	Θ	Τ	Υ	Θ	Β	Σ	Π
3	Α	Γ	Β	Ι	Ο	Τ	Ο	Π	Ο	Σ	Ε	Ρ	Τ
4	Α	Ν	Ο	Ι	Κ	Ο	Δ	Ο	Μ	Ι	Κ	Ο	Σ
5	Ε	Σ	Α	Ρ	Κ	Ο	Φ	Α	Γ	Ο	Τ	Η	Κ
6	Α	Π	Ο	Τ	Ρ	Ο	Π	Ι	Κ	Ο	Τ	Θ	Ρ
7	Α	Δ	Β	Ε	Σ	Ν	Ο	Σ	Φ	Ρ	Η	Σ	Η
8	Κ	Λ	Α	Κ	Ο	Η	Ι	Ε	Ψ	Υ	Σ	Χ	Ο
9	Α	Β	Μ	Α	Ρ	Α	Ι	Ν	Ε	Τ	Α	Ι	Η

Άσκηση 5

Βρες σε ποια από τις παρακάτω προτάσεις η υπογραμμισμένη λέξη έχει την ίδια σημασία με αυτή που έχει στο παράδειγμα και ποια είναι η σημασία της στις υπόλοιπες προτάσεις.

1 **Το μήλο είναι ο καρπός της μηλιάς.**

α. Για να αποδώσει μια επιχείρηση καρπούς, χρειάζεται κόπος, χρόνος και υπομονή.
β. Μου αρέσουν πολύ οι ξηροί καρποί.
γ. Η εκδήλωση είναι ο καρπός της συνεργασίας της κρατικής ορχήστρας Θεσσαλονίκης και του τμήματος κινηματογράφου του Πανεπιστημίου.
δ. Πόνος στον καρπό του χεριού σας; Πάρτε την κατάσταση στα χέρια σας.

2 **Το σφουγγάρι απορροφά τα υγρά.**

α. Αυτό το τσιμέντο απορροφά το νερό σαν σφουγγάρι!
β. Η ελληνική αγορά απορροφά ετησίως περίπου 45.000 θερμοσίφωνες.
γ. Αυτήν την περίοδο θα σας απορροφήσει μόνο η δουλειά, φίλοι Κριοί.
δ. Τα Πανεπιστήμια απορροφούν τα καλύτερα και πιο φιλόδοξα μυαλά της χώρας. Υπάρχουν, όμως, οι αντίστοιχες θέσεις εργασίας για τους αποφοίτους τους;

3 **Η αγαπημένη μου τραγουδίστρια θα είναι στην πόλη μας για 2 εμφανίσεις.**

α. Πότε έγινε η εμφάνιση των νέων κινητών τηλεφώνων στην αγορά;
β. Η Αρετή είναι πολύ όμορφη. Προσέχει την εμφάνισή της.
γ. Αυτή η φωτογραφία είναι από την πρώτη επίσημη εμφάνισή μας με τον Νίκο.

Άσκηση 6

Γίνετε ζευγάρια. Πηγαίνετε στην ιστοσελίδα www.greek-language.gr/greekLang/modern_greek/tools/corpora/corpora/search.html. Πληκτρολογήστε τις λέξεις *αντιμέτωπος*, *αναρρίχηση* και *βλαστάρι* και βρείτε παραδείγματα με τις διαφορετικές σημασίες της κάθε λέξης.

Άσκηση 7

Συμπλήρωσε τα κενά με την κατάλληλη λέξη και βρες ποια πρόταση περιγράφει την εικόνα που συνοδεύει την άσκηση.

θήραμα/λεία

0. Τα ___θηράματα___ του λιονταριού είναι μεγάλα ζώα.
1. Τα πορτοφόλια ήταν εύκολη ______________ για τον έμπειρο κλέφτη.
2. Αυτή η περιοχή είναι πλούσια σε ______________.
3. Υπάρχει νόμος που προστατεύει ______________ από τους λαθροκυνηγούς.

καρπός/φρούτο

4. Ο μανάβης πουλάει ______________ και λαχανικά.
5. Αγόρασα κάτι καραμέλες με γεύση ______________.
6. Μετά το φαγητό τρώω πάντα ένα ______________.
7. Τι ______________ κάνει αυτό το δέντρο;
8. Τα μήλα είναι πολύ θρεπτικό ______________.
9. Το σύγγραμμα αυτό είναι ______________ μακροχρόνιου ερευνητικού μόχθου.
10. Η επιτυχία του είναι ______________ πολλών κόπων.

παρατεταμένος/εκτεταμένος

11. Η ______________ ανομβρία δεν ωφελεί καθόλου τον αγροτικό κόσμο.
12. Στο τέλος της συναυλίας το κοινό επιβράβευσε τον καλλιτέχνη με ένα ______________ χειροκρότημα.
13. Το υπουργείο έχει ______________ αρμοδιότητες.
14. Για να υποστηρίξει τη θέση της, επικαλέστηκε ______________ βιβλιογραφία.

Άσκηση 8

Ποιες από τις παρακάτω φράσεις είναι Σωστές και ποιες Λάθος;

0. Αυτή η επιτυχία είναι το φρούτο πολλής δουλειάς. ___Λ___
1. Αυτή η παρατεταμένη αγωνία με έχει κουράσει πολύ. ______
2. Τα αυτοκίνητα χωρίς κλειδί είναι εύκολο θήραμα για τους κλέφτες. ______
3. Έχει πολύ καλή όραση και γι' αυτό μπορεί να ακούσει κάτι από πολλά χιλιόμετρα. ______

Άσκηση 9

Περίγραψε ένα μέρος της χώρας σου. Χρησιμοποίησε όσες περισσότερες λέξεις μπορείς.

Άσκηση 10

Γίνετε ζευγάρια και ενώστε τις λέξεις, για να κάνετε φράσεις που χρησιμοποιούνται πολύ συχνά. Μετά γράψτε προτάσεις με τις φράσεις που κάνατε.

0. δεινός
1. τροπικό
2. σαρκοφάγο
3. διατροφική
4. θρεπτικά
5. πεπτικό
6. οικοδομική
7. παίρνουν

0	κολυμβητής
	δάσος
	ζώο
	τον λόγο
	συστατικά
	συνήθεια
	σύστημα
	ανάπτυξη

Άσκηση 11

Συμπλήρωσε τα κενά με τις παρακάτω λέξεις.

κυνήγι, όραση, ~~όσφρησης~~, ακοής, απειλή, δάση, γούνα, θήραμά, παράνομο

. ρινόκερος .

Ο ρινόκερος είναι φυτοφάγο ζώο που στηρίζεται κυρίως στην πολύ αναπτυγμένη αίσθηση της [0] όσφρησης και της [1]__________. Αντίθετα, έχει φτωχή [2]__________ και δυσκολεύεται να ξεχωρίσει από μακριά αν ένα ζώο αποτελεί απειλή ή όχι για τον ίδιο.

. ελάφι .

Τον χειμώνα προτιμά τα [3]__________, ενώ το καλοκαίρι επιλέγει να κινηθεί σε μεγαλύτερο υψόμετρο. Το [4]__________ κυνήγι αποτελεί την πιο βασική [5]__________ για τη ζωή του.

. λύκος .

Ζει σε αγέλες, για να έχει καλύτερα αποτελέσματα στο [6]__________. Οι λύκοι μπορούν να εντοπίσουν το [7]__________ τους από απόσταση 3 χλμ., μόνο από τη μυρωδιά.

. βίδρα .

Η ευρασιατική βίδρα είναι ένα μικρόσωμο ζώο που ζει στις όχθες των ποταμών και των λιμνών σε πολύ καθαρά νερά. Χρειάζεται το γλυκό νερό, για να καθαρίζει τη [8]__________ της. Η γούνα τής προσφέρει μια ιδιαίτερα αποτελεσματική μόνωση από το κρύο και την υγρασία. Καθημερινά ξοδεύει το 10% του χρόνου της για τη φροντίδα της γούνας της.

Πηγή: Διασκευή κειμένου από: http://www.wwf.gr

Άσκηση 12

(cd 1, 20)

Τώρα άκουσε το παραπάνω κείμενο και σημείωσε ποιες λέξεις/φράσεις αντικαθιστούν τις λέξεις που συμπλήρωσες στα κενά του.

Άσκηση 13

Γίνετε ζευγάρια, δείτε τις παρακάτω λέξεις και συμπληρώστε τα κενά κάθε σειράς του πίνακα με λέξεις που ανήκουν στην ίδια οικογένεια.

μεταναστευτικός, ~~φύση~~, τεμπελιά, κυνηγός, μετανάστευση, παρατηρητικότητα, κυνηγετικός, ενηλικίωση, καλλιεργώ, κυνηγώ, παρατηρητικός, αναρριχητικός, πέψη, απειλητικός, σκαρφάλωμα, τεμπελιάζω, εξαφανίζω, ζώο, δασικός, ξύλινος, φυτεύω, εμπορικός, εμπορεύομαι, απειλώ, δεινότητα, ενήλικος, άγριος, γούνινος, αγριότητα, μαρασμός, τροφή, ξύλο, παρανομία, παρατηρώ, μαραμένος, αναρριχώμαι, τρέφομαι, μετακινούμαι, παρανομώ, καλλιεργήσιμος, ζωικός

ρήμα	ουσιαστικό	επίθετο
-	0 φύση	φυσικός
1 ______	κυνήγι, 2 ______	3 ______
-	4 ______	δεινός
σκαρφαλώνω	5 ______	-
6 ______	εξαφάνιση	-
-	7 ______	ζωολογικός, 8 ______
-	δάσος	9 ______
-	ξυλεία, 10 ______	11 ______
12 ______	φυτεία	-
13 ______	14 ______	παράνομος
15 ______	εμπόριο	16 ______
17 ______	απειλή	18 ______
ενηλικιώνομαι	19 ______	20 ______
αγριεύω	21 ______	22 ______
23 ______	24 ______	τεμπέλης
25 ______	αναρρίχηση	26 ______
-	γούνα	27 ______
-	28 ______	πεπτικός
29 ______	30 ______	θρεπτικός
μεταναστεύω	31 ______	32 ______
μαραίνομαι	33 ______	34 ______
35 ______	μετακίνηση	-
36 ______	καλλιέργεια	37 ______
38 ______	παρατήρηση, 39 ______	40 ______

Άσκηση 14
Συμπλήρωσε τα κενά, όπως στο παράδειγμα.

http://el.wikipedia.org

ΑΓΡΙΑ ΖΩΑ | ΦΥΣΗ | ΘΑΛΑΣΣΑ

ΛΙΟΝΤΑΡΙ: Ο ΒΑΣΙΛΙΑΣ ΤΩΝ ΖΩΩΝ

Ο συνηθισμένος τόπος διαμονής των λιονταριών είναι η σαβάνα και οι γρασιδότοποι. Συχνά, επίσης, βρίσκονται σε θαμνώδεις περιοχές και δάση. Τα λιοντάρια είναι πολύ κοινωνικά ζώα. Μια αγέλη λιονταριών συνήθως αποτελείται από τα θηλυκά, τα μικρά τους και έναν μικρό αριθμό [0] ενήλικων (ενηλικιώνομαι) αρσενικών. Τα θηλυκά κυνηγούν όλα μαζί σε ομάδες. Ενώ συνήθως δεν [1] __________ (κυνηγός) ανθρώπους, υπήρξαν περιπτώσεις λιονταριών που αναζητούσαν ανθρώπινα θηράματα.

Τα ενήλικα λιοντάρια δεν έχουν [2] __________ (φύση) εχθρούς. Η πλειοψηφία τους βρίσκει βίαιο θάνατο από ανθρώπους ή άλλα λιοντάρια.

Ποια ζώα κινδυνεύουν με εξαφάνιση;

Τα άγρια ζώα υπάρχουν στη Γη εδώ και εκατομμύρια χρόνια, στο δικό τους περιβάλλον και πολλά από αυτά ζουν στα τροπικά [3] ______________ (δασικός). Ωστόσο, λόγω της καταστροφής των δασών για την [4] ______________ (ξύλινος) τους και τη δημιουργία διαφόρων [5] ______________ (φυτεύω), ο πληθυσμός τους μειώνεται δραματικά. Σε αυτές τις απειλές, επίσης, προστίθενται και τα υψηλά ποσοστά του παράνομου κυνηγιού για τη [6] ______________ (γούνινος), το κρέας ή τα κέρατα. Η λίστα που ακολουθεί είναι κατατοπιστική για τα ζώα που κινδυνεύουν σήμερα πιο πολύ να εξαφανιστούν, εξαιτίας της ανθρώπινης δραστηριότητας.

Πιγκουίνος του Μαγγελάνου

Η μεγαλύτερη [7] ______________ (απειλώ) του είναι οι κλιματικές αλλαγές και η αύξηση της θερμοκρασίας των ωκεανών. Επίσης, επειδή ο συγκεκριμένος πιγκουίνος κολυμπά, για να βρει την τροφή του, οι πετρελαιοκηλίδες των θαλασσών είναι ένας μεγάλος κίνδυνος για τη ζωή του.

Θαλάσσια χελώνα

Οι θαλάσσιες χελώνες αντιμετωπίζουν, επίσης, κίνδυνο [8] ______________ (εξαφανίζω). Το παράνομο [9] ______________ (κυνηγώ) αλλά και η τυχαία σύλληψή τους στα δίχτυα των ψαράδων αποτελούν τις κυριότερες [10] ______________ (απειλώ).

Ελέφαντας Σουμάτρας

Λόγω της καταστροφής των δασών στην Ασία, πάνω από το 80% του πληθυσμού τους εξαφανίστηκε τις τελευταίες 2 δεκαετίες. Οι ελέφαντες αναγκάστηκαν να [11] ______________ (μετακίνηση) προς τους ανθρώπινους οικισμούς και να κάνουν επιδρομές σε σπίτια, για να βρουν την [12] ______________ (τρέφομαι) τους. Οι άνθρωποι, για να μπορέσουν να προφυλαχτούν, αναγκάστηκαν να τους σκοτώνουν, με αποτέλεσμα οι ελέφαντες της Σουμάτρας να κινδυνεύουν με εξαφάνιση.

Πηγή: Διασκευή κειμένου από: http://perierga.gr

Άσκηση 15

Διάβασε τους ορισμούς και συμπλήρωσε την ακροστιχίδα.

0. Το σύνολο των φυτών ενός τόπου.

1. Σκαρφάλωμα.

2. 1. Αυτός που είναι πολύ ικανός σε κάτι. 2. Πάρα πολύ δύσκολος, φοβερός, τρομερός.

3. Το τρυφερό κομμάτι των φυτών ή των δέντρων.

4. Όταν ένα υλικό κρατάει μέσα του ένα υγρό ή ένα αέριο και δεν το αφήνει να βγει, τότε λέμε ότι το...

5. Η διαδικασία εξοικείωσης με μια κατάσταση.

6. 1. Διαχωρίζω. 2. Αποκλείω.

7. 1. Το τελικό προϊόν ενός φυτού/δέντρου. 2. Το αποτέλεσμα μιας ανθρώπινης δραστηριότητας. 3. Τμήμα του χεριού.

Άσκηση 16

Ο κάθε μαθητής/Η κάθε μαθήτρια διαλέγει μια εικόνα από τον πίνακα. Την περιγράφει δυνατά στην τάξη. Οι υπόλοιποι μαθητές/Οι υπόλοιπες μαθήτριες βρίσκουν την εικόνα και τη σημειώνουν. Σημειώνουν τέσσερα διαδοχικά κελιά διαγώνια, οριζόντια ή κάθετα που περνούν από το κεντρικό BINGO και φωνάζουν BINGO.

Παράδειγμα: Ένα κοπάδι ψαριών με κίτρινο, άσπρο και μαύρο χρώμα.

Γραμματική: ΑΡΙΘΜΗΤΙΚΑ ΕΠΙΘΕΤΑ

Άκουσε το κείμενο και συμπλήρωσε τα κενά, για να απαντήσεις στις ερωτήσεις που ακολουθούν.

(cd 1, 21)

Πηγή: Διασκευή κειμένου από: http://www.helioakmi.com

1. Τι κερδίζω με τη χρήση ενός ηλιακού θερμοσίφωνα;

Η ενέργεια που σπαταλούμε με τη χρήση ενός απλού θερμοσίφωνα είναι [0] διπλάσια από αυτή που καταναλώνουμε με τη χρήση ενός ηλιακού. Με τον ηλιακό θερμοσίφωνα κάνουμε από 40% έως 80% εξοικονόμηση ενέργειας και χρημάτων. Το ποσοστό εξοικονόμησης εξαρτάται καθαρά από την ποιότητα της κατασκευής του ηλιακού θερμοσίφωνα.

2. Τι σημαίνει «ηλιακός θερμοσίφωνας [1]__________ ενέργειας»;

Ο όρος «ηλιακός θερμοσίφωνας [2]__________ ενέργειας» σημαίνει ότι ο θερμοσίφωνας λειτουργεί με ήλιο και με ρεύμα.

3. Τι σημαίνει «ηλιακός θερμοσίφωνας [3]__________ ενέργειας»;

Ο όρος «ηλιακός θερμοσίφωνας [4]__________ ενέργειας» σημαίνει ότι, εκτός από τη λειτουργία του με ήλιο και με ρεύμα, ο θερμοσίφωνας μπορεί να λειτουργήσει και σε σύνδεση με το καλοριφέρ.

4. Μπορεί ένας ηλιακός θερμοσίφωνας [5]__________ ενέργειας να μετατραπεί σε ηλιακό θερμοσίφωνα [6]__________ ενέργειας;

Ένας ηλιακός θερμοσίφωνας, αν προσφέρει τη δυνατότητα προσθήκης εφεδρικού στοιχείου θέρμανσης, τότε μπορεί να λειτουργήσει και ως ηλιακός θερμοσίφωνας τριπλής ενέργειας (δηλαδή σε σύνδεση και με το καλοριφέρ).

ΑΡΙΘΜΗΤΙΚΑ ΕΠΙΘΕΤΑ

αραβικά ψηφία	απόλυτα	τακτικά: σειρά-θέση	πολλαπλασιαστικά: από πόσα μέρη αποτελείται κάτι	αναλογικά: πόσες φορές μεγαλύτερο είναι κάτι
1	ένας, μία/μια, ένα	πρώτος, -η, -ο	απλός, -ή, -ό	-
2	δύο/δυο	δεύτερος, -η, -ο	διπλός, -ή, -ό	διπλάσιος, -α, -ο
3	τρεις, τρία	τρίτος, -η, -ο	τριπλός, -ή, -ό	τριπλάσιος, -α, -ο
4	τέσσερις, τέσσερα	τέταρτος, -η, -ο	τετραπλός, -ή, -ό	τετραπλάσιος, -α, -ο
5	πέντε	πέμπτος, -η, -ο	πενταπλός, -ή, -ό	πενταπλάσιος, -α, -ο
6	έξι	έκτος, -η, -ο	εξαπλός, -ή, -ό	εξαπλάσιος, -α, -ο
10	δέκα	δέκατος, -η, -ο	δεκαπλός, -ή, -ό	δεκαπλάσιος, -α, -ο
20	είκοσι	εικοστός, -ή, -ό	εικοσαπλός, -ή, -ό	εικοσαπλάσιος, -α, -ο
100	εκατό	εκατοστός, -ή, -ό	εκατονταπλός, -ή, -ό	εκατονταπλάσιος, -α, -ο
			πολλαπλός, -ή, -ό	πολλαπλάσιος, -α, -ο

Ερωτήσεις:

1. Πόσοι τύποι θερμοσίφωνα υπάρχουν; __________
2. Ποιος τύπος θερμοσίφωνα έχει τρεις λειτουργίες; __________

Άσκηση 1
Βρες και διόρθωσε το λάθος.

0. Με την ανακύκλωση των σκουπιδιών μας επιτυγχάνουμε ~~διπλάσιο~~ όφελος για το περιβάλλον, διότι, από τη μια πλευρά, αντιμετωπίζουμε αποτελεσματικά τη ρύπανση και, από την άλλη, εξοικονομούμε ενέργεια και υλικά. διπλό
1. Σύμφωνα με έρευνες, οι αισιόδοξοι άνθρωποι έχουν διπλή πιθανότητα να έχουν υγιή καρδιά σε σύγκριση με τους απαισιόδοξους. __________
2. Δυσκολεύεται πολύ οικονομικά και αναγκάζεται να δουλεύει διπλάσια βάρδια, για να τα καταφέρει. __________
3. Αγόρασα μια διπλάσια κουβέρτα για την κρεβατοκάμαρα. __________
4. Ζαλίζεται και τα βλέπει όλα δύο. __________
5. Ξέρω ποιος βγήκε πρώτος στον αγώνα. Δεν ξέρω, όμως, τον δύο. __________

Άσκηση 2
Διάλεξε το σωστό.

0. Το βάρος μου είναι το δύο / διπλό / (διπλάσιο) από της φίλης μου.
1. Δεν τον συμπαθώ αυτόν τον άνθρωπο, γιατί δεν είναι έντιμος. Παίζει πάντα δύο / διπλάσιο / διπλό παιχνίδι σε βάρος των άλλων.
2. Στο διαγώνισμα έγραψα δέκα / δεκαπλό / δεκαπλάσιο.
3. Δύο / Διπλάσιες / Διπλές δόσεις γέλιου έρχονται με τα σίριαλ του φετινού χειμώνα.
4. Πάρε δεκαπλάσιες / δέκα / δεκαπλές πορτοκαλάδες για το πάρτι.
5. Πρόσεξε πώς οδηγείς. Δεν είναι αυτός ο δρόμος δύο / διπλάσιας / διπλής κατεύθυνσης.
6. Το διαμέρισμά μου είναι το τρία / τριπλό / τριπλάσιο από το δικό του.
7. Μένω στον τρία / τριπλό / τρίτο όροφο.
8. Έναν δύο / διπλάσιο / διπλό ελληνικό, παρακαλώ.
9. Πήρε το χάλκινο μετάλλιο στους αγώνες. Βγήκε, δηλαδή, τρία / τριπλός / τρίτος.
10. Τρία / Τριπλοί / Τριπλάσιοι σε σχέση με άλλες χρονιές θα είναι φέτος οι τουρίστες στην περιοχή μας.

Άσκηση 3

Συμπλήρωσε τα κενά με τον κατάλληλο τύπο του αριθμητικού επιθέτου.

0. Τα ___διπλά___ (2) τζάμια κατασκευάζονται από τη συνένωση δύο απλών τζαμιών και προσφέρουν πολύ καλή μόνωση.
1. Αγόρασα ______________ (5) τετράδια για το σχολείο.
2. Μόλις κυκλοφόρησε το ______________ (2) τεύχος του περιοδικού.
3. Μην πάρετε ποτέ ______________ (2) δόση από ένα φάρμακο, για να αναπληρώσετε τη δόση που ξεχάσατε.
4. Αυτό το μαγαζί έχει φοβερές εκπτώσεις. Πριν από λίγο καιρό τα είχε όλα στη ______________ (2) τιμή.
5. Αυτή η κουβέρτα είναι μικρή. Χρειάζομαι μια ακριβώς ______________ (2) από αυτή.
6. Στην καινούρια μου δουλειά παίρνω ______________ (3) μισθό από τον παλιό μου.
7. Μου αρέσουν τα μπουφάν που έχουν ______________ (2) όψη. Είναι πολύ πρακτικά.
8. Η φετινή παραγωγή των αγροτών ήταν ______________ (2) από την περσινή.

Άσκηση 4

Σύγκρινε δύο θηλαστικά ζώα. Χρησιμοποίησε τις παρακάτω λέξεις:

διπλός, διπλάσιος, τριπλάσιος κτλ.

ΠΑΡΑΓΩΓΗ ΠΡΟΦΟΡΙΚΟΥ ΛΟΓΟΥ

Άσκηση 1

Γίνετε ζευγάρια και απαντήστε στις παρακάτω ερωτήσεις.

- Σου αρέσει να βλέπεις ντοκιμαντέρ για άγρια ζώα στην τηλεόραση; Γιατί;
- Ποια είναι η γνώμη σου για τα ζωολογικά πάρκα;
- Συμμετέχεις στην προστασία του περιβάλλοντος; Πώς;
- Ποιο νομίζεις ότι είναι το πιο σοβαρό πρόβλημα του περιβάλλοντος;
- Με ποιους τρόπους μπορούμε να προστατεύσουμε τα ζώα που βρίσκονται υπό εξαφάνιση;
- Τι είναι η «οικολογική οδήγηση»;
- Πώς συνδέεται η κλιματική αλλαγή με τις μετακινήσεις των ανθρώπων;

Άσκηση 2

Διάβασε τις παρακάτω φράσεις. Ποιες είναι οι πιο κατάλληλες για σένα;

Το περιβάλλον είναι...	
το σπίτι μας.	
απαραίτητο για την ανθρώπινη υγεία.	
η ζωή μας.	
ανάπτυξη.	

Άσκηση 3

Δες τις εικόνες και απάντησε στις ερωτήσεις.

Τα ζώα της εικόνας...

- πού βρίσκονται;
- γιατί βρίσκονται εκεί;
- τι κάνουν;
- τι αισθάνονται;
- πώς είναι εξωτερικά;

Ποιες ομοιότητες και ποιες διαφορές παρατηρείς στις δύο εικόνες;

Χρήσιμο λεξιλόγιο

- φυσικό περιβάλλον
- ζωολογικό πάρκο
- ειδικά διαμορφωμένος χώρος
- ελευθερία
- μοναξιά
- κίνδυνος
- κατάλληλες κλιματικές συνθήκες
- είδος προς εξαφάνιση

(cd 1, 22)

Άσκηση 4

Άκουσε το κείμενο και κράτησε σύντομες σημειώσεις.

Επιχειρήματα υπέρ των ζωολογικών πάρκων:

____

____

Επιχειρήματα κατά των ζωολογικών πάρκων:

____

____

(cd 1, 22)

Άσκηση 5

Άκουσε ξανά το κείμενο και πες την περίληψή του.

Άσκηση 6

Γίνετε ζευγάρια και συζητήστε το παρακάτω θέμα.

Συζήτηση

Συνομιλητής/Συνομιλήτρια Α

Συζητάς με έναν φίλο/μια φίλη σου για τα ζωολογικά πάρκα. Σ' εκείνον/εκείνη αρέσει πολύ να επισκέπτεται ζωολογικά πάρκα, γιατί του/της αρέσουν τα ζώα και περνάει ωραία σε αυτά. Εσένα δεν σου αρέσουν καθόλου και είσαι αντίθετος/αντίθετη με αυτά. Προσπαθείς να τον/την πείσεις γιατί δεν πρέπει να επισκέπτεται ζωολογικά πάρκα.

Συνομιλητής/Συνομιλήτρια Β

Συζητάς με έναν φίλο/μια φίλη σου για τα ζωολογικά πάρκα. Σ' εκείνον/εκείνη δεν αρέσει καθόλου να πηγαίνει και είναι αντίθετος/αντίθετη με αυτά. Εσένα σου αρέσουν πάρα πολύ και επιδιώκεις να πηγαίνεις, όποτε μπορείς. Προσπαθείς να τον/την πείσεις γιατί αξίζει να επισκέπτεται ζωολογικά πάρκα.

Χρήσιμο λεξιλόγιο

- Μου φαίνεται ότι έχεις δίκιο/άδικο
- Η γνώμη μου είναι...
- Κατά τη γνώμη μου, αυτό είναι απαραίτητο.
- Εσύ τι γνώμη έχεις;
- Πώς το βλέπεις εσύ;
- Πες μου, τι πιστεύεις;
- Πώς σου φαίνεται;
- Δεν είναι έτσι όπως τα λες/λέτε.
- Δεν είναι έτσι τα πράγματα.
- Έχω άλλη/αντίθετη γνώμη.
- Δεν έχω την ίδια άποψη.
- Δεν έχω δίκιο;
- Διαφωνείς;
- Μη με διακόπτεις, σε παρακαλώ.
- Πράγματι.

ΠΑΡΑΓΩΓΗ ΓΡΑΠΤΟΥ ΛΟΓΟΥ

Άσκηση 1

Διάβασε προσεκτικά το γράμμα, βρες τις επιπλέον λέξεις και διάγραψέ τες. Οι λέξεις που πρέπει να διαγράψεις είναι έξι (6).

1 ____________________
____
____

2 ____________________
____
____

3 ____________________
____
____

4 ____________________
____
____

Γεια σου, Μυρτώ!

Πήρα το γράμμα σου, όπου ζητάς τη γνώμη μου σχετικά με την επιθυμία σου να πάρεις έναν σκύλο στο σπίτι, για να σου κάνει παρέα και να αισθάνεσαι πιο ασφαλής. Καταλαβαίνω την ανάγκη σου για την παρέα: είσαι σε μια καινούρια πόλη, όλα είναι δύσκολα, αλλά, πραγματικά, διαφωνώ πολύ με αυτό που σκέφτεσαι να κάνεις και θέλω να σε το αποτρέψω.

Εσύ θα λείπεις όλη τη μέρα και ο σκύλος θα μένει σε ένα σπίτι μόνος του. Θα πλήττει και θα στεναχωριέται. Ένα ζώο έχει πολλές υποχρεώσεις. Θα πρέπει να φροντίζεις να τον πηγαίνεις βόλτα 2-3 φορές τη μέρα. Μπορείς να καταφέρεις κάτι τέτοιο; Επίσης, πρέπει να φροντίζεις για τα εμβόλια και την τροφή του. Δεν είναι πολύ απλό. Ο σκύλος στο διαμέρισμά σου δεν είναι μια εύκολη υπόθεση. Έχει έξοδα, απαιτεί φροντίδα και περιποίηση που είναι χρονοβόρα και δαπανηρή. Γι' αυτό, πολύ συχνά κάποιοι άνθρωποι που δεν σκέφτονται υπεύθυνα, πριν πάρουν ζώο στο σπίτι, τελικά το παρατούν, με αποτέλεσμα στην πόλη μας να έχουμε το θλιβερό φαινόμενο των αδέσποτων.

Αν θέλεις να έχεις έναν σκύλο, σου προτείνω να μετακομίσεις σε μια μονοκατοικία. Έτσι, δεν θα νιώθεις μοναξιά και φυσικά θα αισθάνεσαι περισσότερη ασφάλεια. Εγώ, όπως ξέρεις, έχω δύο σκυλιά και το απολαμβάνω. Είναι η καλύτερη παρέα για τα παιδιά μου, στα οποία δίνουν την αυτοπεποίθηση με την αφοσίωσή τους σε αυτά. Είναι πραγματικά η καλύτερη παρέα! Όμως, Μυρτώ, εγώ έχω μια πολύ μεγάλη αυλή και το κάθε ζώο έχει την ελευθερία του. Είμαι σαν απόλυτη. Τα ζώα δεν είναι για τα διαμερίσματα. Είναι για το φυσικό περιβάλλον.

Ελπίζω να σ' έπεισα με το μήνυμά μου και να μην κάνεις το λάθος σου που σκέφτεσαι...

Πολλά φιλιά

Ελένη

Άσκηση 2

Διάβασε ξανά το κείμενο και βρες έναν πλαγιότιτλο για κάθε παράγραφο.

Άσκηση 3

Ξαναγράψε τις προτάσεις, χρησιμοποιώντας τις λέξεις/φράσεις της παρένθεσης.

0. Το περασμένο σαββατοκύριακο επισκεφτήκαμε το ζωολογικό πάρκο της περιοχής μας και γράφω αυτό το κείμενο, για να εκφράσω τις σκέψεις μου γι' αυτό. (διότι)

Το περασμένο σαββατοκύριακο επισκεφτήκαμε το ζωολογικό πάρκο της περιοχής μας και γράφω αυτό το κείμενο, διότι θέλω να εκφράσω τις σκέψεις μου γι' αυτό.

1. Η επίσκεψη ξεκίνησε περίπου στις 10 το πρωί από την κεντρική είσοδο του πάρκου. (κατά)

____

____

2. Αρχικά σκέφτηκα ότι πράγματι είναι πολύ σημαντικός ο ρόλος του πάρκου, αφού εκεί ειδικοί επιστήμονες φροντίζουν για την αναπαραγωγή και διάσωση κάποιων ειδών. (χάρη σε)

____

____

3. Ζώα που προέρχονται από διαφορετικό φυσικό περιβάλλον καταφέρνουν να συνυπάρξουν στο πάρκο της πόλης μου. (αν και)

____

____

Άσκηση 4

Βάλε στη σειρά τις λέξεις και κάνε προτάσεις, όπως στο παράδειγμα.

0. βορρά/πετούν/Τα/κατά/πουλιά/τον

Τα πουλιά πετούν κατά τον βορρά.

1. να/σπίτι/κατά/7/τις/Πρέπει/το/φύγουμε/από

____

2. φυλακισμένα/ζωολογικών/Είμαι/ζουν/των/κατά/γιατί/πάρκων/ότι/τα/πιστεύω/ζώα

____

3. τη/είναι/Κατά/υπέροχος/γνώμη/η/προορισμός/μου/ένας/Σαμοθράκη

____

Άσκηση 5

Γράψε προτάσεις, για να περιγράψεις μια προβληματική κατάσταση ή να προτείνεις λύσεις σε αυτή χρησιμοποιώντας τις παρακάτω λέξεις/φράσεις:

τόσο, που, επομένως, άρα, γι' αυτό, καλύτερα, τέτοιος, μήπως, αν και, εξαιτίας, αφού

Άσκηση 6

Στην πόλη σου έχετε πολλά αδέσποτα ζώα που τριγυρνούν στα πάρκα και στις παιδικές χαρές. Γράφεις ένα γράμμα σε έναν φίλο/μια φίλη σου κτηνίατρο, όπου περιγράφεις την έκταση του φαινομένου, αναφέρεις τις αιτίες που το προκαλούν και ζητάς τη γνώμη του/της για το φαινόμενο. (200 λέξεις)

Πριν από τη συγγραφή του κειμένου

παράγραφος 1 – εισαγωγή: προσφώνηση, χαιρετισμός στον φίλο
παράγραφος 2: περιγράφεις την κατάσταση με τα αδέσποτα
παράγραφος 3: αναφέρεις τα αίτια του φαινομένου που παρατήρησες
παράγραφος 4: ζητάς τη γνώμη του για το φαινόμενο
παράγραφος 5 – επίλογος: αποφώνηση

Μετά τη συγγραφή του κειμένου

- Έχεις αναπτύξει όλα τα ερωτήματα του θέματος;
- Χρησιμοποίησες το κατάλληλο ύφος;
- Αξιοποίησες χρήσιμο λεξιλόγιο από την ενότητα;
- Έχει προσφώνηση και αποφώνηση το γράμμα σου;

Ώρα για τραγούδι

(cd 1, 23)

1. Δες τις εικόνες. Μάντεψε το περιεχόμενο του τραγουδιού.
2. Διάβασε τους στίχους του τραγουδιού. Πώς πιστεύεις ότι θα είναι ο ρυθμός και η μουσική του;
3. Άκουσε το τραγούδι. Η μουσική είναι όπως τη φαντάστηκες;

Δυο σπουργίτια φιλαράκια, συζητούνε στην αυλή.
Ήρθαν, λεν, τα χελιδόνια, ήρθαν και οι πελαργοί.
Όλο το χωριό βουίζει με τα νέα τα καλά
που θα σμίξουνε και πάλι όλοι οι φίλοι απ' τα παλιά.
Πελαργοί και χελιδόνια και σπουργίτια και αηδόνια
μαζευτήκαν στην πλατεία, κελαηδούν με ευφορία.
Πέρασε πια ο χειμώνας και τα κρύα τα πολλά,
πέρασαν κι οι δυσκολίες που είχαν όλα τα πτηνά.
Παγωνιές, κρύα και χιόνια, τα πτηνά της γειτονιάς,
μετανάστευση και πόνος για τα αποδημητικά.
Όλα αυτά, όμως, περάσαν κι είναι πια ένα παρελθόν,
τώρα άνοιξη μυρίζει, τσίου, τσίου, τσίρι τρομ.

4. Ποιος είναι ο αγαπημένος σου στίχος; Γιατί;
5. Ποιες λέξεις κάνουν ομοιοκαταληξία;
6. Διάλεξε κάποιες από τις λέξεις που κάνουν ομοιοκαταληξία και γράψε το δικό σου τραγούδι.
7. Πες στην τάξη σου την ιστορία του τραγουδιού.
8. Άκουσε μόνο τη μουσική και τραγούδησε το τραγούδι. (cd 1, 24)

Τώρα ξέρεις...

	Ναι	Όχι
να συμμετέχεις σε μια συζήτηση σχετικά με το περιβάλλον;		
να μιλάς για τη χλωρίδα και την πανίδα του τόπου σου;		
να σχηματίζεις σύνθετες λέξεις;		
να σχηματίζεις και να χρησιμοποιείς – τακτικά επίθετα; – πολλαπλασιαστικά επίθετα; – αναλογικά επίθετα; – περιληπτικά επίθετα;		
να περιγράφεις μια κατάσταση;		
να προτείνεις λύσεις σε μια προβληματική κατάσταση;		

Ενότητα 4

ΤΕΧΝΟΛΟΓΙΚΕΣ ΕΙΔΗΣΕΙΣ

- Τι βλέπεις στις εικόνες;
- Εσύ πόσο ασχολείσαι με τα νέα τεχνολογικά μέσα;

ΚΑΤΑΝΟΗΣΗ ΓΡΑΠΤΟΥ ΛΟΓΟΥ

Άσκηση 1

Ρίξε μια γρήγορη ματιά στο κείμενο και συμπλήρωσε τον τίτλο του και τους πλαγιότιτλους σε κάθε παράγραφο.

α. Όταν οι μηχανές αντικαθιστούν τον άνθρωπο

β. Η τεχνολογία του μέλλοντος

γ. Όχι άλλοι υπολογιστές

δ. «Έξυπνα» σπίτια

ε. Τρισδιάστατη Εκτύπωση – Γρήγορη και οικονομική

Άσκηση 2

Διάβασε το κείμενο και συμπλήρωσε τα κενά με τις φράσεις από τον παρακάτω πίνακα. Στον πίνακα υπάρχουν τέσσερις (4) φράσεις που δεν ταιριάζουν σε κανένα κενό.

Συμβουλή: Διαβάζοντας το κείμενο, πρόσεξε τα κενά και σκέψου τι είδους φράσεις και τι είδους πληροφορίες λείπουν.

στους ηλεκτρονικούς υπολογιστές	
χωρίς αυτούς	
έτσι όπως τα ξέρουμε	
την ίδια περίοδο	
θα εργάζεται σκληρά	
αν θα τη χρησιμοποιήσουμε	
νερού, τροφίμων	
στις επιστημονικές εξελίξεις	
σε μερικές δεκαετίες	
μπήκε κανονικά	0
θα ακολουθήσουν	
οι δρόμοι να είναι γεμάτοι	
βίντεο και τραγούδια	
ακόμη πιο έξυπνες	
τις οποίες οι χρήστες	
μέχρι υλικά κατασκευής	
απέκτησαν χρώμα	

1. ______

Ήταν 30 περίπου χρόνια πριν, όταν ο ηλεκτρονικός υπολογιστής [0]______ στην καθημερινότητά μας και άλλαξε με τρόπο <u>καθοριστικό</u> τη ζωή μας. Πώς θα καταλήξει να είναι στο μέλλον η τεχνολογία; Ποιες ακριβώς θα είναι οι ψηφιακές αλλαγές που θα γίνουν ως το 2045 και πώς θα επιδράσουν στη ζωή μας;

Με τον σημερινό ρυθμό ανάπτυξης των Τεχνολογιών Πληροφορικής, είναι αρκετά δύσκολο να <u>προβλέψει</u> κανείς με ακρίβεια πώς θα είναι το τοπίο [1]______. Ωστόσο, είναι σίγουρο ότι κάθε χρόνο οι τεχνολογίες μας θα γίνονται [2]______ και οι άνθρωποι θα πρέπει να μπορούν να <u>συμβαδίζουν</u> με αυτές.

2. ______

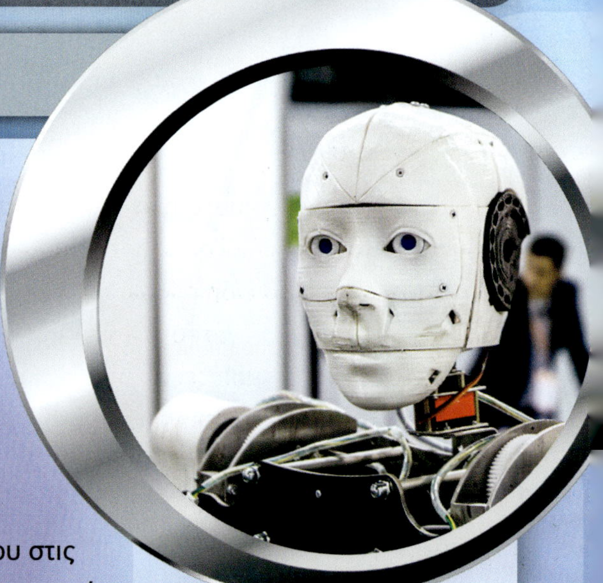

Σύμφωνα με τους ειδικούς, είναι πολύ πιθανό στο μέλλον [3]______ από δισεκατομμύρια ρομπότ, τα οποία θα έχουν στόχο να κάνουν ευκολότερη την <u>καθημερινότητα</u> του ανθρώπου. Ο ανθρώπινος εγκέφαλος [4]______ για τη βελτίωση του λογισμικού των μηχανών, όπως γίνεται περίπου στις μέρες μας με τις εταιρείες που αναπτύσσουν εφαρμογές, [5]______ «κατεβάζουν» και εγκαθιστούν.

Σίγουρα υπάρχουν κίνδυνοι σε αυτήν την εξέλιξη, για παράδειγμα πόσο βέβαιοι είμαστε ότι τα όρια μεταξύ ρομπότ και ανθρώπων θα παραμείνουν ξεκάθαρα και δεν θα γίνουν θολά;

3.

Τα σπίτια στο μέλλον δεν θα είναι [6]______. Οι περισσότερες οικιακές δραστηριότητες θα είναι αυτοματοποιημένες, ενώ το λογισμικό στο σπίτι θα φροντίζει για την κατανάλωση και την αναπλήρωση ενέργειας, [7]______ και προμηθειών. Οι ένοικοι του σπιτιού θα ανησυχούν μόνο για τα χρήματα που πρέπει να διαθέτουν στην τράπεζα, για να πληρώσουν τους λογαριασμούς τους.

4.

Περίπου πριν από 20 χρόνια έκανε την εμφάνισή του ο πρώτος φορητός υπολογιστής. Πολλά πράγματα άλλαξαν από τότε. Οι επεξεργαστές των υπολογιστών ξεπέρασαν το 1 GHz, οι οθόνες [8]______ και υψηλή ανάλυση, οι συνδέσεις με καλώδια έγιναν ασύρματες. Τα μέσα οργάνωσης και αποθήκευσης δεδομένων μεγάλωσαν κι άλλο, για να χωρέσουν [9]______ και οι μνήμες απέκτησαν διαστάσεις ελέφαντα.

Μπορεί η έκρηξη της επιστήμης της Πληροφορικής να οφείλεται [10]______, αλλά το 2045, μάλλον, θα τους βλέπουμε μόνο σε μουσεία. Για να είμαστε πιο ακριβείς, δεν θα χρειαζόμαστε πια κανένα εργαλείο για την επεξεργασία δεδομένων — δηλαδή δεν θα χρειαζόμαστε τον υπολογιστή. Θα υπάρξει μια ακόμη μεγαλύτερη ποικιλία «έξυπνων» συσκευών, οι οποίες θα αναλάβουν σταδιακά τις λειτουργίες των σημερινών υπολογιστών.

5.

Οι εκτυπωτές τρισδιάστατης εκτύπωσης θα μας δίνουν τη δυνατότητα να σχεδιάζουμε και να δημιουργούμε ό,τι χρειαζόμαστε, από είδη οικιακής χρήσης, όπως πιάτα και ρούχα [11], ______ για το σπίτι του μέλλοντος. Αλλά όπως και αν μοιάζει ο κόσμος μας σε 30 χρόνια, θα πρέπει να ξεκινήσουμε να προωθούμε την άνεση, την ασφάλεια και την ευημερία μας από τώρα. Η τεχνολογία είναι απλώς ένα εργαλείο και εξαρτάται από εμάς [12]______ για καλό ή κακό σκοπό.

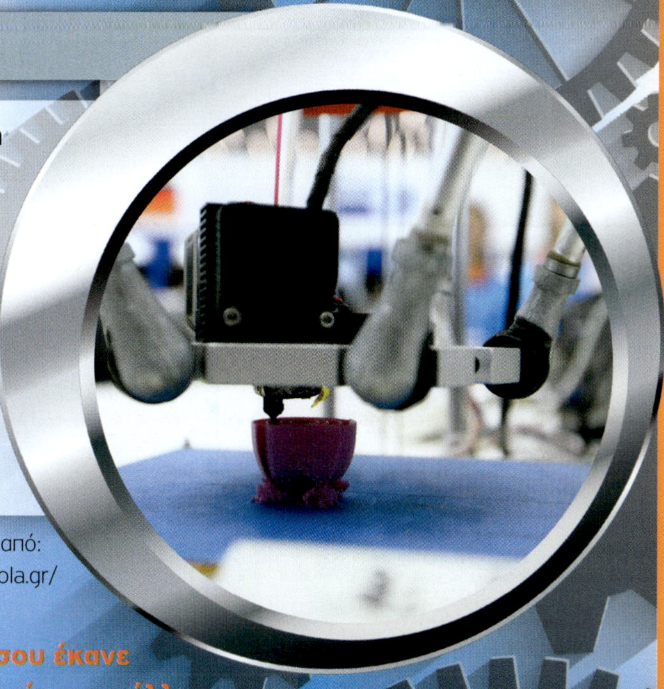

Πηγή: Διασκευή κειμένου από: http://www.pestaola.gr/

Άσκηση 3

Ποια τεχνολογική εξέλιξη που διάβασες στο κείμενο σου έκανε εντύπωση και γιατί; Εσύ πώς φαντάζεσαι την τεχνολογία στο μέλλον;

λεξιλόγιο

Άσκηση 1

Γίνετε ζευγάρια, δείτε τις υπογραμμισμένες λέξεις του κειμένου (σελ. 142-143) και βρείτε ποιοι από τους παρακάτω ορισμούς περιγράφουν τη σημασία τους.

0. αυτός που επηρεάζει το αποτέλεσμα μιας ενέργειας, αποφασιστικός = καθοριστικός

1. μαντεύω κάτι που θα γίνει στο μέλλον = __________

2. πολύ καλή οικονομική κατάσταση και άνετη ζωή = __________

3. ταιριάζω, συμφωνώ, έχω τον ίδιο ρυθμό ανάπτυξης, εξέλιξης με κάποιον = __________

4. αυτός τον οποίο μπορεί να μεταφέρει κανείς στα χέρια ή που μπορεί να τον έχει μαζί του καθώς κινείται = __________

5. η κεντρική μονάδα ενός υπολογιστή που ρυθμίζει τη λειτουργία του = __________

6. η συμπλήρωση αυτού που λείπει = __________

7. η μονότονη επανάληψη των ίδιων δραστηριοτήτων κάθε μέρα = __________

8. απαραίτητα είδη που έχουμε στη διάθεσή μας = __________

Άσκηση 2

Γίνετε ζευγάρια, ενώστε τις λέξεις με την ίδια ή παρόμοια σημασία και κάντε προτάσεις με αυτές.

0.	βελτίωση	**α.**	απαραίτητα	
1.	αναγκαία	**β.**	καλυτέρευση	0
2.	εξασφαλίζω	**γ.**	σιγουρεύω, κατοχυρώνω	

Άσκηση 3

Γίνετε ζευγάρια, ενώστε τις λέξεις με αντίθετη σημασία και κάντε προτάσεις με αυτές.

0.	θολά	**α.**	απότομα	
1.	φορητός	**β.**	ακίνητος, σταθερός	
2.	σταδιακά	**γ.**	ξεκάθαρα	0
3.	υψηλή	**δ.**	χαμηλή	

Άσκηση 4

Διάβασε τους παρακάτω ορισμούς και συμπλήρωσε τα κενά με τις λέξεις του κρυπτόλεξου.

0. Αυτός που επεξεργάζεται δεδομένα και πληροφορίες χρησιμοποιώντας αριθμητικά ψηφία ή ειδικά στοιχεία λέγεται ψηφιακός.

1. Αυτός που εκτελείται με αυτόματο τρόπο λέγεται ________________.

2. Το σύνολο των προγραμμάτων που χρησιμοποιεί ένας ηλεκτρονικός υπολογιστής λέγεται ________________.

3. Όταν μια εικόνα εμφανίζεται ή εκτυπώνεται με μεγάλη ακρίβεια και λεπτομέρεια, λέμε ότι έχει υψηλή ________________.

4. Το τμήμα του ηλεκτρονικού υπολογιστή που είναι υπεύθυνο για την αποθήκευση δεδομένων λέγεται ________________.

5. Το μηχάνημα που τυπώνει σε χαρτί αρχεία ηλεκτρονικών υπολογιστών λέγεται ________________.

6. Τα κωδικοποιημένα στοιχεία που μπορεί να επεξεργαστεί και να αξιοποιήσει ένας ηλεκτρονικός υπολογιστής λέγονται ________________.

7. Αυτός που έχει τρεις διαστάσεις, δηλαδή μήκος, πλάτος και ύψος λέγεται ________________.

8. Αυτός που γίνεται ή λειτουργεί χωρίς καλώδιο λέγεται ________________.

9. Αυτό με το οποίο συνδέουμε τις ηλεκτρικές συσκευές με την πρίζα λέγεται ________________.

10. Όταν τοποθετώ ένα πρόγραμμα σ' έναν ηλεκτρονικό υπολογιστή σύμφωνα με συγκεκριμένες οδηγίες, τότε το ________________.

0	Ε	Ρ	Τ	Ψ	Η	Φ	Ι	Α	Κ	Ο	Σ	Π	Ο	Ι	Τ	Ρ	Δ	Ω	Η	Ξ
1	Α	Υ	Τ	Ο	Μ	Α	Τ	Ο	Π	Ο	Ι	Η	Μ	Ε	Ν	Ο	Σ	Ε	Ρ	Ω
2	Α	Δ	Γ	Η	Ξ	Λ	Ο	Γ	Ι	Σ	Μ	Ι	Κ	Ο	Θ	Υ	Τ	Ρ	Ε	Φ
3	Ζ	Χ	Ω	Μ	Ν	Ω	Φ	Ε	Α	Ν	Α	Λ	Υ	Σ	Η	Ρ	Τ	Υ	Ε	Ρ
4	Ρ	Τ	Μ	Ν	Η	Μ	Η	Α	Σ	Δ	Τ	Η	Ν	Μ	Ξ	Υ	Ι	Γ	Υ	Ρ
5	Π	Ο	Θ	Τ	Ε	Κ	Τ	Υ	Π	Ω	Τ	Η	Σ	Τ	Υ	Θ	Ι	Η	Θ	Φ
6	Σ	Δ	Φ	Γ	Η	Ξ	Δ	Ε	Δ	Ο	Μ	Ε	Ν	Α	Ε	Δ	Φ	Ο	Ι	Β
7	Χ	Ψ	Β	Τ	Ρ	Ι	Σ	Δ	Ι	Α	Σ	Τ	Α	Τ	Ο	Σ	Ι	Υ	Ο	Γ
8	Α	Σ	Υ	Ρ	Μ	Α	Τ	Ο	Σ	Σ	Δ	Φ	Γ	Η	Ξ	Κ	Λ	Ρ	Π	Ω
9	Τ	Ρ	Δ	Ω	Κ	Α	Λ	Ω	Δ	Ι	Ο	Η	Ρ	Τ	Υ	Δ	Φ	Ο	Ι	Α
10	Ε	Γ	Κ	Α	Θ	Ι	Σ	Τ	Ω	Σ	Δ	Φ	Γ	Η	Ξ	Κ	Λ	Ρ	Π	Ω

Άσκηση 5

Βάλε σε κύκλο τις προτάσεις στις οποίες η υπογραμμισμένη λέξη έχει την ίδια σημασία.

0. **α.** Αυτό το τραγούδι έχει πολύ χαρούμενο ρυθμό.
β. Αυτός ο χορός έχει πολύ γρήγορο ρυθμό.
γ. Η ζωή στην πόλη έχει πολύ έντονους ρυθμούς.
δ. Σφυρίζει έναν πολύ γνωστό ρυθμό.

1. **α.** Η ανάλυση του νερού έδειξε ότι δεν είναι κατάλληλο, για να το πίνουμε.
β. Έγινε ανάλυση του θέματος και καταλήξαμε σε διάφορα συμπεράσματα.
γ. Αυτή η φωτογραφική μηχανή έχει πολύ υψηλή ανάλυση στις φωτογραφίες.
δ. Στο μάθημα έγινε ανάλυση του κειμένου.

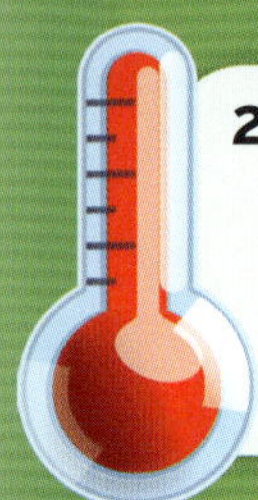

2. **α.** Η Μετεωρολογική Υπηρεσία προβλέπει άνοδο της θερμοκρασίας για αυτήν την εβδομάδα.
β. Σύμφωνα με τη συμφωνία μας δεν προβλέπεται δεύτερη διανυκτέρευση στο ξενοδοχείο αυτό.
γ. Οι οικονομολόγοι προβλέπουν αύξηση των μετοχών.
δ. Ευτυχώς πρόβλεψα και πήρα μαζί μου ομπρέλα.

3. **α.** Η αποθήκευση των λαχανικών στο ψυγείο πρέπει να γίνεται με ιδιαίτερη προσοχή.
β. Οι τροφές αυτές μειώνουν την αποθήκευση λίπους στην περιοχή της κοιλιάς.
γ. Μην ξεχάσεις να κάνεις συχνά αποθήκευση στον υπολογιστή σου.
δ. Χρειαζόμαστε έναν μεγάλο χώρο αποθήκευσης για τα εμπορεύματά μας.

4. **α.** Δύο διάσημοι αρχιτέκτονες σχεδίασαν το υπέροχο αυτό κτίριο στο κέντρο της πόλης μας.
β. Η Μαρία και ο Γιάννης σχεδιάζουν ένα ταξίδι για το τέλος του μήνα.
γ. Σχεδιάζουμε μια πολύ ωραία εκδρομή για το τέλος της σχολικής χρονιάς.

Άσκηση 6

Γίνετε ζευγάρια. Πηγαίνετε στην ιστοσελίδα www.greek-language.gr/greekLang/modern_greek/tools/corpora/corpora/search.html. Πληκτρολογήστε τη λέξη *καταλήγω* και βρείτε παραδείγματα με τις διαφορετικές σημασίες της λέξης.

Άσκηση 7

Γίνετε ζευγάρια και ενώστε τις λέξεις, για να κάνετε φράσεις που χρησιμοποιούνται πολύ συχνά. Με μερικές λέξεις μπορείτε να κάνετε περισσότερους από έναν συνδυασμούς. Μετά γράψτε προτάσεις με τις φράσεις που κάνατε.

	ενέργειας
	εγκέφαλος
	χρήση
0	υπολογιστής
	ανάλυση
	δεδομένων
	ανάπτυξης
	σύνδεση
	μια εφαρμογή

Άσκηση 8

Βάλε σε κύκλο το σωστό.

0. Οι δύο τάξεις δεν ______ στα μαθήματα.
α. προβλέπουν **β.** σχεδιάζουν **γ.** καταλήγουν **δ.** συμβαδίζουν

1. Αυτός ο ______ είναι ιδανικός για καθημερινή χρήση προσφέροντας έγχρωμες σελίδες με αληθινά και φωτεινά χρώματα.
α. εκτυπωτής **β.** υπολογιστής **γ.** χρήστης **δ.** επεξεργαστής

2. Στο κατάστημά μας θα βρείτε μεγάλη ποικιλία από ______ τηλεφώνου. Συγκρίνετε χαρακτηριστικά και τιμές και επιλέξτε.
α. συσκευές **β.** μηχανές **γ.** μηχανισμούς **δ.** μηχανήματα

3. Πες μου ______ αυτά που σου είπε.
α. ακριβώς **β.** ακριβός **γ.** ακριβής **δ.** ακριβά

4. Δουλεύει με πολύ εντατικούς ______.
α. στόχους **β.** ρυθμούς **γ.** τρόπους **δ.** σκοπούς

5. Δείτε πώς μπορείτε να μετατρέψετε το κινητό σας σε φωτογραφική μηχανή επαγγελματικής ______.
α. κατανάλωσης **β.** αναπλήρωσης **γ.** αποθήκευσης **δ.** χρήσης

Άσκηση 9

Συμπλήρωσε τα κενά με την κατάλληλη λέξη.

εργαλείο
όργανο
συσκευή

0. Στο γυμναστήριο που πηγαίνω έχει πολλά ___όργανα___ γυμναστικής για τα χέρια και τα πόδια.
1. Το ψυγείο, η κουζίνα και το πλυντήριο είναι ____________ οικιακής χρήσης.
2. Ο υπολογιστής είναι ____________ για τη δουλειά μου.
3. Ποιο μουσικό ____________ σού αρέσει;

μηχανή
μηχάνημα
μηχανισμός

4. Πάω το αυτοκίνητο στο συνεργείο, γιατί έχει πρόβλημα η ____________ του.
5. Μην ανοιγοκλείνεις συνέχεια το συρτάρι, γιατί θα χαλάσει ο ____________ του.
6. Στο κατάστημά μας θα βρείτε ____________ για τον κήπο σας σε απίστευτες τιμές.

υψηλός
ψηλός

7. Όλα τα προϊόντα μας είναι ____________ ποιότητας.
8. Θυμάσαι το όνομα εκείνης της ____________ κοπέλας;
9. Σύμφωνα με το δελτίο καιρού, αύριο η θερμοκρασία θα είναι ____________.
10. Διάσημοι άνθρωποι της τέχνης παίρνουν συχνά ____________ αξιώματα στην πολιτική.

κατανάλωση
χρήση

11. Η υπερβολική ______________ ηλεκτρικού ρεύματος προκαλεί περιβαλλοντικά προβλήματα.

12. Αυτές οι συσκευές είναι μόνο για οικιακή ______________.

13. Κάνουμε μεγάλη ______________ ηλεκτρικού ρεύματος στο σπίτι μας, ιδιαίτερα τους καλοκαιρινούς μήνες.

ακριβής
ακριβός

14. Δεν θυμάμαι τον ______________ αριθμό, αλλά είναι σίγουρα πάνω από 50.

15. Δεν μπορώ να αγοράσω ένα τόσο ______________ αυτοκίνητο.

16. Δεν γνωρίζω τους ______________ όρους της σύμβασης.

σκοπός
στόχος
πρόθεση

17. Το τελευταίο της βιβλίο έγινε ______________ έντονης κριτικής.

18. Αυτός ο άνθρωπος δεν έχει καλό ______________.

19. Αύριο έχουμε ______________ να έρθουμε σπίτι σας.

20. Έβαλα ______________ να πάρω άριστα στο διαγώνισμα.

21. Συγγνώμη, δεν είχα ______________ να σε στενοχωρήσω.

22. Μου αρέσει αυτό το μηχάνημα, γιατί το χρησιμοποιώ για διαφορετικούς ______________.

Άσκηση 10

Διάλεξε δύο (2) ομάδες λέξεων από αυτές της άσκησης 9 και βρες παραδείγματα με τη χρήση τους από τα σώματα κειμένων στην ιστοσελίδα www.greek-language.gr/greekLang/modern_greek/tools/corpora/corpora/search.html.

Άσκηση 11

Συμπλήρωσε τα κενά με τις παρακάτω λέξεις.

οικιακής, συσκευή, τεχνολογίας, ~~εφαρμογή~~, οθόνη, αναλύει, εκτυπωτή, στόχο, ακρίβεια, ανάλυση

Πόσες θερμίδες έχει; Τράβα μια φωτογραφία!

Μια νέα [0] ___εφαρμογή___ της [1] ______________ μας βοηθά απλά και μόνο με μία φωτογραφία να μετράμε θερμίδες στα πιάτα ενός φαγητού που ετοιμαζόμαστε να φάμε! Η εφαρμογή σε πρώτη φάση αναγνωρίζει οπτικά και [2] ______________ τα συστατικά τα οποία αποτελούν το πιάτο και στη συνέχεια υπολογίζει την ποσότητα των θερμίδων που περιέχεται σε καθένα από αυτά ξεχωριστά. Η εφαρμογή μπορεί να λειτουργήσει με μεγάλη [3] ______________, ακόμη και όταν η [4] ______________ των φωτογραφιών είναι χαμηλή.

Εκτυπωτής φαγητών!

Μια ισπανική εταιρεία ετοιμάζεται να παρουσιάσει τον πρώτο τρισδιάστατο [5] ______________ που θα τυπώνει φαγητό, χρησιμοποιώντας ως πρώτη ύλη φρέσκα υλικά. Ο εκτυπωτής χρησιμοποιεί ανοικτές κάψουλες, που επιτρέπουν στους χρήστες να βάλουν τα δικά τους φρέσκα υλικά στο σύστημα. Όλη η διαδικασία ελέγχεται μέσα από υπολογιστή, ο οποίος συνδέεται με το διαδίκτυο και ο χρήστης μπορεί να χειρίζεται μέσα από μια [6] ______________.

Η [7] ______________ παίρνει τα υλικά και παράγει το τελικό αποτέλεσμα. Η τροφή τυπώνεται σε διάφορα σχήματα και μεγέθη. Ο χρόνος της εκτύπωσης εξαρτάται από τα υλικά, τη συνταγή και το σχήμα που θέλουμε. Τα παραδοσιακά φαγητά ή τα πιο περίπλοκα γλυκά είναι δύσκολο να γίνουν με αυτήν την καινούρια τεχνολογία.

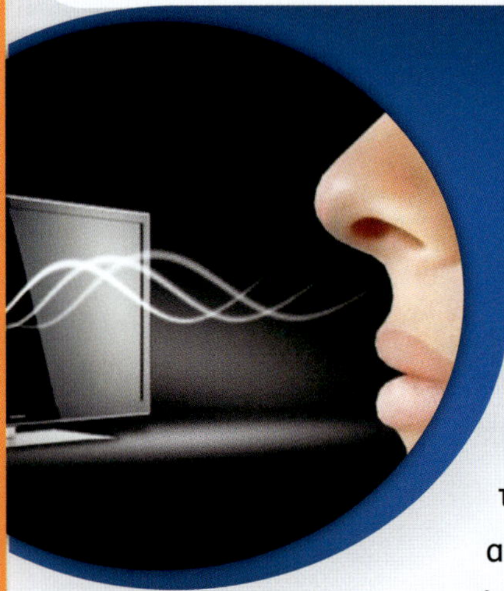

Η τηλεόραση που θα μυρίζεις και θα αισθάνεσαι!

Βρετανοί ερευνητές αναπτύσσουν μια τεχνολογία που θα φέρει επανάσταση στον τομέα της [8] ______________ ψυχαγωγίας. Η τεχνολογία που αναπτύσσεται έχει [9] ______________ να επιτρέψει στον θεατή να αισθανθεί τις σταγόνες της βροχής που πέφτουν στη σκηνή μιας ταινίας. Επίσης, ο θεατής με τη βοήθεια της τεχνολογίας θα μπορεί να μυρίζει ή ακόμη και να γεύεται το φαγητό που βλέπει στην οθόνη της τηλεόρασής του. Η τεχνολογία θα προσφέρει επίσης στον θεατή και την αίσθηση της αφής. Και όλα αυτά χωρίς να είναι απαραίτητος κάποιος ειδικός εξοπλισμός, όπως π.χ. γυαλιά ή γάντια.

Πηγή: Διασκευή κειμένου από: http://www.juniorsclub.gr

(cd 1, 25)

Άσκηση 12

Τώρα άκουσε τα παραπάνω κείμενα και σημείωσε ποιες λέξεις/φράσεις αντικαθιστούν τις λέξεις που συμπλήρωσες στα κενά τους.

Άσκηση 13

Συζητάς με τον διπλανό/τη διπλανή σου για ένα προϊόν της τεχνολογίας που θα ήθελες να έχεις.

Άσκηση 14

Γίνετε ζευγάρια, δείτε τις παρακάτω λέξεις και συμπληρώστε τα κενά κάθε σειράς του πίνακα με λέξεις που ανήκουν στην ίδια οικογένεια.

καταναλωτισμός, αποθηκευτικός, επεξεργάζομαι, βελτιωτικός, αντικαταστάτης, επίδραση, κατάληξη, εγκατεστημένος, διάθεση, σχεδιαστικός, βελτιωμένος, αναλύω, τεχνολογικός, αποθηκεύω, συνδετικός, επεξεργάσιμος, αυτοματοποίηση, αναπτυγμένος, λειτουργώ, εκτυπωτικός, διαθέσιμος, λειτουργικός, εφαρμοσμένος, προβλέψιμος, αντικατάσταση, συνδεδεμένος, αναπληρώνω, αναντικατάστατος, σχεδιασμένος, βελτιώνω, καθορισμός, εγκατάσταση, αναπτύσσω, καταναλώνω, καταναλωτικός, ~~καθορίζω~~, αναπληρωματικός, σχέδιο, συνδέω, εκτυπώνω, αυτοματοποιώ, αναλυμένος, οικία, πρόβλεψη, επεξεργασία, εφαρμόζω, αναλυτικός

ρήμα	ουσιαστικό	επίθετο
0 καθορίζω	1 ______	καθοριστικός
επιδρώ	2 ______	-
καταλήγω	3 ______	-
4 ______	ανάπτυξη	5 ______
προβλέπω	6 ______	7 ______
αντικαθιστώ	8 ______, 9 ______	10 ______
11 ______	βελτίωση	12 ______, 13 ______
εγκαθιστώ	14 ______	15 ______
16 ______	17 ______	αυτοματοποιημένος
18 ______	κατανάλωση, 19 ______	20 ______
21 ______	αναπλήρωση	22 ______
-	23 ______	οικιακός
διαθέτω	24 ______	25 ______
26 ______	επεξεργαστής, 27 ______	28 ______
29 ______	ανάλυση	30 ______, 31 ______
32 ______	αποθήκευση	33 ______
34 ______	εκτύπωση	35 ______
36 ______	λειτουργία	37 ______
σχεδιάζω	38 ______	39 ______, 40 ______
41 ______	σύνδεση	42 ______, 43 ______
-	τεχνολογία	44 ______
45 ______	εφαρμογή	46 ______

Άσκηση 15

Συμπλήρωσε τα κενά, όπως στο παράδειγμα.

http://techsmart.gr

Αρχική | Τεχνολογία | Αρχείο | Επικοινωνία | Search

Το «διαδίκτυο των πραγμάτων»

Μεγάλη είναι η [0] ανάπτυξη (αναπτύσσω) αυτού που οι ειδικοί των [1] ________________ (τεχνολογία) θεμάτων ονομάζουν «το διαδίκτυο των πραγμάτων». Μέσα από μια ποικιλία [2] ________________ (εφαρμόζω), οι [3] ________________ (συνδέω) συσκευές βρίσκονται πλέον παντού, στα σπίτια και τη ζωή μας. Σύμφωνα με εκτιμήσεις, σε λίγα χρόνια αυτές οι συσκευές θα φτάσουν τα 30 δισ.

Πλέον έχουμε στη [4] ________________ (διαθέτω) μας πολλούς περισσότερους τύπους συσκευών που συνδέονται στο διαδίκτυο και μπορούμε να ελέγξουμε μέσα από το κινητό μας. Πρόσφατα στη Βαρκελώνη παρουσιάστηκαν συσκευές που συγκεντρώνουν και στέλνουν προς [5] ________________ (επεξεργάζομαι) διάφορα δεδομένα. Παρουσιάστηκαν, για παράδειγμα, οδοντόβουρτσες που κάνουν [6] ________________ (αναλύω) και στέλνουν αποτελέσματα για τον τρόπο που βουρτσίζουμε τα δόντια μας. Παρουσιάστηκε επίσης και μια εφαρμογή βίντεο, η οποία μας επιτρέπει να ανοίξουμε την πόρτα του σπιτιού μας από μακριά.

Για τον περισσότερο κόσμο, η ζωή σε λίγο καιρό θα έχει να κάνει μόνο με συσκευές που συνδέονται στο διαδίκτυο. Αυτό σημαίνει ότι το «έξυπνο κινητό» γίνεται το κέντρο όχι μόνο για τις κλήσεις μας, αλλά έχει [7] ________________ (καθορίζω) ρόλο και για οποιαδήποτε άλλη [8] ________________ (οικία) συσκευή.

Η ασφάλεια είναι ένα πεδίο όπου η νέα τεχνολογία έχει μεγάλη [9] ________________ (επιδρώ). Ιρλανδική εταιρεία κατασκεύασε μια λάμπα ποδηλάτου που συνδέεται με το τηλέφωνό μας και μας επιτρέπει να γνωρίζουμε κάθε στιγμή πού βρίσκεται το ποδήλατό μας. Η συγκεκριμένη εφαρμογή είναι ιδιαίτερα χρήσιμη σε περίπτωση κλοπής του ποδηλάτου μας!

Άσκηση 16

Διάλεξε επτά (7) λέξεις από τον πίνακα της άσκησης 14 και κάνε μια άσκηση, όπως η άσκηση 15. Ζήτησε από τον συμμαθητή/τη συμμαθήτριά σου να συμπληρώσει τα κενά της άσκησής σου και κάνε το ίδιο με τη δική του/της άσκηση.

Γραμματική: ΠΑΡΑΚΕΙΜΕΝΟΣ, ΥΠΕΡΣΥΝΤΕΛΙΚΟΣ

Άκουσε το κείμενο και συμπλήρωσε τα κενά, για να απαντήσεις στις ερωτήσεις που ακολουθούν.

(cd 1, 26)

ΠΑΙΔΙΑ ΚΑΙ ΤΕΧΝΟΛΟΓΙΑ

Η εικόνα ενός παιδιού που [0] ___έχει γίνει___ «ένα» με την καρέκλα του και έχει τα μάτια «καρφωμένα» στο ηλεκτρονικό του παιχνίδι είναι, στην εποχή μας, ιδιαίτερα οικεία. Για την προηγούμενη γενιά, που μεγάλωσε τρέχοντας στις γειτονιές και παίζοντας κυνηγητό ή κρυφτό, αυτή η κατάσταση μοιάζει εξωπραγματική.

Όμως, τα δεδομένα [1] ______________ πολύ από τότε. Τα παιδιά σήμερα δεν μπορούν να παίξουν ελεύθερα και γι' αυτό [2] ______________ από τους δρόμους μπροστά στον υπολογιστή ή την κονσόλα τους.

Οι προηγούμενες γενιές, όταν χρησιμοποίησαν για πρώτη φορά υπολογιστή, [3] ______________ στο Πανεπιστήμιο. Μέχρι τότε δεν [4] ______________ ούτε μία ώρα πληροφορικής.

Αντίθετα, τα σημερινά παιδιά αντιπροσωπεύουν μια γενιά που μεγάλωσε μέσα στις νέες τεχνολογίες. Οι σημερινοί νέοι [5] ______________ όλη την παιδική τους ηλικία κυκλωμένοι από υπολογιστές, βίντεο παιχνίδια, συσκευές ψηφιακής μουσικής, βιντεοκάμερες, κινητά τηλέφωνα κι όλα τα υπόλοιπα παιχνίδια και εργαλεία της ψηφιακής εποχής. Ο μέσος σημερινός μαθητής λυκείου [6] ______________ λιγότερες από 5.000 ώρες, αλλά [7] ______________ ηλεκτρονικά παιχνίδια πάνω από 10.000 ώρες και [8] ______________ τηλεόραση τουλάχιστον 20.000 ώρες. Τα παιχνίδια στους υπολογιστές, τα ηλεκτρονικά μηνύματα, το διαδίκτυο, τα κινητά τηλέφωνα και τα μηνύματα είναι βασικά στοιχεία της ζωής του.

Πηγή: Διασκευή κειμένου από: http://www.imommy.gr

Ερωτήσεις:

1. Ποια είναι η σχέση των σημερινών μαθητών λυκείου με το διάβασμα, τα ηλεκτρονικά παιχνίδια και την τηλεόραση;
2. Τι σχέση είχε η προηγούμενη γενιά με τους υπολογιστές στα μαθητικά της χρόνια;
3. Ποιες από τις λέξεις που συμπλήρωσες στα κενά του κειμένου μπορούν να μπουν στον αόριστο, χωρίς να αλλάξει το νόημα του κειμένου;
4. «Οι προηγούμενες γενιές, όταν χρησιμοποίησαν για πρώτη φορά υπολογιστή, είχαν ήδη περάσει στο Πανεπιστήμιο». Τι σημαίνει η φράση; Διάλεξε το σωστό:
   α. Οι προηγούμενες γενιές πρώτα πέρασαν στο Πανεπιστήμιο και μετά χρησιμοποίησαν υπολογιστή.
   β. Οι προηγούμενες γενιές πρώτα χρησιμοποίησαν υπολογιστή και μετά πέρασαν στο Πανεπιστήμιο.

	ΠΑΡΑΚΕΙΜΕΝΟΣ ΕΝΕΡΓΗΤΙΚΗΣ / ΠΑΘΗΤΙΚΗΣ ΦΩΝΗΣ	ΥΠΕΡΣΥΝΤΕΛΙΚΟΣ ΕΝΕΡΓΗΤΙΚΗΣ / ΠΑΘΗΤΙΚΗΣ ΦΩΝΗΣ
	Χρήση: - για μια ενέργεια που ολοκληρώθηκε και τα αποτελέσματά της ισχύουν στο παρόν - για μια ενέργεια που έγινε στο παρελθόν χωρίς να αναφέρεται ακριβώς το πότε **Σχηματισμός:** έχω + θέμα αορίστου ενεργητικής/παθητικής φωνής + ει/εί	**Χρήση:** για μια ενέργεια που έγινε στο μακρινό παρελθόν ή πριν από μια άλλη στο παρελθόν **Σχηματισμός:** είχα + θέμα αορίστου ενεργητικής/παθητικής φωνής + ει/εί
ακούω ακούγομαι	έχω ακούσει έχω ακουστεί *	είχα ακούσει είχα ακουστεί *
ιδρύω ιδρύομαι	έχω ιδρύσει έχω ιδρυθεί	είχα ιδρύσει είχα ιδρυθεί
εμπνέω εμπνέομαι	έχω εμπνεύσει έχω εμπνευστεί	είχα εμπνεύσει είχα εμπνευστεί
ντύνω, κλείνω ντύνομαι, κλείνομαι	έχω ντύσει, έχω κλείσει έχω ντυθεί, έχω κλειστεί	είχα ντύσει, είχα κλείσει είχα ντυθεί, είχα κλειστεί
πείθω πείθομαι	έχω πείσει έχω πειστεί	είχα πείσει είχα πειστεί
αναγκάζω αναγκάζομαι	έχω αναγκάσει έχω αναγκαστεί *	είχα αναγκάσει είχα αναγκαστεί *
διαψεύδω διαψεύδομαι	έχω διαψεύσει έχω διαψευστεί	είχα διαψεύσει είχα διαψευστεί
διδάσκω διδάσκομαι	έχω διδάξει έχω διδαχτεί *	είχα διδάξει είχα διδαχτεί *
ανοίγω ανοίγομαι	έχω ανοίξει έχω ανοιχτεί *	είχα ανοίξει είχα ανοιχτεί *
τρέχω αποδέχομαι	έχω τρέξει έχω αποδεχτεί *	είχα τρέξει είχα αποδεχτεί *
στριμώχνω στριμώχνομαι	έχω στριμώξει έχω στριμωχτεί *	είχα στριμώξει είχα στριμωχτεί *
αναπτύσσω αναπτύσσομαι	έχω αναπτύξει έχω αναπτυχτεί *	είχα αναπτύξει είχα αναπτυχτεί *
κηρύττω κηρύττομαι	έχω κηρύξει έχω κηρυχτεί *	είχα κηρύξει είχα κηρυχτεί *
ταράζω ταράζομαι	έχω ταράξει έχω ταραχτεί *	είχα ταράξει είχα ταραχτεί *
εγκαταλείπω εγκαταλείπομαι	έχω εγκαταλείψει έχω εγκαταλειφτεί *	είχα εγκαταλείψει είχα εγκαταλειφτεί *
κρύβω κρύβομαι	έχω κρύψει έχω κρυφτεί *	είχα κρύψει είχα κρυφτεί *
γράφω γράφομαι	έχω γράψει έχω γραφτεί *	είχα γράψει είχα γραφτεί *
αποκαλύπτω αποκαλύπτομαι	έχω αποκαλύψει έχω αποκαλυφτεί *	είχα αποκαλύψει είχα αποκαλυφτεί *
μπερδεύω, απαγορεύω μπερδεύομαι, απαγορεύομαι	έχω μπερδέψει, έχω απαγορεύσει έχω μπερδευτεί, έχω απαγορευτεί *	είχα μπερδέψει, είχα απαγορεύσει είχα μπερδευτεί, είχα απαγορευτεί *
ζεσταίνω, απολυμαίνω ζεσταίνομαι, απολυμαίνομαι	έχω ζεστάνει, έχω απολυμάνει έχω ζεσταθεί, έχω απολυμανθεί	είχα ζεστάνει, είχα απολυμάνει είχα ζεσταθεί, είχα απολυμανθεί
αυξάνω αυξάνομαι αισθάνομαι	έχω αυξήσει έχω αυξηθεί έχω αισθανθεί	είχα αυξήσει είχα αυξηθεί είχα αισθανθεί
αποθαρρύνω αποθαρρύνομαι	έχω αποθαρρύνει έχω αποθαρρυνθεί	είχα αποθαρρύνει είχα αποθαρρυνθεί
θυμάμαι (κοιμάμαι, λυπάμαι, φοβάμαι)	έχω θυμηθεί	είχα θυμηθεί

* σε πιο επίσημο ύφος τα *-στ*, *-χτ*, *-φτ*, *-ευτ* γίνονται αντίστοιχα *-σθ*, *-χθ*, *-φθ*, *-ευθ*

	ΠΑΡΑΚΕΙΜΕΝΟΣ ΕΝΕΡΓΗΤΙΚΗΣ / ΠΑΘΗΤΙΚΗΣ ΦΩΝΗΣ	ΥΠΕΡΣΥΝΤΕΛΙΚΟΣ ΕΝΕΡΓΗΤΙΚΗΣ / ΠΑΘΗΤΙΚΗΣ ΦΩΝΗΣ
αγαπώ αγαπιέμαι	έχω αγαπήσει έχω αγαπηθεί	είχα αγαπήσει είχα αγαπηθεί
γελώ γελιέμαι	έχω γελάσει έχω γελαστεί	είχα γελάσει είχα γελαστεί
τραβώ τραβιέμαι	έχω τραβήξει έχω τραβηχτεί	είχα τραβήξει είχα τραβηχτεί
πετώ πετιέμαι	έχω πετάξει έχω πεταχτεί	είχα πετάξει είχα πεταχτεί
- παραπονιέμαι	- έχω παραπονεθεί	- είχα παραπονεθεί
αγνοώ αγνοούμαι	έχω αγνοήσει έχω αγνοηθεί	είχα αγνοήσει είχα αγνοηθεί
αφαιρώ αφαιρούμαι	έχω αφαιρέσει έχω αφαιρεθεί	είχα αφαιρέσει είχα αφαιρεθεί
συντελώ συντελούμαι	έχω συντελέσει έχω συντελεστεί	είχα συντελέσει είχα συντελεστεί

ΠΑΡΑΚΕΙΜΕΝΟΣ		ΥΠΕΡΣΥΝΤΕΛΙΚΟΣ	
ΕΝΕΡΓΗΤΙΚΗ ΦΩΝΗ	ΠΑΘΗΤΙΚΗ ΦΩΝΗ	ΕΝΕΡΓΗΤΙΚΗ ΦΩΝΗ	ΠΑΘΗΤΙΚΗ ΦΩΝΗ
έχω διδάξει έχεις διδάξει έχει διδάξει έχουμε διδάξει έχετε διδάξει έχουν(ε) διδάξει	έχω διδαχτεί έχεις διδαχτεί έχει διδαχτεί έχουμε διδαχτεί έχετε διδαχτεί έχουν(ε) διδαχτεί	είχα διδάξει είχες διδάξει είχε διδάξει είχαμε διδάξει είχατε διδάξει είχαν(ε) διδάξει	είχα διδαχτεί είχες διδαχτεί είχε διδαχτεί είχαμε διδαχτεί είχατε διδαχτεί είχαν(ε) διδαχτεί

Λέξεις κλειδιά:

ΠΑΡΑΚΕΙΜΕΝΟΣ	ΥΠΕΡΣΥΝΤΕΛΙΚΟΣ
από το 2010/πέρυσι/χθες/το πρωί/ την προηγούμενη εβδομάδα/τότε που, ήδη, πια, ποτέ (δεν), έναν χρόνο, εδώ και καιρό/μια ώρα/τρεις βδομάδες, μέχρι/ως τώρα, κιόλας	κάποτε, πριν, ήδη, μέχρι τότε, προχθές, την περσινή χρονιά

ΑΝΩΜΑΛΑ ΡΗΜΑΤΑ		
	ΠΑΡΑΚΕΙΜΕΝΟΣ	ΥΠΕΡΣΥΝΤΕΛΙΚΟΣ
ανεβαίνω	έχω ανέβει	είχα ανέβει
βάζω	έχω βάλει	είχα βάλει
βγάζω	έχω βγάλει	είχα βγάλει
βγαίνω	έχω βγει	είχα βγει
βλέπω	έχω δει	είχα δει
βρίσκω	έχω βρει	είχα βρει
δίνω	έχω δώσει	είχα δώσει
θέλω	έχω θελήσει	είχα θελήσει
καίω	έχω κάψει	είχα κάψει
κάνω	έχω κάνει	είχα κάνει
καταλαβαίνω	έχω καταλάβει	είχα καταλάβει
κατεβαίνω	έχω κατέβει	είχα κατέβει
λέω	έχω πει	είχα πει
μαθαίνω	έχω μάθει	είχα μάθει
μένω	έχω μείνει	είχα μείνει
μπαίνω	έχω μπει	είχα μπει
παίρνω	έχω πάρει	είχα πάρει
πεθαίνω	έχω πεθάνει	είχα πεθάνει
πηγαίνω	έχω πάει	είχα πάει
πίνω	έχω πιει	είχα πιει
πλένω	έχω πλύνει	είχα πλύνει
στέλνω	έχω στείλει	είχα στείλει
τρώω	έχω φάει	είχα φάει
φέρνω	έχω φέρει	είχα φέρει
φεύγω	έχω φύγει	είχα φύγει
βρέχομαι	έχω βραχεί	είχα βραχεί
βρίσκομαι	έχω βρεθεί	είχα βρεθεί
γίνομαι	έχω γίνει	είχα γίνει
δίνομαι	έχω δοθεί	είχα δοθεί
έρχομαι	έχω έρθει	είχα έρθει
εφευρίσκομαι	έχω εφευρεθεί	είχα εφευρεθεί
εύχομαι	έχω ευχηθεί	είχα ευχηθεί
θυμάμαι	έχω θυμηθεί	είχα θυμηθεί
κάθομαι	έχω καθίσει	είχα καθίσει
καίγομαι	έχω καεί	είχα καεί
κόβομαι	έχω κοπεί	είχα κοπεί
κοιμάμαι	έχω κοιμηθεί	είχα κοιμηθεί
κλέβομαι	έχω κλαπεί	είχα κλαπεί
λέγομαι	έχω ειπωθεί	είχα ειπωθεί
λυπάμαι	έχω λυπηθεί	είχα λυπηθεί
ντρέπομαι	έχω ντραπεί	είχα ντραπεί
πλένομαι	έχω πλυθεί	είχα πλυθεί
προβάλλομαι	έχω προβληθεί	είχα προβληθεί
στέκομαι	έχω σταθεί	είχα σταθεί
στέλνομαι	έχω σταλθεί	είχα σταλθεί
στρέφομαι	έχω στραφεί	είχα στραφεί
σώζομαι	έχω σωθεί	είχα σωθεί
τρέφομαι	έχω τραφεί	είχα τραφεί
τρώγομαι	έχω φαγωθεί	είχα φαγωθεί
φαίνομαι	έχω φανεί	είχα φανεί
χαίρομαι	έχω χαρεί	είχα χαρεί

Άσκηση 1
Γίνετε ζευγάρια, ακολουθήστε τα ρήματα που είναι σε παρακείμενο ή υπερσυντέλικο παθητικής φωνής και βγείτε από τον λαβύρινθο.

είχα ακουστεί	είχα κοιμηθεί	έχω πείσει	έχω ταραχθεί	έχετε αυξηθεί	έχεις αφαιρεθεί
είχαν ιδρυθεί	έχουν διωχθεί	είχε προβληθεί	έχει αποκαλυφθεί	είχαν αποτελέσει	είχατε διδαχθεί
έχεις ανοιχτεί	έχεις ανοίξει	είχατε ντύσει	έχουν κρύψει	είχαν εμπνευστεί	έχουμε παραπονεθεί
είχα στραφεί	έχετε ακυρώσει	έχω συμβουλέψει	είχατε τραβήξει	είχατε βαφτεί	είχα γεμίσει
είχατε πείσει	είχες εγκαταλείψει	έχουμε ταράξει	έχω σώσει	έχει φανεί	είχαμε παντρευτεί

Άσκηση 2
Διάλεξε το σωστό.

0 Έχω αναλάβει / Είχα αναλάβει τρεις εργασίες ως τώρα.

1 Πριν από μία εβδομάδα είχα κάψει / έχω κάψει το χέρι μου και πήγα στο νοσοκομείο.

2 Όταν μπήκε μέσα, έχει τελειώσει / είχε τελειώσει κιόλας τη δουλειά του.

3 Αν έχεις πάρει / είχες πάρει δίπλωμα, ξεκίνα να οδηγείς!

4 Πέρσι τέτοιο καιρό ήδη είχα κάνει / έχω κάνει τρία μπάνια στη θάλασσα.

5 Αν μου έχεις πει / είχες πει ότι χρειάζεσαι γάλα, θα σου έφερνα.

Άσκηση 3

Ένωσε τις προτάσεις, όπως στο παράδειγμα.

0. Ο Γιώργος ήρθε στη δουλειά. Ο Νίκος έφυγε. Όταν ο Γιώργος ήρθε στη δουλειά, ο Νίκος είχε ήδη φύγει.

1. Η Μαρία έφτασε στο σπίτι. Η γιορτή άρχισε. ______

2. Ο Γιάννης γύρισε στο σπίτι. Η Κατερίνα ξύπνησε. ______

3. Ο Κώστας κάθισε στο τραπέζι. Το ψητό φαγώθηκε. ______

4. Η μαμά μου βγήκε έξω. Το χιόνι σταμάτησε. ______

5. Η Ειρήνη έμαθε οδήγηση. Ο γιος της έγινε 5 χρονών. ______

Άσκηση 4

Συμπλήρωσε τα κενά με παρακείμενο ή υπερσυντέλικο στον κατάλληλο τύπο, όπως στο παράδειγμα.

ΠΑΙΔΙΑ ΚΑΙ ΗΛΕΚΤΡΟΝΙΚΑ ΠΑΙΧΝΙΔΙΑ

Πιθανώς 0 έχετε ακούσει (ακούω) ιστορίες, όπου ο έφηβος ή νεαρός ενήλικος δράστης λέει ότι σχεδίασε κάποια βίαιη επίθεση, επειδή βασίστηκε στα όσα 1 ______ (παρακολουθώ) και 2 ______ (παίζω) στα διάφορα ηλεκτρονικά παιχνίδια πιο πριν στο παρελθόν. Πιθανώς 3 ______ (βλέπω) πολλές φορές το παιδί σας βυθισμένο στην κονσόλα ή τον υπολογιστή για ώρες και ίσως 4 ______ (έρχομαι) σε σύγκρουση μαζί του. Έχετε δίκιο ή άδικο;

Πρώτα από όλα, πρέπει να δεχτούμε ότι στις μέρες μας τα ηλεκτρονικά παιχνίδια 5 ______ (γίνομαι) ένας από τους πιο δημοφιλείς τρόπους διασκέδασης για τα παιδιά, τους εφήβους αλλά και τους ενηλίκους, κυρίως τους άντρες και λιγότερο τις γυναίκες.

Σύμφωνα με έρευνες, η χρήση ηλεκτρονικών παιχνιδιών από τα παιδιά πρέπει να γίνεται με μέτρο. Αν τα παιδιά σας δεν χρησιμοποιούν με μέτρο τα ηλεκτρονικά παιχνίδια, είναι σίγουρο ότι 6 ______ (επηρεάζομαι) αρνητικά, τόσο η υγεία τους όσο και η σχέση τους με το σχολείο, τους φίλους και την οικογένειά τους. Από την άλλη μεριά –και πάλι σύμφωνα με έρευνες–, αν τα παιδιά σας χρησιμοποιούν τα ηλεκτρονικά παιχνίδια σε «μικρές δόσεις», τότε πιθανότατα 7 ______ (κάνω) καλό στο IQ, στην παρατηρητικότητά τους, στα αντανακλαστικά και στην αντίληψή τους για τον χώρο.

Αν [8] _______________ (υποψιάζομαι) ότι κάτι δεν πάει καλά με την υπερβολική ενασχόληση του παιδιού σας με τα ηλεκτρονικά παιχνίδια και με το διαδίκτυο, αλλά δεν είστε σίγουροι για τη σοβαρότητα της κατάστασης, απαντήστε στα παρακάτω ερωτήματα:

Το παιδί σας...

- τον τελευταίο καιρό [9] _______________ (παραμελώ) τις σχολικές και άλλες του υποχρεώσεις;
- [10] _______________ (μειώνω) τον χρόνο που περνάει με τους φίλους και την οικογένεια του;
- [11] _______________ (γίνομαι) επιθετικό;
- [12] _______________ (παραμελώ) πράγματα με τα οποία [13] _______________ (ασχολούμαι) πολύ στο παρελθόν;
- [14] _______________ (παραμελώ) την προσωπική του καθαριότητα και δεν [15] _______________ (αλλάζω) ρούχα εδώ και πολλές μέρες;
- μιλάει μόνο για τα ηλεκτρονικά παιχνίδια;
- δεν μπορεί να τηρήσει τον χρόνο ενασχόλησης με τα ηλεκτρονικά παιχνίδια που [16] _______________ (συμφωνώ) μαζί του;
- έχει άγχος όταν παίζει;
- δεν τρώει ή αντίθετα παχαίνει πάρα πολύ;
- κοιμάται λιγότερες ώρες από πριν;
- έχει συχνούς πονοκεφάλους;
- έχει πόνους σε σημεία του σώματος, όπου ποτέ δεν [17] _______________ (πονάω) στο παρελθόν;

Αν απαντήσατε «ναι» στα περισσότερα ερωτήματα, τότε ο κίνδυνος εξάρτησης από τα ηλεκτρονικά παιχνίδια είναι αυξημένος και θα πρέπει να ζητήσετε τη βοήθεια κάποιου ειδικού. Μην αμελήσετε τα σημάδια που βλέπετε, για να μη σκεφτείτε αργότερα ότι, ενώ [18] _______________ (διαπιστώνω) κάποια αλλαγή στη συμπεριφορά του παιδιού, δεν κινητοποιηθήκατε γρήγορα. Αφού διαβάσατε τις οδηγίες, δεν ισχύει πια για σας αυτό που συχνά ψιθυρίζουμε κατόπιν εορτής...«Αν [19] _______________ (ενημερώνομαι) νωρίτερα, θα ήξερα τι πρέπει να κάνω». Τώρα γνωρίζετε.

Πηγή: Διασκευή κειμένου από: http://www.vita.gr

Άσκηση 5
Απάντησε στις παρακάτω ερωτήσεις.

0. Πότε θα επιστρέψεις το βιβλίο στη βιβλιοθήκη;
Το έχω ήδη επιστρέψει από χθες.

1. Όταν θα τελειώσεις τα μαθήματά σου, θέλεις να πάμε μια βόλτα;
____. Φύγαμε!

2. Μαμά, όταν θα ετοιμάσεις την πίτα, θα μου κόψεις ένα κομμάτι;
____. Ορίστε!

3. Πότε θα πληρώσεις τους λογαριασμούς; Να σου δώσω και τους δικούς μου;
______________________________ από την προηγούμενη εβδομάδα. Κρίμα...

4. Πότε θα συναντηθείτε με τη Σοφία. Θέλω να τη δω κι εγώ.
____.

5. Πρέπει να ψάξουμε δωμάτια για τις διακοπές μας. Φοβάμαι ότι δεν θα βρούμε τίποτα.
______________________________________. Μη φοβάσαι καθόλου.

6. Πότε θα βάψετε το σπίτι σας;
____.

Άσκηση 6
Διάλεξε το σωστό.

0. Πήγες / Έχεις πάει ποτέ στην Αμερική;

1. Κρύωσα / Έχω κρυώσει πολύ σήμερα, αλλά φόρεσα ένα ζεστό μπουφάν και τώρα είμαι καλά.

2. Τον προηγούμενο μήνα δεν αγόρασα / είχα αγοράσει ακόμη το καινούριο μου αυτοκίνητο.

3. Είχαμε συναντηθεί / Συναντηθήκαμε ήδη με τη Μαρία, όταν με είδες.

4. Όταν ήρθε / είχε έρθει για πρώτη φορά στο σπίτι μας, ήμουν δώδεκα χρονών.

5. Πήγες / Έχεις πάει στην Αμερική πριν έναν μήνα;

Άσκηση 7

Συμπλήρωσε με αόριστο, παρακείμενο ή υπερσυντέλικο.

0. Το πρωί ___ήπια___ (πίνω) δύο ποτήρια νερό.
Από το πρωί ___έχω πιει___ δύο ποτήρια νερό.
___Είχα πιει___ ήδη δύο ποτήρια νερό, όταν μου έφερες τον χυμό.

1. Τον ______________ (ρωτώ) χθες, αν θα έρθει μαζί μας διακοπές.
Από χθες τον ______________ δύο φορές, αν θα έρθει μαζί μας στις διακοπές.
Τον ______________ ήδη αν θα έρθει μαζί μας στις διακοπές, όταν μου είπες ότι δεν θα έρθει.

2. Του ______________ (τηλεφωνώ) την προηγούμενη εβδομάδα.
Από την προηγούμενη εβδομάδα του ______________ εκατό φορές.
Του ______________, όταν μου είπες να τον καλέσω στο πάρτι μου.

3. ______________ (μιλώ) με τη μαμά μου δύο φορές στο τηλέφωνο αυτήν την εβδομάδα.
______________ με τη μαμά μου δύο φορές από την προηγούμενη Παρασκευή.
______________ καθόλου με τη μαμά μου μέχρι χθες.

4. ______________ (βλέπω) την Ελένη σήμερα στη δουλειά.
______________ την Ελένη από χθες.
______________ καθόλου την Ελένη εκείνο το καλοκαίρι.

5. Χθες το βράδυ ______________ (βλέπω) μια ωραία ταινία.
Από χθες το βράδυ ______________ τρεις ταινίες.
______________ ήδη αυτή την ταινία,
όταν μου την πρότεινες.

Άσκηση 8

Σε ποιες από τις παρακάτω προτάσεις οι υπογραμμισμένες λέξεις μπορούν να αντικατασταθούν από κάποιον άλλο χρόνο; Στις παρακάτω προτάσεις αντικατάστησε, όπου είναι δυνατό, τις υπογραμμισμένες λέξεις με άλλο χρόνο.

0. Από το πρωί δεν <u>έχω φάει</u> τίποτα. Πεινάω σαν λύκος. ___έφαγα___

1. <u>Κουράστηκα</u> πολύ σήμερα στη δουλειά και γι' αυτό <u>κοιμήθηκα</u> το μεσημέρι. ______________

2. <u>Πήγες</u> στην Αθήνα την προηγούμενη εβδομάδα; ______________

3. <u>Έχεις πάει</u> ποτέ στην Αθήνα; ______________

4. Σήμερα, <u>διάβασα</u> δύο ώρες μέχρι τώρα. ______________

5. Ο Πικάσο <u>γεννήθηκε</u> το 1881. ______________

6. Ο φίλος μου, ο Νίκος, <u>έχει γεννηθεί</u> το 2006. ______________

7. <u>Πέρασες</u> καθόλου από το σπίτι τις τελευταίες μέρες; <u>Αλλάξαμε</u> κουφώματα! ______________

8. - Ο Πέτρος <u>έστειλε</u> το δώρο της Ελένης;
- Δεν ξέρω. Την Τρίτη που τον <u>ρώτησα</u> δεν το <u>είχε στείλει</u> ακόμη. ______________

9. Αν <u>έχεις διαβάσει</u> καλά, μη φοβάσαι, θα γράψεις καλά στις εξετάσεις. ______________

10. Αν <u>είχες διαβάσει</u> καλά, τώρα δεν θα φοβόσουν για το διαγώνισμα. ______________

11. Χθες τέτοια ώρα <u>είχα τελειώσει</u> όλες τις δουλειές μου. ______________

Άσκηση 9

Βλέπεις ποιο ήταν το πρόγραμμα δύο φίλων το προηγούμενο Σάββατο και γράφεις, όπως στο παράδειγμα.

Δημήτρης

9:00	Πρωινό ξύπνημα
11:00	Τηλεόραση
13:00	Ψώνια
15:00	Μεσημεριανό φαγητό
17:00	Ύπνος
19:00	Ποδόσφαιρο στη γειτονιά
21:00	Μπάνιο
23:00	Ύπνος

Ιωάννα

8:00	Προπόνηση στο μπάσκετ
10:00	Βόλτα με τις φίλες
12:00	Κομμωτήριο
14:00	Ψώνια
16:00	Φαγητό
18:00	Διάβασμα
20:00	Τηλεόραση
22:00	Επιτραπέζιο παιχνίδι

0. Το Σάββατο, όταν ο Δημήτρης ξύπνησε, η Ιωάννα είχε ήδη παίξει μπάσκετ.

Άσκηση 10

Συνέχισε τις προτάσεις χρησιμοποιώντας τα ρήματα στον σωστό χρόνο (παρακείμενο ή υπερσυντέλικο).

γνωρίζω, αρρωσταίνω, κοιμάμαι, ταξιδεύω, ~~περνώ~~, διαβάζω, κερδίζω, κουράζομαι

0. Πριν έρθει στο σπίτι, είχε περάσει από τον Γιώργο.

1. Η Μαρία ως τώρα __________.

2. Όταν μου τηλεφώνησε, __________.

3. Δούλευα ακόμη στο σχολείο, όταν __________.

4. Πέρσι τον χειμώνα __________.

5. Σήμερα __________.

6. Την περσινή χρονιά __________.

7. Ως τώρα __________.

Άσκηση 11

Τι έχεις καταφέρει στη ζωή σου σε σχέση με αυτά που είχαν καταφέρει οι γονείς σου στην ηλικία σου; Σχηματίζεις προτάσεις χρησιμοποιώντας τις παρακάτω λέξεις/φράσεις:

Ήδη/κιόλας..., Ακόμη δεν..., Μέχρι τώρα δεν...

0. Έχω ήδη τελειώσει τις σπουδές μου, αλλά δεν έχω βρει ακόμη δουλειά. Στην ηλικία μου οι γονείς μου είχαν βρει δουλειά.

ΚΑΤΑΝΟΗΣΗ ΠΡΟΦΟΡΙΚΟΥ ΛΟΓΟΥ

- Τι βλέπεις στις εικόνες;
- Πιστεύεις ότι υπάρχει ζωή σε άλλους πλανήτες;
- Ποιο πιστεύεις ότι θα είναι το μέλλον της γης σε χίλια χρόνια;

(cd 1, 27)

Άσκηση 1

Άκουσε προσεκτικά και κράτησε σύντομες σημειώσεις (2-5 λέξεις).

0. Οι επιστήμονες είναι αισιόδοξοι σχετικά με τον αριθμό των πλανητών στους οποίους μπορεί να υπάρχει ζωή.

1. Με τα σύγχρονα τηλεσκόπια οι επιστήμονες μπορούν να δουν αν οι πλανήτες του κάθε αστεριού ____________.

2. Πριν από λίγα χρόνια δεν γνωρίζαμε ότι ένα ποσοστό αστεριών έχει πλανήτες ίσους με ____________.

3. Ένα ερώτημα σχετικό με το μέλλον της Γης είναι αν η θάλασσα ____________.

4. Σύμφωνα με το αισιόδοξο σενάριο, ο υπερπληθυσμός της Γης θα τρέφεται με φαγητό που κατασκευάζεται ____________.

5. Σε χίλια χρόνια από τώρα, μέσω της επιστήμης οι άνθρωποι θα γεννούν ____________.

6. Σήμερα ο μέσος όρος ζωής των ανθρώπων, συγκριτικά με τον μέσο όρο της ζωής κατά τον 19ο αιώνα, ____________.

Συμβουλή:
Πριν ακούσεις το κείμενο, ρίξε μια ματιά στις προτάσεις, για να εντοπίσεις τα σημεία στα οποία πρέπει να προσέξεις περισσότερο.

Άσκηση 2

Ποιο θα είναι το μέλλον της Γης σε χίλια χρόνια, σύμφωνα το κείμενο που άκουσες; Συμφωνούν οι προβλέψεις που έκανες, πριν ακούσεις το κείμενο, με αυτά που ακούστηκαν στο κείμενο;

Λεξιλόγιο

Άσκηση 1

Εκτυπώστε το κείμενο της κατανόησης προφορικού λόγου, γίνετε ζευγάρια, δείτε τις υπογραμμισμένες λέξεις του κειμένου και βρείτε ποιοι από τους παρακάτω ορισμούς περιγράφουν τη σημασία τους.

0. οι επιστήμονες που μελετούν τα ουράνια σώματα και τη δομή του σύμπαντος = αστρονόμοι

1. πληθυσμός πολύ αυξημένος σε σχέση με τις δυνατότητες μιας χώρας = ______

2. χώρος με όργανα και εργαλεία κατάλληλος για την εκτέλεση επαγγελματικών εργασιών = ______

3. περιοχή με συγκεκριμένα χαρακτηριστικά = ______

4. σχέση κατά την οποία κάποιος στηρίζεται κι επηρεάζεται από κάποιον άλλο = ______

5. κάνω κάτι πολλές φορές μεγαλύτερο ή περισσότερο = ______

6. καταφέρνω να ζήσω = ______

7. προβλέπω μελλοντικά, συνήθως πολύ σημαντικά γεγονότα = ______

8. κρατώ κάτι σε καλή κατάσταση = ______

Άσκηση 2

Γίνετε ζευγάρια και γράψτε πώς λέγονται οι επιστήμονες που εργάζονται στα ακόλουθα πεδία της επιστήμης.

0

μαθηματικά

μαθηματικός

1

φυσική

______

2

χημεία

______

3

αστρονομία

______

4

αστροφυσική

______

5

γεωλογία

______

6

βιολογία

______

7

μετεωρολογία

______

Άσκηση 3

Διάβασε τους παρακάτω ορισμούς και συμπλήρωσε τα κενά με τις λέξεις του κρυπτόλεξου.

0. Το σύνολο των υλικών σωμάτων του διαστήματος, τα αστέρια και οι πλανήτες αποτελούν το σύμπαν.
1. Το όργανο με το οποίο παρατηρούμε κυρίως ουράνια σώματα λέγεται ______________.
2. Αυτός που δεν προσφέρει φιλοξενία είναι ______________.
3. Το αποτέλεσμα της αριθμητικής πράξης (1+2+3):3 λεγεται ______________ όρος.
4. Το επίπεδο της επιφάνειας ενός υγρού σε κατάσταση ηρεμίας αποτελεί τη ______________ του.
5. Όταν κάποιος πιστεύει κάτι με βεβαιότητα, τότε έχει μια ______________.
6. Οι αλλαγές (συνήθως προς το χειρότερο) που συμβαίνουν σε έναν οργανισμό στην πορεία του προς τα γηρατειά λέγονται ______________.
7. Το ηλιακό μας σύστημα αποτελείται από τον ήλιο και 8 ______________: τον Ερμή, την Αφροδίτη, τη Γη, τον Άρη, τον Δία, τον Κρόνο, τον Ουρανό και τον Ποσειδώνα.
8. Αυτός που μπορεί να κατοικηθεί λέγεται ______________.

0	Α	Ω	Κ	Α	Λ	Σ	Υ	Μ	Π	Α	Ν	Ε	Σ	Ρ	Α	Α
1	Γ	Η	Ω	Α	Τ	Η	Λ	Ε	Σ	Κ	Ο	Π	Ι	Ο	Η	Ρ
2	Ξ	Π	Α	Φ	Ι	Λ	Ο	Ξ	Ε	Ν	Ο	Σ	Τ	Η	Σ	Λ
3	Σ	Κ	Η	Μ	Ε	Σ	Ο	Σ	Ω	Α	Π	Ο	Ν	Ξ	Ω	Δ
4	Α	Ρ	Μ	Ε	Τ	Σ	Τ	Α	Θ	Μ	Η	Ο	Ε	Ο	Ι	Σ
5	Ε	Ω	Γ	Φ	Ω	Τ	Π	Ε	Π	Ο	Ι	Θ	Η	Σ	Η	Ο
6	Μ	Λ	Ε	Δ	Υ	Π	Ο	Γ	Η	Ρ	Α	Ν	Σ	Η	Τ	Α
7	Τ	Δ	Ι	Π	Λ	Α	Ν	Η	Τ	Ε	Σ	Α	Λ	Ψ	Α	Ζ
8	Γ	Ο	Κ	Α	Τ	Ο	Ι	Κ	Η	Σ	Ι	Μ	Ο	Σ	Η	Μ

Άσκηση 4

Γίνετε ζευγάρια, ενώστε τις λέξεις με την ίδια ή παρόμοια σημασία και κάντε προτάσεις με αυτές.

0.	σιγουριά	**α.**	ματιά	
1.	πρόβλεψη	**β.**	διαρκής	
2.	πεποίθηση	**γ.**	αυξάνω	
3.	βλέμμα	**δ.**	βεβαιότητα	0
4.	πολλαπλασιάζω	**ε.**	προφητεία	
5.	συνεχής	**στ.**	άποψη	

Άσκηση 5

Γίνετε ζευγάρια, ενώστε τις λέξεις με αντίθετη σημασία και κάντε προτάσεις με αυτές.

0.	ύπαρξη	**α.**	ανεξαρτησία	
1.	αφιλόξενος	**β.**	μειώνω, περιορίζω	
2.	αισιόδοξος	**γ.**	ανυπαρξία	0
3.	εξάρτηση	**δ.**	αβεβαιότητα	
4.	πολλαπλασιάζω	**ε.**	απαισιόδοξος	
5.	σιγουριά	**στ.**	φιλόξενος	

Άσκηση 6

Βρες σε ποια από τις παρακάτω προτάσεις η υπογραμμισμένη λέξη έχει την ίδια σημασία με αυτή που έχει στο παράδειγμα και ποια είναι η σημασία της στις υπόλοιπες προτάσεις.

0 **Η πλημμύρα προκάλεσε μεγάλες καταστροφές.**

α. Μη με προκαλείς να μιλήσω, γιατί αυτά που θα πω δεν θα σου αρέσουν.

β. Αυτός ο καθηγητής προκαλεί πάντα το ενδιαφέρον των φοιτητών.

γ. Οι φίλαθλοι προκάλεσαν φασαρίες και ζημιές στο γήπεδο.

1 **Με τη γυμναστική και τη σωστή διατροφή διατηρούμε το σώμα μας σε καλή κατάσταση.**

α. Παρόλο που η Ελένη μένει εδώ και πολλά χρόνια στο Βέλγιο, διατηρούμε ακόμη σχέσεις.

β. Παρά την περασμένη ηλικία της, διατηρεί ακόμη την ομορφιά της.

γ. Εδώ και 10 χρόνια διατηρεί κατάστημα στο κέντρο της πλατείας.

2 **Η βιομηχανική ζώνη είναι στα δυτικά της πόλης.**

α. Η ζώνη που του πήρα για τα γενέθλιά του ήταν δερμάτινη.

β. Μην πλησιάζεις πολύ εκεί, είναι επικίνδυνη ζώνη.

γ. Στο αυτοκίνητο πρέπει να φοράμε ζώνη ασφαλείας.

3 **Ψάχνω να βρω το κλειδί της καρδιάς του.**

α. Δεν βρίσκω τα κλειδιά του σπιτιού.

β. Ο άνθρωπος αυτός ήταν το κλειδί του μυστηρίου.

γ. Κάθε φορά οι νότες αλλάζουν ανάλογα με το κλειδί που έχουμε χρησιμοποιήσει.

δ. Έχει θέση κλειδί στο υπουργείο. Ελέγχει τα πάντα.

Άσκηση 7

Γίνετε ζευγάρια. Πηγαίνετε στην ιστοσελίδα www.greek-language.gr/greekLang/modern_greek/tools/corpora/corpora/search.html. Πληκτρολογήστε τη λέξη *πηγή* και βρείτε παραδείγματα με τις διαφορετικές σημασίες της λέξης.

Άσκηση 8

Συμπλήρωσε τα κενά με την κατάλληλη λέξη.

εξαφανίζω
εξοντώνω
αφανίζω

0. Ψέκασα τα φυτά μου με αυτό το φάρμακο και ___εξόντωσα___ όλα τα σκουλήκια και τα ζιζάνια.

1. Τα χημικά απόβλητα και η μόλυνση ______________ τα ψάρια του ποταμού.

2. Αυτό το απορρυπαντικό ______________ όλους τους λεκέδες.

3. Οι δύσκολες συνθήκες ζωής ______________ τον σύγχρονο άνθρωπο.

αστρονομία
αστρολογία

4. Δείτε τα χαρακτηριστικά του κάθε ζωδίου σύμφωνα με την ______________.

5. Αστροφυσική είναι ο κλάδος της ______________ που ασχολείται με τη φυσική του σύμπαντος, τις φυσικές ιδιότητες των αστρονομικών αντικειμένων.

ανακάλυψη
αποκάλυψη
εφεύρεση

6. Οι ανασκαφές οδήγησαν στην ______________ ενός αρχαίου ελληνικού λαού.

7. Η πυξίδα είναι μια ______________ των Κινέζων μεταξύ του 9ου και 11ου αιώνα.

8. Πολύ κοντά σε μια σημαντική επιστημονική ______________ φαίνεται να βρισκόμαστε, σύμφωνα με τους επιστήμονες, όσον αφορά τη θεραπεία της ασθένειας του Πάρκινσον.

απασχολώ
απασχολούμαι
ασχολούμαι

9. Με τι ________________ στον ελεύθερο χρόνο σου;
10. Σε παρακαλώ, μην ________________ τον διευθυντή με τέτοια θέματα.
11. Η εταιρεία που ________________ είναι τεχνική; Τι μισθό παίρνεις;
12. - Μαρία, μπορώ να σε ________________ μισό λεπτό;
    - Ναι, θα ________________ με την υπόθεσή σου αμέσως.
13. Τον τελευταίο καιρό φαίνεται ότι κάτι σε ________________. Είσαι καλά;

τροφή
διατροφή
εκτροφή

14. Στις υπερσύγχρονες εγκαταστάσεις της φάρμας μας γίνεται βιολογική ________________ ζώων.
15. Τα όσπρια είναι μια πολύ θρεπτική ________________ για τα μικρά παιδιά.
16. Δεν κάνει καθόλου υγιεινή ________________. Τρώει συνέχεια έτοιμο φαγητό.
17. Η εμφάνισή της δίνει ________________ για αρνητικά σχόλια.

μόνος
μοναδικός
μοναχικός

18. Από τότε που μετακόμισες σε άλλη πόλη νιώθω πολύ ________________.
19. Συγχαρητήρια! Είσαι ο ένας και ________________ που πέρασε σε αυτές τις εξετάσεις.
20. Δεν μου αρέσει ο πολύς κόσμος και η φασαρία, είμαι λίγο ________________.
21. ________________ τα λέω, ________________ μου τ' ακούω.

Άσκηση 9

Διάλεξε δύο (2) ομάδες λέξεων από αυτές της άσκησης 8 και βρες παραδείγματα με τη χρήση τους από τα σώματα κειμένων στην ιστοσελίδα www.greek-language.gr/greekLang/modern_greek/tools/corpora/corpora/search.html.

Άσκηση 10

Γίνετε ζευγάρια και ενώστε τις λέξεις, για να κάνετε φράσεις που χρησιμοποιούνται πολύ συχνά. Με μερικές λέξεις μπορείτε να κάνετε περισσότερους από έναν συνδυασμούς. Μετά γράψτε προτάσεις με τις φράσεις που κάνατε.

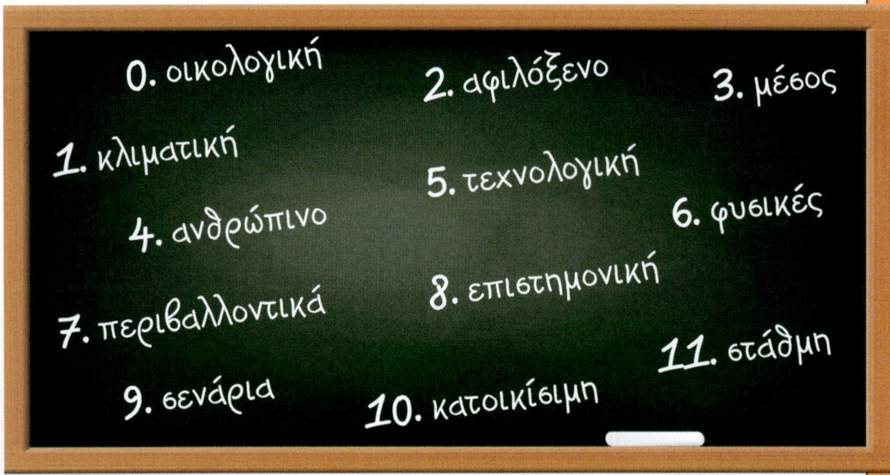

	προβλήματα
	ανάπτυξη
	ζώνη
	φαντασία
	αλλαγή
0	καταστροφή
	μέρος
	επιστημονικής φαντασίας
	της θάλασσας
	όρος
	πηγές
	είδος

Άσκηση 11

Συμπλήρωσε τα κενά με τις παρακάτω λέξεις.

οικολογική, τηλεσκόπια, επιβίωσαν, αποκάλυψη, αστρονόμους, δεδομένα, τροφή, προκάλεσε, θεωρία, ~~σύμπαντος~~, σενάρια, εξαφανίστηκαν, εργαστήρια

Η μελέτη του [0] ____σύμπαντος____ και η παρατήρησή του από τους [1] ____________ απαιτεί ανοιχτό χώρο και σύγχρονα [2] ____________. Όμως, για να κατανοήσουμε τα λιγότερο ορατά, αλλά πολύ σημαντικά μέρη του σύμπαντος, όπως τα νετρίνα και τη σκοτεινή ύλη, οι επιστήμονες κινούνται υπογείως. Τα υπόγεια [3] ____________ μοιάζουν σαν να βγήκαν μέσα από [4] ____________ ταινιών επιστημονικής φαντασίας. Προσφέρουν στους επιστήμονες προστασία από τους θορύβους που προκαλούν κάποια σωματίδια, όταν εισέρχονται στη Γη, όπως οι κοσμικές ακτίνες και άλλες ακτινοβολίες από το σύμπαν.

Πηγή: Διασκευή κειμένου από: http://www.xorisorianews.gr

Πουλιά και δεινόσαυροι...

Μόλις πριν λίγες μέρες, μια έρευνα με νέα στοιχεία έδειξε το γιατί τα πουλιά υπάρχουν ακόμη, ενώ οι δεινόσαυροι [5]______________________ από τον πλανήτη μας. Τα νέα [6]______________________ δείχνουν ότι πολλά είδη δεινοσαύρων ήταν προς εξαφάνιση, όταν πριν 66 εκατομμύρια χρόνια ένας αστεροειδής έπεσε στη Γη. Αυτό το γεγονός [7]______________________ έναν κατακλυσμό, που είχε σαν αποτέλεσμα να εξαφανιστούν πολλά είδη ζώων.

Η [8]______________________ της έρευνας είναι ότι ο πλανήτης είχε πάθει τεράστια [9]______________________ ζημιά τότε και ο ήλιος είχε μπλοκαριστεί. Από την απίστευτη σκόνη που σήκωσε ο αστεροειδής και το απόλυτο σκοτάδι που επικρατούσε, τα φυτά δεν μπορούσαν να μεγαλώσουν, τα προϊστορικά ζώα που έτρωγαν φυτά δεν είχαν πια τροφή, τα ζώα που έτρωγαν άλλα ζώα δεν είχαν πια να φάνε, και αυτοί που τελικά [10]______________________ είναι τα είδη των προϊστορικών πουλιών που τρέφονταν με σπόρους.

Μια ομάδα επιστημόνων από τον Καναδά μπόρεσε να συνδέσει 188 είδη σημερινών πουλιών με τον πρόγονό τους, έναν δεινόσαυρο σαν πουλί, που δεν είχε δόντια. Οι δεινόσαυροι με δόντια εξαφανίστηκαν μετά τη σύγκρουση του αστεροειδούς με τη Γη, ενώ αυτοί που έτρωγαν σπόρους και μοιάζουν πιο πολύ με πουλιά, κατάφεραν να συνεχίσουν να υπάρχουν. Οι σπόροι, παρόλη την καταστροφή, δεν εξαφανίστηκαν κι έτσι αυτά τα είδη είχαν την απαραίτητη [11]______________________, για να επιβιώσουν.

Προφανώς, και κανείς δεν μπορεί να είναι βέβαιος για κάτι που είναι τόσο παλιό, αφού έγινε εκατομμύρια χρόνια πριν, αλλά αυτή η [12]______________________ βασίζεται σε αρκετά ουσιαστικά στοιχεία και αποδείξεις.

Πηγή: Διασκευή κειμένου από:
http://www.hitandrun.gr

(cd 1, 28)

Άσκηση 12
Τώρα άκουσε το παραπάνω κείμενο και σημείωσε ποιες λέξεις/φράσεις αντικαθιστούν τις λέξεις που συμπλήρωσες στα κενά του.

Άσκηση 13
Διάβασε ξανά το κείμενο και κάνε την περίληψή του.

Άσκηση 14

Γίνετε ζευγάρια, δείτε τις παρακάτω λέξεις και συμπληρώστε τα κενά κάθε σειράς του πίνακα με λέξεις που ανήκουν στην ίδια οικογένεια.

οικολογία, φιλοξενία, ~~απασχόληση~~, κατοικία, εξαρτώμαι, γεράματα, προκλητικός, γέρος, τηλεσκοπικός, γηρατειά, προφητικός, γερασμένος, επιστήμη, απασχολημένος, πολλαπλασιαστικός, υπαρξιακός, πολλαπλασιασμός, πίεση, συμπαντικός, επιστημονικός, θεωρητικός, ανακάλυψη, διπλασιασμός, φιλόξενος, διατηρημένος, διπλός, κατοικημένος, γερνώ, διατήρηση, γεφυρώνω, θεωρία, υπάρχω, προφητεία, κάτοικος, διπλάσιος, κατοικώ, πρόκληση, εξαρτημένος, πιέζω, επιβίωση, μετατροπή, φιλοξενώ

ρήμα	ουσιαστικό	επίθετο
απασχολώ	0 απασχόληση	1 ______
2 ______	ύπαρξη	3 ______
-	σύμπαν	4 ______
-	επιστήμονας, 5 ______	6 ______
ανακαλύπτω	7 ______	-
διατηρώ	8 ______	9 ______
-	τηλεσκόπιο	10 ______
11 ______	12 ______, 13 ______	κατοικήσιμος, 14 ______
15 ______	γέφυρα	-
-	16 ______	οικολογική
προκαλώ	17 ______	18 ______
επιβιώνω	19 ______	-
μετατρέπω	20 ______	-
21 ______	22 ______	αφιλόξενος, 23 ______
προφητεύω	24 ______	25 ______
θεωρώ	26 ______	27 ______
28 ______	29 ______	πιεστικός
30 ______	εξάρτηση	31 ______
32 ______	γήρανση, 33 ______, 34 ______, 35 ______	36 ______
πολλαπλασιάζω	37 ______	38 ______, 39 ______
διπλασιάζω	40 ______	41 ______, 42 ______

Άσκηση 15
Συμπλήρωσε τα κενά, όπως στο παράδειγμα.

ΖΩΗ ΣΤΟ ΣΥΜΠΑΝ

Αμέτρητοι φιλικοί στη ζωή πλανήτες είναι... αγέννητοι!

Μια πολύ ενδιαφέρουσα μελέτη για τη ζωή στο [0] σύμπαν (συμπαντικός) πραγματοποίησε ομάδα [1] ______ (επιστήμη) στις ΗΠΑ. Σύμφωνα με αυτή, σε [2] ______ (θεωρία) επίπεδο υπάρχουν τρισεκατομμύρια πλανήτες. Ωστόσο, μόνο το 8% από αυτούς είναι [3] ______ (φιλοξενώ) για τη ζωή. Όπως υποστηρίζουν οι ερευνητές, ο σημερινός αριθμός των φιλικών στη ζωή πλανητών είναι πολύ μικρός σε σχέση με αυτόν που [4] ______ (ανακάλυψη) στο μέλλον.

Η μελέτη

Οι ερευνητές προχώρησαν στις εκτιμήσεις τους μελετώντας δεδομένα των διαστημικών [5] ______ (τηλεσκοπικός) Hubble και Kepler.

Σύμφωνα με το επιστημονικό τους «σενάριο», όταν η Γη δημιουργήθηκε, μόνο ένα μικρό ποσοστό (8%) των πλανητών που βρίσκονταν στη λεγόμενη [6] ______ (κατοικώ) ζώνη είχαν αρχίσει να σχηματίζονται. Ακόμη και σήμερα, 4,6 δισεκατομμύρια χρόνια μετά τη δημιουργία της Γης, οι περισσότεροι φιλόξενοι στη ζωή πλανήτες δεν έχουν ακόμη σχηματισθεί. Οι ερευνητές [7] ______ (προφητεία) ότι, ακόμη και όταν ο Ήλιος «σβήσει», θα υπάρχει ζωή στο σύμπαν.

Τα δεδομένα

Το σύμπαν έχει ηλικία 13,8 δισεκατομμυρίων ετών. Στη νεανική ηλικία του το σύμπαν γεννούσε [8] ______ (πολλαπλασιάζω) άστρα από ό,τι τώρα. Παρόλα αυτά, η διαδικασία σχηματισμού άστρων (άρα και κατοικήσιμων ίσως πλανητών) θα συνεχισθεί για πολύ-πολύ ακόμη καιρό, τόσο στον δικό μας γαλαξία, όσο και σε άλλους.

Οι επιστήμονες δεν αποκλείουν ότι στον δικό μας γαλαξία [9] ______ (ύπαρξη) ένα δισεκατομμύριο πλανήτες με μέγεθος περίπου όσο η Γη. Από αυτούς μπορεί να κατοικηθεί μόνο ένα μικρό ποσοστό.

Ωστόσο, στο ορατό σύμπαν υπάρχουν γύρω στους 100 δισεκατομμύρια γαλαξίες. Φανταστείτε, λοιπόν, πόσοι κόσμοι υπάρχουν που θα μπορούσαν να φιλοξενήσουν ζωή.

Οι επιστήμονες εκτιμούν ότι το τελευταίο άστρο του σύμπαντος δεν αναμένεται να «σβήσει» προτού περάσουν 100 τρισεκατομμύρια χρόνια από σήμερα.

Σύμφωνα, όμως, με τους ερευνητές, όσο περνάει ο καιρός το σύμπαν διαστέλλεται και θα είναι πολύ δύσκολο ή και αδύνατο για τους μελλοντικούς πολιτισμούς να μπορέσουν να κατανοήσουν τη δημιουργία του.

Πηγή: Διασκευή κειμένου από:
http://www.tovima.gr

Άσκηση 16
Διάλεξε επτά (7) λέξεις από τον πίνακα της άσκησης 14 και κάνε μια άσκηση, όπως η άσκηση 15. Ζήτησε από τον συμμαθητή/τη συμμαθήτριά σου να συμπληρώσει τα κενά της άσκησής σου και κάνε το ίδιο με τη δική του/της άσκηση.

Άσκηση 17

Ζήτησε τη βοήθεια του συμμαθητή/της συμμαθήτριάς σου, για να συμπληρώσεις το σταυρόλεξό σου.

Παράδειγμα:

Μαθητής Α: Τι έχεις στο 1 οριζόντια;

Μαθητής Β: Έτσι λέγονται τα υλικά σώματα που αποτελούν το διάστημα.

Μαθητής Α: Σύμπαν.

Μαθητής Α

Μαθητής Β

Γραμματική: ΣΥΝΤΕΛΕΣΜΕΝΟΣ ΜΕΛΛΟΝΤΑΣ

Άκουσε το κείμενο και συμπλήρωσε τα κενά, για να απαντήσεις στις ερωτήσεις που ακολουθούν.

(cd 1, 29)

ΔΙΑΜΟΝΗ ΣΕ ΑΛΛΟΥΣ ΠΛΑΝΗΤΕΣ

Ο άνθρωπος εδώ και πάρα πολλά χρόνια δεν μπορεί να κρατήσει τα πόδια του στο έδαφος που πατά και αυτό θα είναι πιθανότατα και το μοτίβο του μέλλοντος. Πόσο μακριά όμως [0] θα έχουμε φτάσει σε χίλια χρόνια από τώρα;

Σύμφωνα με τους αστροφυσικούς, πριν περάσουν χίλια χρόνια [1], ______________ ένα πολύ μεγάλο τμήμα του σύμπαντος. Αυτό [2] ______________ να προβλέπουμε μελλοντικά γεγονότα που θα μπορούσαν να επηρεάσουν τη Γη και τους οργανισμούς που κατοικούν σε αυτήν.

Ωστόσο, ο βασικός λόγος για τις συνεχείς διαστημικές βόλτες μας [3] ______________ ο εντοπισμός νέων και κατάλληλων πλανητών που [4] ______________ να κρατήσουν το ανθρώπινο είδος στη ζωή, αφού μάλλον [5] ______________ δύσκολα μέχρι τότε τα πράγματα στη Γη. Τέτοιοι πλανήτες έχουν πράγματι ανακαλυφθεί ακόμη και σήμερα, ωστόσο παραμένουν πάρα πολύ μακριά για τις δυνατότητές μας αυτήν τη στιγμή...

Πηγή: Διασκευή κειμένου από: http://www.thetoc.gr

Ερωτήσεις:

1. Τι θα έχουμε καταφέρει, σύμφωνα με τους αστροφυσικούς, σε χίλια χρόνια;
2. Τι σημαίνει για το μέλλον του ανθρώπινου είδους ο εντοπισμός νέων και κατάλληλων πλανητών;
3. «Πριν περάσουν χίλια χρόνια, θα έχουμε καταγράψει ένα πολύ μεγάλο τμήμα του σύμπαντος».
   Σύμφωνα με την παραπάνω πρόταση, η καταγραφή όλου του σύμπαντος θα γίνει:
   α. σε λιγότερο από χίλια χρόνια **β.** σε περισσότερο από χίλια χρόνια

Συνοπτικός Μέλλοντας Ενεργητικής/ Παθητικής Φωνής	Μη Συνοπτικός Μέλλοντας Ενεργητικής/Παθητικής Φωνής
θα καταγράψω θα καταγραφτώ	θα καταγράφω θα καταγράφομαι

Δυντική Έγκλιση *θα* + παρατατικός, *θα* + υπερσυντέλικος
Θα έκανα τα πάντα, για να περάσω στο Πανεπιστήμιο. Θα ερχόμουν μαζί σας, αν δεν είχα δουλειά. Θα είχα έρθει, αν είχα τελειώσει τα μαθήματά μου.

Συντελεσμένος Μέλλοντας	
Χρήση: για μια ενέργεια που θα γίνει στο μέλλον και θα έχει τελειώσει πριν από κάποιο χρονικό σημείο **Σχηματισμός:** θα + παρακείμενος ενεργητικής/ παθητικής Φωνής	
θα έχω καταγράψει	θα έχω καταγραφτεί
θα έχεις καταγράψει	θα έχεις καταγραφτεί
θα έχει καταγράψει	θα έχει καταγραφτεί
θα έχουμε καταγράψει	θα έχουμε καταγραφτεί
θα έχετε καταγράψει	θα έχετε καταγραφτεί
θα έχουν(ε) καταγράψει	θα έχουν(ε) καταγραφτεί
Λέξεις κλειδιά: πριν από, ως, μέχρι, ώσπου	

Άσκηση 1

Γίνετε ζευγάρια, ακολουθήστε τα ρήματα που είναι σε συντελεσμένο μέλλοντα και βγείτε από τον λαβύρινθο.

θα έχετε παίξει	θα έχεις παίξει	θα έχουμε ντυθεί	είχατε πειράξει	θα έχω κοιμηθεί	θα έχουμε πιει
θα έχω κρυφτεί	θα πειστεί	θα έχω ακυρώσει	θα παίρνετε	είχαμε μείνει	έχουν βρεθεί
θα ντυνόμασταν	θα είχαμε παίξει	θα έχουν ζεσταθεί	θα έχεις διδαχτεί	θα έχουμε αναπτυχθεί	θα έχετε τρέξει
θα έχω εμπνευστεί	θα έχει εγκαταλειφθεί	έχετε ταραχτεί	θα έχει αυξηθεί	θα καταλαβαίνατε	θα έχει συμβουλευτεί
έχετε σωθεί	έχω κλειστεί	είχαν παντρευτεί	θα είχαμε τρέξει	είχα καθίσει	θα έχεις κλείσει

Άσκηση 2

Διάλεξε το σωστό.

0. Όταν θα έρθεις, ______ το μαγείρεμα.
α. θα έχω τελειώσει **β.** θα τελειώνα **(γ.)** θα έχω τελειώσει

1. Κάθε μέρα ______ στο γυμναστήριο, για να χάσω κιλά.
α. θα πηγαίνω **β.** θα πάω **γ.** θα πήγαινα

2. Μέχρι αύριο ______ σε τρεις φίλους μου.
α. θα τηλεφωνώ **β.** θα τηλεφωνούσα **γ.** θα έχω τηλεφωνήσει

3. ______ ήδη, όταν θα μπει μέσα.
α. Θα κρυβόμαστε **β.** Θα κρυβόμασταν **γ.** Θα έχουμε κρυφτεί

4. Μέχρι τώρα ______ τα μαθήματά σου, αν είχες ξεκινήσει νωρίτερα.
α. θα τελείωνες **β.** θα τελειώσεις **γ.** θα είχες τελειώσει

5. Ως το βράδυ ______ όλη την εργασία.
α. θα έγραφα **β.** θα γράφω **γ.** θα έχω γράψει

6. ______ αύριο να σε δω.
α. Θα έρχομαι **β.** Θα έρθω **γ.** Θα ερχόμουν

7. Μέχρι τον άλλο μήνα ______ για τις εξετάσεις.
α. θα προετοιμαζόμουν **β.** θα προετοιμαστώ **γ.** θα έχω προετοιμαστεί

8. ______ αυτό το σπίτι, αν είχα τα χρήματα.
α. Θα αγόραζα **β.** Θα έχω αγοράσει **γ.** Θα αγοράσω

9. ______ να σε δω, αλλά είμαι πολύ κουρασμένη.
α. Θα έρχομαι **β.** Θα έρθω **γ.** Θα ερχόμουν

Άσκηση 3

Συμπλήρωσε τα κενά με τον κατάλληλο τύπο μέλλοντα (συνοπτικό/μη συνοπτικό και συντελεσμένο) ή με τη δυντική έγκλιση.

0. Αν είχα λεφτά, θα ταξίδευα (ταξιδεύω) συνέχεια.
1. Αν το ήξερα, δεν ________ (πάω).
2. Αν δεν ________ (προετοιμάζομαι) σωστά για τις εξετάσεις, δεν θα τα καταφέρεις.
3. Μου είπε ότι ________ (έρχομαι) στο σπίτι, αλλά δεν φάνηκε ακόμη.
4. Όταν θα τελειώσει τις σπουδές του, εγώ ________ (μαθαίνω) ήδη μια δεύτερη ξένη γλώσσα.
5. Μην ανησυχείς! Μία φορά την εβδομάδα ________ (έρχομαι), για να σε βλέπω.
6. Μου είπε ότι ________ (τηλεφωνώ) σήμερα, αλλά μέχρι τώρα δεν τηλεφώνησε.
7. Από εδώ και πέρα ________ (τρέφομαι) σωστά.
8. Σου υπόσχομαι ότι ________ (κοιμάμαι) νωρίς σήμερα το βράδυ.
9. Χθες μου είπε ότι ________ (φεύγω).
10. ________ (έρχομαι) μαζί σου στο σινεμά, αλλά το απόγευμα έχω δουλειά.
11. Νυστάζω πολύ. Μέχρι να τελειώσει η ταινία σίγουρα ________ (κοιμάμαι).
12. Αν ερχόσουν μαζί μας διακοπές, ________ (περνώ) πολύ ωραία.
13. Αν έβλεπες την ταινία, ________ (καταλαβαίνω) τι σου λέω.
14. Αν πήγαινες να τον ακούσεις, ________ (βλέπω) την πρόοδο που έκανε.
15. Αν ήξερες να οδηγείς, τώρα ________ (οδηγάω).
16. Μου είπε ότι ________ (έρχομαι) στη Σκιάθο.
17. Αν είχες διαβάσει, ________ (περνώ) στο Πανεπιστήμιο.

Άσκηση 4

Συμπλήρωσε τα κενά, όπως στο παράδειγμα.

0. Μέχρι πότε θα έχεις αγοράσει καινούριο αυτοκίνητο;
   Θα το έχω αγοράσει μέχρι το τέλος του έτους.
1. Πότε θα έχεις τελειώσει την εργασία για το σχολείο;
   ________ πριν από το τέλος της εβδομάδας.
2. Μέχρι πότε θα έχεις χάσει όλα τα κιλά;
   ________ μέχρι το τέλος του καλοκαιριού.
3. Πότε θα στείλεις το δέμα;
   ________ ως την επόμενη εβδομάδα.
4. Γιατί δεν τηλεφώνησες στην Ελένη;
   ________, αλλά ήμουν πολύ απασχολημένος σήμερα.
5. Θα επισκεφτείς τη Μαρία;
   Ευχαρίστως ________, αλλά έχω πολλή δουλειά.
6. Θα μου πεις το μυστικό του Νίκου;
   ________, αλλά ούτε και εγώ το ξέρω.

Άσκηση 5
Συμπλήρωσε τα κενά με μέλλοντα συνοπτικό, μη συνοπτικό ή συντελεσμένο στον κατάλληλο τύπο, όπως στο παράδειγμα.

ΤΕΧΝΟΛΟΓΙΚΕΣ ΕΞΕΛΙΞΕΙΣ

Επιστήμονες, όπως φυσικοί, βιολόγοι και κοινωνιολόγοι ασχολούνται με την εξέλιξη της κοινωνίας, της ανθρώπινης ζωής και της γης γενικότερα. Βασίζονται αποκλειστικά σε επιστημονικά δεδομένα και μας ενημερώνουν για τις παρακάτω εξελίξεις που 0 θα έρθουν (έρχομαι) σε λίγα ή σε περισσότερα χρόνια.

Ενσωματωμένοι υπολογιστές

Μέχρι το 2050, πολύ σύντομα δηλαδή, στο ανθρώπινο σώμα 1 ____________ (ενσωματώνομαι) υπολογιστές. Επίσης, μέχρι το 2075 οι περισσότεροι κάτοικοι του αναπτυγμένου κόσμου 2 ____________ (βάζω) κάποια μορφή «μηχανής» στους εγκεφάλους τους. Έτσι, 3 ____________ (λειτουργώ) πιο γρήγορα και 4 ____________ (μοιράζομαι) σκέψεις σε μορφή...αρχείων.

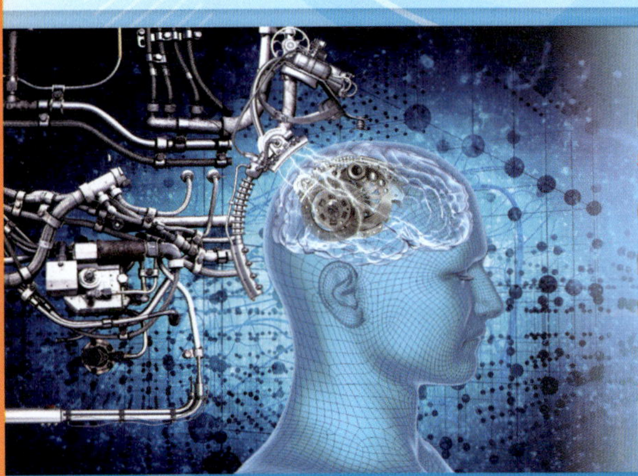

Υπεράνθρωποι

Η εξέλιξη της γενετικής και της ρομποτικής μηχανικής 5 ____________ (δημιουργώ) ανθρώπους ιδιαίτερα έξυπνους που θα ζουν αιώνια. Σας ακούγεται υπερβολικό; Δεν είναι καθόλου. Στο μέλλον 6 ____________ (υπάρχω) η δυνατότητα να επηρεάζονται ηλεκτρικά κάποια σημεία του εγκεφάλου. Επομένως, θα αυξάνεται η νοημοσύνη του ανθρώπου. Παράλληλα το ανθρώπινο σώμα 7 ____________ (συντηρούμαι) για πολλά πολλά χρόνια. Έτσι, ίσως ο θάνατος 8 ____________ (αποτελώ) πλέον...επιλογή.

Το ταξίδι στο διάστημα θα είναι παιχνιδάκι

Στο διάστημα 9 ____________ (δημιουργούμαι) νέοι τουριστικοί προορισμοί. Θα είναι, όμως, πολύ δύσκολο να τους επισκεφτούν όσοι δεν έχουν αρκετά χρήματα.

Θα μπορούμε να ελέγξουμε τον καιρό

Πριν περάσουν εκατό χρόνια από σήμερα, 10 ____________ (αναπτύσσομαι) η σχετική τεχνολογία με την οποία θα μπορούμε να ελέγξουμε τον καιρό, δηλαδή 11 ____________ (κατευθύνω) ανεμοστρόβιλους, 12 ____________ (προκαλώ) βροχή κ.ά. Άλλωστε, εξαιτίας των έντονων κλιματικών αλλαγών, τα τελευταία χρόνια γίνονται πάρα πολλές έρευνες σε αυτόν τον τομέα. Σκοπός τους είναι να κατανοήσουμε καλύτερα πώς «λειτουργεί» ο καιρός. Το δυσάρεστο, όμως, είναι ότι τα τεχνολογικά μέσα, για να ελέγχεται ο καιρός, είναι πολύ ακριβά. Γι' αυτό το πιθανότερο είναι ότι 13 ____________ (χρησιμοποιώ), μόνο όταν θα χρειάζεται να αποφύγουμε κάποια σοβαρή φυσική καταστροφή.

Πηγή: Διασκευή κειμένου από: http://www.in2life.gr

Άσκηση 6

Συνέχισε τις προτάσεις χρησιμοποιώντας τα ρήματα στον σωστό χρόνο (συνοπτικό, μη συνοπτικό και συντελεσμένο μέλλοντα).

πηγαίνω, ~~συγκεντρώνω~~, παντρεύομαι, προσέχω, πίνω, τελειώνω, αρρωσταίνω, φεύγω

0. Μέχρι τον άλλο μήνα ____ θα έχω συγκεντρώσει ____ όλες τις πληροφορίες.
1. Από αύριο ________________ περισσότερο την εμφάνισή μου.
2. Κάθε μέρα ________________ αυτό το φάρμακο.
3. Σήμερα το απόγευμα η Μαρίνα ________________ στο θέατρο.
4. Πριν γυρίσεις από τη δουλειά, ________________ τις δουλειές μου.
5. Αν βγεις στο κρύο χωρίς το μπουφάν σου, ________________.
6. Όταν επιστρέψεις, ________________.
7. Ως το τέλος του χρόνου, ο Κώστας και η Άννα ________________.

Άσκηση 7

Κάνεις σχέδια για το μέλλον. Γράφεις τι θα έχεις πετύχει τα επόμενα χρόνια. Χρησιμοποιείς φράσεις όπως:

ως το..., μέχρι..., στο τέλος...

ΠΑΡΑΓΩΓΗ ΠΡΟΦΟΡΙΚΟΥ ΛΟΓΟΥ

Άσκηση 1
Γίνετε ζευγάρια και απαντήστε στις παρακάτω ερωτήσεις.

- Πιστεύετε ότι υπάρχει ζωή σε άλλους πλανήτες;
- Θα θέλατε να είστε αστροναύτης; Γιατί;
- Πιστεύετε ότι οι άνθρωποι θα μπορέσουν να κατοικήσουν ποτέ σε άλλον πλανήτη;
- Ποια τεχνολογική εφεύρεση που έγινε πρόσφατα σας έκανε μεγάλη εντύπωση;
- Ποια επιστημονική ανακάλυψη πιστεύετε ότι έπαιξε τον πιο σπουδαίο ρόλο για την ανθρωπότητα;
- Ποια επιστημονική ή τεχνολογική ανακάλυψη περιμένετε με μεγάλη αγωνία;
- Πιστεύετε ότι θα μπορέσουμε ποτέ να ταξιδέψουμε μέσα στον χρόνο;
- Πώς θα θέλατε να είναι η ζωή στη Γη σε 50 χρόνια;
- Έχετε κάνει κάποιο επιστημονικό πείραμα; Ποιο; Ποια ήταν τα συμπεράσματά σας;

Άσκηση 2
Διάβασε τις παρακάτω φράσεις. Ποιες είναι οι πιο κατάλληλες για σένα;

Τι σημαίνει για σένα σύγχρονη τεχνολογία;	
Ηλεκτρονικοί υπολογιστές	
Κινητά τηλέφωνα	
Έξυπνες συσκευές	
Ηλεκτρονικά παιχνίδια	
Ιατρική εξέλιξη	
Ρομπότ στην υπηρεσία του ανθρώπου	
Αυτοκίνητα	
Πονοκέφαλος και δυσκολία	
Ευκολία στη ζωή μου	
Τρισδιάστατη εκτύπωση	

Άσκηση 3
Δες τις εικόνες και απάντησε στις ερωτήσεις.

1

2
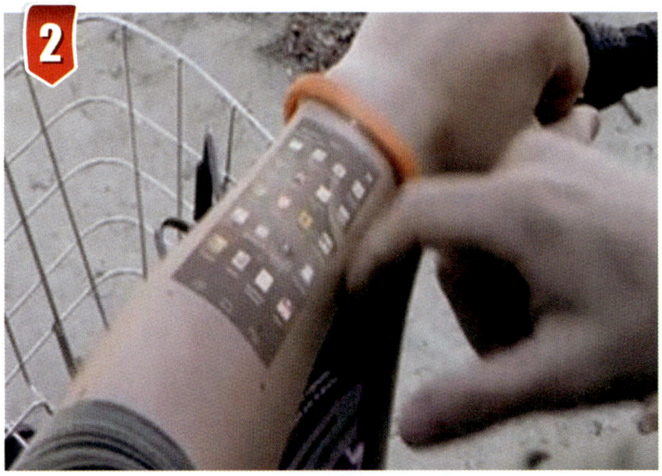

- Ποιο είναι το κοινό στοιχείο και στις δύο φωτογραφίες;
- Ποια είναι τα αποτελέσματα της σύγχρονης τεχνολογίας στις δύο φωτογραφίες;
- Ποια είναι τα πλεονεκτήματα καθεμιάς από τις δύο τεχνολογικές εξελίξεις για τον άνθρωπο;
- Κρύβονται κάποιοι κίνδυνοι πίσω από τις τεχνολογικές εξελίξεις στις δύο φωτογραφίες;
- Θα θέλατε κάποια από τις δύο τεχνολογικές εξελίξεις να γίνει μέρος της καθημερινότητάς σας; Ποια και γιατί;

(cd 1, 30)

Άσκηση 4

Άκουσε τον διάλογο και βάλε ✓ στις πληροφορίες που αναφέρονται σε αυτόν.

(cd 1, 30)

Άσκηση 5

Άκουσε ξανά το κείμενο και κάνε την περίληψή του.

Χρήσιμο λεξιλόγιο

- σταθερός υπολογιστής
- φορητός
- χαμηλό κόστος
- συντήρηση
- επιδιόρθωση
- κατανάλωση ενέργειας
- κόστος
- προσιτή τιμή
- απόδοση
- χωρητικότητα
- σκληρός δίσκος
- ανάλυση
- έγχρωμη/ασπρόμαυρη εκτύπωση

Άσκηση 6
Γίνετε ζευγάρια και συζητήστε τα παρακάτω θέματα.

Συζήτηση 1

Συνομιλητής/Συνομιλήτρια Α

Σου αρέσει πολύ η σύγχρονη τεχνολογία και πολύ συχνά αγοράζεις έξυπνες συσκευές για το σπίτι σου. Ο φίλος/Η φίλη σου δεν παρακολουθεί στενά τις τεχνολογικές εξελίξεις και πιστεύει ότι η τεχνολογία απομονώνει τον άνθρωπο και του δημιουργεί ψεύτικες ανάγκες. Προσπαθεί να σε πείσει να σταματήσεις να αγοράζεις διάφορες έξυπνες συσκευές. Εσύ δεν συμφωνείς καθόλου μαζί του, γιατί πιστεύεις ότι η τεχνολογία βοηθάει τον άνθρωπο και του/της εξηγείς τους λόγους για τους οποίους σου αρέσει να ενημερώνεσαι για τις τεχνολογικές εξελίξεις και να αγοράζεις έξυπνες συσκευές για το σπίτι σου.

Συνομιλητής/Συνομιλήτρια Β

Ο φίλος/Η φίλη σου παρακολουθεί στενά τις εξελίξεις της σύγχρονης τεχνολογίας και πολύ συχνά αγοράζει έξυπνες συσκευές για το σπίτι του/της. Εσύ πιστεύεις ότι η σύγχρονη τεχνολογία απομονώνει τον άνθρωπο και του δημιουργεί ψεύτικες ανάγκες. Αυτός/Αυτή δεν συμφωνεί καθόλου μαζί σου, γιατί πιστεύει ότι η τεχνολογία βοηθάει τον άνθρωπο. Προσπαθείς να τον/την πείσεις να σταματήσει να αγοράζει διάφορες έξυπνες συσκευές.

Συζήτηση 2

Συνομιλητής/Συνομιλήτρια Α

Συζητάς με έναν φίλο/μια φίλη σου για την εξέλιξη της τεχνολογίας και τον τρόπο που θα επηρεάσει την ποιότητα της ζωής μας τα επόμενα 50 χρόνια. Εσύ είσαι πολύ αισιόδοξος/η και πιστεύεις ότι θα απλοποιηθεί πολύ η καθημερινότητά μας και η ζωή μας θα έχει μεγαλύτερη διάρκεια. Εκείνος/Εκείνη έχει αντίθετη άποψη. Προσπαθείς να τον/την πείσεις για την άποψή σου.

Συνομιλητής/Συνομιλήτρια Β

Συζητάς με έναν φίλο/μια φίλη σου για την εξέλιξη της τεχνολογίας και τον τρόπο που θα επηρεάσει την ποιότητα της ζωής μας τα επόμενα 50 χρόνια. Εσύ είσαι πολύ απαισιόδοξος/η και πιστεύεις ότι η τεχνολογία θα καταστρέψει την ανθρώπινη δημιουργικότητα και μπορεί να βλάψει την υγεία των ανθρώπων. Εκείνος/Εκείνη έχει αντίθετη άποψη. Προσπαθείς να τον/την πείσεις για την άποψή σου.

Χρήσιμο λεξιλόγιο

- Δεν συμφωνείς ότι...
- Δεν νομίζεις ότι πρέπει...
- Το ξέρω/καταλαβαίνω αυτό που λες.
- Δεν υπάρχει λόγος να φωνάζεις.
- Δεν χρειάζεται να θυμώνεις.
- Είμαι απόλυτα βέβαιος/βέβαιη γι' αυτό που σου λέω.
- Δεν είμαι απόλυτα βέβαιος/βέβαιη, αλλά νομίζω ότι...
- Δεν είμαι καθόλου σίγουρος/σίγουρη ότι είναι έτσι τα πράγματα.
- Σέβομαι τη γνώμη σου.
- Δεν είναι τίποτα σπουδαίο.
- Όπως εγώ βλέπω τα πράγματα...
- Άσε με να τελειώσω.
- Μισό λεπτό να ολοκληρώσω.
- Όπως έλεγα...
- Αποκλείεται να είναι έτσι όπως τα λες.

ΠΑΡΑΓΩΓΗ ΓΡΑΠΤΟΥ ΛΟΓΟΥ

Άσκηση 1

Διάβασε προσεκτικά το παρακάτω κείμενο, βρες τις επιπλέον λέξεις και διάγραψέ τες. Οι λέξεις που πρέπει να διαγράψεις είναι πέντε (5).

ΔΙΑΚΟΠΕΣ ΣΤΟ ΔΙΑΣΤΗΜΑ: Μύθος ή πραγματικότητα;

Μπορεί για πολλούς η λέξη *διακοπές* να σημαίνει θάλασσα και βουνό, πολύ σύντομα, όμως, θα προσφέρονται διακοπές έξω από τα σύνορα της Γης. Η τουριστική βιομηχανία να κάνει τολμηρά σχέδια, καθώς ήδη αρκετές επιχειρήσεις σχεδιάζουν προγράμματα ιδιωτικών διαστημικών πτήσεων και πολλοί είναι εκείνοι που υπογράφουν και κάνουν κράτηση θέσης για μια βόλτα στο διάστημα.

Ωστόσο, κατά τη γνώμη μου, αυτού του είδους οι διακοπές δεν πρόκειται να αντικαταστήσουν και σύντομα τις κλασικές διακοπές των ανθρώπων για τους παρακάτω λόγους;

Πρώτα από όλα, τα διαστημικά ταξίδια, όσο σύντομα κι αν είναι, απαιτούν πολύ μεγάλα έξοδα, τα οποία μπορούν ελάχιστοι άνθρωποι να πληρώσουν. Κατά την άποψή μου, το υψηλό κόστος αυτών των ταξιδιών θα παραμείνει χωρίς υψηλό για πάρα πολλά χρόνια· επομένως ο διαστημικός τουρισμός θα είναι προνόμιο μόνο για λίγους, αυτούς που έχουν πάρα πολλά χρήματα.

Δεύτερον, εκτός από το απαγορευτικό κόστος των διαστημικών ταξιδιών, δεν πρέπει να ξεχνάμε και τους κινδύνους που κρύβουν. Οι συνθήκες κάθε επιβίωσης στους πλανήτες του διαστήματος είναι εντελώς διαφορετικές από αυτές που υπάρχουν στη Γη. Θα ήταν εξαιρετικά επικίνδυνο να μεταφέρονται απλοί άνθρωποι χωρίς καμία προηγούμενη εκπαίδευση σε τόσο αφιλόξενους για την ανθρώπινη ζωή πλανήτες.

Τέλος, δεν πρέπει να ξεχνάμε ότι, όσο κι αν η θέα της γης από το διάστημα μοιάζει φανταστική, η ζωή πάνω σε αυτήν είναι τόσο ακόμη πιο ωραία και ενδιαφέρουσα.

Μ. Στεργίδης

1 ______________

____

____

2 ______________

____

____

3 ______________

____

____

4 ______________

____

____

5 ______________

____

____

Άσκηση 2

Διάβασε ξανά το κείμενο και βάλε έναν από τους παρακάτω πλαγιότιτλους σε κάθε παράγραφο.

υποστήριξη θέσης με επιχείρημα

επίλογος

υποστήριξη θέσης με επιπλέον επιχείρημα

εισαγωγή στο θέμα

βασική άποψη/θέση

Άσκηση 3

Βάλε τις επόμενες λέξεις/φράσεις στην κατάλληλη στήλη.

~~ωστόσο~~, *δεύτερον, πρώτα από όλα, κατά τη γνώμη μου, τέλος, τρίτον, επίσης, ακόμη, σύμφωνα με, θεωρώ, δεν πρέπει να ξεχνάμε ότι, επιπλέον, μολονότι*

Παρουσίαση βασικού επιχειρήματος	Παρουσίαση επιπλέον επιχειρήματος	Αντίθεση	Παρουσίαση άποψης/ γνώμης
		ωστόσο	

Άσκηση 4

Ξαναγράψε τις προτάσεις, χρησιμοποιώντας τις λέξεις/φράσεις της παρένθεσης.

0. Μπορεί για πολλούς η λέξη *διακοπές* να σημαίνει θάλασσα και βουνό, πολύ σύντομα, όμως, θα προσφέρονται διακοπές έξω από τα σύνορα της Γης. (παρόλο που)

Παρόλο που για πολλούς η λέξη διακοπές σημαίνει θάλασσα και βουνό, πολύ σύντομα θα προσφέρονται διακοπές έξω από τα σύνορα της Γης.

1. Η τουριστική βιομηχανία κάνει τολμηρά σχέδια, καθώς αρκετές επιχειρήσεις σχεδιάζουν προγράμματα ιδιωτικών διαστημικών πτήσεων. (δεδομένου ότι)

2. Κατά τη γνώμη μου, αυτού του είδους οι διακοπές δεν θα αντικαταστήσουν σύντομα τις κλασικές διακοπές των ανθρώπων για πολλούς λόγους. (ότι)

3. Τα διαστημικά ταξίδια, όσο σύντομα κι αν είναι, απαιτούν πολύ μεγάλα έξοδα. (ακόμη)

4. Εκτός από το απαγορευτικό κόστος των ταξιδιών, υπάρχουν πολλοί κίνδυνοι. (πέρα)

Άσκηση 5

Βάλε στη σειρά τις λέξεις και κάνε προτάσεις, όπως στο παράδειγμα.

0. ανταποκριθούν/ακριβά/τόσο/Τα/διαστημικά/μπορούν/κόστος/ελάχιστοι/ταξίδια/που/άνθρωποι/να/στο/είναι
   Τα διαστημικά ταξίδια είναι τόσο ακριβά που ελάχιστοι άνθρωποι μπορούν να ανταποκριθούν στο κόστος.
1. ζήσουμε/δεν/διαβίωσης/Οι/καθόλου/είναι/τέτοιες/στο/είναι/εκεί/εύκολο/που/διάστημα/να/συνθήκες
   ____
2. από/περίμενες/που/Λυπάμαι/ήρθαν/ό,τι/τα/διαφορετικά/πράγματα/τα
   ____
3. απόψεων/και/Υπάρχουν/δύο/υπέρ/επιχειρήματα/πολλά/των
   ____
4. Δεν/πολλούς/διάστημα/να/για/πάει/μπορεί/στο/λόγους/οποιοσδήποτε
   ____
5. διακοπές/Χαίρομαι/λίγο/θα/σε/φύγουμε/που/καιρό/για
   ____
6. Σήμερα/σχέδιά/θα/τα/εκδρομή/μια/χάλασε/αλλά/ο/μας/πηγαίναμε/καιρός
   ____

Άσκηση 6

Γράψε προτάσεις, για να περιγράψεις μια εμπειρία χρησιμοποιώντας τις παρακάτω λέξεις:

προτιμότερο, που, μήπως, φοβήθηκα, αφού, πριν, ενώ

Άσκηση 7

Σε μερικά χρόνια ο διαστημικός τουρισμός θα είναι μια πραγματικότητα. Γράφεις ένα άρθρο όπου περιγράφεις πώς φαντάζεσαι ότι θα είναι στο μέλλον τα ταξίδια στο διάστημα. Αναφέρεσαι στις εμπειρίες και τις περιπέτειες που θα μπορεί να ζει κάποιος που επιλέγει να επισκεφτεί έναν άλλο πλανήτη για τις διακοπές του. Πού θα ήθελες να ταξιδέψεις; Τι θα έβλεπες και τι περιπέτειες θα ζούσες; (200 λέξεις)

Πριν από τη συγγραφή του κειμένου

παράγραφος 1 – εισαγωγή: αναφέρεις το θέμα του άρθρου

παράγραφος 2: περιγράφεις γενικά πώς φαντάζεσαι τα ταξίδια στο διάστημα, αναφέρεσαι στις απαιτήσεις, την προετοιμασία και ό,τι άλλο νομίζεις

παράγραφος 3: αναφέρεις έναν πλανήτη που θέλεις να επισκεφτείς, εξηγείς τους λόγους

παράγραφος 4: κλείνεις το άρθρο

Μετά τη συγγραφή του κειμένου

- Έχεις αναπτύξει όλα τα ερωτήματα του θέματος;
- Χρησιμοποίησες το κατάλληλο ύφος;
- Αξιοποίησες χρήσιμο λεξιλόγιο από την ενότητα;
- Έχει τίτλο και υπογραφή το άρθρο σου;

Ώρα για τραγούδι

(cd 1, 31)

1. Δες τις εικόνες. Μάντεψε το περιεχόμενο του τραγουδιού.
2. Διάβασε τους στίχους του τραγουδιού. Πώς πιστεύεις ότι θα είναι ο ρυθμός και η μουσική του;
3. Άκουσε το τραγούδι. Η μουσική είναι όπως τη φαντάστηκες;

Κουμπιά, ποντίκια κι άλογα (δις)
μπήκανε στις ζωές μας, (δις)
τα πάνω κάτω έφεραν (δις)
σε όλες τις στιγμές μας. (δις)
Πατάς απλώς ένα κουμπί
και 1.000 άλογα μαζί
τρέχουν με φόρα και ρυθμό
και είν' αυτοκίνητο αυτό.

Και μόνο αυτό και μόνο εκεί
για όλα υπάρχει ένα κουμπί.
Κι άμα πατήσεις το κουμπί,
ένα ποντίκι μόνο αρκεί,
για να σε πάει μακριά,
όπου η καρδιά σου λαχταρά.
Και μόνο αυτό και μόνο εκεί
για όλα υπάρχει ένα κουμπί.

4. Ποιος είναι ο αγαπημένος σου στίχος; Γιατί;
5. Ποιες λέξεις κάνουν ομοιοκαταληξία;
6. Διάλεξε κάποιες από τις λέξεις που κάνουν ομοιοκαταληξία και γράψε το δικό σου τραγούδι.
7. Πες στην τάξη σου την ιστορία του τραγουδιού.
8. Άκουσε μόνο τη μουσική και τραγούδησε το τραγούδι. (cd 1, 32)

Τώρα ξέρεις...

	Ναι	Όχι
να συμμετέχεις σε συζητήσεις σχετικά με την τεχνολογία και την επιστήμη;		
να χρησιμοποιείς τον παρακείμενο ενεργητικής και παθητικής φωνής;		
να χρησιμοποιείς τον υπερσυντέλικο ενεργητικής και παθητικής φωνής;		
να χρησιμοποιείς τον μη συνοπτικό μέλλοντα ενεργητικής και παθητικής φωνής;		
να χρησιμοποιείς τον συντελεσμένο μέλλοντα ενεργητικής και παθητικής φωνής;		
να χρησιμοποιείς τη δυνητική έγκλιση;		
να υποστηρίζεις τη γνώμη σου σχετικά με κάποιο θέμα;		

Ώρα για επανάληψη

ΕΝΟΤΗΤΕΣ 3-4

λεξιλόγιο

Άσκηση 1

Διάβασε παρακάτω την περίληψη του κειμένου των σελίδων 104-105. Αφού δεις ξανά το πλήρες κείμενο, συμπλήρωσε τα κενά της περίληψης με τις κατάλληλες λέξεις/φράσεις, όπως στο παράδειγμα.

Κάθε φθινόπωρο, τα μεταναστευτικά πουλιά ταξιδεύουν προς [0] _τις θερμές περιοχές_ της Αφρικής. Μετά τον χειμώνα, επιστρέφουν ξανά στην Ευρώπη, όπου ζευγαρώνουν, φτιάχνουν τις φωλιές τους και μεγαλώνουν τα μικρά τους. [1] ____________________ στα ταξίδια τους, χρησιμοποιούν ως πυξίδα είτε τα ουράνια σώματα είτε τις θάλασσες, τα βουνά, τα ποτάμια...

Οι περισσότεροι άνθρωποι θεωρούν [2] ____________________ ως τα μόνα μεταναστευτικά πουλιά. Ωστόσο, υπάρχουν και πολλά άλλα είδη πουλιών που κάνουν δύο φορές τον χρόνο αυτό το μεταναστευτικό ταξίδι. Ανάμεσα στα δύο μεταναστευτικά ταξίδια αυτών των πουλιών [3] ____________________ είναι αυτό που πραγματοποιείται το φθινόπωρο.

Στην Ελλάδα μεταναστεύουν όλον τον χρόνο χιλιάδες πουλιά στην περιοχή του ποταμού Έβρου. Το Δέλτα του ποταμού Έβρου έχει ένα ιδιαίτερα πλούσιο [4] ____________________, γι' αυτό και ελκύει έναν πολύ μεγάλο αριθμό πουλιών από την Ευρώπη. Ανάμεσα στα πουλιά που βρίσκουν καταφύγιο και τροφή στον ποταμό Έβρο υπάρχουν και πολλά που έχουν ιδιαίτερο ενδιαφέρον, καθώς αποτελούν [5] ____________________ σε παγκόσμιο επίπεδο.

Άσκηση 2
Ζήτησε τη βοήθεια του συμμαθητή/της συμμαθήτριάς σου, για να συμπληρώσεις το σταυρόλεξό σου.

Παράδειγμα:

Μαθητής Α: Τι έχεις στο 1 οριζόντια;

Μαθητής Β: Αυτός που έχει τρεις διαστάσεις (μήκος, πλάτος, ύψος)

Μαθητής Α: Τρισδιάστατος!

Μαθητής Α

	1 Τ	Ρ	Ι	3 Σ	Δ	Ι	Α	Σ	Τ	Α	Τ	Ο	Σ	
				Μ										
2				Η			3	5 Ν						
				Ν		4 Σ		Ε						
4	1 Φ			Ο		Ε		Ο				7 Θ		8 Β
	Ω			Σ		Λ		Γ		6 Ζ		Η		Ι
	Λ					Η		Ε		Ω		Ρ		Ο
	Ι					Ν		Ν		Ο		Α		Τ
	Α		2 Φ			Η		Ν				Μ		Ο
			Υ				5	Η				Α		Π
6			Σ					Τ						Ο
			Η		7			Ο						Σ

Μαθητής Β

	1 Τ	Ρ	Ι	3 Σ	Δ	Ι	Α	Σ	Τ	Α	Τ	Ο	Σ	
2 Μ	Ν	Η	Μ	Η			3 Α	5 Ν	Α	Λ	Υ	Σ	Η	
						4								
4 Α	1 Φ	Ι	Λ	Ο	Ξ	Ε	Ν	Ο	Σ			7		8
										6				
			2											
							5 Χ	Η	Μ	Ε	Ι	Α		
6 Χ	Ρ	Η	Σ	Η										
					7 Δ	Ε	Δ	Ο	Μ	Ε	Ν	Α		

Άσκηση 3
Συμπλήρωσε τα κενά, όπως στο παράδειγμα.

0. Τα αμύγδαλα αποτελούν το πιο πλούσιο σε ___θρεπτικά___ (τρέφω) συστατικά είδος ξηρών καρπών.
1. Όσο το υψόμετρο χαμηλώνει, το κλίμα γίνεται πιο __________ (θερμαίνω).
2. Η καφέ αρκούδα ανήκει στα __________ (προστατεύω) είδη.
3. Στις μέλισσες, μόνο οι βασίλισσες και οι κηφήνες έχουν αναπτυγμένο __________ (αναπαράγω) σύστημα.
4. Τα παιδιά της είναι πλέον __________ (ενηλικίωση).
5. Δείτε την παρακάτω εικόνα, προσπαθήστε να εντοπίσετε τον αριθμό *επτά* και δοκιμάστε την __________ (παρατηρώ) σας.
6. Μετά τις τελευταίες εξελίξεις, είναι απαραίτητη η __________ (αναπληρώνω) του Προέδρου.
7. Χρειάζονται πολλές ώρες για την __________ (εγκαθιστώ) αυτού του προγράμματος στον υπολογιστή.
8. Η συνεχής εξέλιξη της τεχνολογίας έχει __________ (καθορίζω) σημασία για το μέλλον της ανθρωπότητας.
9. Δεν μπορώ να κάνω καμία __________ (προβλέπω) για το αποτέλεσμα του αυριανού αγώνα, γιατί και οι δύο ομάδες είναι πολύ καλές.
10. Δυστυχώς στις σύγχρονες κοινωνίες η ανθρώπινη ευτυχία συνδέεται με την __________ (καταναλώνω) υλικών αγαθών.

Γραμματική

Άσκηση 1
Συμπλήρωσε τα κενά με τις λέξεις της παρένθεσης στον σωστό τύπο.

0. Αν κάτι σε στεναχωρεί, μίλησε σε έναν φίλο σου και ___ξεκλείδωσε___ (≠ κλειδώνω) την καρδιά σου.
1. Όσα μας λέει έχουν πολλές __________ (≠ ακρίβεια).
2. Το αυτοκίνητό του παραμένει __________ (≠ κινητός) εδώ και πολλούς μήνες μέσα στο πάρκιγκ.
3. Να μια βρύση! Πάμε να πιούμε δροσερό νερό και να __________ (≠ διψώ).
4. Κουράζομαι πολύ όλη την εβδομάδα και γι' αυτό το σαββατοκύριακο __________ (≠κουράζομαι) στο σπίτι.
5. Ο χαρακτήρας της συνάντησης θα είναι __________ (≠ επίσημος), γι' αυτό δεν χρειάζεται να έρθετε με επίσημα ρούχα.
6. Όλα αυτά τα έπαθε εξαιτίας της __________ (≠ ικανότητα) του να πάρει γρήγορα αποφάσεις.
7. Ο φαλαινοκαρχαρίας είναι ένα ψάρι εντελώς __________ (≠ κακός), που τρώει πλαγκτόν και μπορεί να καταναλωθεί από τον άνθρωπο, αν και δεν φημίζεται ιδιαίτερα για τη νοστιμιά του.

Άσκηση 2
Συμπλήρωσε τα κενά, όπως στο παράδειγμα.

0. Ήρθε πολύς κόσμος για φαγητό και δεν έχω άλλα μαχαιροπίρουνα (μαχαίρι + πιρούνι).

1. Αυτό το ______________ (Σάββατο + Κυριακή) ζήσαμε ______________ (≠ πιστευτός) περιπέτειες στο βουνό.

2. Οι άνεμοι θα πνέουν στο Αιγαίο αρχικά από βόρειες διευθύνσεις μέτριοι, 5 μποφόρ και στο Βόρειο Αιγαίο ισχυροί, 6 μποφόρ, ενώ στο Βορειοδυτικό Αιγαίο βαθμιαία θα στραφούν σε ______________ (νότιος + ανατολικός) και θα εξασθενήσουν.

3. Τα μαλλιά της Μαρίας είναι ______________ (καστανός + ξανθός).

4. Από την αγωνία μου ______________ (πηγαίνω + έρχομαι) συνέχεια στο ίδιο σημείο.

5. Το ______________ (σπανάκι + ρύζι) είναι ένα πολύ υγιεινό φαγητό.

6. Αυτό το τραγούδι που ______________ (σιγά + τραγουδώ) η Ελένη μού είναι εντελώς ______________ (≠ γνωστός).

Άσκηση 3
Ποιες από τις παρακάτω προτάσεις είναι Σωστές και ποιες Λάθος;

0.	Με τα τελευταίας τεχνολογίας τριπλάσια τζάμια εξοικονομείτε ενέργεια και χρήματα.	Λ
1.	Θα ήθελα έναν διπλάσιο καφέ, παρακαλώ.	
2.	Η περιουσία της είναι πενταπλή από τη δική μου.	
3.	Ο Μιχάλης βγήκε τριπλός στους αγώνες που διοργάνωσε το σχολείο του.	
4.	Σήμερα γιόρτασαν την εικοστή επέτειο του γάμου τους.	
5.	Αυτό το μηχάνημα είναι για πολλαπλές χρήσεις.	
6.	Η αντίπαλη ομάδα είχε πολλαπλάσιες δυνάμεις από τη δική μας.	

Άσκηση 4

Διάλεξε το σωστό.

0 Πρόσεχε με το ψαλίδι. Από το πρωί ~~(έχεις κοπεί)~~ / είχες κοπεί / θα έχεις κοπεί 3 φορές στο χέρι.

1 Μην ανησυχείς! Σου υπόσχομαι ότι μέχρι το απόγευμα έχω συναντηθεί / είχα συναντηθεί / θα έχω συναντηθεί με όλους τους πελάτες μας.

2 Όταν τελειώσεις τη δουλειά σου, έχω ετοιμαστεί / είχα ετοιμαστεί / θα έχω ετοιμαστεί.

3 Όταν ήρθαν ο Κώστας και ο Γιάννης στο γήπεδο, ο αγώνας έχει ακυρωθεί / είχε ακυρωθεί / θα έχει ακυρωθεί ήδη.

4 Πριν τελειώσει ο μήνας, έχουμε διδαχτεί / είχαμε διδαχτεί / θα έχουμε διδαχτεί όλη την ύλη του μαθήματος.

5 Δεν έχουμε ειδωθεί / είχαμε ειδωθεί / θα έχουμε ειδωθεί εδώ και πολύ καιρό.

6 Πριν από δέκα μέρες έχω παραπονεθεί / είχα παραπονεθεί / θα έχω παραπονεθεί για τη συμπεριφορά του, αλλά δεν έγινε τίποτα.

7 Αν έχεις λυπηθεί / είχες λυπηθεί / θα έχεις λυπηθεί για όσα έγιναν, μην ξανακάνεις τα ίδια λάθη.

Επιτραπέζιο παιχνίδι

ΕΙΚΟΝΑ 1

ΕΙΚΟΝΑ 2

ΕΙΚΟΝΑ 3

ΑΡΧΗ

Πώς λέγονται αλλιώς τα *μεταναστευτικά πουλιά*;

Κάνε μια πρόταση με τη λέξη *κοπάδι*.

Τι είναι το *σμήνος*;

Κάνε μια πρόταση με τη λέξη *εύκρατο*.

Τι χαρακτήρας είναι αυτός που θέλει πάντα να έχει τον τελευταίο λόγο;

Χάνεις τη σειρά σου!

Προχωράς ένα βήμα μπροστά!

Περιγράφεις την εικόνα…

Πώς λέγεται αυτός που δεν είναι κουρασμένος;

Ποιο είναι το αντίθετο του *ανθίζω*;

Κάνε μια πρόταση με τη λέξη *πολλαπλός*.

Πώς λέγεται κάποιος που είναι ψηλός και λιγνός;

Πώς λέγεται η αίσθηση με την οποία αντιλαμβανόμαστε την οσμή;

Τι είναι η *ζώνη ασφαλείας*;

Πώς λέγεται το φαγητό που δεν έχει καθόλου αλάτι;

Κάνε μια πρόταση με τη φράση «διατροφικές συνήθειες».

3

Κάνε μια πρόταση με τη φράση «υψηλή ανάλυση».

Κάνε μια πρόταση με τη λέξη *γούνα*.

Όταν κάτι είναι εκατό φορές μεγαλύτερο από κάποιο άλλο λέμε ότι είναι…

Ποιο είναι το αντίθετο του *φορητός*;

ΤΕΛΟΣ

Τι σημαίνει η φράση «δεινός κολυμβητής»;

Όταν κάτι είναι τέσσερις φορές μεγαλύτερο από κάτι άλλο, λέμε ότι είναι…

Πώς λέγεται αυτός στον οποίο μπορούμε να κατοικήσουμε;

Στις επόμενες τρεις ενότητες θα ασχοληθούμε με την τέχνη, την επικοινωνία, την εργασία και την εκπαίδευση. Πριν μελετήσετε τις ενότητες που ακολουθούν, συζητήστε στην τάξη πώς πιστεύετε ότι συνδέεται η τέχνη με την επικοινωνία, η τέχνη με την εργασία και την εκπαίδευση, η επικοινωνία με την εργασία και την εκπαίδευση.

Ενότητα 5

ΤΕΧΝΗΣ ΕΡΓΑ

ΠΕΡΙΓΡΑΦΕΙΣ ΤΗΝ ΕΙΚΟΝΑ

ΤΑ ΓΚΡΑΦΙΤΙ ΕΙΝΑΙ ΤΕΧΝΗ;

ΠΟΙΕΣ ΜΟΡΦΕΣ ΤΕΧΝΗΣ ΣΟΥ ΑΡΕΣΟΥΝ;

ΑΣΧΟΛΕΙΣΑΙ ΜΕ ΚΑΠΟΙΕΣ ΜΟΡΦΕΣ ΤΕΧΝΗΣ;

ΚΑΤΑΝΟΗΣΗ ΓΡΑΠΤΟΥ ΛΟΓΟΥ

Άσκηση 1

α. Δες τις φωτογραφίες. Ποιο πιστεύεις ότι είναι το περιεχόμενο των κειμένων;
β. Ξέρεις πώς γίνονται τα γκράφιτι;
γ. Ποια είναι η γνώμη σου για τα γκράφιτι;

Άσκηση 2

Διάβασε τα κείμενα και διάλεξε τη σωστή απάντηση στις παρακάτω ερωτήσεις.

Συμβουλή:
Πριν διαβάσεις τα κείμενα, ρίξε μια ματιά στις ερωτήσεις, για να εντοπίσεις τα σημεία που πρέπει να προσέξεις περισσότερο. Αφού διαβάσεις τα κείμενα, υπογράμμισε τα σημεία στα οποία υπάρχουν οι απαντήσεις για κάθε ερώτηση.

1ο κείμενο

Στέλιος

Ξεκίνησε με τα...αυθεντικά γκράφιτι (συμπλέγματα γραμμάτων και λέξεων), όταν ήταν 17 ετών. Σήμερα πια δεν ασχολείται με αυτό το είδος της «κλασικής» τοιχογραφίας. Έχει αλλάξει τεχνική, προτιμά να ζωγραφίζει σε χαρτί, να τυπώνει τις συνθέσεις του και να κολλά τα έντυπα σε κάποια πολυσύχναστα περάσματα της πόλης.

Ψάχνει για «καθαρές» επιφάνειες, επειδή δεν θέλει να χαλάσει τις δουλειές άλλων καλλιτεχνών κι επειδή θέλει να είναι αυτός που θα ζωγραφίσει για πρώτη φορά σε ένα μέρος. Σημαντικό ρόλο στις επιλογές του παίζουν τα κτίρια της περιοχής, αφού αυτά είναι η κορνίζα για κάθε του δημιούργημα.

Θεωρεί ότι δεν μπορεί κανείς να συγκρίνει την τέχνη του δρόμου με αυτή που βρίσκεται σε μια αίθουσα τέχνης. «Όταν ένα έργο μπαίνει σε μια γκαλερί, αλλάζει εντελώς το νόημά του. Από τη στιγμή που βάζεις το ταμπελάκι με την τιμή επάνω, μιλάμε για κάτι διαφορετικό».

2ο κείμενο

Μάνος

Κάνει γκράφιτι, για να μοιραστεί με τον κόσμο τις ανησυχίες του. Χρησιμοποιεί κυρίως σπρέι, πλαστικά χρώματα και πινέλα.

Αποφεύγει τα ακριβά υλικά, όχι για λόγους οικονομίας, αλλά επειδή πιστεύει ότι η δύναμη του μηνύματος δεν εξαρτάται από την ποιότητα και την τιμή των υλικών.

Δραστηριοποιείται κυρίως στο κέντρο της πόλης, εκεί όπου βρίσκεται καθημερινά. Προτιμά να δουλεύει σε επιφάνειες που δεν έχουν «γράψει» άλλοι, επειδή δεν θέλει να χαλάσει τα έργα τους και επειδή θέλει να σηματοδοτήσει την περιοχή με τα δικά του έργα.

Όπως αναφέρει ο ίδιος χαρακτηριστικά «ο καλλιτέχνης του εργαστηρίου δεν εκθέτει το πρόσωπό του. Βάζει μόνο την υπογραφή του, προβάλλει το στιλ του και καταθέτει τις ιδέες του. Στον δρόμο είναι αλλιώς. Σε βλέπει ο κόσμος και σε επηρεάζει. Είναι πολύ δύσκολο να δημιουργείς τέχνη στον δρόμο. Το εργαστήριο και το καβαλέτο σού προσφέρουν ασφάλεια». Τον ενδιαφέρει η επικοινωνία με τον κόσμο, κάτι που δεν μπορεί να του προσφέρει ο –κλειστός– χώρος μιας γκαλερί.

3ο κείμενο

Θάνος

Του αρέσει να κρύβεται πίσω από την ανωνυμία και να δίνει την ευκαιρία στους <u>περαστικούς</u> να σκεφτούν με ελευθερία βλέποντας τα έργα του. Μπογιές, πινέλα, χρώματα και λιγότερο τα σπρέι είναι τα βασικά εργαλεία του. Επίσης, δημιουργεί φιγούρες στο χαρτί που τις κολλάει σε τοίχους.

Δουλεύει στην περιοχή όπου μένει, γύρω από τα στέκια όπου συχνάζει. Αναζητά μεγάλες λευκές επιφάνειες τοίχων, αλλά και ερείπια σπιτιών που προσφέρονται για <u>εικαστικές</u> παρεμβάσεις.

«Δεν υπάρχουν ανταγωνισμοί και παρεξηγήσεις στους καλλιτέχνες της γενιάς μας. Εμάς δεν μας ενδιαφέρει να «σβήσουμε» τους αντιπάλους από τον χάρτη. Αυτά τα κάνει η νεότερη γενιά, τα «γκραφιτάκια», που σκοτώνονται ποιος θα βάψει περισσότερους τοίχους ή βαγόνια τρένων. Για εμάς αυτά έχουν τελειώσει».

Πηγή: Διασκευή κειμένου από: http://www.enet.gr

0. Ο Στέλιος ξεκίνησε τα γκράφιτι

α. στην παιδική ηλικία.
β. στην εφηβεία.
γ. στην ενήλικη ζωή.

1. Σύμφωνα με τον Στέλιο, η τέχνη στον δρόμο δεν είναι ίδια με την τέχνη σε μια γκαλερί λόγω:

α. της ποιότητας των καλλιτεχνών.
β. της εμπορευματοποίησης των έργων.
γ. της διαφοράς στην αισθητική.

2. Ο Μάνος αποσυνδέει το μήνυμα που μπορεί να μεταδώσει ένα έργο από

α. τα υλικά από τα οποία είναι φτιαγμένο.
β. την οπτική του θεατή.
γ. την ικανότητα του καλλιτέχνη.

3. Ο Θάνος χρησιμοποιεί

α. κυρίως χρώματα παρά σπρέι.
β. κυρίως σπρέι παρά χρώματα.
γ. τόσο χρώματα όσο και σπρέι.

4. Κανένας από τους 3 καλλιτέχνες δεν

α. χρησιμοποιεί φθηνά υλικά για τα έργα του.
β. χρησιμοποιεί το χαρτί για τα έργα του.
γ. επιλέγει ερημικές περιοχές για να δημιουργήσει τα έργα του.

5. Και οι 3 καλλιτέχνες

α. επιδιώκουν την ανωνυμία στο έργο τους.
β. αγαπούν την ασφάλεια στην εργασία τους.
γ. είναι οι πρώτοι που θα ζωγραφίσουν σε έναν τοίχο.

Άσκηση 3

Διάλεξε έναν από τους τρεις καλλιτέχνες και παρουσίασε τις απόψεις του στην τάξη.

λεξιλόγιο

Άσκηση 1

Γίνετε ζευγάρια, δείτε τις υπογραμμισμένες λέξεις των κειμένων (σελ. 198-200) και βρείτε ποιοι από τους παρακάτω ορισμούς περιγράφουν τη σημασία τους.

0. η διακόσμηση του τοίχου με παραστάσεις ζωγραφικής = τοιχογραφία
1. αυτός που ασχολείται επαγγελματικά με κάποια τέχνη = __________
2. χρησιμοποιώ ειδικό μηχάνημα για να μεταφέρω πάνω στο χαρτί γραφικά σύμβολα ή εικόνες = __________
3. κείμενο ή σχέδιο που είναι τυπωμένο σε χαρτί = __________
4. το εξωτερικό ή το πάνω μέρος ενός πράγματος = __________
5. προσπαθώ να μην κάνω κάτι = __________
6. αυτό από το οποίο κατασκευάζεται κάτι = __________
7. αναπτύσσω δράση = __________
8. αυτός που έχει την ικανότητα να απεικονίζει, να δίνει μορφή = __________
9. η ένωση πολλών στοιχείων σ' ένα σύνολο = __________
10. αυτός που περνά από κάπου = __________

Άσκηση 2

Διάβασε τους παρακάτω ορισμούς και συμπλήρωσε τα κενά με τις λέξεις του κρυπτόλεξου.

0. Όταν κάποιος δεν γίνεται γνωστός ή διάσημος, τότε βρίσκεται ή παραμένει στην ανωνυμία.
1. Το σημείο από το οποίο μπορεί να περάσει κάποιος λέγεται __________.
2. Ο χώρος στον οποίο κάποιος βρίσκεται συχνά ή αναπτύσει μια δραστηριότητα είναι το __________ του.
3. Όταν κάνω μεγάλη προσπάθεια για κάτι ή έχω ανταγωνισμό με κάποιον, τότε __________. (μτφ.)
4. Το έντονο ενδιαφέρον και οι αναζητήσεις λέγονται __________.
5. Όταν ένα κτίριο βρίσκεται σε πολύ κακή κατάσταση, τότε λέμε ότι είναι __________.
6. Το πλαίσιο που βρίσκεται γύρω από έναν ζωγραφικό πίνακα ή μια φωτογραφία λέγεται __________.
7. Δίνω σε κάποιον κάτι, δηλαδή __________.
8. Το αντικείμενο πάνω στο οποίο ο ζωγράφος στηρίζει το έργο του για όσο διάστημα το δουλεύει λέγεται __________.

0	Τ	Ξ	Ω	Δ	Α	Ν	Ω	Ν	Υ	Μ	Ι	Α	Κ	Υ	Η	Ρ
1	Ε	Π	Ε	Ρ	Α	Σ	Μ	Α	Ο	Ε	Ο	Ι	Σ	Π	Π	Ο
2	Σ	Κ	Η	Σ	Τ	Ε	Κ	Ι	Α	Ρ	Μ	Ε	Τ	Α	Σ	Λ
3	Ω	Α	Γ	Κ	Σ	Κ	Ο	Τ	Ω	Ν	Ο	Μ	Α	Ι	Ε	Τ
4	Ε	Ω	Γ	Φ	Ω	Τ	Α	Ν	Η	Σ	Υ	Χ	Ι	Ε	Σ	Ε
5	Μ	Τ	Δ	Ι	Ε	Ρ	Ε	Ι	Π	Ι	Ο	Ξ	Π	Γ	Ο	Σ
6	Λ	Ε	Δ	Υ	Π	Ο	Κ	Ο	Ρ	Ν	Ι	Ζ	Α	Ρ	Ο	Ζ
7	Γ	Η	Φ	Α	Π	Ρ	Ο	Σ	Φ	Ε	Ρ	Ω	Ψ	Α	Η	Μ
8	Ο	Π	Ε	Κ	Α	Β	Α	Λ	Ε	Τ	Ο	Ρ	Φ	Ε	Ψ	Ω

Άσκηση 3
Γίνετε ζευγάρια, ενώστε τις λέξεις με την ίδια ή παρόμοια σημασία και κάντε προτάσεις με αυτές.

0. τυπώνω ___στ___
1. πολυσύχναστος ______
2. κορνίζα ______
3. εξαρτώμαι ______
4. σβήνω ______
5. εκθέτω ______
6. αναζητώ ______
7. προβάλλω ______

α. κεντρικός
β. εξαφανίζω
γ. ψάχνω επίμονα
δ. επιδεικνύω, παρουσιάζω
ε. έχω σχέση, επηρεάζομαι
στ. εκτυπώνω, εκδίδω
ζ. παρουσίαζομαι, παρουσιάζω
η. κάδρο

Άσκηση 4
Γίνετε ζευγάρια, ενώστε τις λέξεις με αντίθετη σημασία και κάντε προτάσεις με αυτές.

0. ανωνυμία ___δ___
1. πολυσύχναστος ______
2. χαλάω ______
3. αποφεύγω ______

α. φτιάχνω
β. επιδιώκω
γ. ερημικός, απόκεντρος, απόμερος
δ. επωνυμία

Άσκηση 5

Βρες σε ποια από τις παρακάτω προτάσεις η υπογραμμισμένη λέξη έχει την ίδια σημασία με αυτή που έχει στο παράδειγμα και ποια είναι η σημασία της στις υπόλοιπες προτάσεις.

0 **Τα ΜΜΕ <u>πρόβαλαν</u> πολύ την τελευταία δουλειά αυτού του καλλιτέχνη.**

α. Σε ποιον κινηματογράφο <u>προβάλλεται</u> αυτή η ταινία;

β. Ξαφνικά <u>πρόβαλε</u> μπροστά μας ο Νίκος. Δεν τον περίμενε κανείς.

γ. Αυτή η κοπέλα <u>προβάλλει</u> πολύ τον εαυτό της. Είναι ιδιαίτερα εγωίστρια.

δ. Οι κάτοικοι της περιοχής <u>πρόβαλαν</u> ισχυρές αντιρρήσεις για το εργοστάσιο που πρόκειται να γίνει.

1 **Η Μαρία είναι πολύ καλή στο τάγκο και με τον Πέτρο κάνουν υπέροχες <u>φιγούρες</u>.**

α. Οι πρώτες <u>φιγούρες</u> του Καραγκιόζη φτιάχτηκαν από χαρτόνι.

β. Οι <u>φιγούρες</u> στο ροκ εν ρολ είναι αρκετά επικίνδυνες.

γ. Δεν θα ξεχάσω ποτέ την τραγική <u>φιγούρα</u> της μητέρας του.

δ. Τρεις γυναικείες <u>φιγούρες</u> μιλούν για τις ζωές και τις εμπειρίες τους.

2 **Άνθρωποι του πνεύματος <u>καταθέτουν</u> τη δική τους ματιά για τα γεγονότα της περασμένης χρονιάς.**

α. <u>Κατέθεσα</u> στον λογαριασμό του γάμου σας 100 ευρώ.

β. Ο Σωτήρης <u>κατέθεσε</u> στο δικαστήριο ό,τι ήξερε για την υπόθεση.

γ. Ο Σταμάτης <u>κατέθεσε</u> μήνυση κατά της εταιρείας όπου δουλεύει.

δ. Ο Γιώργος <u>κατέθεσε</u> αίτηση για δουλειά.

ε. Οι μαθητές <u>κατέθεσαν</u> στεφάνι στη μνήμη των ηρώων.

3 **Η Άννα <u>έσβησε</u> δύο κεράκια φέτος.**

α. Αυτή η τραγουδίστρια είναι καταπληκτική. Τους έχει <u>σβήσει</u> όλους.

β. Οι πυροσβέστες έφτασαν γρήγορα και <u>έσβησαν</u> αμέσως την πυρκαγιά που ξέσπασε νωρίς το βράδυ της Παρασκευής.

γ. <u>Έσβησαν</u> πια όλες οι ελπίδες μου...

δ. Η δασκάλα <u>έσβησε</u> τον πίνακα και ζήτησε κάποιος να διαβάσει το μάθημα.

4 **Οι καλλιτέχνες <u>εκθέτουν</u> τα έργα τους και επικοινωνούν με το κοινό.**

α. Μου ζήτησαν να <u>εκθέσω</u> τη γνώμη μου για τα γεγονότα κι εγώ κατέθεσα μια αναφορά τρεις σελίδες.

β. Με τον τρόπο που συμπεριφέρεται αυτή η κοπέλα <u>εκθέτει</u> τον εαυτό της.

γ. Πρόσεχε εκεί που πας! Μην <u>εκθέτεις</u> τη ζωή σου σε κίνδυνο.

δ. Κάθε Σάββατο στη λαϊκή οι μικροπωλητές <u>εκθέτουν</u> τα προϊόντα τους σε πάγκους, για να τα πουλήσουν.

Άσκηση 6

Γίνετε ζευγάρια. Πηγαίνετε στην ιστοσελίδα www.greek-language.gr/greekLang/modern_greek/tools/corpora/corpora/search.html. Πληκτρολογήστε τη λέξη *σύνθεση* και βρείτε παραδείγματα με τις διαφορετικές σημασίες της λέξης.

Άσκηση 7

Βάλε σε κύκλο το σωστό.

0. Ο Λευτέρης μου ______ λουλούδια για τη γιορτή μου.
(α.) πρόσφερε **β.** παρείχε **γ.** χορήγησε

1. Τι να σας ______;
α. προσφέρω **β.** παρέχω **γ.** χορηγήσω

2. Μου ______ το σπίτι του για έναν ολόκληρο μήνα.
α. έδωσε **β.** χορήγησε **γ.** δώρισε

3. ______ μου λίγο χρόνο ακόμη και θα σου επιστρέψω τα χρήματα που μου δάνεισες.
α. Πρόσφερε **β.** Δώσε **γ.** Χορήγησε

4. Αύριο μπαίνω στο νοσοκομείο για μια μικρή ______.
α. επέμβαση **β.** παρέμβαση **γ.** απόβαση

5. Η ______ του στη συζήτηση ήταν πολύ ουσιαστική.
α. επέμβασή **β.** παρέμβασή **γ.** απόβασή

6. Η Πηνελόπη ζήτησε ______ γι' αυτήν τη συμπεριφορά.
α. εξηγήσεις **β.** επεξηγήσεις **γ.** παρεξηγήσεις

7. Έγινε ______, δεν ήθελα να πω αυτό που κατάλαβες.
α. εξήγηση **β.** επεξήγηση **γ.** παρεξήγηση

8. Μάθετε 35 απλές ______ πωλήσεων και γίνετε επιτυχημένος πωλητής.
α. τεχνικές **β.** τεχνολογίες **γ.** τεχνητές

9. Οι νέες ______ στην εκπαίδευση ανοίγουν καινούριους δρόμους σε μαθητές και δασκάλους.
α. τεχνικές **β.** τεχνολογίες **γ.** τεχνητές

10. Το επόμενο αφιέρωμα της εκπομπής μας θα είναι για τις όμορφες ______ λίμνες της Ελλάδας.
α. τεχνικές **β.** τεχνολογίες **γ.** τεχνητές

Άσκηση 8

Ποιες από τις παρακάτω σημασίες έχουν οι φράσεις με το ρήμα *βλέπω* στις προτάσεις που ακολουθούν;

ανυπομονώ, διαπιστώνω, καταλαβαίνω/κατανοώ, παρατηρώ, ~~παρακολουθώ~~, ποια είναι η γνώμη σου; είμαι απαισιόδοξος, κοιτάζω

0. Κάθε Σάββατο πηγαίνουμε στον κινηματογράφο και <u>βλέπουμε</u> μια ταινία. παρακολουθώ
1. <u>Δεν βλέπω φως</u> στην υπόθεση. ______
2. <u>Δεν βλέπω την ώρα</u> να πάω διακοπές. ______
3. Είμαι σίγουρη γι' αυτό που σου λέω, γιατί το <u>είδα με τα μάτια μου</u>. ______
4. <u>Πώς βλέπεις</u> τα πράγματα; ______
5. Τώρα <u>βλέπω</u> γιατί ανησυχείς. ______
6. <u>Δεν είδα καμιά διαφορά</u> στη συμπεριφορά της. ______
7. <u>Δες</u> τι ωραία χορεύουν τα παιδιά! ______

Άσκηση 9

Γράψε επτά (7) προτάσεις με τις διαφορετικές σημασίες του ρήματος *βλέπω*.

Άσκηση 10

Ποιες από τις παρακάτω φράσεις είναι Σωστές και ποιες Λάθος;

0. Αυτός ο δρόμος είναι ο πιο πολυσύχναστός μου δρόμος, γιατί είμαι εκεί κάθε μέρα. Λ

1. Μου αρέσει που πηγαίνω κάθε Σάββατο στον κινηματογράφο και παρατηρώ μια ταινία. ______

2. Δεν κατέθεσα ακόμη τα χρήματα στην τράπεζα. Θα πάω αύριο. ______

3. Δεν τα κοιτάζω καλά τα πράγματα. Αφού δεν διαβάζεις, δεν πιστεύω ότι θα πετύχεις στις εξετάσεις. ______

4. Η Ελένη έκανε μια μικρή παρέμβαση και είναι στο νοσοκομείο. ______

5. Πρέπει οπωσδήποτε να κάνω ανακαίνιση στο σπίτι μου. Είναι πια ένα ερείπιο. ______

6. Ο Δημητράκης φέτος θα σβήσει 3 κεράκια και ο Γιάννης 5. Μεγάλωσαν τα παλικαράκια μου. ______

Άσκηση 11

Γίνετε ζευγάρια και ενώστε τις λέξεις, για να κάνετε φράσεις που χρησιμοποιούνται πολύ συχνά. Μετά γράψτε προτάσεις με τις φράσεις που κάνατε.

0. αίθουσα

1. πλαστικά

2. εικαστική

3. βάζω

4. κλειστός

	την υπογραφή μου
	χώρος
	χρώματα
	παρέμβαση
0	τέχνης

Άσκηση 12

Συμπλήρωσε τα κενά με τις παρακάτω λέξεις.

τεχνικές, περαστικών, φιγούρες, ~~έργο~~, συνθέσεις, στέκια, καβαλέτα, καλλιτέχνες, ανωνυμία, περάσματα, κορνίζα, κεντρικούς

ΜΟΝΑΣΤΗΡΑΚΙ

Οι καλλιτέχνες του δρόμου επιλέγουν μέρη, για να καταθέσουν την ψυχή και το [0] ___έργο___ τους. Αναζητούν [1] ____________ δρόμους, πλατείες και κεντρικά [2] ____________. Έχουν συγκεκριμένα [3] ____________ και εκεί τους συναντάς καθημερινά. Σε αυτά θα στήσουν τους πάγκους με τις δημιουργίες τους, θα παίξουν τις μουσικές που αγαπούν, θα στήσουν τα [4] ____________ τους και θα ζωγραφίσουν με τις μπογιές και τα πινέλα τους.

Το Μοναστηράκι είναι ένας τέτοιος τόπος που πάντα γοήτευε τους [5] ____________ και ιδιαίτερα τους ζωγράφους. Πέρα από τους γνωστούς ζωγράφους, υπήρχαν και κάποιοι που παρέμειναν στην [6] ____________ και για τους οποίους το Μοναστηράκι ήταν κυρίως ο χώρος όπου εξέθεταν τις [7] ____________ τους. Πολλοί από αυτούς κάνουν πορτρέτα [8] ____________, άλλοι δημιουργούν παράξενες και ασυνήθιστες [9] ____________. Ζωγραφίζουν με διάφορες [10] ____________, όπως π.χ. παστέλ σε χαρτόνι.

Το Μοναστηράκι είναι η ιδανική [11] ____________ για το έργο των καλλιτεχνών του δρόμου, γιατί αποτελεί ένα μωσαϊκό πολιτισμών. Στα στενά δρομάκια και στα μνημεία του ξετυλίγεται η ιστορία της Αθήνας από την αρχαιότητα έως σήμερα.

Άσκηση 13

(cd 2, 1)

Τώρα άκουσε το παραπάνω κείμενο και σημείωσε ποιες λέξεις/φράσεις αντικαθιστούν τις λέξεις που συμπλήρωσες στα κενά του.

Άσκηση 14

Χρησιμοποίησε λέξεις από προηγούμενες ασκήσεις και γράψε μια παράγραφο με τις εντυπώσεις σου από ένα καλλιτεχνικό γεγονός.

Άσκηση 15

Γίνετε ζευγάρια, δείτε τις παρακάτω λέξεις και συμπληρώστε τα κενά κάθε σειράς του πίνακα με λέξεις που ανήκουν στην ίδια οικογένεια.

επιλεκτικός, εκθέτω, επηρεάζω, παρεμβαίνω, ζωγραφικός, περαστικός, ασφαλισμένος, περνώ, αντίληψη, εκθέτης, κατάθεση, προσφορά, ασφάλεια, ζωγραφική, ~~απασχολημένος~~, παρέμβαση, ζωγραφιά, σύνθεση, επιλογή, σύγκριση, αναφορά, ανταγωνιστικότητα, αντιληπτός, επηρεασμένος, ασφαλής, κολλητικός, ζωγράφος, συνθέτης, κολλημένος, σύνθετος, καταθέτης, συγκριτικός, ανταγωνιστικός, κόλλα

ρήμα	ουσιαστικό	επίθετο
ασχολούμαι	ασχολία	0 απασχολημένος
επιλέγω	1 ______	2 ______, επιλεγμένος
αντιλαμβάνομαι	3 ______	4 ______
5 ______	έκθεση, 6 ______	-
καταθέτω	7 ______, 8 ______	-
9 ______	επιρροή	10 ______
προσφέρω	11 ______	-
ασφαλίζω	12 ______	13 ______, 14 ______
κολλάω	15 ______	16 ______, 17 ______
18 ______	19 ______	παρεμβατικός
ζωγραφίζω	20 ______, 21 ______, 22 ______	23 ______
συνθέτω	24 ______, 25 ______	26 ______
συγκρίνω	27 ______	28 ______
αναφέρω	29 ______	-
30 ______	πέρασμα	31 ______, περασμένος
ανταγωνίζομαι	ανταγωνισμός, 32 ______	33 ______

Άσκηση 16

Συμπλήρωσε τα κενά, όπως στο παράδειγμα.

Μικρές [0] ___αναφορές___ (αναφέρω) σε μεγάλους έλληνες καλλιτέχνες.

Ο Βασιλικός είναι ένας από τους ταλαντούχους έλληνες καλλιτέχνες της γενιάς του. Σε μια χώρα με έντονη τοπική σκηνή όπου κυριαρχεί ο ελληνικός στίχος, ο Βασιλικός με σαφείς [1] ______________ (επηρεάζω) από την ευρωπαϊκή μουσική σκηνή καταφέρνει να ξεχωρίσει. Κυκλοφόρησε έξι άλμπουμ με το συγκρότημα των Raining Pleasures, των οποίων υπήρξε [2] ______________ (συνθέτω), τραγουδιστής, μπασίστας και στιχουργός. Επίσης, έχει συνεργαστεί με σημαντικούς καλλιτέχνες όπως η Έλλη Πασπαλά, η Λένα Πλάτωνος κ.ά.

Το νέο του άλμπουμ, πρώτο σαν σόλο καλλιτέχνης, είναι μια συλλογή μερικών σπουδαίων κομματιών που αποτελούν [3] ______________ (επιλέγω) του ίδιου. Δεν πρόκειται για μια συνηθισμένη συλλογή διασκευών. Ο έλληνας τραγουδοποιός, εκτός από τη μοναδική του φωνή, παρεμβαίνει με τις [4] ______________ (συνθέτω) του σε κομμάτια που έχουν αντέξει στον χρόνο και τα κάνει να ακούγονται σαν να γράφτηκαν σήμερα.

Ο Μιχάλης Αρφαράς είναι ένας σύγχρονος καλλιτέχνης με βαθιά ελληνικές ρίζες. Τα έργα του, άμεσα [5] ______________ (επηρεάζω) από τη βυζαντινή [6] ______________ (αντιλαμβάνομαι) για την αυτόφωτη εικόνα, έχουν ως κυρίαρχο θέμα τους την ανθρώπινη φιγούρα. Είναι βιρτουόζος στην παράλληλη χρήση διαφορετικών εικαστικών τεχνικών και στις συνθέσεις του συνυπάρχουν η [7] ______________ (ζωγραφίζω), το σχέδιο, το κολάζ και οι διάφορες τεχνικές της χαρακτικής, όπως η ξυλογραφία, η χαλκογραφία, η λιθογραφία και η μεταξοτυπία. Ο εικαστικός του κόσμος είναι έγχρωμος. Ακόμη και στις ασπρόμαυρες [8] ______________ (συνθέτω) του υπάρχει μια μεγάλη γκάμα ευαίσθητων γκρίζων τόνων.

Στην [9] ______________ (εκθέτω) αυτή παρουσιάζονται 60 περίπου [10] ______________ (ζωγραφίζω) και χαρακτικά έργα, μια επιλογή από τη νεότερη δουλειά του καλλιτέχνη.

Πηγή: Διασκευή κειμένου από:
http://www.adbest.gr
http://www.miet.gr

Άσκηση 17

Διάλεξε εφτά (7) λέξεις από τον πίνακα της άσκησης 15 και κάνε μια άσκηση, όπως η άσκηση 16. Ζήτησε από τον συμμαθητή/τη συμμαθήτριά σου να συμπληρώσει τα κενά της άσκησής σου και κάνε το ίδιο με τη δική του/της άσκηση.

Γραμματική: ΜΕΤΟΧΕΣ

Άκουσε το κείμενο και συμπλήρωσε τα κενά, για να απαντήσεις στις ερωτήσεις που ακολουθούν.

(cd 2, 2)

Πάμπλο Πικάσο (1881-1973)

Ο πατέρας του ονομαζόταν Χοσέ Ρουίθ ι Μπλάσκο, ενώ μητέρα του ήταν η Μαρία Πικάσο για Λόπεθ. Τα πρώτα έργα του τα υπέγραφε ως Ρουίθ Μπλάσκο, αλλά από το 1901 άρχισε να χρησιμοποιεί το όνομα της μητέρας του.

[0] Γεννημένος στη Μάλαγα της Ισπανίας, όπου πέρασε τα δέκα πρώτα χρόνια της ζωής του, ξεκίνησε να ζωγραφίζει σε πολύ μικρή ηλικία [1] ________ από νωρίς το ταλέντο του. Το 1891 η οικογένειά του μετακόμισε στη Λα Κορούνια, όπου έζησε για τα επόμενα τέσσερα χρόνια, [2] ________ στην τοπική σχολή καλών τεχνών. Η οικογένεια εγκαταστάθηκε στη Βαρκελώνη το φθινόπωρο του 1895 και ο Πάμπλο έγινε δεκτός στην τοπική Ακαδημία Καλών Τεχνών. Η οικογένεια ήλπιζε ότι ο γιος της θα σημείωνε επιτυχία ως ακαδημαϊκός ζωγράφος και η μελλοντική φήμη του στην Ισπανία φαινόταν [3] ________.

[4] ________, όμως, ο ίδιος νόημα στη διδασκαλία, περνούσε όλο και περισσότερο τον καιρό του αποτυπώνοντας με τη ζωγραφική τη ζωή γύρω του. Ο Πικάσο αρρώστησε την άνοιξη του 1898 από οστρακιά και πέρασε την υπόλοιπη χρονιά στο καταλανικό χωριό Όρτα ντε Εμπρο [5] ________ να γίνει καλά. [6] ________ στη Βαρκελώνη στις αρχές του 1899 πήρε την απόφαση να διακόψει την καλλιτεχνική του εκπαίδευση σε σχολές ζωγραφικής και να αγνοήσει τα σχέδια της οικογένειάς του για το μέλλον του. Το 1900 εγκαταστάθηκε στο Παρίσι και συγκεκριμένα στη Μονμάρτη, που αποτελούσε σημαντικό κέντρο της καλλιτεχνικής ζωής.

Η Γκερνίκα (Guernica) είναι ίσως το πιο γνωστό του έργο και περιγράφει τη βιαιότητα, τον τρόμο και την απόγνωση του πολέμου. [7] ________ τη, διαπιστώνει κανείς ότι στο μεγάλο αυτό έργο απεικονίζεται ένα σκηνικό θανάτου, με [8] ________ ζώα και ανθρώπους, [9] ________ κτίρια, γυναίκες να κλαίνε, [10] ________ νεκρά μωρά.

Πηγή: Διασκευή κειμένου από: http://el.wikipedia.org/wiki

Ερωτήσεις:

1. Πού γεννήθηκε ο Πάμπλο Πικάσο;
2. Πότε φάνηκε το ταλέντο του;
3. Τι έκανε, όταν η οικογένειά του μετακόμισε στη Λα Κορούνια;
4. Πότε αποφάσισε να διακόψει την καλλιτεχνική του εκπαίδευση;
5. Τι δείχνει ο διάσημος πίνακάς του «Γκερνίκα»;

ΜΕΤΟΧΗ ΕΝΕΡΓΗΤΙΚΗΣ ΦΩΝΗΣ (ΓΕΡΟΥΝΔΙΟ)	Τι παρατηρείς σχετικά με
Το 1891 η οικογένειά του μετακόμισε στη Λα Κορούνια, όπου έζησε για τα επόμενα τέσσερα χρόνια, <u>σπουδάζοντας</u> στην τοπική σχολή καλών τεχνών. (Τρόπος)	- τη σημασία της μετοχής ενεστώτα ενεργητικής φωνής (γερούνδιο); - το πού βάζουμε τις αντωνυμίες με τη μετοχή ενεστώτα ενεργητικής φωνής (γερούνδιο); - την άρνηση της μετοχής ενεστώτα ενεργητικής φωνής (γερούνδιο);
<u>Επιστρέφοντας στη Βαρκελώνη</u> στις αρχές του 1899 πήρε την απόφαση να διακόψει την καλλιτεχνική του εκπαίδευση σε σχολές ζωγραφικής. (Χρόνος)	
<u>Κοιτάζοντάς τη</u>, διαπιστώνει κανείς ότι στο έργο αυτό απεικονίζεται ένα σκηνικό θανάτου.	
<u>Μη βρίσκοντας</u> νόημα στη διδασκαλία, περνούσε όλο και περισσότερο χρόνο αποτυπώνοντας με τη ζωγραφική τη ζωή γύρω του.	

ΠΑΘΗΤΙΚΗ ΜΕΤΟΧΗ			
ΕΝΕΣΤΩΤΑΣ ΠΑΘΗΤΙΚΗΣ ΦΩΝΗΣ		**ΜΕΤΟΧΗ**	
εργάζομαι		εργαζόμενος = αυτός που εργάζεται	
ΑΟΡΙΣΤΟΣ ΠΑΘΗΤΙΚΗΣ ΦΩΝΗΣ		**ΜΕΤΟΧΗ**	
Θέμα σε:		**Κατάληξη σε:**	
-θ-	αγαπήθηκα, αγνοήθηκα, αυξήθηκα, ζεστάθηκα, ιδρύθηκα, λυπήθηκα, ντύθηκα, παραπονέθηκα	**-μένος, -η, -ο**	αγαπημένος, αγνοημένος, αυξημένος, ζεσταμένος, ιδρυμένος, λυπημένος, ντυμένος, παραπονεμένος **= αυτός που έχει αγαπηθεί, αγνοηθεί, αυξηθεί...**
-νθ-	απομακρύνθηκα, θερμάνθηκα, αποθαρρύνθηκα, επιβαρύνθηκα	**-σμένος, -η, -ο**	απομακρυσμένος, θερμασμένος, **αλλά** αποθαρρημένος, επιβαρυμένος
-στ-	αναγκάστηκα, αναγνωρίστηκα, διαψεύστηκα, εμπνεύστηκα, καλέστηκα, κλείστηκα, ξεχάστηκα, φρεσκαρίστηκα	**-σμένος, -η, -ο**	αναγκασμένος, αναγνωρισμένος, διαψευσμένος, εμπνευσμένος, καλεσμένος, κλεισμένος, ξεχασμένος, φρεσκαρισμένος
-χτ-	αναπτύχθηκα, ανοίχτηκα, πετάχτηκα, στριμώχτηκα, ταράχτηκα, τραβήχτηκα	**-γμένος, -η, -ο**	αναπτυγμένος, ανοιγμένος, πετα(γ)μένος, στριμωγμένος, ταραγμένος, τραβηγμένος
-φτ-	γράφτηκα, καλύφτηκα, κρύφτηκα	**-μμένος, -η, -ο**	γραμμένος, καλυμμένος, κρυμμένος
-ευτ-	απαγορεύτηκα, κουρεύτηκα	**-ευμένος/ -εμένος, -η, -ο**	απαγορευμένος, κουρεμένος

ΙΔΙΑΙΤΕΡΟΤΗΤΕΣ ΣΤΟΝ ΣΧΗΜΑΤΙΣΜΟ ΤΗΣ ΠΑΘΗΤΙΚΗΣ ΜΕΤΟΧΗΣ	
αγανακτώ-αγανακτισμένος	αφαιρώ-αφηρημένος
ανεβαίνω-ανεβασμένος	βρέχω-βρεγμένος
αποτυχαίνω-αποτυχημένος	δίνω-δοσμένος
γερνώ-γερασμένος	κάθομαι-καθισμένος
δακρύζω-δακρυσμένος	καίω-καμένος
διψώ-διψασμένος	κλαίω-κλαμένος
δυστυχώ-δυστυχισμένος	κλέβω-κλεμμένος
ευτυχώ-ευτυχισμένος	κόβω-κομμένος
θυμώνω-θυμωμένος	κοιμάμαι-κοιμισμένος
κατεβάζω-κατεβασμένος	λέω-ειπωμένος
μεθώ-μεθυσμένος	μαθαίνω-μαθημένος
πεθαίνω-πεθαμένος	πίνω-πιωμένος
πεινώ-πεινασμένος	πλένω-πλυμένος
πέφτω-πεσμένος	προβάλλω-προ(βε)βλημένος
συννεφιάζω-συννεφιασμένος	τρώω-φαγωμένος
χαλώ-χαλασμένος	στέλνω-σταλμένος
	στρέφω-στραμμένος
	σώζω-σωσμένος
	φοβάμαι-φοβισμένος

ΕΝΕΣΤΩΤΑΣ	ΜΕΤΟΧΗ ΕΝΕΣΤΩΤΑ ΕΝΕΡΓΗΤΙΚΗΣ ΦΩΝΗΣ (ΓΕΡΟΥΝΔΙΟ)
ρωτώ / παίζω	ρωτ**ώ**ντας / παίζ**ο**ντας

ΑΡΝΗΣΗ ΜΕΤΟΧΗΣ ΕΝΕΣΤΩΤΑ ΕΝΕΡΓΗΤΙΚΗΣ ΦΩΝΗΣ (ΓΕΡΟΥΝΔΙΟ)
μη ρωτώντας / μην παίζοντας

Άσκηση 1

Γίνετε ζευγάρια, ακολουθήστε τις λέξεις που είναι στην παθητική μετοχή και βγείτε από τον λαβύρινθο.

κουρασμένος	ευχαριστώντας	ξαπλώνοντας	κρατώντας	συνεργαζόμενος	ονομαζόμενος
φαγωμένος	φλεγόμενος	πεταγμένος	βρεγμένος	ξεχασμένος	ανάβοντας
δεμένος	αφηρημένος	ενοχλημένος	υποχρεώνοντας	χαμένος	ξεχνώντας
επιλέγομενος	τρώγοντας	νοικιαζόμενος	καταστρέφοντας	περασμένος	φορεμένος
πετώντας	συνδεόμενος	φυτεύοντας	σεβόμενος	ενοχλώντας	φοβισμένος

Άσκηση 2

Τι σημαίνουν οι φράσεις;

1. Το δανεισμένο πάει γελώντας κι έρχεται κλαίγοντας.
2. Τρώγοντας έρχεται η όρεξη.
3. Ρωτώντας πας στην Πόλη.
4. Ο βρεγμένος τη βροχή δεν τη φοβάται.
5. Στο σπίτι του κρεμασμένου δεν μιλάνε για σκοινί.
6. Ο πεινασμένος γάιδαρος ξυλιές δεν λογαριάζει.
7. Διαλέγοντας-διαλέγοντας πήρε τα αποζούμια.
8. Σαπουνίζοντας γουρούνι, χάνεις χρόνο και σαπούνι.
9. Κάθομαι σε αναμμένα κάρβουνα.
10. Ο πνιγμένος από τα μαλλιά του πιάνεται.

Άσκηση 3

Σημείωσε *ώ* ή *ο*.

0. Σήμερα πήγα στη δουλειά μου περπατ_ώ_ντας.
1. Πηγαίν____ντας στο γραφείο, άκουγα μουσική.
2. Βλέπ____ντας ότι μπήκε στο σπίτι γελ____ντας, κατάλαβα ότι όλα πήγαν καλά.
3. Μου αρέσει να κάνω τα μαθήματά μου ακούγ____ντας μουσική.
4. Φτάν____ντας στο σπίτι μου, είδα σπασμένη την κλειδαριά και έπαθα σοκ.
5. Συζητ____ντας μαζί του, κατάλαβα πόσο πολύ θέλει να γυρίσει στην Ελλάδα.

Άσκηση 4

Διάλεξε το σωστό.

0. Σημειώνοντας / Σημειωμένα τα ραντεβού σου, δεν θα χάσεις ποτέ ούτε ένα.
1. Από τι είναι φτιαγμένο / φτιάχνοντας αυτό το κόσμημα;
2. Ποτέ δεν είναι στην ώρα της η Ελένη. Έρχεται πάντα καθυστερώντας / καθυστερημένη.
3. Η Ματίνα ήρθε στον γάμο καλώντας / καλεσμένη από τη νύφη.
4. Έφυγε από το σπίτι κλείνοντας / κλεισμένος την πόρτα πολύ δυνατά κι έτσι υπέθεσα ότι είναι ακόμη νευριασμένος / νευριάζοντας μαζί μου.
5. Κλεισμένος / Κλείνοντας μέσα στο σπίτι θα τρελαθεί από τη μοναξιά.

Άσκηση 5

Διάλεξε το σωστό.

0 Ενώ της έχω πει ότι δεν θέλω να μου τηλεφωνεί, συνεχίζει να το κάνει. Είναι πολύ ενοχλημένη / ενοχλητική κοπέλα.

1 Μείναμε γοητευμένοι / γοητευτικοί από την ομιλία του καθηγητή.

2 Η εταιρεία χρειάζεται ειδικά εκπαιδευτικό / εκπαιδευμένο προσωπικό.

3 Πόσο δεσμευτικός / δεσμευμένος είναι αυτός ο όρος στο συμβόλαιο;

4 Το χαμομήλι έχει θεραπευτικές / θεραπευμένες ιδιότητες.

5 Χθες το απόγευμα επισκέφθηκα τον νοσηλευόμενο / νοσηλευτικό φίλο μου.

6 Σε αυτό το κτίριο είναι στεγασμένες / στεγαζόμενες όλες οι υπηρεσίες του Δήμου μας.

7 Η περιοχή διαθέτει πολλά ξενοδοχεία και ενοικιαζόμενα / νοικιασμένα δωμάτια.

8 Κάθεται πάντα στο γωνιακό τραπεζάκι μπροστά στη θάλασσα συλλογιζόμενος / συλλογισμένος τη ζωή του.

9 Φέτος στη σχολή πέρασα δύο υποχρεωτικά και τρία επιλεγμένα / επιλεγόμενα μαθήματα.

10 Σοβαρό κίνδυνο διέτρεξαν τρεις επιβάτες ΙΧ αυτοκινήτου, όταν από λάθος του οδηγού συγκρούστηκαν με εμπορικό τρένο σε φυλαγμένη / φυλασσόμενη διάβαση της Θεσσαλονίκης.

Άσκηση 6
Συμπλήρωσε τα κενά με την ενεργητική ή παθητική μετοχή των ρημάτων που βρίσκονται στην παρένθεση.

Μποτέρο

Ο Φερνάντο Μποτέρο, 0 *γεννημένος* (γενάω) στο 1932 στην
Κολομβία, είναι ένας από τους πιο 1 __________ (πετυχαίνω)
καλλιτέχνες της Λατινικής Αμερικής. Το έργο του ξεχωρίζει για
τις γιγαντιαίες διαστάσεις των αντικειμένων και των ανθρώπων.

Το 1952, ο Μποτέρο εγκαταστάθηκε στη Μαδρίτη και
γράφτηκε στην Ακαδημία του Σαν Φερνάντο για σπουδές στη
ζωγραφική. Παρέμεινε στην Ακαδημία για δύο εξάμηνα,
2 __________ (μελετάω) παράλληλα τα κλασικά έργα που
φιλοξενούνταν στο μουσείο του Πράδο. Στη συνέχεια
επισκέφτηκε το Παρίσι. Αργότερα, μετακόμισε στη Φλωρεντία,
όπου γράφτηκε στην Ακαδημία του Αγίου Μάρκου.

Ο Μποτέρο γνώρισε βασικές αρχές της ζωγραφικής 3 __________ (παρακολουθώ)
διαλέξεις διάσημων ιστορικών τέχνης. Παράλληλα, 4 __________ (ταξιδεύω) στην Ιταλία,
μελέτησε έργα της αναγέννησης. 5 __________ (επιστρέφω) το 1955 στην Μποκοτά της
Κολομβίας πραγματοποίησε μια ατομική έκθεση, η οποία δεν ήταν ιδιαίτερα 6 __________
(πετυχαίνω). 7 __________ (όχι κερδίζω) χρήματα από την έκθεση, αναγκάστηκε να δουλέψει
ως πωλητής. Αργότερα, αναχώρησε για το Μεξικό όπου ζούσαν διάσημοι καλλιτέχνες, όπως
η Φρίντα Κάλο και ο Ντιέγκο Ριβέρα. Ο Μποτέρο επηρεάστηκε από το μοντέρνο κίνημα στο
Μεξικό, αν και δεν το ακολούθησε πιστά. Την ίδια περίοδο, διαφοροποίησε τις μορφές των
έργων του 8 __________ (υιοθετώ) τεράστιες και 9 __________ (παραμορφώνω) φιγούρες.
Ένα από τα πρώτα έργα στα οποία εφάρμοσε την τεχνοτροπία αυτή είναι «η Νεκρή φύση με
μαντολίνο».

Σε ηλικία 26 ετών ήταν 10 __________ (αναγνωρίζω) ως ένας από τους σημαντικότερους
καλλιτέχνες της νέας γενιάς. Έτσι, έγινε καθηγητής ζωγραφικής στη Σχολή Καλών Τεχνών
στην Μποκοτά. Το 1960 ταξίδεψε στην Ουάσιγκτον και αποφάσισε να παραμείνει στις
Ηνωμένες Πολιτείες. Τα επόμενα χρόνια τον διαμόρφωσαν σημαντικά ως καλλιτέχνη. Το
1973 μετακόμισε στο Παρίσι. Στις αρχές του 1980, εγκαταστάθηκε στην Τοσκάνη, όπου ζει
μέχρι σήμερα.

Ο Μποτέρο απεικόνισε στα έργα του τη μικροαστική
τάξη 11 __________ (προσεγγίζω) τη με συμπάθεια, και
12 __________ (αποτυπώνω) τη συνήθως
μέσα σε ένα ευχάριστο κλίμα.

Πηγή: Διασκευή κειμένου από:
https://el.wikipedia.org/wiki

Άσκηση 7
Γράψε ξανά τις προτάσεις, όπως στο παράδειγμα.

0. Τα <u>διαφημιζόμενα</u> προϊόντα έχουν περισσότερες πωλήσεις από αυτά που δεν τα γνωρίζει ο κόσμος.
Τα προϊόντα που διαφημίζονται έχουν περισσότερες πωλήσεις από αυτά που δεν τα γνωρίζει ο κόσμος.

1. Οι <u>αναπτυγμένες</u> χώρες διαθέτουν εξαιρετικά οδικά δίκτυα.

____

2. Το προϊόν συνοδεύεται από <u>ρυθμιζόμενα</u> πόδια, για να μπορείτε να προσαρμόζετε το ύψος του.

____

3. Για όσους έχουν <u>κυμαινόμενο</u> επιτόκιο, η μηνιαία επιβάρυνση για το δάνειο είναι 40 ευρώ τον μήνα.

____

4. Μπορείτε να βρείτε τα προϊόντα μας σ' <u>επιλεγμένα</u> καταστήματα.

____

5. Το <u>περασμένο</u> σαββατοκύριακο πέρασα πολύ ωραία.

____

Άσκηση 8
Γράψε ξανά τις προτάσεις, όπως στο παράδειγμα.

0. Ο δήμος μας είναι μεταξύ των δήμων <u>που αναπτύσσονται</u> ιδιαίτερα τα τελευταία χρόνια.
Ο δήμος μας είναι μεταξύ των ιδιαίτερα αναπτυσσόμενων δήμων τα τελευταία χρόνια.

1. Τα δικαιώματα των μητέρων <u>που εργάζονται</u> είναι πολύ συγκεκριμένα και σαφή.

____

2. Διαγωνισμός για τους φοιτητές <u>που διδάσκονται</u> τη γαλλική γλώσσα με θέμα «Φίλοι του κόσμου»!!!

____

3. Ψάξε τον θησαυρό <u>που έχω κρύψει</u>!

____

4. Ο πύργος της Ακρόπολης <u>που έχει χαθεί</u> είχε ύψος 26 μέτρα!

____

Άσκηση 9

Γράψε ξανά τις προτάσεις, όπως στο παράδειγμα.

0. Τα παιδιά <u>με το παιχνίδι</u> μαθαίνουν να γράφουν και να διαβάζουν.
   Τα παιδιά παίζοντας μαθαίνουν να γράφουν και να διαβάζουν.
1. <u>Με κλάματα</u> μου είπε ότι θα φύγει στο εξωτερικό για σπουδές.
   ___
2. <u>Με τις απειλές</u> και <u>τους εκβιασμούς</u> δεν θα καταφέρεις τίποτα.
   ___
3. <u>Όταν φύγεις</u>, πέταξε τα σκουπίδια, σε παρακαλώ.
   ___
4. <u>Επειδή πίστευε</u> ότι θα είμαι σπίτι μου, μου έστειλε λουλούδια για τη γιορτή μου.
   ___
5. <u>Με τις φωνές</u> δεν θα καταφέρεις να τον πείσεις.
   ___
6. <u>Δεν έχω χρόνο</u> και γι' αυτό ψωνίζω από το διαδίκτυο.
   ___

Άσκηση 10

Γράψε ξανά τις προτάσεις, όπως στο παράδειγμα.

0. Ζωγράφιζα άλλοτε <u>κλαίγοντας</u> και άλλοτε <u>γελώντας</u>.
   Ζωγράφιζα άλλοτε με κλάματα και άλλοτε με γέλια.
1. Τελείωσα τη σχολή <u>διαβάζοντας</u> πάρα πολύ.
   ___
2. <u>Συζητώντας</u> αποφασίσαμε να πάμε στην Κέρκυρα το καλοκαίρι.
   ___
3. Μόνο <u>διαβάζοντας</u> το βιβλίο θα καταλάβεις αν είναι καλύτερο απ' το προηγούμενο.
   ___
4. <u>Καθαρίζοντας</u> το δωμάτιό σου θα βρεις την κάρτα που έχασες.
   ___
5. <u>Μη γνωρίζοντας</u> τα βήματα του χορού, έκανα πολλά λάθη.
   ___
6. Κάθε πρωί πηγαίνω στη δουλειά μου <u>περπατώντας</u>.
   ___
7. <u>Πηγαίνοντας</u> στη δουλειά μου ακούω μουσική.
   ___

Άσκηση 11

Γράψε ξανά τις προτάσεις, όπως στο παράδειγμα.

0 Ρωτώντας τη Μαρία πώς πάει η δουλειά της, έμαθα ότι απολύθηκε.
Ρωτώντας τη πώς πάει η δουλειά της, έμαθα ότι απολύθηκε.

1 Πηγαίνοντας τα παιχνίδια στην αποθήκη, θα αδειάσει λίγο το σαλόνι.

2 Δείχνοντας στον Κώστα τα μαθήματα, συνειδητοποίησα ότι δεν είχα σημειώσει τι έχουμε στα μαθηματικά.

3 Βάζοντας τα παιδιά μπροστά στην τηλεόραση, περιορίζεις τη φαντασία τους.

4 Παρατηρώντας την κοπέλα, κατάλαβα ότι μοιάζει στη μητέρα μου.

5 Διαβάζοντας το βιβλίο, θυμήθηκα την παιδική μου ηλικία και συγκινήθηκα.

Άσκηση 12

Γράψε τη βιογραφία του αγαπημένου σου ζωγράφου, χρησιμοποιώντας την ενεργητική και τη παθητική μετοχή.

ΚΑΤΑΝΟΗΣΗ ΠΡΟΦΟΡΙΚΟΥ ΛΟΓΟΥ

- Βλέπεις τις εικόνες και μαντεύεις το θέμα του κειμένου.
- Ποιον από τους χορούς του πίνακα της άσκησης 1 ξέρεις;
- Ποιος χορός σού αρέσει;

Συμβουλή:
Πριν ακούσεις το κείμενο, ρίξε μια ματιά στις προτάσεις, για να εντοπίσεις τα σημεία στα οποία πρέπει να προσέξεις περισσότερο.

(cd 2, 3)

Άσκηση 1

Άκουσε το κείμενο και στον παρακάτω πίνακα σημείωσε ✓ στις σωστές απαντήσεις. Θα πρέπει να σημειώσεις συνολικά εννιά (9) ✓ χωρίς το παράδειγμα.

	οριεντάλ	βαλς	φοξ τροτ	τάγκο	ροκ εντ ρολ	ρούμπα	τσα τσα τσα
0. Ο χορός δημιουργήθηκε ως κοινωνική αντίδραση.					✓		
1. Στην αρχή ο χορός χορεύονταν μόνο από άντρες.							
2. Τα χαρακτηριστικά του χορού άλλαξαν από την αρχική τους μορφή.							
3. Ο χορός απαιτεί ισορροπία από τον χορευτή.							
4. Στην αρχή ο χορός δέχτηκε την απόρριψη του κοινού.							
5. Ο χορός είναι ερωτικός.							

(cd 2, 3)

Άσκηση 2

Άκουσε ξανά το κείμενο και παρουσίασε τον χορό που σου αρέσει περισσότερο.

Λεξιλόγιο

Άσκηση 1

Εκτυπώστε το κείμενο της κατανόησης προφορικού λόγου, γίνετε ζευγάρια, δείτε τις υπογραμμισμένες λέξεις του κειμένου και βρείτε ποιοι από τους παρακάτω ορισμούς περιγράφουν τη σημασία τους.

0. εναντιώνομαι σε κάτι με το οποίο διαφωνώ ή δεν επιθυμώ = αντιδρώ

1. αποτελώ το ιδιαίτερο γνώρισμα ή χαρακτηριστικό κάποιου προσώπου ή πράγματος = ______

2. αυτός που είναι δεκτός = ______

3. οι εκτάσεις γης που καλλιεργούνται σε τροπικές χώρες ή με τροπικά φυτά = ______

4. αυθόρμητες κινήσεις = ______

5. αυτός που υποστηρίζει με υπερβολικό τρόπο αυτό που πιστεύει = ______

6. δύσκολες και επικίνδυνες κινήσεις, φιγούρες = ______

7. αυτός που είναι έντονος = ______

8. θετική υποδοχή κι έγκριση μιας κατάστασης = ______

Άσκηση 2

Διάβασε τους παρακάτω ορισμούς και συμπλήρωσε τα κενά με τις λέξεις του κρυπτόλεξου.

0. Ο ιδιαίτερος τρόπος δουλειάς ενός καλλιτέχνη αποτελεί την τεχνική του.

1. Αυτός που μπορεί να λυγίσει εύκολα τα μέρη του σώματός του είναι ______.

2. Όταν αυξάνω ή βελτιώνω σταδιακά κάτι, τότε λέμε ότι το ______.

3. Ο πολύ κουραστικός λέγεται και ______.

4. Αυτός που υποστηρίζει κάποιον ή κάτι είναι ______

5. Όταν κάποιος δεν έχει όρια, είναι ______.

6. Αυτός που κινείται κυκλικά γύρω από τον εαυτό του και περιστρέφεται λέγεται ______.

0	Σ	Π	Ρ	Τ	Ε	Χ	Ν	Ι	Κ	Η	Υ	Τ	Ε	Κ	Ο	Σ
1	Δ	Ω	Ε	Ε	Υ	Λ	Υ	Γ	Ι	Σ	Τ	Ο	Σ	Β	Λ	Ρ
2	Ε	Α	Τ	Μ	Τ	Η	Α	Ν	Α	Π	Τ	Υ	Σ	Σ	Ω	Η
3	Δ	Π	Ε	Ξ	Α	Ν	Τ	Λ	Η	Τ	Ι	Κ	Ο	Σ	Μ	Ψ
4	Τ	Η	Γ	Ψ	Ο	Π	Α	Δ	Ο	Σ	Ε	Ι	Κ	Π	Ε	Ε
5	Θ	Ε	Α	Π	Ε	Ρ	Ι	Ο	Ρ	Ι	Σ	Τ	Ο	Σ	Ι	Σ
6	Π	Ε	Ρ	Ι	Σ	Τ	Ρ	Ε	Φ	Ο	Μ	Ε	Ν	Ο	Σ	Ι

Άσκηση 3

Γίνετε ζευγάρια, ενώστε τις λέξεις με την ίδια ή παρόμοια σημασία και κάντε προτάσεις με αυτές.

0. απεριόριστος ___στ___ **α.** επικρατώ
1. οφείλω ______ **β.** ένταση
2. ρομαντικός ______ **γ.** έχω
3. απαιτώ ______ **δ.** χρωστάω
4. πάθος ______ **ε.** ονειροπόλος
5. κυριαρχώ ______ **στ.** απέραντος
6. κατακτώ ______ **ζ.** εξαπλώνω
7. διαθέτω ______ **η.** κερδίζω
8. διαδίδω ______ **θ.** προϋποθέτω, χρειάζομαι

Άσκηση 4

Γίνετε ζευγάρια, ενώστε τις λέξεις με την αντίθετη σημασία και κάνετε προτάσεις με αυτές.

0. απεριόριστος ___β___ **α.** άκομψος
1. κομψός ______ **β.** περιορισμένος
2. κίνηση ______ **γ.** ανισορροπία, αστάθεια
3. μειοψηφία ______ **δ.** πλειοψηφία
4. ισορροπία ______ **ε.** ακινησία

Άσκηση 5

Βρες σε ποια από τις παρακάτω προτάσεις η υπογραμμισμένη λέξη έχει την ίδια σημασία με αυτή που έχει στο παράδειγμα και ποια είναι η σημασία της στις υπόλοιπες προτάσεις.

0 **Κατάφερε να πάει μόνος του στο εξωτερικό και να σπουδάσει χωρίς καμιά βοήθεια.**

α. Ο Πέτρος δεν ήθελε να έρθει απόψε το βράδυ, αλλά τελικά τον κατάφερα.

β. Ο Νίκος είναι πολύ καλός παίκτης. Τους καταφέρνει όλους στο τάβλι.

γ. Το προσπάθησα πολύ με το πιάνο, αλλά δεν τα κατάφερα τελικά.

1 **Η κίνηση στα καταστήματα τις μέρες των γιορτών είναι αυξημένη.**

α. Η κίνηση το πρωί στους δρόμους της πόλης είναι πάντα αυξημένη.

β. Παρατήρησα κάποιες ύποπτες κινήσεις σήμερα το πρωί έξω από το σπίτι.

γ. Η πολιτιστική κίνηση στην πόλη μας είναι πολύ ενδιαφέρουσα.

δ. Η κίνηση αυτού του χορευτή είναι πραγματικά πολύ ωραία.

2 **Με κατέκτησε με την καλοσύνη και τη φωνή του.**

α. Κάνει πολλές ώρες προπόνηση τη μέρα, για να κατακτήσει την πρώτη θέση στο άθλημά της.

β. Οι Ρωμαίοι κατέκτησαν τις αρχαίες ελληνικές πόλεις.

γ. Ο Μ. Αλέξανδρος κατέκτησε την Ανατολή κι έφτασε μέχρι τον Ινδικό ποταμό.

δ. Από το 1940 οι ήχοι της Κούβας κατέκτησαν την Αμερική.

3 **Οι μοντέρνοι χοροί δεν έχουν βήματα.**

α. Υπάρχουν λύσεις για το πρόβλημα που αντιμετωπίζουμε, αλλά δυστυχώς δεν έγιναν τα βήματα που χρειάζονται.

β. Σε αυτήν τη διαφωνία κανείς δεν κάνει ούτε βήμα πίσω.

γ. Η Ελπίδα μένει δυο βήματα απ' το σπίτι μου.

δ. Τα βήματα του τάγκο είναι πολύ δύσκολα.

ε. Ο Αντώνης απέχει ένα βήμα από την καταστροφή. Πρέπει να τον βοηθήσουμε...

στ. Η Λένα προχωράει με αργά και σταθερά βήματα.

Άσκηση 6

Γίνετε ζευγάρια. Πηγαίνετε στην ιστοσελίδα www.greek-language.gr/greekLang/modern_greek/tools/corpora/corpora/search.html. Πληκτρολογήστε τις λέξεις *ισορροπία* και *δυναμικός* και βρείτε παραδείγματα με τις διαφορετικές σημασίες κάθε λέξης.

Άσκηση 7

Συμπλήρωσε τα κενά με την κατάλληλη λέξη.

τεχνολογία
τεχνική
τέχνη

0. Ο κινηματογράφος εμφανίστηκε για πρώτη φορά το 1894 και ονομάστηκε έβδομη ___τέχνη___.

1. Τα βήματα του τάγκο απαιτούν πολύ υψηλή ________________.

2. Η ____________ της κατασκευής γεφυρών στηρίζεται σε νόμους της φυσικής.

3. Αυτό το κινητό τηλέφωνο είναι προϊόν σύγχρονης ________________.

έντεχνος
περίτεχνος
τεχνητός
τεχνικός

4. Η Κερκίνη είναι μια ________________ λίμνη.

5. Υπάρχουν ________________ δυσκολίες στην εφαρμογή αυτού του σχεδίου.

6. Μου αρέσει πολύ η ________________ λαϊκή μουσική

7. Αυτή η κοπέλα κάνει πολύ ωραία και ________________ κοσμήματα.

συνεχής
συνεχόμενος

8. Για να τα καταφέρεις στις εξετάσεις, απαιτείται ________________ προσπάθεια.

9. Τα σπίτια μας είναι ________________.

10. Χρειάζεται ________________ και συνειδητός αγώνας, για να πετύχεις τον στόχο σου.

11. Πέρασα πολύ ωραία με τη φίλη μου. Ήμασταν μαζί τρεις ____________ ώρες.

αναστρέφω
περιστρέφω/
περιστρέφομαι
καταστρέφω

12. Η Γη ________________ γύρω από τον άξονά της.

13. Ο πρωθυπουργός ________________ το αρνητικό κλίμα που είχε δημιουργηθεί.

14. Οι τελευταίες πλημμύρες ________________ όλα τα πράγματα που είχα στις αποθήκες.

Άσκηση 8

Διάλεξε δύο (2) ομάδες λέξεων από αυτές της άσκησης 7 και βρες παραδείγματα με τη χρήση τους από τα σώματα κειμένων στην ιστοσελίδα www.greek-language.gr/greekLang/modern_greek/tools/corpora/corpora/search.html.

Άσκηση 9

Ποιες από τις παρακάτω φράσεις είναι Σωστές και ποιες Λάθος;

0. Αυτήν τη στιγμή στους δρόμους της πόλης δεν έχει καθόλου αυτοκίνητα. Έχει μεγάλη ακινησία. Λ

1. Η Ελένη έχει απεριόριστες δυνατότητες στη μουσική και δεν ξέρει να παίζει ούτε ένα μουσικό όργανο. ______

2. Ενώ είναι πολύ ευγενικός ο κύριος Πέτρος, μερικές φορές λέει κάτι άκομψα πράγματα. Απορώ... ______

3. Η γιαγιά μου δυσκολεύεται στην κίνησή της τα τελευταία χρόνια. ______

4. Ο Νίκος δεν ήθελε να έρθει στην εκδρομή, αλλά τον πέτυχα. ______

5. Σε αυτήν τη διαφωνία κανείς δεν κάνει ούτε βήμα πίσω. ______

6. Τον τελευταίο καιρό παρατηρώ πολύ πάθος στις εργασιακές σχέσεις. ______

Άσκηση 10

Γίνετε ζευγάρια και ενώστε τις λέξεις, για να κάνετε φράσεις που χρησιμοποιούνται πολύ συχνά. Με μερικές λέξεις μπορείτε να κάνετε περισσότερους από έναν συνδυασμούς. Μετά γράψτε προτάσεις με τις φράσεις που κάνατε.

0. τόπος
1. αυστηρός
2. υψηλή
3. αρνητικό
4. εναλλακτική
5. φανατικός
6. κακόφημη

	κοινωνία
	πρόταση
	οπαδός
	περιοχή
0	προέλευσης
	κανόνας
	κλίμα

Άσκηση 11

Συμπλήρωσε τα κενά με τις παρακάτω λέξεις.

ισορροπία, αυτοσχεδιασμό, τεχνική, απαιτείται, ευλύγιστο, ακροβατικές, ~~συνεχής~~, απεριόριστες, οφείλω, κομψές, αντιδρούσα, εξαντλητική, καταφέρω, βήμα, περίτεχνες

Αρχική | Βιογραφικό | Χορός | Επικοινωνία | SEARCH

Η ιστορία μιας μπαλαρίνας

Ο χορός είναι τέχνη, είναι έκφραση, είναι ελευθερία, είναι τρόπος ζωής. [0] _Συνεχής_ προσπάθεια και [1] ________ ώρες προπόνησης κρύβονται πίσω από κάθε [2] ________ του χορευτή. Το μυστικό, όμως, δεν βρίσκεται στα βήματα, αλλά στην τεχνική. Και, για να κατακτήσει κανείς την τεχνική [3], ________ θυσία, κόπος και πειθαρχία. Αρχικά αισθανόμουν ότι η προπόνηση με περιορίζει. Έπρεπε να εκφράσω τα συναισθήματά μου μέσα από τη φιγούρα που μας δίδασκε η δασκάλα. Και τη φιγούρα έπρεπε να την κάνω με [4] ________. Η τεχνική ήταν δύσκολη κι εγώ δεν τα κατάφερνα.

Δυσκολευόμουν πραγματικά τόσο πολύ, που κάποια στιγμή σκέφτηκα να τα παρατήσω. Για κάποιον άγνωστο λόγο, όμως, δεν σταμάτησα τα μαθήματα. Συνέχισα να πηγαίνω στη σχολή και ήμουν πολύ τυπική σε ό,τι μας έλεγε η δασκάλα μας. [5] ________, βέβαια, γιατί συχνά η προπόνηση ήταν [6] ________, αλλά συνέχιζα. Συχνά έλεγα ότι δεν θα τα [7] ________...και ξαφνικά μετά από καιρό συνέβη η μεγάλη αλλαγή. Το ασχημόπαπο έγινε κύκνος. Από την πειθαρχία περάσαμε στην ελευθερία και από τα βήματα της χορογραφίας στον [8] ________. Σήμερα πια το σώμα μου είναι [9] ________, διαθέτει [10] ________ και μπορώ να κάνω [11] ________ κι εντυπωσιακές κινήσεις που συχνά μοιάζουν [12] ________. Τώρα πια μπορώ να χορεύω ωραία και ν' αυτοσχεδιάζω. Μπορώ να ακούω τα συναισθήματά μου και να τα εκφράζω με κινήσεις δικές μου, κινήσεις [13] ________ και ρυθμικές. [14] ________ πολλά στη δασκάλα μου, γιατί, εκτός από το να χορεύω, μου έμαθε πως η ελευθερία και η πειθαρχία δεν είναι έννοιες αντίθετες.

Άσκηση 12

(cd 2, 4)

Τώρα άκουσε το παραπάνω κείμενο και σημείωσε ποιες λέξεις/φράσεις αντικαθιστούν τις λέξεις που συμπλήρωσες στα κενά του.

Άσκηση 13

Παίρνεις συνέντευξη από έναν χορευτή/μια χορεύτρια και ετοιμάζεις τις ερωτήσεις που θα του/της κάνεις. Χρησιμοποίησε λέξεις από την άσκηση 11.

Άσκηση 14

Γίνετε ζευγάρια, δείτε τις παρακάτω λέξεις και συμπληρώστε τα κενά κάθε σειράς του πίνακα με λέξεις που ανήκουν στην ίδια οικογένεια.

~~ακρίβεια~~, κινούμαι, χορεύω, δημιουργία, ρυθμός, περιστρεφόμενος, συνέχεια, περιστροφή, χορευτής, απαίτηση, δημιουργικός, ισορροπία, χορεύτρια, εξαντλητικός, χαρακτηριστικός, χορευτικός, συνεχής, αντιδραστικός, χορευταρού, απαγορευτικός, αντίδραση, απαγορεύω, απαιτητικός, εξαντλώ, κινητικός, χορευταράς

ρήμα	ουσιαστικό	επίθετο
ακριβαίνω	0 ακρίβεια	ακριβής
1 ______	κίνηση	2 ______
δημιουργώ	3 ______	4 ______, δημιουργημένος
-	5 ______	ρυθμικός
περιστρέφω	6 ______	7 ______, περιστροφικός
απαιτώ	8 ______	9 ______
ισορροπώ	10 ______	ισορροπημένος
χαρακτηρίζω	χαρακτήρας	11 ______
12 ______	χορός, 13 ____, 14 ____, 15 ____, 16 ____	17 ______
συνεχίζω	18 ______	19 ______
αντιδρώ	20 ______	21 ______
22 ______	απαγόρευση	23 ______, απαγορευμένος
24 ______	εξάντληση	25 ______, εξαντλημένος

Άσκηση 15

Συμπλήρωσε τα κενά, όπως στο παράδειγμα.

Η ζωή του χορευτή

Ο Νίκος είναι αθλητής. Σε έναν μήνα θα πάρει μέρος σε έναν πολύ σημαντικό διαγωνισμό για [0] *χορευτές* (χορεύω) με ένα πολύ ωραίο πρόγραμμα. Οι χορευτικές [1] __________ (κινώ) του προγράμματός του, όμως, είναι πολύ δύσκολες. Οι συνεχόμενες, [2] __________ (περιστρέφω) φιγούρες αυξάνουν τις [3] __________ (απαιτώ) από τον αθλητή, ο οποίος, προκειμένου να τα καταφέρει, πρέπει να κάνει επίπονες και [4] __________ (εξαντλώ) προσπάθειες.

Απαιτείται [5] __________ (ακριβής) σε κάθε [6] __________ (κινώ), έτσι ώστε να μη χάσει ο [7] __________ (χορεύω) την [8] __________ (ισορροπώ) του και τον [9] __________ (ρυθμικός) του.

Ύστερα από κάθε προπόνηση ο Νίκος είναι [10] __________ (εξαντλώ) από την κούραση, σίγουρα, όμως, ικανοποιημένος, γιατί γνωρίζει ότι η προπόνηση είναι ο μόνος τρόπος να ανταποκριθεί σε ένα τόσο [11] __________ (απαιτώ) πρόγραμμα.

Άσκηση 16

Διάλεξε επτά (7) λέξεις από τον πίνακα της άσκησης 14 και κάνε μια άσκηση, όπως η άσκηση 15. Ζήτησε από τον συμμαθητή/τη συμμαθήτριά σου να συμπληρώσει τα κενά της άσκησής σου και κάνε το ίδιο με τη δική του/της άσκηση.

Άσκηση 17

Διάβασε τους ορισμούς και συμπλήρωσε την ακροστιχίδα.

0. Ο ιδιαίτερος τρόπος δουλειάς ενός καλλιτέχνη.

1. Ο ρομαντικός.

2. Μια πράξη, κίνηση, ενέργεια που έχει κίνδυνο.

3. Αυθόρμητες κινήσεις.

4. Αυτός που μπορεί να κουνήσει εύκολα τα μέρη του σώματός του.

5. Το να δημιουργεί κάποιος κάτι ωραίο είναι...

6. Το πάθος αλλιώς.

7. Αυτός που υποστηρίζει κάποιον.

Άσκηση 18

Ο κάθε μαθητής/Η κάθε μαθήτρια διαλέγει μια εικόνα από τον πίνακα. Την περιγράφει δυνατά στην τάξη. Οι υπόλοιποι μαθητές/Οι υπόλοιπες μαθήτριες βρίσκουν την εικόνα και τη σημειώνουν. Σημειώνουν τέσσερα διαδοχικά κελιά διαγώνια, οριζόντια ή κάθετα που περνούν από το κεντρικό BINGO και φωνάζουν BINGO.

Παράδειγμα: *Στη φωτογραφία ένας νεαρός βρίσκεται στον δρόμο και κάνει ένα ωραίο νούμερο με 3 μικρές μπάλες.*

Γραμματική: ΕΠΙΘΕΤΑ

Άκουσε τα κείμενα και συμπλήρωσε τα κενά, για να απαντήσεις στις ερωτήσεις που ακολουθούν.

(cd 2, 5)

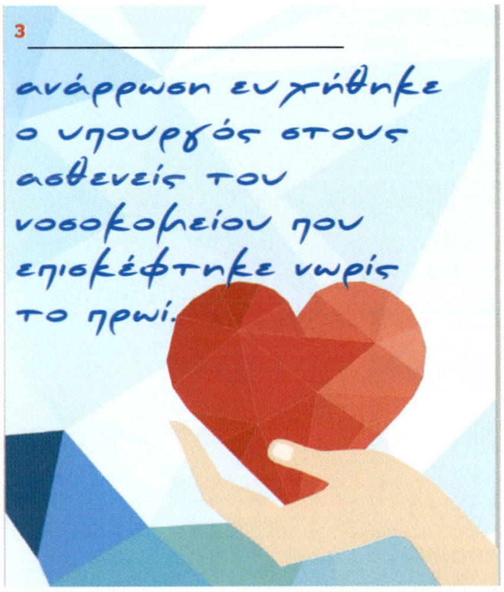

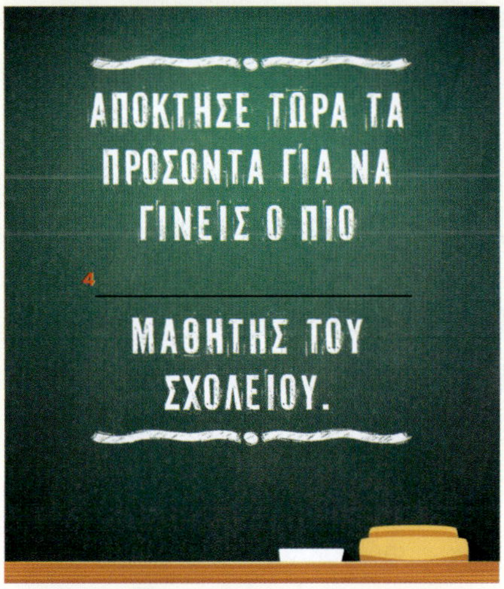

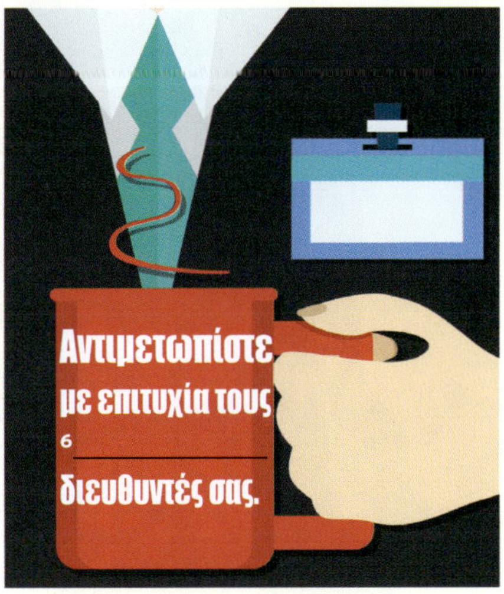

Ερωτήσεις:

1. Για ποιο συγκρότημα μοιράζονται προσκλήσεις στο τηλέφωνο;
2. Ποια τραγούδια πρέπει να ψηφίσεις, για να πάρεις μέρος στον διαγωνισμό του σταθμού;
3. Σε ποιον απευθύνεται το κάθε κείμενο;

ΕΝΙΚΟΣ ΑΡΙΘΜΟΣ

	Αρσενικό		Θηλυκό		Ουδέτερο	
ονομαστική	ο	ευθύς	η	ευθεία	το	ευθύ
γενική	του	ευθέος	της	ευθείας	του	ευθέος
αιτιατική	τον	ευθύ	τη(ν)	ευθεία	το	ευθύ
κλητική	-	ευθύ	-	ευθεία	-	ευθύ

ΠΛΗΘΥΝΤΙΚΟΣ ΑΡΙΘΜΟΣ

	Αρσενικό		Θηλυκό		Ουδέτερο	
ονομαστική	οι	ευθείς	οι	ευθείες	τα	ευθέα
γενική	των	ευθέων	των	ευθειών	των	ευθέων
αιτιατική	τους	ευθείς	τις	ευθείες	τα	ευθέα
κλητική	-	ευθείς	-	ευθείες	-	ευθέα

ΕΝΙΚΟΣ ΑΡΙΘΜΟΣ

	Αρσενικό		Θηλυκό		Ουδέτερο	
ονομαστική	ο	φωνακλάς	η	φωνακλού	το	φωνακλάδικο
γενική	του	φωνακλά	της	φωνακλούς	του	φωνακλάδικου
αιτιατική	τον	φωνακλά	τη(ν)	φωνακλού	το	φωνακλάδικο
κλητική	-	φωνακλά	-	φωνακλού	-	φωνακλάδικο

ΠΛΗΘΥΝΤΙΚΟΣ ΑΡΙΘΜΟΣ

	Αρσενικό		Θηλυκό		Ουδέτερο	
ονομαστική	οι	φωνακλάδες	οι	φωνακλούδες	τα	φωνακλάδικα
γενική	των	φωνακλάδων	των	φωνακλούδων	των	φωνακλάδικων
αιτιατική	τους	φωνακλάδες	τις	φωνακλούδες	τα	φωνακλάδικα
κλητική	-	φωνακλάδες	-	φωνακλούδες	-	φωνακλάδικα

Σύμφωνα με το φωνακλάς-φωνακλού-φωνακλάδικο κλίνονται τα επίθετα με κατάληξη αρσενικού σε *-τζής* (π.χ. καβγατζής) και σε *-λής* (π.χ. μερακλής).

ΕΝΙΚΟΣ ΑΡΙΘΜΟΣ

	Αρσενικό/Θηλυκό		Ουδέτερο	
ονομαστική	ο/η	δημοφιλής	το	δημοφιλές
γενική	του/της	δημοφιλούς	του	δημοφιλούς
αιτιατική	τον/τη(ν)	δημοφιλή	το	δημοφιλές
κλητική	-	-	-	-

ΠΛΗΘΥΝΤΙΚΟΣ ΑΡΙΘΜΟΣ

	Αρσενικό/Θηλυκό		Ουδέτερο	
ονομαστική	οι	δημοφιλείς	τα	δημοφιλή
γενική	των	δημοφιλών	των	δημοφιλών
αιτιατική	τους/τις	δημοφιλείς	τα	δημοφιλή
κλητική	-	-	-	-

Άσκηση 1

Γίνετε ζευγάρια, ακολουθήστε τις λέξεις που κλίνονται όπως το *δημοφιλής* και βγείτε από τον λαβύρινθο.

δημοφιλής	σγουρομάλλης	βρομιάρης	δυστυχής	ευτυχής	παιχνιδιάρης
αληθής	αφελής	ασθενής	τσιγκούνης	επιεικής	συνεχής
γκρινιάρης	ταξιδιάρης	επικερδής	ειλικρινής	σαφής	ζημιάρης
ζηλιάρης	θαλασσής	βυσσινής	ουρανής	συνεπής	συνεχής
πεισματάρης	διεθνής	διετής	υγιής	γρουσούζης	υγιής

Άσκηση 2

Η Ματίνα και η Μαρίνα μιλούν. Ένωσε τις προτάσεις και εξήγησε για τι νομίζεις ότι συζητούν.

0. Μιλάει με τέτοια αγένεια!
1. Μίλησαν πολύ συγκεκριμένα.
2. Μιλούν πολύ άσχημα σε όλους γύρω τους.
3. Έρχεται στην ώρα του σε όλα τα ραντεβού.
4. Τι δεν κατάλαβες από όσα σου είπε;
5. Κρατούν πάντα τον λόγο τους.

Είναι θρασείς.

Είναι συνεπής.

Είναι σαφής.

Είναι συνεπείς.

Είναι σαφείς.

0 Είναι θρασύς.

Άσκηση 3

Συμπλήρωσε τα κενά, όπως στο παράδειγμα.

Η παπλωματού

Η Παιδική Σκηνή της πόλης μας παρουσιάζει το μιούζικαλ «Η παπλωματού», βασισμένο στο πολυβραβευμένο παραμύθι του Ζεφ Μπραμπώ.

Πρόκειται για ένα υπέροχο σύγχρονο παραμύθι με τη μαγεία των ιστοριών των παλιών 0 παραμυθάδων (παραμυθάς), που μιλά για τη χαρά της προσφοράς. Μια γενναιόδωρη 1 __________ (παπλωματάς) φτιάχνει τόσο όμορφα παπλώματα, που τα ζηλεύουν όλοι οι 2 __________ (παπλωματάς) της περιοχής.

Τα παπλώματα της 3 __________ (παπλωματάς) είναι 4 __________ (δημοφιλές) όχι μόνο για την ομορφιά τους, αλλά και γιατί ζεσταίνουν όλους τους φτωχούς ανθρώπους στους οποίους τα χαρίζει η 5 __________ (ευγενής) 6 __________ (παπλωματάς).

Ένας 7 __________ (κοιλαράς), άπληστος και 8 __________ (θρασύς) βασιλιάς, που μέσα στο 9 __________ (πολυτελής) παλάτι του έχει μαζεμένους όλους τους θησαυρούς του κόσμου, ψάχνει να βρει εκείνον που θα του χαρίσει έστω ένα χαμόγελο. Θα φτιάξει η 10 __________ (παπλωματάς) ένα πάπλωμα για τον βασιλιά; Κι ο βασιλιάς θα μάθει τι σημαίνει να προσφέρεις από τη 11 __________ (δημοφιλή) 12 __________ (παπλωματάς);

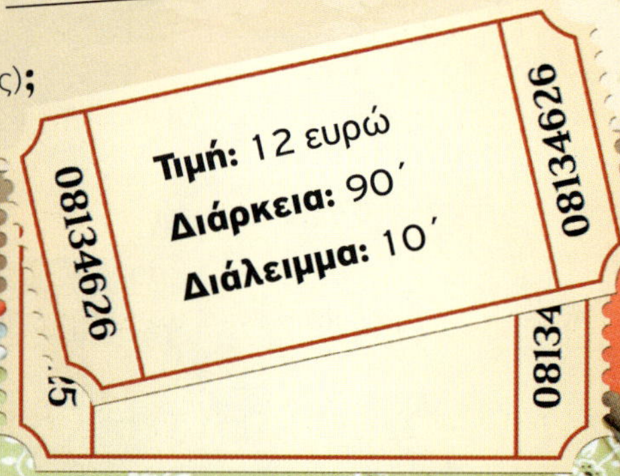

Άσκηση 4

Διάλεξε το σωστό.

0. «Ξύπνα (υπναρού) / υπναρά!», είπε γελώντας η μαμά στην κόρη της το πρωί της Κυριακής.
1. Δημοφιλείς / Δημοφιλής καλλιτέχνες από όλο τον κόσμο θα συμμετάσχουν στο φεστιβάλ του Αυγούστου.
2. Φέτος έχουμε μια δασκάλα που είναι πολύ φωνακλάς / φωνακλού.
3. Οι γιαγιάδες και οι παππούδες είναι οι μεγαλύτεροι παραμυθάδες / παραμυθές για όλα τα παιδιά.
4. Ο γείτονάς μου έχει έναν πολυλογά / πολυλογάς παπαγάλο στο μπαλκόνι του...
5. Διετείς / Διετής σπουδές σε Πανεπιστήμιο του εξωτερικού αποφάσισε να κάνει η Μαρία.
6. Ανάπτυξη με ταχείς / ταχύς ρυθμούς υποσχέθηκε ο υπουργός οικονομίας.
7. Κανένα επάγγελμα δεν είναι ιδιαίτερα επικερδές / επικερδή στις μέρες μας.
8. Νέο κινητό ευρείας / ευρέας ζώνης παρουσίασε η εταιρεία κινητής τηλεφωνίας στην τελευταία έκθεση.

Άσκηση 5

Συμπλήρωσε τα κενά, όπως στο παράδειγμα.

0. Σήμερα έχουμε μαζί μας τον δημοφιλή (δημοφιλής) καλλιτέχνη της γενιάς μας.
1. Αν η σύντροφός σου είναι ________________ (υπναράς)...
2. Η υψηλή τεχνολογία είναι στη διάθεση των ________________ (υπναράς).
3. Αγοράστε τώρα εισιτήρια του ________________ (δημοφιλής) συγκροτήματος.
4. Στη συναυλία το συγκρότημα τραγούδησε τα πιο ________________ (δημοφιλής) του τραγούδια.
5. «Όταν οι ____________ (παραμυθάς) συναντούν τις νεράιδες»...μια τρυφερή ιστορία για μικρούς και μεγάλους.
6. Αυτός ο καλλιτέχνης μπορούσε άνετα να κάνει ________________ (διεθνής) καριέρα.
7. Ραγδαίες και ________________ (ταχύς) αλλαγές στο εκπαιδευτικό σύστημα προανήγγειλε ο υπουργός παιδείας.
8. Παρόλο που είναι πολύ καλός καλλιτέχνης, δεν είναι γνωστός στο ________________ (ευρύς) κοινό.
9. ________________ (ταχύς) ανάρρωση ευχήθηκε ο υπουργός υγείας στους ασθενείς του νοσοκομείου.
10. Πότε ένας δρόμος είναι ________________ (ταχύς) κυκλοφορίας;

Άσκηση 6

Ξαναπές το παρακάτω παραμύθι και συνέχισέ το χρησιμοποιώντας τις λέξεις που ακολουθούν.

ευγενής, συνεχής, συνεπής, πολυλογού, ευτυχής, υγιής, παραμυθάς, φωνακλάς, αληθής, ασθενής, πολυτελής, σαφής, θρασύς

Ένας φτωχός ξυλοκόπος μια μέρα στο δάσος βρίσκει ένα μπαουλάκι χρυσά φλουριά. Από τη μια στιγμή στην άλλη μπορεί να γίνει πλούσιος. Έλα, όμως, που η γυναίκα του δεν μπορεί να κρατήσει το στόμα της κλειστό και θα πει το νέο σε όλη τη γειτονιά; Ο ξυλοκόπος σκαρφίζεται ένα κόλπο, για να την αναγκάσει να σωπάσει. Η γυναίκα του, τρελή από χαρά, ορκίζεται στον άντρα της να μην της ξεφύγει λέξη και αρχίζει να μεγαλοπιάνεται. Άραγε πόσον καιρό θα τηρήσει την απόφασή της; Κι αν φανερώσει το χρυσό μυστικό, τι θα γίνει;

ΠΑΡΑΓΩΓΗ ΠΡΟΦΟΡΙΚΟΥ ΛΟΓΟΥ

Άσκηση 1

Γίνετε ζευγάρια και απαντήστε στις παρακάτω ερωτήσεις.

- Ποια είναι η γνώμη σου για τους καλλιτέχνες του δρόμου;
- Ποιο είδος μουσικής σού αρέσει;
- Ποιο πιστεύεις ότι είναι το μέλλον της μουσικής;
- Πότε ακούς μουσική;
- Έχεις πάει ποτέ σε ροκ συναυλία;
- Γιατί πιστεύεις ότι αρέσουν στους ανθρώπους οι συναυλίες;
- Σου αρέσει ο χορός; Τι σου αρέσει στον χορό;

Άσκηση 2

Διάβασε τις παρακάτω φράσεις. Ποιες είναι οι πιο κατάλληλες για σένα;

Τι είναι η τέχνη για σένα; Η τέχνη είναι...	
τρόπος έκφρασης.	
για λίγους ανθρώπους.	
μέρος της ζωής μας.	
απεριόριστη.	
πολιτισμός.	
χωρίς σύνορα.	
συμβατή με την επιστήμη.	

Άσκηση 3

Απάντησε στις ερωτήσεις και περίγραψε τις εικόνες.

Οι άνθρωποι της εικόνας...
- πού βρίσκονται;
- γιατί βρίσκονται εκεί;
- τι κάνουν;
- τι αισθάνονται;
- πώς είναι εξωτερικά;

Τι είδους μουσικής πιστεύεις ότι παίζουν οι μουσικοί σε κάθε εικόνα;
Ποιες ομοιότητες και ποιες διαφορές παρατηρείς;

Χρήσιμο λεξιλόγιο

- Στην πρώτη φωτογραφία βλέπω.../μπορώ να διακρίνω...
- Και οι δύο φωτογραφίες δείχνουν...
- Οι μουσικοί φαίνονται...
- Υπάρχουν αρκετές ομοιότητες και διαφορές...
- Η κύρια/βασική ομοιότητα/διαφορά τους είναι...
- Στην πρώτη φωτογραφία..., ενώ στη δεύτερη
- Σε αντίθεση με τη δεύτερη που...
- Κατά τη γνώμη μου...
- Πιστεύω ότι...
- Γενικά προτιμώ...
- Για να είμαι ειλικρινής...
- Υποθέτω ότι...
- Από όσο γνωρίζω...

(cd 2, 6)

Άσκηση 4

Άκουσε το κείμενο και κράτησε σύντομες σημειώσεις.

1. Σύντομη πορεία του συγκροτήματος:

____

____

2. Επιχειρήματα για τις εκδηλώσεις του δρόμου:

____

____

3. Επιχειρήματα για τις εκδηλώσεις σε κλειστό χώρο:

____

____

(cd 2, 6)

Άσκηση 5

Άκουσε ξανά τον διάλογο και κάνε την περίληψή του.

Χρήσιμο λεξιλόγιο

- συγκρότημα
- εμφάνιση
- φεστιβάλ
- αποδοχή
- γράφω στίχους
- γράφω μουσική
- παραγωγός
- συνεργασία
- ηχογραφώ
- κυκλοφορεί ένας δίσκος/ένα cd
- συγκίνηση
- καλλιτεχνικό γεγονός
- συναυλία
- ατμόσφαιρα/ατμοσφαιρικά
- ακουστική
- επικοινωνία με το κοινό
- κλειστός/ανοιχτός χώρος

Άσκηση 6

Δες με προσοχή τις εικόνες και περίγραψέ τες.

1

2

Άσκηση 7

Γίνετε ζευγάρια και συζητήστε τα παρακάτω θέματα.

Συζήτηση 1

Συνομιλητής/Συνομιλήτρια Α

Συζητάς με έναν φίλο/μια φίλη σου για τις μουσικές εκδηλώσεις που γίνονται στην πόλη σου. Εσύ υποστηρίζεις ότι θα έπρεπε να διοργανώνονται περισσότερα γεγονότα στον δρόμο, ενώ εκείνος/εκείνη προτιμά τις εκδηλώσεις που γίνονται σε κλειστούς χώρους. Υποστηρίζεις την άποψή σου με επιχειρήματα.

Συνομιλητής/Συνομιλήτρια Β

Συζητάς με έναν φίλο/μια φίλη σου για τις μουσικές εκδηλώσεις που γίνονται στην πόλη σου. Εσύ υποστηρίζεις ότι θα έπρεπε να διοργανώνονται περισσότερα γεγονότα σε κλειστούς χώρους, ενώ εκείνος/εκείνη προτιμά τις εκδηλώσεις που γίνονται στον δρόμο. Υποστηρίζεις την άποψή σου με επιχειρήματα.

Συζήτηση 2

Συνομιλητής/Συνομιλήτρια Α

Συζητάς με έναν φίλο/μια φίλη σου τι θα κάνετε αυτό το σαββατοκύριακο. Εσύ θέλεις να παρακολουθήσετε μια μουσική παράσταση που γίνεται στο Μέγαρο της πόλης. Εκείνος/Εκείνη προτιμά να πάτε σ' ένα μουσικό φεστιβάλ με νέους καλλιτέχνες. Προσπαθείς να τον/την πείσεις.

Συνομιλητής/Συνομιλήτρια Β

Συζητάς με έναν φίλο/μια φίλη σου τι θα κάνετε αυτό το σαββατοκύριακο. Εσύ θέλεις να παρακολουθήσετε ένα μουσικό φεστιβάλ με νέους καλλιτέχνες. Εκείνος/Εκείνη προτιμά να πάτε σε μια μουσική παράσταση που γίνεται στο Μέγαρο της πόλης. Προσπαθείς να τον/την πείσεις.

ΠΑΡΑΓΩΓΗ ΓΡΑΠΤΟΥ ΛΟΓΟΥ

Άσκηση 1

Συμπλήρωσε τα κενά με τις παρακάτω λέξεις/φράσεις.

για να, Από την άλλη, Αν, αλλά, παρόλο που, Επίσης, το οποίο, Καταρχήν, όπου, Επομένως, ~~με σκοπό να~~

1 ______________ ______________

2 ______________ ______________

3 ______________ ______________

4 ______________ ______________

5 ______________ ______________

6 ______________ ______________

Κύριε Δήμαρχε,

Σας στέλνουμε αυτήν την επιστολή, [0] __με σκοπό να__ σας προτείνουμε τη διοργάνωση ενός καλλιτεχνικού φεστιβάλ στην πόλη μας, [1] ______________ πιστεύουμε ότι θα προσφέρει πολλαπλά οφέλη στους συμπολίτες μας.

Είμαστε μια παρέα νέων ανθρώπων που αγαπάμε την τέχνη και ασχολούμαστε με αυτή. Γράφουμε στίχους και μουσική, τραγουδάμε, παίζουμε θέατρο, γράφουμε ποίηση. Συχνά συναντιόμαστε, μοιραζόμαστε τις καλλιτεχνικές μας ανησυχίες και διαπιστώνουμε ότι, [2] ______________ στην περιοχή μας υπάρχουν πολλοί άνθρωποι που αγαπούν την τέχνη, δεν υπάρχουν αφορμές και περιστάσεις, [3] ______________ μπορούμε να παρουσιάσουμε το έργο μας και να το μοιραστούμε με το κοινό.

Πιστεύουμε ότι η διοργάνωση ενός φεστιβάλ νέων καλλιτεχνών μπορεί να προσφέρει πολλά στους κατοίκους της πόλης μας. [4] ______________, θα τους δώσει την ευκαιρία να διασκεδάσουν με τη μουσική των συγκροτημάτων μας και να παρακολουθήσουν θεατρικές παραστάσεις γνωστών θεατρικών συγγραφέων [5] ______________ και συγγραφέων της πόλης.

[6] ______________, κατά τη διάρκεια του φεστιβάλ θα έχουμε την ευκαιρία να συναντηθούμε, να μιλήσουμε και να περάσουμε όμορφες και χαλαρές στιγμές μακριά από τη ρουτίνα της καθημερινότητας. [7] ______________, ένα καλλιτεχνικό φεστιβάλ μπορεί να αναδείξει την πόλη μας σε πολιτιστικό κέντρο της περιοχής. Άνθρωποι που αγαπούν την τέχνη θα έρθουν να γνωρίσουν τους καλλιτέχνες της πόλης μας και θα περάσουν κάποιες ώρες εδώ. [8] ______________, θα αυξηθεί η κίνηση στην αγορά και θα κινηθούν τα μαγαζιά της πόλης μας.

Η κεντρική πλατεία, τα πάρκα και το θέατρο που έχουμε μπορούν να αξιοποιηθούν και να φιλοξενήσουν τις ομάδες που θα συμμετέχουν. Η γιορτή μπορεί να ξεκινήσει με τους καλλιτέχνες της περιοχής μας και, στη συνέχεια, αν έχει επιτυχία, μπορεί να συμμετέχουν σε αυτή νέοι καλλιτέχνες από άλλες περιοχές.

[9] ______________ σας ενδιαφέρει η πρότασή μας, μπορείτε να επικοινωνήσετε μαζί μας και να σας παρουσιάσουμε έναν πιο αναλυτικό σχεδιασμό της. Σας στέλνουμε ένα δείγμα της δουλειάς μας [10], ______________ πάρετε μια γεύση από το περιεχόμενο που μπορεί να έχει το φεστιβάλ.

Σας ευχαριστούμε πολύ για τον χρόνο σας.

Με εκτίμηση
Νίκος Πέτρου
εκπρόσωπος της καλλιτεχνικής ομάδας

Άσκηση 2

Διάβασε ξανά το κείμενο και βρες έναν πλαγιότιτλο για κάθε παράγραφο.

Άσκηση 3

Ποιες από τις παρακάτω λέξεις αφορούν καθέναν από τους καλλιτέχνες;

τραγουδιστής

____

____

____

ηθοποιός

____

____

____

ζωγράφος

____

____

____

χορευτής

____

____

____

συγκρότημα, μουσική, πλοκή, γκαλερί, σενάριο, φακός, σαπουνόπερα, θρίλερ, ταινία τρόμου, ποπ, σίριαλ, γουέστερν, κοστούμια, διαγωνισμός, σκηνή, σάουντρακ, ταλέντο, οθόνη, σκηνή, ρόλος, επιτυχία, ρεφρέν, επεισόδιο, διασκευή, συναυλία, περιπέτεια, χαρακτήρας, όπερα, ροκ, στίχος, θεατής, κίνηση, χρώματα, πινέλο, στούντιο, κωμικός, έκθεση, έργο, επιστημονική φαντασία, κάμερα, όργανο, φεστιβάλ, πρώτη εμφάνιση, οντισιόν, κυκλοφόρησε το πρώτο άλμπουμ, ηχογράφηση, επιρροή, κριτική, πορτρέτο, πρόβα, παραγωγή, συγκρότημα, λόγια, πρωταγωνιστής, φώτα, ήχος, σκηνικά, κλακέτες, φιγούρα, πρόβα, περιοδεία, ορχήστρα, σανίδι, σκηνοθεσία, πλατεία, αυλαία, παρασκήνια, καμαρίνια, συνθέτης, ηλεκτρονική, σύγχρονη, μπαλέτο, καβαλέτο, ατελιέ, περιοδεία, βήματα, παραδοσιακός, μυθιστόρημα, μικρόφωνο

Άσκηση 4

Αντικατάστησε τις λέξεις που συμπλήρωσες στα κενά του κειμένου της σελ. 237 με κάποιες από τις παρακάτω και κάνε τις απαραίτητες αλλαγές.

1. πρώτα: ______________________

2. επιπλέον, ένα ακόμη στοιχείο, και, ακόμη: ______________________

3. από την άλλη μεριά: ______________________

4. ενώ, αντίθετα, ενώ, αν και, παρά, ωστόσο: ______________________

5. συνεπώς: ______________________

6. προκειμένου, με σκοπό: ______________________

Άσκηση 5

Ξαναγράψε τις προτάσεις, χρησιμοποιώντας τις λέξεις/φράσεις της παρένθεσης.

0. Σας στέλνουμε αυτήν την επιστολή με σκοπό να σας προτείνουμε τη διοργάνωση ενός καλλιτεχνικού φεστιβάλ στην πόλη μας. (προκειμένου)
Σας στέλνουμε αυτήν την επιστολή προκειμένου να σας προτείνουμε τη διοργάνωση ενός καλλιτεχνικού φεστιβάλ στην πόλη μας.

1. Συχνά συναντιόμαστε, μοιραζόμαστε τις καλλιτεχνικές μας ανησυχίες και διαπιστώνουμε ότι η περιοχή μας, παρόλο που διαθέτει πολλούς ανθρώπους που αγαπούν την τέχνη, δεν φιλοξενεί κανένα καλλιτεχνικό γεγονός. (ενώ)

2. Πιστεύουμε ότι η διοργάνωση ενός φεστιβάλ νέων καλλιτεχνών μπορεί να προσφέρει πολλά στους κατοίκους της πόλης μας. (κατά)

3. Η κίνηση στην αγορά της πόλης θα αυξηθεί και τα μαγαζιά της πόλης θα κινηθούν, καθώς θα έχουμε πολλούς επισκέπτες από γειτονικές περιοχές. (αφού/διότι)

4. Αν σας ενδιαφέρει η πρότασή μας, μπορείτε να επικοινωνήσετε μαζί μας. (σε περίπτωση)

5. Έχουμε τόσους καλλιτέχνες στην πόλη μας και δεν φιλοξενούμε ούτε ένα καλλιτεχνικό γεγονός. (αν και)

6. Άνθρωποι που αγαπούν την τέχνη θα έρθουν να γνωρίσουν τους καλλιτέχνες της πόλης μας και θα περάσουν κάποιες ώρες εδώ. (επομένως)

Άσκηση 6

Βάλε στη σειρά τις λέξεις και κάνε προτάσεις, όπως στο παράδειγμα.

0. οφέλη/Θα/και/οικονομικά/έχουμε/και/πολιτισμικά
Θα έχουμε και οικονομικά και πολιτισμικά οφέλη.

1. πληροφορία/διάθεσή/οποιαδήποτε/είμαι/Για/σας/στη

2. πόλη/δεχτώ/θεατρική/ότι/στην/Δεν/να/μας/μπορώ/δεν/ομάδα/ούτε/μια/υπάρχει

3. αυτή/πετύχει/Σου/κάνω/προσπάθεια/να/υπόσχομαι/θα/ότι/τα/για/πάντα/η

4. η/ξέρεις/Μήπως/Μαρία/δεν/γιατί/ήρθε

5. Σεπτεμβρίου/κάπου/Το/και/γίνεται/φεστιβάλ/5/20/μεταξύ

Άσκηση 7

Γράψε επιχειρήματα, για να υποστηρίξεις τη διοργάνωση ενός καλλιτεχνικού γεγονότος στην περιοχή σου χρησιμοποιώντας τις παρακάτω λέξεις:

ενώ, μόνο, παρά, ωστόσο, άρα, ώστε, λοιπόν

Άσκηση 8

Γράφεις μια επιστολή στον Δήμαρχο της πόλης σου, για να του προτείνεις τη διοργάνωση ενός φεστιβάλ μουσικής. Παρουσιάζεις τον εαυτό σου, αναφέρεις τον τόπο, τον χρόνο και τη διάρκεια της διοργάνωσης του μουσικού γεγονότος και τονίζεις τα οφέλη που θα αποκομίσει η πόλη σου από τη συγκεκριμένη διοργάνωση. (200 λέξεις)

Πριν από τη συγγραφή του κειμένου

παράγραφος 1 – εισαγωγή: αναφέρεις τον στόχο της επιστολής και παρουσιάζεις τον εαυτό σου
παράγραφος 2: παρουσιάζεις τις λεπτομέρειες (τόπος, χρόνος, διάρκεια) για τη διοργάνωση του καλλιτεχνικού γεγονότος
παράγραφος 3: αναφέρεις τα οφέλη που μπορεί να έχει το προτεινόμενο καλλιτεχνικό γεγονός
παράγραφος 4 – επίλογος: εκφράζεις την πρόθεσή σου να βοηθήσεις

Μετά τη συγγραφή του κειμένου

- Έχεις αναπτύξει όλα τα ερωτήματα του θέματος;
- Χρησιμοποίησες το κατάλληλο ύφος;
- Αξιοποίησες χρήσιμο λεξιλόγιο από την ενότητα;
- Έχει προσφώνηση και αποφώνηση η επιστολή σου;

Ώρα για τραγούδι

(cd 2, 7)

1. Δες τις εικόνες. Μάντεψε το περιεχόμενο του τραγουδιού.
2. Διάβασε τους στίχους του τραγουδιού. Πώς πιστεύεις ότι θα είναι ο ρυθμός και η μουσική του;
3. Άκουσε το τραγούδι. Η μουσική είναι όπως τη φαντάστηκες;

Ο πόνος και η μέθη
γεννούνε την τέχνη,
μια νέα γυναίκα
με πρόσωπα δέκα.
Φοράει καπέλα,
κρατάει πινέλα,
η τέχνη χορεύει,
λυγιέται, γοητεύει.

Τον πόθο σου αρπάζει,
υποσχέσεις μοιράζει,
καθώς στροβιλίζει,
ανάσες σκορπίζει.
Και ο χρόνος κυλάει,
μα αυτή δεν γερνάει,
μια ελεύθερη, νέα,
πάντοτε ωραία.
(δις)

4. Ποιος είναι ο αγαπημένος σου στίχος; Γιατί;
5. Ποιες λέξεις κάνουν ομοιοκαταληξία;
6. Διάλεξε κάποιες από τις λέξεις που κάνουν ομοιοκαταληξία και γράψε το δικό σου τραγούδι.
7. Πες στην τάξη σου την ιστορία του τραγουδιού.
8. Άκουσε μόνο τη μουσική και τραγούδησε το τραγούδι. (cd 2, 8)

Τώρα ξέρεις...

	Ναι	Όχι
να κατανοείς κείμενα σχετικά με την τέχνη και τον χορό;		
να κλίνεις επίθετα σε *-ύς, -εία, -ύ, -άς, -ού, -άδικο, -ής, -ής, -ές*;		
να σχηματίζεις τη μετοχή ενεστώτα ενεργητικής φωνής σε *-όντας, -ώντας* (γερούνδιο);		
να σχηματίζεις την παθητική μετοχή σε *-όμενος, -όμενη, -όμενο*;		
να σχηματίζεις την παθητική μετοχή σε *-μένος, -μένη, -μένο*;		

Ενότητα 6

ΕΓΩ, ΕΣΥ...ΕΜΕΙΣ!

- Τι βλέπεις στις εικόνες;
- Εσύ χρησιμοποιείς τα μέσα κοινωνικής δικτύωσης;
- Ποιο στοιχείο αυτής της επικοινωνίας σού αρέσει και γιατί;

ΚΑΤΑΝΟΗΣΗ ΓΡΑΠΤΟΥ ΛΟΓΟΥ

Άσκηση 1

Διάβασε γρήγορα το κείμενο και διάλεξε ποιος από τους παρακάτω τίτλους ταιριάζει περισσότερο.

α. Κοινωνικά δίκτυα: ελευθερία ή παγίδα;

β. Κοινωνικά δίκτυα και τεχνολογία

Συμβουλή: Διάβασε τις προτάσεις που λείπουν. Μετά διάβασε προσεκτικά τις προτάσεις, πριν και μετά τα κενά του κειμένου.

Άσκηση 2

Διάβασε το κείμενο και συμπλήρωσε τα κενά με φράσεις από τον παρακάτω πίνακα. Υπάρχουν πέντε (5) φράσεις που δεν ταιριάζουν σε κανένα κενό.

- ότι μόνο αυτοί δεν περνούν καλά
- το ίδιο καλά
- σε πραγματικό χρόνο
- αγκαλιά δηλώνει
- 0 κάθε εκδρομή και κάθε έξοδο
- και περισσότερους χρήστες
- πιο συναρπαστικό να κάνουμε
- με διάφορους γνωστούς μας
- ένα βήμα μπροστά
- βρίσκονται πάντα εκτός και απλά παρακολουθούν
- κάποια προσωπική τους στιγμή
- τις «συναρπαστικές» δραστηριότητες
- η οποία δημιουργήθηκε κυρίως από το facebook
- ή φωτογραφίες στο προφίλ των φίλων του

Ζω πραγματικά μια εμπειρία, όταν δεν τη μοιράζομαι στο Facebook, στο Twitter ή στο Instagram; Αυτό αναρωτιούνται πλέον οι σύγχρονοι <u>φανατικοί</u> χρήστες των κοινωνικών δικτύων και η απάντηση για εκείνους είναι «όχι». Γι' αυτό και ποστάρουν στον λογαριασμό τους, κάθε στιγμή που απολαμβάνουν, [0] ______________________.

Τα μέσα κοινωνικής δικτύωσης έχουν μπει για τα καλά στις ζωές μας κι έχουν δημιουργήσει καινούριες συνήθειες, καινούριες τάσεις, καινούρια συναισθήματα. Για παράδειγμα, «ο φόβος να μη χάσεις τις εξελίξεις ή να μη μείνεις έξω από τα πράγματα» είναι μια νέα <u>τάση</u>, [1] ______________________. Πώς; Οι περισσότεροι χρήστες των μέσων κοινωνικής δικτύωσης υιοθετούν μια πολύ συγκεκριμένη συμπεριφορά. Προσπαθούν μέσα από τις <u>αναρτήσεις</u> τους να αποδείξουν ότι περνούν συνέχεια πολύ ωραία και παράλληλα παρακολουθούν ατελείωτες ώρες δημοσιεύσεις [2] ______________________. <u>Κατασκοπεύοντας</u>, όμως, τις ζωές των άλλων προκαλείται ένα αίσθημα άγχους και <u>ανεπάρκειας</u>.

Συχνά νιώθουν ότι όλοι είναι κάπου και διασκεδάζουν και εκείνοι με τη μύτη κολλημένη στο τζάμι, [3] ______________________________. Αυτόματα γεννιέται μια ανησυχία [4] ______________________________. Γεννιέται ο φόβος ότι έχουν κάνει λάθος επιλογή για το πώς να περάσουν τον χρόνο τους. Γεννιέται, επίσης, η ανάγκη να αναρτήσουν και οι ίδιοι υλικό και να δείξουν ότι περνούν [5] ______________________________ εκείνη την ώρα. Έτσι, πολύ συχνά βγάζουν φωτογραφίες στο σπίτι τους, χωρίς να δείχνουν κανένα από τα στοιχεία που προδίδουν το πού βρίσκονται. Δεν προσπαθούν απλώς, δηλαδή, να παρουσιάσουν με τον καλύτερο τρόπο [6] ______________________________, αλλά ανεβάζουν ψεύτικα στοιχεία και δημιουργούν μια εικονική πραγματικότητα. Παράλληλα, επιθυμούν να κάνουν δημοσιεύσεις που θα σχολιαστούν θετικά από τους φίλους τους. Έτσι δεν χαλαρώνουν ποτέ. Αντίθετα, εντείνεται η ανασφάλεια και η αγωνία τους για το αν είναι αρκετά δημοφιλείς. Και όλα αυτά, ενώ βρίσκονται στο σπίτι τους μόνοι τους, παρέα με τον υπολογιστή τους.

Μήπως η πραγματικότητα που μόλις περιγράψαμε είναι λίγο αρρωστημένη; Αλήθεια, γιατί να μην κάνουμε κάτι, για να πάμε ενάντια σε αυτήν την κατάσταση; Είναι [7] ______________________________ κάτι επειδή το θέλουμε, και όχι επειδή πρέπει να το προβάλουμε. Είναι πιο ουσιαστικό να ψάχνουμε τις δημοσιεύσεις που πραγματικά μας ενδιαφέρουν από το να χαζεύουμε τι συμβαίνει στις ζωές των άλλων. Και είναι βέβαιο ότι, αν δεν μάθουμε τι έγινε στις 13:21:23 στη ζωή του Χ χρήστη, θα επιβιώσουμε χωρίς δυσκολία. Ακόμη και αν «δεν σκοτώσουμε» τελικά την περιέργειά μας, θα έχουμε κάνει [8] ______________________________, ώστε να αποβάλουμε «τον φόβο του να μη μείνουμε έξω από τα πράγματα».

Πηγή: Διασκευή κειμένου από:
www.pathfinder.gr

Άσκηση 3

Σύμφωνα με το κείμενο, τα μέσα κοινωνικής δικτύωσης δημιουργούν μια πλασματική πραγματικότητα για τη ζωή των ανθρώπων. Συμφωνείς με αυτήν την άποψη; Γιατί;

Λεξιλόγιο

Άσκηση 1

Γίνετε ζευγάρια, δείτε τις υπογραμμισμένες λέξεις του κειμένου (σελ. 244-245) και βρείτε ποιοι από τους παρακάτω ορισμούς περιγράφουν τη σημασία τους.

0. αυτός που συμπεριφέρεται με υπερβολικό πάθος απέναντι σε ένα πρόσωπο, μια ιδεολογία, θεωρία κτλ.= φανατικός

1. περνώ την ώρα μου βλέποντας κάτι που είναι ευχάριστο, αλλά δεν με ενδιαφέρει άμεσα = ______

2. προτίμηση που έχει ομαδικό χαρακτήρα = ______

3. εξακολουθώ να βρίσκομαι στη ζωή = ______

4. παρακολουθώ τις κινήσεις, τη ζωή κάποιου χωρίς να με καταλάβει = ______

5. η έλλειψη απαραίτητης ποσότητας, ποιότητας, δύναμης, ικανότητας κτλ. = ______

6. αυτός που είναι αγαπητός σε πολλούς ανθρώπους = ______

7. η έλλειψη ασφάλειας = ______

8. δημόσια ανακοίνωση στο ίντερνετ = ______

9. κάνω κάτι να γίνει πιο δυνατό = ______

Άσκηση 2

Γίνετε ζευγάρια, ενώστε τις λέξεις με την ίδια ή παρόμοια σημασία και κάντε προτάσεις με αυτές.

0. ανάρτηση	γ	**α.**	αποκαλύπτω, φανερώνω
1. απολαμβάνω	____	**β.**	μαγευτικός, γοητευτικός
2. προδίδω	____	~~**γ.**~~	κρέμασμα
3. συναρπαστικός	____	**δ.**	αγωνία, φόβος
4. ανησυχία	____	**ε.**	ενισχύω
5. εντείνω	____	**στ.**	ευχαριστιέμαι

Άσκηση 3

Γίνετε ζευγάρια, ενώστε τις λέξεις με αντίθετη σημασία και κάντε προτάσεις με αυτές.

0. θετικός	α	~~**α.**~~	αρνητικός
1. εντείνω	____	**β.**	επάρκεια, ικανότητα
2. ανεπάρκεια	____	**γ.**	αποδυναμώνω, μετριάζω
3. ανασφάλεια	____	**δ.**	ασφάλεια

Άσκηση 4

Βάλε σε κύκλο τις προτάσεις στις οποίες η υπογραμμισμένη λέξη έχει την ίδια σημασία.

0. **α.** Είναι δυνατόν να πιστεύεις αυτά τα ψέματα για μένα, χάζεψες;
β. Είμαι στην αγορά και χαζεύω τις βιτρίνες, μέχρι να περάσει η ώρα για το ραντεβού μου.
γ. Δεν βγήκα σήμερα το απόγευμα. Χάζεψα λίγο τηλεόραση και κοιμήθηκα νωρίς.
δ. Δεν είναι καθόλου συγκεντρωμένος στο μάθημα. Όλη την ώρα χαζεύει ή μιλάει με τον διπλανό του.

1. **α.** Η Μαρία έχει καλλιτεχνικές τάσεις, γι' αυτό θέλει να σπουδάσει θεατρολογία.
β. Από πολύ μικρός είχε την τάση να λέει ψέματα.
γ. Η παρουσίαση των επιλεγμένων έργων του διαγωνισμού συμβάλλει στην επιμόρφωση των επαγγελματιών σε σχέση με τις σύγχρονες τάσεις στον χώρο της αρχιτεκτονικής.
δ. Ο Μιχάλης έχει την τάση να υπερβάλλει.

2. **α.** Με πρόδωσαν οι δυνάμεις μου στο τρέξιμο.
β. Δεν θέλω να της ξαναμιλήσω, πρόδωσε τη φιλία μας με αυτό που έκανε.
γ. Οι χειρονομίες της προδίδουν το άγχος της.
δ. Αν προδώσεις ποτέ την εμπιστοσύνη μου, θα το μετανιώσεις.

3. **α.** Ο Πέτρος από μικρός είχε μεγάλο ταλέντο στη ζωγραφική, γεννήθηκε καλλιτέχνης.
β. Η Κατερίνα γεννήθηκε το 1974.
γ. Μετά από την κατάθεσή του στην αστυνομία, γεννήθηκαν πολλές αμφιβολίες για την αθωότητά του.
δ. Ο Γιώργος και ο Νίκος είναι δίδυμοι, γεννήθηκαν με διαφορά ενός λεπτού.

4. **α.** Από αύριο όλοι οι κινηματογράφοι θα προβάλλουν τη βραβευμένη ταινία.
β. Ο διευθυντής της εταιρείας πρόβαλε αντιρρήσεις στην πρότασή μου και έτσι χάλασε η συνεργασία μας.
γ. Η τηλεόραση προβάλλει κάθε Πέμπτη στις 8 μια καινούρια σειρά για τη ζωή του γνωστού ηθοποιού.
δ. Ξέρει πολύ καλά να προβάλλει τα προτερήματά του, γι' αυτό και τον επέλεξαν για αυτήν τη θέση.

Άσκηση 5

Γίνετε ζευγάρια. Πηγαίνετε στην ιστοσελίδα www.greek-language.gr/greekLang/modern_greek/tools/corpora/corpora/search.html. Πληκτρολογήστε τη λέξη *βγάζω* και βρείτε παραδείγματα με τις διαφορετικές σημασίες της λέξης.

Άσκηση 6

Γίνετε ζευγάρια και ενώστε τις λέξεις, για να κάνετε φράσεις που χρησιμοποιούνται πολύ συχνά. Μετά γράψτε προτάσεις με τις φράσεις που κάνατε.

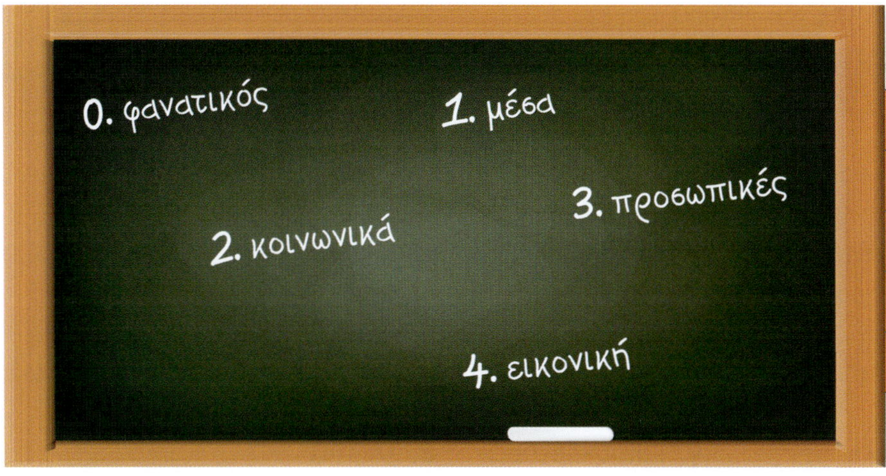

0	χρήστης
	στιγμές
	κοινωνικής δικτύωσης
	πραγματικότητα
	δίκτυα

Άσκηση 7

Συμπλήρωσε τα κενά με την κατάλληλη λέξη.

αίσθημα
συναίσθημα

0. Η κακή ψυχολογική διάθεση μπορεί να κάνει πιο έντονο το ___αίσθημα___ του σωματικού πόνου.
1. Ο θυμός είναι ένα ______ που συνοδεύεται από έντονες και ποικίλες αντιδράσεις.
2. Το κλείσιμο του εργοστασίου προκάλεσε δυσάρεστα ______ στους υπαλλήλους.
3. Για να μη νιώθετε έντονο το ______ της πείνας, πίνετε πολύ νερό.

επιλογή
εκλογή
διαλογή

4. Πριν από τη συσκευασία τους, τα προϊόντα περνάνε από αυστηρή ______ και έλεγχο ποιότητας.
5. Είναι σημαντικό να έχουμε δίπλα μας ανθρώπους που μας αγαπούν πραγματικά. Αυτό πρέπει να είναι το βασικό κριτήριο ______ φίλων.
6. Η ______ του στο δημοτικό συμβούλιο τον έκανε πολύ χαρούμενο.
7. Η ______ επαγγέλματος έχει μεγάλη σημασία για το μέλλον μας.

δράση
δραστηριότητα

8. Η ______ του φαρμάκου είναι άμεση.
9. Πριν από την έκρηξη, το ηφαίστειο είχε έντονη ______.
10. Η σωματική ______ σχετίζεται με την υγεία και την ποιότητα ζωής.
11. Είναι γνωστός για την κοινωνική του ______.

διάσημος
δημοφιλής

12. Η βασίλισσα της Αιγύπτου Κλεοπάτρα ήταν ______ για την ομορφιά, το πνεύμα και την τόλμη της.
13. Ο Πέτρος είναι ο πιο ______ μαθητής σε όλο το σχολείο, τον αγαπούν και τον εμπιστεύονται όλοι.
14. Με την ταινία αυτή έγινε ______ στο κοινό.

Άσκηση 8

Διάλεξε δύο (2) ομάδες λέξεων από αυτές της άσκησης 7 και βρες παραδείγματα με τη χρήση τους από τα σώματα κειμένων στην ιστοσελίδα www.greek-language.gr/greekLang/modern_greek/tools/corpora/corpora/search.html.

Άσκηση 9

Βάλε σε κύκλο το σωστό.

0. Η γιαγιά μου μας διηγείται ______ ιστορίες από τη ζωή της.
α. σύγχρονες **β.** φανατικές **(γ.)** συναρπαστικές **δ.** δημοφιλείς
1. Αόρατα μικρόβια ______ στις επιφάνειες του σπιτιού.
α. δεν διαφέρουν **β.** δημιουργούν **γ.** προκαλούν **δ.** επιβιώνουν
2. Οι ______ μας στα μέσα κοινωνικής δικτύωσης φανερώνουν ένα μεγάλο μέρος της προσωπικότητάς μας.
α. εκτυπώσεις **β.** τάσεις **γ.** αναρτήσεις **δ.** αποδείξεις
3. Σύμφωνα με τα αποτελέσματα έρευνας, αυτός που ανεβάζει συχνά ενημερώσεις για τη συναισθηματική του κατάσταση στο facebook νιώθει στην πραγματικότητα μεγάλη ______.
α. δραστηριότητα **β.** ανασφάλεια **γ.** επιλογή **δ.** δημοσίευση
4. Όσο κι αν θέλει να το κρύψει, η έκφραση του προσώπου του ______ την αλήθεια.
α. αντιπροσωπεύει **β.** εντείνει **γ.** προβάλλει **δ.** προδίδει
5. Πολύ συχνά πιάνουμε τον εαυτό μας να ______ την καθημερινότητα και τη ζωή των διαδικτυακών μας φίλων και όχι απλά να τους «ακολουθεί».
α. επιβιώνει **β.** αποβάλλει **γ.** κατασκοπεύει **δ.** χαζεύει

Άσκηση 10

Συμπλήρωσε τα κενά με τις παρακάτω λέξεις.

δημοσιεύσω, εντείνεται, επιλογές, χάζευα, ανασφαλείς, αναρτήσεις, τάση, συναρπαστική, ~~δημοφιλές~~, φανατικοί (2)

http://www.kathimerini.gr

Αρχική | Επικαιρότητα | Απόψεις | Έρευνες

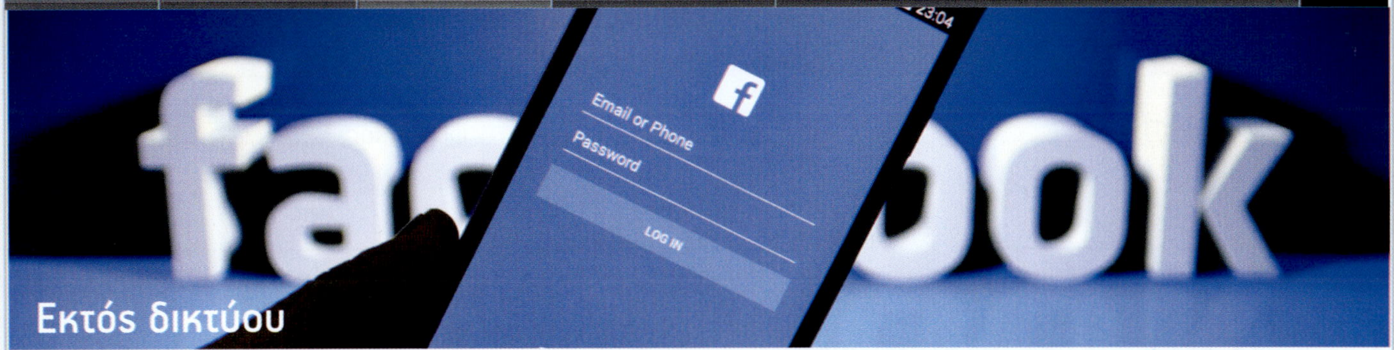

Εκτός δικτύου

Όταν αποφάσισα να κάνω ένα ρεπορτάζ για τους ανθρώπους που είχαν λογαριασμό στο πιο [0] _δημοφιλές_ κοινωνικό δίκτυο, αλλά τον έκλεισαν για διάφορους λόγους, το πρώτο πράγμα που σκέφτηκα ήταν να το [1] __________ στο Facebook.

Σε έναν πλανήτη όπου 1,55 δισεκατομμύρια άνθρωποι είναι [2] __________ χρήστες του δικτύου, η αντίσταση στη δημιουργία ηλεκτρονικού λογαριασμού είναι μια πράξη επαναστατική. Φυσικά, δυσκολεύτηκα πάρα πολύ, όταν για χάρη αυτού του ρεπορτάζ έμεινα εκτός του δικτύου για τέσσερις ολόκληρες ημέρες. Έχασα εκδηλώσεις, ενημερώσεις για ομάδες όπου συμμετέχω, ειδήσεις τις οποίες συνήθως [3] __________ στα μικρά κενά ελεύθερου χρόνου, καθώς επίσης την επαφή με πολλούς φίλους και γνωστούς, με τους οποίους από εκεί είχαμε σχεδόν καθημερινή επικοινωνία.

Γρήγορα, όμως, κατάλαβα ότι είχα πολλές άλλες [4] __________ που δεν αξιοποιούσα, εξαιτίας της τόσο έντονης ασχολίας μου με το Facebook: χρόνο, για παράδειγμα, να διαβάσω ένα βιβλίο ή να δω μια [5] __________ ταινία. Όταν σταμάτησα την παράλληλη ζωή μου εκεί, νομίζω ότι έζησα λίγο πιο έντονα την κανονική.

Ένιωθα πολύ καλύτερα ακόμη κι αν σε πολλές συζητήσεις δεν είχα τίποτα να πω, αφού συχνά οι φίλοι σχολίαζαν [6] __________, σχόλια ή ενημερώσεις που δεν γνώριζα. Τότε κατάλαβα για ποιον λόγο τον τελευταίο καιρό [7] __________ όλο και περισσότερο η τάση των ανθρώπων να απομακρυνθούν από το μέσο.

Μια μελέτη στη Δανία, από το Ινστιτούτο Έρευνας για την Ευτυχία, έδειξε ότι οι άνθρωποι που έχουν λογαριασμό και είναι [8] __________ οπαδοί των μέσων κοινωνικής δικτύωσης έχουν 39% αυξημένη πιθανότητα να αισθάνονται περισσότερο [9] __________ και να είναι λιγότερο ικανοποιημένοι από τους φίλους τους. Έτσι εξηγείται ίσως το γεγονός ότι η απομάκρυνση από το Facebook, αν δεν γίνεται μόδα, σίγουρα αποτελεί μια νέα [10] __________.

Άσκηση 11

(cd 2, 9)

Τώρα άκουσε το παραπάνω κείμενο και σημείωσε ποιες λέξεις/φράσεις αντικαθιστούν τις λέξεις που συμπλήρωσες στα κενά του.

Άσκηση 12

Συζητάς με τον συμμαθητή/τη συμμαθήτριά σου τη θετική και αρνητική επίδραση των κοινωνικών δικτύων στη ζωή των ανθρώπων.

Άσκηση 13

Γίνετε ζευγάρια, δείτε τις παρακάτω λέξεις και συμπληρώστε τα κενά κάθε σειράς του πίνακα με λέξεις που ανήκουν στην ίδια οικογένεια.

φανατισμένος, δικτυώνω, δικτυωμένος, χρησιμοποιώ, δημοσιευμένος, χρηστικός, προδότης, χρήσιμος, απόλαυση, υιοθέτηση, ~~φανατίζομαι~~, κατασκοπία, κατασκοπευτικός, αναρτώ, κατάσκοπος, χρήση, αναρτημένος, (αν)επαρκής, υιοθεσία, συναρπάζω, ανασφάλεια, απολαυστικός, ένταση, δημοσιεύω, προδοσία, χρησιμεύω, προδομένος, υιοθετημένος, εικόνα, εντατικός, φανατισμός, δικτυακός, δικτύωση, επαρκώ

ρήμα	ουσιαστικό	επίθετο
0 φανατίζομαι	1 ______	φανατικός, 2 ______
3 ______	δίκτυο, 4 ______	5 ______, 6 ______
7 ______, 8 ______	χρήστης, 9 ______	10 ______, 11 ______
απολαμβάνω	12 ______	13 ______
υιοθετώ	14 ______, 15 ______	16 ______
κατασκοπεύω	17 ______, 18 ______	19 ______
20 ______	ανάρτηση	21 ______
22 ______	(αν)επάρκεια	23 ______
24 ______	-	συναρπαστικός
-	25 ______	ανασφαλής
εντείνω	26 ______	27 ______
28 ______	δημοσίευση	29 ______
προδίδω	30 ______, 31 ______	32 ______
-	33 ______	εικονικός

Άσκηση 14

Συμπλήρωσε τα κενά, όπως στο παράδειγμα.

ΔΙΑΔΙΚΤΥΟ: ΝΑΙ Ή ΟΧΙ;

Το διαδίκτυο έχει μπει για τα καλά στις ζωές όλων μας και είναι πια πολύ αναπτυγμένο. Πριν από μερικά χρόνια τα κοινωνικά [0] _____δίκτυα_____ (δικτυωμένος) ήταν πολύ περιορισμένα. Σήμερα έχουν πολλούς [1] __________ (χρήση) και [2] __________ (φανατίζω) εχθρούς. Δεν είναι λίγοι αυτοί που εκφράζονται αρνητικά ιδιαίτερα για τις ιστοσελίδες κοινωνικής [3] __________ (δικτυώνω). Πολλοί πιστεύουν ότι όλα αυτά τα μέσα διαμορφώνουν αρνητικά τον χαρακτήρα του ανθρώπου. Πιστεύουν ότι τον μετατρέπουν σε ένα παθητικό πλάσμα γεμάτο [4] __________ (ανασφαλής), ένα πλάσμα απομονωμένο που φιλοδοξεί να διατηρήσει τις σχέσεις του και να αποκτήσει νέες φιλίες από τον καναπέ του σπιτιού του.

Πολύ συχνή είναι, επίσης, η [5] __________ (υιοθετώ) της άποψης ότι οι διαδικτυακές κοινωνικές φιλίες και γνωριμίες είναι [6] __________ (εικόνα) και ότι οι σχέσεις του διαδικτύου είναι επιφανειακές και χωρίς περιεχόμενο.

Κι όμως, ίσως τελικά τα πράγματα να μην είναι ακριβώς έτσι. Σύμφωνα με μελέτη, το Facebook μπορεί να είναι [7] __________ (χρησιμεύω) εργαλείο. Συχνά οι νέοι χρησιμοποιούν το Facebook, για να διατηρήσουν την επαφή τους με φίλους ή με συγγενείς που μένουν μακριά. Επίσης, πολλές φορές ξαναβρίσκουν παλιούς τους φίλους με τους οποίους έχουν χαθεί.

Παρά τις ανησυχίες που διατυπώνονται, οι χρήστες του διαδικτύου αυξάνονται. Και δεν αυξάνονται μόνο αυτοί. Αυξάνονται και οι τρόποι αλλά και οι λόγοι για τους οποίους χρησιμοποιούν μια ιστοσελίδα κοινωνικής δικτύωσης.

Πηγή: Διασκευή κειμένου από: http://www.kathimerini.gr

Άσκηση 15

Διαλέγεις επτά (7) λέξεις από τον πίνακα της άσκησης 13 και κάνεις μια άσκηση, όπως η άσκηση 14. Ζήτησε από τον συμμαθητή/τη συμμαθήτριά σου να συμπληρώσει τα κενά της άσκησής σου και κάνε το ίδιο με τη δική του/της άσκηση.

Γραμματική: ΠΑΡΑΘΕΤΙΚΑ ΕΠΙΘΕΤΩΝ

Άκουσε το κείμενο και συμπλήρωσε τα κενά, για να απαντήσεις στις ερωτήσεις που ακολουθούν.

(cd 2, 10)

Πηγή: Διασκευή κειμένου από: http://www.thinkingpeople.gr/thinking

ΑΡΧΙΚΗ | ΑΠΟΨΕΙΣ | ΣΥΖΗΤΗΣΕΙΣ | ΠΡΟΤΑΣΕΙΣ | ΣΧΕΣΕΙΣ | ΕΠΙΚΟΙΝΩΝΙΑ

Η φιλία σήμερα

«[0] Η καλύτερή μου φίλη είναι η...,[1] ______________ φίλος είναι ο...» συνηθίζαμε να λέμε στα παιδικά μας χρόνια. Και ενώ τα χρόνια περνούν, γνωρίζουμε κι άλλους ανθρώπους, κάνουμε παρέα μαζί τους, γινόμαστε φίλοι. Κάποιες από τις φιλίες μας γίνονται [2] ______________ ή αποδεικνύονται [3] ______________ από κάποιες άλλες.

Οι διαπροσωπικές σχέσεις, φιλικές, οικογενειακές, ερωτικές, συντροφικές είναι [4] ______________. Όλοι έχουμε ανάγκη τους φίλους μας και τους κοντινούς μας ανθρώπους. Χωρίς αυτούς θα ζούσαμε [5] ______________ και η ζωή μας θα έμοιαζε κενή. Αυτό αποδεικνύεται από την ίδια την ιστορία του ανθρώπου.

Οι πρόγονοί μας κατάλαβαν από πολύ νωρίς ότι, για να έχουν [6] ______________, [7] ______________ και [8] ______________ ζωή από εκείνη που είχαν, θα πρέπει να οργανωθούν σε κοινωνίες. Σύμφωνα με τους επιστήμονες, υπολογίζεται ότι [9] ______________ αριθμός ανθρώπων που ζούσαν στις πρώτες κοινότητες δεν ξεπερνούσε τους 150.

Σήμερα, τα πράγματα είναι πολύ διαφορετικά. Το διαδίκτυο και οι νέες τεχνολογίες κυριαρχούν στην κοινωνική μας ζωή. Οι [10] ______________ έχουμε έναν λογαριασμό στα μέσα κοινωνικής δικτύωσης και πάρα πολλούς φίλους. Έτσι, αξιοποιώντας τα μέσα κοινωνικής δικτύωσης περνούμε πολλές ώρες μπροστά στην οθόνη του υπολογιστή μας χαζεύοντας τις αναρτήσεις των φίλων μας.

Πολλά είναι τα ερωτήματα που προκύπτουν σχετικά με την ποιότητα των διαδικτυακών μας σχέσεων. Πόσο «αληθινοί» είναι οι διαδικτυακοί φίλοι μας; Μπορεί να είναι ουσιαστική μια σχέση που υπάρχει μέσω του facebook; Είναι τα μέσα κοινωνικής δικτύωσης ένας κατάλληλος «χώρος συνάντησης» των ανθρώπων; Μήπως τελικά πρόκειται για μια εικονική πραγματικότητα που μας δίνει την αίσθηση της κοινωνικότητας, ενώ βουλιάζουμε στην απομόνωση;

Είναι βέβαιο ότι χάρη στο facebook πολλοί άνθρωποι διατηρούν μια επαφή με φίλους που ζουν μακριά. Επίσης, μέσω του facebook έχουν έρθει κοντά άνθρωποι που είχαν χαθεί για διάφορους λόγους. Αυτά είναι τα πλεονεκτήματα της τεχνολογίας που δεν μπορεί να αμφισβητήσει κανείς.

Από την άλλη, το ίδιο βέβαιο είναι ότι οι αληθινές σχέσεις στη ζωή μας είναι [11] ______________. Συγκεκριμένα, ο αριθμός των ανθρώπων με τους οποίους μπορούμε να μοιραστούμε τις χαρές και τις λύπες μας δεν ξεπερνά τους 150. Έτσι, μπορεί να λέμε ότι έχουμε χιλιάδες φίλους στο Facebook, αλλά ένα είναι σίγουρο: Οι αληθινοί μας φίλοι είναι [12] ______________!

Ερωτήσεις:

1. Πόσο σημαντικές είναι οι διαπροσωπικές σχέσεις για τους ανθρώπους;
2. Πώς θα ήμασταν χωρίς φίλους;
3. Γιατί οι πρόγονοι του ανθρώπου οργανώθηκαν σε κοινωνίες;
4. Πόσες μπορεί να είναι οι αληθινές φιλικές σχέσεις στη ζωή μας;

ΕΠΙΘΕΤΑ

ΣΧΗΜΑΤΙΣΜΟΣ ΠΑΡΑΘΕΤΙΚΩΝ

Θετικός βαθμός	Συγκριτικός βαθμός	Υπερθετικός βαθμός	
		Σχετικός	Απόλυτος
ωραίος, -α, -ο	πιο ωραίος, -α, -ο ωραιότερος, -η, -ο	ο/η/το πιο ωραίος, -α, -ο ο/η/το ωραιότερος, -η, -ο	(πάρα) πολύ ωραίος, -α, -ο ωραιότατος, -η, -ο
βαρύς, -ιά, -ύ	πιο βαρύς, -ιά, -ύ βαρύτερος, -η, -ο	ο/η/το πιο βαρύς, -ιά, -ύ ο/η/το βαρύτερος, -η, -ο	(πάρα) πολύ βαρύς, -ιά, -ύ βαρύτατος, -η, -ο
δημοφιλής, -ής, -ές	πιο δημοφιλής, -ής, -ές δημοφιλέστερος, -η, -ο	ο/η/το πιο δημοφιλής, -ής, -ές ο/η/το δημοφιλέστερος, -η, -ο	(πάρα) πολύ δημοφιλής, -ής, -ές δημοφιλέστατος, -η, -ο

ολο- κατα- θεο- παν- τρισ- πεντ-	+ επίθετο	ολοκαίνουριος, -α, -ο κατακόκκινος, -η, -ο θεότρελος, -η, -ο πανέμορφος, -η, -ο τρισευτυχισμένος, -η, -ο πεντάμορφος, -η, -ο

ΑΝΩΜΑΛΑ ΠΑΡΑΘΕΤΙΚΑ ΕΠΙΘΕΤΩΝ

Θετικός βαθμός	Συγκριτικός βαθμός	Υπερθετικός βαθμός
απλός	απλούστερος	απλούστατος
γέρος	γεροντότερος	πολύ γέρος
κακός	χειρότερος	κάκιστος χείριστος
καλός	καλύτερος	άριστος
λίγος	λιγότερος	ελάχιστος
μεγάλος	μεγαλύτερος	μέγιστος
μικρός	μικρότερος	ελάχιστος
πολύς	περισσότερος	(πλείστος)

ΕΛΛΕΙΠΤΙΚΑ ΠΑΡΑΘΕΤΙΚΑ

(άνω)	ανώτερος	ανώτατος
(κάτω)	κατώτερος	κατώτατος
(προτιμώ)	προτιμότερος	-

ΕΠΙΘΕΤΑ ΧΩΡΙΣ ΠΑΡΑΘΕΤΙΚΑ

Δεν σχηματίζουν παραθετικά τα επίθετα που δηλώνουν:
ύλη (π.χ. *μάλλινος, χρυσός, ασημένιος*),
τόπο/χρόνο (π.χ. *θαλασσινός, αυριανός, σημερινός*),
ιδιότητα (π.χ. *μισός, ολόκληρος, ακίνητος, απέραντος, αθάνατος*)

ΣΥΓΚΡΙΣΗ

1. Η Ελένη είναι **ψηλότερη από τη** Δήμητρα.
2. Η Δήμητρα δεν είναι **τόσο ψηλή όσο** η Ελένη.
3. Η Ελένη είναι **λίγο πιο ψηλή/ψηλότερη από τη** Δήμητρα.
4. Η Δήμητρα είναι **λιγότερο ψηλή από την** Ελένη.
5. Η Ελένη είναι **περισσότερο ψηλή από** τη Δήμητρα.
6. Η Ελένη είναι ψηλή. Η Δήμητρα είναι **ακόμη ψηλότερη**.
7. Η Ελένη είναι ψηλή. Η Δήμητρα είναι **πολύ ψηλότερη**.
8. Η Ελένη είναι ψηλή. Η Δήμητρα είναι **ψηλότερή της**.
9. Η Ελένη είναι **πιο ψηλή από ό,τι νομίζεις**.
10. **Πιο ψηλή** είναι η Δήμητρα **παρά** η Ελένη.
11. Η Δήμητρα είναι **η πιο ψηλή** κοπέλα που ξέρω.
12. Η Ελένη και η Δήμητρα είναι **ωραιότατες**.

Τι παρατηρείς στις προτάσεις σχετικά με τον τρόπο που μπορούμε να συγκρίνουμε ανθρώπους ή πράγματα;

Άσκηση 1

Διάβασε τις προτάσεις και γράψε τα ονόματα στις φωτογραφίες.

0

Η Εύη είναι πιο ψηλή/ψηλότερη από τη Δέσποινα και η Κυριακή είναι η πιο ψηλή από όλες.

1

Η Μαρία είναι πιο ψηλή/ψηλότερη από την Άτζελα και πιο κοντή από τη Σάντρα.

2

Η Χριστίνα είναι λίγο πιο ψηλή/λίγο ψηλότερη από τη Δέσποινα και πολύ πιο ψηλή/πολύ ψηλότερη από την Έλσα.

3

Το βιβλίο Α είναι λιγότερο φθηνό από το βιβλίο Β και περισσότερο φθηνό από το βιβλίο Γ.

4

Ο υπολογιστής Α είναι πιο ακριβός από τον υπολογιστή Β και ακόμη πιο ακριβός από τον υπολογιστή Γ .

5

Η Γεωργία είναι μικρή. Η Δήμητρα είναι μικρότερή της και η Αναστασία μεγαλύτερή της.

Άσκηση 2

Βάλε στη σειρά τις λέξεις και κάνε προτάσεις, όπως στο παράδειγμα.

0. είναι/φόρεμά/το/Αυτό/ωραιότατο
Αυτό το φόρεμα είναι ωραιότατο.

1. Ελλάδα/Δεν/στην/όσο/κάνει/κρύο/στην/τόσο/Ελβετία

____

2. είσαι/ψηλή/Δεν/πολύ/εμένα/από/πιο

____

3. Ο/λιγότερο/είναι/Νίκος/από/έξυπνος/Κώστα/τον

____

4. Ο/είναι/και/από/Γιώργος/μεγαλύτερος/πολύ/Αλέξη/τον/από/Πέτρο/ακόμη/τον/πιο/μεγάλος

____

5. Ο/καλός/τους/μου/είναι/πιο/όλους/από/Πέτρος/ο/φίλους

____

Άσκηση 3

Συμπλήρωσε τα κενά, όπως στο παράδειγμα.

0. Πρόσεξε πώς μου μιλάς! Έχω τα διπλά σου χρόνια. Είμαι πολύ ___μεγαλύτερή σου___.

1. Ο Κώστας είναι 3 χρόνια ______________. Εγώ είμαι 20 κι εκείνος 17.

2. Η Μαρία είναι 5 χρόνια ______________. Αυτή είναι 20 κι εμείς 15.

3. Παρόλο που η Μαρία είναι 3 χρόνια ______________, κάνουμε πολύ καλή παρέα.

4. Θυμώνω με τον εαυτό μου. Τον άφησα να με κερδίσει, παρόλο που είναι πολύ ______________.

5. Παιδιά, είμαι ακριβώς 1 χρόνο ______________. Γεννηθήκαμε την ίδια μέρα με διαφορά 1 χρόνο. Εγώ γεννήθηκα το 2000 κι εσείς το 2001.

Άσκηση 4

Περιγράφεις δύο ανθρώπους ή αντικείμενα χρησιμοποιώντας φράσεις όπως *μικρότερός/-ή/-ό του/της*, *καλύτερός/-ή/-ό του/της* κτλ.

Άσκηση 5

Διάβασε τις πληροφορίες για κάθε πρόσωπο και απάντησε στις ερωτήσεις.

Νίκος
Ηλικία: 22
Ύψος: 1.98
Βάρος: 74
Έξυπνος: ++
Κοινωνικός: +
Καλός χαρακτήρας: ++

Στέργιος
Ηλικία: 18
Ύψος: 1.90
Βάρος: 70
Έξυπνος: +++
Κοινωνικός: ++
Καλός χαρακτήρας: +

Τάσος
Ηλικία: 15
Ύψος: 1.60
Βάρος: 56
Έξυπνος: ++
Κοινωνικός: +++
Καλός χαρακτήρας: +++

0. Ποιος είναι ο μεγαλύτερος;
Ο Νίκος.

1. Ποιος είναι ο μικρότερος;
____

2. Ποιος είναι ο εξυπνότερος;
____

3. Ποιος είναι ο ψηλότερος;
____

4. Ποιος είναι ο πιο κοντός;
____

5. Ποιος είναι ο βαρύτερος;
____

6. Ποιος είναι ο ελαφρύτερος;
____

7. Ποιος έχει τα μακρύτερα μαλλιά;
____

8. Ποιος είναι πανύψηλος;
____

9. Ποιος είναι κοινωνικότατος;
____

10. Ποιος είναι ο λιγότερο κοινωνικός;
____

11. Ποιος είναι ο καλύτερος χαρακτήρας;
____

12. Ποιος είναι ο χειρότερος χαρακτήρας;
____

Άσκηση 6
Βάλε σε κύκλο το σωστό.

0. Η Λία είναι μεγαλύτερη / μέγιστη / η πιο μεγάλη από την αδελφή της.
1. Ο Κώστας είναι μεγαλύτερος / μεγάλος / ο μεγαλύτερος από όλη την παρέα.
2. Η Βασιλική είναι τόσο ψηλότερη / ψηλή / η πιο ψηλή όσο η Δανάη.
3. Το ποδήλατο είναι λιγότερο πιο ακριβό / ακριβότερο / ακριβό από το αυτοκίνητο.
4. Η καμηλοπάρδαλη είναι πολύ ψηλότερη / ψηλότατη / ψηλή.
5. Η Άννα είναι η πιο καλύτερη / καλή / άριστη από όλες τις φίλες μου.
6. Ο Πέτρος είναι περισσότερο πλούσιος / πλουσιότερος / πλουσιότατος από τον Γιάννη.
7. Η λύση στο πρόβλημά σου είναι απλούστερη / πιο απλή / απλούστατη.
8. Το χειμωνιάτικο τοπίο είναι ομορφότερο / πανέμορφο / πιο όμορφο.

Άσκηση 7
Γράψε με μία μόνο λέξη τις υπογραμμισμένες φράσεις.

0. Η Γιάννα είναι <u>πιο όμορφη</u> από την Ελένη, αλλά η Μαίρη είναι <u>πάρα πολύ όμορφη</u>.
Η Γιάννα είναι ομορφότερη από την Ελένη, αλλά η Μαίρη είναι πανέμορφη.

1. Η Άννα, όταν ήταν μικρή, ήταν <u>πάρα πολύ ξανθιά</u>.

2. Σε λίγο θα βρέξει. Ο ουρανός είναι <u>πάρα πολύ μαύρος</u>.

3. Το φαγητό που έφτιαξε ο μπαμπάς είναι <u>πάρα πολύ νόστιμο</u>.

4. Έγινε <u>πάρα πολύ κόκκινη</u> από τη ντροπή της.

5. Είμαι <u>πάρα πολύ ευτυχισμένος</u>.

6. Στην παρέα κάνει όλο πλάκες, είναι <u>πάρα πολύ τρελός</u>.

7. Αυτή η φωτογραφική μηχανή είναι <u>πάρα πολύ ακριβή</u>, δεν μπορώ να την αγοράσω.

8. Η Ευαγγελία είναι <u>πάρα πολύ στενοχωρημένη</u> για τα χθεσινά γεγονότα στη δουλειά.

9. Φοβάμαι να μπω μέσα στο δωμάτιο, είναι <u>πάρα πολύ σκοτεινό</u>.

Άσκηση 8
Συμπλήρωσε τα κενά με τον συγκριτικό ή υπερθετικό βαθμό των επιθέτων (μονολεκτικό/σύντομο τύπο) που βρίσκονται στην παρένθεση.

ΠΩΣ ΚΑΝΟΥΜΕ ΦΙΛΟΥΣ;

Η φιλία είναι ένα από 0 *τα σημαντικότερα* (σημαντικός) στοιχεία στη ζωή κάθε ανθρώπου. Μερικοί άνθρωποι κάνουν 1 ______________ (πολύς) φίλους από άλλους και κάποιοι 2 ______________ (λίγος). Κάποιες φιλίες διαρκούν για πάντα, κάποιες είναι 3 ______________ (σύντομος). Υπάρχουν φιλίες που έχουν 4 ______________ (μεγάλος) εντάσεις και άλλες που κυλούν ήρεμα μέσα στον χρόνο. Η φιλία είναι μια κοινωνική σχέση απαραίτητη από τη νηπιακή μας ηλικία. Και φυσικά κάθε φίλος είναι μοναδικός και παίζει διαφορετικό ρόλο στη ζωή μας.

Στην παιδική ηλικία κάνουμε φίλους εκείνους με τους οποίους μοιάζουμε, εκείνους με τους οποίους έχουμε κοινά ενδιαφέροντα. Καθώς οδηγούμαστε στην εφηβεία, οι φίλοι μας γίνονται ακόμη 5 ______________ (σημαντικός) για εμάς από ό,τι ήταν μέχρι τότε. Ταυτιζόμαστε με αυτούς, μας στηρίζουν, τους εμπιστευόμαστε.

Από την ενηλικίωση και μετά, οι φίλοι είναι οι άνθρωποι που έχουν, όχι μόνο κοινά ενδιαφέροντα, αλλά και ίδιες πεποιθήσεις, συμπεριφορές και αξίες. Σε πιο ώριμη ηλικία αποκτούμε την ικανότητα να ανεχόμαστε περισσότερο ανθρώπους που δεν μας μοιάζουν. Μπορεί, δηλαδή, οι φίλοι μας να είναι άνθρωποι που η ζωή τους έχει 6 ______________ (λίγος) σχέση με τη δική μας, δεν ταυτίζονται πάντα με τις αξίες μας και δεν ανήκουν στην ίδια κοινωνική ομάδα με εμάς.

Όπως σε κάθε σχέση, έτσι και στη φιλία μπορεί να υπάρξουν παρεξηγήσεις, παράπονα και προβλήματα. Αν κάτι, λοιπόν, μας πειράζει είναι καλό να εκφράσουμε τα συναισθήματά μας άμεσα στον φίλο μας. 7 ______________ (βασικός) και 8 ______________ (σημαντικός) συστατικό κάθε σχέσης είναι η ουσιαστική επικοινωνία, ακόμη και αν αυτό σημαίνει την έκφραση δυσάρεστων συναισθημάτων και σκέψεων. Ακόμη και αν φοβόμαστε ότι μπορεί το παράπονό μας να «πικράνει» τον φίλο μας, είναι σίγουρα 9 ______________ (καλός) να μιλήσουμε για το πρόβλημα παρά να το κρύψουμε. Όταν δεν μιλάμε, το παράπονό μας τις 10 ______________ (πολύς) φορές παίρνει 11 ______________ (μεγάλος) διαστάσεις από αυτές που πραγματικά έχει. Εξάλλου, αν δεν πούμε αυτό που μας ενοχλεί, είναι 12 ______________ (πιθανός) ο άλλος να μην καταλάβει τη σοβαρότητα της κατάστασης και να μην αλλάξει τη συμπεριφορά του.

Είναι σημαντικό να συζητάμε για τα συναισθήματά μας με τους φίλους μας. Είναι καλό να προσπαθεί κανείς να μιλήσει και να καταλάβει τις αιτίες που κλονίζουν μια φιλία. Η συζήτηση θα τον οδηγήσει σε αυτογνωσία και θα τον βοηθήσει να χτίσει 13 ______________ (σταθερός) φιλίες στο μέλλον.

Πηγή: Διασκευή κειμένου από: http://www.ypostirixi.net

Άσκηση 9

Συγκρίνεις έναν φίλο που έχεις πολλά χρόνια με έναν φίλο που έχεις γνωρίσει πρόσφατα μέσω του facebook.

ΚΑΤΑΝΟΗΣΗ ΠΡΟΦΟΡΙΚΟΥ ΛΟΓΟΥ

- Τι βλέπεις στις φωτογραφίες;
- Τι κάνουν οι άνθρωποι;
- Εσύ προσφέρεις τη βοήθειά σου σε ανθρώπους που την έχουν ανάγκη;

Συμβουλή:
Πριν κάνεις την άσκηση, διάβασε τις προτάσεις του πίνακα και σκέψου ποιες πληροφορίες του κειμένου πρέπει να προσέξεις.

(cd 2, 11)

Άσκηση 1

Άκουσε προσεκτικά μια συζήτηση ανάμεσα σε έναν δημοσιογράφο και δύο εθελοντές. Καθώς ακούς, σημείωσε με ✓ στον παρακάτω πίνακα τις πληροφορίες που ταιριάζουν σε κάθε εθελοντή. Θα πρέπει να σημειώσεις συνολικά έντεκα (11) ✓ χωρίς το παράδειγμα.

	«Εθελοντής γείτονας» (κ. Καλογήρου)	«Κέντρο βρεφών» (κ. Μαϊλιάνη)
0. Το πρόγραμμα αφορά τη φροντίδα ατόμων σε μεγάλη ηλικία.	✓	
1. Η εθελόντρια συμμετέχει στο πρόγραμμα πάνω από δύο χρόνια.		
2. Η εθελόντρια ενημερώθηκε για το πρόγραμμα από το διαδίκτυο.		
3. Η εθελόντρια του προγράμματος είναι μητέρα.		
4. Η εθελόντρια του προγράμματος δεν εργάζεται.		
5. Η εθελόντρια απασχολείται εθελοντικά 3-4 μέρες την εβδομάδα.		
6. Στο πρόγραμμα συμμετέχουν κυρίως γυναίκες.		
7. Ο αριθμός των εθελοντών στο πρόγραμμα είναι πολύ μικρότερος από τις ανάγκες.		
8. Το πρόγραμμα έχει ιστοσελίδα στο διαδίκτυο.		

(cd 2, 11)

Άσκηση 2

Άκουσε ξανά το κείμενο. Σε ποιο από τα δύο εθελοντικά προγράμματα που αναφέρονται στη συζήτηση θα ήθελες να συμμετέχεις; Γιατί;

Λεξιλόγιο

Άσκηση 1

Εκτυπώστε το κείμενο της κατανόησης προφορικού λόγου, γίνετε ζευγάρια, δείτε τις υπογραμμισμένες λέξεις του κειμένου και βρείτε ποιοι από τους παρακάτω ορισμούς περιγράφουν τη σημασία τους.

0. αυτός που προσφέρει εργασία για καλό σκοπό με τη θέληση του, χωρίς αντάλλαγμα = εθελοντής

1. κάτι που γίνεται κατά τύχη, χωρίς να το επιδιώξουμε = ______

2. συμπεριφορά που χαρακτηρίζεται από υπευθυνότητα και αξιοπρέπεια = ______

3. αυτός που δεν εργάζεται χωρίς τη θέλησή του = ______

4. συναίσθημα που νιώθουμε, όταν χάσουμε κάποιον ή κάτι = ______

5. έργο που γίνεται υπέρ του κοινωνικού συνόλου = ______

6. αυτός που σχετίζεται με την πράξη = ______

Άσκηση 2

Διάβασε τους παρακάτω ορισμούς και συμπλήρωσε τα κενά με τις λέξεις του κρυπτόλεξου.

0. Όταν κάτι μου κάνει εντύπωση, τότε εντυπωσιάζομαι.

1. Μια ομάδα προσώπων που εργάζονται για έναν κοινό στόχο λέγεται ______.

2. Όταν παίρνω τη θέση κάποιου προσωρινά ή οριστικά, τότε τον ______.

3. Όταν υπάρχει σχέση και επικοινωνία μεταξύ ανθρώπων, οι άνθρωποι αυτοί έχουν μεταξύ τους ______.

4. Όταν δεν έχω σιγουριά για κάποιον ή κάτι, τότε έχω ______.

5. Όταν δέχομαι να πραγματοποιήσω κάτι με δική μου ευθύνη, τότε το ______.

0	Ω	Μ	Ε	Ν	Τ	Υ	Π	Ω	Σ	Ι	Α	Ζ	Ο	Μ	Α	Ι
1	Α	Τ	Η	Τ	Μ	Η	Ο	Ρ	Γ	Α	Ν	Ω	Σ	Η	Ε	Κ
2	Ο	Ε	Ε	Α	Ν	Α	Π	Λ	Η	Ρ	Ω	Ν	Ω	Ρ	Ε	Μ
3	Ε	Μ	Λ	Ε	Ι	Ε	Π	Α	Φ	Η	Β	Ε	Κ	Η	Σ	Λ
4	Δ	Ρ	Δ	Ι	Ο	Π	Α	Μ	Φ	Ι	Β	Ο	Λ	Ι	Α	Ο
5	Ο	Π	Β	Κ	Α	Ν	Α	Λ	Α	Μ	Β	Α	Ν	Ω	Ψ	Α

Άσκηση 3

Γίνετε ζευγάρια, ενώστε τις λέξεις με την ίδια ή παρόμοια σημασία και κάντε προτάσεις με αυτές.

0.	στήριξη	**α.**	διάθεση, σκοπός	
1.	τυχαία	**β.**	συμπτωματικά	
2.	πρόθεση	**γ.**	υποστήριξη, συμπαράσταση, βοήθεια	0
3.	υποχρέωση	**δ.**	επικοινωνία	
4.	επαφή	**ε.**	καθήκον, ηθική δέσμευση	

Άσκηση 4

Γίνετε ζευγάρια, ενώστε τις λέξεις με αντίθετη σημασία και κάντε προτάσεις με αυτές.

0.	εθελοντικός	**α.**	υποχρεωτικός	0
1.	σοβαρότητα	**β.**	θεωρητικός	
2.	αμφιβολία	**γ.**	εργαζόμενος	
3.	πρακτικός	**δ.**	επιπολαιότητα, ανευθυνότητα	
4.	άνεργος	**ε.**	βεβαιότητα, σιγουριά	

Άσκηση 5

Βρες σε ποια από τις παρακάτω προτάσεις η υπογραμμισμένη λέξη έχει την ίδια σημασία με αυτή που έχει στο παράδειγμα και ποια είναι η σημασία της στις υπόλοιπες προτάσεις.

1. **Είναι πολύ καλός. Μου <u>διαθέτει</u> το αυτοκίνητό του όποτε το χρειάζομαι.**
   α. Η Μαρία <u>διαθέτει</u> πολύ χιούμορ.
   β. Δεν μπορώ να <u>διαθέσω</u> τόσα πολλά χρήματα για ένα ρούχο.
   γ. Στις εκπτώσεις τα καταστήματα <u>διαθέτουν</u> τα προϊόντα τους σε μειωμένες τιμές.
   δ. Ο Δήμος της πόλης θα <u>διαθέσει</u> δύο αίθουσες του κτιρίου του για την εθελοντική αιμοδοσία.

2. **<u>Έμαθα</u> τις ώρες προβολής της ταινίας.**
   α. Του αρέσει να <u>μαθαίνει</u> ξένες γλώσσες.
   β. Η καλύτερή μου φίλη μου <u>έμαθε</u> να χορεύω λάτιν χορούς.
   γ. <u>Έμαθε</u> να κοιμάται αργά το βράδυ.
   δ. <u>Έμαθες</u> τα νέα της Μαρίας; Παντρεύεται!

3. **Η δασκάλα <u>συνόδευσε</u> τα παιδιά στην εκδρομή.**
   α. Την αίτησή σας πρέπει να <u>συνοδεύει</u> και μια έγχρωμη φωτογραφία σας.
   β. Τη γνωστή τραγουδίστρια θα <u>συνοδεύσει</u> η δημοτική ορχήστρα της πόλης.
   γ. Στη γιορτή με <u>συνόδευσε</u> ο φίλος μου.
   δ. Συνήθως την αλλεργία <u>συνοδεύουν</u> διάφορα σπυράκια στο σώμα.

Άσκηση 6

Γίνετε ζευγάρια. Πηγαίνετε στην ιστοσελίδα www.greek-language.gr/greekLang/modern_greek/tools/corpora/corpora/search.html. Πληκτρολογήστε τη λέξη *βρίσκω* και βρείτε παραδείγματα με τις διαφορετικές σημασίες της λέξης.

Άσκηση 7
Συμπλήρωσε τα κενά με την κατάλληλη λέξη.

άνεργος
άεργος

0. Δεν δούλεψε ποτέ του και ούτε ψάχνει για δουλειά, κάθεται ___άεργος___ στο σπίτι και βλέπει όλη τη μέρα τηλεόραση.
1. Η εταιρεία όπου δούλευε έκλεισε πριν από τρεις μήνες και έμειναν ________________ 100 άνθρωποι.
2. Μας βοήθησε στο πότισμα του κήπου, για να μην κάθεται ________________.

οργάνωση
διοργάνωση

3. Η σωστή ________________ του χρόνου την περίοδο των εξετάσεων συνδέεται άμεσα με την επιτυχία.
4. Η φετινή ________________ της εκδήλωσης είναι αποτέλεσμα συλλογικής προσπάθειας.
5. Ασχολείται με τη(ν) ________________ του γραφείου του.

εισφορά
προσφορά
δωρεά

6. Η ________________ του στο πρόγραμμα για τους άστεγους ήταν πολύ μεγάλη.
7. Από τον άλλο μήνα αυξάνεται η ________________ στο ταμείο του συλλόγου κατά 5 ευρώ.
8. Το νοσοκομείο χτίστηκε με τη(ν) ___________ ενός πολύ πλούσιου επιχειρηματία.
9. Η ανακάλυψή τους αποτελεί μεγάλη ________________ στην επιστήμη.

αμφισβήτηση
αμφιβολία

10. Δεν έχω καμιά ________________ ότι μ' αγαπά.
11. Η έρευνα της αστυνομίας οδήγησε σε ________________ των γεγονότων και των μαρτύρων.
12. Μίλα μου, μη μ' αφήνεις μέσα στην ________________.

μόνος
μοναδικός
μοναχικός

13. Δεν έχει πολλούς φίλους, είναι ________________ άνθρωπος.
14. Μου αρέσει να μένω ________________ στο σπίτι.
15. Η συμμετοχή μου στο πρόγραμμα ήταν ________________ εμπειρία.
16. Έχει ανάγκη να μιλήσει σε κάποιον. Νιώθει πολύ ________________.

Άσκηση 8
Διάλεξε δύο (2) ομάδες λέξεων από αυτές της άσκησης 7 και βρες παραδείγματα με τη χρήση τους από τα σώματα κειμένων στην ιστοσελίδα www.greek-language.gr/greekLang/modern_greek/tools/corpora/corpora/search.html.

Άσκηση 9

Τι σημαίνουν οι παρακάτω φράσεις με το ρήμα *χάνω*;

1. Δεν πειράζει. Τι είχαμε, τι χάσαμε!
2. Εδώ καράβια χάνονται, βαρκούλες αρμενίζουν.
3. Εδώ χάνει η μάνα το παιδί και το παιδί τη μάνα.
4. Βλέπει το δέντρο και χάνει το δάσος.
5. Πού τη χάνεις, πού τη βρίσκεις, στο σπίτι της φίλης της είναι.

Άσκηση 10

Ποιες από τις παρακάτω σημασίες έχουν οι φράσεις με το ρήμα *χάνω* που ακολουθούν;

α. *δεν συναντιέμαι,* ***β.*** *δεν προλαβαίνω,* ***γ.*** *νικιέμαι,* ***δ.*** *δεν αξιοποιώ,* ***ε.*** *~~δεν έχω~~ πια,* ***στ.*** *πέθανε,* ***ζ.*** *παρακολουθώ ένα γεγονός*

Άσκηση 11

Γράψε επτά (7) προτάσεις με τις διαφορετικές σημασίες του ρήματος *χάνω*.

Άσκηση 12

Ποιες από τις παρακάτω φράσεις είναι Σωστές και ποιες Λάθος;

0. Έχω πολλές αμφιβολίες για το αν θα έρθει μαζί μας. Σ

1. Έφτασα μισή ώρα αργότερα και δυστυχώς έχασα την πτήση. ______

2. Από τότε που μετακόμισα σε άλλη πόλη, μου λείπουν πολύ οι φίλοι μου και αισθάνομαι πολύ μοναχική. ______

3. Η καινούρια μου δουλειά απαιτεί μεγάλη συνέπεια και οργάνωση. ______

4. Μου αρέσει πολύ αυτή η δραστηριότητα, γιατί αισθάνομαι ότι χάνω την ώρα μου. ______

Άσκηση 13

Γίνετε ζευγάρια και ενώστε τις λέξεις, για να κάνετε φράσεις που χρησιμοποιούνται πολύ συχνά. Μετά γράψτε προτάσεις με τις φράσεις που κάνατε.

0. προβλήματα
1. τόπος
2. τρίτη
3. εργάσιμες
4. ηλεκτρονική
5. πρακτικά
6. οικογενειακές

	υποχρεώσεις
	διεύθυνση
	ηλικία
0	υγείας
	διαμονής
	θέματα
	ώρες

Άσκηση 14

Συμπλήρωσε τα κενά με τις παρακάτω λέξεις.

εντυπωσιαστήκαμε, αναλαμβάνουμε, σοβαρότητα, διοργάνωση, κενό, οργανώσεις, στήριξη, αμφιβολία, εθελοντών, προσφορά, πρακτική, ~~μοναχικό~~, χάνει, επαφή

Ραντεβού για διάλογο με τον...γείτονα

Ας υποθέσουμε ότι έχετε πρόβλημα με τον περίεργο [0] ____μοναχικό____ τύπο που μένει στο πάνω διαμέρισμα. Ας υποθέσουμε ότι ο από πάνω νευριάζει με το γάβγισμα του σκύλου σας. Μεταξύ μας, δεν υπάρχει καμιά [1] ________________ ότι το γάβγισμά του είναι ενοχλητικό για τους γείτονες. Τι να γίνει, όμως, που ο σκύλος σας δεν το καταλαβαίνει; Κι επιτέλους, γιατί ο γείτονας δεν σας χτυπά μια μέρα το κουδούνι, για να το συζητήσετε σαν άνθρωποι, αλλά δεν [2] ________________ ευκαιρία να σας φωνάξει; Μήπως χάθηκε η ανθρώπινη [3] ________________;

Ε, λοιπόν, μάλλον ναι. Γι' αυτό και οι ειδικοί στην επίλυση συγκρούσεων, για να αναπληρώσουν αυτό το [4] ________________ στην ανθρώπινη επικοινωνία, δίνουν έμφαση στη [5] ________________ των τοπικών κοινωνιών και την προώθηση του διαλόγου μέσα σε αυτές. Με αυτόν τον στόχο λειτουργεί το τελευταίο διάστημα στην Αθήνα ο Χώρος Ανοιχτού Διαλόγου. Πρόκειται για τη «Μετάπλασις», έναν χώρο όπου μπορούν να έρχονται οι δημότες, προκειμένου να βρίσκουν, μέσα από την επικοινωνία, λύσεις στις διαφωνίες τους.

Η «Μετάπλασις» είναι μια πρωτοβουλία ομάδας έντεκα [6] ________________. Είναι όλοι τους επιστήμονες από διάφορα πεδία (δικηγόροι, κοινωνιολόγοι, εκπαιδευτικοί...). Είναι όλοι εκπαιδευμένοι στην επίλυση συγκρούσεων και τον συντονισμό διαλόγων από τους «Διαμεσολαβητές Χωρίς Σύνορα».

«Επειδή σαν ομάδα [7] ________________ από τη μαγεία του διαλόγου, θέλουμε να μεταδώσουμε στον κόσμο ότι η συζήτηση είναι η μόνη [8] ________________

λύση. Δεν είναι ανάγκη να χρησιμοποιούμε τη βία ή να περιμένουμε από το κράτος να λύσει τα προβλήματά μας», λέει η υπεύθυνη της ομάδας. Η αλήθεια είναι ότι ακούμε τον συνομιλητή μας έχοντας πάντα στο μυαλό μας τις απαντήσεις που πρέπει να δώσουμε, ώστε να επικρατήσει η δική μας άποψη.

Στην πράξη, εάν ένας δημότης έχει κάποιου είδους διαφωνία με κάποιον άλλο δημότη, μπορεί να κλείσει ένα ραντεβού με την ομάδα και να μιλήσει για το πρόβλημά του. Στη συνέχεια, επικοινωνούμε με την άλλη πλευρά, και προγραμματίζεται κοινή συνάντηση στον Χώρο Ανοιχτού Διαλόγου. Στη συνάντηση βρίσκονται και κάποιοι από τους εθελοντές. Οι εθελοντές της ομάδας δεν παρεμβαίνουμε, απλώς 9_________________ τη διευκόλυνση του διαλόγου. Αν υπάρξει λύση στο πρόβλημα, θα είναι επειδή την έχουν βρει οι δύο πλευρές. Σε κάθε περίπτωση, η 10_________________ των εθελοντών είναι να υπάρξει επικοινωνία.

Οι υπηρεσίες μας προσφέρονται σε όλους τους δημότες και ιδιαίτερα σε γείτονες, συναδέλφους, συγγενείς, φίλους, δασκάλους και 11_________________ εντός της κοινότητας. Μπορεί να έρθει σε μας ο οποιοσδήποτε, οποιοδήποτε πρόβλημα κι αν έχει. Το πρόβλημα μπορεί να είναι γενικό και να επηρεάζει όλη τη γειτονιά, όπως ένας έντονος θόρυβος ή το πού θα μπει ο κάδος απορριμμάτων. Μπορεί φυσικά να είναι και κάτι πιο μικρό, όπως ότι ο από πάνω κάνει συστηματικά θόρυβο. Οι περισσότεροι για τέτοια θέματα καταλήγουν στο αστυνομικό τμήμα. Τονίζεται, βέβαια, ότι υπάρχει πλήρης 12_________________ και εμπιστευτικότητα.

Ανάμεσα στα σχέδιά μας είναι να ξεκινήσει η 13_________________ εκδηλώσεων για τη διάδοση της έννοιας του διαλόγου, ώστε οι πολίτες να μη χρειάζονται ούτε και τη «Μετάπλασις», αλλά μόνοι τους να καταφέρνουν να βρίσκουν τις λύσεις.

Πηγή: Διασκευή κειμένου από: http://www.kathimerini.gr

Άσκηση 15
Τώρα άκουσε το παραπάνω κείμενο και σημείωσε ποιες λέξεις/φράσεις αντικαθιστούν τις λέξεις που συμπλήρωσες στα κενά του.

(cd 2, 12)

Άσκηση 16
Συζητάς με τον συμμαθητή/τη συμμαθήτριά σου για τα προβλήματα που έχετε με κάποιον φίλο ή κάποια φίλη σας και προσπαθείτε να βρείτε τρόπους, για να τα αντιμετωπίσετε.

Άσκηση 17

Γίνετε ζευγάρια, δείτε τις παρακάτω λέξεις και συμπληρώστε τα κενά κάθε σειράς του πίνακα με λέξεις που ανήκουν στην ίδια οικογένεια.

~~εθελοντής~~, στηρίζω, τύχη, εντύπωση, οργανώνω, υποχρεώνω, οργανωτικός, οργανωμένος, σοβαρεύω, πρακτική, πράττω, υποχρεωτικός, υποχρεωμένος, αναπλήρωση, αναπληρωματικός, αναπληρωτής, ανεργία, κενός, ευθύνη, σοβαρός, αμφίβολος, εργασία, συνοδεία, τυχερός, συνοδευτικός, προσφέρω, απασχόληση, ενδιαφέρον, εντυπωσιασμός, εντυπωσιακός, ενδιαφέρων, άνεργος, αμφιβάλλω, ενδιαφερόμενος, απασχολημένος, εργατικός, εθελοντικός, υπευθυνότητα, εργαζόμενος

ρήμα	ουσιαστικό	επίθετο
-	0 εθελοντής, εθελοντισμός	1 ______
2 ______	στήριξη	-
-	3 ______	τυχαίος, 4 ______
-	5 ______, 6 ______	υπεύθυνος
εντυπωσιάζω	7 ______, 8 ______	9 ______
10 ______	οργάνωση	11 ______, 12 ______
13 ______	σοβαρότητα	14 ______
15 ______	υποχρέωση	16 ______, 17 ______
αναπληρώνω	18 ______	19 ______, 20 ______
-	κενό	21 ______
εργάζομαι	22 ______, 23 ______	24 ______, 25 ______, 26 ______
27 ______	αμφιβολία	28 ______
συνοδεύω	29 ______	30 ______
31 ______	προσφορά	-
απασχολώ	32 ______	33 ______
ενδιαφέρομαι	34 ______	35 ______, 36 ______
37 ______	38 ______	πρακτικός

Άσκηση 18
Συμπλήρωσε τα κενά, όπως στο παράδειγμα.

http://www.boroume.gr

«Μπορούμε»
Καμιά μερίδα φαγητού χαμένη.

Προγράμματα | Γίνε εθελοντής

Πέρασε περίπου ένας χρόνος από τότε που η υπεύθυνη του κινήματος «Μπορούμε» μας μίλησε για την ιδέα της: Την ίδια στιγμή που τόνοι φαγητού καταλήγουν στα σκουπίδια, χιλιάδες άνθρωποι στους δρόμους δεν έχουν να φάνε. Μπορούμε να δράσουμε, λοιπόν, ζητώντας από τις εταιρείες και τα καταστήματα τροφίμων να δείξουν [0] ___ενδιαφέρον___ (ενδιαφέρομαι) και να δώσουν από το περίσσευμά τους.

Όπως μαθαίνουμε, το κίνημα έχει κάνει τεράστια και [1] ____________________ (εντυπωσιάζω) βήματα. Είναι πια μια εξαιρετικά [2] ____________________ (οργανώνω) δράση που βοηθάει εκατοντάδες συνανθρώπους μας, όχι μόνο στην Αθήνα, αλλά σε πάνω από δέκα πόλεις της Ελλάδας. Μέρος αυτής της επιτυχίας είναι και το κομμάτι της [3] ____________________ (εθελοντής) εργασίας. Εντοπίσαμε μια από τις [4] ____________________ (εθελοντισμός) τους, τη ρωτήσαμε για την απόφασή της να βοηθήσει και τελικά, πήραμε μαθήματα αξιοποίησης της [5] ____________________ (εργάζομαι).

«Η σχέση μου με την αξία του [6] ____________________ (εθελοντής) ξεκίνησε μέσω μιας φίλης. Πριν λίγο καιρό έμαθα για μια συνάντηση με την ομάδα του «Μπορούμε». Πήγα, μου άρεσε το αντικείμενο, και αποφάσισα να βοηθήσω εθελοντικά», μας λέει η Βιβή. Αυτό που κάνει η Βιβή για το «Μπορούμε» δεν είναι ιδιαίτερα δύσκολο. Είναι όμως πολύ [7] ____________________ (σοβαρότητα). Φροντίζει τις λεπτομέρειες για διάφορες δράσεις, επιλύει προβλήματα και δίνει ένα χεράκι στην [8] ____________________ (οργανώνω) του δικτύου.

Δεν κάνω κάτι πολύ συγκεκριμένο. Στην ουσία βρίσκω [9] ____________________ (πράξη) λύσεις σε προβλήματα δικτύωσης των ατόμων που μπορούν να βοηθήσουν όσους έχουν ανάγκη. Η δική μου [10] ____________________ (προσφέρω) δεν είναι παρά ένα τηλεφώνημα, που μπορεί τελικά να δώσει χαρά και να ωφελήσει πολύ κόσμο. Είναι μαγικό το πώς, με ένα τηλεφώνημα, μπορώ να φέρω σε επαφή κάποιους ανθρώπους που δεν γνωρίζονται, αλλά που μπορούν να βοηθήσουν ο ένας τον άλλον», επισημαίνει. «Δεν υπάρχουν [11] ____________________ (υποχρέωση) ώρες [12] ____________________ (απασχολούμαι). Ως εθελοντής, κάποιος έχει την ευκαιρία να διαθέσει όσες ώρες επιθυμεί. Υπάρχει ευελιξία στο πρόγραμμά μου, πάντα βέβαια ενημερώνω την ομάδα μου για τις ώρες που θα απασχοληθώ».

Άσκηση 19
Διάλεξε οκτώ (8) λέξεις από τον πίνακα της άσκησης 17 και κάνε μια άσκηση, όπως η άσκηση 18. Ζήτησε από τον συμμαθητή/τη συμμαθήτριά σου να συμπληρώσει τα κενά της άσκησής σου και κάνε το ίδιο με τη δική του/της άσκηση.

Γραμματική: ΠΑΡΑΘΕΤΙΚΑ ΕΠΙΡΡΗΜΑΤΩΝ

Άκουσε το κείμενο και συμπλήρωσε τα κενά, για να απαντήσεις στις ερωτήσεις που ακολουθούν.

(cd 2, 13)

Παγκόσμια Ημέρα Αγκαλιάς

Κάθε χρόνο στις 21 Ιανουάριου γιορτάζεται η Παγκόσμια Ημέρα Αγκαλιάς. Κάθε χρόνο τέτοια μέρα θυμόμαστε πως πρέπει να αγκαλιάζουμε [0] ___συχνότερα___ τους ανθρώπους που αγαπάμε.

Αν, όμως, η αγκαλιά, είναι για σας απλά και μόνο ένας τρόπος προβολής των συναισθημάτων σας, μάθετε κι αυτό: Επιστημονικές έρευνες αποδεικνύουν ότι η αγκαλιά μπορεί να επιδράσει [1] ______________ από ό,τι νομίζουμε, τόσο στη σωματική όσο και στην ψυχική μας υγεία.

Σύμφωνα με μια πρόσφατη έρευνα στην Αμερική «Μία αγκαλιά την ημέρα τον γιατρό τον κάνει πέρα». Όσο περισσότερες αγκαλιές δέχεται ένας άνθρωπος, τόσο λιγότερες πιθανότητες έχει να αρρωστήσει. Ακόμη, όμως, και αν τελικά αρρωστήσει, η έρευνα απέδειξε ότι ο άνθρωπος αυτός θα αρρωστήσει πολύ [2] ______________ από έναν άνθρωπο που αποφεύγει τις αγκαλιές.

Οι έρευνες, επίσης, αναφέρουν ότι η αγκαλιά μειώνει την υψηλή πίεση του αίματος. Έτσι συμβάλλει στη μείωση του κινδύνου για εμφάνιση καρδιακών προβλημάτων. Αν, λοιπόν, ανήκετε στους ανθρώπους που έχουν υψηλή πίεση, μη χάνετε την ευκαιρία να αγκαλιάζετε τους αγαπημένους σας πάρα πολύ γλυκά.

Οι ερευνητές κατέληξαν στο συμπέρασμα ότι όσο ο άνθρωπος μεγαλώνει, τόσο πιο μόνος αισθάνεται και έχει ανάγκη από μια αγκαλιά. Αγκαλιάζοντας κάποιον, αισθανόμαστε αμέσως πολύ πιο κοντά του. Νιώθουμε πολύ [3] ______________ και λιγότερο μόνοι μας.

Κι ενώ κάποιοι αναζητούν όλες τις κατάλληλες τροφές που θα τους βοηθήσουν να γίνουν πιο χαρούμενοι και κεφάτοι, κάποιοι περνούν [4] ______________ με μια αγκαλιά. Και αυτό γιατί οι αγκαλιές ενεργοποιούν την ντοπαμίνη, μια οργανική ουσία που είναι υπεύθυνη για την ευτυχία.

Οι παραπάνω λόγοι μας δείχνουν [5] ______________ πως στην καθημερινότητά μας είναι καλύτερα να αγκαλιάζουμε τους αγαπημένους μας παρά να τους κρατάμε σε απόσταση. Μην ξεχνάτε άλλωστε ότι:

«Χρειαζόμαστε
- 4 αγκαλιές την ημέρα για να επιβιώσουμε,
- 8 για να συντηρηθούμε, και
- 12 για να αναπτυχθούμε».

Πηγή: Διασκευή κειμένου από: http://www.pathfinder.gr

Ερωτήσεις:

1. Πόσο μπορεί να επιδράσει στον άνθρωπο η αγκαλιά σωματικά και ψυχολογικά;
2. Κατά πόσο θα αρρωστήσει ένας άνθρωπος που δέχεται αγκαλιές σε σχέση με κάποιον που τις αποφεύγει;
3. Πόσο ωραία περνάμε, όταν αγκαλιάζουμε κάποιον, και πόσο μόνοι αισθανόμαστε χωρίς αγκαλιές;

ΣΧΗΜΑΤΙΣΜΟΣ ΠΑΡΑΘΕΤΙΚΩΝ ΕΠΙΡΡΗΜΑΤΩΝ

Θετικός βαθμός	Συγκριτικός βαθμός	Υπερθετικός βαθμός
ωραία	πιο ωραία ωραιότερα	(πάρα) πολύ ωραία ωραιότατα
βαθιά	πιο βαθιά βαθύτερα	(πάρα) πολύ βαθιά βαθύτατα
επιεικώς	πιο επιεικώς επιεικέστερα	(πάρα) πολύ επιεικώς επιεικέστατα
κάτω (πάνω, μέσα, έξω, πίσω, μπροστά)	πιο κάτω	(πάρα) πολύ κάτω
		ολο-, *κατα-*, *θεο-*, *παν-*, *τρισ-*, *πεντ-* + επίρρημα π.χ. ολοφάνερα, πανέμορφα, πεντακάθαρα

ΑΝΩΜΑΛΑ ΠΑΡΑΘΕΤΙΚΑ ΕΠΙΡΡΗΜΑΤΩΝ

Θετικός βαθμός	Συγκριτικός βαθμός	Υπερθετικός βαθμός
απλά	απλούστερα	απλούστατα
άσχημα	χειρότερα	(κάκιστα)
κακώς	χειρότερα	(κάκιστα) (χείριστα)
καλά	καλύτερα	άριστα
λίγο	λιγότερο	ελάχιστα
νωρίς	νωρίτερα	(πάρα) πολύ νωρίς
πολύ	περισσότερο	το πιο πολύ
σιγά	σιγότερα	(πάρα) πολύ σιγά
ιδίως	ιδιαίτερα	-

ΣΥΓΚΡΙΣΗ

Τι παρατηρείς στις προτάσεις σχετικά με τον τρόπο που μπορούμε να συγκρίνουμε καταστάσεις;

1. Είναι **καλύτερα** σήμερα.
2. Είναι **καλύτερα από** ό,τι νομίζεις.
3. Είναι **λίγο καλύτερα** στο χωριό.
4. Είναι **καλύτερα να** φύγω παρά να μείνω.
5. Έτσι που έγινε τώρα, είναι **καλύτερα**.
6. Περάσαμε **ωραιότατα**.

Άσκηση 1
Διάβασε τις προτάσεις και γράψε τα ονόματα στις εικόνες.

0

Ο Γιώργος είναι λίγο πιο κοντά στον Στέργιο από τον Αντώνη.

1

Η Μάρθα περπατά λίγο γρηγορότερα από την Έλσα και πολύ γρηγορότερα από την Ελένη.

2

Ο Μάνος κοιμάται πολύ πιο αργά από τον Θάνο και λίγο πιο αργά από τον Πάνο.

3

Το σπίτι της Βασιλικής είναι λίγο ψηλότερα από το σπίτι της Ελευθερίας και πολύ ψηλότερα από το σπίτι της Άννας.

4

Ο Πέτρος ξυπνάει πολύ νωρίτερα από τον Θωμά και λίγο νωρίτερα από τον Μιχάλη.

5

Το άλογο Α είναι πολύ πιο πίσω από το άλογο Β και λίγο πιο πίσω από το Γ.

6

Το ποδήλατο Β είναι λίγο πιο μπροστά από το ποδήλατο Α και πολύ πιο μπροστά από το ποδήλατο Γ.

Άσκηση 2

Βάλε στη σειρά τις λέξεις και κάνε προτάσεις, όπως στο παράδειγμα.

0 φύγουμε/Σήμερα/θα/νωρίτερα

Σήμερα θα φύγουμε νωρίτερα.

1 Σήμερα/πολύ/είναι/καλύτερα

2 νωρίτερα/ό,τι/Είναι/από/νομίζεις

3 φρούτα/καλύτερα/παρά/να/χυμούς/Είναι/τρως/να/πίνεις

4 σου/πιο/που/τα/ωραία/έτσι/έκοψες/μαλλιά/είναι/πολύ/Τα

5 ευτυχισμένος/Ο/Πέτρος/όσο/ήταν/δεν/είναι/τόσο/ήταν/ποτέ/σήμερα

Άσκηση 3

Διάβασε τα χαρακτηριστικά κάθε αυτοκινήτου και βάλε ✓ στις προτάσεις με τις σωστές πληροφορίες.

Ταχύτητα: 250 χλμ./ώρα
Βάρος: 1550 κ.
Έτος κατασκευής: 2007

Ταχύτητα: 245 χλμ./ώρα
Βάρος: 1581 κ.
Έτος κατασκευής: 2006

Ταχύτητα: 245 χλμ./ώρα
Βάρος: 1480 κ.
Έτος κατασκευής: 2009

0. Το μπλε αυτοκίνητο τρέχει γρηγορότερα από το άσπρο. ✓

1. Το μπλε αυτοκίνητο ζυγίζει πολύ λιγότερο από το άσπρο. ______

2. Το άσπρο αυτοκίνητο ζυγίζει λίγο λιγότερο από το μπλε και πολύ λιγότερο από το κόκκινο. ______

3. Το άσπρο αυτοκίνητο τρέχει λίγο πιο γρήγορα από το κόκκινο. ______

4. Το μπλε αυτοκίνητο κατασκευάστηκε νωρίτερα από όλα. ______

5. Το άσπρο αυτοκίνητο κατασκευάστηκε πολύ αργότερα από το κόκκινο. ______

6. Το μπλε αυτοκίνητο κατασκευάστηκε αργότερα από το άσπρο. ______

7. Το κόκκινο αυτοκίνητο κατασκευάστηκε λίγο νωρίτερα από το μπλε. ______

8. Το άσπρο αυτοκίνητο ζυγίζει λίγο περισσότερο από το κόκκινο. ______

9. Το κόκκινο αυτοκίνητο τρέχει τόσο γρήγορα όσο το άσπρο. ______

Άσκηση 4
Γράψε με μία μόνο λέξη τις υπογραμμισμένες φράσεις.

0. Η Μαίρη χορεύει πιο καλά από την Ελένη, αλλά η Βίκυ χορεύει πάρα πολύ καλά.
   Η Μαίρη χορεύει καλύτερα από την Ελένη, αλλά η Βίκυ χορεύει άριστα.
1. Μ' αυτά τα γυαλιά βλέπω πάρα πολύ καθαρά.
   ____
2. Η μαμά μου μαγειρεύει πάρα πολύ νόστιμα.
   ____
3. Πάρα πολύ απλά θέλω να σου πω να μην έρθεις.
   ____
4. Ο Γιώργος την άκουσε πάρα πολύ προσεκτικά, ωστόσο δεν κατάλαβε και πολλά.
   ____
5. Συμπεριφέρεται πάρα πολύ άσχημα στους φίλους του.
   ____
6. Την ξέρω πάρα πολύ λίγο, αλλά τη συμπαθώ ιδιαίτερα.
   ____
7. Θέλω να μου τα πεις όλα πολύ λεπτομερώς.
   ____

Άσκηση 5
Βάλε σε κύκλο το σωστό.

0. Δυστυχώς, τώρα που μεγαλώσαμε βλέπω (σπανιότατα) / σπανιότατους / σπανιότερους τους φίλους μου από το σχολείο.
1. Συναντώ πολύ συχνά / συχνότατα / συχνότερα την Ελένη από τη Δήμητρα.
2. Δεν είναι καθόλου κοινωνικός και μιλάει αγενέστερα / αγενέστατα / πολύ αγενέστατα σε όλους.
3. Μπορείς να καθίσεις λίγο πίσω / πιο πίσω / πίσω, σε παρακαλώ, επειδή δεν βλέπω;
4. Κάθε μέρα ξυπνάω νωρίτατα / νωρίς νωρίς / πιο νωρίτερα και πηγαίνω στη δουλειά μου.
5. Είναι άριστα / καλά / καλύτερα να βγεις έξω παρά να μείνεις μέσα.
6. Στο πάρτι πέρασα άσχημα / χειρότερα / κακώς από ό,τι νομίζεις.
7. Περάσαμε ομορφότερα / λίγο πιο όμορφα / πανέμορφα στις διακοπές.
8. Είμαι τόσο καλά / άριστα / καλύτερα όσο δεν ήμουν ποτέ.
9. Ο Θανάσης τρέχει γρήγορα / γρηγορότερα / πάρα πολύ γρήγορα από όλους.

Άσκηση 6
Συμπλήρωσε τα κενά με τον συγκριτικό ή υπερθετικό βαθμό των επιρρημάτων (μονολεκτικό τύπο) που βρίσκονται στην παρένθεση.

Η γλώσσα του σώματος

Είναι σημαντικό να θυμάστε πάντα ότι οι άνθρωποι επικοινωνούν σε διάφορα επίπεδα. Μάθετε να ακούτε με τα μάτια σας και σίγουρα θα βγείτε κερδισμένοι 0 περισσότερο (πολύ) από όσο φαντάζεστε. Δώστε σημασία στην έκφραση του προσώπου του ατόμου με το οποίο συνομιλείτε. Πώς σας κοιτάζει με τα μάτια του; Ποια στάση έχει το σώμα του; Πού και πώς έχει τα χέρια και τα πόδια του; Παρατηρήστε λίγο 1 ________________ (προσεκτικά) πώς περπατά, ποια σημασία δίνει στην παρουσία σας ή σε άλλους.

Μάθετε να διαβάζετε τη γλώσσα του σώματος. Θα βρείτε 2 ________________ (νωρίς) από ό,τι φαντάζεστε χρήσιμες πληροφορίες για τα άτομα με τα οποία έρχεστε καθημερινά σε επαφή. Ο προσεκτικός παρατηρητής της γλώσσας του σώματος καταλαβαίνει αν αυτά που λέει προφορικά ο συνομιλητής του συμβαδίζουν με αυτά που σκέφτεται 3 ________________ (βαθιά) μέσα του.

Αν υπάρχει διαφορά ανάμεσα σ' αυτά που λέει κάποιος και σ' αυτά που μεταδίδει η γλώσσα του σώματός του, τότε 4 ________________ (συνήθως) η πραγματικότητα βρίσκεται στη δεύτερη μορφή επικοινωνίας. Αξιολογήστε τον συνομιλητή σας από την εμφάνισή του και 5 ________________ (ειδικά) από τη στάση του. Αξιολογήστε τον από τις κινήσεις, τις χειρονομίες και τις εκφράσεις του. Θα καταλάβετε πολλά σχετικά με τα δυνατά του σημεία, τις ικανότητες, τις αδυναμίες του και άλλα στοιχεία της προσωπικότητάς του.

Η γλώσσα του σώματος μπορεί να αποκαλύψει 6 ________________ (φανερά) τις προθέσεις ενός ατόμου. Όμως δεν θα γίνετε ειδικοί στην κατανόηση της μη προφορικής επικοινωνίας πολύ 7 ________________ (νωρίς) από τον χρόνο που χρειάζεται. Είναι απαραίτητη η συνεχής μελέτη και η συνεχής άσκηση στην παρακολούθηση των συνομιλητών σας. Ταυτόχρονα φροντίστε

[8]__________________ (προσεκτικά) και τη δική σας συμπεριφορά. Όταν μιλάτε, κοιτάξετε τις αντιδράσεις του συνομιλητή σας.

Ακούγοντας [9]__________________ (πολύ) με τα μάτια παρά με τα αυτιά καταλαβαίνετε καλύτερα τις προθέσεις κάποιου. Εάν δεν θέλετε να φανερώσετε αυτό που πραγματικά σκέφτεστε, προσέξτε τα μηνύματα που μεταδίδει η μη προφορική συμπεριφορά σας. Αυτό είναι πιο δύσκολο, όταν δέχεστε μπροστά σε άλλους νέες πληροφορίες. Οι επιδράσεις της νέας πληροφορίας μπορεί να φανούν άμεσα, διότι, ενώ μπορείτε να ελέγχετε [10]__________________ (καλά) το τι λέτε από ό,τι [11]__________________ (παλιά), είναι δύσκολο να κρύψετε τις πραγματικές σας σκέψεις, επειδή ακόμη είστε απροετοίμαστοι. Βελτιώστε, λοιπόν, όχι μόνο την ικανότητά σας να διαβάζετε τους άλλους, αλλά και τις πληροφορίες που δίνετε εσείς με τη δική σας συμπεριφορά και τη γλώσσα τους σώματός σας.

Πηγή: Διασκευή κειμένου από:
http://www.medlook.net

ΠΑΡΑΓΩΓΗ ΠΡΟΦΟΡΙΚΟΥ ΛΟΓΟΥ

Άσκηση 1

Γίνετε ζευγάρια και απαντήστε στις παρακάτω ερωτήσεις.

- Ποια είναι η σχέση σας με τους συγγενείς σας;
- Σας αρέσει να κάνετε παρέα με ανθρώπους από το εργασιακό σας περιβάλλον;
- Ποια χαρακτηριστικά πρέπει να έχει κανείς, για να γίνει φίλος/φίλη σας;
- Κρατάτε επαφή με παλιούς φίλους από το σχολείο ή τη φοιτητική σας ζωή;
- Βγαίνετε έξω συχνά; Πόσο έντονη είναι η κοινωνική σας ζωή;
- Συμμετέχετε στα μέσα κοινωνικής δικτύωσης;
- Έχετε facebook; Πόση ώρα την ημέρα ασχολείστε με αυτό;
- Ποια είναι η γνώμη σας για τον εθελοντισμό;

Άσκηση 2

Διάβασε τις παρακάτω φράσεις. Ποιες είναι οι πιο κατάλληλες για σένα;

Καλύτερα να περπατήσω με έναν φίλο στο σκοτάδι παρά μόνος/μόνη στο φως.	
Δείξε μου τον φίλο σου να σου πω ποιος είσαι.	
Οι καλοί λογαριασμοί κάνουν τους καλούς φίλους.	
Η έχθρα είναι πάντα ειλικρινής, η φιλία, όμως, δεν είναι πάντοτε τόσο τίμια.	
Τα μάτια λένε πάντα την αλήθεια.	
Είναι καλύτερο να δίνεις παρά να παίρνεις.	

Άσκηση 3

(cd 2, 14)

Άκουσε έναν διάλογο και βάλε ✓ στις πληροφορίες που αναφέρονται σε αυτόν.

1.	Χρονολογία ίδρυσης της εθελοντικής ομάδας	
2.	Αριθμός εθελοντών	
3.	Ηλικία εθελοντών	
4.	Προορισμοί εκδρομών	
5.	Κάλυψη οικονομικών αναγκών	
6.	Μέσα μετακίνησης	
7.	Ιστοσελίδα και τηλέφωνα επικοινωνίας	

Άσκηση 4
Άκουσε ξανά τον διάλογο και κάνε την περίληψή του.

(cd 2, 14)

Χρήσιμο λεξιλόγιο

- ομάδα εθελοντών
- διοργανώνω
- οργάνωση
- σοβαρότητα
- υπευθυνότητα
- αναλαμβάνω
- εμπειρία

Άσκηση 5
Δες τις εικόνες και απάντησε στις ερωτήσεις.

- Τι κάνουν οι νέοι σε κάθε φωτογραφία;
- Ποια είναι η σχέση που έχουν μεταξύ τους;
- Πώς αισθάνονται;
- Ποιες ομοιότητες ή διαφορές εντοπίζεις στις δύο φωτογραφίες;
- Ποια είναι τα πλεονεκτήματα και ποια τα μειονεκτήματα της επικοινωνίας σε κάθε φωτογραφία;
- Εσύ σε ποια φωτογραφία θα προτιμούσες να είσαι; Γιατί;

Χρήσιμο λεξιλόγιο

- Στην πρώτη/δεύτερη φωτογραφία φαίνονται...
- Τα κοινά σημεία των δύο φωτογραφιών είναι...
- Οι διαφορές των δύο φωτογραφιών είναι...
- Το βασικό πλεονέκτημα της επικοινωνίας στην πρώτη/δεύτερη φωτογραφία είναι...
- Το βασικό μειονέκτημα της επικοινωνίας στην πρώτη/δεύτερη φωτογραφία είναι...
- Κατά την προσωπική μου άποψη...
- Έχω τη γνώμη ότι...
- Η γνώμη μου για αυτό το θέμα είναι ότι...
- Θα προτιμούσα να είμαι στη(ν)...

Άσκηση 6
Γίνετε ζευγάρια και συζητήστε τα παρακάτω θέματα.

Συζήτηση 1

Συνομιλητής/Συνομιλήτρια Α

Είσαι από τους ανθρώπους που δεν συμμετέχουν στα μέσα κοινωνικής δικτύωσης, γι' αυτό και δεν έχεις Facebook. Ο φίλος/Η φίλη σου περνάει πολλές ώρες επικοινωνώντας με φίλους και γνωστούς διαδικτυακά. Προσπαθεί να πείσει και εσένα να ξεκινήσεις να ασχολείσαι, γιατί έτσι θα ενισχύσεις την κοινωνικότητά σου. Εσύ αρνείσαι και του/της εξηγείς τους λόγους για τους οποίους δεν επιθυμείς να συμμετέχεις στα μέσα κοινωνικής δικτύωσης.

Συνομιλητής/Συνομιλήτρια Β

Ο φίλος/Η φίλη σου είναι από τους ανθρώπους που δεν συμμετέχουν στα μέσα κοινωνικής δικτύωσης, γι' αυτό και δεν έχει Facebook. Εσύ περνάς πολλές ώρες επικοινωνώντας με φίλους και γνωστούς διαδικτυακά. Προσπαθείς να πείσεις τον φίλο/τη φίλη σου να ξεκινήσει να συμμετέχει στα μέσα κοινωνικής δικτύωσης, γιατί έτσι θα ενισχύσει την κοινωνικότητά του/της.

Συζήτηση 2

Συνομιλητής/Συνομιλήτρια Α

Είσαι μέλος μιας εθελοντικής ομάδας που βοηθάει ανθρώπους που βρίσκονται σε δύσκολη κατάσταση. Η ομάδα ζητά καινούριους εθελοντές. Συζητάς με έναν φίλο/μια φίλη σου και του/της προτείνεις να συμπληρώσει μια αίτηση συμμετοχής. Του/Της μιλάς για τα οφέλη του εθελοντισμού τόσο για το κοινωνικό σύνολο όσο και για τον ίδιο τον εθελοντή και προσπαθείς να τον/την πείσεις.

Συνομιλητής/Συνομιλήτρια Β

Ο φίλος/Η φίλη σου είναι μέλος μιας εθελοντικής ομάδας που βοηθάει ανθρώπους που βρίσκονται σε δύσκολη κατάσταση. Η ομάδα ζητά καινούριους εθελοντές. Ο φίλος/Η φίλη σου σου προτείνει να συμπληρώσεις μια αίτηση συμμετοχής και σου μιλάει για τα οφέλη του εθελοντισμού. Του/Της ζητάς πληροφορίες για την εθελοντική ομάδα που σου προτείνει και τις δράσεις της και λες τη γνώμη σου για τον εθελοντισμό.

Χρήσιμο λεξιλόγιο

- Θα ήθελα να έρθεις/έρθετε στο...
- Θα χαρούμε πολύ να σας δούμε στο...
- Θα ήθελες να έρθεις...;
- Μήπως θέλεις να έρθεις για...αύριο;
- Πρέπει να έρθεις στο...οπωσδήποτε.
- Ευχαριστώ, θα το ήθελα κι εγώ πολύ.
- Ευχαριστώ, θα μου άρεσε./Ευχαρίστως!
- Θα μου άρεσε, αλλά έχω κανονίσει κάτι άλλο.
- Φοβάμαι ότι δεν θα μπορέσω σήμερα. Τι λες για αύριο;
- Δεν νομίζω ότι μπορώ.
- Να μη σε βάλω σε κόπο.
- Δεν θέλω να σε κουράσω.
- Δεν ξέρω. Θα δούμε.
- Δεν έχω χρόνο για να...
- Δεν μ' εκφράζει κάτι τέτοιο...
- Είναι προτιμότερο να...
- Μην επιμένεις.
- Τι θα έλεγες αν...
- Σου προτείνω ανεπιφύλακτα να...
- Πιστεύω ότι σου ταιριάζει να...

ΠΑΡΑΓΩΓΗ ΓΡΑΠΤΟΥ ΛΟΓΟΥ

Άσκηση 1

Διάβασε προσεκτικά το παρακάτω κείμενο, βρες τις επιπλέον λέξεις και διάγραψέ τες. Οι λέξεις που πρέπει να διαγράψεις είναι πέντε (5).

1 ________________

____

2 ________________

____

3 ________________

____

4 ________________

____

Αξιότιμε κύριε Δήμαρχε,

Ονομάζομαι Σοφία Στεφάνου και είμαι πρόεδρος της εθελοντικής οργάνωσης «Συμμετέχω». Στόχος της επιστολής μου είναι να σας ενημερώσω για μια πρωτοβουλία της οργάνωσής μας με τίτλο «Μικροί, Μεγάλοι σε δράση» και να ζητήσω τη συμβολή σας για τη διατήρησή της. Πρόκειται για ένα πρόγραμμα που δίνει την ευκαιρία σου σε ηλικιωμένους ανθρώπους να περάσουν όμορφες στιγμές με μικρά παιδιά. Οι ηλικιωμένοι που ζουν στο γηροκομείο επισκέπτονται μια φορά την εβδομάδα σε παιδικούς σταθμούς και νηπιαγωγεία.

Κύριος στόχος του προγράμματος είναι να φέρει σε επαφή μικρά παιδιά με άτομα της τρίτης ηλικίας. Κατά τη διάρκεια αυτών των επισκέψεων οι ηλικιωμένοι μιλούν και παίζουν με τα παιδιά, τους διαβάζουν τα βιβλία. **Επίσης**, μοιράζονται τις εμπειρίες τους από το παρελθόν, μιλούν για τις ζωές τους.

Τα αποτελέσματα αυτών των επισκέψεων είναι εντυπωσιακά. **Συγκεκριμένα**, οι ηλικιωμένοι μετά την επαφή τους με τα παιδιά είναι πιο χαρούμενοι. Έχουν μεγαλύτερη κοινωνικότητα και όρεξη για ζωή. Αυξάνεται η αυτοεκτίμησή τους, επειδή γίνονται πρότυπα για τα μικρά παιδιά. **Από την άλλη** και οι μικροί μαθητές νιώθουν τη ζεστασιά των ηλικιωμένων ανθρώπων και δεν διασκεδάζουν πάρα πολύ μαζί τους. Κάθε βδομάδα περιμένουν με ανυπομονησία αυτή την επίσκεψη, για να μιλήσουν και να παίξουν με τους παππούδες και τις γιαγιάδες.

Χωρίς την αμφιβολία, η σχέση που αναπτύσσεται μεταξύ των παιδιών και των ηλικιωμένων είναι πολύ ζεστή και μοναδική. **Συνεπώς**, ένα πρόγραμμα όπως αυτό κρίνεται ιδιαίτερα θετικό και χρήσιμο. Η εφαρμογή του μάλιστα πρέπει να επεκταθεί σε όσο το δυνατό περισσότερες ομάδες ηλικιωμένων και παιδικούς σταθμούς.

Ελπίζω σε μια συνεργασία της οργάνωσής μας με τον Δήμο.
Είμαι στη διάθεσή σας για οποιαδήποτε διευκρίνιση.
Σας ευχαριστώ για τον χρόνο σας.

Με τιμή
Σ. Στεφάνου

Άσκηση 2

Διάβασε ξανά το κείμενο και βάλε έναν από τους παρακάτω πλαγιότιτλους σε κάθε παράγραφο.

Βασικοί στόχοι | Συμπεράσματα | Αποτελέσματα | Παρουσίαση του προγράμματος

Άσκηση 3

Αντικατάστησε τις τονισμένες λέξεις του κειμένου με μια από τις παρακάτω λέξεις.

1. βασική επιδίωξη: ______

2. για παράδειγμα: ______

3. επομένως: ______

4. επιπλέον/επιπρόσθετα: ______

5. αναμφίβολα: ______

Άσκηση 4

Ξαναγράψε τις προτάσεις, χρησιμοποιώντας τις λέξεις της παρένθεσης.

0. Κατά τη διάρκεια αυτών των επισκέψεων, οι ηλικιωμένοι μιλούν και παίζουν με τα παιδιά. (Όσο)

Όσο διαρκούν αυτές οι επισκέψεις, οι ηλικιωμένοι μιλούν και παίζουν με τα παιδιά.

1. Τα παιδιά περιμένουν με ανυπομονησία αυτήν την επίσκεψη, για να μιλήσουν και να παίξουν με τους παππούδες και τις γιαγιάδες. (αφού)

______

2. Αυξάνεται η αυτοεκτίμησή τους, επειδή γίνονται πρότυπα για τα μικρά παιδιά. (διότι)

______

3. Από την άλλη και οι μικροί μαθητές νιώθουν τη ζεστασιά των ηλικιωμένων ανθρώπων και διασκεδάζουν πάρα πολύ μαζί τους. (επιπλέον)

______

4. Κάθε βδομάδα περιμένουν με ανυπομονησία αυτήν την επίσκεψη, για να μιλήσουν και να παίξουν με τους παππούδες και τις γιαγιάδες. (διότι)

______

5. Η σχέση μεταξύ των παιδιών και των ηλικιωμένων είναι πολύ ζεστή και μοναδική, με αποτέλεσμα ένα πρόγραμμα όπως αυτό να κρίνεται ιδιαίτερα θετικό και χρήσιμο. (ώστε)

______

Άσκηση 5

Βάλε στη σειρά τις λέξεις και κάνε προτάσεις, όπως στο παράδειγμα.

0. παιδικούς/τα/παρά/επισκέψεις/γίνονται/αποτελέσματα/Οι/θετικά/σε/σταθμούς/δεν/συχνά/ηλικιωμένων/τους

Οι επισκέψεις των ηλικιωμένων σε παιδικούς σταθμούς δεν γίνονται συχνά παρά τα θετικά τους αποτελέσματα.

1. να/παρόλη/καλή/αισθανθεί/κάνω/Δεν/διάθεση/κατάφερα/την/μου/τον/να/καλύτερα

2. του/διάστημα/το/Αυτό/πάει/καλά/μικρό/λειτουργίας/παρά/μαγαζί/το/πολύ

3. παρά/δεν/το/Οι/γεγονός/ότι/ψωνίζει/μειώθηκαν/ο/τιμές/κόσμος/δεν

4. συχνά/μέρα/τον/πολύ/παρά/Συναντιόμαστε/βλέπω/μέρα/σχεδόν

Άσκηση 6

Γράψε προτάσεις, για να περιγράψεις τις σχέσεις των ανθρώπων σήμερα, χρησιμοποιώντας τις παρακάτω λέξεις:

παρά, μήπως, ενώ, λοιπόν, επομένως, αφού, διότι, καθώς

Άσκηση 7

Στο πλαίσιο μιας εθελοντικής δράσης του σχολείου σας πηγαίνετε δύο φορές την εβδομάδα στο γηροκομείο της περιοχής σας. Εκεί έρχεστε σε επαφή με ανθρώπους της τρίτης ηλικίας και τους βοηθάτε στην καθημερινότητά τους. Γράφετε μια επιστολή στον διευθυντή του γηροκομείου, για να τον ευχαριστήσετε για τη φιλοξενία. Περιγράφετε την εμπειρία σας, τις υπηρεσίες που προσφέρατε, τα άτομα που γνωρίσατε και λέτε ποια ήταν τα θετικά αποτελέσματα για εσάς μετά από αυτήν τη συναναστροφή με άτομα της τρίτης ηλικίας. (200 λέξεις)

Πριν από τη συγγραφή του κειμένου

παράγραφος 1 – εισαγωγή: αναφέρεις τον λόγο για τον οποίο γράφεις την επιστολή

παράγραφος 2: περιγράφεις την επίσκεψη στο γηροκομείο και τα άτομα που γνώρισες

παράγραφος 3: αναφέρεις τις ανάγκες των ανθρώπων και τον τρόπο με τον οποίο τους βοήθησες

παράγραφος 4 – επίλογος: περιγράφεις τα αποτελέσματα της επίσκεψής σου και τα συναισθήματά σου

Μετά τη συγγραφή του κειμένου

- Έχεις αναπτύξει όλα τα ερωτήματα του θέματος;
- Χρησιμοποίησες το κατάλληλο ύφος;
- Αξιοποίησες χρήσιμο λεξιλόγιο από την ενότητα;
- Έχει προσφώνηση και αποφώνηση η επιστολή σου;

Ώρα για τραγούδι

(cd 2, 15)

1. Δες τις εικόνες. Μάντεψε το περιεχόμενο του τραγουδιού.
2. Διάβασε τους στίχους του τραγουδιού. Πώς πιστεύεις ότι θα είναι ο ρυθμός και η μουσική του;
3. Άκουσε το τραγούδι. Η μουσική είναι όπως τη φαντάστηκες;

Δεν είναι πρόσωπα άγνωστα, φωτογραφίες σε τοίχους,
δεν γίνονται μ' αιτήματα κι αποδοχές φιλίας.
Κλείσε τον υπολογιστή και γκρέμισε τον τοίχο,
έλα στο στέκι το παλιό για λίγο κουβεντούλα.
Έλα στο στέκι το παλιό να βάλουμε κρασάκι,
με τα ποτήρια μας ψηλά να πιούμε στην υγειά μας.
Όχι πια μόνος, όχι πια μόνη,
πλάτη στον τοίχο και στην οθόνη.
Οι φίλοι οι αληθινοί είναι απ' το σχολείο,
το πάρκο και τη γειτονιά, το μπάσκετ, το ωδείο. (δις)

4. Ποιος είναι ο αγαπημένος σου στίχος; Γιατί;
5. Ποιες λέξεις κάνουν ομοιοκαταληξία;
6. Διάλεξε κάποιες από τις λέξεις που κάνουν ομοιοκαταληξία και γράψε το δικό σου τραγούδι.
7. Πες στην τάξη σου την ιστορία του τραγουδιού.
8. Άκουσε μόνο τη μουσική και τραγούδησε το τραγούδι. (cd 2, 16)

Τώρα ξέρεις...

	Ναι	Όχι
να κατανοείς κείμενα σχετικά με τις κοινωνικές σχέσεις;		
να εκφράζεις την άποψή σου για την εθελοντική εργασία;		
να σχηματίζεις τα παραθετικά των επιθέτων;		
να χρησιμοποιείς τα παραθετικά των επιθέτων;		
να σχηματίζεις τα παραθετικά των επιρρημάτων;		
να χρησιμοποιείς τα παραθετικά των επιρρημάτων;		

Ενότητα 7

ΨΑΧΝΕΙΣ ΓΙΑ ΔΟΥΛΕΙΑ;

ΚΑΤΑΝΟΗΣΗ ΓΡΑΠΤΟΥ ΛΟΓΟΥ

Άσκηση 1
Διάβασε την πρώτη παράγραφο του κειμένου. Συζητήστε στην τάξη ποια νομίζετε ότι θα είναι η συνέχειά του.

Άσκηση 2
Διάβασε το κείμενο και διάλεξε τη σωστή απάντηση στις ερωτήσεις που ακολουθούν.

Συμβουλή:
Διάβασε μία φορά το κείμενο. Μετά διάβασε τις ερωτήσεις της άσκησης χωρίς να δεις τις απαντήσεις που υπάρχουν. Αναζήτησε στο κείμενο το σημείο όπου δίνεται η απάντηση. Διάβασε τις απαντήσεις και διάλεξε τη σωστή.

Παιχνίδια Θεσσαλονίκης

Μια πρωτότυπη επιχειρηματική ιδέα με επιτραπέζια παιχνίδια έχει έδρα τη Θεσσαλονίκη και πελάτες από όλο τον κόσμο! Δύο Θεσσαλονικιές κατασκευάζουν και πουλούν τα παιχνίδια τους σε κάθε γωνιά της γης.

Η μια είναι ψυχολόγος, με ειδίκευση στην οικογενειακή θεραπεία. Η δεύτερη είναι μηχανικός. Τώρα ολοκληρώνει το μεταπτυχιακό της στη Διοίκηση Επιχειρήσεων.

«Η εταιρεία αυτή είναι κάτι που σκεφτόμασταν πολλά χρόνια, πριν να ξεκινήσουμε. Άρχισε σαν ένα αστείο, ένα άπιαστο όνειρο. Με τα χρόνια, όμως, αποφασίσαμε να δοκιμάσουμε να κάνουμε το όνειρό μας πραγματικότητα. Φυσικά σκεφτήκαμε τις δυσκολίες της εποχής και την οικονομική κρίση. Η κρίση, όμως, έχει και τα θετικά της! Το κυριότερο είναι ότι σε «αναγκάζει» να αναλάβεις πρωτοβουλία. Αποφασίζεις να ρισκάρεις, αφού πλέον δεν έχεις και πολλά να χάσεις. Ακόμη και σε αυτήν τη δύσκολη περίοδο υπάρχουν κάποιες ευκαιρίες. Πρέπει, όμως, να καταφέρεις να τις εντοπίσεις και να τις ακολουθήσεις. Εμείς τολμήσαμε! Πήραμε μια επιδότηση για ανέργους, επενδύσαμε στο χόμπι μας και κάναμε τη δική μας επιχείρηση. Την εποχή που ξεκινήσαμε υπήρχαν πολλές επιδοτήσεις και τραπεζικά δάνεια που μπορούσαν να βοηθήσουν κάποιον να καλύψει τα πρώτα του έξοδα.

Τα στάδια για τη δημιουργία ενός επιτραπέζιου παιχνιδιού είναι πολλά και μπορεί η διαδικασία να διαρκέσει πάνω από 6 μήνες. Καταρχήν, ψάχνουμε πρωτότυπες ιδέες για παιχνίδια. Σε πρώτη φάση δεν μας ενδιαφέρει η καλλιτεχνική εμφάνιση του παιχνιδιού, αλλά η λογική και ο στόχος του. Αυτό που μας απασχολεί είναι πόσο καλά συνδυάζονται τα στοιχεία της τύχης, της στρατηγικής και της σχέσης που έχουν οι παίκτες μεταξύ τους. Ο δημιουργός μάς παραδίδει τους κανόνες του παιχνιδιού του κι εμείς το δοκιμάζουμε παίζοντάς το ξανά και ξανά με διαφορετικές παρέες. Σε αυτήν τη φάση μπορεί να προτείνουμε κάποιες αλλαγές στους κανόνες.

Το επόμενο βήμα είναι η υλοποίηση της ιδέας. Ερχόμαστε σε επαφή με ζωγράφους και γραφίστες, οι οποίοι σχεδιάζουν ηλεκτρονικά τις κάρτες και το ταμπλό.

Τέλος, επιλέγουμε το εργοστάσιο κατασκευής που θα μετατρέψει τα ηλεκτρονικά αρχεία σε κουτί με κάρτες, πιόνια και ταμπλό.

Μέχρι στιγμής <u>κυκλοφορούν</u> στην αγορά δύο παιχνίδια μας. Πρόκειται για δύο εντελώς διαφορετικά μεταξύ τους επιτραπέζια. Και στα δύο, όμως, οι παίκτες πρέπει να έχουν συγκεκριμένο πλάνο. Στο πρώτο υπάρχει έντονη αλληλεπίδραση ανάμεσα στους παίκτες. Στο παιχνίδι αυτό σκοπός των παικτών είναι να γίνουν οι Υψηλοί Σύμβουλοι μιας <u>φανταστικής</u> πόλης, ελέγχοντας υπογείως τις συντεχνίες της. Το δεύτερο είναι ένα παιχνίδι μυστηρίου. Οι παίκτες βρίσκονται πάνω σε ένα τρένο στη Νέα Υόρκη του 1920. Κάθε παίκτης έχει έναν και μοναδικό σκοπό: να παραμείνει μέσα στο τρένο μέχρι το τέλος και να λύσει το μυστήριο.

Ο κόσμος αγάπησε τα παιχνίδια μας τόσο εντός, όσο και εκτός της χώρας. Επειδή, όμως, ο ανταγωνισμός είναι μεγάλος, για να κερδίσουμε πελάτες, έχουμε αποφασίσει τα έξοδα αποστολής των παιχνιδιών μας να είναι δωρεάν. Στο εξωτερικό έχουμε κοινό που ολοένα μεγαλώνει. Χτες είχαμε μια παραγγελία από τη Σιγκαπούρη! Η μεγαλύτερη ζήτηση, όμως, υπάρχει στην Αμερική και στην Κεντρική Ευρώπη. Βέβαια, πάντα χαιρόμαστε να βλέπουμε παραγγελίες από την Ιαπωνία, την Αυστραλία και το Μεξικό!

Όταν ερχόμαστε σε επαφή με ανθρώπους από όλο τον κόσμο, διαπιστώνουμε ότι το επιτραπέζιο παιχνίδι είναι μέρος της καθημερινότητάς του. Και αυτό πραγματικά μας εντυπωσιάζει. Πολλοί άνθρωποι είναι τόσο εξοικειωμένοι με τους μηχανισμούς των παιχνιδιών, που δεν χρειάζονται πάνω από 5 λεπτά, για να καταλάβουν τους κανόνες, πριν να ξεκινήσουν να παίζουν!».

Πηγή: Διασκευή κειμένου από:
http://www.reporter.gr

0. Τα κεντρικά γραφεία της εταιρείας βρίσκονται
- ● α. στην Ελλάδα.
- β. στην Ιαπωνία.
- γ. στη Γερμανία.
- δ. στο Βέλγιο.

1. Σύμφωνα με τις επιχειρηματίες, ακόμη και σε περίοδο κρίσης υπάρχουν ευκαιρίες, αρκεί να
- α. τις αναζητάς.
- β. έχεις ιδέες.
- γ. είσαι τυχερός.
- δ. έχεις χρήματα.

2. Η επιχειρηματική ιδέα υλοποιήθηκε
- α. με κεφάλαιο που δανείστηκαν.
- β. με κεφάλαιο που διέθεταν.
- γ. με κεφάλαιο που τους διέθεσε το κράτος.
- δ. χωρίς καθόλου κεφάλαιο.

3. Ένα επιτραπέζιο παιχνίδι, για να ολοκληρωθεί χρειάζεται
- α. περισσότερο από ένας χρόνος.
- β. ένας χρόνος ακριβώς.
- γ. περισσότερο από μισός χρόνος.
- δ. μισός χρόνος ακριβώς.

4. Και τα δύο επιτραπέζια παιχνίδια βασίζονται
- α. στην τύχη.
- β. στη στρατηγική.
- γ. στη λογική.
- δ. στην εμφάνιση.

5. Απαραίτητα στοιχεία για την εμπορική επιτυχία ενός επιτραπέζιου παιχνιδιού είναι τόσο η πρωτοτυπία του όσο και
- α. ο αριθμός των παικτών του.
- β. η καλλιτεχνική του εμφάνιση.
- γ. η καλή παρέα.
- δ. η τιμή του.

Άσκηση 3

Θέλεις να πάρεις συνέντευξη από τις διευθύντριες της εταιρείας. Γράφεις πέντε (5) ερωτήσεις που θέλεις να κάνεις.

Λεξιλόγιο

Άσκηση 1

Γίνετε ζευγάρια, δείτε τις υπογραμμισμένες λέξεις του κειμένου (σελ. 288-289) και βρείτε ποιοι από τους παρακάτω ορισμούς περιγράφουν τη σημασία τους.

0.	αρχίζω κάτι =	ξεκινώ
1.	βρίσκω, ανακαλύπτω, διαπιστώνω τη θέση που βρίσκεται κάποιος ή κάτι =	
2.	οι διαφορετικές φάσεις, περίοδοι, για να ολοκληρωθεί κάτι =	
3.	αυτός που υπάρχει μόνο στη φαντασία =	
4.	πιέζω, υποχρεώνω κάποιον να κάνει κάτι χωρίς τη θέλησή του =	
5.	ένα προϊόν υπάρχει στην αγορά και μπορούμε να το αγοράσουμε =	
6.	απόκτηση ειδικών γνώσεων =	
7.	κάνω κάτι πλήρες, τελειώνω =	
8.	αλλάζω κάτι, δίνω καινούρια μορφή σε κάτι =	

Άσκηση 2

Γίνετε ζευγάρια, ενώστε τις λέξεις με αντίθετη σημασία και κάντε προτάσεις με αυτές.

0.	τύχη	**α.**	πραγματικός, αληθινός	
1.	δυσκολία	**β.**	προσφορά	
2.	φανταστικός	**γ.**	αρνητικός	
3.	εξωτερικό	**δ.**	ατυχία	0
4.	θετικός	**ε.**	έσοδο	
5.	έξοδο	**στ.**	ευκολία	
6.	ζήτηση	**ζ.**	εσωτερικό	

Άσκηση 3

Διάβασε τους παρακάτω ορισμούς και συμπλήρωσε τα κενά με τις λέξεις του κρυπτόλεξου.

0. Αυτός που γνωρίζει καλά κάτι είναι εξοικειωμένος.

1. Αυτός που δημιουργείται για πρώτη φορά και δεν μοιάζει με τίποτα παλιό είναι ______________.

2. Αυτό που μας κάνει να γελάσουμε λέγεται ______________.

3. Εταιρεία που δραστηριοποιείται με σκοπό το κέρδος λέγεται ______________.

4. Αυτός που έχει ένταση, δύναμη είναι ______________.

5. Μια σειρά από καθορισμένες ενέργειες που οδηγούν σε ένα συγκεκριμένο αποτέλεσμα αποτελεί ______________.

6. Ο τόπος όπου βρίσκεται μόνιμα η διοίκηση, η ανώτατη αρχή ενός οργανισμού, μιας εταιρείας είναι η ______________ του.

7. Τα χρήματα που δίνονται σε μια κοινωνική ομάδα ή εταιρεία για την ανάπτυξη μιας δραστηριότητας λέγονται ______________.

0	Ε	Ξ	Ο	Ι	Κ	Ε	Ι	Ω	Μ	Ε	Ν	Ο	Σ	Α	Β	Μ	Ε
1	Γ	Δ	Π	Ρ	Ω	Τ	Ο	Τ	Υ	Π	Ο	Σ	Ε	Ζ	Η	Υ	Π
2	Θ	Ι	Α	Σ	Τ	Ε	Ι	Ο	Μ	Κ	Λ	Μ	Ν	Ξ	Ο	Μ	Κ
3	Π	Ε	Π	Ι	Χ	Ε	Ι	Ρ	Η	Σ	Η	Τ	Ο	Κ	Α	Η	Σ
4	Ρ	Σ	Τ	Ε	Ν	Τ	Ο	Ν	Ο	Σ	Υ	Φ	Χ	Ψ	Ω	Ο	Σ
5	Α	Δ	Ι	Α	Δ	Ι	Κ	Α	Σ	Ι	Α	Β	Γ	Δ	Ε	Σ	Ι
6	Κ	Ο	Ι	Π	Λ	Τ	Ρ	Ω	Β	Ω	Ε	Δ	Ρ	Α	Ε	Β	Ω
7	Ξ	Ε	Π	Ι	Δ	Ο	Τ	Η	Σ	Η	Κ	Λ	Ο	Ι	Γ	Σ	Η

Άσκηση 4

Οι παρακάτω λέξεις έχουν περισσότερες από μία σημασίες. Γίνετε ζευγάρια, βρείτε τις λέξεις στο κείμενο (σελ. 288-289) και σημειώστε ποια σημασία έχουν μέσα σε αυτό.

άπιαστος

- που δεν μπορείς να τον ξεπεράσεις: Ο Δημήτρης είναι άπιαστος στα μαθηματικά.
- που δεν μπορείς να πραγματοποιήσεις: Μου φαινόταν ένα άπιαστο όνειρο να γίνω δεκτή σε αυτό το Πανεπιστήμιο. Κι όμως τα κατάφερα.

επενδύω

- καλύπτω μια επιφάνεια με ένα άλλο αντικείμενο, για να την προφυλάξω ή να την διακοσμήσω: Ντύστε έναν τοίχο του σπιτιού σας με ξύλο. Μπορείτε να επενδύσετε τον τοίχο πίσω από το κεφαλάρι του κρεβατιού ή πίσω από την τραπεζαρία.
- διαθέτω κάποια χρήματα για τη δημιουργία μιας επιχείρησης: Πολλοί ξένοι επιχειρηματίες επενδύουν μεγάλα χρηματικά ποσά στον ελληνικό τουρισμό.
- βασίζω το μέλλον σε κάτι: Έχω επενδύσει πολλά σε αυτήν τη σχέση.

απασχολώ

- στρέφω την προσοχή σε κάτι διαφορετικό από αυτό που κάνει κάποιος: Συγγνώμη, μπορώ να σας απασχολήσω λίγο;
- έχω έντονη ανησυχία, προβληματισμό για κάτι: Δεν χρειάζεται να σε απασχολεί τόσο πολύ η οικονομική σου κατάσταση.
- προσφέρω εργασία ή εργάζομαι: Αυτή η επιχείρηση απασχολεί 150 εργαζόμενους. Απασχολούμαι σε αυτήν την εταιρεία 8 χρόνια.

παραγγελία

- εντολή για την προμήθεια, την κατασκευή ή και την αποστολή κάποιου είδους: Το σχολείο μας έκανε μια μεγάλη παραγγελία βιβλίων για τους μαθητές όλων των τάξεων.
- το αντικείμενο της εντολής, της παραγγελίας: Η παραγγελία σας ετοιμάστηκε κι έχει αποσταλεί με το ταχυδρομείο.
- αυτό που ζητάει ένας πελάτης να φάει ή να πιει σε ένα εστιατόριο: Δώσαμε παραγγελία στον σερβιτόρο.

δοκιμάζω

- ελέγχω, εξετάζω: Δοκίμασε αυτό το στιλό και δες αν γράφει.
- χρησιμοποιώ κάτι σε μικρή ποσότητα ή για μικρό διάστημα, για να δω αν μου αρέσει (π.χ. φαγητό) ή αν μου κάνει (π.χ. ρούχο): Δοκίμασε λίγο φαγητό, για να δεις αν είναι έτοιμο. Δοκίμασε αυτόν τον γιατρό που σου λέω, είναι πολύ καλός.
- προσπαθώ: Δοκίμασα να ξεκινήσω να γυμνάζομαι, αλλά δεν τα κατάφερα.

κερδίζω

- αποκτώ χρήματα από την εργασία μου: Πόσα κερδίζεις τον μήνα;
- αποκτώ κάτι, επειδή είμαι τυχερός ή πολύ ικανός: Κέρδισα τον πρώτο λαχνό του λαχείου.
- βγαίνω πρώτος σε έναν αγώνα ή έναν διαγωνισμό: Ποιος κέρδισε στον αγώνα; Κέρδισα μια υποτροφία για σπουδές σε αγγλικό Πανεπιστήμιο.
- ωφελούμαι από μια κατάσταση: Έχω κερδίσει πολλά από αυτήν τη συνεργασία.
- καταφέρνω με προσπάθεια ν' αποκτήσω κάτι· κατακτώ: Έχεις κερδίσει την εμπιστοσύνη και τη συμπάθεια όλων των συναδέλφων.

Άσκηση 5

Συμπλήρωσε τα κενά με την κατάλληλη λέξη.

κατασκευάζω/παρασκευάζω/προκαλώ/δημιουργώ

0. «Οι ψαράδες της περιοχής ξεπερνούν τους 1.000 και πρέπει να δημιουργήσουμε τις απαραίτητες συνθήκες, για να μπορέσουν να ζήσουν αξιοπρεπώς», τόνισε ο δήμαρχος της πόλης μας.

1. Είκοσι έξι χρόνια ____________ τους παραδοσιακούς χαρταετούς της Θράκης.

2. Αυτή η μονάδα ____________ προϊόντα από μανιτάρια, π.χ. γλυκό του κουταλιού, τουρσί, ζυμαρικά, τραχανά και λικέρ μανιταριών!

3. Σοβαρές ανησυχίες ____________ τα στοιχεία επιστημονικής έρευνας για την υπογεννητικότητα στην Ελλάδα.

πρωτότυπο/πρότυπο

4. Ένα ____________ ημερολόγιο, φτιαγμένο εξ ολοκλήρου από ανακυκλωμένο χαρτί, με σκίτσα, κείμενα και οικολογικές προτάσεις, αποτελεί το γνωστό πλέον καλωσόρισμα της Οικολογικής Κίνησης Θεσσαλονίκης στον νέο χρόνο.

5. Τα «Ζουζουνάκια» είναι ένας ____________ παιδικός σταθμός, που λειτουργεί από το 2009 σ' έναν πανέμορφο χώρο.

6. Ένα ____________ ρολόι χεριού παρουσιάστηκε στο Τόκιο.

7. Αυτός ο παίκτης αποτελεί ____________ επαγγελματία ποδοσφαιριστή εντός και εκτός αγωνιστικών χώρων.

επιδότηση/επίδομα/επιχορήγηση

8. Η οικονομική ____________ θα βοηθήσει τους ελεύθερους επαγγελματίες.

9. Σύμφωνα με τον υφυπουργό, 45.000-50.000 άτομα παίρνουν ____________ ανεργίας.

10. Υπενθυμίζεται ότι το οικογενειακό ____________ είναι 35,22 ευρώ για τον έγγαμο υπάλληλο με ή χωρίς παιδιά.

11. Η κρατική ____________ στο μουσείο διακόπηκε και οι τιμές ανέβηκαν κατακόρυφα.

κρίση/κριτική/γνώμη

12. Αν δεν είστε σίγουροι για την επιλογή σας, ζητήστε τη ____________ των φίλων σας που σας γνωρίζουν αρκετά καλά.

13. Σύμφωνα με την ____________ της επιτροπής, η διαδικασία θα επαναληφθεί.

14. Συνεχίστε να εργάζεστε στους ίδιους ρυθμούς και μην επηρεάζεστε από κακές ____________.

15. Η σχέση τους τον τελευταίο καιρό περνάει σοβαρή ____________.

αστείος/κωμικός/γελοίος

16. Δεν αξίζει να στεναχωριέσαι για τόσο ____________ πράγματα.

17. Ο Κώστας είναι πολύ ____________. Κάθε φορά που τον βλέπω γελάω πολύ.

18. Ο Θανάσης Βέγγος ήταν ένας καταπληκτικός ____________ ηθοποιός.

Άσκηση 6

Διάλεξε δύο (2) ομάδες λέξεων από αυτές της άσκησης 5 και βρες παραδείγματα με τη χρήση τους από τα σώματα κειμένων στην ιστοσελίδα www.greek-language.gr/greekLang/modern_greek/tools/corpora/corpora/search.html.

Άσκηση 7

Βρες σε ποια από τις παρακάτω προτάσεις η υπογραμμισμένη λέξη έχει την ίδια σημασία με αυτή που έχει στο παράδειγμα και ποια είναι η σημασία της στις υπόλοιπες προτάσεις.

1 **Σήμερα <u>κυκλοφορούν</u> τα αυτοκίνητα με μονό αριθμό κυκλοφορίας.**

α. Αυτό το φάρμακο δεν <u>κυκλοφορεί</u> στην Ελλάδα.
β. Λόγω απεργίας δεν θα <u>κυκλοφορήσουν</u> αύριο τα τρένα.
γ. Τα άσχημα νέα <u>κυκλοφορούν</u> γρήγορα.
δ. <u>Κυκλοφορεί</u> ευρύτατα η φήμη ότι θα παραιτηθείς από τη δουλειά.
ε. <u>Κυκλοφορεί</u> γρίπη τον τελευταίο καιρό.

2 **Η <u>έδρα</u> της επιχείρησής μας είναι στη Λάρισα.**

α. Η ομάδα μας έχασε μέσα στην <u>έδρα</u> της.
β. Ο καθηγητής από την <u>έδρα</u> βλέπει όλους τους μαθητές μέσα στην τάξη.
γ. Εκτός από τον μισθό μου παίρνω και αποζημίωση εκτός <u>έδρας</u>.
δ. Η <u>έδρα</u> του ΟΗΕ είναι στη Νέα Υόρκη.

3 **Οι ήρωες του έργου είναι <u>φανταστικοί</u>.**

α. Οι υποψίες σου είναι τελείως <u>φανταστικές</u>.
β. Το σπίτι πουλήθηκε σε <u>φανταστική</u> τιμή.
γ. Το τοπίο είναι <u>φανταστικό</u>.

Άσκηση 8

Γίνετε ζευγάρια. Πηγαίνετε στην ιστοσελίδα www.greek-language.gr/greekLang/modern_greek/tools/corpora/corpora/search.html. Πληκτρολογήστε τη λέξη *κρίση* και βρείτε παραδείγματα με τις διαφορετικές σημασίες της λέξης.

Άσκηση 9

Ποιες από τις παρακάτω φράσεις είναι Σωστές και ποιες Λάθος;

0. Αυτή η ταινία είναι πάρα πολύ καλή. Είμαι βέβαιη ότι θα νικήσει πολλά βραβεία. Λ

1. Μην αγχώνεσαι για κωμικές καταστάσεις. ______

2. Εξέτασα να φορέσω τα περσινά μου φορέματα και δεν μου κάνει κανένα. ______

3. Έχω μια πρότυπη ιδέα, αλλά δεν τη λέω πουθενά, γιατί φοβάμαι μη μου την κλέψει κανείς. ______

4. Κάναμε ένα φανταστικό ταξίδι αυτό το καλοκαίρι. Περάσαμε τέλεια. ______

Άσκηση 10

Γίνετε ζευγάρια και ενώστε τις λέξεις, για να κάνετε φράσεις που χρησιμοποιούνται πολύ συχνά. Μετά γράψτε προτάσεις με τις φράσεις που κάνατε.

0. επιχειρηματική
1. επιτραπέζιο
2. άπιαστο
3. διοίκηση
4. κυκλοφορώ στην
5. έξοδα
6. αναλαμβάνω
7. οικονομική
8. καλύπτω
9. τραπεζικό
10. ηλεκτρονικό

	παιχνίδι
	αγορά
0	ιδέα
	πρωτοβουλία
	τα έξοδά μου
	επιχειρήσεων
	αποστολής
	κρίση
	όνειρο
	δάνειο
	αρχείο

Άσκηση 11

Συμπλήρωσε τα κενά με τις παρακάτω λέξεις.

παραγγελίες, κρίση, έδρα, ~~δημιουργήσει~~, ζήτηση, πρωτότυπη, διαδικασίας, κυκλοφόρησε, επιδότηση, επιχείρησή, παρασκευάζω

www.eoppep.gr

Αυτοδημιούργητος εκατομμυριούχος κάτω των 18

Ξεκίνησε στην ηλικία των 14 ετών. Ο Fraser Doherty χρησιμοποίησε τις συνταγές της γιαγιάς του για σπιτική μαρμελάδα, πουλώντας τα βαζάκια στους γείτονές του στο Εδιμβούργο. Μέχρι τα 16 κατάφερε να [0] ___δημιουργήσει___ τη δική του επιχείρηση, η οποία έχει [1] ________________ στην πόλη όπου γεννήθηκε, το Εδιμβούργο. Φυσικά πήρε κάποια [2] ________________ για να καλύψει τα πρώτα του έξοδα. Η επιτυχία δεν άργησε να έρθει. Ξεκίνησε το 2007 και το 2009 τα κέρδη από τις πωλήσεις της μαρμελάδας του άγγιξαν τα 1,2 εκατομμύρια λίρες!

Το προϊόν του είχε μεγάλη [3] ________________ και οι δουλειές πήγαιναν τόσο καλά, που ο ίδιος αναγκάστηκε να εγκαταλείψει το σχολείο, για να αφιερωθεί στην [4] ________________ του. Στη συνέχεια, [5] ________________ ένα βιβλίο συνταγών για νόστιμες, σπιτικές μαρμελάδες, το οποίο γνώρισε επίσης μεγάλη επιτυχία. Ο ίδιος δηλώνει για την επιτυχία του: «Δεν με ενδιαφέρουν τόσο τα λεφτά, [6] ________________ μαρμελάδα, γιατί είναι αυτό που αγαπώ να κάνω. Η επιτυχία, βέβαια, είναι αρκετά γλυκιά»...

Η οικονομική [7] ________________ δεν έχει επηρεάσει τη δουλειά μας. Οι [8] ________________ και οι πωλήσεις δεν έχουν μειωθεί ιδιαίτερα. Παρόλο βέβαια που η επιχειρηματική ιδέα δεν είναι ιδιαίτερα [9] ________________, η επιτυχία της οφείλεται στην υψηλή ποιότητα του προϊόντος. Ακολουθούμε αυστηρά τις προδιαγραφές για κάθε στάδιο της [10] ________________ κι έτσι το αποτέλεσμα είναι πάντα άριστο.

(cd 2, 17)

Άσκηση 12

Τώρα άκουσε το παραπάνω κείμενο και σημείωσε ποιες λέξεις/φράσεις αντικαθιστούν τις λέξεις που συμπλήρωσες στα κενά του.

Άσκηση 13

Συζητάς με τον συμμαθητή/τη συμμαθήτριά σου ποια είναι η συνταγή της επαγγελματικής επιτυχίας.

Άσκηση 14
Γίνετε ζευγάρια, δείτε τις παρακάτω λέξεις και συμπληρώστε τα κενά κάθε σειράς του πίνακα με λέξεις που ανήκουν στην ίδια οικογένεια.

επιδοτούμενος, ~~πρωτοτυπώ~~, επιχειρώ, παγκόσμιος, κατασκευαστικός, πώληση, ρίσκο, ειδικεύομαι, εργατικός, ανταγωνιστικός, επιδοτώ, ανεργία, επένδυση, γραφιστικός, επενδυτικός, τράπεζα, δανεικός, δανείζω, επιχείρηση, καλυπτικός, ξοδεύω, υλοποιώ, ζωγραφίζω, πρωτοτυπία, ζωγραφική, γραφιστική, εργοστασιακός, κυκλοφορία, πωλητήριο, ειδικευμένος, κυκλοφορικός, συμβουλεύω, κατασκευή, συμβουλευτικός, πωλητής, κάλυψη, εργαζόμενος, ανταγωνίζομαι, εργάζομαι, σταδιακός, κυκλοφοριακός, εξοδάκι, δανειάκι, πελατειακός, ανταγωνιστής

ρήμα	ουσιαστικό	επίθετο
0 πρωτοτυπώ	1 ______	πρωτότυπος
2 ______	3 ______	επιχειρηματικός
-	πελάτης	4 ______
-	κόσμος	5 ______
κατασκευάζω	6 ______	7 ______
πουλώ	8 ______, 9 ______, 10 ______	-
ρισκάρω	11 ______	-
12 ______	ειδίκευση	13 ______
14 ______	επιδότηση	15 ______
16 ______	17 ______	άνεργος, 18 ______, 19 ______
επενδύω	20 ______	21 ______
-	22 ______	τραπεζικός
23 ______	δάνειο, 24 ______	25 ______
καλύπτω	26 ______	27 ______
28 ______	έξοδο, 29 ______	-
30 ______	υλοποίηση	-
31 ______	ζωγράφος, 32 ______	-
-	γραφίστας, 33 ______	34 ______
-	εργοστάσιο	35 ______
κυκλοφορώ	36 ______	37 ______, 38 ______
39 ______	σύμβουλος	40 ______
41 ______	ανταγωνισμός, 42 ______	43 ______
-	στάδιο	44 ______

Άσκηση 15

Συμπλήρωσε τα κενά, όπως στο παράδειγμα.

Ανοίξαμε έναν [0] τραπεζικό (τράπεζα) λογαριασμό, για να μπουν τα χρήματα της [1] ________ (επιδοτώ). Δεν χρειάστηκε να πάρουμε κάποιο άλλο τραπεζικό [2] ________ (δανείζω), αφού η [3] ________ (επιχειρώ) από τα πρώτα της βήματα γνώρισε μεγάλη επιτυχία και μπορούσαμε να [4] ________ (καλύπτω) τις ανάγκες μας. Αρχικά δεν είχαμε καταλάβει ότι η [5] ________ (επιχειρώ) μας ιδέα θα είχε τόσο μεγάλη επιτυχία. Φύγαμε από τη χώρα μας και εγκατασταθήκαμε στην Ελβετία. Κάναμε πίτες και τις πουλούσαμε στην πλατεία της πόλης.

Δεν είχαμε βέβαια και πολλά [6] ________ (ξοδεύω). Μόνο τα υλικά και το ρεύμα που καίγαμε. [7] ________ (στάδιο) η ζήτηση αυξήθηκε πολύ, τα κέρδη μας πολλαπλασιάστηκαν κι έτσι μπορέσαμε να αγοράσουμε μια καντίνα. Τότε τα πράγματα έγιναν πολύ πιο απλά. Είχαμε ένα μικρό μαγαζί με όλο τον απαραίτητο εξοπλισμό! Αποκτήσαμε σταθερούς [8] ________ (πελατεία) και σταθερά έσοδα.

Έτσι, μπορέσαμε να οργανωθούμε περισσότερο και μεγαλώσαμε τις δουλειές μας. Κάναμε ένα [9] ________ (εργοστασιακός) παραγωγής φύλλων για πίτες και ξεκινήσαμε συνεργασία με διάφορα καταστήματα. Τότε αποκτήσαμε και τους [10] ________ (ανταγωνισμός) μας. Δεν έχουμε, όμως, παράπονο. Τα πάμε πολύ καλά, οι [11] ________ (πουλώ) μας συνεχώς αυξάνονται και ο κόσμος μας προτιμάει. Τώρα σκεφτόμαστε να ανοίξουμε τα φτερά μας και να επενδύσουμε σε κάτι άλλο. Θα μου επιτρέψετε, όμως, να μην επεκταθώ, γιατί δεν έχει ξεκινήσει ακόμη η [12] ________ (επενδύω) και, καταλαβαίνετε, ο [13] ________ (ανταγωνίζομαι) είναι μεγάλος...

Άσκηση 16

Διάλεξε οκτώ (8) λέξεις από τον πίνακα της άσκησης 14 και κάνε μια άσκηση, όπως η άσκηση 15. Ζήτησε από τον συμμαθητή/τη συμμαθήτριά σου να συμπληρώσει τα κενά της άσκησής σου και κάνε το ίδιο με τη δική του/της άσκηση.

Άσκηση 17

Ζήτησε τη βοήθεια του συμμαθητή/της συμμαθήτριάς σου, για να συμπληρώσεις το σταυρόλεξό σου.

Παράδειγμα:

Μαθητής Α: *Τι έχεις στο 1 οριζόντια;*

Μαθητής Β: *Έτσι λέμε το περπάτημα μιας απόστασης.*

Μαθητής Α: *Πορεία!*

Μαθητής Α

						1 Π	Ο	Ρ	4 Ε	Ι	Α
									Π		
	2 Π								Ι		
	Ρ								Δ		5 Ε
	Ω								Ο		Π
3	Τ								Μ		Ε
	Ο						3 Κ		Α		Ν
	Τ				4		Ρ				Δ
	Υ						Ι				Υ
5	Π						Σ				Σ
	Ο						Η				Η
6	Σ										

Μαθητής Β

						1 Π	Ο	Ρ	4 Ε	Ι	Α
	2 Π	Α	Ρ	Α	Γ	Γ	Ε	Λ	Ι	Α	
											5
3 Σ	Τ	Α	Δ	Ι	Ο						
							3				
					4 Ε	Δ	Ρ	Α			
5 Ε	Π	Ι	Δ	Ο	Τ	Η	Σ	Η			
6 Α	Σ	Τ	Ε	Ι	Ο	Σ					

Γραμματική: ΥΠΟΤΑΚΤΙΚΗ

Άκουσε το κείμενο και συμπλήρωσε τα κενά, για να απαντήσεις στις ερωτήσεις που ακολουθούν.

(cd 2, 18)

Τι επάγγελμα θα έκαναν οι ηρωίδες της Ντίσνεϊ

Χιονάτη: Κοινωνική λειτουργός

Χρειάζεται ιδιαίτερα προσόντα, για να μπορέσει μια γυναίκα [0] να προσαρμοστεί και να ζήσει αρμονικά με επτά άνδρες. Κι όμως, η Χιονάτη τα κατάφερε. Ήταν καλόψυχη, συνήθιζε [1] ________________ για τους αδύναμους, ενώ προσέφερε με όλη της την αγάπη εθελοντική εργασία. Ποιο άλλο επάγγελμα θα της ταίριαζε, λοιπόν, εκτός από αυτό της κοινωνικής λειτουργού;

Σταχτοπούτα: Σχεδιάστρια μόδας

Η Σταχτοπούτα είχε την τύχη [2] ________________ τον πρίγκιπα των ονείρων της. Ήταν, όμως, πολύ εργατική και της άρεσε [3] ________________ με τον σχεδιασμό και τη δημιουργία ρούχων. Η ξανθομαλλούσα καλλονή –όπως θα ήταν τη σημερινή εποχή η Σταχτοπούτα– θα μπορούσε άνετα [4] ________________ στον τομέα της μόδας και [5] ________________ μια διάσημη σχεδιάστρια.

Ποκαχόντας: Εθελοντική Εργασία

Η Ποκαχόντας αγωνίστηκε με πάθος για τη γη και τους συμπατριώτες της. Ήξερε [6] ________________ μάχες και συνέχιζε τον αγώνα κάτω από οποιεσδήποτε συνθήκες μέχρι [7] ________________ ότι πέτυχε τους στόχους της. Γι᾽ αυτό πιστεύουμε ότι, αν ζούσε στη σημερινή εποχή, δεν θα μπορούσε [8] ________________ εθελοντικά σε κάποιον διεθνή οργανισμό για την προστασία του περιβάλλοντος και τη διάσωση της ανθρωπότητας.

Γιασμίν: Πολιτικός

Η αγαπημένη του Αλαντίν ήταν μια πριγκίπισσα που αγωνιζόταν για τα δικαιώματα όλων των ανθρώπων. Αρκετά δυναμική, θα μπορούσαμε [9] ________________ πως διέθετε τα απαραίτητα προσόντα για μια επιτυχημένη πολιτική καριέρα.

Ραπουνζέλ: Κομμώτρια

Δεν υπάρχει αμφιβολία πως, κλεισμένη μέσα στον Πύργο της, η Ραπουνζέλ είχε μια αγαπημένη ασχολία: τα μαλλιά της. Δεν κουραζόταν ποτέ [10] ________________ τα μαλλιά της και [11] ________________.
Το ιδανικό επάγγελμα γι᾽ αυτή, λοιπόν, είναι κομμώτρια!

Πηγή: Διασκευή κειμένου από: www.aroma-gynaikas.info

Ερωτήσεις:

1. Τι συνήθιζε να κάνει η Χιονάτη;
2. Με τι αγαπούσε να ασχολείται η Σταχτοπούτα και η Ραπουνζέλ;
3. Ποια είναι τα κοινά ενδιαφέροντα της Ποκαχόντα και της Γιασμίν;

	ΜΗ ΣΥΝΟΠΤΙΚΗ ΥΠΟΤΑΚΤΙΚΗ ΕΝΕΡΓΗΤΙΚΗΣ / ΠΑΘΗΤΙΚΗΣ ΦΩΝΗΣ	ΣΥΝΟΠΤΙΚΗ ΥΠΟΤΑΚΤΙΚΗ ΕΝΕΡΓΗΤΙΚΗΣ / ΠΑΘΗΤΙΚΗΣ ΦΩΝΗΣ
	Σχηματισμός: να/ας + ενεστώτας ενεργητικής/παθητικής φωνής	**Σχηματισμός:** να/ας + θέμα αορίστου ενεργητικής/παθητικής φωνής + καταλήξεις
ακούω	να ακούω	να ακούσω
ακούγομαι	να ακούγομαι	να ακουστώ *
ιδρύω	να ιδρύω	να ιδρύσω
ιδρύομαι	να ιδρύομαι	να ιδρυθώ
εμπνέω	να εμπνέω	να εμπνεύσω
εμπνέομαι	να εμπνέομαι	να εμπνευστώ
ντύνω	να ντύνω	να ντύσω
ντύνομαι	να ντύνομαι	να ντυθώ
κλείνω	να κλείνω	να κλείσω
κλείνομαι	να κλείνομαι	να κλειστώ
πείθω	να πείθω	να πείσω
πείθομαι	να πείθομαι	να πειστώ
αναγκάζω	να αναγκάζω	να αναγκάσω
αναγκάζομαι	να αναγκάζομαι	να αναγκαστώ *
διαψεύδω	να διαψεύδω	να διαψεύσω
διαψεύδομαι	να διαψεύδομαι	να διαψευστώ *
διδάσκω	να διδάσκω	να διδάξω
διδάσκομαι	να διδάσκομαι	να διδαχτώ *
ανοίγω	να ανοίγω	να ανοίξω
ανοίγομαι	να ανοίγομαι	να ανοιχτώ *
τρέχω	να τρέχω	να τρέξω
αποδέχομαι	να αποδέχομαι	να αποδεχτώ *
στριμώχνω	να στριμώχνω	να στριμώξω
στριμώχνομαι	να στριμώχνομαι	να στριμωχτώ *
κηρύττω	να κηρύττω	να κηρύξω
κηρύττομαι	να κηρύττομαι	να κηρυχτώ *
αναπτύσσω	να αναπτύσσω	να αναπτύξω
αναπτύσσομαι	να αναπτύσσομαι	να αναπτυχθώ
ταράζω	να ταράζω	να ταράξω
ταράζομαι	να ταράζομαι	να ταραχτώ *
εγκαταλείπω	να εγκαταλείπω	να εγκαταλείψω
εγκαταλείπομαι	να εγκαταλείπομαι	να εγκαταλειφτώ *
κρύβω	να κρύβω	να κρύψω
κρύβομαι	να κρύβομαι	να κρυφτώ *
γράφω	να γράφω	να γράψω
γράφομαι	να γράφομαι	να γραφτώ *
αποκαλύπτω	να αποκαλύπτω	να αποκαλύψω
αποκαλύπτομαι	να αποκαλύπτομαι	να αποκαλυφτώ *
μπερδεύω	να μπερδεύω	να μπερδέψω
μπερδεύομαι	να μπερδεύομαι	να μπερδευτώ
απαγορεύω	να απαγορεύω	να απαγορεύσω
απαγορεύομαι	να απαγορεύομαι	να απαγορευτώ *
ζεσταίνω	να ζεσταίνω	να ζεστάνω
ζεσταίνομαι	να ζεσταίνομαι	να ζεσταθώ
απολυμαίνω	να απολυμαίνω	να απολυμάνω
απολυμαίνομαι	να απολυμαίνομαι	να απολυμανθώ
αυξάνω	να αυξάνω	να αυξήσω
αυξάνομαι	να αυξάνομαι	να αυξηθώ
αισθάνομαι	να αισθάνομαι	να αισθανθώ
αποθαρρύνω	να αποθαρρύνω	να αποθαρρύνω
αποθαρρύνομαι	να αποθαρρύνομαι	να αποθαρρυνθώ
θυμάμαι (κοιμάμαι, λυπάμαι, φοβάμαι)	να θυμάμαι	να θυμηθώ

ΚΛΙΤΙΚΟ ΠΑΡΑΔΕΙΓΜΑ ΣΥΝΟΠΤΙΚΗΣ ΥΠΟΤΑΚΤΙΚΗΣ ΠΑΘΗΤΙΚΗΣ ΦΩΝΗΣ

να ντυθ**ώ**
να ντυθ**είς**
να ντυθ**εί**
να ντυθ**ούμε**
να ντυθ**είτε**
να ντυθ**ούν(ε)**

* σε πιο επίσημο ύφος τα *-στ*, *-χτ*, *-φτ*, *-ευτ* γίνονται αντίστοιχα *-σθ*, *-χθ*, *-φθ*, *-ευθ*

	ΜΗ ΣΥΝΟΠΤΙΚΗ ΥΠΟΤΑΚΤΙΚΗ ΕΝΕΡΓΗΤΙΚΗΣ / ΠΑΘΗΤΙΚΗΣ ΦΩΝΗΣ	ΣΥΝΟΠΤΙΚΗ ΥΠΟΤΑΚΤΙΚΗ ΕΝΕΡΓΗΤΙΚΗΣ / ΠΑΘΗΤΙΚΗΣ ΦΩΝΗΣ
αγαπώ / αγαπιέμαι (απαντώ, γεννώ, κολλώ, κρατώ, μελετώ, μετρώ, νικώ, πουλώ, ρωτώ, χτυπώ, θεωρώ)	να αγαπώ / να αγαπιέμαι	να αγαπήσω / να αγαπηθώ
γελώ / γελιέμαι (κρεμώ, ξεχνώ, κερνώ, χαλώ)	να γελώ / να γελιέμαι	να γελάσω / να γελαστώ
τραβώ / τραβιέμαι	να τραβώ / να τραβιέμαι	να τραβήξω / να τραβηχτώ
πετώ / πετιέμαι	να πετώ / να πετιέμαι	να πετάξω / να πεταχτώ
- / παραπονιέμαι	- / να παραπονιέμαι	- / να παραπονεθώ
αγνοώ / αγνοούμαι	να αγνοώ / να αγνοούμαι	να αγνοήσω / να αγνοηθώ
αφαιρώ / αφαιρούμαι (διαιρώ, εξαιρώ, επαινώ, φορώ, στεναχωριέμαι, βαριέμαι)	να αφαιρώ / να αφαιρούμαι	να αφαιρέσω / να αφαιρεθώ
αποκαλώ / αποκαλούμαι	να αποκαλώ / να αποκαλούμαι	να αποκαλέσω / να αποκαλεστώ

Χρησιμοποιώ Υποτακτική για να εκφράσω:	
Επιθυμία	Ήμουν πολύ κουρασμένη και ήθελα να ξεκουραστώ το μεσημέρι. Κάθε μέρα μετά το σχολείο, θέλω να ξεκουραστώ λίγο.
Ευχή	Εύχομαι να περάσεις καλά στις εξετάσεις. Εύχομαι να περνάς πάντα καλά. Να ζήσετε! Να περάσεις καλά! Μακάρι να / Ας περάσω στις εξετάσεις! Μακάρι να / Ας ερχόταν! Μακάρι να / Ας είχα φύγει πριν! Μακάρι να / Ας έγραψε καλά στις εξετάσεις!
Προσταγή	Να φύγεις αμέσως! Να μη φας τίποτα σήμερα το βράδυ!
Υποχρέωση	Αύριο πρέπει να ξυπνήσω νωρίς. Φέτος θα πρέπει να ξυπνάω νωρίς, για να πηγαίνω τα παιδιά στο σχολείο.
Πιθανότητα	Η Σοφία μπορεί να έρχεται κάθε μέρα, αν το θέλουμε. Υπάρχει πιθανότητα να τον συναντήσω σε λίγο.
Δυνατότητα/Ικανότητα	Μπορώ να διορθώσω τον υπολογιστή που χάλασε.
Φόβο	Φοβάμαι να του τηλεφωνήσω, γιατί είναι πολύ θυμωμένος μαζί μου. Διστάζω να του τηλεφωνώ συχνά, γιατί είναι πολύ απασχολημένος.
Παραχώρηση	Ας έρθει και η Μαίρη αύριο στη θάλασσα, αφού το θέλεις τόσο πολύ.
Προτροπή	Ας πάμε στη θάλασσα αυτό το σαββατοκύριακο. Θα περάσουμε τέλεια! Να πηγαίνεις στο γυμναστήριο, όποτε μπορείς.
Απορία	Πού να πάμε; Τι να φάμε;
Άδεια	Μπορώ να φύγω πιο νωρίς από τη δουλειά, σήμερα; Να δω τηλεόραση, μαμά; Μου επιτρέπετε να φεύγω μισή ώρα νωρίτερα, για να προλαβαίνω το λεωφορείο;
Πρόταση για κάτι	Προτείνω να πάμε σινεμά αύριο το βράδυ. Να βγούμε σήμερα το βράδυ;
Άρνηση στην υποτακτική	Να μην έρθεις! Λέω να μη βγω έξω σήμερα.

ΣΥΝΟΠΤΙΚΗ ΥΠΟΤΑΚΤΙΚΗ

Χρήση: για να τονιστεί το αποτέλεσμα μιας ενέργειας

μετά από: *έχω, λίγο έλειψε, παρά τρίχα, παρά λίγο, κοντεύω, πάω, ετοιμάζομαι, είναι η σειρά μου, μένει, αργώ, κάνω καιρό, χρειάζεται καιρός, βιάζομαι, ανυπομονώ, ακόμη, δεν βλέπω την ώρα, περιμένω, μέχρι/ώσπου, προτού/πριν* κ.ά.

ΜΗ ΣΥΝΟΠΤΙΚΗ ΥΠΟΤΑΚΤΙΚΗ

Χρήση: για να τονιστεί η διάρκεια ή η επανάληψη μιας ενέργειας

μετά από: *ευχαριστιέμαι, στεναχωριέμαι, χαίρομαι, με εκνευρίζει, μου αρέσει, κουράζομαι, αρχίζω, ξεκινάω, συνεχίζω, εξακολουθώ, σταματάω, παύω, συνηθίζω, βλέπω, ακούω, φαίνομαι, δείχνω, μαθαίνω, ξέρω, νιώθω* κ.ά.

ΣΥΝΟΠΤΙΚΗ Ή ΜΗ ΣΥΝΟΠΤΙΚΗ ΥΠΟΤΑΚΤΙΚΗ

μετά από: *είναι καλό/είναι κακό, είναι ευχάριστο/είναι δυσάρεστο, είναι εύκολο/είναι δύσκολο, είναι δυνατό/είναι αδύνατο, είναι πιθανό/είναι απίθανο, είναι ώρα/καιρός, μπορεί, πρέπει, με ενδιαφέρει, επιτρέπεται, απαγορεύεται, χρειάζεται, χωρίς* κ.ά.

ΑΝΩΜΑΛΑ ΡΗΜΑΤΑ

	ΣΥΝΟΠΤΙΚΗ ΥΠΟΤΑΚΤΙΚΗ
βρέχομαι	να βραχώ
βρίσκομαι	να βρεθώ
γίνομαι	να γίνω
δίνομαι	να δοθώ
εφευρίσκομαι	να εφευρεθώ
εύχομαι	να ευχηθώ
κάθομαι	να καθίσω
καίγομαι	να καώ
κόβομαι	να κοπώ
κλέβομαι	να κλαπώ
λέγομαι	να ειπωθώ
ντρέπομαι	να ντραπώ
πλένομαι	να πλυθώ
προβάλλομαι	να προβληθώ
στέκομαι	να σταθώ
στέλνομαι	να σταλθώ
στρέφομαι	να στραφώ
σώζομαι	να σωθώ
τρέφομαι	να τραφώ
τρώγομαι	να φαγωθώ
φαίνομαι	να φανώ
χαίρομαι	να χαρώ

Άσκηση 1

Γίνετε ζευγάρια, ακολουθήστε τα ρήματα που είναι σε συνοπτική υποτακτική και βγείτε από τον λαβύρινθο.

να στηριχτώ	να αστειεύομαι	να λογικευτώ	να φανταστώ	να αστειεύομαι
να ακυρωθείς	να χρειαστεί	να θερμανθούμε	να σταλθούν	να μπερδεύομαι
να δένεστε	να θεραπευτείς	να επηρεάσετε	να εκπαιδεύεσαι	να εξετάζομαι
να ανακατεύομαι	να ειπωθεί	να πικραθούν	να διευκολυνθώ	να γευτούμε
να πορεύομαι	να λούζομαι	να αγωνίζομαι	να βασίζομαι	να τρελαθείτε
να βραβευτείτε	να σηκώνομαι	να πετάξει	να αποδειχτεί	να σηκωθείς

Άσκηση 2
Διάλεξε το σωστό.

0. Μ' ενδιαφέρει να μην πικραστείς / πικραθείς από αυτήν την ιστορία.
1. Περιμένω να ψηθεί / ψηστεί το φαγητό και μετά θα έρθω.
2. Παρά λίγο να απολυστεί / απολυθεί από τη δουλειά της, εξαιτίας της συμπεριφοράς της.
3. Δείτε πώς μπορείτε να μαζέψετε τα σπασμένα γυαλιά χωρίς να κοφτείτε / κοπείτε.
4. Αργώ να συνδεχτώ / συνδεθώ στο ίντερνετ από αυτόν τον υπολογιστή.
5. Δεν μπορώ να βασιχτώ / βασιστώ σε ό,τι λες, γιατί δεν σε εμπιστεύομαι.
6. Πριν από την πτήση είναι απαραίτητο να δεθείς / δεστείς με τη ζώνη.
7. Οφείλει να προστατευτεί / προστατευστεί από τις ιώσεις, γιατί έχει μικρό παιδί.
8. Χρειάζεται καιρός, για να αναπτυχθεί / αναπτυχστεί μια αληθινή σχέση.
9. Τρεις φοιτητές από τη Χιλή έφτιαξαν ένα ποδήλατο που είναι αδύνατο να κλαπεί / κλεφτεί.

Άσκηση 3
Διάλεξε το σωστό.

0. Δεν αντέχω άλλο. Κουράστηκα να ακούσω / ακούω όλο τα ίδια και τα ίδια.
1. Αρχίζω να πιστεύω / πιστέψω ότι μου λέει ψέματα.
2. Της είναι πια πολύ δυσάρεστο να συνεργάζεται / συνεργαστεί μαζί του.
3. Ξεκινάω να ασχολούμαι / ασχοληθώ με μια δουλειά και πάντα κάτι συμβαίνει και διακόπτω.
4. Η Ελένη συνεχίζει να εργαστεί / εργάζεται στην εταιρεία που ήταν.
5. Ο Αντρέας ξέρει να υπερασπίζεται / υπερασπιστεί την άποψή του.
6. Δεν είναι πάντα εύκολο να αποδέχεσαι / αποδεχτείς την αλήθεια.
7. Κοντεύουν να τρελαθούν / τρελαίνονται από τη χαρά τους.
8. Είναι καλό να γυμνάζεσαι / γυμναστείς κάθε μέρα.
9. Παρά λίγο να γράφομαι / γραφτώ κι εγώ σε αυτό το φροντιστήριο.
10. Συνηθίζω να ντύνομαι / ντυθώ με αθλητικά ρούχα, για να είμαι άνετη.
11. Πρέπει να συμβουλευτείς / συμβουλεύεσαι έναν δικηγόρο για την υπόθεσή σου.
12. Τον αδερφό μου τον ενδιαφέρει να ασχοληθεί / ασχολείται με αυτόν τον τομέα.
13. Δεν βλέπω την ώρα να συναντηθούμε / συναντιόμαστε.
14. Είναι αδύνατο να προσληφθείς / προσλαμβάνεσαι σε αυτήν τη δουλειά χωρίς προσόντα.
15. Παρά λίγο να σκοτωθούμε / σκοτωνόμαστε.
16. Περιμένω να κοιμηθούν / κοιμούνται τα παιδιά, για να κάνω μερικές δουλειές στο σπίτι.
17. Μέχρι να ενηλικιωθούν / ενηλικιώνονται τα παιδιά, οι γονείς έχουν πολλές υποχρεώσεις.
18. Ανεβείτε στο χωριό Μπισκίνι (στον δρόμο προς Ζαχάρω) και μη ξεχάσετε να κάθεστε / καθίσετε στο καφενεδάκι με θέα όλη την ακτή και τη λίμνη Καϊάφα.
19. Ζούμε στην Ελλάδα, ταξιδεύουμε στα πανέμορφα πελάγη του Αιγαίου και του Ιονίου και μπορούμε να αξιοποιήσουμε νέες ιδέες και να στραφούμε / στρεφόμαστε σε άλλες λύσεις πέρα από τις κλασικές διακοπές.
20. Πρέπει οπωσδήποτε να βάλετε αντηλιακό με υψηλό δείκτη προστασίας, για να μην καίγεστε / καείτε από τον ήλιο.

Άσκηση 4

***Να, μακάρι ή ας;* Συμπλήρωσε τα κενά.**

0. ___Μακάρι___ να μην πήγαινα σήμερα στη δουλειά!
1. ______________ περάσω στις εξετάσεις!
2. ______________ το πω, ______________ μην το πω;
   Τι ______________ κάνω; ______________ μην το πω τελικά.
3. ______________ φύγω ή ______________ μείνω;
   ______________ μείνω λίγο ακόμη.
4. ______________ να γράψω καλά στις εξετάσεις!
5. Το ______________ γκρινιάζεις όλη την ώρα δεν βγάζει πουθενά.
6. ______________ προσέχεις τα λόγια σου!
7. ______________ να περνούσα στις εξετάσεις!
8. Καθένας ______________ κοιτάζει τη δουλειά του.
9. Και ______________ βραχώ, τι έγινε; ______________ βραχώ.
   Δεν με νοιάζει καθόλου.
10. ______________ σας ζήσει!
11. Καλά ______________ περάσεις!
12. Και τι σε πειράζει αν αργήσω; ______________ αργήσω.
13. Το ______________ αποφασίσει να σας βοηθήσει είναι σημαντικό.
14. Είναι όμορφο το ______________ φροντίζεις κάποιον.
15. ______________ να μη βρέξει και ______________ πάμε στη
    θάλασσα!
16. ______________ να ήταν έτσι!
17. ______________ να είχες έρθει μαζί μας!
18. Πώς ______________ μου φανεί;
19. Βλέπεις τι παθαίνεις με το ______________ μην ακούς κανέναν;
20. ______________ να μου το έλεγες από πριν!
21. ______________ να ήξερα Ιταλικά!
22. ______________ να είναι ψέματα!
23. ______________ ζήσετε!
24. ______________ μην περπατάτε στον δρόμο!
25. ______________ ζει κανείς ή ______________ μη ζει;
26. Τι ______________ θέλει άραγε; Πώς ______________ το μάθω;
    Ποιος ______________ ξέρει πού βρίσκεται...

Άσκηση 5
Διάλεξε το σωστό, όπως στο παράδειγμα.

0 Έμαθα ότι θα έρθεις / να έρθεις το καλοκαίρι στο νησί και χάρηκα πολύ!

1 Δεν έχω μάθει ότι λέω / να λέω ψέματα.

2 Πρέπει να μάθεις να κολυμπάς / ότι κολυμπάς, για να πηγαίνουμε στη θάλασσα.

3 Θυμήσου να πάρεις / ότι πάρεις τα κλειδιά μαζί σου.

4 Ορκίζομαι ότι δεν σε είδα / να μη σε είδα και γι' αυτό δεν σε χαιρέτησα.

5 Δεν νομίζω να φύγει / ότι φύγει τόσο νωρίς.

6 Ξέρεις ότι λέω / να λέω μόνο την αλήθεια.

7 Το μωρό δεν ξέρει ακόμη να μιλάει / ότι μιλάει και ότι περπατάει / να περπατάει.

8 Ξέχασα ότι έβαλα / να έβαλα το φαγητό στο ψυγείο.

9 Μ' έπεισε ότι λέει / να λέει την αλήθεια.

10 Μ' έπεισε ότι λέω / να λέω πάντα την αλήθεια.

11 Μ' έπεισε να πάμε / ότι πάμε διακοπές στο εξωτερικό.

12 Αρνούμαι να πάρω / ότι πάρω μέρος στον αγώνα.

13 Αρνούμαι ότι πήρα / να πήρα μέρος στον αγώνα.

(cd 2, 19)

Άσκηση 6

Άκουσε τους παρακάτω διαλόγους και σημείωσε τι εκφράζουν οι ομιλητές.

	προσταγή	άδεια	έκπληξη / απορία
Να φύγει;			
Να φύγει;			
Να φύγει!			
Να φάμε;			
Να φάμε;			
Να φάμε!			
Να πάμε;			
Να πάμε;			
Να πάμε!			
Να το ανοίξουν;			
Να το ανοίξουν;			
Να το ανοίξουν!			

(cd 2, 20)

Άσκηση 7

Άκουσε τους παρακάτω διαλόγους και σημείωσε ποιοι ομιλητές δείχνουν έκπληξη.

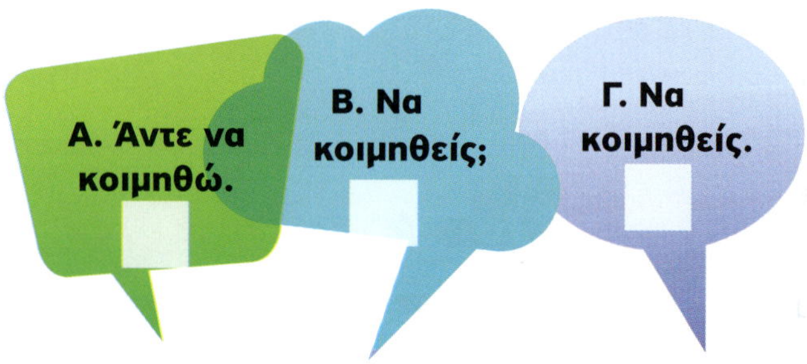

Άσκηση 8

Συμπλήρωσε τα κενά με συνοπτική ή μη συνοπτική υποτακτική.

ΑΝΑΖΗΤΗΣΗ ΕΡΓΑΣΙΑΣ; ΚΑΛΗ ΕΠΙΤΥΧΙΑ!

Για να [0] προσληφθείς (προσλαμβάνομαι) σε μια εταιρεία με καλές προοπτικές, θα πρέπει πρώτα να [1] __________ (αποκτώ) τα απαραίτητα προσόντα. Είναι καταρχήν απαραίτητο να [2] __________ (διαθέτω) τις απαραίτητες σπουδές και ίσως κάποια προϋπηρεσία. Δεν αρκούν, όμως, μόνο αυτά. Στην εποχή μας υπάρχουν άνθρωποι που δυσκολεύονται στην αναζήτηση εργασίας και, παρόλο που δίνουν πολλές συνεντεύξεις, αργούν να [3] __________ (προσλαμβάνομαι) σε μια θέση που τους ικανοποιεί. Πολλοί από αυτούς αναγκάζονται να [4] __________ (εγκαταλείπω) τα όνειρά τους και να [5] __________ (απασχολούμαι) σε μια δουλειά διαφορετική από το αντικείμενο των σπουδών τους. Κάποιοι άλλοι επιμένουν μέχρι να τα [6] __________ (καταφέρνω). Παρακάτω μπορείτε να [7] __________ (διαβάζω) γενικές συμβουλές, χρήσιμες για όλους τους νέους που ενδιαφέρονται να [8] __________ (ακολουθώ) μια πετυχημένη καριέρα.

Ακόμη και μετά τις σπουδές σου, είναι πολύ χρήσιμο να [9] __________ (δεν σταματώ) να ενημερώνεσαι για τις εξελίξεις στον τομέα σου. Θα πρέπει, δηλαδή, να [10] __________ (παρακολουθώ) σχετικά σεμινάρια κι επιμορφώσεις. Ακόμη και κατά τη διάρκεια μιας επιμόρφωσης, μπορεί να [11] __________ (βρίσκομαι) με κάποιους ανθρώπους που θα σε βοηθήσουν στην καριέρα σου. Προτίμησε να [12] __________ (εκπαιδεύομαι) σε κάτι συγκεκριμένο, να [13] __________ (αποκτώ) μια ειδικότητα από την οποία έχει ανάγκη η αγορά. Ακόμη και αν δεν βρεις αμέσως την εργασία που ονειρεύεσαι, απαγορεύεται να [14] __________ (απογοητεύομαι) και να [15] __________ (βαριέμαι). Όσες αποτυχίες κι αν νομίζεις ότι έχεις, μην ξεχνάς ότι αποκλείεται να [16] __________ (δεν στέκομαι) τυχερός ποτέ. Γι' αυτό συνέχισε να [17] __________ (στέλνω) το βιογραφικό σου και να [18] __________ (εφοδιάζομαι) με νέες εμπειρίες. Πολλές φορές βρίσκουμε αυτό που ψάχνουμε, όταν δεν το περιμένουμε. Καλή επιτυχία και κυρίως καλή σταδιοδρομία! Μακάρι να [19] __________ (βρίσκομαι) εκεί που επιθυμείς!!!

Άσκηση 9

Βάλε στη σειρά τις λέξεις και κάνε προτάσεις, όπως στο παράδειγμα.

0. να/μεταπτυχιακή/αύριο/μου/γράφω/Από/τη/ξεκινάω/εργασία

Από αύριο ξεκινάω να γράφω τη μεταπτυχιακή μου εργασία.

1. το/λίγο/ο/απόγευμα/Χτες/αγώνας/παρά/να/ποδοσφαίρου/ακυρωθεί

____

2. να/δυνατές/ακούει/Εξακολουθεί/όταν/φωνές/ταράζεται

____

3. θέμα/Με/πετιέσαι/στο/εκνευρίζει/το/άλλο/από/να/ένα/το

____

4. να/παιδιά/Απαγορεύεται/η/από/αυτή/τροφή/μικρά/καταναλώνεται

____

5. μην/Μακάρι/να/μας/μυστικό/αποκαλυφτεί/το

____

6. ξυπνάμε/κάθε/να/τόσο/νωρίς/Είναι/μέρα/δύσκολο

____

7. έλειψε/του/παραδεχτεί/Λίγο/το/να/λάθος

____

8. επιχείρηση/μου/να/δική/ανοίξω/τη/Ετοιμάζομαι

____

Άσκηση 10

Είσαι φοιτητής/φοιτήτρια και συζητάς μ' έναν φίλο/μια φίλη σου για το πώς μπορείτε να βρείτε εργασία στις διακοπές σας. Σκέφτεστε τι μπορείτε να κάνετε και τι δεν πρέπει να κάνετε, για να έχετε θετικά αποτελέσματα. Χρησιμοποίησε τις παρακάτω φράσεις:

Μακάρι, Μπορώ να, Αρνούμαι να, Λέω να μη(ν), Είναι η σειρά μου να, Είναι καιρός να

ΚΑΤΑΝΟΗΣΗ ΠΡΟΦΟΡΙΚΟΥ ΛΟΓΟΥ

- Τι βλέπεις στις εικόνες;
- Τι πιστεύεις ότι συζητούν στην παρακάτω φωτογραφία;
- Ποιο πιστεύεις ότι θα είναι το θέμα του κειμένου που θα ακούσεις;

Άσκηση 1
Άκουσε τον διάλογο και κράτησε σύντομες σημειώσεις.

(cd 2, 21)

Συμβουλή: Πριν ακούσεις το κείμενο, ρίξε μια ματιά στις προτάσεις, για να εντοπίσεις τα σημεία στα οποία πρέπει να προσέξεις περισσότερο.

0. Όνομα έκθεσης:
«Εκπαίδευση, Απασχόληση, Εργασία και Επιχειρηματικότητα»

1. Στόχοι της έκθεσης: ____________________

2. Φορείς που συμμετέχουν στην έκθεση: ____________________

3. Κοινό στο οποίο απευθύνεται η έκθεση: ____________________

4. Συχνότητα διοργάνωσης της έκθεσης: ____________________

5. Περίοδος διοργάνωσης της έκθεσης: ____________________

6. Αφιέρωμα τελευταίας μέρας: ____________________

Άσκηση 2
Άκουσε ξανά τον διάλογο και κάνε την περίληψή του.

(cd 2, 21)

Λεξιλόγιο

Άσκηση 1

Εκτυπώστε το κείμενο της κατανόησης προφορικού λόγου, γίνετε ζευγάρια, δείτε τις υπογραμμισμένες λέξεις του κειμένου και βρείτε ποιοι από τους παρακάτω ορισμούς περιγράφουν τη σημασία τους.

0. αυτός που έχει τα απαραίτητα προσόντα = κατάλληλος

1. προετοιμάζω μια εκδήλωση = ______

2. υπερβολικά μεγάλος = ______

3. αυτός που βρίσκεται στην κορυφή, ο καλύτερος, πάρα πολύ σημαντικός = ______

4. η δυνατότητα για εξέλιξη, για πρόοδο = ______

5. προσπαθώ να πετύχω κάτι = ______

6. κάνω κάτι μεγαλύτερο ή περισσότερο = ______

7. ασκώ ένα επάγγελμα, αφιερώνω τον χρόνο μου σε κάτι = ______

Άσκηση 2

Γίνετε ζευγάρια, ενώστε τις λέξεις με την ίδια ή παρόμοια σημασία και κάντε προτάσεις με αυτές.

0.	κατάλληλος	**α.**	παρουσιάζω, παίζω/δείχνω	
1.	προβάλλω	**β.**	αρμόδιος, ικανός	0
2.	συμμετέχω	**γ.**	πληροφόρηση	
3.	ενημέρωση	**δ.**	ικανότητα	
4.	εταιρεία	**ε.**	παίρνω μέρος	
5.	δεξιότητα	**στ.**	επιχείρηση	
6.	επιδιώκω	**ζ.**	στοχεύω, αποσκοπώ	

Άσκηση 3

Γίνετε ζευγάρια, ενώστε τις λέξεις με αντίθετη σημασία και κάντε προτάσεις με αυτές.

0.	αυξάνω	**α.**	απέχω	
1.	κατάλληλος	**β.**	μειώνω, ελαττώνω	0
2.	συμμετέχω	**γ.**	ακατάλληλος	
3.	σημαντικός	**δ.**	αδιάφορος	
4.	ενδιαφέρων	**ε.**	ασήμαντος	

Άσκηση 4
Διάβασε τους παρακάτω ορισμούς και συμπλήρωσε τα κενά με τις λέξεις του κρυπτόλεξου.

0. Οι σπουδές πριν από το βασικό πτυχίο λέγονται προπτυχιακές.
1. Οι σπουδές μετά το βασικό πτυχίο, με στόχο την απόκτηση ειδικότερων γνώσεων, λέγονται ______________.
2. Ο σύλλογος, ο οργανισμός που έχει κοινωνικές, πολιτιστικές, επαγγελματικές δραστηριότητες λέγεται ______________.
3. Η επιχείρηση στην οποία συγκεκριμένοι άνθρωποι εργάζονται μαζί κι έχουν κοινό στόχο λέγεται ______________.
4. Αυτός που συμμετέχει σε μια έκθεση, παρουσιάζοντας τα έργα του λέγεται ______________.
5. Όταν στρέφομαι σε κάποιον για βοήθεια, πληροφορία, τότε ______________ σ' αυτόν.

0	Π	Ρ	Ο	Π	Τ	Υ	Χ	Ι	Α	Κ	Ε	Σ	Ο	Π	Η	Υ	Χ
1	Μ	Ε	Τ	Α	Π	Τ	Υ	Χ	Ι	Α	Κ	Ε	Σ	Ι	Τ	Τ	Υ
2	Δ	Φ	Ε	Ρ	Υ	Ι	Θ	Ν	Μ	Φ	Ο	Ρ	Ε	Α	Σ	Ι	Θ
3	Ε	Τ	Ε	Τ	Α	Ι	Ρ	Ε	Ι	Α	Δ	Ο	Υ	Λ	Ε	Ι	Ρ
4	Α	Π	Ε	Κ	Θ	Ε	Τ	Η	Σ	Τ	Η	Λ	Ο	Ρ	Ι	Ε	Τ
5	Δ	Α	Π	Ε	Υ	Θ	Υ	Ν	Ο	Μ	Α	Ι	Κ	Ε	Ρ	Θ	Υ

Άσκηση 5
Βρες σε ποια/ποιες από τις παρακάτω προτάσεις η υπογραμμισμένη λέξη έχει την ίδια σημασία με αυτή που έχει στο παράδειγμα και ποια είναι η σημασία της στις υπόλοιπες προτάσεις.

1. Κατά τη διάρκεια του καλοκαιριού φιλοξενούσαμε στο σπίτι τη γιαγιά και τον παππού.

α. Όταν πηγαίνω στο χωριό, φιλοξενούμαι στο σπίτι της θείας μου.
β. Οι άστεγοι, εξαιτίας των σεισμών, φιλοξενήθηκαν στο στάδιο και στα σχολικά κτίρια.
γ. Ο ξενώνας μπορεί να φιλοξενήσει τριάντα άτομα.
δ. Το περιοδικό φιλοξενεί συχνά στις σελίδες του αφιερώματα για την Ελλάδα.

2. Το αυτοκίνητο έφυγε από την πορεία του κι έτσι έγινε το ατύχημα.

α. Στην πορεία του λεωφορείου βρέθηκε ένα κοπάδι πρόβατα.
β. Η πορεία της οικονομίας μας πηγαίνει πολύ καλύτερα.
γ. Σίγουρα θα παρουσιαστούν κάποιες δυσκολίες στην πορεία. Είμαι βέβαιη, όμως, ότι θα τις αντιμετωπίσουμε.
δ. Παρόλο που ξεκίνησε με πολλές δυσκολίες, είχε μια πολύ καλή πορεία στην επαγγελματική του ζωή.
ε. Χιλιάδες άνθρωποι έκαναν πορεία ειρήνης το απόγευμα της Τετάρτης.

Άσκηση 6
Γίνετε ζευγάρια. Πηγαίνετε στην ιστοσελίδα www.greek-language.gr/greekLang/modern_greek/tools/corpora/corpora/search.html. Πληκτρολογήστε τη λέξη *ασχολούμαι* και βρείτε παραδείγματα με τις διαφορετικές σημασίες της λέξης.

Άσκηση 7
Συμπλήρωσε τα κενά με την κατάλληλη λέξη.

πληροφορία/πληροφόρηση

0. Έχω μια εμπιστευτική ____πληροφορία____ την οποία σκέφτομαι να σου πω, αλλά σε παρακαλώ πολύ να μην τη πεις πουθενά.
1. Δεν είμαι και πολύ βέβαιος ότι αυτό που μου λες είναι αξιόπιστη ή διασταυρωμένη ________________.
2. Υπάρχει ελλιπής ________________ των καταναλωτών για τα δικαιώματά τους.
3. Έχω αποκλειστικές ________________ για την επίσκεψη ενός διάσημου ηθοποιού στη χώρα μας, αλλά δεν μπορώ να σου πω περισσότερα.

ασχολία/απασχόληση

4. Έκανε οικογένεια και έχει πολλές ________________.
5. Στην εφημερίδα μας μπορείτε να αναζητήσετε θέσεις εργασίας για μερική ή ολική ________________.
6. Σε νέα μελέτη διαπιστώθηκε ότι οι άνθρωποι που παίζουν μουσική, ζωγραφίζουν ή κάνουν άλλες δημιουργικές ________________ νιώθουν πιο ικανοποιημένοι με τη ζωή τους.

εργασία/επάγγελμα

7. ________________ μέσω διαδικτύου. Πώς να αποκτήσεις εισόδημα δουλεύοντας από το σπίτι!
8. Αφού τελειώσεις τη σχολή, πρέπει να βγάλεις άδεια άσκησης ________________.
9. Ποιο είναι το ωράριο ________________ σας;
10. Δεν μου αρέσει το ελεύθερο ________________. Προτιμώ να είμαι υπάλληλος.
11. Πάρε μέρος στον διαγωνισμό και διεκδίκησε μια θέση ________________.

οργανώνω/διοργανώνω

12. Όταν γράφεις ένα κείμενο, πρέπει πρώτα να ________________ τη σκέψη και τα επιχειρήματά σου.
13. ________________ τις διακοπές σας και περάστε αξέχαστες μέρες κάνοντας κατασκήνωση.
14. Το σχολείο μας ________________ μια γιορτή για τις απόκριες.
15. Ποιος ________________ αυτό το συνέδριο;

Άσκηση 8
Διάλεξε δύο (2) ομάδες λέξεων από αυτές της άσκησης 7 και βρες παραδείγματα με τη χρήση τους από τα σώματα κειμένων στην ιστοσελίδα www.greek-language.gr/greekLang/modern_greek/tools/corpora/corpora/search.html.

Άσκηση 9

Ποιες από τις παρακάτω φράσεις είναι Σωστές και ποιες Λάθος;

0. Πρέπει να κάνω έναρξη επαγγέλματος πριν ανοίξω την επιχείρησή μου. Σ

1. Η πληροφόρηση που έχει είναι απολύτως έγκυρη. ____

2. Μετά το Πανεπιστήμιο έκανε μεταπτυχιακές σπουδές στο εξωτερικό. ____

3. Έχει πολλές απασχολήσεις τώρα που έγινε διευθύντρια στο σχολείο. ____

4. Ο Κώστας είναι μάστορας και γι' αυτό φοράει πάντα στολή επαγγέλματος, όταν πηγαίνει στη δουλειά του. ____

5. Περισσότεροι από 100 εκθέτες συμμετείχαν στην έκθεση βιβλίου. ____

Άσκηση 10

Γίνετε ζευγάρια και ενώστε τις λέξεις, για να κάνετε φράσεις που χρησιμοποιούνται πολύ συχνά. Με μερικές λέξεις μπορείτε να κάνετε περισσότερους από έναν συνδυασμούς. Μετά γράψτε προτάσεις με τις φράσεις που κάνατε.

0. αγορά
1. εξ αποστάσεως
2. επαγγελματικός
3. εργασιακό
4. κοινωνικός
5. λαμβάνω
6. εκπαιδευτικό
7. συμβουλευτική
8. πρόγραμμα
9. μεταπτυχιακό
10. συνθήκες

	κατάρτιση
	μάθηση
	εκπαίδευση
	προσανατολισμός
0	εργασίας
	λειτουργός
	περιβάλλον
	χώρα
	πρόγραμμα
	καριέρας
	σπουδών

Άσκηση 11

Συμπλήρωσε τα κενά με τις παρακάτω λέξεις.

~~εταιρεία~~, συμμετείχαν, προοπτικές, δεξιότητες, επιδιώξω, φορέων, διοργανώνει, κατάλληλη, μεταπτυχιακές, κορυφαίους, ασχολήθηκα, εκθέτες, κατάρτιση

Επισκέφτηκα την έκθεση με έναν φίλο μου πριν από δύο χρόνια. Εκείνο το διάστημα εργαζόμουν σε μια πολυεθνική [0] ___εταιρεία___ και δεν είχα ανάγκη από δουλειά. Πήγα με τον φίλο μου που έψαχνε δουλειά και ήθελε παρέα. Εντυπωσιάστηκα από την οργάνωση της έκθεσης. Εκείνη τη χρονιά [1] ____________ πάρα πολλοί [2] ____________ και όλα τα περίπτερα είχαν πολύ μεγάλο ενδιαφέρον. Μου άρεσε ιδιαίτερα το περίπτερο που ήταν αφιερωμένο στις [3] ____________ σπουδές στο εξωτερικό.

Εκεί πληροφορήθηκα για το μεταπτυχιακό που παρακολούθησα στη συνέχεια και μου άνοιξε νέες [4] ____________ στην εργασία μου. Κατά τη διάρκεια των σπουδών μου [5] ____________ με ζητήματα που αφορούν την οργάνωση και διοίκηση εκπαιδευτικών [6] ____________. Παρακολούθησα μαθήματα με [7] ____________ επιστήμονες και η [8] ____________ που πήρα ήταν ιδιαίτερα [9] ____________, για να εργαστώ σε έναν φορέα που [10] ____________ εξ αποστάσεως μαθήματα. Ανέπτυξα τις επικοινωνιακές μου [11] ____________ και μετά το τέλος των σπουδών μου χωρίς να το [12] ____________, μου πρότειναν τη θέση που έχω σήμερα στην εργασία μου: διευθυντικό στέλεχος ιδιωτικού Πανεπιστημίου. Πραγματικά χρωστάω πολλά στον φίλο μου που με πήγε στην έκθεση!

Άσκηση 12

(cd 2, 22)

Τώρα άκουσε το παραπάνω κείμενο και σημείωσε ποιες λέξεις/φράσεις αντικαθιστούν τις λέξεις που συμπλήρωσες στα κενά του.

Άσκηση 13

Συζητάς με τον συμμαθητή/τη συμμαθήτριά σου για τα βήματα που πρέπει να κάνετε, για να βρείτε εργασία, όταν τελειώσετε τις σπουδές σας.

Άσκηση 14

Γίνετε ζευγάρια, δείτε τις παρακάτω λέξεις και συμπληρώστε τα κενά κάθε σειράς του πίνακα με λέξεις που ανήκουν στην ίδια οικογένεια.

συμβουλεύω, προβολή, επιδίωξη, διοργάνωση, αύξηση, φιλοξενούμενος, επίσκεψη, προσανατολισμένος, κορυφή, επενδυτής, εκθέτω, εγκαινιάζω, προσφορά, συμβουλή, ~~άσκηση~~, ασκούμενος, αγοράζω, αναζήτηση, εργάζομαι, προγραμματίζω, φιλοξενία, επάγγελμα, προσανατολίζω, επισκέπτομαι, συμμετέχω, αγοραστής, γνωρίζω, εργατικός, διαφήμιση, διαφημιστικός, επένδυση, εκθέτης, γνωριμία, φιλόξενος, αγοραστικός, προγραμματισμένος, εκθεσιακός, κορυφώνω, προγραμματισμός, εργασιακός

ρήμα	ουσιαστικό	επίθετο
ασκώ	0 άσκηση	1 ______
2 ______	αγορά, 3 ______	4 ______
5 ______	εργασία	6 ______, 7 ______
8 ______	πρόγραμμα, 9 ______	10 ______
προσφέρω	11 ______	-
φιλοξενώ	12 ______	13 ______, 14 ______
15 ______	16 ______	συμβουλευτικός
-	17 ______	επαγγελματικός
18 ______	προσανατολισμός	19 ______
αναζητώ	20 ______	-
21 ______	επισκέπτης, 22 ______	-
23 ______	συμμετοχή	-
24 ______	25 ______	κορυφαίος
26 ______	έκθεση, 27 ______	28 ______
επιδιώκω	29 ______	-
αυξάνω	30 ______	-
31 ______	γνώση, 32 ______	-
-	πορεία	-
προβάλλω	33 ______	-
διαφημίζω	34 ______	35 ______
διοργανώνω	36 ______	-
37 ______	εγκαίνια	-
επενδύω	38 ______, 39 ______	-

Άσκηση 15

Συμπλήρωσε τα κενά, όπως στο παράδειγμα.

Συμβουλευτική και Επαγγελματικός Προσανατολισμός

Η Διά βίου [0] Συμβουλευτική (συμβουλεύω) και ο Επαγγελματικός Προσανατολισμός είναι η συστηματική βοήθεια που επιτρέπει στο άτομο σε οποιαδήποτε στιγμή της ζωής του να παίρνει εκπαιδευτικές και [1] ________________ (επάγγελμα) αποφάσεις αλλά και αποφάσεις για την εκπαίδευσή του. Μέσα από [2] ________________ (προγραμματίζω) επαγγελματικού προσανατολισμού το άτομο γίνεται πιο ώριμο. Συνειδητοποιεί τις [3] ________________ (γνωρίζω), τις ικανότητες, τις δεξιότητες, τα ενδιαφέροντα και τις αξίες του. Αποκτά, λοιπόν, την ικανότητα να σχεδιάζει αποτελεσματικά τη σταδιοδρομία του. Έτσι, έχει μεγαλύτερη ισορροπία ανάμεσα στην προσωπική και την [4] ________________ (επάγγελμα) του ζωή. Η Συμβουλευτική και ο Επαγγελματικός [5] ________________ (προσανατολίζω) αποτελούν έναν θεσμό, ο οποίος είναι ενεργός σε όλη την επαγγελματική [6] ________________ (πορεύομαι) του ατόμου. Για αυτόν τον λόγο αποκαλείται Διά βίου Συμβουλευτική και Επαγγελματικός Προσανατολισμός.

Τα προγράμματα επαγγελματικού προσανατολισμού [7] ________________ (επιδίωξη) κι επιτυγχάνουν την [8] ________________ (αυξάνω) των επαγγελματικών προοπτικών των ανθρώπων. Οι ομάδες που ωφελούνται από τις υπηρεσίες είναι:

- μαθητές
- φοιτητές και σπουδαστές
- άνεργοι που βρίσκονται σε [9] ________________ (αναζητώ) εργασίας
- άνεργοι που επιθυμούν να ενταχθούν στην [10] ________________ (αγοράζω) εργασίας
- γονείς που επιθυμούν να κατανοήσουν τις ανάγκες των εφήβων και να τους στηρίξουν ουσιαστικά στις αποφάσεις τους
- ειδικές ομάδες του πληθυσμού (ΑμεΑ, μετανάστες, κλπ.)

Πηγή: Διασκευή κειμένου από:
http://www.eoppep.gr

Άσκηση 16

Διάλεξε δέκα (10) λέξεις από τον πίνακα της άσκησης 14 και κάνε μια άσκηση, όπως η άσκηση 15. Ζήτησε από τον συμμαθητή/τη συμμαθήτριά σου να συμπληρώσει τα κενά της άσκησής σου και κάνε το ίδιο με τη δική του/της άσκηση.

Γραμματική: ΠΡΟΣΤΑΚΤΙΚΗ

Άκουσε το κείμενο και συμπλήρωσε τα κενά, για να απαντήσεις στην ερώτηση που ακολουθεί.

(cd 2, 23)

ΣΥΜΒΟΥΛΕΣ ΠΡΟΣ ΑΝΕΡΓΟΥΣ

«(0) Επισκεφθείτε την έκθεση και (1) ______ για οτιδήποτε αφορά την καριέρα σας».

«Μάθετε τι ζητά η αγορά εργασίας και (2) ______ με τα απαραίτητα προσόντα».

«(3) ______ από τα λάθη σας. Μην κάνετε τα ίδια σφάλματα ξανά και ξανά».

«(4) ______ ότι έχετε γράψει σωστά το βιογραφικό σας».

«(5) ______ σε πολλές ιστοσελίδες, για να ενημερώνεστε σχετικά με τις νέες θέσεις εργασίας».

«(6) ______ την επισκεψιμότητα των ιστοσελίδων μας και (7) ______ μέσα από αυτές!».

«Και το σημαντικότερο από όλα! (8) ______, αν δεν τα καταφέρετε αμέσως. Στις δύσκολες στιγμές της προσπάθειάς σας, (9) ______ αυτό. Αφού ψάχνετε και προσπαθείτε, θα βρείτε σίγουρα εργασία!».

Ερώτηση:

1. Ποιες συμβουλές δίνουν οι ειδικοί σε θέματα αναζήτησης εργασίας;

	ΣΥΝΟΠΤΙΚΗ ΠΡΟΣΤΑΚΤΙΚΗ ΕΝΕΡΓΗΤΙΚΗΣ / ΠΑΘΗΤΙΚΗΣ ΦΩΝΗΣ	
	Σχηματισμός: θέμα αορίστου ενεργητικής/παθητικής φωνής + καταλήξεις προστακτικής	
	β΄ πρόσωπο ενικού	**β΄ πρόσωπο πληθυντικού**
ιδρύω	ίδρυσε	ιδρύστε
ιδρύομαι	ιδρύσου	ιδρυθείτε
ντύνω	ντύσε	ντύστε
ντύνομαι	ντύσου	ντυθείτε
κλείνω	κλείσε	κλείστε
κλείνομαι	κλείσου	κλειστείτε
πείθω	πείσε	πείστε
πείθομαι	πείσου	πειστείτε
αναγκάζω	ανάγκασε	αναγκάστε
αναγκάζομαι	αναγκάσου	αναγκαστείτε *
διαψεύδω	διάψευσε	διαψεύστε
διαψεύδομαι	διαψεύσου	διαψευστείτε *
διδάσκω	δίδαξε	διδάξτε
διδάσκομαι	διδάξου	διδαχτείτε *
ανοίγω	άνοιξε	ανοίξτε
ανοίγομαι	ανοίξου	ανοιχτείτε *
τρέχω	τρέξε	τρέξτε
αποδέχομαι	αποδέξου	αποδεχτείτε *
στριμώχνω	στρίμωξε	στριμώξτε
στριμώχνομαι	στριμώξου	στριμωχτείτε *
αναπτύσσω	ανάπτυξε	αναπτύξτε
αναπτύσσομαι	αναπτύξου	αναπτυχτείτε *
κηρύττω	κήρυξε	κηρύξτε
κηρύττομαι	κηρύξου	κηρυχτείτε *
ταράζω	τάραξε	ταράξτε
ταράζομαι	ταράξου	ταραχτείτε *
εγκαταλείπω	εγκατάλειψε	εγκαταλείψτε
κρύβω	κρύψε	κρύψτε
κρύβομαι	κρύψου	κρυφτείτε *
γράφω	γράψε	γράψτε
γράφομαι	γράψου	γραφτείτε *
αποκαλύπτω	αποκάλυψε	αποκαλύψτε
αποκαλύπτομαι	αποκαλύψου	αποκαλυφτείτε *

* σε πιο επίσημο ύφος τα -*στ*, -*χτ*, -*φτ*, -*ευτ* γίνονται αντίστοιχα -*σθ*, -*χθ*, -*φθ*, -*ευθ*

	ΣΥΝΟΠΤΙΚΗ ΠΡΟΣΤΑΚΤΙΚΗ ΕΝΕΡΓΗΤΙΚΗΣ / ΠΑΘΗΤΙΚΗΣ ΦΩΝΗΣ	
	β΄ πρόσωπο ενικού	**β΄ πρόσωπο πληθυντικού**
μπερδεύω	μπέρδεψε	μπερδέψτε
μπερδεύομαι	μπερδέψου	μπερδευτείτε *
δεσμεύω	δέσμευσε	δεσμεύστε
δεσμεύομαι	δεσμεύσου	δεσμευτείτε *
ζεσταίνω	ζέστανε	ζεστάνετε
ζεσταίνομαι	–	ζεσταθείτε
απολυμαίνω	απολύμανε	απολυμάνετε
απολυμαίνομαι	απολυμάνσου	απολυμανθείτε
αυξάνω	αύξησε	αυξήστε
αυξάνομαι	αυξήσου	αυξηθείτε
αισθάνομαι	αισθάνσου	αισθανθείτε
αποθαρρύνω	αποθάρρυνε	αποθαρρύνετε
αποθαρρύνομαι	αποθαρρύνσου	αποθαρρυνθείτε
θυμάμαι (κοιμάμαι, λυπάμαι, φοβάμαι)	θυμήσου	θυμηθείτε
αγαπώ	αγάπησε	αγαπήστε
αγαπιέμαι	αγαπήσου	αγαπηθείτε
(απαντώ, γεννώ, κολλώ, κρατώ, μελετώ, μετρώ, νικώ, πουλώ, ρωτώ, χτυπώ, θεωρώ)		
ξεχνώ	ξέχασε	ξεχάστε
ξεχνιέμαι	ξεχάσου	ξεχαστείτε
τραβώ	τράβηξε	τραβήξτε
τραβιέμαι	τραβήξου	τραβηχτείτε
πετώ	πέταξε	πετάξτε
πετιέμαι	πετάξου	πεταχτείτε
θεωρώ	θεώρησε	θεωρήστε
θεωρούμαι	θεωρήσου	θεωρηθείτε
αφαιρώ	αφαίρεσε	αφαιρέστε
αφαιρούμαι	αφαιρέσου	αφαιρεθείτε
(διαιρώ, εξαιρώ, επαινώ, φορώ, παραπονούμαι)		

ΑΝΩΜΑΛΑ ΡΗΜΑΤΑ	
	ΣΥΝΟΠΤΙΚΗ ΠΡΟΣΤΑΚΤΙΚΗ
γίνομαι	γίνε – γίνετε
εύχομαι	ευχήσου – ευχηθείτε
κάθομαι	κάθισε – καθίστε
πλένομαι	πλύσου – πλυθείτε
στέκομαι	στάσου – σταθείτε
στρέφομαι	στρέψου – στραφείτε
σώζομαι	σώσου – σωθείτε

Άσκηση 1

Γίνετε ζευγάρια, ακολουθήστε τα ρήματα που είναι σε συνοπτική προστακτική παθητικής φωνής και βγείτε από τον λαβύρινθο.

κρεμαστείτε	φορέστε	τραβήξτε	ρώτησε	κλείσε
αφαιρέσου	ξεκίνησε	αισθανθείτε	αποκαλύψου	κρύψου
ξεχαστείτε	οδηγηθείτε	ζεσταθείτε	πάντρεψε	συνδέσου
εκπαιδεύστε	άκουσε	πουλήστε	πηδήξτε	στριμώξου
περίμενε	μπερδέψτε	θυμήσου	κήρυξε	ανακατευτείτε
διαίρεσε	σηκώστε	λογικέψου	ταράξτε	αστειεύσου

Άσκηση 2
Διάλεξε το σωστό.

0. Να ο καθρέφτης! Καθρεφτίσου / Καθρεφτίζεσαι και θα δεις.
1. Συντονιστείτε / Συντονίζεστε στη συχνότητα και απολαμβάνετε / απολαύστε την εκπομπή μας.
2. Βασίζεσαι / Βασίσου πάνω μου και όλα θα πάνε καλά.
3. Χωρίζεστε / Χωριστείτε σε ομάδες και κάντε την άσκηση.
4. Γράψου / Γράφε σε ένα γυμναστήριο και θα αδυνατίσεις αμέσως.
5. Προστατεύσου / Προστάτευσε από τις ακτίνες του ήλιου με ένα καλό αντηλιακό.
6. Ασχολήσου / Ασχοληθείτε και με κάτι άλλο! Δεν βαρέθηκες όλο τα ίδια και τα ίδια;
7. Παραιτείσαι / Παραιτήσου από αυτήν τη δουλειά. Δεν είναι για σένα. Μπορείς να βρεις κάτι καλύτερο.

Άσκηση 3
Γράψε τις παρακάτω προτάσεις στον άλλο αριθμό.

0. Γυμνάσου τρεις φορές την εβδομάδα. Θα αλλάξει η εμφάνιση και κυρίως η διάθεσή σου.
   Γυμναστείτε τρεις φορές την εβδομάδα. Θα αλλάξει η εμφάνιση και κυρίως η διάθεσή σας.
1. Αποδεχτείτε τον εαυτό σας όπως είναι και όλα θα γίνουν πιο εύκολα.
   ____
2. Συμβουλέψου κάποιον ειδικό, αν δεν μπορείς μόνος σου να λύσεις το πρόβλημά σου.
   ____
3. Διαφημίσου μέσα από την ιστοσελίδα της εταιρείας μας.
   ____
4. Διδαχτείτε από τα λάθη σας.
   ____
5. Εξοπλίσου με την απαραίτητη υπομονή και όλα θα γίνουν στην ώρα τους.
   ____
6. Κοιμηθείτε! Είναι πολύ αργά.
   ____
7. Παιδί μου, πλύσου, είσαι πολύ βρόμικος.
   ____
8. Στάσου μισό λεπτό! Έρχομαι!
   ____

Άσκηση 4
Ξαναγράψε τις παρακάτω προτάσεις, όπως στο παράδειγμα.

0. Μαρία, πρέπει να χτενιστείς πριν βγεις από το σπίτι. Είσαι αχτένιστη.
   Μαρία, χτενίσου πριν βγεις από το σπίτι. Είσαι αχτένιστη.
1. Πρέπει να εφοδιαστείς με όλα τα απαραίτητα προσόντα, πριν ξεκινήσεις την αναζήτηση εργασίας!
   ____
2. Θέλω να εξαφανιστείς τώρα! Δεν μπορώ ούτε να σε βλέπω.
   ____
3. Πρέπει να ξεκουραστείς και λίγο από το γυμναστήριο. Μην κάνεις όλες τις ασκήσεις.
   ____
4. Πρέπει πρώτα να λουστείς, πριν πας στο κομμωτήριο.
   ____
5. Μπορείς να δανειστείς κάποια χρήματα από μένα και μπορείς να μου τα επιστρέψεις, όποτε μπορείς.
   ____
6. Πρέπει να κουρευτείς. Τα μαλλιά σου είναι πολύ μακριά.
   ____

Άσκηση 5
Συμπλήρωσε τα κενά, όπως στο παράδειγμα.

0. Σκεπάσου (σκεπάζομαι), αγόρι μου, κάνει κρύο το βράδυ.
1. Εγώ θα μετρήσω μέχρι το δέκα, εσείς ______ (κρύβομαι) και θα ψάξω να σας βρω.
2. ______ (σκουπίζομαι) καλά. Έχεις νερά στο πρόσωπό σου.
3. Παιδιά, ______ (εύχομαι) μου καλή επιτυχία! Αύριο δίνω εξετάσεις.
4. ______ (σιγουρεύομαι) ότι δεν έχεις κάτι άλλο να γράψεις και παράδωσε το γραπτό σου.
5. ______ (εμβολιάζομαι), για να αποφύγετε τους κινδύνους που κρύβει ο ιός της γρίπης.
6. ______ (ετοιμάζομαι) γρήγορα, γιατί θα αργήσεις.
7. ______ (αγκαλιάζομαι), να σας βγάλω μια φωτογραφία.
8. ______ (βολεύομαι) σαν στο σπίτι σας.
9. ______ (θυμάμαι) να βάλεις αλάτι στο φαγητό.

Άσκηση 6

Συμπλήρωσε τα κενά με προστακτική ή υποτακτική.

Είσαι νέος 18-25 χρονών και θέλεις 0 ___να ανοίξεις___ (ανοίγω) **τη δική σου επιχείρηση; Αν έχεις κάποια έξυπνη επιχειρηματική ιδέα και χρειάζεσαι κάποιον** 1 ____________ (επιδοτώ) **το σχέδιο σου,** 2 ____________ (επισκέπτομαι) **την ιστοσελίδα μας.** 3 ____________ (ενημερώνομαι) **για τα προγράμματα επιχορηγήσεων που έχουμε και** 4 ____________ (συμπληρώνω) **την αίτηση συμμετοχής. Θα χρειαστεί** 5 ____________ (περιγράφω) **το επιχειρηματικό σου σχέδιο. Θα πρέπει οπωσδήποτε** 6 ____________ (αναφέρομαι) **στις δαπάνες και στα οφέλη που θα προκύψουν από αυτό. Οι 20 καλύτερες προτάσεις πρόκειται** 7 ____________ (παρουσιάζομαι) **σε μια εκδήλωση που θα πραγματοποιηθεί στις 30 Ιουνίου στο εκθεσιακό κέντρο της εταιρείας μας. Οι 3 καλύτερες προτάσεις, σύμφωνα με τη γνώμη του κοινού που θα παρακολουθήσει την εκδήλωση, πρόκειται** 8 ____________ (χρηματοδοτώ) **με 30.000 ευρώ η καθεμιά.**

ΠΑΡΑΓΩΓΗ ΠΡΟΦΟΡΙΚΟΥ ΛΟΓΟΥ

Άσκηση 1

Γίνετε ζευγάρια και απαντήστε στις παρακάτω ερωτήσεις.

- Πόσο σημαντικό είναι το μάθημα του Σχολικού Επαγγελματικού Προσανατολισμού;
- Πιστεύεις ότι το σχολείο προετοιμάζει τους μαθητές για την επαγγελματική τους ζωή;
- Αποφάσισες ποιο επάγγελμα θα ήθελες να ακολουθήσεις;
- Αν έπρεπε να επιλέξεις, ποια δουλειά θα προτιμούσες; Κάποια που να σου δίνει χρήματα ή κάποια που να σου προσφέρει προσωπική ικανοποίηση;
- Γνωρίζεις τι είναι ο σχολικός ή ο επαγγελματικός εκφοβισμός; Έχεις υπάρξει ποτέ μάρτυρας κάποιου περιστατικού; Πώς νομίζεις ότι μπορούμε να στηρίζουμε τα θύματα περιστατικών εκφοβισμού;

Άσκηση 2

Διάβασε τις παρακάτω φράσεις. Ποιες είναι οι πιο κατάλληλες για σένα;

Εργασία είναι...	
δημιουργικότητα.	
επιβίωση.	
καταναγκασμός.	
δουλεία.	
χαρά.	

Άσκηση 3

Απάντησε στις ερωτήσεις και περίγραψε τις φωτογραφίες.

- Τι κάνουν οι άνθρωποι σε κάθε φωτογραφία;
- Ποιες είναι οι συνθήκες εργασίας σε κάθε φωτογραφία;
- Πώς είναι ντυμένοι οι εργαζόμενοι σε κάθε φωτογραφία;
- Ποια είναι τα πλεονεκτήματα και ποια τα μειονεκτήματα των επαγγελμάτων στις δύο φωτογραφίες;
- Εσύ σε ποια από τις δύο φωτογραφίες θα ήθελες να βρίσκεσαι;

Χρήσιμο λεξιλόγιο

- χτίζω, κάνω καριέρα
- καλή σταδιοδρομία
- εισόδημα (υψηλό, χαμηλό)
- συνθήκες εργασίας
- προσόντα
- εμπειρία εργασίας
- δεξιότητα
- ικανότητα
- κέρδος
- αγορά εργασίας
- ευθύνη
- επένδυση
- ανταμοιβή
- επαγγελματική ζωή
- επαγγελματική σχέση
- ευκαιρία ζωής
- από στόμα σε στόμα
- κομμένη και ραμμένη στα μέτρα σου
- κερδίζω χρήματα
- προσλαμβάνω
- απολύω
- παραιτούμαι
- αποφοιτώ
- σπουδάζω
- πρόγραμμα σπουδών
- αίτηση
- τμήμα
- καλοπληρωμένος
- υποψήφιος
- ειδικότητα
- διευθυντής
- καθήκον
- προαγωγή
- στοχεύω
- κερδίζω χρήματα

(cd 2, 24)

Άσκηση 4
Άκουσε τον διάλογο και κράτησε σύντομες σημειώσεις.

0. Θέμα συζήτησης: ______________________

1. Περιγραφή προβλήματος: ______________________

2. Προτεινόμενες λύσεις: ______________________

(cd 2, 24)

Άσκηση 5
Άκουσε ξανά τον διάλογο και κάνε την περίληψή του.

Χρήσιμο λεξιλόγιο

- εμπιστοσύνη
- θυμός
- κοροϊδεύω
- παρατσούκλι
- κατανόηση
- εκμυστηρεύομαι
- ζητώ βοήθεια

Άσκηση 6
Δες με προσοχή τις εικόνες και περίγραψέ τες.

1

2

Άσκηση 7
Γίνετε ζευγάρια και συζητήστε τα παρακάτω θέματα.

Συζήτηση 1

Συνομιλητής/Συνομιλήτρια Α

Είσαι διευθυντής/διευθύντρια σε μια εταιρεία βιολογικών προϊόντων και ψάχνεις κάποιον για τη θέση του υπεύθυνου/της υπεύθυνης προώθησης των προϊόντων σας στο εξωτερικό. Παίρνεις συνέντευξη από έναν υποψήφιο/μια υποψήφια για τη θέση. Ρωτάς για τις σπουδές του/της, τις ικανότητές, τα ενδιαφέροντά του/της και δίνεις τις απαραίτητες διευκρινίσεις που ζητάει.

Συνομιλητής/Συνομιλήτρια Β

Μια εταιρεία βιολογικών προϊόντων ζητά κάποιον για τη θέση του υπεύθυνου/της υπεύθυνης προώθησης των προϊόντων της στο εξωτερικό. Πηγαίνεις να δώσεις συνέντευξη για τη θέση. Μιλάς για τις σπουδές σου, τις ικανότητές και τα ενδιαφέροντά σου και ζητάς διάφορες διευκρινίσεις για τη θέση αυτή.

Χρήσιμο λεξιλόγιο

- Περάστε!
- Ενδιαφέρεστε για τη θέση του υπεύθυνου προώθησης προϊόντων, έτσι δεν είναι;
- Είναι υποχρεωτική η παρουσία σας στο γραφείο.
- Χωρίς να είμαι απολύτως σίγουρος...
- Δεν είμαι καθόλου σίγουρος.
- Βρίσκω ενδιαφέρον το βιογραφικό σας.
- Αυτό μου αρκεί.
- Αυτό είναι αρκετό.
- Δεν με πειράζει να περιμένω.

Συζήτηση 2

Συνομιλητής/Συνομιλήτρια Α

Ένας/Μια συνάδελφός σου είναι θύμα εργασιακού εκφοβισμού. Σε πλησιάζει και σου μιλά για τα προβλήματα που έχει με τον διευθυντή της εταιρείας, αλλά και με συγκεκριμένους συναδέλφους σας. Τον/Την ακούς προσεκτικά, ζητάς διευκρινίσεις και προτείνεις διάφορες λύσεις, για να ξεπεράσει το πρόβλημά του/της.

Συνομιλητής/Συνομιλήτρια Β

Εδώ και αρκετό καιρό έχεις πέσει θύμα εκφοβισμού στον εργασιακό σου χώρο. Πλησιάζεις έναν/μια συνάδελφό σου και τον/της μιλάς για τα προβλήματα που έχεις με τον διευθυντή της εταιρείας, αλλά και με συγκεκριμένους συναδέλφους σου. Του/Της λες λεπτομέρειες για το πρόβλημα που έχεις και του/της ζητάς να σε βοηθήσει προτείνοντάς σου κάποια λύση.

Χρήσιμο λεξιλόγιο

- Συγγνώμη για την ενόχληση.
- Συγγνώμη που σας ενοχλώ.
- Ποια είναι η γνώμη σου;
- Ποια είναι η δική σου άποψη;
- Τι πιστεύεις;
- Τι λες για όλα αυτά;
- Το είδα με τα μάτια μου.
- Το άκουσα με τα αυτιά μου.
- Το ενδιαφέρον σου με συγκινεί.
- Τι ντροπή να σου φέρονται με αυτόν τον τρόπο!
- Πρέπει να έχουν ενοχές.
- Πρέπει να νιώθουν τύψεις.
- Σε πόνεσαν.
- Σε πλήγωσαν.
- Μη φοβάσαι! Μίλα μου!

ΠΑΡΑΓΩΓΗ ΓΡΑΠΤΟΥ ΛΟΓΟΥ

Άσκηση 1

Διάβασε το κείμενο, βρες τις επιπλέον λέξεις και διάγραψέ τες. Οι λέξεις που πρέπει να διαγράψεις είναι έξι (6).

1 ______________ ______________

2 ______________ ______________

3 ______________ ______________

4 ______________ ______________

Ονομάζομαι η Βασιλική Οικονόμου κι ενδιαφέρομαι για τη θέση με κωδικό 007. Μαζί με το βιογραφικό μου σημείωμα σας στέλνω και μια συνοδευτική επιστολή, για να με γνωρίσετε καλύτερα.

Μετά την αποφοίτησή μου από το Πρόγραμμα Μεταπτυχιακών Σπουδών στα Οικονομικά, ξεκίνησα τη σταδιοδρομία μου ως ο υπάλληλος στην οικονομική υπηρεσία μιας μεγάλης εταιρείας στην Ελλάδα. Εκεί εργάστηκα από τον Σεπτέμβριο του 2007 μέχρι τον Ιούνιο του 2009. Σε αυτό το διάστημα απέκτησα σημαντική εμπειρία σε ζητήματα σχετικά με την οικονομική διαχείριση μιας εταιρείας. Παράλληλα, ανέπτυξα τις ικανότητες όπως η συνεργασία και ο συντονισμός ομάδας.

Το επόμενο βήμα στη σταδιοδρομία μου ήταν ο εκπαιδευτικός οργανισμός στον οποίο εργάζομαι μέχρι σήμερα. Πρόκειται για έναν φορέα με δραστηριότητα σε ένα παγκόσμιο επίπεδο. Στο πλαίσιο των καθηκόντων μου, έχω αναλάβει τον σχεδιασμό και την παρακολούθηση ευρωπαϊκών προγραμμάτων με ιδιαίτερη αποτελεσματικότητα και επιτυχία. Η εργασία μου είναι πολύ ενδιαφέρουσα και δημιουργική. Παρόλα αυτά, θεωρώ ότι δεν έχει να μου προσφέρει κάτι πιο επιπλέον και θα ήθελα να κάνω μια αλλαγή στην επαγγελματική μου πορεία.

Τόσο οι σπουδές μου όσο και η επαγγελματική μου εμπειρία είναι απόλυτα σχετικές με το αντικείμενο της θέσης για την οποία ενδιαφέρομαι. Πιστεύω ότι μπορώ να ανταποκριθώ με επιτυχία στη θέση του Οικονομικού Διευθυντή, γιατί είμαι ιδιαίτερα οργανωτική, δυναμική και διαθέτω τις πολλές δεξιότητες που απαιτεί η θέση αυτή.

Είμαι στη διάθεσή σας για οποιαδήποτε διευκρίνιση.

Με εκτίμηση

Άσκηση 2

Διάβασε ξανά το κείμενο και βρες έναν πλαγιότιτλο για κάθε παράγραφο.

Άσκηση 3

Ποιες από τις παρακάτω λέξεις αφορούν την εκπαίδευση και ποιες την εργασία;

εκπαίδευση

____

____

____

____

εργασία

____

____

____

____

εθελοντική, μορφώνω, διδάσκω, εποχική, καλλιεργώ, ασκώ, ελεύθερη, εξασκώ, καταρτίζω, τεχνική, επαγγελματική, μαθητής, στοιχειώδης, δημόσια, ιδιωτική, ανώτατη, βιβλιάριο, σύμβαση, μαθητευόμενος, εργαστήριο, ανειδίκευτος, ειδικευόμενος, μισθωτή, πνευματική

Άσκηση 4

Ξαναγράψε τις προτάσεις, χρησιμοποιώντας τις λέξεις/φράσεις της παρένθεσης.

0. Μαζί με το βιογραφικό μου σημείωμα, σας στέλνω μια συνοδευτική επιστολή, για να με γνωρίσετε καλύτερα. (έτσι ώστε)

Μαζί με το βιογραφικό μου σημείωμα, σας στέλνω μια συνοδευτική επιστολή, έτσι ώστε να με γνωρίσετε καλύτερα.

1. Μετά την αποφοίτησή μου από το Πρόγραμμα Μεταπτυχιακών Σπουδών στα οικονομικά, ξεκίνησα τη σταδιοδρομία μου ως υπάλληλος στην οικονομική υπηρεσία μιας μεγάλης εταιρείας στην Ελλάδα. (αφότου)

____

____

2. Σε αυτό το διάστημα απέκτησα σημαντική εμπειρία σε ζητήματα σχετικά με την οικονομική διαχείριση μιας εταιρείας. (που)

____

____

3. Το επόμενο βήμα στη σταδιοδρομία μου ήταν ο εκπαιδευτικός οργανισμός στον οποίο εργάζομαι μέχρι σήμερα. (όπου)

____

____

4. Παρόλα αυτά θεωρώ ότι δεν έχει να μου προσφέρει κάτι επιπλέον. (Ωστόσο)

____

____

5. Δεν πρόκειται να πάω στην καινούρια μου εργασία, ώσπου να έρθει κάποιος στη θέση μου. (αφού)

____

____

Άσκηση 5

Βάλε στη σειρά τις λέξεις και κάνε προτάσεις, όπως στο παράδειγμα.

0. σεμινάρια/δίνεται/παρακολουθώ/ευκαιρία/εξελίξεις/Όποτε/ώστε/επιμορφωτικά/έτσι/συμμετέχω/η/σε/να/τις/μου

Όποτε μου δίνεται η ευκαιρία, συμμετέχω σε επιμορφωτικά σεμινάρια, έτσι ώστε να παρακολουθώ τις εξελίξεις.

1. βρεθεί/Σκοπεύω/να/ώσπου/στη/ο/παραμείνω/θέση/μου/να/αντικαταστάτης/μου

2. μεταπτυχιακές/Βρήκα/τη/αφού/δουλειά/σπουδές/μου/τις/ξεκίνησα

3. θα/εύκολα/περάσει/γίνουν/πιο/καιρός/ο/Όλα/σαν

4. να/δουλειές/βόλτα/τελειώσω/άμα/μου/τις/πάμε/μια/Μπορούμε

5. Έγινε/άλλος/βρήκε/αφότου/τη/αυτή/άνθρωπος/δουλειά

Άσκηση 6

Γράψε προτάσεις που θα μπορούσαν να συμπεριλαμβάνονται στη συνοδευτική επιστολή ενός βιογραφικού σημειώματος χρησιμοποιώντας τις παρακάτω λέξεις:

αφού, αφότου, άμα, όποτε, προτού, σαν, ώσπου

Άσκηση 7

Μια εταιρεία ζητάει νέους συνεργάτες. Σε ενδιαφέρει πολύ η θέση που προτείνουν, γι' αυτό και στέλνεις το βιογραφικό σου μαζί με μια συνοδευτική επιστολή. Στην επιστολή γράφεις για τις σπουδές σου, την επαγγελματική σου εμπειρία και τους λόγους για τους οποίους πιστεύεις ότι είσαι κατάλληλος/-η για αυτήν τη θέση. (200 λέξεις)

Πριν από τη συγγραφή του κειμένου

παράγραφος 1 – εισαγωγή: συστήνεσαι και γράφεις το θέμα της επιστολής
παράγραφος 2: αναφέρεσαι στις σπουδές σου
παράγραφος 3: αναφέρεσαι στην επαγγελματική σου σταδιοδρομία
παράγραφος 4: εξηγείς γιατί είσαι κατάλληλος/-η για τη θέση

Μετά τη συγγραφή του κειμένου

- Έχεις αναπτύξει όλα τα ερωτήματα του θέματος;
- Χρησιμοποίησες το κατάλληλο ύφος;
- Αξιοποίησες χρήσιμο λεξιλόγιο από την ενότητα;
- Έχει υπογραφή η επιστολή σου;

Ώρα για τραγούδι

(cd 2, 25)

1. Δες τις εικόνες. Μάντεψε το περιεχόμενο του τραγουδιού.
2. Διάβασε τους στίχους του τραγουδιού. Πώς πιστεύεις ότι θα είναι ο ρυθμός και η μουσική του;
3. Άκουσε το τραγούδι. Η μουσική είναι όπως τη φαντάστηκες;

Βία, φωνές και κοροϊδία,
εκβιασμοί, απειλές, άσχημα αστεία,
σχο-λι-κός εκφο-βι-σμός.
Μη φοβάσαι, μη σωπαίνεις! Μίλα! SOS! (δις)

Μην τον αφήνεις να σε πονέσει,
δύναμη δείξε και δεν θα μπορέσει.
Όποιος κι αν είναι, αν βία ασκεί,
ανίκανος είναι, δειλός και θρασύς.
Οι δάσκαλοι, οι φίλοι και οι γονείς
μπορούν να βοηθήσουν τη λύση να βρεις.

Βία, φωνές και κοροϊδία,
εκβιασμοί, απειλές, άσχημα αστεία,
σχολικός εκφοβισμός.
Μη φοβάσαι, μη σωπαίνεις! Μίλα! SOS! (δις)

4. Ποιος είναι ο αγαπημένος σου στίχος; Γιατί;
5. Ποιες λέξεις κάνουν ομοιοκαταληξία;
6. Διάλεξε κάποιες από τις λέξεις που κάνουν ομοιοκαταληξία και γράψε το δικό σου τραγούδι.
7. Πες στην τάξη σου την ιστορία του τραγουδιού.
8. Άκουσε μόνο τη μουσική και τραγούδησε το τραγούδι. (cd 2, 26)

Τώρα ξέρεις...

	Ναι	Όχι
να συμμετέχεις σε συζητήσεις σχετικά με την εκπαίδευση;		
να συμμετέχεις σε συζητήσεις σχετικά με τα επαγγέλματα και το εργασιακό περιβάλλον;		
να χρησιμοποιείς τη συνοπτική και μη συνοπτική υποτακτική ενεργητικής και παθητικής φωνής;		
να χρησιμοποιείς τη συνοπτική προστακτική ενεργητικής και παθητικής φωνής;		
να εκφράζεις προφορικά τα προσόντα σου για μια θέση εργασίας;		
να εκφράζεσαι για ζητήματα που αφορούν την επαγγελματική ζωή;		
να περιγράφεις/αναφέρεις γραπτά τα προσόντα σου για μια θέση εργασίας;		

Ώρα για επανάληψη

Λεξιλόγιο

Άσκηση 1

Διάβασε παρακάτω την περίληψη του κειμένου των σελίδων 288-289. Αφού δεις ξανά το πλήρες κείμενο, συμπλήρωσε τα κενά της περίληψης με τις κατάλληλες λέξεις/φράσεις, όπως στο παράδειγμα.

Επιχειρηματικές Ιδέες | Επενδύσεις | Αναζήτηση | Επικοινωνία

Μια φιλία και μια πρωτότυπη [0] επιχειρηματική ιδέα αρκούν για μια επαγγελματική επιτυχία. Η Μαρία και η Όλγα, λαμβάνοντας υπόψη τις δυσκολίες της εποχής και [1] ____________________, τόλμησαν να πραγματοποιήσουν το όνειρό τους. «Όταν δεν υπάρχουν πράγματα να χάσεις, τότε δεν φοβάσαι το ρίσκο, η πρωτοβουλία φαίνεται να είναι η μοναδική σου επιλογή. Αυτό κάναμε κι εμείς. Η επένδυσή μας έγινε με τη βοήθεια [2] ____________________, την οποία πήραμε ως άνεργοι».

Σύμφωνα με τις δύο φίλες, η δημιουργία ενός επιτραπέζιου παιχνιδιού δεν είναι παιχνίδι. Πρόκειται για μια διαδικασία χρονοβόρα και απαιτητική με [3] ____________________. Η αναζήτηση της πρωτότυπης ιδέας, η διαμόρφωση των κανόνων και οι αποφάσεις για την αισθητική του παιχνιδιού είναι απαραίτητα στάδια πριν το κάθε νέο δημιούργημα συσκευαστεί μέσα σε ένα κουτί με ταμπλό και πιόνια. Μέχρι σήμερα, οι δύο φίλες κατάφεραν [4] ____________________ με ενδιαφέρον και δράση. Ένα επιτραπέζιο παιχνίδι δεν θα πετύχει αν στηρίζεται μόνο στην τύχη. Η στρατηγική είναι επίσης ένα απαραίτητο στοιχείο που κερδίζει το ενδιαφέρον των παικτών και κάνει αγαπητό το παιχνίδι.

Τα δύο κορίτσια υποστηρίζουν ότι, [5] ____________________ είναι μεγάλος, πρέπει οπωσδήποτε να κάνουν οικονομικές διευκολύνσεις, για να τις προτιμάει ο κόσμος. Έτσι λοιπόν, για να επιβιώσουν στην παγκόσμια αγορά, αποφάσισαν [6] ____________________ που προέρχονται από το εξωτερικό να κάνουν δώρο τα έξοδα αποστολής.

Άσκηση 2
Βρες τα συνώνυμα των παρακάτω λέξεων.

0.	επαφή	επικοινωνία
1.	ευχαριστιέμαι	
2.	κεντρικός	
3.	παρουσιάζω	
4.	μαγευτικός	
5.	φόβος, αγωνία	
6.	ικανότητα	
7.	ενισχύω	
8.	συμπτωματικά	
9.	πληροφόρηση	
10.	προβάλλω	

Άσκηση 3
Ποιες από τις παρακάτω προτάσεις είναι Σωστές και ποιες Λάθος;

0.	Αν του μιλήσεις εσύ, θα τον καταφέρεις να γυρίσει πίσω.	Σ
1.	Ο Γιώργος είναι φανατικός οπαδός της ομάδας και δεν βλέπει ποτέ τους αγώνες.	
2.	Δεν είχα κεφάλαιο, για να ξεκινήσω τη δουλειά, αλλά ευτυχώς πήρα επιδότηση.	
3.	Είναι πολύ δημοφιλής στα μέσα κοινωνικής δικτύωσης και έχει πάνω από 600 φίλους.	
4.	Τα κοστούμια και τα σκηνικά της παράστασης ήταν πολύ φτωχά. Μπορώ να πω ότι εντυπωσιάστηκα.	
5.	Κάθε μέρα είμαι μαζί με την Ελένη, δεν έχουμε καθόλου επαφή.	
6.	Η επαγγελματική σας κατάρτιση είναι μεγάλη, γι' αυτό είστε ακατάλληλη για αυτήν τη θέση.	
7.	Φοβάται πολύ τα ζώα, γιατί είναι πολύ εξοικειωμένος με αυτά.	
8.	Οι εταιρείες είναι πολλές, γι' αυτό και ο ανταγωνισμός είναι μεγάλος.	
9.	Μην έχεις καμιά αμφιβολία για αυτό που σου λέω. Το είδα με τα μάτια μου.	
10.	Μόλις πήρα το πτυχίο από το Πανεπιστήμιο και θα συνεχίσω με προπτυχιακές σπουδές.	

Άσκηση 4
Συμπλήρωσε τα κενά με τις παρακάτω λέξεις.

ευλύγιστος, επιχειρήσεων, ένταση, πρωτοβουλίες, αυτοσχεδιασμούς, προσανατολισμός, δικτύων, ηλικία, ~~υποχρεώσεις~~, εθελοντές, εκπαίδευσης

0. Δεν θα έρθει μαζί μας στο ταξίδι, γιατί έχει πολλές επαγγελματικές υποχρεώσεις.
1. Επειδή δουλεύει πολλές ώρες, παρακολουθεί ένα πρόγραμμα εξ αποστάσεως __________.
2. Ευτυχώς υπάρχουν πολλοί __________ που προσφέρουν τις υπηρεσίες τους για έναν καλό σκοπό.
3. Ο διευθυντής της εταιρείας στην οποία εργάζομαι έχει σπουδάσει διοίκηση __________.
4. Όταν τελειώσαμε τις πρόβες για την εκδήλωση, συνεχίσαμε να χορεύουμε όχι σύμφωνα με τη χορογραφία, αλλά κάνοντας __________.
5. Οι άνθρωποι στην τρίτη __________ έχουν ανάγκη από φροντίδα, προστασία και συντροφιά.
6. Η επικοινωνία μέσω κοινωνικών __________ μερικές φορές κάνει τους ανθρώπους να αισθάνονται πιο μόνοι.
7. Δεν αναλαμβάνει πολύ συχνά __________, επειδή είναι πολύ εσωστρεφής και ντροπαλός.
8. Αυτός ο χορός έχει __________ και υπέροχο ρυθμό.
9. Ο επαγγελματικός __________ των νέων είναι πολύ σημαντικός για την πορεία της ζωής τους στο μέλλον.
10. Μπορεί να κάνει ακόμη και τις πιο απίστευτες φιγούρες, επειδή είναι πολύ __________.

Γραμματική

Άσκηση 1

Βάλε τις λέξεις της παρένθεσης στον σωστό τύπο.

0. Κάνουμε έναν ___συνεχή___ (συνεχής) αγώνα, για να αποδείξουμε το δίκιο μας.
1. Δεν την αντέχω άλλο, είναι πολύ ____________ (φωνακλάς).
2. Το συμβόλαιο που υπέγραψα είναι ____________ (τριετής).
3. Η πορεία που πρέπει να ακολουθήσεις για το σπίτι μου είναι μόνο ____________ (ευθύς), δεν θα δυσκολευτείς καθόλου.
4. Όλα τα μέλη του διοικητικού συμβουλίου ήταν ____________ (συνεπής) στην ώρα προσέλευσης.
5. Ούτε ο οργανισμός ενός ____________ (υγιής) ανθρώπου δεν μπορεί να αντέξει σε τέτοιες άθλιες συνθήκες.
6. Τα παιδιά της είναι πολύ ____________ (υπναράς).
7. Δεν μπορώ να κάνω καθόλου παρέα με ____________ (πολυλογάς) ανθρώπους.
8. Δεν κατάλαβα τίποτα από αυτά που είπαν, ήταν όλοι τους ____________ (ασαφής).
9. Αυτό το προϊόν είναι για ____________ (ευρύς) κατανάλωση.
10. Καλωσήρθατε στον διαδικτυακό τόπο του Τμήματος ________ (Διεθνής) Σπουδών του Πανεπιστημίου μας.

Άσκηση 2

Γράψε μονολεκτικά τις υπογραμμισμένες φράσεις.

0. Η Κατερίνα είναι <u>πάρα πολύ δημοφιλής</u> στο σχολείο. ___δημοφιλέστατη___
1. Η Κατερίνα είναι <u>πιο δημοφιλής</u> από τη Μαρία. ____________
2. Δεν μπορώ να κατέβω στο υπόγειο του σπιτιού, γιατί είναι <u>πάρα πολύ σκοτεινό</u>. ____________
3. Προτείνω να ακολουθήσουμε το δικό μου σχέδιο που είναι <u>πιο απλό</u> από το δικό σου. ____________
4. Η εργασία του Κώστα είναι λίγο <u>πιο καλή</u> από την εργασία του Μίλτου και πολύ <u>πιο κακή</u> από την εργασία της Μαριάνας. ____________
5. Ο Δημήτρης είναι <u>πάρα πολύ καλός</u> χορευτής. ____________
6. Από τότε που ξαναήρθε στο σπίτι μας είμαι <u>πάρα πολύ ευτυχισμένη</u>. ____________
7. Θα αλλάξω την μπλούζα που αγόρασα και θα πάρω μια <u>πιο φαρδιά</u>. ____________
8. Της εξήγησα ότι <u>πάρα πολύ απλά</u> δεν θέλω να συνεργαστώ με την εταιρεία της. ____________
9. Μου αρέσει το ποδόσφαιρο, αλλά <u>πάρα πολύ σπάνια</u> πηγαίνω στο γήπεδο, για να παρακολουθήσω αγώνες. ____________
10. Τώρα πια βλέπω την κατάσταση <u>πάρα πολύ καθαρά</u> και σε ευχαριστώ γι' αυτό. ____________

Άσκηση 3

Συμπλήρωσε με υποτακτική ή προστακτική.

0. Πρέπει ___να ντυθείς___ (ντύνομαι) επίσημα για τη σημερινή γιορτή.
1. Συνηθίζω ____________ (αγωνίζομαι) για αυτό που θέλω πολύ.
2. Αν θέλετε πληροφορίες για τη βλάβη του υπολογιστή σας, ____________ (συμβουλεύομαι) τον τεχνικό μας.
3. Είναι καλό ____________ (τρέφομαι) υγιεινά.
4. Σε λίγο ξεκινάω. Σε παρακαλώ, ____________ (εύχομαι) μου καλή επιτυχία.
5. Μακάρι ____________ (πείθομαι) από αυτά που θα ακούσει!
6. ____________ (θυμάμαι) να φέρετε μαζί σας και τον φάκελο με τις βεβαιώσεις.
7. Γιώργο, η ταινία είναι πολύ ωραία, δεν υπάρχει περίπτωση ____________ (βαριέμαι).
8. Μαρία, ____________ (τραβιέμαι) λίγο πιο εκεί, δεν χωράω.
9. Ανυπομονώ ____________ (βρίσκομαι) ξανά στο μέρος που γεννήθηκα.
10. Αν θέλεις να προλάβουμε, ____________ (πλένομαι) και ____________ (ντύνομαι) γρήγορα.

Επιτραπέζιο παιχνίδι

ΕΙΚΟΝΑ 1

ΕΙΚΟΝΑ 2

ΕΙΚΟΝΑ 3

ΑΡΧΗ

Ποια μορφή τέχνης σου αρέσει περισσότερο;

Ποιον διάσημο καλλιτέχνη θαυμάζεις; Γιατί;

1

Πώς λέγεται με μια λέξη αυτός που είναι πάρα πολύ όμορφος;

Κάνε μια πρόταση με τη φράση «εργάσιμες ημέρες».

Τι σημαίνει η φράση «χάνει η μάνα το παιδί και το παιδί τη μάνα»;

2

Χάνεις τη σειρά σου!	Προχωράς ένα βήμα μπροστά!	Περιγράφεις την εικόνα...

Κάνε μια πρόταση με τη λέξη *ανωνυμία* και μια με τη λέξη *στέκι*.	Πώς μπορείς να πεις με μια λέξη ότι κάποιος συμπεριφέρεται *πάρα πολύ κακά*;		Ποιο είναι το αντίθετο της λέξης *περιορισμένος*;
Πώς λέγεται με μια λέξη κάτι που είναι πιο ασφαλές από κάτι άλλο;	Ποιες εθελοντικές ομάδες γνωρίζεις;		Πώς λέγεται αλλιώς η ανάρτηση στο διαδίκτυο;
Πώς διατάζουμε κάποιον να θυμηθεί κάτι;	Πώς λέγεται αυτός που ενοχλεί κάποιον;	3	Κάνε μια πρόταση με τη φράση «υψηλή κοινωνία».
Θα ήθελες να κάνεις μεταπτυχιακές σπουδές; Γιατί;	Πώς λέγεται αυτός που έχει ενοχληθεί από κάποιον;		Πώς αλλιώς λέμε *χρωστάω*; ΤΕΛΟΣ
Τι σημαίνει η φράση «δεν βλέπω την ώρα να κάνω κάτι»;	Πώς λέγονται τα προϊόντα που διαφημίζονται;		Κάνε μια πρόταση με τη λέξη *εξοικειωμένος*.

ΠΙΣΤΟΠΟΙΗΣΗ ΕΠΑΡΚΕΙΑΣ ΤΗΣ ΕΛΛΗΝΟΜΑΘΕΙΑΣ

ΕΞΕΤΑΣΕΙΣ ΕΛΛΗΝΟΜΑΘΕΙΑΣ

ΥΠΟΥΡΓΕΙΟ ΠΑΙΔΕΙΑΣ, ΕΡΕΥΝΑΣ ΚΑΙ ΘΡΗΣΚΕΥΜΑΤΩΝ

ΚΕΝΤΡΟ ΕΛΛΗΝΙΚΗΣ ΓΛΩΣΣΑΣ

ΕΠΙΠΕΔΟ **B2**

1. ΚΑΤΑΝΟΗΣΗ ΓΡΑΠΤΟΥ ΛΟΓΟΥ

ΔΙΑΡΚΕΙΑ ΕΞΕΤΑΣΗΣ: 45 λεπτά **(25 ΜΟΝΑΔΕΣ)**

Ερώτημα 1 **(6 μονάδες)**

Ένας φίλος σας σας έστειλε με το ταχυδρομείο ένα περιοδικό που περιέχει το παρακάτω άρθρο για την ανατροφή των παιδιών. Δυστυχώς, όμως, κατά την αποστολή του περιοδικού, το χαρτί βράχηκε και σβήστηκαν ορισμένες φράσεις. Αφού διαβάσετε το κείμενο, συμπληρώστε τα κενά χρησιμοποιώντας τις φράσεις του πίνακα που ακολουθεί, όπως στο παράδειγμα.

ΠΡΟΣΕΞΤΕ: Οι φράσεις που θα χρησιμοποιήσετε είναι ΔΩΔΕΚΑ (12), χωρίς το παράδειγμα. Υπάρχουν έξι φράσεις που δεν ταιριάζουν σε κανένα κενό.

ΠΑΙΔΙΑ ΜΕ ΑΥΤΟΠΕΠΟΙΘΗΣΗ

Πώς θα βοηθήσουμε τα παιδιά να αποκτήσουν αυτοπεποίθηση; Χρειάζεται να τα κάνουμε [0]______ καλά με τον εαυτό τους και τις δυνατότητές τους. Το να νιώθουν καλά με τον εαυτό τους και να μπορούν να λένε «Ναι! Μπορώ να το κάνω» είναι αυτό που θα τα προτρέπει να προσπαθούν περισσότερο. Πρώτα απ' όλα μπορούμε [1]______ κάθε στιγμή πόσο τα αγαπάμε, με χαμόγελα, αγκαλιές και φιλιά. Πρέπει, επίσης, να επαινούμε κάθε τους προσπάθεια και κάθε τους επιτυχία. Επιπλέον, χρειάζεται να τους μάθουμε πώς να βρίσκουν αποτελεσματικές λύσεις. Ας φανταστούμε τη χαρά [2]______, όταν μάθει να κρατά μόνο του το μπιμπερό! Μπορούμε να βοηθήσουμε σε αυτό. Πρέπει να τους δείχνουμε [3]______ τι να κάνουν κάθε φορά που προσπαθούν. Για παράδειγμα, σ' ένα παιχνίδι αντιστοίχισης χρωμάτων δεν θα βάλουν με την πρώτη τον κόκκινο κύβο στην κόκκινη θήκη. Γι' αυτό πρέπει να τους δίνουμε παιχνίδια κίνησης με βαθμό δυσκολίας που δεν θα τα αποτρέψει από το [4]______ ταυτόχρονα. Μόλις κατακτήσουν ένα επίπεδο ικανότητας, προχωράμε με την ίδια λογική στο επόμενο στάδιο. Τέλος, πρέπει να τα υποστηρίζουμε συναισθηματικά [5]______.

Ένα ακόμη απαραίτητο στοιχείο [6]______ ενισχύσουμε στα παιδιά τη σιγουριά για τον εαυτό τους είναι να τους ξεκαθαρίζουμε τι περιμένουμε από αυτά. Με αυτόν τον τρόπο τα βοηθούμε να αποκτήσουν οργάνωση και πειθαρχία, κάτι που δυστυχώς [7]______ όσο θα έπρεπε. Όλα, λοιπόν, πρέπει να συμβαίνουν [8]______ (π.χ. ύπνος, φαγητό, μπάνιο κ.λπ.). Ωστόσο, ταυτόχρονα πρέπει να είμαστε και ευέλικτοι και όχι «δούλοι» της ρουτίνας τους.

Ένας ακόμη τρόπος βοήθειας είναι να τα αφήνουμε [9]______ αυτό που κάνουν. Τα μωρά αλλά και τα μεγαλύτερα παιδιά, έχουν ανάγκη να εξασκούνται ξανά και ξανά, ώστε να αποκτούν [10]______. Εμείς, όμως, πρέπει να είμαστε υπομονετικοί: η επανάληψη είναι πηγή γνώσης. Αν η επανάληψη είναι βαρετή για εμάς τους ενηλίκους, για τα μωρά [11]______! Επίσης, πρέπει να ενθαρρύνουμε όλες εκείνες τις δραστηριότητες στις οποίες δείχνουν προτίμηση και ικανότητα. Για παράδειγμα, εάν τους αρέσει να ανοίγουν συρτάρια, μπορούμε να βρούμε πολλά παιχνίδια που ενθαρρύνουν το ψάξιμο. Βέβαια, καθένας από εμάς μπορεί εύκολα να βρει και άλλους παραπλήσιους τρόπους να ενθαρρύνει το ή τα μωρά του. Ένα δεν πρέπει να ξεχνάμε ποτέ: το να έχει ένας άνθρωπος, άρα και ένα μωρό, [12]______ είναι το Α και το Ω της ψυχοσυναισθηματικής του εξέλιξης.

Άρθρο της Χαράς Καραμήτσου, Περιοδικό *Big fish*, σ. 92, εφημερίδα *Πρώτο Θέμα*

α.	παρά να	
β.	προκειμένου να	
γ.	ενός μαθητή	
δ.	στις προσπάθειές τους	
ε.	να νιώσουν	0
στ.	να τους δείχνουμε	
ζ.	να τους δίνουμε	
η.	εμπιστοσύνη στον εαυτό του	
θ.	δεν τους μαθαίνουμε	
ι.	καινούριες δεξιότητες	
ια.	εμπιστοσύνη στο σώμα του	
ιβ.	βάσει προγράμματος	
ιγ.	ενός μωρού	
ιδ.	να κοιμούνται	
ιε.	στην πράξη	
ιζ.	να διασκεδάζουν	
ιη.	να επαναλαμβάνουν	
ιθ.	στη θεωρία	
κ.	είναι διασκέδαση	

Ερώτημα 2 **(7 μονάδες)**

Εργάζεστε ως διορθωτής σε εφημερίδα ευρείας κυκλοφορίας και σας δόθηκε το παρακάτω απόσπασμα από το μυθιστόρημα του Α. Πανσέληνου *Ο κουτσός Άγγελος*, το οποίο θα δημοσιευθεί στην εφημερίδα. Ο υπεύθυνος της λογοτεχνικής στήλης θέλει να ελέγξει αν το απόσπασμα αυτό θα είναι κατανοητό από τους αναγνώστες και γι' αυτό σας ζητάει να απαντήσετε στις ερωτήσεις που ακολουθούν. Αφού διαβάσετε το κείμενο, σημειώστε σε καθένα από τα ερωτήματα που έχετε μπροστά σας την απάντηση (από τις α, β, γ ή δ) που θεωρείτε ότι είναι σωστή, όπως στο παράδειγμα.

ΠΡΟΣΕΞΤΕ: Για κάθε ερώτημα υπάρχει μόνο ΜΙΑ (1) σωστή απάντηση.

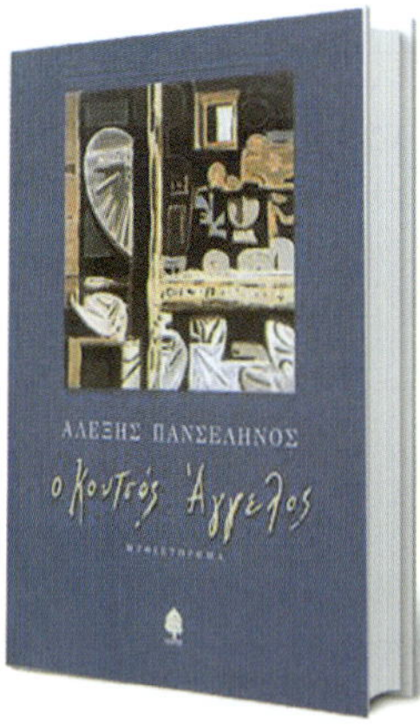

ΓΡΑΦΕΙΟ ΕΡΕΥΝΩΝ

Έτσι έφυγε ο ράφτης κι έτσι μου έμειναν το κομό, το γραφειάκι και η λάμπα με το ποδάρι, προς μεγάλη δυσαρέσκεια του ιδιοκτήτη μου. Από τη μέρα εκείνη με θεωρούσε «μεγάλη μάρκα» που τ' άρπαξα τσάμπα μεσ' από τα χέρια του μόνο με μια υπόσχεση. Ο ράφτης –που είχα κρατήσει τ' όνομά του σε κάποια ατζέντα– δεν έγραψε ποτέ να μου ζητήσει τα λεφτά. Τα τρία αυτά κομμάτια καλά με βόλεψαν. Το κομό ήταν για τους φακέλους τους οποίους δεν απόκτησα ποτέ, η λάμπα στέκει πλάι στο γραφείο μου και σπάνια χρειάζεται ν' ανάψω το γλόμπο της οροφής, το γραφειάκι πήγε πίσω από το χώρισμα με το τζάμι, στον προθάλαμο, για τη γραμματέα που πια δεν είχα.

Τον καιρό που πρωτάνοιξα «Γραφείον ερευνών» σ' ένα παλιό μέγαρο, Πανεπιστημίου 44 και γωνία Χαριλάου Τρικούπη, είχα προσλάβει τη Βάντα. Ήταν ο πρώτος μου καιρός στην Αθήνα, λεφτά είχα ακόμα όσα είχα φέρει μαζί μου. Η Βάντα μού έμαθε τον τούρκικο καφέ και τον έκανε πραγματικά με τρόπο υπέροχο. Πήγαινε και τον ψώνιζε συχνά πυκνά για να 'ναι διαρκώς φρέσκος στα Χαυτεία. Το άρωμά του πάντα μου θυμίζει εκείνες τις πρώτες ευτυχισμένες κι ανυποψίαστες μέρες, που πίστευα πως θα 'πιανα την καλή. Ο τόπος αυτός για το επάγγελμά μου ήταν μια αγορά παρθένα κι ανεκμετάλλευτη. Ίσαμε να στρώσει η κατάσταση θα ξόδευα από τα έτοιμα. Αυτό, όμως, ποτέ δεν έγινε.

Χριστούγεννα του '37 είχε φτάσει το καράβι στον Πειραιά και μ' είχε ξεβράσει με όλα τα μπαούλα μου στην αποβάθρα των εμπορευμάτων, γιατί είχα έρθει με κάποιο εμπορικό με αργεντίνικη σημαία. Ήμουν τώρα ίδιος με τους μετανάστες που έβλεπες καμιά φορά στο νησί του Έλλις, πίσω στα δικά μας τα μέρη.

Από την πρεσβεία των Η.Π.Α. στην Αθήνα –την πρώτη μου στάση– τα κουβάλησα για λίγες μέρες σ' ένα ξενοδοχείο στην οδό Ερμού. Τα παιδιά του Γραφείου Πληροφοριών στην πρεσβεία είχαν εντοπίσει τρία διαφορετικά σπίτια στο κέντρο, να διαλέξω. Αλλά απ' την πρώτη κιόλας στιγμή μου ξεκαθάρισαν πως το επάγγελμά μου δεν είχε μέλλον σ' αυτόν τον τόπο. Εκτός κι αν ήμουν απίστευτα τυχερός. Δεν τους πίστεψα.

Το γραφείο ήταν φτηνό. Όλα ήταν φτηνά εδώ για κάποιον που έβγαζε ένα στοιχειώδες μεροκάματο. Το κατάλαβα αμέσως. Το σπίτι που διάλεξα ήταν κεντρικό, το πρώτο στον κατάλογο που μου είχαν ετοιμάσει. Πήγαινες εκεί σε πέντε λεπτά από το γραφείο, χωρίς να τρέχεις. Στη συμβολή Χαριλάου Τρικούπη και Φειδίου έκανες αριστερά και σε είκοσι μέτρα συναντούσες στα δεξιά σου το στενάκι της Γεωργίου Γενναδίου. Άλλα δέκα μέτρα κι ήσουν εκεί. Το διαμέρισμα είχε τρία κύρια δωμάτια, τα δύο μπροστά, την κρεβατοκάμαρα πίσω στον ακάλυπτο. Ο ιδιοκτήτης, ο μηχανικός Μπαλωμένος, ήταν ένας άνθρωπος με απότομη συμπεριφορά, ο οποίος διατηρούσε σχέσεις με την καλή κοινωνία και απ' ό,τι έλεγαν, ήταν προσωπικός φίλος της Λουλούς, της κόρης του Μεταξά. Το διαμέρισμα το έδωσε χωρίς πολλά παζάρια, γιατί οι προηγούμενοι νοικάρηδες του χρωστούσαν τα ενοίκια πολλών μηνών, δεν δέχονταν να ακούσουν για αύξηση και όπως ο ίδιος έλεγε, του το είχανε ρημάξει. Ήθελε έναν επαγγελματία και εργένη, όπως εγώ.

Η πολυκατοικία μας ήταν χτισμένη λιγότερο από δέκα χρόνια πριν, το δρομάκι είχε εντυπωσιακά παλιά κτίρια στην απέναντι μεριά· στη μια γωνία του ήταν ένα εγκαταλειμμένο αρχοντικό με κήπο («του Χρηστομάνου» το 'λεγαν), λίγο παρακεί έβλεπα το μέγαρο Βαρβιτσιώτη, ενώ στην επάνω γωνία του δρόμου, επί της Ακαδημίας, ήταν άλλος ένας κηπάκος, στην εκκλησία της Ζωοδόχου Πηγής. Αμάθητος καθώς ήμουν στη γλώσσα και στα πράγματα εδώ, άργησα πολύ να καταλάβω πως αυτό δεν ήταν το όνομα κάποιας αγίας, αλλά σήμαινε την πηγή όπου αναβλύζει το νερό της ζωής — ή κάπως έτσι, τέλος πάντων.

Αλέξη Πανσέληνου, *Ο Κουτσός Άγγελος*. Αθήνα: Κέδρος 2002, σς. 9-11 (διασκευή)

0.	Ο Άγγελος πήρε διάφορα έπιπλα από τον προηγούμενο ενοικιαστή	
α.	σε πολύ καλή τιμή.	
β.	αρκετά ακριβά.	
γ.	χωρίς χρήματα.	✓
δ.	με γραμμάτια.	

1.	Ο Άγγελος πήρε μερικά πράγματα	
α.	που δεν χρησιμοποίησε καθόλου.	
β.	κάποια από τα οποία δεν χρησιμοποίησε καθόλου.	
γ.	που χρησιμοποίησε για λίγο καιρό.	
δ.	που χρησιμοποιούσε σπάνια.	

2.	Τον πρώτο καιρό της παραμονής του στην Αθήνα ο Άγγελος	
α.	νόμιζε ότι αργότερα θα πήγαινε καλά η επιχείρησή του.	
β.	ήξερε ότι σε αυτό το μέρος θα αντιμετώπιζε πολλές δυσκολίες.	
γ.	δεν έβρισκε κανέναν καλό συνεργάτη.	
δ.	κέρδιζε αρκετά χρήματα από την επιχείρησή του.	

3.	Όταν έφτασε στον Πειραιά, ο Άγγελος	
α.	ήξερε ακριβώς πού θα έμενε.	
β.	ήταν μαζί με τους συγγενείς του.	
γ.	είχε γνωστούς να τον περιμένουν στο λιμάνι.	
δ.	είχε μαζί του πολλά πράγματα.	

4.	Από τους υπαλλήλους της αμερικανικής πρεσβείας ο Άγγελος	
α.	πήρε πληροφορίες για χώρους εργασίας που ενοικιάζονταν.	
β.	έμαθε ότι θα ήταν δύσκολο να έχει πετυχημένη καριέρα.	
γ.	πήρε ευχές για καλή τύχη.	
δ.	πήρε την άδεια να αφήσει τα πράγματά του εκεί.	

5.	Το σπίτι όπου έμενε ο Άγγελος ήταν	
α.	στον ίδιο δρόμο με το γραφείο του.	
β.	μεγάλο και αχρησιμοποίητο.	
γ.	χτισμένο μακριά από άλλα κτίρια.	
δ.	στην ίδια περιοχή με το γραφείο του.	

6.	Ο ιδιοκτήτης του Άγγελου του έδωσε το διαμέρισμα γρήγορα, διότι	
α.	ο Άγγελος ήταν μία καλή περίπτωση νοικάρη.	
β.	δεν ενδιαφερόταν κανείς άλλος να το νοικιάσει.	
γ.	χρειαζόταν άμεσα τα χρήματα του ενοικίου.	
δ.	ήταν σε πολύ καλή κατάσταση.	

7.	Η πολυκατοικία στην οποία έμενε ο Άγγελος βρισκόταν	
α.	κοντά σε ένα πάρκο.	
β.	κοντά σε παλιά μικρά σπίτια.	
γ.	δίπλα από την εκκλησία της Ζωοδόχου Πηγής.	
δ.	κοντά σε όμορφα κτίρια.	

Ερώτημα 3 **(7 μονάδες)**

Ο αρχισυντάκτης σάς ζήτησε να ετοιμάσετε μια περίληψη του προηγούμενου λογοτεχνικού αποσπάσματος. Ετοιμάσατε την περίληψη, λείπουν, όμως, κάποια σημεία. Διαβάστε ξανά το λογοτεχνικό απόσπασμα και γράψτε στον παρακάτω πίνακα δίπλα στον αριθμό του κάθε κενού της περίληψης τις κατάλληλες λέξεις/φράσεις, όπως στο παράδειγμα.

ΠΡΟΣΕΞΤΕ: Οι λέξεις/φράσεις που θα συμπληρώσετε είναι ΕΠΤΑ (7), χωρίς το παράδειγμα.

Ο Άγγελος κράτησε από τον προηγούμενο ενοικιαστή κάποια πράγματα, χωρίς ο τελευταίος να του στείλει ποτέ γράμμα σχετικά με τα χρήματα που ο Άγγελος του όφειλε [0]______ ο ιδιοκτήτης του να θεωρεί τον Άγγελο πονηρό. Τα πράγματα αυτά τα έβαλε μέσα στο γραφείο του. Τον πρώτο καιρό που δούλευε είχε [1]______ που του ετοίμαζε τούρκικο καφέ. Το άρωμα αυτού του καφέ του θύμιζε πάντοτε τις [2]______ στην Αθήνα, όταν ξεκινούσε την καριέρα του. Στην Ελλάδα έφτασε με πλοίο το '37 και αρχικά έμενε σε [3]______. Οι υπάλληλοι της πρεσβείας των Η.Π.Α. [4]______ να βρει διαμέρισμα. Όλα του φαίνονταν φτηνά. Το σπίτι που τελικά διάλεξε ήταν [5]______ της πόλης σε έναν μικρό δρόμο και είχε τρία δωμάτια. Ο ιδιοκτήτης του ήταν λίγο απότομος και είχε [6]______ με άτομα γνωστά στην τοπική κοινωνία. Παρόλα αυτά έδωσε το διαμέρισμα στον Άγγελο, χωρίς ιδιαίτερη δυσκολία. Η πολυκατοικία του ήταν σχετικά καινούρια, αλλά περιβαλλόταν από μεγάλα και παλιά αρχοντικά και βρισκόταν [7]______ στην εκκλησία της Ζωοδόχου Πηγής.

0.	με αποτέλεσμα
1.	
2.	
3.	
4.	
5.	
6.	
7.	

2. ΚΑΤΑΝΟΗΣΗ ΠΡΟΦΟΡΙΚΟΥ ΛΟΓΟΥ (cd 2, 27)

ΔΙΑΡΚΕΙΑ ΕΞΕΤΑΣΗΣ: 30 λεπτά **(25 ΜΟΝΑΔΕΣ)**

Ερώτημα 1 **(12 μονάδες)**

Θα ακούσετε δύο (2) φορές ένα απόσπασμα από μια ραδιοφωνική εκπομπή σχετικά με τα περίπτερα. Η εκπομπή σάς ενδιαφέρει πολύ και, καθώς την ακούτε, κρατάτε πολύ σύντομες σημειώσεις σύμφωνα με τους οδηγούς που έχετε μπροστά σας, όπως στο παράδειγμα.

ΠΡΟΣΕΞΤΕ: Οι σημειώσεις που πρέπει να κρατήσετε είναι ΔΕΚΑ (10), χωρίς το παράδειγμα.

Ο παρουσιαστής της εκπομπής θα ξεκινήσει από κάτι θετικό, διότι θέλει	0 να ξεκινήσει ευχάριστα η ημέρα / να έχει ένα καλό ξεκίνημα η ημέρα.
Τα πιο μεγάλα προβλήματα που αντιμετωπίζουν οι περιπτερούχοι είναι	1 2
Ο αριθμός των ανθρώπων που αναζητούν επαγγελματική αποκατάσταση στα περίπτερα	3
Ο χώρος των περιπτέρων προσαρμόστηκε στη νέα οικονομική κατάσταση με τη μείωση	4 5
Προϋπόθεση για τη μείωση των τιμών στα περίπτερα είναι	6
Η μέση δαπάνη των καταναλωτών στα περίπτερα μια συνηθισμένη ημέρα είναι	7
Τα έξοδα κατανάλωσης στα περίπτερα της Θεσσαλονίκης σε σχέση με τα περίπτερα της Αθήνας	8
Η συχνότητα με την οποία αγοράζει η πλειοψηφία των καταναλωτών σε σχέση με το παρελθόν	9
Το μεγαλύτερο ποσοστό των αγορών από τα περίπτερα αφορά τα	10

Ερώτημα 2 **(12 μονάδες)**

Θα ακούσετε δύο (2) φορές ένα απόσπασμα ραδιοφωνικής συζήτησης στην οποία γίνεται αναφορά σε τρία διαφορετικά παραμύθια για μικρά παιδιά, τα οποία συγκρίνονται μεταξύ τους. Καθώς ακούτε την εκπομπή, σημειώνετε στον πίνακα που έχετε μπροστά σας (✓) στη στήλη δίπλα στα κοινά χαρακτηριστικά που έχουν αυτά τα τρία παραμύθια, σύμφωνα με τη συζήτηση της εκπομπής, όπως στο παράδειγμα.

ΠΡΟΣΕΞΤΕ: Πρέπει να σημειώσετε συνολικά δέκα ✓. Ορισμένες πληροφορίες ταιριάζουν σε περισσότερα από ένα παραμύθια.

	Ο Πέτρος και ο λύκος	Τα τρία λυκάκια	Τα τρία γουρουνάκια
0. Αντίθεση μεταξύ φύσης και ανθρώπων	✓		
1. Παραδοσιακό παραμύθι			
2. Ο λύκος συμβολίζει το «κακό»			
3. Η εικονογράφηση συμπληρώνει το κείμενο			
4. Διασκευή παλιότερου παραμυθιού			
5. Η εικονογράφηση προκαλεί γέλιο			
6. Παραμύθι που έχει κοινά χαρακτηριστικά με ένα άλλο			

3. ΧΡΗΣΗ ΓΛΩΣΣΑΣ

ΔΙΑΡΚΕΙΑ ΕΞΕΤΑΣΗΣ: 30 λεπτά **(20 ΜΟΝΑΔΕΣ)**

Ερώτημα 1 **(7 μονάδες)**

Ο φίλος σας/Η φίλη σας έγραψε ένα κείμενο για την περιβαλλοντικά ορθή χρήση του αυτοκινήτου. Επειδή, όμως, είναι ξένος/η, κάνει ακόμη λάθη, όταν γράφει, και γι' αυτό έχει γράψει επιπλέον λέξεις στο κείμενό του/της που δεν χρειάζονται. Βρείτε τις επιπλέον λέξεις, υπογραμμίστε τες και γράψτε τες στον πίνακα που ακολουθεί, σημειώνοντας τον αριθμό της σειράς όπου βρίσκονται, όπως στο παράδειγμα.

ΠΡΟΣΕΞΤΕ: Οι λέξεις που πρέπει να βρείτε είναι ΕΠΤΑ (7), χωρίς το παράδειγμα.

Internet

http://www.tovima.gr/default.asp?pid=2&ct=72&artid=358808&dt=06/10/2010 search...

Περιβαλλοντική συνείδηση και Ι.Χ.

Οι τάσεις στην ελληνική αγορά αυτοκινήτου θα έλεγα ότι αλλάζουν περίπου κάθε οκτώ με δέκα χρόνια. Κριτήριο για την επιλογή αυτοκινήτου δεν υπήρξε ποτέ ούτε η μια πρακτικότητα ούτε η φιλικότητα στο περιβάλλον, αλλά το κοινωνικό κύρος.

Οι καιροί, όμως, αλλάζουν και η περιβαλλοντική συνείδηση, που ξεκίνησε από τη Σκανδιναβία, σύντομα επεκτάθηκε στη Δυτική Ευρώπη και τώρα δειλά-δειλά κάνει την εμφάνισή της και συνέχεια στην Ελλάδα. Τι σημαίνει, όμως περιβαλλοντική συνείδηση, όσον αφορά από το αυτοκίνητο; Κατά τη γνώμη μου, τέσσερα πράγματα:

1) σωστή επιλογή του αυτοκινήτου ανάλογα με τις ανάγκες μας

2) σωστή χρήση του αυτοκινήτου ανάλογα με τον τύπο του

3) επιλογή αυτοκινήτου με κυρίαρχο κριτήριο για τους χαμηλούς ρύπους (χαμηλοί ρύποι = χαμηλή κατανάλωση)

4) αναγνώριση ότι ένα αυτοκίνητο δεν είναι για μια ζωή και, ότι όταν παλιώσει, πρέπει να αποσυρθεί σε ένα από τα εκατοντάδες κέντρα ανακύκλωσης που υπάρχουν στη χώρα μας.

Σωστή χρήση εξαιτίας των μεγάλων σπορ οχημάτων πολλαπλών χρήσεων (SUV), για παράδειγμα, σπάνια έχει γίνει τα τελευταία χρόνια. Τα αυτοκίνητα αυτού του είδους είναι εξαιρετικά χρήσιμα για μια χώρα όπως η Ελλάδα. Η Ελλάδα δίνει φανταστικές ευκαιρίες για εκδρομές, σε υπέροχα βουνά και υπέροχες παραλίες, όπου, όμως, συχνά δεν μπορεί κανείς να έχει πρόσβαση παρά μόνο με ένα αυτοκίνητο εκτός του δρόμου. Ένα μεγάλο SUV, επομένως, είναι πολύ καλή επιλογή για μια οικογένεια που απολαμβάνει τις αποδράσεις. Δεν ισχύει το ίδιο, ωστόσο, για κάποιους οι οποίοι κινούνται κυρίως μέσα στην πόλη. Δεν υπάρχει κανένας λόγος παρά να κυκλοφορούμε στο κέντρο ένα αυτοκίνητο που εκπέμπει 200 ως 300 γραμμάρια διοξειδίου του άνθρακα ανά 100 χλμ. τη στιγμή που μπορούμε να κάνουμε το ίδιο με ένα μικρό αυτοκίνητο πόλης των 100-150 γραμμαρίων διοξειδίου του άνθρακα ανά 100 χλμ. Και σίγουρα, εάν έχουμε τη δυνατότητα να το αγοράσουμε ένα μεγάλο SUV, μπορούμε να έχουμε και ένα μικρό αυτοκίνητο πόλης στην κατοχή μας.

	Αριθμός σειράς	Επιπλέον λέξη
0.	2η	μια
1.		
2.		
3.		
4.		
5.		
6.		
7.		

Ερώτημα 2 **(6 μονάδες)**

Διαβάζετε ένα δελτίο τύπου για την ανακύκλωση. Όμως, μερικές λέξεις έχουν σβηστεί. Στον πίνακα που ακολουθεί σημειώνετε (✓) δίπλα στη λέξη που ταιριάζει σε κάθε κενό του κειμένου, επιλέγοντας τη σωστή λέξη από τις τέσσερις που δίνονται, όπως στο παράδειγμα.

ΠΡΟΣΕΞΤΕ: Οι λέξεις που θα επιλέξετε είναι ΕΞΙ (6), χωρίς το παράδειγμα. Για κάθε κενό μόνο μία από τις επιλογές (α, β, γ ή δ) είναι σωστή.

Internet

www.herrco.gr

search...

ΕΛΛΗΝΙΚΗ ΕΤΑΙΡΕΙΑ ΑΞΙΟΠΟΙΗΣΗΣ ΑΝΑΚΥΚΛΩΣΗΣ - Ε.Ε.Α.Α.

Ο κύριος Γιάννης Καρζής, Γενικός Διευθυντής της Ελληνικής Εταιρείας Αξιοποίησης Ανακύκλωσης, [0]______ χαρακτηριστικά: «Και φέτος τα αποτελέσματα είναι πολύ ικανοποιητικά. Η συνεχής αύξηση της ποσότητας των αποβλήτων που [1]______ από το Σύστημα είναι ένα αισιόδοξο μήνυμα για την πορεία της ανακύκλωσης των συσκευασιών στη χώρα μας. Τα θετικά αποτελέσματα του 2009 δείχνουν ότι η ανακύκλωση των συσκευασιών και η χρήση του μπλε κάδου γίνονται ολοένα και περισσότερο μέρος της καθημερινότητάς μας και αυτό αποτελεί σημαντικό βήμα για τη συνέχιση αυτής της [2]______».

[3]______ το χαρτί εντύπων που ανακυκλώθηκε μέσω των μπλε κάδων και τις γυάλινες επαναχρησιμοποιούμενες φιάλες που ανακυκλώθηκαν μετά το τέλος του κύκλου της ζωής τους, οι εν γένει [4]______ της ΕΕΑΑ το 2009 μείωσαν τις ποσότητες προς τους χώρους ταφής κατά περίπου 510 χιλιάδες τόνους ανακυκλώσιμων υλικών. Έτσι, δημιουργήθηκε ένα σημαντικό περιβαλλοντικό και οικονομικό όφελος για τους δημοτικούς φορείς που [5]______ τους χώρους απόθεσης των απορριμμάτων.

Είναι, επίσης, σημαντικό να αναφερθεί, ότι τα προγράμματα ανακύκλωσης τα οποία λειτουργεί και στηρίζει οικονομικά η ΕΕΑΑ, σε πανελλαδική κλίμακα, έχουν ενισχύσει σημαντικά την τοπική απασχόληση, καθώς, μέχρι σήμερα, οι [6]______ θέσεις εργασίας υπολογίζονται σε περίπου 1.600.

0.	**α.** μειώνει	
	β. σημειώνει	✓
	γ. επισημειώνει	
	δ. σημαίνει	
1.	**α.** περιποιούνται	
	β. τελειοποιούνται	
	γ. αξιοποιούνται	
	δ. δημιουργούνται	
2.	**α.** επίδρασης	
	β. αντίδρασης	
	γ. δράσης	
	δ. απόδρασης	
3.	**α.** Προϋπολογίζοντας	
	β. Συνυπολογίζοντας	
	γ. Καταλογίζοντας	
	δ. Αναλογίζοντας	
4.	**α.** ιδιότητες	
	β. ανισότητες	
	γ. δεξιότητες	
	δ. δραστηριότητες	
5.	**α.** διαχειρίζονται	
	β. μεταχειρίζονται	
	γ. χειρίζονται	
	δ. εγχειρίζονται	
6.	**α.** ανάμεσες	
	β. ενδιάμεσες	
	γ. άμεσες	
	δ. μεσαίες	

Ερώτημα 3 **(7 μονάδες)**

Ο καθηγητής των Ελληνικών σάς έδωσε το απόσπασμα ενός ενημερωτικού κειμένου για τη χρήση του αυτοκινήτου με τρόπο φιλικό προς το περιβάλλον, από το οποίο έσβησε κάποιες λέξεις/φράσεις. Στον πίνακα που ακολουθεί, σημειώνετε δίπλα σε κάθε λέξη/φράση τον αριθμό του κενού στο οποίο αντιστοιχεί, όπως στο παράδειγμα.

ΠΡΟΣΕΞΤΕ: Οι λέξεις/φράσεις που πρέπει να βρείτε είναι ΕΠΤΑ (7), χωρίς το παράδειγμα. Υπάρχουν πέντε λέξεις/φράσεις που δεν ταιριάζουν σε κανένα κενό.

Internet

http://www.tovima.gr/default.asp?pid=2&ct=72&artid=358808&dt=06/10/2010 search...

Όποιο αυτοκίνητο και να επιλέξουμε, πρέπει να έχουμε γνώση των ρύπων [0]______, αφενός για να επιβαρύνουμε κατά το δυνατό λιγότερο το περιβάλλον και αφετέρου για να προστατεύσουμε την τσέπη μας. Οι χαμηλοί ρύποι σημαίνουν παράλληλα και χαμηλή [1]______ καυσίμου. Συνεπάγονται, επιπλέον, και χαμηλότερα ετήσια τέλη κυκλοφορίας. Και φυσικά ένα αυτοκίνητο που είναι [2]______ στη χρήση θα έχει σίγουρα και καλύτερη μεταπώληση.

Όταν, όμως, μιλάμε για μεταπώληση, πρέπει να μιλάμε για αυτοκίνητα 10 ως 12 ετών. Διότι μπορεί μεν στη συγκεκριμένη χώρα [3]______ ζήτηση για οχήματα 15 ως 20 ετών, αυτό, όμως, δεν σημαίνει ότι πρέπει να καταστρέφουμε το περιβάλλον για να εισπράξουμε όχι πολύ παραπάνω από 100 με 300 ευρώ, [4]______ η ώρα να απαλλαγούμε από το πολύ παλιό μας αυτοκίνητο. Πρέπει, επίσης, να καταλάβουμε ότι μετά τη δεκαετία το αυτοκίνητό μας έχει πλέον παλιώσει, αρχίζει να «ζητάει» πολλά σε ανταλλακτικά και άρα η σωστή συντήρησή του γίνεται ασύμφορη. Δυστυχώς, ορισμένοι οδηγοί δεν συντηρούν σωστά τα αυτοκίνητά τους, διότι πολύ απλά [5]______ τους υπόλοιπους δεν διενεργούν όλους τους προβλεπόμενους ελέγχους. Έτσι εξηγείται η ύπαρξη 1.800.000 αυτοκινήτων άνω των 13 ετών (33% του συνόλου). Για τη σωστή συντήρηση των αυτοκινήτων αυτών απαιτούνται 500 με 600 ευρώ, αλλά στην πραγματικότητα δαπανώνται 50 [6]______ 100 ευρώ το χρόνο. Προσωπικά, θεωρώ ότι ο μόνος τρόπος να αποκτήσουμε περιβαλλοντική συνείδηση είναι [7]______ η προστασία του περιβάλλοντος γίνει «μόδα» — και είναι πολύ ευχάριστο που σιγά σιγά, αλλά σταθερά η μόδα αυτή κάνει την εμφάνισή της και στην Ελλάδα.

που εκπέμπει	0
όσον αφορά	
οικονομικό	
να υπάρχει	
καλύτερο	
εάν	
κατανάλωση	
όταν περάσει	
αφού	
σε αντίθεση με	
όταν έρθει	
από	
ως	

4. ΠΑΡΑΓΩΓΗ ΓΡΑΠΤΟΥ ΛΟΓΟΥ

ΔΙΑΡΚΕΙΑ ΕΞΕΤΑΣΗΣ: 55 λεπτά **(25 ΜΟΝΑΔΕΣ)**

Πρώτο μέρος **(12 μονάδες)**

Μάθατε ότι ένας φίλος/μια φίλη σας αποφάσισε να παρακολουθήσει ένα επιμορφωτικό πρόγραμμα εθελοντισμού για φροντίδα ατόμων με ειδικές ανάγκες. Του/Της γράφετε ένα γράμμα, για να τον/την συγχαρείτε για την απόφασή του/της και για να του/της ζητήσετε περισσότερες πληροφορίες σχετικά με το πρόγραμμα αυτό, καθώς ενδιαφέρει και εσάς. Συγκεκριμένα, τον/την ρωτάτε για τη διάρκεια της επιμόρφωσης, τι απαιτείται να έχει όποιος θέλει να λάβει μέρος, το πρόγραμμα των μαθημάτων και ό,τι άλλο θεωρείτε χρήσιμο για εσάς. (200 λέξεις)

ΠΡΟΣΕΞΤΕ: Στο τέλος της επιστολής μην υπογράψετε με το όνομά σας. Χρησιμοποιήστε άλλο όνομα.

_____ Μαΐου _____

Αγαπητ __________,

____

Δεύτερο μέρος **(13 μονάδες)**

Εργάζεστε σε έναν οργανισμό παροχής ανθρωπιστικής βοήθειας σε χώρες του κόσμου με έντονο το πρόβλημα της πείνας. Πριν από λίγες μέρες γυρίσατε από μια αποστολή σε μια χώρα που αντιμετωπίζει αυτό το πρόβλημα λόγω παρατεταμένης ξηρασίας. Γράφετε μια αναφορά στον διευθυντή του οργανισμού, περιγράφοντας τι είδατε και τι κάνατε εκεί. Αναφερθείτε με σαφήνεια στο έργο που αναλάβατε, στις δυσκολίες που αντιμετωπίσατε, στην εντύπωση που σας δημιούργησαν οι άνθρωποι που γνωρίσατε και σε ό,τι άλλο θεωρείτε εσείς σημαντικό. (200 λέξεις)

ΠΡΟΣΕΞΤΕ: Στο τέλος του άρθρου μην υπογράψετε με το όνομά σας. Χρησιμοποιήστε άλλο όνομα.

_____ Μαΐου _____

Αγαπητέ κύριε Διευθυντή,

____

5. ΠΑΡΑΓΩΓΗ ΠΡΟΦΟΡΙΚΟΥ ΛΟΓΟΥ

ΔΙΑΡΚΕΙΑ ΕΞΕΤΑΣΗΣ: 12 λεπτά **(25 ΜΟΝΑΔΕΣ)**

Πρώτο μέρος

- Πώς λέγεστε;
- Από πού είστε;
- Πού μένετε;
- Τι δουλειά κάνετε;
- Μένετε μόνος/-η ή με την οικογένειά σας;
- Πού θα χρησιμοποιήσετε τα Ελληνικά που μαθαίνετε;
- Θα θέλατε να ασχοληθείτε κάποτε με αγροτικές δουλειές; Δικαιολογήστε την απάντησή σας.
- Πώς αντιμετωπίζετε μια δυσκολία στη ζωή σας; Τι τρόπους βρίσκετε, για να την ξεπεράσετε;
- Θα θέλατε να προσφέρετε εθελοντική εργασία; Σε ποιον τομέα;

Δεύτερο μέρος

- Πόσο νομίζετε ότι επηρεάζει η μόλυνση του περιβάλλοντος τη ζωή μας;
- Ποια νομίζετε ότι είναι τα θετικά και τα αρνητικά της ευρύτατης χρήσης της τεχνολογίας στην καθημερινή ζωή;
- Ποιος πιστεύετε ότι είναι ο καλύτερος τρόπος να εξοικονομείτε χρήματα; Δικαιολογήστε την απάντησή σας.
- Κατά τη γνώμη σας, ποια είναι τα κυριότερα προβλήματα που αντιμετωπίζουν οι σημερινοί άνθρωποι στις σχέσεις τους;
- Θεωρείτε ότι οι νέοι σήμερα αντιμετωπίζουν περισσότερα προβλήματα από ό,τι στο παρελθόν ή όχι; Δικαιολογήστε την απάντησή σας.
- Γιατί υπάρχουν ακόμη και σήμερα φτωχοί άνθρωποι;
- Τι είναι αυτό που αξίζει κατά τη γνώμη σας περισσότερο στη ζωή; Δικαιολογήστε την απάντησή σας.
- Ποια είναι τα πλεονεκτήματα και ποια τα μειονεκτήματα του να έχει κανείς ένα κατοικίδιο ζώο στο σπίτι;
- Ποια είναι η σχέση σας με τα ηλεκτρονικά μέσα ενημέρωσης; Πόσο συχνά τα χρησιμοποιείτε; Γιατί;

Τρίτο Μέρος – Παιχνίδια Ρόλων

1. Ανακύκλωση

Ρόλος Α

Συζητάτε με έναν γείτονα/μια γειτόνισσά σας για τους κάδους ανακύκλωσης που τοποθετήθηκαν πρόσφατα στον δρόμο σας. Εσείς πιστεύετε ότι αυτή η εξέλιξη θα βοηθήσει στη μείωση των σκουπιδιών και επομένως στην προστασία του περιβάλλοντος. Εκείνος/Εκείνη, όμως, πιστεύει ότι οι κάδοι ανακύκλωσης θα δημιουργήσουν προβλήματα. Προσπαθείτε να τον/την πείσετε ότι δεν έχει δίκιο.

Ρόλος Β

Συζητάτε με έναν γείτονα/μια γειτόνισσά σας για τους κάδους ανακύκλωσης που τοποθετήθηκαν πρόσφατα στον δρόμο σας. Εσείς πιστεύετε ότι οι κάδοι αυτοί θα ασχημύνουν τη γειτονιά και θα μειωθούν οι θέσεις στάθμευσης. Εκείνος/Εκείνη, όμως, πιστεύει ότι οι κάδοι ανακύκλωσης θα βελτιώσουν τη ζωή στην πόλη. Προσπαθείτε να τον/την πείσετε ότι δεν έχει δίκιο.

2. Ενημέρωση από την τηλεόραση ή το διαδίκτυο;

Ρόλος Α

Είστε φοιτητής/φοιτήτρια στο Πανεπιστήμιο και συζητάτε με έναν καθηγητή/μια καθηγήτριά σας για την ποιότητα της ενημέρωσης από τα διάφορα μέσα μαζικής ενημέρωσης. Εσείς πιστεύετε ότι είναι προτιμότερο κανείς να ενημερώνεται από ιστοσελίδες ειδήσεων που θα επιλέγει ο ίδιος και όχι από την τηλεόραση ή τις εφημερίδες. Ο καθηγητής/Η καθηγήτριά σας, όμως, έχει διαφορετική άποψη και σας εξηγεί γιατί. Εσείς προσπαθείτε να τον/την πείσετε ότι δεν έχει δίκιο.

Ρόλος Β

Είστε καθηγητής/καθηγήτρια στο Πανεπιστήμιο και συζητάτε με έναν φοιτητή/μια φοιτήτριά σας για την ποιότητα της ενημέρωσης από τα διάφορα μέσα μαζικής ενημέρωσης. Εσείς πιστεύετε ότι είναι προτιμότερο κανείς να ενημερώνεται από την τηλεόραση και τις εφημερίδες, γιατί αποκτά γρήγορα μια σφαιρική εικόνα της επικαιρότητας. Ο φοιτητής/Η φοιτήτριά σας, όμως, έχει διαφορετική άποψη και σας εξηγεί γιατί. Εσείς προσπαθείτε να τον/την πείσετε ότι δεν έχει δίκιο.

3. Πρέπει να γνωρίζουμε την ιστορία της χώρας μας ή όχι;

Ρόλος Α

Συζητάτε με έναν φίλο/μια φίλη σας για το μάθημα της ιστορίας στα σχολεία. Εσείς πιστεύετε ότι το μάθημα αυτό πρέπει να διδάσκεται και να θεωρείται πολύ σημαντικό, διότι η γνώση της ιστορίας βοηθάει στην καλύτερη κατανόηση του σήμερα. Ο φίλος/Η φίλη σας, όμως, έχει διαφορετική άποψη και σας εξηγεί γιατί. Προσπαθείτε να τον/την πείσετε ότι δεν έχει δίκιο.

Ρόλος Β

Συζητάτε με έναν φίλο/μια φίλη σας για το μάθημα της ιστορίας στα σχολεία. Εσείς πιστεύετε ότι σε αυτό το μάθημα δεν πρέπει να δίνεται ιδιαίτερη προσοχή, διότι στην πράξη η γνώση της ιστορίας δεν βοηθάει τους ανθρώπους να αποφεύγουν τα λάθη του παρελθόντος. Ο φίλος/Η φίλη σας, όμως, έχει διαφορετική άποψη και σας εξηγεί γιατί. Προσπαθείτε να τον/την πείσετε ότι δεν έχει δίκιο.

4. Παραμύθια από τους γονείς ή από την τηλεόραση;

Ρόλος Α

Ένας φίλος/Μια φίλη σας έχει μικρά παιδιά και προτιμά να τα αφήνει μπροστά στην τηλεόραση να βλέπουν διάφορα παραμύθια σε κινούμενα σχέδια. Συζητάτε μαζί του/της και τον/την συμβουλεύετε να αποφεύγει την τηλεόραση για την ψυχαγωγία των παιδιών του. Εκείνος/Εκείνη, όμως, ισχυρίζεται ότι δεν έχει πολύ χρόνο, για να λέει παραμύθια στα παιδιά του/της. Προσπαθείτε να του/της εξηγήσετε ότι το να ασχολείται ο ίδιος ο γονιός με τα παιδιά είναι πολύ σημαντικό για την ανάπτυξη του χαρακτήρα του παιδιού.

Ρόλος Β

Έχετε μικρά παιδιά και προτιμάτε να τα αφήνετε μπροστά στην τηλεόραση να βλέπουν διάφορα παραμύθια σε κινούμενα σχέδια. Συζητάτε με έναν φίλο/μια φίλη σας ο οποίος/η οποία σας συμβουλεύει να αποφεύγετε την τηλεόραση για την ψυχαγωγία των παιδιών σας. Εσείς, όμως, ισχυρίζεστε ότι δεν έχετε πολύ χρόνο, για να λέτε παραμύθια στα παιδιά σας και προσπαθείτε να του/της εξηγήσετε ότι σας είναι πολύ δύσκολο να βρείτε χρόνο για να λέτε παραμύθια στα παιδιά σας.

ΕΛΛΗΝΙΚΗ ΔΗΜΟΚΡΑΤΙΑ
ΥΠΟΥΡΓΕΙΟ ΠΑΙΔΕΙΑΣ ΚΑΙ ΘΡΗΣΚΕΥΜΑΤΩΝ
ΚΕΝΤΡΟ ΕΛΛΗΝΙΚΗΣ ΓΛΩΣΣΑΣ

ΚΛΙΚ
στα ελληνικά

ΑΠΑΝΤΗΣΕΙΣ των ΑΣΚΗΣΕΩΝ

Μέθοδος εκμάθησης της ελληνικής ως δεύτερης/ξένης γλώσσας

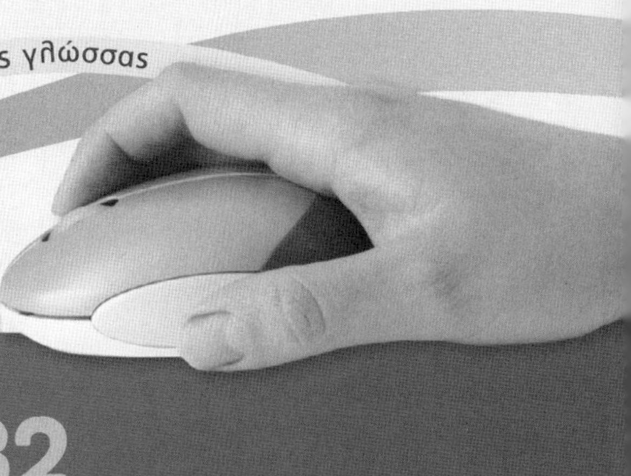

επίπεδο Β2

Ε Λ Λ Η Ν Ι Κ Η   Δ Η Μ Ο Κ Ρ Α Τ Ι Α
ΥΠΟΥΡΓΕΙΟ ΠΑΙΔΕΙΑΣ ΚΑΙ ΘΡΗΣΚΕΥΜΑΤΩΝ
ΚΕΝΤΡΟ ΕΛΛΗΝΙΚΗΣ ΓΛΩΣΣΑΣ

ΚΛΙΚ
στα ελληνικά

ΑΠΑΝΤΗΣΕΙΣ
των
ΑΣΚΗΣΕΩΝ

επίπεδο Β2

Το τεύχος *ΚΛΙΚ στα ελληνικά – Απαντήσεις των ασκήσεων* συνοδεύει το βιβλίο των Μ. Καρακύργιου & Β. Παναγιωτίδου *ΚΛΙΚ στα ελληνικά, επίπεδο Β2*, ISBN: 978-960-7779-75-5, *Θεσσαλονίκη 2016, ανατ.* 2025.

Σύνταξη & Επιμέλεια: Κατερίνα Πρανέντση
Μαρία Χρίτη
Διορθώσεις έκδοσης 2017: Κατερίνα Πλασταρά

Σχεδιασμός: Εκδόσεις Ζήτη

Καραμαούνα 1, Πλατεία Σκρα, 551 32 Καλαμαριά, Θεσσαλονίκη
τηλ.: +302313 331500

ηλεκτρονικό ταχυδρομείο: centre@komvos.edu.gr
ιστοσελίδα: https://www.greeklanguage.gr/

Ενότητα 1 ΑΠΟ ΠΟΥ ΚΡΑΤΑΕΙ Η ΣΚΟΥΦΙΑ ΣΟΥ;

ΚΑΤΑΝΟΗΣΗ ΓΡΑΠΤΟΥ ΛΟΓΟΥ

Σελ. 20-21

Άσκηση 1β
1. Καταγωγή
2. Γλώσσα
3. Πληθυσμός
4. Επαγγελματικές δραστηριότητες
5. Ρομά και τέχνη

Άσκηση 2
1. της κάθε περιοχής
2. σλαβικές και ρουμανικές λέξεις
3. σε όλο τον κόσμο
4. και σε άλλες χώρες
5. όπως επίσης με τη
6. δραστηριότητες στις οποίες
7. Χαρακτηριστικό παράδειγμα
8. τη λαϊκή μουσική
9. όσο και στη Ρουμανία
10. οι έλληνες μουσικοί
11. η οποία γιορτάζεται

ΛΕΞΙΛΟΓΙΟ

Σελ. 22

Άσκηση 1
1. διακρίνομαι/διακρίνονται
2. άριστος/άριστοι
3. συμμετέχω/συμμετέχουν
4. συγγενεύω/συγγενεύει
5. αυτοδίδακτος/αυτοδίδακτοι
6. διάλεκτος/διαλέκτους
7. επιρροή/επιρροές
8. πληθυσμός
9. σιδηρουργία
10. μηχανουργία
11. κατάρτιση

Άσκηση 2 1η, 2α, 3β, 4δ, 5ζ, 6θ, 7γ, 8ε

Άσκηση 3 1στ, 2α, 3ε, 4β, 5γ

Σελ. 23

Άσκηση 4 1β, 2γ, 3α

1α: *υποστήριξε* = βοηθώ ηθικά κάποιον, ο οποίος έχει την ανάγκη μου

1γ: *υποστηρίζεις* = εγκρίνω, αποδέχομαι και ενισχύω πρόσωπα, ιδέες, απόψεις κτλ.

2α: *παράδοση* = η μεταβίβαση ενός πράγματος σε κάποιον που το δικαιούται, ή που υπάρχει δέσμευση απέναντί του

2β: *παράδοση* = διδασκαλία

3β: *κατάρτιση* = η κατάταξη και οργάνωση σε ενιαίο, λειτουργικό σύνολο

3γ: *κατάρτιση* = η σύνταξη

Άσκηση 6
1. πληθυσμός
2. κάτοικοι
3. πολίτες
4. λαού
5. καταγωγή
6. γενιά
7. ράτσα
8. εθνικότητα
9. φυλής
10. λαό
11. πατρίδα

Σελ. 24

Άσκηση 8 1γ, 2δ, 3β, 4β

Άσκηση 9
1. Λάθος
2. Σωστό
3. Σωστό
4. Λάθος
5. Σωστό

Άσκηση 10
1. θεωρητική κατάρτιση
2. τοπική διάλεκτος
3. οικιακά σκεύη
4. χαρακτηριστικό παράδειγμα
5. λαϊκοί μουσικοί

Σελ. 25

Άσκηση 11
1. πολιτισμό
2. κατοίκους
3. σαφή
4. έθνος
5. πληθυσμοί
6. επιρροές
7. κατοίκους
8. πληθυσμό
9. φυλές

Άσκηση 12
0. κατάγονται από τη λατινική Αμερική
1. τρόπο ζωής
2. ανθρώπους που κατοικούν
3. πολύ συγκεκριμένα
4. λαός
5. πληθυσμοί
6. επηρεάστηκε
7. πληθυσμό
8. αριθμό κατοίκων
9. Κέλτες

Σελ. 26

Άσκηση 14

ρήμα	ουσιαστικό	επίθετο
σημαίνω	σημασία	σημαντικός
συγγενεύω	συγγενής, συγγένεια	συγγενικός
επηρεάζω	επιρροή	επηρεασμένος
εκτιμώ	εκτίμηση	–
–	κόσμος	παγκόσμιος
ασχολούμαι	ασχολία, απασχόληση	απασχολημένος, πολυάσχολος
κατασκευάζω	κατασκευή	κατασκευαστικός
πετυχαίνω	επιτυχία	επιτυχημένος
καταρτίζω	κατάρτιση	καταρτισμένος
εμπνέω	έμπνευση, εμπνευστής	εμπνευσμένος

ρήμα	ουσιαστικό	επίθετο
σπουδάζω	σπουδαστής, σπουδές, σπουδαστήριο	–
διακρίνω	διάκριση	–
–	εμπειρία	έμπειρος, εμπειρικός
–	λαός	λαϊκός
–	φυλή	φυλετικός
παραδίδω	παράδοση	παραδοσιακός
κατοικώ	κατοικία, κάτοικος	–
–	ιθαγένεια, ιθαγενής	–

Σελ. 27

Άσκηση 15
1. παραδόσεις
2. έμπνευση
3. πετύχει
4. συγγενείς
5. επηρεάζει
6. κάτοικοι
7. διακρίσεις

ΓΡΑΜΜΑΤΙΚΗ

Σελ. 29
1. Θεωρήθηκε
2. συνέβη
3. οργανώθηκαν
4. προσαρμόστηκαν
5. δημιουργήθηκαν
6. Γράφτηκαν
7. μελοποιήθηκαν
8. διαδόθηκαν
9. παραλλάχθηκαν
10. διακρίθηκαν
11. γεννήθηκε
12. διατηρήθηκε
13. αλλοιώθηκε

Σελ. 31

Άσκηση 1 κλείστηκα, νοσηλεύτηκα, σβήστηκα, αναγκάστηκα, λούστηκα, εφαρμόστηκα, εξολοθρεύτηκα, πικράθηκα, δημιουργήθηκα, ξεχάστηκα

Σελ. 32

Άσκηση 2
1. κηρύχτηκε
2. κατοικήθηκε
3. Ξεχάστηκα, πετάχτηκε
4. Δυσκολεύτηκα, τα παράτησα, Απογοητεύτηκα, αποζημιώθηκα
5. Στηρίχτηκα, τα κατάφερα, ανταμείφτηκα

Άσκηση 3
1. κλάπηκαν
2. λυπήθηκαν, Καθίσαμε, Φάνηκε, ευχήθηκαν
3. Κόπηκα, Ντράπηκα
4. Άργησα, Πλύθηκα, ντύθηκα
5. Επέλεξα
6. διέγραψε

Σελ. 33

Άσκηση 4
1. εγκαταλείφθηκαν/εγκαταλείφτηκαν
2. καλύφθηκε/καλύφτηκε
3. εμπνευστήκαμε/εμπνευσθήκαμε
4. θεμελιώθηκε
5. κατέγραψε
6. ακούστηκε
7. ανακαλύφθηκε/ανακαλύφτηκε
8. δημοσιεύθηκε/δημοσιεύτηκε

ΚΑΤΑΝΟΗΣΗ ΠΡΟΦΟΡΙΚΟΥ ΛΟΓΟΥ

Σελ. 34

Άσκηση 1
1. τις συνθήκες ζωής, το περιβάλλον, την οικονομία
2. φυλές με παρόμοια συμπεριφορά και εμφάνιση
3. προσιτοί
4. πίστεψε ότι με τη συμπεριφορά του προσέβαλε τους ντόπιους
5. κερδίσει την εμπιστοσύνη των ανθρώπων
6. την οικογενειακή τους κατάσταση
7. από τις καιρικές συνθήκες στις οποίες ζουν
8. έχουν τη δική τους πολιτισμική ταυτότητα
9. ο σεβασμός στη διαφορετικότητα

ΛΕΞΙΛΟΓΙΟ

Σελ. 35

Άσκηση 1
1. φακός/φακό
2. απρόσιτος/απρόσιτοι
3. περούκα/περούκες
4. ξαπλώνω/ξάπλωσα
5. σεβασμός/σεβασμό
6. κοτσίδα/κοτσίδες
7. προσβάλλω/προσβάλλει
8. ιθαγενής/ιθαγενών

Άσκηση 2
- *απομακρύνθηκα* = φεύγω μακριά
- *αστειευτήκαμε* = λέω αστεία
- *αποδεχτούμε* = παραδέχομαι, συμφωνώ
- *οφείλουμε* = πρέπει, αισθάνομαι υποχρεωμένος, έχω καθήκον

Σελ. 36

Άσκηση 4 1ε, 2δ, 3α, 4β

Άσκηση 5
1. κλιματικές συνθήκες
2. τρόπος ζωής
3. ποζάρω στον φακό
4. κερδίζω την εμπιστοσύνη
5. πολιτισμική κληρονομιά
6. μοιράζομαι τις εμπειρίες
7. καλή συμπεριφορά
8. κακή συμπεριφορά
9. πολιτισμική ταυτότητα

Σελ. 37

Άσκηση 6
0. ιθαγενείς
1. συμπεριφορά
2. πολιτισμού
3. πληθυσμούς
4. λαούς
5. ταυτότητα
6. ζωής
7. προσιτοί
8. εμπιστοσύνη
9. κληρονομιά
10. φυλής

Άσκηση 7
0. κατοίκους
1. στάση
2. εκπολιτίσουν
3. κατοίκους
4. πληθυσμούς
5. ιδιαιτερότητα
6. ζωής
7. ζεστοί
8. εμπιστευτούν
9. παραδόσεις
10. λαού

Σελ. 38

Άσκηση 9 1ε, 2α, 3β, 4δ

Άσκηση 10
εγκρίνω ≠ απορρίπτω
επιδοκιμάζω ≠ αποδοκιμάζω
1. εγκρίνει
2. επιδοκίμασαν

ευχαρίστηση ≠ δυσαρέσκεια, χαρά ≠ λύπη, ικανοποίηση ≠ δυσαρέσκεια
3. χαρά
4. χαρά
5. ευχαρίστησή
6. ικανοποίηση

Σελ. 39

Άσκηση 11
1. απρόσιτες
2. δύσκολα
3. δύσκολος
4. δύσκολος/απρόσιτος
5. δύσκολη
6. δύσκολο
7. βαρύ
8. δύσκολος/βαρύς/απρόσιτος
9. δύσκολα
10. δύσκολος/βαρύς
11. δύσκολο
12. βαριά
13. βαριά
14. βαριά
15. απρόσιτα
16. δύσκολες
17. δύσκολη
18. βαρύ
19. δύσκολη
20. βαριά
21. δύσκολη
22. βαριά
23. βαριά
24. δύσκολη

Σελ. 40

Άσκηση 12

0.		Π	Ρ	Ο	Σ	**Ι**	Τ	Ο	Σ		
1.			Π	Λ	Η	**Θ**	Υ	Σ	Μ	Ο	Σ
2.			Σ	Ε	Β	**Α**	Σ	Μ	Ο	Σ	
3.					Α	**Γ**	Ε	Ν	Η	Σ	
4.	Α	Σ	Τ	Ε	Ι	**Ε**	Υ	Ο	Μ	Α	Ι
5.	Κ	Λ	Η	Ρ	Ο	**Ν**	Ο	Μ	Ι	Α	
6.			Φ	Υ	Λ	**Η**					
7.				Α	Υ	**Σ**	Τ	Η	Ρ	Ο	Σ

ΓΡΑΜΜΑΤΙΚΗ

Σελ. 42
1. αποτελούσε
2. εντυπωσιάζονταν
3. απειλούμασταν
4. εμπιστευότανε
5. δεχόντουσαν
6. κουραζόμασταν
7. εμπιστεύονταν
8. δημιουργήθηκε

Σελ. 43

Άσκηση 1 ακουγόμουν, εργαζόμουν, απογοητευόταν, θερμαινόμουν, ζεσταινόμουν, προστατευόμασταν, ζεσταινόταν, φοβούνταν, παραπονιόντουσαν, τραβιόταν, κρεμιόσουν, σιχαινόμουν, στεναχωριόμουν

Άσκηση 2

Στήλη Α	●•	●••
δέχομαι	δεχόμουν, δεχόταν	δεχόμασταν, δεχόσασταν, δέχονταν
πετιέμαι	πετιόμουν, πετιόταν, πετιόνταν	πετιόμασταν, πετιόσασταν
στηρίζομαι	στηριζόμουν, στηριζόταν	στηριζόμασταν, στηριζόσασταν, στηρίζονταν
ζεσταίνομαι	ζεσταινόμουν, ζεσταινόταν	ζεσταινόμασταν, ζεσταινόσασταν, ζεσταίνονταν
παραπονιέμαι	παραπονιόμουν, παραπονιόταν, παραπονιόνταν	παραπονιόμασταν, παραπονιόσασταν, παραπονιόντουσαν
ενοχλούμαι	ενοχλούμουν, ενοχλούσουν, ενοχλούνταν	ενοχλούμασταν, ενοχλούσασταν
τραβιέμαι	τραβιόμουν, τραβιόταν, τραβιόνταν	τραβιόμασταν, τραβιόσασταν, τραβιόντουσαν
ετοιμάζομαι	ετοιμαζόμουν, ετοιμαζόταν	ετοιμαζόμασταν, ετοιμαζόσασταν, ετοιμάζονταν

Σελ. 44

Άσκηση 3
1. καθόμασταν
2. ακούγαμε
3. διηγούνταν
4. πήγαινα
5. έπαιρνα
6. στεναχωριόμουν
7. άρεζε
8. στεναχωρούσα
9. Καθόμουν
10. έβλεπα
11. αποχαιρετιόντουσαν
12. έπαιρναν
13. Στεναχωριόμουν
14. κρυφάκουγα
15. συζητιόταν
16. εκπροσωπούνταν
17. γινόταν
18. Ακούγαμε
19. γνωρίζαμε
20. γίνονταν
21. απασχολούσαν
22. Κοιταζόμασταν
23. συγκρατιόμασταν
24. σκάγαμε
25. κοιτούσαν
26. καταλάβαιναν

Σελ. 45

Άσκηση 4
1. Περνούσαμε/Περνάγαμε
2. είχαμε
3. περιποιόταν(ε)
4. Παίζαμε
5. κρεμιόταν
6. φώναζε
7. έβλεπα
8. πήγαινα
9. Ξεχνιόμουν(α)
10. ερχόταν(ε)
11. βράδιαζε
12. εξερευνούσα
13. Κρυβόμουν(α)
14. Πουλιόταν(ε)
15. απορούσα
16. πίστευα
17. Κουραζόταν(ε)
18. ήμασταν
19. παραπονιόταν(ε)

Σελ. 46

Άσκηση 5
1. ήμουν(α), πήγαινα, πήγα, στεναχωρήθηκα/στεναχωρέθηκα
2. μιλούσε/μιλούσαμε/μιλάγαμε, χτύπησε, έφυγε
3. περνούσαν(ε), έπαιζαν/παίζανε
4. πήγαινα, είδα, γύριζε
5. ετοιμαζόμουν(α), χτύπησε, ήρθαν(ε)
6. πήρες, κοιμόμουν(α), απάντησα
7. Είδα
8. τακτοποίησα/τακτοποίησες/τακτοποίησε/τακτοποιήσαμε/τακτοποιήσατε/τακτοποίησαν/τακτοποιήσανε
9. καθάριζα/καθάριζε/καθαρίζαμε/καθάριζαν/καθαρίζανε, τελείωσα/τέλειωσα/τέλειωσε/τελείωσε/τελειώσαμε/τέλειωσαν/τελείωσαν/τελειώσανε
10. τελείωσα/τέλειωσα, βγήκα
11. πονούσε/πόναγε, έκλαψε
12. πεινούσε/πείναγε, έκλαιγε
13. έμαθα/μάθαμε, χάρηκα/χαρήκαμε
14. έπαιζαν/παίζανε, μαγείρευα
15. Γνώρισα, σπούδαζα

Άσκηση 6
1. Ντυνόμασταν(-στε)
2. ξεκινούσαμε
3. Εργαζόμασταν(-στε)
4. κουραζόμασταν(-στε)
5. κοιμόμασταν(-στε)
6. ξεκουραζόμασταν(-στε)
7. δυσκολευόμασταν
8. παραπονιόμασταν (-στε)
9. στεναχωριόμασταν (-στε)
10. ήμασταν(-στε)
11. σκεφτόμασταν (-στε)
12. Πέρασε
13. γυρίσαμε
14. Διηγήθηκα
15. Ξέχασα

ΠΑΡΑΓΩΓΗ ΠΡΟΦΟΡΙΚΟΥ ΛΟΓΟΥ

Σελ. 47

Άσκηση 4 Ο διάλογος αντιστοιχεί στην εικόνα 2.

ΠΑΡΑΓΩΓΗ ΓΡΑΠΤΟΥ ΛΟΓΟΥ

Σελ. 49

Άσκηση 1
1. και
2. ενώ
3. τον οποίο
4. αλλά
5. Ωστόσο
6. αργότερα
7. τον καθένα
8. Επίσης
9. Έτσι
10. γιατί

Άσκηση 2
1. Εισαγωγή
2. Εξωτερική εμφάνιση / χαρακτήρας
3. Επιρροή στη ζωή μου
4. Συναισθήματα

Σελ. 50

Άσκηση 3 (Ενδεικτικά)

ΣΥΝΩΝΥΜΑ

εξωστρεφής	**εσωστρεφής**	**παχύς**
κοινωνικός	ακοινώνητος	παχουλός
ανοιχτός	απρόσιτος	γεμάτος
προσιτός	μοναχικός	
ζεστός	κρύος	
θερμός	ψυχρός	

ΑΝΤΩΝΥΜΑ

αγενής	**εξωστρεφής**	**σοβαρός**
ευγενικός	ακοινώνητος	γελαστός
διακριτικός	απρόσιτος	φιλικός
φιλικός	μοναχικός	θερμός
αξιαγάπητος	κρύος	ζεστός

Σελ. 51

Άσκηση 4
1. Ήμουν τόσο κουρασμένη, που δεν ήθελα να βγω!/Δεν ήθελα να βγω, γιατί ήμουν τόσο κουρασμένη!
2. Τον συμπάθησα επειδή είχε πλατύ χαμόγελο και ζεστό βλέμμα.
3. Είναι πραγματικά πολύ ωραίο το ότι κάνουμε παρέα και είναι φίλος μου./Το ότι κάνουμε παρέα και είναι φίλος μου, είναι πραγματικά πολύ ωραίο.
4. Σκεφτόμουν να μείνω στο σπίτι, διότι ήμουν πολύ κουρασμένη.

Άσκηση 5
1. Το ότι είναι τόσο γελαστός και χαρούμενος, τον κάνει πολύ συμπαθητικό σε όλους.
2. Ήταν τόσο ντροπαλός, που δεν ήθελε να βγει από το σπίτι του.
3. Είναι τόσο αδύνατος, που φοβάμαι μήπως αρρωστήσει.
4. Μήπως δεν τον συμπαθείς, επειδή είναι νευρικός;
5. Μην τον φοβάσαι, γιατί, ενώ φαίνεται άγριος, στην πραγματικότητα δεν είναι.
6. Παρόλο που φαίνεται ψυχρός και ακοινώνητος, είναι πολύ ζεστός και προσιτός άνθρωπος.
7. Το ότι δεν μιλάει ευγενικά, με έκανε να την αντιπαθήσω από την αρχή.
8. Είναι λίγο γεμάτη, αλλά είναι πολύ όμορφη και γοητευτική κοπέλα.
9. Κανείς δεν θέλει να δουλέψει μαζί της, επειδή δεν είναι καθόλου συνεργάσιμη.
10. Είναι γεροδεμένος, με ξανθά μαλλιά και αστραφτερό βλέμμα.

Ενότητα 2 ΚΤΙΡΙΑ ΑΠΟ ΟΛΟ ΤΟΝ ΚΟΣΜΟ

ΚΑΤΑΝΟΗΣΗ ΓΡΑΠΤΟΥ ΛΟΓΟΥ

Σελ. 56-57

Άσκηση 1 1β, 2δ, 3δ, 4β, 5γ

ΛΕΞΙΛΟΓΙΟ

Σελ. 58

Άσκηση 1
1. πρόσοψη
2. κοινόχρηστος/κοινόχρηστη
3. καινοτομία
4. σφαιρικός/σφαιρική
5. καλλιεργώ/καλλιεργούν
6. συμβατικός/συμβατικό
7. έμπνευση
8. μόνιμα

Σελ. 59

Άσκηση 2 1ε, 2α, 3δ, 4γ, 5η, 6θ, 7στ, 8ι, 9ζ, 10ια

Άσκηση 3 1α, 2ε, 3στ, 4γ, 5β, 6η, 7θ, 8ζ

Σελ. 60

Άσκηση 4
1. μεταπτυχιακός φοιτητής
2. συλλογικό πνεύμα
3. κοινόχρηστος χώρος
4. φοιτητική εστία
5. φυσικό περιβάλλον
6. ζωηρό χρώμα
7. μοντέρνα αρχιτεκτονική
8. φυσικό χρώμα

Άσκηση 5
1: α & γ
2: α & γ
3: α & β

Σελ. 61

Άσκηση 7
1. β. αναπαλαίωση
   γ. αποκατάσταση
2. α. μεταφορά
   β. μετακόμιση
   γ. μετακινήσεις
   δ. μετάβαση
3. α. παρασκευή
   β. κατασκευής
   γ. κατασκευή
4. α. κάτοικοι
   β. ένοικοι
   γ. ενοικιαστής/νοικάρης
   δ. συγκάτοικοι

Άσκηση 9 1γ, 2δ, 3β, 4β, 5α

Σελ. 63

Άσκηση 10
0. διαμονή
1. πλεονεκτήματα
2. εμπειρίες
3. μετάβασή
4. μεταφοράς
5. βολικό
6. κοινόχρηστα
7. θέρμανση
8. μετακομίσεις

Άσκηση 11
0. παραμονή
1. οφέλη
2. εμπειρίες
3. μετακίνησή
4. στάση λεωφορείου ή μετρό
5. καλό
6. λογαριασμοί
7. ο τρόπος με τον οποίο ζεσταίνεται το σπίτι
8. μεταφορά επίπλων

Σελ. 64

Άσκηση 13

ρήμα	ουσιαστικό	επίθετο
ενσωματώνω	ενσωμάτωση	ενσωματωμένος
καταφεύγω	καταφύγιο	–
εκφράζω	έκφραση	εκφραστικός
εμπνέω	έμπνευση	εμπνευσμένος
καλλιεργώ	καλλιέργεια	καλλιεργημένος
δημιουργώ	δημιουργία, δημιουργικότητα	δημιουργικός, δημιουργημένος
–	σύμβαση	συμβατικός
επισημαίνω	επισήμανση	–
διαμένω	διαμονή	–
βραβεύω	βραβείο	βραβευμένος
συγκροτώ	συγκρότημα	συγκροτημένος
εξοπλίζω	εξοπλισμός	εξοπλισμένος
καλύπτω	κάλυψη	καλυμμένος
καινοτομώ	καινοτομία	καινοτόμος
–	εμπειρία	έμπειρος
–	σπίτι, σπιτάκι, σπιταρόνα	–
–	χρώμα, χρωματάκι	–
–	δωμάτιο, δωματιάκι	–
–	κουζίνα, κουζινάκι, κουζινούλα	–

Σελ. 65

Άσκηση 14
1. δημιουργική
2. συμβάσεις
3. ενσωμάτωση
4. έμπνευσή
5. εμπειρία
6. επισήμανση
7. καινοτομίας

ΓΡΑΜΜΑΤΙΚΗ

Σελ. 66

1. συγγραφείς
2. συμβάντα
3. γάλα
4. φώτα
5. γεγονότα

Σελ. 68

Άσκηση 2

Στήλη Α	●••	●•	•●
μέρος		μέρος, μέρους, μέρη	μερών
έδαφος	έδαφος	εδάφους, εδάφη	εδαφών
γεγονός		γεγονότος, γεγονότα, γεγονότων	γεγονός
τρέξιμο	τρέξιμο, τρεξίματος, τρεξίματα	τρεξιμάτων	
κρέας	κρέατος, κρέατα	κρέας, κρεάτων	
προϊόν		προϊόντος, προϊόντα, προϊόντων	προϊόν

Άσκηση 3
1. τεύχους
2. πλυσίματος
3. Τέρατος
4. χρήματος
5. προϊόντος
6. περιβαλλόντων

Σελ. 69

Άσκηση 4
1. τη γραμματέα
2. τους αποστολείς
3. των εκδρομέων
4. οι μεταφορείς
5. τα βρέφη, μέρους
6. του κτίσματος
7. τα θέματα
8. του ενδιαφέροντος
9. τα κράτη

Σελ. 70

Άσκηση 5
1. Από την ομιλία του καθηγητή που συμμετείχε, διαπίστωσα το σημαντικό του προσόν.
2. Αυτό το ντύσιμο δεν ταιριάζει καθόλου στην ηλικία της/του.
3. Πρέπει να αποθηκεύετε πολύ προσεκτικά τα γάλατα και τα κρέατα.
4. Δεν συμπαθώ τον άνθρωπο που εξυπηρετεί μόνο το δικό του συμφέρον.
5. Το γεγονός αυτό σημάδεψε τη ζωή μου.

Άσκηση 6
1. Το επάγγελμα των μεταφορέων είναι δύσκολο.
2. Σε αυτό το σουπερμάρκετ, η τιμή του γάλακτος και του κρέατος είναι πολύ χαμηλή.
3. Η μεγάλη ένταση των φώτων με ενοχλεί.
4. Η δύναμη της πειθούς στις ανθρώπινες σχέσεις είναι τεράστια.
5. Η ποιότητα του εδάφους σε αυτήν την περιοχή είναι πολύ καλή.
6. Η σημασία του σημερινού γεγονότος είναι ιδιαίτερη για την οικογένειά μου.
7. Ο βαθμός δυσκολίας του πλεξίματος είναι μεγάλος και δεν μπορώ να το μάθω.

Σελ. 71

Άσκηση 7
1. μέλους
2. ρεύματος
3. παρελθόντος
4. φώτων
5. μεγέθη
6. κλεισίματα
7. είδη
8. σκεύη
9. μεγέθους

ΚΑΤΑΝΟΗΣΗ ΠΡΟΦΟΡΙΚΟΥ ΛΟΓΟΥ

Σελ. 72

Άσκηση 1
1. οικονομικά προσιτές
2. έχουν πολλά κοινά σημεία στις κοινωνικές δομές και στο κλίμα
3. τέσσερις γειτονιές, με τρία σπίτια των δώδεκα τετραγωνικών μέτρων η καθεμία
4. η κουζίνα, ο χώρος δραστηριοτήτων, μια βιβλιοθήκη, αποδυτήρια και μπάνια
5. ως υπνοδωμάτιο, ή ενναλακτικά ως αποθήκη
6. τον εξωτερικό σκελετό κάθε κατοικίας
7. το γέμισμα των κιβωτίων
8. τη μεταφορά, την αποθήκευσή

ΛΕΞΙΛΟΓΙΟ

Σελ. 73

Άσκηση 1
1. προσιτός/προσιτές
2. μεταβατικός/μεταβατικό
3. εφαρμογή
4. υποστηρίζω/υποστηρίζει
5. οικόπεδο
6. αποδυτήριο/ αποδυτήρια
7. σκίαση

Άσκηση 2

0	Σ	Π	Ρ	Ο	Σ	Α	Ν	Α	Τ	Ο	Λ	Ι	Σ	Μ	Ο	Σ
1	Τ	Ω	Δ	Θ	Ε	Ρ	Μ	Ο	Μ	Ο	Ν	Ω	Σ	Η	Λ	Ρ
2	Ε	Μ	Τ	Ε	Ν	Α	Λ	Λ	Α	Κ	Τ	Ι	Κ	Ο	Σ	Η
3	Υ	Π	Ι	Δ	Ι	Ω	Τ	Ι	Κ	Ο	Τ	Η	Τ	Α	Ρ	Ε
4	Ω	Α	Γ	Κ	Ο	Φ	Ν	Ε	Λ	Λ	Ε	Ι	Ψ	Η	Ε	Τ
5	Ο	Ε	Ο	Ι	Γ	Κ	Π	Ε	Ρ	Ι	Χ	Ω	Ρ	Α	Κ	Ε
6	Σ	Π	Χ	Ρ	Η	Μ	Α	Τ	Ο	Δ	Ο	Τ	Η	Σ	Η	Σ
7	Λ	Ε	Δ	Κ	Η	Δ	Ι	Ε	Ρ	Ε	Υ	Ν	Η	Σ	Η	Α

Σελ. 74

Άσκηση 3 1α, 2δ, 3γ, 4β

Άσκηση 4 1ε, 2η, 3ζ, 4β, 5γ, 6δ, 7στ

Άσκηση 5
1. μεταβατικός χαρακτήρας
2. τυποποιημένο προϊόν
3. ενδιάμεσος κρίκος
4. κλιματολογικές συνθήκες
5. κοινωνική δομή
6. κοινόχρηστος χώρος
7. χαμηλό κόστος
8. προκατασκευασμένη κατοικία

Σελ. 75

Άσκηση 6
- *προσιτός* = φθηνός, οικονομικός
- *εφαρμογή* = πραγματοποίηση μιας ιδέας
- *προσανατολισμός* = η θέση σε σχέση με τα σημεία του ορίζοντα
- *σκελετός* = το τμήμα στήριξης

Σελ. 76

Άσκηση 8
1. β. έλλειμμα
   γ. στέρηση
2. α. βραβείο
   β. επιβράβευση
   γ. έπαινο
3. α. εξερεύνηση
   β. διερεύνηση
   γ. έρευνα
4. α. διαμονή
   β. κατοικίας
   γ. καταλύματα

Άσκηση 10 1α, 2γ, 3γ, 4α

Σελ. 77

Άσκηση 11
1. μόνιμη
2. περίχωρα
3. προσανατολισμό
4. διερεύνηση
5. προσιτή
6. κόστος
7. αποκατάσταση
8. έλλειψη
9. ιδιωτικότητά
10. εναλλακτικά

Άσκηση 12
1. κύρια
2. λίγο έξω
3. έβλεπε προς
4. έρευνα και σύγκριση
5. συμφέρουσα
6. δαπάνη
7. επιδιόρθωση
8. το γεγονός ότι δεν θα είχαμε γείτονες
9. προσωπικό μας χώρο και χρόνο
10. πολλές και διαφορετικές

Σελ. 78

Άσκηση 14

0. Κ Ο Ι Ν Ο Χ Ρ Η **Σ** Τ Ο Σ
1. Κ Α Τ Α Σ Κ Ε **Υ** Η
2. Τ Ε Τ Ρ Α **Γ** Ω Ν Ι Κ Ο
3. Α Ν Α **Κ** Α Ι Ν Ι Σ Η
4. Δ Ι **Α** Μ Ο Ν Η
5. Μ Ε **Τ** Α Κ Ο Μ Ι Σ Η
6. Π Ρ Ο Σ Α Ν Α Τ **Ο** Λ Ι Σ Μ Ο Σ
7. Κ Α Τ Ο **Ι** Κ Ι Α
8. **Κ** Α Τ Α Φ Υ Γ Ι Ο
9. Κ **Ο** Σ Τ Ο Σ
10. Θ Ε Ρ Μ Α Ν **Σ** Η

Σελ. 79

Άσκηση 15

ρήμα	ουσιαστικό	επίθετο
μεταβαίνω	μετάβαση	μεταβατικός
στεγάζω	στέγη, στέγαση	στεγαστικός, άστεγος
συμβάλλω	συμβολή	–
διερευνώ	διερεύνηση	διερευνητικός
εμπνέω	έμπνευση	–
εφαρμόζω	εφαρμογή	εφαρμοσμένος, ανεφάρμοστος
διαπιστώνω	διαπίστωση	–
υποστηρίζω	υποστήριξη, υποστηρικτής	υποστηρικτικός
(απο)προσανατο-λίζω	(απο)προσανατολι-σμός	(απο)προσανατολι-σμένος, (απο)προ-σανατολιστικός
εναλλάσσω / -ομαι	εναλλαγή	εναλλακτικός, εναλλασσόμενος
αποθηκεύω	αποθήκη	αποθηκευτικός
συμπληρώνω	συμπλήρωση	συμπληρωματικός
διευρύνω	διεύρυνση	διευρυμένος
τυποποιώ	τυποποίηση	τυποποιημένος
πρωτοτυπώ	πρωτοτυπία	πρωτότυπος
διοργανώνω	διοργάνωση, διοργανωτές	διοργανωτικός
χρηματοδοτώ	χρηματοδότηση, χρηματοδότης	χρηματοδοτικός
βραβεύω	βραβείο	βραβευμένος

Σελ. 80

Άσκηση 16
1. διοργανωτών
2. διευρύνουν
3. πρωτότυπο
4. υποστηρικτές
5. χρηματοδότηση
6. βραβείο
7. αποθήκευση
8. συμβολή

ΓΡΑΜΜΑΤΙΚΗ

Σελ. 82

1. θα μεταμορφωθεί
2. θα αφιερωθεί
3. θα υπάρχουν
4. θα εκτίθεται
5. θα γίνει
6. θα επιτραπούν
7. θα τοποθετηθούν
8. θα δημιουργηθεί
9. θα εκτίθενται
10. θα χρησιμοποιείται
11. θα περιλαμβάνει
12. θα στεγαστούν
13. θα διοργανώνονται
14. θα ολοκληρωθεί

Σελ. 85

Άσκηση 1 θα ακουστώ, θα πειστώ, θα παίξω, θα αποκαλύψω, θα κρυφτώ, θα πεταχτώ, θα αποτελέσω, θα πετάξω, θα παντρευτώ, θα εμπνευστώ

Σελ. 86

Άσκηση 2

1. Θα βρέξει
2. Θα χαρείς, θα προβληθεί
3. θα ανεχτούμε (-θούμε)
4. θα φαγωθεί
5. Θα αναγκαστώ(-θώ)
6. Θα αισθανθείς (-στανθείς)
7. θα πεταχτώ
8. θα αυξηθούν
9. θα καείς
10. θα κοιμηθούμε
11. Θα λυπηθώ

Άσκηση 3

1. θα παραπονεθώ
2. θα διαλυθεί
3. θα αφαιρείται
4. θα στηρίζεσαι
5. θα ζεσταθείς
6. θα γεννιούνται
7. θα απαντηθούν
8. θα απαγορεύεται

Σελ. 87

Άσκηση 4

1. θα εργάζονται
2. θα καθιερώσει
3. Θα δημιουργηθούν
4. θα διαρκεί
5. θα θέσουν
6. θα συγκεντρωθούν
7. θα πραγματοποιηθούν
8. θα στραφεί
9. θα συζητηθούν
10. θα εμφανιστούν
11. θα ειπωθούν /θα λεχθούν
12. θα δοθούν
13. θα εργαστούν

ΠΑΡΑΓΩΓΗ ΠΡΟΦΟΡΙΚΟΥ ΛΟΓΟΥ

Σελ. 88

Άσκηση 3

1. Διάβασμα στο σπίτι
2. Η οικογένεια μετακομίζει
3. Το πρόβλημα των αστέγων
4. Μοντέρνα αρχιτεκτονική

Σελ. 89

Άσκηση 4 1✓, 3✓, 5✓

ΠΑΡΑΓΩΓΗ ΓΡΑΠΤΟΥ ΛΟΓΟΥ

Σελ. 91

Άσκηση 1 1η παράγραφος, 4η σειρά: *από*
2η παράγραφος, 1η σειρά: *την*
2η παράγραφος, 4η σειρά: *αυτήν*
3η παράγραφος, 2η σειρά: *ένας*
4η παράγραφος, 2η σειρά: *όπως*
4η παράγραφος, 3η σειρά: *με*

Σελ. 92

Άσκηση 2

1. Τοποθεσία
2. Αρχιτεκτονική κτιρίου
3. Περιγραφή εξωτερικών χώρων
4. Περιγραφή εσωτερικών χώρων
5. Περιγραφή εσωτερικών χώρων
6. Επίλογος

Σελ. 93

Άσκηση 4

1. Ο Βόλος είναι μια πόλη γνωστή για το καλό φαγητό της, την έντονη νυχτερινή ζωή, **καθώς** και τα παραδοσιακά χωριά, που μπορεί να επισκεφτεί κανείς.
2. Οι ιδιοκτήτες του αναπαλαίωσαν το αρχικό κτίσμα με σεβασμό στην αρχιτεκτονική**, έτσι ώστε** να δημιουργήσουν ένα απλό και κομψό περιβάλλον.
3. Οι επισκέπτες θα απολαύσουν στο πρωινό τους τις σπιτικές πίτες, τις μαρμελάδες και άλλα χειροποίητα εδέσματα, **για παράδειγμα** το ζυμωτό ψωμί.
4. Σε όλους τους χώρους επικρατεί μια ζεστή προσωπική ατμόσφαιρα, που δίνει την **ευκαιρία** στους επισκέπτες να ζήσουν την πηλιορείτικη φιλοξενία.

Άσκηση 5

1. Αφού δεν σου άρεσε κανένα, γιατί ρωτάς την τιμή τους;
2. Πιστεύω ότι δεν θα κάνουμε ανακαίνιση στο σπίτι, επειδή, πρώτον, δεν έχουμε χρόνο και, δεύτερον, διότι δεν έχουμε τα απαραίτητα χρήματα.
3. Θα βγούμε έξω, μόνο αφού τελειώσουμε με τις δουλειές του σπιτιού.
4. Αφού τον ξέρεις καλά, γιατί δεν ζητάς τη βοήθειά του;
5. Αφού το ήξερες, γιατί δεν μου το είπες;
6. Αυτά τα λέω, διότι ξέρω καλά τι έγινε.

Ώρα για επανάληψη — ΕΝΟΤΗΤΕΣ 1-2

ΛΕΞΙΛΟΓΙΟ

Σελ. 97

Άσκηση 1
1. καταγωγή
2. ομοιότητες/συγγένεια
3. ποικιλίες/διαλέκτους
4. πληθυσμός
5. κατοικούν
6. αυτοδίδακτοι
7. εμπνεύστηκαν

Σελ. 98

Άσκηση 2
1. άβολος
2. αντισυμβατικός/πρωτότυπος
3. άσημος/άγνωστος
4. ασαφής
5. παραδοσιακός
6. λίγος/λιγοστός/ελάχιστος
7. παγκόσμιος
8. πρακτικός
9. άπειρος
10. ασυνήθιστος

Άσκηση 3
1. ράτσα
2. ελλείμματα
3. κερδίσω
4. ένοικος
5. πληθυσμό
6. οφείλω
7. εγκρίνω
8. βαριά
9. κλιματικές
10. σαφής

ΓΡΑΜΜΑΤΙΚΗ

Άσκηση 1
1. τεύχη
2. ενδιαφέροντά
3. παρελθόντος
4. πλυσίματα
5. προϊόντα
6. γραμματείς
7. γάλακτος
8. εδάφους
9. κρέατος
10. σύμπαντος

Σελ. 99

Άσκηση 2
1. θα βρεθεί
2. εργαζόμουν, δέχτηκα
3. απομακρυνόμουν, κρυβόμουν
4. ευχήθηκα, χάρηκε
5. Στάθηκε
6. θα αναλάβω
7. θα χαρεί
8. θα αυξάνεται
9. κινούμουν
10. παντρεύτηκε, αναγκάστηκε

Άσκηση 3
1. ετοιμαζόμουν(-α)
2. θα δοθεί
3. κάηκε
4. αποκαλύφθηκαν (-φτηκαν), ντράπηκαν
5. θα αισθάνεσαι
6. φάνηκε
7. έλαβα, διέγραψα
8. παραπονιόμουν(-α), στεναχωριόταν(-ε)
9. θα παρουσιαστούν(-ε), θα παρουσιασθούν(-ε)
10. θυμόμουν(-α)/θυμόσουν(-α)/θυμόταν(-ε)/θυμόμασταν(-ε)/θυμόσασταν(-ε)/θυμούνταν, θυμόντουσαν, απογοητευόμουν(-α)/απογοητευόσουν(-α)/απογοητευόταν(-ε)/απογοητευόμασταν(-ε)/απογοητευόσασταν(-ε)/απογοητεύονταν, απογοητευόντουσαν

Ενότητα 3 — Ο ΘΑΥΜΑΣΤΟΣ ΚΟΣΜΟΣ ΤΩΝ ΖΩΩΝ

ΚΑΤΑΝΟΗΣΗ ΓΡΑΠΤΟΥ ΛΟΓΟΥ

Σελ. 104-105

Άσκηση 2
1. κάποια ουράνια σώματα
2. θα επιστρέψουν ξανά
3. μεταναστευτικά πουλιά φεύγουν
4. αυτό δεν ισχύει
5. διαρκεί μεγαλύτερη περίοδο
6. βρίσκουν καταφύγιο και τροφή
7. να παρατηρήσει πουλιά
8. του φυσικού περιβάλλοντος
9. επισκέπτες της περιοχής
10. ο κυριότερος λόγος

ΛΕΞΙΛΟΓΙΟ

Σελ. 106

Άσκηση 1
1. νεογέννητος/νεογέννητα
2. αναπαραγωγή/αναπαραγωγής
3. σμήνος/σμήνη
4. ελκυστικό
5. φτερωτός/φτερωτούς

Άσκηση 2 1στ, 2α, 3ε, 4γ, 5δ, 6β

Άσκηση 3 1α, 2δ, 3ε, 4γ

Σελ. 107

Άσκηση 4

0	Π	Ρ	Ο	Σ	Τ	Α	Τ	Ε	Υ	Ο	Μ	Ε	Ν	Ο	Ε	Ο
1	Α	Β	Ε	Υ	Κ	Ρ	Α	Τ	Ο	Γ	Τ	Η	Κ	Θ	Λ	Α
2	Ξ	Θ	Ν	Μ	Ρ	Π	Υ	Ξ	Ι	Δ	Α	Ε	Δ	Γ	Υ	Θ
3	Λ	Φ	Ω	Λ	Ι	Α	Ρ	Τ	Ι	Κ	Μ	Β	Σ	Ρ	Η	Τ
4	Δ	Ο	Κ	Α	Τ	Α	Φ	Υ	Γ	Ι	Ο	Σ	Τ	Η	Ν	Μ
5	Χ	Ε	Ρ	Σ	Ο	Ν	Η	Σ	Ο	Σ	Ο	Π	Ω	Χ	Σ	Ρ
6	Γ	Φ	Π	Α	Ρ	Α	Π	Ο	Τ	Α	Μ	Ι	Ο	Σ	Τ	Θ
7	Α	Β	Γ	Φ	Ρ	Ε	Τ	Υ	Θ	Ι	Β	Α	Λ	Τ	Ο	Σ
8	Λ	Ι	Μ	Ν	Ο	Θ	Α	Λ	Α	Σ	Σ	Α	Τ	Ρ	Ω	Β
9	Ρ	Υ	Θ	Ι	Κ	Λ	Λ	Ι	Β	Α	Δ	Ι	Τ	Υ	Θ	Η
10	Ν	Π	Α	Ν	Ι	Δ	Α	Τ	Σ	Ε	Ρ	Θ	Ι	Ο	Π	Κ

Σελ. 108

Άσκηση 5 1β, 2α

1α: αναπαραγωγή = επανάληψη και ανανέωση στοιχείων

1γ: αναπαραγωγή = τεχνική διαδικασία παραγωγής αντιτύπων από ένα πρωτότυπο

2β: λόγος = συζήτηση, κουβέντα, μνεία

2γ: λόγος = παίρνω την τελική απόφαση, γίνεται αυτό που θέλω

2δ: λόγος = ο τρόπος έκφρασης και επικοινωνίας μεταξύ των ανθρώπων

Άσκηση 7

1. κρυψώνες
2. κρυψώνες
3. κρησφύγετο
4. καταφύγιά
5. αγέλες
6. Ένα κοπάδι
7. κοπάδι
8. ένα σμήνος
9. του σμήνους
10. υγρή τροφή, τροφών
11. στερεές τροφές
12. φαγητό
13. το φαγητό
14. στο φαγητό
15. βαρύ φαγητό
16. τρόφιμα
17. τρόφιμα

Σελ. 110

Άσκηση 8 1γ, 2η, 3α, 4ζ, 5στ, 6β, 7ε

Άσκηση 10

1. Σωστό
2. Λάθος
3. Λάθος
4. Λάθος

Άσκηση 11

1. προστατευόμενη περιοχή
2. αποδημητικά πουλιά
3. ουράνια σώματα
4. απειλούμενο είδος
5. φυσικό περιβάλλον
6. χλωρίδα και πανίδα
7. μεταναστευτικά πουλιά

Σελ. 111

Άσκηση 12

0. καταφύγιο
1. θαλασσών
2. ειδών
3. τροφή
4. λόγους
5. θάλασσες
6. χλωρίδας
7. προστατευόμενων

Άσκηση 13

0. περιβάλλον που προσφέρει προστασία
1. ωκεανών
2. ειδών
3. συντήρηση και ανάπτυξη
4. κινδύνους
5. ωκεανούς
6. χλωρίδας
7. που προστατεύονται

Σελ. 112

Άσκηση 15

ρήμα	ουσιαστικό	επίθετο
φθινοπωριάζει	φθινόπωρο	φθινοπωρινός
θερμαίνω	θέρμανση	θερμός
προσανατολίζω	προσανατολισμός	προσανατολισμένος
–	ουρανός	ουράνιος
–	ήλιος	ηλιακός
–	σελήνη	σεληνιακός
αναπαράγω	αναπαραγωγή	αναπαραγωγικός
–	θάλασσα, θαλασσίτσα	θαλάσσιος, θαλασσινός
–	βουνό	βουνίσιος
–	ποτάμι	ποταμίσιος, παραποτάμιος
φωλιάζω	φωλιά	–
μεταναστεύω	μετανάστευση	μεταναστευτικός
–	φτερά	φτερωτός
χειμωνιάζει, ξεχειμωνιάζω	χειμώνας	χειμωνιάτικος
ανοίγω	άνοιξη	ανοιξιάτικος
καταφεύγω	καταφύγιο	–
τρέφω	τροφή, τρόφιμο	διατροφικός, θρεπτικός
βαλτώνω	βάλτος	–
–	θάμνος	θαμνώδης
παρατηρώ	παρατηρητής, παρατήρηση	παρατηρητικός, απαρατήρητος
ελκύω	έλξη	ελκυστικός
απειλώ	απειλή	απειλούμενο
προστατεύω	προστασία	προστατευόμενος

Σελ. 113

Άσκηση 16

1. τροφή, θαλάσσιο
2. καταφύγια
3. προστατευόμενο
4. αναπαραγωγικής, απειλή, μεταναστευτική
5. φτερά, διατροφικής

ΓΡΑΜΜΑΤΙΚΗ

Σελ. 115

1. ξεκουραστείτε
2. αξέχαστες
3. Ατελείωτες
4. πρασινογάλαζα
5. λιμνοθάλασσες
6. κατακόκκινες

Σελ. 116

Άσκηση 1 απίθανος, αστήριχτος, ξεδιπλώνω, λιμνοθάλασσα, ασπρόμαυρος, ξεφεύγω, βορειοδυτικά, ανισότητα, ανεβοκατεβαίνω

Σελ. 117

Άσκηση 2
1. κιτρινόμαυρο
2. πορτοκαλοκόκκινο
3. ασπρόμαυρο

Άσκηση 3
1. μαχαιροπίρουνο
2. ψηλόλιγνος
3. αντρόγυνο

Άσκηση 4
1. απίθανος
2. άτιμος
3. κλειδώνω
4. κουράζω
5. φουσκώνω
6. ανισότητα

Άσκηση 5
1. Ελληνογερμανός/-ίδα
2. Ελληνοϊσπανός/-ίδα
3. μπαινοβγαίνει
4. Ανεβοκατεβαίνει

Σελ. 118

Άσκηση 6
1. λαχανόρυζο
2. ντοματόσουπα
3. σπανακόρυζο
4. ρυζόγαλο
5. πρασοσέλινο

Άσκηση 7
1. απίθανα
2. απίστευτους
3. αβέβαιο
4. ξετυλίγω
5. ασύγχρονης
6. ατράνταχτες
7. απρόσιτες
8. ξεβουλώσετε

Σελ. 119

Άσκηση 8
1. βορειοανατολικό
2. αφιλόξενη
3. άγνωστο
4. αμέτρητες
5. απροστάτευτα
6. ξεκούραση
7. λιμνοθάλασσα
8. γκριζόμαυρο
9. πρασινογάλαζα
10. Σαββατοκύριακο
11. αξέχαστο

ΚΑΤΑΝΟΗΣΗ ΠΡΟΦΟΡΙΚΟΥ ΛΟΓΟΥ

Σελ. 120

Άσκηση 1

	τίγρη	πάντα
1.	✓	✓
2.	✓	
3.	✓	✓
4.	✓	
5.	✓	✓
6.	✓	

ΛΕΞΙΛΟΓΙΟ

Σελ. 121

Άσκηση 1
1. μασουλάω(-ώ)/ μασουλώντας
2. απομονώνω/ απομονώνει
3. απειλώ(-ούμαι)/ απειλούνται
4. αντιμέτωπος/ αντιμέτωπο
5. εκτεταμένα
6. γούνα
7. παράνομος/ παράνομο

Άσκηση 2 1δ, 2β, 3γ

Άσκηση 3 1α, 2γ, 3ε, 4δ

Σελ. 122

Άσκηση 4

0	Α	Ι	Λ	Ο	Υ	Ρ	Ο	Ε	Ι	Δ	Ε	Σ	Δ
1	Α	Δ	Ρ	Θ	Η	Ρ	Α	Μ	Α	Τ	Η	Κ	Λ
2	Υ	Ο	Ρ	Α	Σ	Η	Θ	Τ	Υ	Θ	Β	Σ	Π
3	Α	Γ	Β	Ι	Ο	Τ	Ο	Π	Ο	Σ	Ε	Ρ	Τ
4	Α	Ν	Ο	Ι	Κ	Ο	Δ	Ο	Μ	Ι	Κ	Ο	Σ
5	Ε	Σ	Α	Ρ	Κ	Ο	Φ	Α	Γ	Ο	Τ	Η	Κ
6	Α	Π	Ο	Τ	Ρ	Ο	Π	Ι	Κ	Ο	Τ	Θ	Ρ
7	Α	Δ	Β	Ε	Σ	Ν	Ο	Σ	Φ	Ρ	Η	Σ	Η
8	Κ	Λ	Α	Κ	Ο	Η	Ι	Ε	Ψ	Υ	Σ	Χ	Ο
9	Α	Β	Μ	Α	Ρ	Α	Ι	Ν	Ε	Τ	Α	Ι	Η

Σελ. 123

Άσκηση 5 1β, 2α, 3γ

1α: καρπός = το αποτέλεσμα μιας ενέργειας, μιας προσπάθειας

1γ: καρπός = το προϊόν μιας ανθρώπινης δραστηριότητας

1δ: καρπός = το τμήμα του χεριού που περιλαμβάνεται ανάμεσα στον πήχυ και στο μετακάρπιο

2β: απορροφώ = κατανανώλω ή χρησιμοποιώ κάποιο αγαθό

2γ: απορροφώ = απασχολώ ολοκληρωτικά κάποιον

2δ: απορροφώ = απασχολώ σε κάποιον τομέα δραστηριότητας

3α: εμφάνιση = το να παρουσιάζεται κάτι για πρώτη φορά

3β: εμφάνιση = η ενδυμασία και γενικά η εξωτερική εικόνα κάποιου

Σελ. 124

Άσκηση 7
1. λεία
2. θηράματα
3. τα θηράματα
4. φρούτα
5. φρούτων
6. φρούτο
7. καρπούς
8. φρούτο
9. καρπός
10. καρπός
11. παρατεταμένη
12. παρατεταμένο
13. εκτεταμένες
14. εκτεταμένη

Άσκηση 8 1. Σωστό 2. Λάθος 3. Λάθος

Σελ. 125

Άσκηση 10
1. τροπικό δάσος
2. σαρκοφάγο ζώο
3. διατροφική συνήθεια
4. θρεπτικά συστατικά
5. πεπτικό σύστημα
6. οικοδομική ανάπτυξη
7. παίρνουν τον λόγο

Άσκηση 11
1. ακοής
2. όραση
3. δάση
4. παράνομο
5. απειλή
6. κυνήγι
7. θήραμά
8. γούνα

Άσκηση 12
0. ικανότητά του να μυρίζει
1. να ακούει
2. δεν βλέπει καλά
3. περιοχές με πυκνή βλάστηση και δέντρα
4. απαγορευμένο
5. κίνδυνο
6. σύλληψη των θηραμάτων
7. τη λεία
8. τρίχωμα

Σελ. 126

Άσκηση 13

ρήμα	ουσιαστικό	επίθετο
–	φύση	φυσικός
κυνηγώ	κυνήγι, κυνηγός	κυνηγητικός
–	δεινότητα	δεινός
σκαρφαλώνω	σκαρφάλωμα	–
εξαφανίζω	εξαφάνιση	–
–	ζώο	ζωολογικός, ζωικός
–	δάσος	δασικός
–	ξυλεία, ξύλο	ξύλινος
φυτεύω	φυτεία	–
παρανομώ	παρανομία	παράνομος
εμπορεύομαι	εμπόριο	εμπορικός
απειλώ	απειλή	απειλητικός
ενηλικιώνομαι	ενηλικίωση	ενήλικος
αγριεύω	αγριότητα	άγριος
τεμπελιάζω	τεμπελιά	τεμπέλης
αναρριχώμαι	αναρρίχηση	αναρριχητικός
–	γούνα	γούνινος
–	πέψη	πεπτικός
τρέφομαι	τροφή	θρεπτικός
μεταναστεύω	μετανάστευση	μεταναστευτικός
μαραίνομαι	μαρασμός	μαραμένος
μετακινούμαι	μετακίνηση	–
καλλιεργώ	καλλιέργεια	καλλιεργήσιμος
παρατηρώ	παρατήρηση, παρατηρητικότητα	παρατηρητικός

Σελ. 127-128

Άσκηση 14
1. κυνηγούν
2. φυσικούς
3. δάση
4. ξυλεία
5. φυτειών
6. γούνα
7. απειλή
8. εξαφάνισης
9. κυνήγι
10. απειλές
11. μετακινηθούν
12. τροφή

Σελ. 129

Άσκηση 15

0.						**Β**	Λ	Α	Σ	Τ	Η	Σ	Η			
1.	Α	Ν	Α	Ρ	Ρ	**Ι**	Χ	Η	Σ	Η						
2.		Δ	Ε	Ι	Ν	**Ο**	Σ									
3.		Β	Λ	Α	Σ	**Τ**	Ο	Σ								
4.				Α	Π	**Ο**	Ρ	Ρ	Ο	Φ	Α					
5.						**Π**	Ρ	Ο	Σ	Ο	Μ	Ο	Ι	Ω	Σ	Η
6.				Α	Π	**Ο**	Χ	Ω	Ρ	Ι	Ζ	Ω				
7.	Κ	Α	Ρ	Π	Ο	**Σ**										

ΓΡΑΜΜΑΤΙΚΗ

Σελ. 131
2. διπλής, διπλής
3. τριπλής, τριπλής
4. διπλής, τριπλής

Σελ. 132

Άσκηση 1
1. διπλή πιθανότητα = διπλάσιες πιθανότητες
2. διπλάσια βάρδια = διπλή βάρδια
3. διπλάσια κουβέρτα = διπλή κουβέρτα
4. δύο = διπλά
5. δύο = δεύτερο

Άσκηση 2
1. διπλό
2. δέκα
3. Διπλάσιες
4. δέκα
5. διπλής
6. τριπλάσιο
7. τρίτο
8. διπλό
9. τρίτος
10. Τριπλάσιοι

Σελ. 133

Άσκηση 3
1. πέντε
2. δεύτερο
3. διπλή
4. διπλάσια
5. διπλάσια
6. τριπλάσιο
7. διπλή
8. διπλάσια

ΠΑΡΑΓΩΓΗ ΠΡΟΦΟΡΙΚΟΥ ΛΟΓΟΥ

Σελ. 135

Επιχειρήματα υπέρ των ζωολογικών πάρκων:
- οι επισκέπτες γνωρίζουν διάφορα είδη ζώων·
- φιλοξενούνται απειλούμενα είδη·
- ενημερώνουν το κοινό για την προστασία των ζώων και του περιβάλλοντος.

Επιχειρήματα κατά των ζωολογικών πάρκων:
- τα ζώα πλήττουν, περιφέρονται άσκοπα και νευρικά·
- τα ζώα αναγκάζονται να ζουν σε διαφορετικές κλιματολογικές συνθήκες, σε σχέση με τη χώρα καταγωγής τους·
- κίνητρο ύπαρξης των ζωολογικών πάρκων είναι το κέρδος.

Σελ. 136

Άσκηση 1
1η παράγραφος, 3η σειρά: *την*
1η παράγραφος, 5η σειρά: *το*
2η παράγραφος, 1η σειρά: *τη (μέρα)*

3η παράγραφος, 5η σειρά: *την (αυτοπεποίθηση)*
3η παράγραφος, 8η σειρά: *σαν (απόλυτη)*
4η παράγραφος, τελευταία σειρά: *σου*

Σελ. 137

Άσκηση 3
1. Η επίσκεψη ξεκίνησε κατά τις 10 το πρωί, από την κεντρική είσοδο του πάρκου.
2. Αρχικά σκέφτηκα ότι πράγματι είναι πολύ σημαντικός ο ρόλος του πάρκου, αφού εκεί, χάρη σε ειδικούς επιστήμονες, γίνεται η αναπαραγωγή και διάσωση κάποιων ειδών.
3. Ζώα που καταφέρνουν να συνυπάρξουν στο πάρκο της πόλης μου, αν και προέρχονται από διαφορετικό φυσικό περιβάλλον.

Άσκηση 4
1. Πρέπει να φύγουμε από το σπίτι κατά τις 7.
2. Είμαι κατά των ζωολογικών πάρκων, γιατί πιστεύω ότι τα ζώα ζουν φυλακισμένα.
3. Κατά τη γνώμη μου, η Σαμοθράκη είναι ένας υπέροχος προορισμός.

Ενότητα 4 ΤΕΧΝΟΛΟΓΙΚΕΣ ΕΙΔΗΣΕΙΣ

ΚΑΤΑΝΟΗΣΗ ΓΡΑΠΤΟΥ ΛΟΓΟΥ

Σελ. 142-143

Άσκηση 1
1: Η τεχνολογία του μέλλοντος
2: Όταν οι μηχανές αντικαθιστούν τον άνθρωπο
3: «Έξυπνα σπίτια»
4: Όχι άλλοι υπολογιστές
5: Τρισδιάστατη εκτύπωση – Γρήγορη και οικονομική

Άσκηση 2
1. σε μερικές δεκαετίες
2. ακόμη πιο έξυπνες
3. οι δρόμοι να είναι γεμάτοι
4. θα εργάζεται σκληρά
5. τις οποίες οι χρήστες
6. έτσι όπως τα ξέρουμε
7. νερού, τροφίμων
8. απέκτησαν χρώμα
9. βίντεο και τραγούδια
10. στους ηλεκτρονικούς υπολογιστές
11. μέχρι υλικά κατασκευής
12. αν θα τη χρησιμοποιήσουμε

Σελ. 144

ΛΕΞΙΛΟΓΙΟ

Άσκηση 1
1. προβλέπω/ προβλέψει
2. ευημερία
3. συμβαδίζω/ συμβαδίζουν
4. φορητός
5. επεξεργαστής/ επεξεργαστές
6. αναπλήρωση
7. καθημερινότητα
8. προμήθειες/ προμηθειών

Άσκηση 2 1α, 2γ

Άσκηση 3 1β, 2α, 3δ

Σελ. 145

Άσκηση 4

0	Ε	Ρ	Τ	Ψ	Η	Φ	Ι	Α	Κ	Ο	Σ	Π	Ο	Ι	Τ	Ρ	Δ	Ω	Η	Ξ
1	Α	Υ	Τ	Ο	Μ	Α	Τ	Ο	Π	Ο	Ι	Η	Μ	Ε	Ν	Ο	Σ	Ε	Ρ	Ω
2	Α	Δ	Γ	Η	Ξ	Λ	Ο	Γ	Ι	Σ	Μ	Ι	Κ	Ο	Θ	Υ	Τ	Ρ	Ε	Φ
3	Ζ	Χ	Ω	Μ	Ν	Ω	Φ	Ε	Α	Ν	Α	Λ	Υ	Σ	Η	Ρ	Τ	Υ	Ε	Ρ
4	Ρ	Τ	Μ	Ν	Η	Μ	Η	Α	Σ	Δ	Τ	Η	Ν	Μ	Ξ	Υ	Ι	Γ	Υ	Ρ
5	Π	Ο	Θ	Τ	Ε	Κ	Τ	Υ	Π	Ω	Τ	Η	Σ	Τ	Υ	Θ	Ι	Η	Θ	Φ
6	Σ	Δ	Φ	Γ	Η	Ξ	Δ	Ε	Δ	Ο	Μ	Ε	Ν	Α	Ε	Δ	Φ	Ο	Ι	Β
7	Χ	Ψ	Β	Τ	Ρ	Ι	Σ	Δ	Ι	Α	Σ	Τ	Α	Τ	Ο	Σ	Ι	Υ	Ο	Γ
8	Α	Σ	Υ	Ρ	Μ	Α	Τ	Ο	Σ	Σ	Δ	Φ	Γ	Η	Ξ	Κ	Λ	Ρ	Π	Ω
9	Τ	Ρ	Δ	Ω	Κ	Α	Λ	Ω	Δ	Ι	Ο	Η	Ρ	Τ	Υ	Δ	Φ	Ο	Ι	Α
10	Ε	Γ	Κ	Α	Θ	Ι	Σ	Τ	Ω	Σ	Δ	Φ	Γ	Η	Ξ	Κ	Λ	Ρ	Π	Ω

Σελ. 146

Άσκηση 5 1: β & δ 2: α & γ 3: α & δ 4: β & γ

Σελ. 147

Άσκηση 7
1. υψηλή ανάλυση
2. ηλεκτρονικός υπολογιστής
3. επεξεργασία δεδομένων
4. ανθρώπινος εγκέφαλος
5. αποθήκευση δεδομένων
6. οικιακή χρήση
7. κατανάλωση ενέργειας
8. κατεβάζω μια εφαρμογή
9. ρυθμός ανάπτυξης
10. ασύρματη σύνδεση
11. κατανάλωση δεδομένων
12. οικιακή σύνδεση
13. ηλεκτρονικός εγκέφαλος
14. αποθήκευση ενέργειας

Άσκηση 8 1α, 2α, 3α, 4β, 5δ

Σελ. 148-149

Άσκηση 9
1. συσκευές
2. εργαλείο
3. όργανο
4. μηχανή
5. μηχανισμός
6. μηχανήματα
7. υψηλής
8. ψηλής
9. υψηλή
10. υψηλά
11. κατανάλωση
12. χρήση
13. κατανάλωση
14. ακριβή
15. ακριβό
16. ακριβείς
17. στόχος
18. σκοπό
19. σκοπό
20. στόχο
21. πρόθεση
22. σκοπούς

Σελ. 150

Άσκηση 11
1. τεχνολογίας
2. αναλύει
3. ακρίβεια
4. ανάλυση
5. εκτυπωτή
6. οθόνη
7. συσκευή
8. οικιακής
9. στόχο

Άσκηση 12
0. πρόγραμμα
1. τεχνολογίας
2. εντοπίζει
3. αξιοπιστία
4. δεν εμφανίζονται με μεγάλη λεπτομέρεια και ακρίβεια
5. συσκευή
6. οθόνη
7. μηχάνημα
8. στο σπίτι
9. σκοπό

Σελ. 151

Άσκηση 14

ρήμα	ουσιαστικό	επίθετο
καθορίζω	καθορισμός	καθοριστικός
επιδρώ	επίδραση	–
καταλήγω	κατάληξη	–
αναπτύσσω	ανάπτυξη	αναπτυγμένος
προβλέπω	πρόβλεψη	προβλέψιμος
αντικαθιστώ	αντικατάσταση, αντικαταστάτης	αναντικατάστατος
βελτιώνω	βελτίωση	βελτιωτικός, βελτιωμένος
εγκαθιστώ	εγκατάσταση	εγκατεστημένος
αυτοματοποιώ	αυτοματοποίηση	αυτοματοποιημένος
καταναλώνω	κατανάλωση, καταναλωτισμός	καταναλωτικός
αναπληρώνω	αναπλήρωση	αναπληρωματικός
–	οικία	οικιακός
διαθέτω	διάθεση	διαθέσιμος
επεξεργάζομαι	επεξεργαστής, επεξεργασία	επεξεργάσιμος
αναλύω	ανάλυση	αναλυμένος, αναλυτικός
αποθηκεύω	αποθήκευση	αποθηκευτικός
εκτυπώνω	εκτύπωση	εκτυπωτικός
λειτουργώ	λειτουργία	λειτουργικός
σχεδιάζω	σχέδιο	σχεδιαστικός, σχεδιασμένος
συνδέω	σύνδεση	συνδετικός, συνδεδεμένος
–	τεχνολογία	τεχνολογικός
εφαρμόζω	εφαρμογή	εφαρμοσμένος

Σελ. 152

Άσκηση 15
1. τεχνολογικών
2. εφαρμογών
3. συνδεδεμένες
4. διάθεσή
5. επεξεργασία
6. αναλύσεις
7. καθοριστικό
8. οικιακή
9. επίδραση

ΓΡΑΜΜΑΤΙΚΗ

Σελ. 153
1. έχουν αλλάξει
2. έχουν μεταφερθεί
3. είχαν ήδη περάσει
4. είχαν διδαχτεί
5. έχουν περάσει
6. έχει διαβάσει
7. έχει παίξει
8. έχει παρακολουθήσει

Σελ. 157

Άσκηση 1 είχα ακουστεί, είχαν ιδρυθεί, έχουν διωχθεί, είχε προβληθεί, έχει αποκαλυφθεί, έχω ταραχθεί, έχετε αυξηθεί, έχεις αφαιρεθεί, είχατε διδαχθεί, έχουμε παραπονεθεί, είχαν εμπνευστεί, είχατε βαφτεί, έχει φανεί, είχαμε παντρευτεί

Άσκηση 2
1. είχα κάψει
2. είχε τελειώσει
3. έχεις πάρει
4. είχα κάνει
5. είχες πει

Σελ. 158

Άσκηση 3
1. Όταν η Μαρία έφτασε στο σπίτι, η γιορτή είχε ήδη αρχίσει.
2. Όταν ο Γιάννης γύρισε στο σπίτι, η Κατερίνα είχε ήδη ξυπνήσει.
3. Όταν ο Κώστας κάθισε στο τραπέζι, το ψητό είχε ήδη φαγωθεί.
4. Όταν η μαμά μου βγήκε έξω, το χιόνι είχε ήδη σταματήσει.
5. Όταν η Ειρήνη έμαθε οδήγηση, ο γιος της είχε ήδη γίνει 5 χρονών.

Άσκηση 4

1. είχε παρακολουθήσει
2. είχε παίξει
3. έχετε δει
4. έχετε έρθει
5. έχουν γίνει
6. έχουν επηρεαστεί
7. έχουν κάνει
8. έχετε υποψιαστεί
9. έχει παραμελήσει
10. έχει μειώσει
11. έχει γίνει
12. έχει παραμελήσει
13. είχε ασχοληθεί
14. έχει παραμελήσει
15. έχει αλλάξει
16. είχατε συμφωνήσει
17. είχε πονέσει
18. είχατε διαπιστώσει
19. είχα ενημερωθεί

Σελ. 160

Άσκηση 5

1. Τα έχω ήδη τελειώσει!
2. Σου έχω ήδη κόψει!/Την έχω ήδη ετοιμάσει!
3. Τους έχω ήδη πληρώσει
4. Την έχω ήδη συναντήσει./Έχουμε ήδη συναντηθεί.
5. Τα έχω ήδη βρει./Εχω ήδη ψάξει./Εχω ήδη βρει.
6. Το έχω ήδη βάψει./Τα έχουμε ήδη βάψει.

Άσκηση 6

1. Κρύωσα
2. είχα αγοράσει
3. Είχαμε συναντηθεί
4. Όταν ήρθε
5. Πήγες

Σελ. 161

Άσκηση 7

1. ρώτησα, έχω ρωτήσει, είχα ρωτήσει
2. τηλεφώνησα, έχω τηλεφωνήσει, είχα τηλεφωνήσει
3. Μίλησα, Έχω μιλήσει, Δεν είχα μιλήσει
4. Είδα, Δεν έχω δει, Δεν είχα δει
5. είδα, έχω δει, Είχα δει
6. Πήγες, Έχεις πάει, Είχα πάει

Άσκηση 8

1. –
2. Πήγες – Είχες πάει
3. Έχεις πάει = Πήγες
4. διάβασα = έχω διαβάσει
5. –
6. έχει γεννηθεί = γεννήθηκε
7. Πέρασες = Έχεις περάσει
   Αλλάξαμε = Έχουμε αλλάξει
8. έστειλε = έχει στείλει, ρώτησα = είχα ρωτήσει
9. έχεις διαβάσει = διάβασες
10. –
11. –

Σελ. 162

Άσκηση 9

1. Το Σάββατο, όταν ο Δημήτρης είδε τηλεόραση, η Ιωάννα είχε ήδη πάει βόλτα με τις φίλες της.
2. Το Σάββατο, όταν ο Δημήτρης πήγε για ψώνια, η Ιωάννα είχε ήδη πάει στο κομμωτήριο.
3. Το Σάββατο, όταν ο Δημήτρης έφαγε μεσημεριανό φαγητό, η Ιωάννα είχε ήδη πάει για ψώνια.
4. Το Σάββατο, όταν ο Δημήτρης κοιμήθηκε, η Ιωάννα είχε ήδη φάει φαγητό.
5. Το Σάββατο, όταν ο Δημήτρης έπαιξε ποδόσφαιρο στη γειτονιά, η Ιωάννα είχε ήδη διαβάσει.
6. Το Σάββατο, όταν ο Δημήτρης έκανε μπάνιο, η Ιωάννα είχε ήδη δει τηλεόραση.
7. Το Σάββατο, όταν ο Δημήτρης πήγε για ύπνο, η Ιωάννα είχε ήδη παίξει επιτραπέζιο παιχνίδι.

Σελ. 163

Άσκηση 10

1. Η Μαρία ως τώρα έχει διαβάσει 3 ώρες.
2. Όταν μου τηλεφώνησε, είχα ήδη αρρωστήσει.
3. Δούλευα ακόμη στο σχολείο, όταν έμαθα ότι είχες κερδίσει στον διαγωνισμό.
4. Πέρσι τον χειμώνα είχα κουραστεί πολύ με τη δουλειά μου.
5. Σήμερα έχω κοιμηθεί 12 ώρες.
6. Την περσινή χρονιά είχα ταξιδέψει πολύ.
7. Ως τώρα έχω γνωρίσει όλους τους καινούριους μου συναδέλφους.

Σελ. 164

Άσκηση 1

1. έχουν νερό σε υγρή μορφή
2. το μέγεθος της Γης
3. θα έχει εξαφανίσει όλη τη Γη
4. στο εργαστήριο
5. πιο αργά
6. έχει διπλασιαστεί

ΛΕΞΙΛΟΓΙΟ

Σελ. 165

Άσκηση 1

1. υπερπληθυσμός/υπερπληθυσμού
2. εργαστήριο
3. ζώνη
4. εξάρτηση
5. πολλαπλασιάζω(-ομαι)/πολλαπλασιαστεί
6. επιβιώνω/επιβιώσει
7. προφητεύω/προφητεύουν
8. διατηρώ/διατηρήσουν

Άσκηση 2

1. φυσικός
2. χημικός
3. αστρονόμος
4. αστροφυσικός
5. γεωλόγος
6. βιολόγος
7. μετεωρολόγος

Σελ. 166

Άσκηση 3

0	Α	Ω	Κ	Α	Λ	Σ	Υ	Μ	Π	Α	Ν	Ε	Σ	Ρ	Α	Α
1	Γ	Η	Ω	Α	Τ	Η	Λ	Ε	Σ	Κ	Ο	Π	Ι	Ο	Η	Ρ
2	Ξ	Π	Α	Φ	Ι	Λ	Ο	Ξ	Ε	Ν	Ο	Σ	Τ	Η	Σ	Λ
3	Σ	Κ	Η	Μ	Ε	Σ	Ο	Σ	Ω	Α	Π	Ο	Ν	Ξ	Ω	Δ
4	Α	Ρ	Μ	Ε	Τ	Σ	Τ	Α	Θ	Μ	Η	Ο	Ε	Ο	Ι	Σ
5	Ε	Ω	Γ	Φ	Ω	Τ	Π	Ε	Π	Ο	Ι	Θ	Η	Σ	Η	Ο
6	Μ	Λ	Ε	Δ	Υ	Π	Ο	Γ	Η	Ρ	Α	Ν	Σ	Η	Τ	Α
7	Τ	Δ	Ι	Π	Λ	Α	Ν	Η	Τ	Ε	Σ	Α	Λ	Ψ	Α	Ζ
8	Γ	Ο	Κ	Α	Τ	Ο	Ι	Κ	Η	Σ	Ι	Μ	Ο	Σ	Η	Μ

Άσκηση 4 1ε, 2στ, 3α, 4γ, 5β

Άσκηση 5 1στ, 2ε, 3α, 4β, 5δ

Σελ. 167

Άσκηση 6 1β, 2β, 3β

1α: διατηρώ = κάνω κάτι να διαρκεί, δεν το αφήνω να χαθεί
1γ: διατηρώ = εξακολουθώ να έχω κάτι
2α: ζώνη = ταινία από δέρμα, ύφασμα κτλ., την οποία δένουμε γύρω από τη μέση μας
2γ: ζώνη = ταινία με την οποία δένεται στο κάθισμά του ο επιβάτης
3α: κλειδί = μικρό μεταλλικό αντικείμενο, το οποίο μπαίνει στην κλειδαριά και κλειδώνει ή ξεκλειδώνει
3γ: κλειδί = σημείο που μπαίνει στην αρχή του πενταγράμμου και καθορίζει το ύψος της κάθε νότας
3δ: θέση-κλειδί = σημαντική θέση, καθοριστική για την επιτυχία ενός σκοπού

Σελ. 168-169

Άσκηση 8
1. αφάνισαν
2. εξαφανίζει
3. εξοντώνουν
4. αστρολογία
5. αστρονομίας
6. αποκάλυψη
7. εφεύρεση
8. ανακάλυψη
9. ασχολείσαι
10. απασχολείς
11. απασχολείσαι
12. απασχολήσω, ασχοληθώ
13. απασχολεί
14. εκτροφή
15. τροφή
16. διατροφή
17. τροφή
18. μόνος
19. μοναδικός
20. μοναχικός
21. Μόνος, μόνος

Σελ. 170

Άσκηση 10
1. κλιματική αλλαγή
2. αφιλόξενο μέρος
3. μέσος όρος
4. ανθρώπινο είδος
5. τεχνολογική ανάπτυξη
6. φυσικές πηγές
7. περιβαλλοντικά προβλήματα
8. επιστημονική φαντασία
9. σενάρια επιστημονικής φαντασίας
10. κατοικήσιμη ζώνη
11. στάθμη της θάλασσας
12. κλιματική ζώνη
13. τεχνολογική αλλαγή

Σελ. 170-171

Άσκηση 11
0. σύμπαντος
1. αστρονόμους
2. τηλεσκόπια
3. εργαστήρια
4. σενάρια
5. εξαφανίστηκαν
6. δεδομένα
7. προκάλεσε
8. αποκάλυψη
9. οικολογική
10. επιβίωσαν
11. τροφή
12. θεωρία

Άσκηση 12
0. διαστήματος
1. επιστήμονες που μελετούν τους πλανήτες και το διάστημα
2. όργανα κατάλληλα για την παρατήρηση των ουράνιων σωμάτων
3. σύγχρονοι εξοπλισμένοι χώροι
4. ιστορίες
5. έχουν χαθεί
6. στοιχεία
7. προξένησε
8. έρευνα
9. περιβαλλοντική
10. επέζησαν
11. τροφή
12. άποψη

Σελ. 172

Άσκηση 14

ρήμα	ουσιαστικό	επίθετο
απασχολώ	απασχόληση	απασχολημένος
υπάρχω	ύπαρξη	υπαρξιακός
–	σύμπαν	συμπαντικός
–	επιστήμονας, επιστήμη	επιστημονικός
ανακαλύπτω	ανακάλυψη	–
διατηρώ	διατήρηση	διατηρημένος
–	τηλεσκόπιο	τηλεσκοπικός
κατοικώ	κατοικία, κάτοικος	κατοικήσιμος, κατοικημένος
γεφυρώνω	γέφυρα	–
–	οικολογία	οικολογική
προκαλώ	πρόκληση	προκλητικός
επιβιώνω	επιβίωση	–
μετατρέπω	μετατροπή	–
φιλοξενώ	φιλοξενία	φιλόξενος, αφιλόξενος
προφητεύω	προφητεία	προφητικός
θεωρώ	θεωρία	θεωρητικός
πιέζω	πίεση	πιεστικός
εξαρτώμαι	εξάρτηση	εξαρτημένος
γερνώ	γήρανση, γέρος, γεράματα, γηρατειά	γερασμένος
πολλαπλασιάζω	πολλαπλασιασμός	πολλαπλασιαστικός, πολλαπλάσιος
διπλασιάζω	διπλασιασμός	διπλός, διπλάσιος

Σελ. 173

Άσκηση 15
1. επιστημόνων
2. θεωρητικό
3. φιλόξενοι
4. θα ανακαλυφθεί(-φτεί)
5. τηλεσκοπίων
6. κατοικήσιμη
7. προφητεύουν
8. πολλαπλάσια
9. υπάρχουν

ΓΡΑΜΜΑΤΙΚΗ

Σελ. 175
1. θα έχουμε καταγράψει
2. θα μας επιτρέψει
3. θα είναι
4. θα μπορούσαν
5. θα τα έχουμε κάνει

Σελ. 176

Άσκηση 1 θα έχετε παίξει, θα έχεις παίξει, θα έχουμε ντυθεί, θα έχω ακυρώσει, θα έχουν ζεσταθεί, θα έχεις διδαχτεί, θα έχουμε αναπτυχθεί, θα έχετε τρέξει, θα έχει συμβουλευτεί, θα έχεις κλείσει

Άσκηση 2 1α, 2γ, 3γ, 4γ, 5γ, 6β, 7γ, 8α, 9γ

Σελ. 177

Άσκηση 3
1. θα είχα πάει/θα πήγαινα.
2. έχεις προετοιμαστεί
3. θα έρθει/θα ερχόταν
4. θα έχω μάθει
5. θα έρχομαι
6. θα τηλεφωνήσει/ θα τηλεφωνούσε
7. θα τρέφομαι
8. θα κοιμηθώ
9. θα φύγει/θα έφευγε
10. Θα ερχόμουν(-α)
11. θα έχω κοιμηθεί
12. θα περνούσες/θα περνούσαμε/θα περνούσα
13. θα καταλάβαινες
14. θα έβλεπες
15. θα οδηγούσες
16. θα έρθει/θα ερχόταν
17. θα είχες περάσει/ θα περνούσες

Άσκηση 4
1. Θα την έχω τελειώσει
2. Οα τα έχω χάσει
3. Θα το έχω στείλει
4. Θα της τηλεφωνούσα/Θα της είχα τηλεφωνήσει
5. θα την επισκεπτόμουν/θα την είχα επισκεφτεί(-φθεί)
6. Θα σου το έλεγα/Θα σου το είχα πει

Σελ. 178

Άσκηση 5
1. θα έχουν ενσωματωθεί
2. θα έχουν βάλει
3. θα λειτουργούν
4. θα μοιράζονται
5. θα δημιουργήσει
6. θα υπάρχει
7. θα συντηρείται
8. θα αποτελεί
9. θα δημιουργηθούν
10. θα έχει αναπτυχθεί
11. θα κατευθύνουμε
12. θα προκαλούμε
13. θα χρησιμοποιούνται

Σελ. 179

Άσκηση 6
1. θα προσέχω
2. θα πίνω, θα πίνεις, θα πίνει, θα πίνετε
3. θα πάει
4. θα έχω τελειώσει
5. θα αρρωστήσεις
6. θα φύγω / θα έχω φύγει
7. θα έχουν παντρευτεί

ΠΑΡΑΓΩΓΗ ΠΡΟΦΟΡΙΚΟΥ ΛΟΓΟΥ

Σελ. 181

Άσκηση 4

✓	1. Επεξεργαστής υπολογιστή
	2. Λογισμικό
✓	3. Εκτυπωτής
	4. Πληκτρολόγιο
✓	5. Μνήμη Υπολογιστή
✓	6. Τιμή
✓	7. Οθόνη
	8. Εμφάνιση

ΠΑΡΑΓΩΓΗ ΓΡΑΠΤΟΥ ΛΟΓΟΥ

Σελ. 183

Άσκηση 1 1η παράγραφος, 3η σειρά: *να*
2η παράγραφος, 2η σειρά: *και*
3η παράγραφος, 4η σειρά: *χωρίς*
4η παράγραφος, 3η σειρά: *κάθε*
5η παράγραφος, 2η σειρά: *τόσο*

Σελ. 184

Άσκηση 2
1. Εισαγωγή στο θέμα
2. Βασική άποψη/θέση
3. Υποστήριξη θέσης με επιχείρημα
4. Υποστήριξη θέσης με επιπλέον επιχείρημα
5. Επίλογος

Άσκηση 3

Παρουσίαση βασικού επιχειρήματος	Παρουσίαση επιπλέον επιχειρήματος	Αντίθεση	Παρουσίαση άποψης /γνώμης
πρώτα απ' όλα	δεύτερον	ωστόσο	κατά τη γνώμη μου
θεωρώ	τέλος	μολονότι	
	τρίτον		σύμφωνα με
	επίσης		θεωρώ
	ακόμη		δεν πρέπει να ξεχνάμε ότι
	επιπλέον		
	δεν πρέπει να ξεχνάμε ότι		

Άσκηση 4
1. Η τουριστική βιομηχανία κάνει τολμηρά σχέδια, δεδομένου ότι αρκετές επιχειρήσεις σχεδιάζουν προγράμματα ιδιωτικών διαστημικών πτήσεων.
2. Πιστεύω/Θεωρώ ότι αυτού του είδους οι διακοπές δεν θα αντικαταστήσουν σύντομα τις κλασικές διακοπές των ανθρώπων, για πολλούς λόγους.
3. Ακόμη κι αν τα διαστημικά ταξίδια είναι σύντομα, απαιτούν πολύ μεγάλα έξοδα.
4. Πέρα από το απαγορευτικό κόστος των ταξιδιών, υπάρχουν πολλοί κίνδυνοι.

Σελ. 185

Άσκηση 5

1. Οι συνθήκες διαβίωσης στο διάστημα είναι τέτοιες, που δεν είναι καθόλου εύκολο να ζήσουμε εκεί.
2. Λυπάμαι που τα πράγματα ήρθαν διαφορετικά από ό,τι τα περίμενες.
3. Υπάρχουν πολλά επιχειρήματα υπέρ και των δύο απόψεων.
4. Δεν μπορεί να πάει οποιοσδήποτε στο διάστημα, για πολλούς λόγους.
5. Χαίρομαι που σε λίγο καιρό θα φύγουμε για διακοπές.
6. Σήμερα θα πηγαίναμε εκδρομή, αλλά ο καιρός χάλασε τα σχέδιά μας.

Ώρα για επανάληψη ΕΝΟΤΗΤΕΣ 3-4

ΛΕΞΙΛΟΓΙΟ

Σελ. 189

Άσκηση 1

1. Για να προσανατολιστούν/ για τον προσανατολισμό τους
2. τα χελιδόνια
3. σημαντικότερο/μεγαλύτερο
4. βιότοπο
5. προστατευόμενα είδη

Σελ. 191

Άσκηση 3

1. θερμό
2. προστατευόμενα
3. αναπαραγωγικό
4. ενήλικα
5. παρατηρητικότητά
6. αναπλήρωση
7. εγκατάσταση
8. καθοριστική
9. πρόβλεψη
10. κατανάλωση

ΓΡΑΜΜΑΤΙΚΗ

Σελ. 191

Άσκηση 1

1. ανακρίβειες
2. ακίνητο
3. ξεδιψάσουμε
4. ξεκουράζομαι
5. ανεπίσημος
6. ανικανότητάς
7. άκακο

Σελ. 192

Άσκηση 2

1. Σαββατοκύριακο, απίστευτες
2. νοτιανατολικούς
3. καστανόξανθα
4. πηγαινοέρχομαι
5. σπανακόρυζο
6. σιγοτραγουδά(-ει), άγνωστο

Άσκηση 3

1. Λάθος
2. Λάθος
3. Λάθος
4. Σωστό
5. Σωστό
6. Σωστό

Σελ. 193

Άσκηση 4

1. θα έχω συναντηθεί
2. θα έχω ετοιμαστεί
3. είχε ακυρωθεί
4. θα έχουμε διδαχτεί
5. έχουμε ειδωθεί
6. είχα παραπονεθεί
7. έχεις λυπηθεί

Ενότητα 5 ΤΕΧΝΗΣ ΕΡΓΑ

ΚΑΤΑΝΟΗΣΗ ΓΡΑΠΤΟΥ ΛΟΓΟΥ

Σελ. 198-200

Άσκηση 2

1β, 2α, 3α, 4γ, 5γ

ΛΕΞΙΛΟΓΙΟ

Σελ. 201

Άσκηση 1

1. καλλιτέχνης/ καλλιτεχνών
2. τυπώνω/τυπώνει
3. έντυπο/έντυπα
4. επιφάνεια/ επιφάνειες
5. Α/αποφεύγω, Α/αποφεύγει
6. υλικό/υλικών
7. Δ/δραστηριοποιούμαι/ Δ/δραστηριοποιείται
8. εικαστικός/εικαστικές
9. σύνθεση/συνθέσεις
10. περαστικός/ περαστικούς

Άσκηση 2

0	Τ	Ξ	Ω	Δ	Α	Ν	Ω	Ν	Υ	Μ	Ι	Α	Κ	Υ	Η	Ρ
1	Ε	Π	Ε	Ρ	Α	Σ	Μ	Α	Ο	Ε	Ο	Ι	Σ	Π	Π	Ο
2	Σ	Κ	Η	Σ	Τ	Ε	Κ	Ι	Α	Ρ	Μ	Ε	Τ	Α	Σ	Λ
3	Ω	Α	Γ	Κ	Σ	Κ	Ο	Τ	Ω	Ν	Ο	Μ	Α	Ι	Ε	Τ
4	Ε	Ω	Γ	Φ	Ω	Τ	Α	Ν	Η	Σ	Υ	Χ	Ι	Ε	Σ	Ε
5	Μ	Τ	Δ	Ι	Ε	Ρ	Ε	Ι	Π	Ι	Ο	Ξ	Π	Γ	Ο	Σ
6	Λ	Ε	Δ	Υ	Π	Ο	Κ	Ο	Ρ	Ν	Ι	Ζ	Α	Ρ	Ο	Ζ
7	Γ	Η	Φ	Α	Π	Ρ	Ο	Σ	Φ	Ε	Ρ	Ω	Ψ	Α	Η	Μ
8	Ο	Π	Ε	Κ	Α	Β	Α	Λ	Ε	Τ	Ο	Ρ	Φ	Ε	Ψ	Ω

Σελ. 202

Άσκηση 3 1α, 2η, 3ε, 4β, 5ζ, 6γ, 7δ

Άσκηση 4 1γ, 2α, 3β

Σελ. 203

Άσκηση 5 1β, 2β, 3β, 4δ

1α: φιγούρα = πρόσωπο από χαρτόνι στο θέατρο σκιών

1γ: φιγούρα = η μορφή του ανθρώπινου σώματος, ή προσώπου

1δ: φιγούρα = πρόσωπο, μορφή

2α: καταθέτω = παραδίδω χρήματα

2γ: καταθέτω = παραδίδω έγγραφο σε δημόσια αρχή

2δ: καταθέτω = »

2ε: καταθέτω = τοποθετώ με επισημότητα κάπου

3α: σβήνω = έρχομαι πρώτος, αναδεικνύομαι ως ο καλύτερος

3γ: σβήνω = (μτφ.) για κάτι που χάνεται, εξαφανίζεται

3δ: σβήνω = εξαφανίζω, διαγράφω κάτι

4α: εκθέτω = παρουσιάζω, αφηγούμαι

4β: εκθέτω = κάνω κάποιον να γίνει αντικείμενο επικρίσεων και κακής κριτικής

4γ: εκθέτω = βάζω κάποιον σε κίνδυνο

Σελ. 204

Άσκηση 7 1α, 2α, 3β, 4α, 5β, 6α, 7γ, 8α, 9β, 10γ

Άσκηση 8
1. είμαι απαισιόδοξος
2. ανυπομονώ
3. διαπιστώνω
4. ποια είναι η γνώμη σου;
5. καταλαβαίνω/κατανοώ
6. παρατηρώ
7. κοιτάζω

Σελ. 205

Άσκηση 10 1. Λάθος 4. Λάθος
2. Σωστό 5. Σωστό
3. Λάθος 6. Σωστό

Άσκηση 11
1. πλαστικά χρώματα
2. εικαστική παρέμβαση
3. βάζω την υπογραφή μου
4. κλειστός χώρος

Σελ. 206

Άσκηση 12
0. έργο
1. κεντρικούς
2. περάσματα
3. στέκια
4. καβαλέτα
5. καλλιτέχνες
6. ανωνυμία
7. συνθέσεις
8. περαστικών
9. φιγούρες
10. τεχνικές
11. κορνίζα

Άσκηση 13
0. δημιουργίες
1. κεντρικούς
2. περιοχές
3. Συχνάζουν σε συγκεκριμένα μέρη
4. καβαλέτα
5. δημιουργούς
6. άγνωστοι
7. έργο
8. ανθρώπων που περνούν από εκεί
9. μορφές
10. τρόπους
11. κάδρο

Σελ. 207

Άσκηση 15

ρήμα	ουσιαστικό	επίθετο
ασχολούμαι	ασχολία	απασχολημένος
επιλέγω	επιλογή	επιλεκτικός, επιλεγμένος
αντιλαμβάνομαι	αντίληψη	αντιληπτός
εκθέτω	έκθεση, εκθέτης	–
καταθέτω	κατάθεση, καταθέτης	–
επηρεάζω	επιρροή	επηρεασμένος
προσφέρω	προσφορά	–
ασφαλίζω	ασφάλεια	ασφαλισμένος, ασφαλής
κολλάω	κόλλα	κολλημένος, κολλητικός
παρεμβαίνω	παρέμβαση	παρεμβατικός
ζωγραφίζω	ζωγραφική, ζωγραφιά, ζωγράφος	ζωγραφικός
συνθέτω	σύνθεση, συνθέτης	σύνθετος
συγκρίνω	σύγκριση	συγκριτικός
αναφέρω	αναφορά	–
περνώ	πέρασμα	περαστικός, περασμένος
ανταγωνίζομαι	ανταγωνισμός, ανταγωνιστικότητα	ανταγωνιστικός

Σελ. 208

Άσκηση 16
1. επιρροές
2. συνθέτης
3. επιλογές
4. συνθέσεις
5. επηρεασμένα
6. αντίληψη
7. ζωγραφική
8. συνθέσεις
9. έκθεση
10. ζωγραφιές

ΓΡΑΜΜΑΤΙΚΗ

Σελ. 209

1. δείχνοντας
2. σπουδάζοντας
3. εξασφαλισμένη
4. Μη βρίσκοντας
5. προσπαθώντας
6. Επιστρέφοντας
7. Κοιτάζοντάς
8. διαμελισμένα
9. κατεστραμμένα
10. κρατώντας

Σελ. 211

Άσκηση 1 κουρασμένος, φαγωμένος, φλεγόμενος, πεταγμένος, βρεγμένος, ξεχασμένος, χαμένος, περασμένος, φορεμένος, φοβισμένος
ή κουρασμένος, φαγωμένος, φλεγόμενος, αφηρημένος, ενοχλημένος, πεταγμένος, βρεγμένος, ξεχασμένος, χαμένος, περασμένος, φορεμένος, φοβισμένος

Σελ. 212

Άσκηση 3
1. Πηγαίνοντας
2. Βλέποντας, γελώντας
3. ακούγοντας
4. Φτάνοντας
5. Συζητώντας

Άσκηση 4
1. φτιαγμένο
2. καθυστερημένη
3. καλεσμένη
4. κλείνοντας, νευριασμένος
5. Κλεισμένος

Σελ. 213

Άσκηση 5
1. γοητευμένοι
2. εκπαιδευμένο
3. δεσμευτικός
4. θεραπευτικές
5. νοσηλευόμενο
6. στεγασμένες
7. ενοικιαζόμενα
8. συλλογιζόμενος
9. επιλεγόμενα
10. φυλασσόμενη

Σελ. 214

Άσκηση 6
1. πετυχημένους
2. μελετώντας
3. παρακολουθώντας
4. ταξιδεύοντας
5. Επιστρέφοντας
6. πετυχημένη
7. Μην κερδίζοντας
8. υιοθετώντας
9. παραμορφωμένες
10. αναγνωρισμένος
11. προσεγγίζοντάς
12. αποτυπώνοντάς

Σελ. 215

Άσκηση 7
1. Οι χώρες που αναπτύσσονται διαθέτουν εξαιρετικά οδικά δίκτυα.
2. Το προϊόν συνοδεύεται από πόδια που ρυθμίζονται, για να μπορείτε να προσαρμόζετε το ύψος του.
3. Για όσους έχουν επιτόκιο που κυμαίνεται, η μηνιαία επιβάρυνση για το δάνειο είναι 40 ευρώ.
4. Μπορείτε να βρείτε τα προϊόντα μας σε καταστήματα που έχουμε επιλέξει.
5. Το σαββατοκύριακο που πέρασε/έχει περάσει, πέρασα πολύ ωραία.

Άσκηση 8
1. Τα δικαιώματα των εργαζόμενων μητέρων είναι πολύ συγκεκριμένα και σαφή.
2. Διαγωνισμός για τους διδασκόμενους τη γαλλική γλώσσα φοιτητές/διδασκόμενους φοιτητές τη γαλλική γλώσσα με θέμα «Φίλοι του κόσμου»!
3. Ψάξε τον κρυμμένο θησαυρό!
4. Ο χαμένος πύργος της Ακρόπολης είχε ύψος 26 μέτρα!

Σελ. 216

Άσκηση 9
1. Κλαίγοντας μου είπε ότι θα φύγει στο εξωτερικό για σπουδές.
2. Απειλώντας και εκβιάζοντας, δεν θα καταφέρεις τίποτα.
3. Φεύγοντας πέταξε τα σκουπίδια, σε παρακαλώ.
4. Πιστεύοντας ότι θα είμαι στο σπίτι μου, μου έστειλε λουλούδια για τη γιορτή μου.
5. Φωνάζοντας δεν θα καταφέρεις να τον πείσεις.
6. Μην έχοντας χρόνο, ψωνίζω από το διαδίκτυο.

Άσκηση 10
1. Τελείωσα τη σχολή με πάρα πολύ διάβασμα.
2. Με συζήτηση αποφασίσαμε να πάμε στην Κέρκυρα το καλοκαίρι.
3. Μόνο αν/όταν διαβάσεις το βιβλίο, θα καταλάβεις αν είναι καλύτερο από το προηγούμενο.
4. Αν/Όταν καθαρίσεις το δωμάτιό σου, θα βρεις την κάρτα που έψαχνες.
5. Επειδή δεν γνώριζα τα βήματα του χορού, έκανα πολλά λάθη.
6. Κάθε πρωί πηγαίνω στη δουλειά μου με τα πόδια.
7. Όταν πηγαίνω στη δουλειά μου, ακούω μουσική.

Σελ. 217

Άσκηση 11
1. Πηγαίνοντάς τα στην αποθήκη, θα αδειάσει λίγο το σαλόνι.
2. Δείχνοντάς τα στον Κώστα, συνειδητοποίησα ότι δεν είχα σημειώσει τι έχουμε στα μαθηματικά.
3. Βάζοντάς τα μπροστά στην τηλεόραση, περιορίζεις τη φαντασία τους.
4. Παρατηρώντας την, κατάλαβα ότι μοιάζει στη μητέρα μου.
5. Διαβάζοντάς το, θυμήθηκα την παιδική μου ηλικία και συγκινήθηκα.

ΚΑΤΑΝΟΗΣΗ ΠΡΟΦΟΡΙΚΟΥ ΛΟΓΟΥ

Σελ. 218

Άσκηση 1

		οριεντάλ	βαλς	φοξ τροτ	τάγκο	Ροκ εν ρολ	ρούμπα	τσα τσα τσα
0.	Ο χορός δημιουργήθηκε ως κοινωνική αντίδραση.					✓		
1.	Στην αρχή ο χορός χορεύονταν μόνο από άντρες.	✓			✓			
2.	Τα χαρακτηριστικά του χορού άλλαξαν από την αρχική τους μορφή		✓		✓			
3.	Ο χορός απαιτεί ισορροπία από τον χορευτή.		✓	✓				
4.	Στην αρχή ο χορός δέχτηκε την απόρριψη του κοινού					✓		
5.	Ο χορός είναι ερωτικός						✓	✓

ΛΕΞΙΛΟΓΙΟ

Σελ. 219

Άσκηση 1
1. χαρακτηρίζω
2. αποδεκτός
3. φυτείες
4. αυτοσχεδιασμός/αυτοσχεδιασμών
5. φανατικός/φανατικούς
6. ακροβατικός/ακροβατικές
7. δυναμικός/δυναμικές
8. αποδοχή

Άσκηση 2

0	Σ	Π	Ρ	Τ	Ε	Χ	Ν	Ι	Κ	Η	Υ	Τ	Ε	Κ	Ο	Σ
1	Δ	Ω	Ε	Ε	Υ	Λ	Υ	Γ	Ι	Σ	Τ	Ο	Σ	Β	Λ	Ρ
2	Ε	Α	Τ	Μ	Τ	Η	Α	Ν	Α	Π	Τ	Υ	Σ	Σ	Ω	Η
3	Δ	Π	Ε	Ξ	Α	Ν	Τ	Λ	Η	Τ	Ι	Κ	Ο	Σ	Μ	Ψ
4	Τ	Η	Γ	Ψ	Ο	Π	Α	Δ	Ο	Σ	Ε	Ι	Κ	Π	Ε	Ε
5	Θ	Ε	Α	Π	Ε	Ρ	Ι	Ο	Ρ	Ι	Σ	Τ	Ο	Σ	Ι	Σ
6	Π	Ε	Ρ	Ι	Σ	Τ	Ρ	Ε	Φ	Ο	Μ	Ε	Ν	Ο	Σ	Ι

Σελ. 220

Άσκηση 3 1δ, 2ε, 3θ, 4β, 5α, 6η, 7γ, 8ζ

Άσκηση 4 1α, 2ε, 3δ, 4γ

Σελ. 221

Άσκηση 5 1α, 2δ, 3δ

1β: κίνηση = ενέργεια, τρόπος αντίδρασης
1γ: κίνηση = δραστηριότητα
1δ: κίνηση = ο τρόπος που κινεί κάποιος το σώμα του
2α: κατακτώ = αποκτώ με πολύ κόπο, με μεγάλες θυσίες
2β: κατακτώ = γίνομαι κύριος μιας περιοχής με τη χρήση βίας και όπλων
2γ: κατακτώ = »
3α: βήμα = ενέργεια, πράξη που φέρνει πιο κοντά σε κάποιον σκοπό
3β: βήμα = δεν υποχωρώ
3γ: βήμα = πρόχειρο μέτρο μήκους που ισοδυναμεί με το άνοιγμα των ποδιών
3ε: βήμα = πολύ μικρή απόσταση
3στ: βήμα = ο ιδιαίτερος τρόπος με τον οποίο περπατάει κανείς

Σελ. 222

Άσκηση 6
1. τεχνική
2. τεχνολογία
3. τεχνολογίας
4. τεχνητή
5. τεχνικές
6. έντεχνη
7. περίτεχνα
8. συνεχής
9. συνεχόμενα
10. συνεχής
11. συνεχόμενες
12. περιστρέφεται
13. ανέστρεψε
14. κατέστρεψαν

Σελ. 223

Άσκηση 9
1. Λάθος
2. Σωστό
3. Σωστό
4. Λάθος
5. Σωστό
6. Λάθος

Άσκηση 10
1. αυστηρός κανόνας
2. υψηλή κοινωνία
3. αρνητικό κλίμα
4. εναλλακτική πρόταση
5. φανατικός οπαδός
6. κακόφημη περιοχή

Σελ. 224

Άσκηση 11
1. απεριόριστες
2. βήμα
3. απαιτείται
4. τεχνική
5. Αντιδρούσα
6. εξαντλητική
7. καταφέρω
8. αυτοσχεδιασμό
9. ευλύγιστο
10. ισορροπία
11. περίτεχνες
12. ακροβατικές
13. κομψές
14. Οφείλω

Άσκηση 12
0. Αδιάκοπη
1. ατελείωτες
2. κίνηση
3. χρειάζεται
4. ιδιαίτερο τρόπο
5. Παραπονιόμουν
6. πάρα πολύ κουραστική
7. μπορέσω
8. ελεύθερη χορογραφία
9. έχω μεγάλη ευλυγισία
10. είμαι πιο σταθερή
11. καλαίσθητες
12. επικίνδυνες και δύσκολες
13. επιδέξιες
14. Χρωστάω

Σελ. 225

Άσκηση 14

ρήμα	ουσιαστικό	επίθετο
ακριβαίνω	ακρίβεια	ακριβής
κινούμαι	κίνηση	κινητικός
δημιουργώ	δημιουργία	δημιουργικός, δημιουργημένος
–	ρυθμός	ρυθμικός
περιστρέφω	περιστροφή	περιστρεφόμενος, περιστροφικός
απαιτώ	απαίτηση	απαιτητικός
ισορροπώ	ισορροπία	ισορροπημένος
χαρακτηρίζω	χαρακτήρας	χαρακτηριστικός
χορεύω	χορός, χορευτής, χορευταράς, χορευταρού, χορεύτρια	χορευτικός
συνεχίζω	συνέχεια	συνεχής
αντιδρώ	αντίδραση	αντιδραστικός
απαγορεύω	απαγόρευση	απαγορευτικός, απαγορευμένος
εξαντλώ	εξάντληση	εξαντλητικός, εξαντλημένος

Σελ. 226

Άσκηση 15
1. κινήσεις
2. περιστρεφόμενες
3. απαιτήσεις
4. εξαντλητικές
5. ακρίβεια
6. κίνηση
7. χορευτής
8. ισορροπία
9. ρυθμό
10. εξαντλημένος
11. απαιτητικό

Σελ. 227

Άσκηση 17

0.					Τ	Ε	**Χ**	Ν	Ι	Κ	Η			
1.		Ο	Ν	Ε	Ι	Ρ	**Ο**	Π	Ο	Λ	Ο	Σ		
2.					Α	Κ	**Ρ**	Ο	Β	Α	Τ	Ι	Κ	Ο
3.	Α	Υ	Τ	Ο	Σ	Χ	**Ε**	Δ	Ι	Α	Σ	Μ	Ο	Σ
4.				Ε	Υ	Λ	**Υ**	Γ	Ι	Σ	Τ	Ο	Σ	
5.							**Τ**	Ε	Χ	Ν	Η			
6.		Ε	Ν	Τ	Α	Σ	**Η**							
7.		Ο	Π	Α	Δ	Ο	**Σ**							

ΓΡΑΜΜΑΤΙΚΗ

Σελ. 229

1. δημοφιλή
2. ταχείας
3. Ταχεία
4. ΔΗΜΟΦΙΛΗΣ
5. υπναράδων
6. φωνακλάδες
7. υπναράς
8. Υπναράδες
9. υπναρούδες

Σελ. 231

Άσκηση 1 δημοφιλής, αληθής, αφελής, ασθενής, επικερδής, ειλικρινής, σαφής, συνεπής, συνεχής, υγιής

Άσκηση 5
1. Είναι σαφείς.
2. Είναι θρασείς.
3. Είναι συνεπής.
4. Είναι σαφής.
5. Είναι συνεπείς.

Σελ. 232

Άσκηση 3
1. παπλωματού
2. παπλωματάδες
3. παπλωματούς
4. δημοφιλή
5. ευγενής
6. παπλωματού
7. κοιλαράς
8. θρασύς
9. πολυτελές
10. παπλωματού
11. δημοφιλή
12. παπλωματού

Σελ. 233

Άσκηση 4
1. Δημοφιλείς
2. φωνακλού
3. παραμυθάδες
4. πολυλογά
5. Διετείς
6. ταχείς
7. επικερδές
8. ευρείας

Άσκηση 5
1. υπναρού
2. υπναράδων
3. δημοφιλούς
4. δημοφιλή
5. παραμυθάδες
6. διεθνή
7. ταχείες
8. ευρύ
9. Ταχεία
10. ταχείας

ΠΑΡΑΓΩΓΗ ΠΡΟΦΟΡΙΚΟΥ ΛΟΓΟΥ

Σελ. 235

Άσκηση 4

1. **Σύντομη πορεία του συγκροτήματος:**
   Το συγκρότημα δημιουργήθηκε στο Πανεπιστήμιο. Οι πρώτες εμφανίσεις έγιναν στον δρόμο και σε διάφορα φεστιβάλ για νέους καλλιτέχνες.
2. **Επιχειρήματα για τις εκδηλώσεις του δρόμου:**
   Υπάρχει αυθορμητισμός, είναι ατμοσφαιρικά και το κοινό συμμετέχει. Δεν υπάρχει η απόσταση της σκηνής και το κοινό είναι μεγαλύτερο. Επειδή δεν υπάρχει ακουστική, ο καλλιτέχνης προσπαθεί πιο πολύ για το αποτέλεσμα.
3. **Επιχειρήματα για τις εκδηλώσεις σε κλειστό χώρο:**
   Ο καλλιτέχνης είναι πιο προετοιμασμένος, υπάρχει καλύτερη ακουστική και η μουσική αναδεικνύεται καλύτερα.

ΠΑΡΑΓΩΓΗ ΓΡΑΠΤΟΥ ΛΟΓΟΥ

Σελ. 237

Άσκηση 1
1. το οποίο
2. παρόλο που
3. όπου
4. Καταρχήν
5. αλλά
6. Επίσης
7. Από την άλλη
8. Επομένως
9. Αν
10. για να

Σελ. 238

Άσκηση 3

τραγουδιστής: συγκρότημα, μουσική, ποπ, διαγωνισμός, σκηνή, σάουντρακ, ταλέντο, επιτυχία, ρεφρέν, διασκευή, συναυλία, όπερα, ροκ, στίχος, πρώτη εμφάνιση, κυκλοφόρησε το πρώτο άλμπουμ, ηχογράφηση, ορχήστρα, μικρόφωνο, πρόβα, περιοδεία, πλατεία, στούντιο

ηθοποιός: πλοκή, σενάριο, φακός, σαπουνόπερα, θρίλερ, ταινία τρόμου, σίριαλ, γουέστερν, κοστούμια, σκηνή, οθόνη, ταλέντο, οθόνη, ρόλος, περιπέτεια, θεατής, κωμικός, επιστημονική φαντασία, κάμερα, οντισιόν, κριτική, πρόβα, παραγωγή, λόγια, πρωταγωνιστής, φώτα, ήχος, σκηνικά, κλακέτες, αυλαία, σανίδι, σκηνοθεσία, μυθιστόρημα, καμαρίνια, παρασκήνια, στούντιο

ζωγράφος: γκαλερί, χρώματα, πινέλο, έκθεση, έργο, όργανο, επιρροή, πορτρέτο, καβαλέτο, ατελιέ

χορευτής: συγκρότημα, μουσική, πλατεία, κίνηση, πρόβα, σκηνή, αυλαία, καμαρίνια, παρασκήνια, ηλεκτρονική, σύγχρονη, μπαλέτο, βήματα, παραδοσιακός

Άσκηση 4
1. Καταρχήν
2. Επίσης
3. Από την άλλη
4. παρόλο που
5. Επομένως
6. για να

Σελ. 239

Άσκηση 5

1. ...διαπιστώνουμε ότι, ενώ η περιοχή μας διαθέτει πολλούς ανθρώπους που αγαπούν την τέχνη, δεν φιλοξενεί...
2. Κατά τη γνώμη μας, η διοργάνωση ενός φεστιβάλ νέων καλλιτεχνών...
3. ...θα κινηθούν, διότι θα έχουμε πολλούς επισκέπτες...
4. Σε περίπτωση που σας ενδιαφέρει η πρότασή μας,...
5. Αν και έχουμε τόσους καλλιτέχνες στην πόλη μας, δεν φιλοξενούμε...
6. ...τους καλλιτέχνες της πόλης μας και, επομένως, θα περάσουν κάποιες ώρες εδώ.

Άσκηση 6

1. Για οποιαδήποτε πληροφορία, είμαι στη διάθεσή σας.
2. Δεν μπορώ να δεχτώ ότι στην πόλη μας δεν υπάρχει ούτε μία θεατρική ομάδα.
3. Σου υπόσχομαι ότι θα κάνω τα πάντα, για να πετύχει αυτή η προσπάθεια.
4. Μήπως ξέρεις γιατί δεν ήρθε η Μαρία;
5. Το φεστιβάλ γίνεται κάπου μεταξύ 5 και 20 Σεπτεμβρίου.

Ενότητα 6 ΕΓΩ, ΕΣΥ...ΕΜΕΙΣ

ΚΑΤΑΝΟΗΣΗ ΓΡΑΠΤΟΥ ΛΟΓΟΥ

Σελ. 244-245

Άσκηση 2
1. η οποία δημιουργήθηκε κυρίως από το facebook
2. ή φωτογραφίες στο προφίλ των φίλων τους
3. βρίσκονται πάντα εκτός και απλά παρακολουθούν
4. ότι μόνο αυτοί δεν περνούν καλά
5. το ίδιο καλά
6. κάποια προσωπική τους στιγμή
7. πιο συναρπαστικό να κάνουμε
8. ένα βήμα μπροστά

ΛΕΞΙΛΟΓΙΟ

Σελ. 246

Άσκηση 1
1. χαζεύω/χαζεύουμε
2. τάση
3. επιβιώνω/επιβιώσουμε
4. κατασκοπεύω/κατασκοπεύοντας
5. ανεπάρκεια/ανεπάρκειας
6. δημοφιλής/δημοφιλείς
7. ανασφάλεια
8. ανάρτηση/αναρτήσεις
9. εντείνω/εντείνεται

Άσκηση 2 1στ, 2α, 3β, 4δ, 5ε

Άσκηση 3 1γ, 2β, 3δ

Σελ. 247

Άσκηση 4 1β & δ, 2β & δ, 3β & δ, 4α & γ

Άσκηση 6
1. μέσα κοινωνικής δικτύωσης
2. κοινωνικά δίκτυα
3. προσωπικές στιγμές
4. εικονική πραγματικότητα

Σελ. 248

Άσκηση 7
1. συναίσθημα
2. συναισθήματα
3. αίσθημα
4. διαλογή
5. επιλογής
6. εκλογή
7. επιλογή
8. δράση
9. δραστηριότητα
10. δραστηριότητα
11. δράση
12. διάσημη
13. δημοφιλής
14. διάσημος

Άσκηση 9 1δ, 2γ, 3β, 4δ, 5γ

Σελ. 249

Άσκηση 10
0. δημοφιλές
1. δημοσιεύσω
2. φανατικοί
3. χάζευα
4. επιλογές
5. συναρπαστική
6. αναρτήσεις
7. εντείνεται
8. φανατικοί
9. ανασφαλείς
10. τάση

Άσκηση 11
0. διαδεδομένο
1. κοινοποιήσω
2. μανιώδεις
3. κοιτούσα
4. δυνατότητες
5. ενδιαφέρουσα
6. δημοσιεύσεις
7. αυξάνεται
8. μανιώδεις
9. ανασφάλεια
10. συνήθεια

Σελ. 250

Άσκηση 13

ρήμα	ουσιαστικό	επίθετο
φανατίζομαι	φανατισμός	φανατικός, φανατισμένος
δικτυώνω	δίκτυο, δικτύωση	δικτυωμένος, δικτυακός
χρησιμοποιώ, χρησιμεύω	χρήστης, χρήση	χρηστικός, χρήσιμος
απολαμβάνω	απόλαυση	απολαυστικός
υιοθετώ	υιοθέτηση, υιοθεσία	υιοθετημένος
κατασκοπεύω	κατασκοπία, κατάσκοπος	κατασκοπευτικός
αναρτώ	ανάρτηση	αναρτημένος
επαρκώ	(αν)επάρκεια	(αν)επαρκής
συναρπάζω	–	συναρπαστικός
–	ανασφάλεια	ανασφαλής
εντείνω	ένταση	εντατικός
δημοσιεύω	δημοσίευση	δημοσιευμένος
προδίδω	προδότης, προδοσία	προδομένος
–	εικόνα	εικονικός

Σελ. 251

Άσκηση 14
1. χρήστες
2. φανατικούς
3. δικτύωσης
4. ανασφάλειες
5. υιοθέτηση
6. εικονικές
7. χρήσιμο

ΓΡΑΜΜΑΤΙΚΗ

Σελ. 252
1. ο καλύτερός μου
2. ακόμη πιο δυνατές
3. λιγότερο δυνατές
4. σημαντικότατες
5. ολομόναχοι
6. καλύτερη
7. ευκολότερη
8. πιο παραγωγική
9. ο μέγιστος
10. περισσότεροι
11. ελάχιστες
12. ελάχιστοι

Σελ. 254

Άσκηση 1

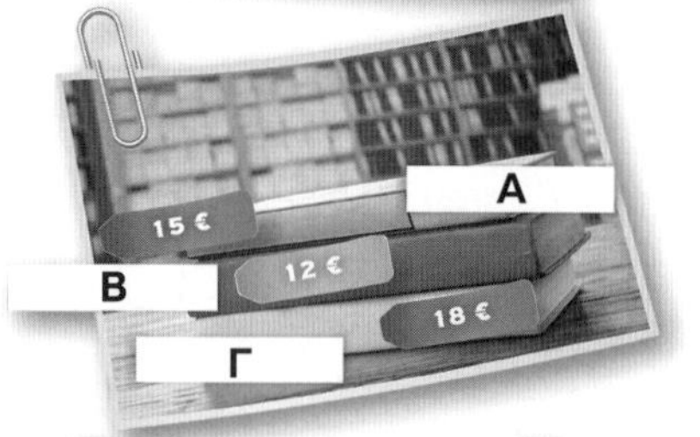

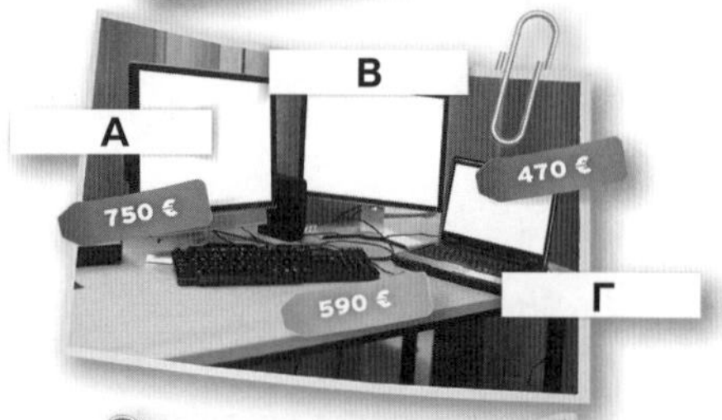

Σελ. 255

Άσκηση 2
1. Δεν κάνει τόσο κρύο στην Ελλάδα, όσο στην Ελβετία.
2. Δεν είσαι πολύ πιο ψηλή από εμένα.
3. Ο Νίκος είναι λιγότερο έξυπνος από τον Κώστα.
4. Ο Γιώργος είναι πολύ μεγαλύτερος από τον Αλέξη και ακόμη πιο μεγάλος από τον Πέτρο.
5. Ο Πέτρος είναι ο πιο καλός από όλους τους φίλους μου.

Άσκηση 3
1. μικρότερός μου
2. μεγαλύτερή μας
3. μεγαλύτερή /μικρότερή μου
4. μεγαλύτερός μου
5. μεγαλύτερός σας

Σελ. 256

Άσκηση 5
1. Ο Τάσος.
2. Ο Στέργιος.
3. Ο Νίκος.
4. Ο Τάσος.
5. Ο Νίκος.
6. Ο Τάσος.
7. Ο Στέργιος.
8. Ο Νίκος.
9. Ο Τάσος.
10. Ο Νίκος.
11. Ο Τάσος
12. Ο Στέργιος.

Σελ. 257

Άσκηση 6
1. ο μεγαλύτερος
2. ψηλή
3. ακριβό
4. ψηλή
5. καλή
6. πλούσιος
7. απλούστατη
8. πανέμορφο

Άσκηση 7
1. κατάξανθη
2. κατάμαυρος
3. νοστιμότατο/πεντανόστιμο
4. κατακόκκινη
5. πανευτυχής/τρισευτυχισμένος
6. θεότρελος
7. πανάκριβη
8. καταστενοχωρημένη
9. κατασκότεινο/θεοσκότεινο

Σελ. 258

Άσκηση 8
1. περισσότερους
2. λιγότερους
3. συντομότατες/συντομότερες
4. μέγιστες/μεγαλύτερες
5. σημαντικότεροι
6. ελάχιστη
7. Το βασικότερο
8. (το) σημαντικότερο
9. καλύτερο
10. περισσότερες
11. μεγαλύτερες
12. πιθανότερο
13. σταθερότερες

ΚΑΤΑΝΟΗΣΗ ΠΡΟΦΟΡΙΚΟΥ ΛΟΓΟΥ

Σελ. 260

Άσκηση 1	«Εθελοντής γείτονας» (κ. Καλογήρου)	«Κέντρο βρεφών» (κ. Μαϊλιάνη)
0. Το πρόγραμμα αφορά τη φροντίδα ατόμων σε μεγάλη ηλικία.	✓	
1. Η εθελόντρια συμμετέχει στο πρόγραμμα πάνω από δύο χρόνια.		✓
2. Η εθελόντρια ενημερώθηκε για το πρόγραμμα από το διαδίκτυο.	✓	
3. Η εθελόντρια του προγράμματος είναι μητέρα.	✓	✓
4. Η εθελόντρια του προγράμματος δεν εργάζεται.		✓
5. Η εθελόντρια απασχολείται εθελοντικά 3-4 μέρες την εβδομάδα.	✓	✓
6. Στο πρόγραμμα συμμετέχουν κυρίως γυναίκες.		✓
7. Ο αριθμός των εθελοντών στο πρόγραμμα είναι πολύ μικρότερος από τις ανάγκες.		✓
8. Το πρόγραμμα έχει ιστοσελίδα στο διαδίκτυο.	✓	✓

ΛΕΞΙΛΟΓΙΟ

Σελ. 261

Άσκηση 1
1. τυχαία
2. σοβαρότητα
3. άνεργος/άνεργη
4. κενό
5. προσφορά
6. πρακτικός/πρακτικά

Άσκηση 2

0	Ω	Μ	Ε	Ν	Τ	Υ	Π	Ω	Σ	Ι	Α	Ζ	Ο	Μ	Α	Ι
1	Α	Τ	Η	Τ	Μ	Η	Ο	Ρ	Γ	Α	Ν	Ω	Σ	Η	Ε	Κ
2	Ο	Ε	Ε	Α	Ν	Α	Π	Λ	Η	Ρ	Ω	Ν	Ω	Ρ	Ε	Μ
3	Ε	Μ	Λ	Ε	Ι	Ε	Π	Α	Φ	Η	Β	Ε	Κ	Η	Σ	Λ
4	Δ	Ρ	Δ	Ι	Ο	Π	Α	Μ	Φ	Ι	Β	Ο	Λ	Ι	Α	Ο
5	Ο	Π	Β	Κ	Α	Ν	Α	Λ	Α	Μ	Β	Α	Ν	Ω	Ψ	Α

Σελ. 262

Άσκηση 3 1β, 2α, 3ε, 4δ

Άσκηση 4 1δ, 2ε, 3β, 4γ

Άσκηση 5 1δ, 2δ, 3γ

1α: διαθέτω = έχω κάτι και μπορώ να το χρησιμοποιήσω
1β: διαθέτω = έχω κάτι και το προσφέρω για χρήση
1γ: διαθέτω = πουλάω

2α: μαθαίνω = αφομοιώνω μια γνώση, ή διδασκαλία
2β: μαθαίνω = διδάσκω κάτι σε κάποιον
2γ: μαθαίνω = εξοικειώνομαι με κάτι, το συνηθίζω
3α: συνοδεύω = στέλνω, δίνω, κάνω κάτι μαζί με κάτι άλλο για να το συμπληρώσω
3β: συνοδεύω = παίζω ένα όργανο ή τραγουδώ, για να ενισχύσω τη φωνητική απόδοση ενός/μιας τραγουδιστή/-τριας
3δ: συνοδεύω = ένα φαινόμενο παρουσιάζεται μαζί με κάποιο άλλο

Σελ. 263

Άσκηση 7
1. άνεργοι
2. άεργος
3. οργάνωση
4. διοργάνωση
5. οργάνωση
6. προσφορά/δωρεά
7. εισφορά
8. δωρεά
9. προσφορά
10. αμφιβολία
11. αμφισβήτηση
12. αμφιβολία
13. μοναχικός
14. μόνος
15. μοναδική
16. μόνος

Σελ. 264

Άσκηση 10 1ζ, 2δ, 3β, 4α, 5στ, 6γ

Σελ. 265

Άσκηση 12
1. Σωστό
2. Λάθος
3. Σωστό
4. Λάθος

Άσκηση 13
1. τόπος διαμονής
2. τρίτη ηλικία
3. εργάσιμες ώρες
4. ηλεκτρονική διεύθυνση
5. πρακτικά θέματα
6. οικογενειακές υποχρεώσεις

Σελ. 266

Άσκηση 14
0. μοναχικό
1. αμφιβολία
2. χάνει
3. επαφή
4. κενό
5. στήριξη
6. εθελοντών
7. εντυπωσιαστήκαμε
8. πρακτική
9. αναλαμβάνουμε
10. προσφορά
11. οργανώσεις
12. σοβαρότητα
13. διοργάνωση

Σελ. 267

Άσκηση 15
0. που ζει μοναχικά
1. είναι σίγουρο
2. βρίσκει συνεχώς
3. επικοινωνία
4. ελλείψεις
5. ενίσχυση
6. ανθρώπων που προσφέρουν εθελοντική εργασία
7. μείναμε έκπληκτοι
8. ρεαλιστική
9. προσπαθούμε
10. έργο
11. ομάδες
12. υπευθυνότητα
13. συστηματική προετοιμασία

Σελ. 268

Άσκηση 17

ρήμα	ουσιαστικό	επίθετο
–	εθελοντής, εθελοντισμός	εθελοντικός
στηρίζω	στήριξη	
–	τύχη	τυχαίος, τυχερός
–	ευθύνη, υπευθυνότητα	υπεύθυνος
εντυπωσιάζω	εντύπωση, εντυπωσιασμός	εντυπωσιακός
οργανώνω	οργάνωση	οργανωτικός, οργανωμένος
σοβαρεύω	σοβαρότητα	σοβαρός
υποχρεώνω	υποχρέωση	υποχρεωμένος, υποχρεωτικός
αναπληρώνω	αναπλήρωση	αναπληρωματικός, αναπληρωτής
–	κενό	κενός
εργάζομαι	εργασία, ανεργία	εργαζόμενος, εργατικός, άνεργος
αμφιβάλλω	αμφιβολία	αμφίβολος
συνοδεύω	συνοδεία	συνοδευτικός
προσφέρω	προσφορά	–
απασχολώ	απασχόληση	απασχολημένος
ενδιαφέρομαι	ενδιαφέρον	ενδιαφερόμενος, ενδιαφέρων
πράττω	πρακτική	πρακτικός

Σελ. 269

Άσκηση 18
1. εντυπωσιακά
2. οργανωμένη
3. εθελοντικής
4. εθελόντριες
5. εργασίας
6. εθελοντισμού
7. σοβαρό
8. οργάνωση
9. πρακτικές
10. προσφορά
11. υποχρεωτικές
12. απασχόλησης

ΓΡΑΜΜΑΤΙΚΗ

Σελ. 270
1. περισσότερο
2. ελαφρύτερα
3. καλύτερα
4. ωραιότατα
5. ολοφάνερα

Σελ. 272

Άσκηση 1

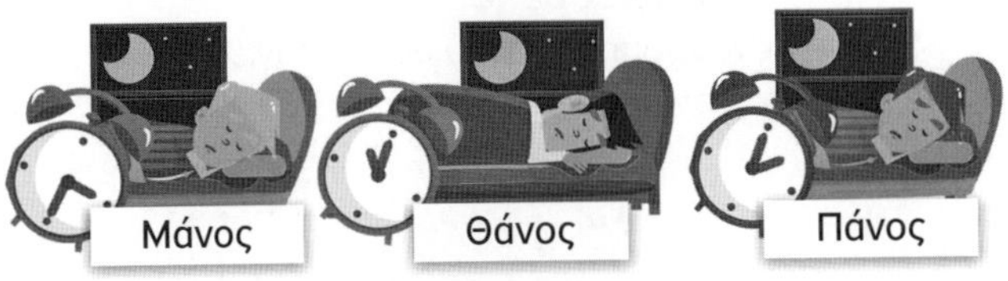

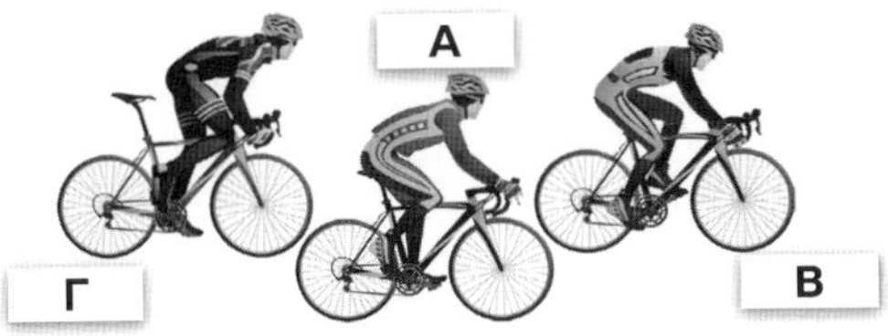

Σελ. 273

Άσκηση 2
1. Σήμερα είναι πολύ καλύτερα.
2. Είναι νωρίτερα από ό,τι νομίζεις.
3. Είναι καλύτερα να τρως φρούτα, παρά να πίνεις χυμούς.
4. Τα μαλλιά σου είναι πιο ωραία, έτσι που τα έκοψες.
5. Ο Πέτρος είναι σήμερα τόσο ευτυχισμένος, όσο δεν ήταν ποτέ.

Σελ. 274

Άσκηση 3
1. Λάθος
2. Σωστό
3. Λάθος
4. Λάθος
5. Σωστό
6. Λάθος
7. Σωστό
8. Λάθος
9. Σωστό

Σελ. 275

Άσκηση 4
1. καθαρότατα/πεντακάθαρα
2. νοστιμότατα
3. Απλούστατα
4. προσεκτικότατα
5. ασχημότατα
6. ελάχιστα
7. λεπτομερέστατα

Άσκηση 5
1. συχνότερα
2. αγενέστατα
3. πιο πίσω
4. νωρίς νωρίς
5. καλύτερα
6. χειρότερα
7. πανέμορφα
8. καλά
9. γρηγορότερα

Σελ. 276-277

Άσκηση 6
1. προσεκτικότερα
2. νωρίτερα
3. βαθύτερα
4. συνηθέστερα
5. ειδικότερα
6. ολοφάνερα/φανερότατα
7. νωρίτερα
8. προσεκτικότερα
9. περισσότερο
10. καλύτερα
11. παλιότερα

ΠΑΡΑΓΩΓΗ ΠΡΟΦΟΡΙΚΟΥ ΛΟΓΟΥ

Σελ. 278

Άσκηση 3

1.	Χρονολογία ίδρυσης της εθελοντικής ομάδας	✓
2.	Αριθμός εθελοντών	✓
3.	Ηλικία εθελοντών	
4.	Προορισμοί εκδρομών	
5.	Κάλυψη οικονομικών αναγκών	✓
6.	Μέσα μετακίνησης	
7.	Ιστοσελίδα και τηλέφωνα επικοινωνίας	

ΠΑΡΑΓΩΓΗ ΓΡΑΠΤΟΥ ΛΟΓΟΥ

Σελ. 281

Άσκηση 1
1η παράγραφος, 4η σειρά: *σου*
1η παράγραφος, τελευταία σειρά: *σε*
2η παράγραφος, 3η σειρά: *τα*
3η παράγραφος, 5η σειρά: *δεν*
4η παράγραφος, 1η σειρά: *την*

Σελ. 282

Άσκηση 2
1. Παρουσίαση του προγράμματος
2. Βασικοί στόχοι
3. Αποτελέσματα
4. Συμπεράσματα

Άσκηση 3
1. βασική επιδίωξη: Κύριος στόχος
2. για παράδειγμα: Συγκεκριμένα
3. επομένως: Συνεπώς
4. επιπλέον/επιπρόσθετα: Επίσης / Από την άλλη
5. αναμφίβολα: χωρίς αμφιβολία

Άσκηση 4
1. ...αυτήν την επίσκεψη, αφού θα μιλήσουν και θα παίξουν...
2. Αυξάνεται η αυτοεκτίμησή τους, διότι γίνονται...
3. Επιπλέον, οι μικροί μαθητές νιώθουν τη ζεστασιά...
4. ...αυτήν την επίσκεψη, διότι θα μιλήσουν και θα παίξουν...
5. ...πολύ ζεστή και μοναδική, ώστε ένα πρόγραμμα, όπως αυτό, να κρίνεται...

Σελ. 283

Άσκηση 5
1. Δεν κατάφερα να τον κάνω να αισθανθεί καλύτερα, παρόλη την καλή μου διάθεση.
2. Αυτό το μαγαζί πάει καλά, παρά το πολύ μικρό διάστημα λειτουργίας του.
3. Οι τιμές δεν μειώθηκαν, παρά το γεγονός ότι ο κόσμος δεν ψωνίζει.
4. Συναντιόμαστε πολύ συχνά, τον βλέπω σχεδόν μέρα παρά μέρα.

Ενότητα 7 ΨΑΧΝΕΙΣ ΓΙΑ ΔΟΥΛΕΙΑ;

ΚΑΤΑΝΟΗΣΗ ΓΡΑΠΤΟΥ ΛΟΓΟΥ

Σελ. 288-289

Άσκηση 2 1α, 2γ, 3γ, 4β, 5δ

ΛΕΞΙΛΟΓΙΟ

Σελ. 290

Άσκηση 1
1. εντοπίζω/εντοπίσεις
2. στάδια
3. φανταστικός/φανταστικής
4. αναγκάζω/αναγκάζει
5. κυκλοφορεί/κυκλοφορούν
6. ειδίκευση
7. ολοκληρώνω/ολοκληρώνει
8. μετατρέπω/μετατρέψει

Άσκηση 2 1στ, 2α, 3ζ, 4γ, 5ε, 6β

Άσκηση 3

0	Ε	Ξ	Ο	Ι	Κ	Ε	Ι	Ω	Μ	Ε	Ν	Ο	Σ	Α	Β	Μ	Ε
1	Γ	Δ	Π	Ρ	Ω	Τ	Ο	Τ	Υ	Π	Ο	Σ	Ε	Ζ	Η	Υ	Π
2	Θ	Ι	Α	Σ	Τ	Ε	Ι	Ο	Μ	Κ	Λ	Μ	Ν	Ξ	Ο	Μ	Κ
3	Π	Ε	Π	Ι	Χ	Ε	Ι	Ρ	Η	Σ	Η	Τ	Ο	Κ	Α	Η	Σ
4	Ρ	Σ	Τ	Ε	Ν	Τ	Ο	Ν	Ο	Σ	Υ	Φ	Χ	Ψ	Ω	Ο	Σ
5	Α	Δ	Ι	Α	Δ	Ι	Κ	Α	Σ	Ι	Α	Β	Γ	Δ	Ε	Σ	Ι
6	Κ	Ο	Ι	Π	Λ	Τ	Ρ	Ω	Β	Ω	Ε	Δ	Ρ	Α	Ε	Β	Ω
7	Ξ	Ε	Π	Ι	Δ	Ο	Τ	Η	Σ	Η	Κ	Λ	Ο	Ι	Γ	Σ	Η

Σελ. 291

Άσκηση 4

3η παράγραφος: *άπιαστο* = που δεν μπορείς να πραγματοποιήσεις

3η παράγραφος: *επενδύσαμε* = βασίζω το μέλλον σε κάτι

4η παράγραφος: *απασχολεί* = έχω έντονη ανησυχία, προβληματισμό για κάτι

8η παράγραφος: *παραγγελία* = εντολή για την προμήθεια, την κατασκευή ή και την αποστολή κάποιου είδους

4η παράγραφος: *δοκιμάζουμε* = ελέγχω, εξετάζω

8η παράγραφος: *κερδίσουμε* = καταφέρνω με προσπάθεια να αποκτήσω κάτι, κατακτώ

Σελ. 292

Άσκηση 5
1. κατασκευάζω/κατασκευάζεις/κατασκευάζει/κατασκευάζουμε/κατασκευάζετε/κατασκευάζουν
2. παρασκευάζει
3. προκαλούν
4. πρωτότυπο
5. πρότυπος
6. πρωτότυπο
7. πρότυπο
8. επιδότηση
9. επίδομα
10. επίδομα
11. επιχορήγηση
12. γνώμη
13. κρίση
14. κριτικές
15. κρίση
16. γελοία
17. αστείος
18. κωμικός

Σελ. 293

Άσκηση 7 1β, 2δ, 3α

1α: κυκλοφορώ = διακινώ προϊόντα μέσω εμπορικών συναλλαγών

1γ: κυκλοφορώ = μεταδίδομαι από στόμα σε στόμα

1δ: κυκλοφορώ = »

1ε: κυκλοφορώ = μεταδίδομαι, είμαι κολλητικός (για αρρώστιες)

2α: έδρα = ο τόπος όπου είναι εγκατεστημένη μονίμως η διοίκηση ενός οργανισμού

2β: έδρα = τραπέζι με κάθισμα, από όπου ασκεί κάποιος ένα καθήκον

2γ: έδρα = ο τόπος στον οποίο είναι διορισμένος ένας υπάλληλος

3β: φανταστικός = απίστευτος

3γ: φανταστικός = που ξεπερνά τα όρια της φύσης

Σελ. 294

Άσκηση 9 1. Λάθος 2. Λάθος 3. Λάθος 4. Σωστό

Άσκηση 10
1. επιτραπέζιο παιχνίδι
2. άπιαστο όνειρο
3. διοίκηση επιχειρήσεων
4. κυκλοφορώ στην αγορά
5. έξοδα αποστολής
6. αναλαμβάνω πρωτοβουλία
7. οικονομική κρίση
8. καλύπτω τα έξοδά μου
9. τραπεζικό δάνειο
10. ηλεκτρονικό παιχνίδι
11. ηλεκτρονικό αρχείο

Σελ. 295

Άσκηση 11
0. δημιουργήσει
1. έδρα
2. επιδότηση
3. ζήτηση
4. επιχείρησή
5. κυκλοφόρησε
6. παρασκευάζω
7. κρίση
8. παραγγελίες
9. πρωτότυπη
10. διαδικασίας

Άσκηση 12
0. ιδρύσει
1. είναι εγκατεστημένη
2. οικονομική ενίσχυση
3. απήχηση
4. δουλειά
5. κυκλοφόρησε
6. φτιάχνω
7. οικονομικές δυσκολίες
8. ζήτηση
9. πρωτοποριακή
10. πορείας

Σελ. 296

Άσκηση 14

ρήμα	ουσιαστικό	επίθετο
πρωτοτυπώ	πρωτοτυπία	πρωτότυπος
επιχειρώ	επιχείρηση	επιχειρηματικός
–	πελάτης	πελατειακός
–	κόσμος	παγκόσμιος
κατασκευάζω	κατασκευή	κατασκευαστικός
πουλώ	πώληση, πωλητήριο, πωλητής	–
ρισκάρω	ρίσκο	–
ειδικεύομαι	ειδίκευση	ειδικευμένος
επιδοτώ	επιδότηση	επιδοτούμενος
εργάζομαι	ανεργία	άνεργος, εργατικός, εργαζόμενος
επενδύω	επένδυση	επενδυτικός
–	τράπεζα	τραπεζικός
δανείζω	δάνειο, δανειάκι	δανεικός
καλύπτω	κάλυψη	καλυπτικός
ξοδεύω	έξοδο, εξοδάκι	–
υλοποιώ	υλοποίηση	–
ζωγραφίζω	ζωγράφος, ζωγραφική	–
–	γραφίστας, γραφιστική	γραφιστικός
–	εργοστάσιο	εργοστασιακός
κυκλοφορώ	κυκλοφορία	κυκλοφοριακός, κυκλοφορικός
συμβουλεύω	σύμβουλος	συμβουλευτικός
ανταγωνίζομαι	ανταγωνισμός, ανταγωνιστής	ανταγωνιστικός
–	στάδιο	σταδιακός

Σελ. 297

Άσκηση 15
1. επιδότησης
2. δάνειο
3. επιχείρηση
4. καλύψουμε
5. επιχειρηματική
6. έξοδα
7. Σταδιακά
8. πελάτες
9. εργοστάσιο
10. ανταγωνιστές
11. πωλήσεις
12. επένδυση
13. ανταγωνισμός

ΓΡΑΜΜΑΤΙΚΗ

Σελ. 299
1. να ενδιαφέρεται
2. να παντρευτεί
3. να ασχολείται
4. να διακριθεί
5. να γίνει
6. να δίνει
7. να σιγουρευτεί
8. να μην απασχοληθεί
9. να ισχυριστούμε
10. να περιποιείται
11. να χτενίζεται

Σελ. 302

Άσκηση 1 να στηριχτώ, να ακυρωθείς, να χρειαστεί, να θεραπευτείς, να ειπωθεί, να πικραθούν, να διευκολυνθώ, να γευτούμε, να τρελαθείτε, να σκωθείς ή
να στηριχτώ, να ακυρωθείς, να χρειαστεί, να θεραπευτείς, να επηρεάσετε, να πικραθούν, να διευκολυνθώ, να γευτούμε, να τρελαθείτε, να σκωθείς

Σελ. 303

Άσκηση 2
1. ψηθεί
2. απολυθεί
3. κοπείτε
4. συνθεδώ
5. βασιστώ
6. δεθείς
7. προστατευτεί
8. αναπτυχθεί
9. κλαπεί

Άσκηση 3
1. πιστεύω
2. συνεργάζεται
3. ασχολούμαι
4. εργάζεται
5. υπερασπίζεται
6. αποδέχεσαι
7. τρελαθούν
8. γυμνάζεσαι
9. γραφτώ
10. ντύνομαι
11. συμβουλευτείς
12. ασχοληθεί
13. συναντηθούμε
14. προσληφθείς
15. σκοτωθούμε
16. κοιμηθούν
17. ενηλικιωθούν
18. καθίσετε
19. στραφούμε
20. καείτε

Σελ. 304

Άσκηση 4
1. Ας
2. Να, να, να, Ας
3. Να, να, Ας
4. Μακάρι
5. να
6. Να
7. Μακάρι
8. να
9. να, Ας
10. Να
11. να
12. Ας
13. να
14. να
15. Μακάρι, να
16. Μακάρι
17. Μακάρι
18. να
19. να
20. Μακάρι
21. Μακάρι
22. Μακάρι
23. Να
24. Να
25. Να, να
26. να, να, να

Σελ. 305

Άσκηση 5
1. να λέω
2. να κολυμπάς
3. να πάρεις
4. ότι δεν σε είδα
5. να φύγει
6. ότι λέω
7. να μιλάει, να περπατάει
8. ότι έβαλα
9. ότι λέει
10. να λέω
11. να πάμε
12. να πάρω
13. ότι πήρα

Σελ. 306

Άσκηση 6

	προσταγή	**άδεια**	**έκπληξη/απορία**
Να φύγει;			✓
Να φύγει;		✓	
Να φύγει!	✓		
Να φάμε;			✓
Να φάμε;		✓	
Να φάμε!	✓		
Να πάμε;			✓
Να πάμε;		✓	
Να πάμε!	✓		
Να το ανοίξουν;			✓
Να το ανοίξουν;		✓	
Να το ανοίξουν!	✓		

Άσκηση 7

Α

	έκπληξη
Να παίξει;	
Να παίξει.	
Να παίξει;	✓

Β

	έκπληξη
Άντε να κοιμηθώ.	
Να κοιμηθείς;	✓
Να κοιμηθείς,	

Γ

	έκπληξη
Να διαβάσουμε;	
Να διαβάσουμε.	
Να διαβάσουμε;	✓

Σελ. 307

Άσκηση 8
1. αποκτήσεις
2. διαθέτεις
3. προσληφθούν
4. εγκαταλείψουν
5. απασχοληθούν
6. καταφέρουν
7. διαβάσετε
8. ακολουθήσουν
9. μη σταματήσεις
10. παρακολουθείς
11. βρεθείς
12. εκπαιδευτείς
13. αποκτήσεις
14. απογοητευτείς
15. βαρεθείς
16. μη σταθείς
17. στέλνεις
18. εφοδιάζεσαι
19. βρεθείς

Σελ. 308

Άσκηση 9
1. Χτες το απόγευμα, παραλίγο να ακυρωθεί ο αγώνας ποδοσφαίρου.
2. Εξακολουθεί να ταράζεται, όταν ακούει δυνατές φωνές.
3. Με εκνευρίζει το να πετιέσαι από το ένα θέμα στο άλλο.
4. Απαγορεύεται να καταλώνεται αυτή η τροφή από μικρά παιδιά.
5. Μακάρι να μην αποκαλυφτεί το μυστικό μας!
6. Είναι δύσκολο να ξυπνάμε κάθε μέρα τόσο νωρίς.
7. Λίγο έλειψε να παραδεχτεί το λάθος του.
8. Ετοιμάζομαι να ανοίξω τη δική μου επιχείρηση.

Σελ. 309

Άσκηση 1
1. **Στόχοι της έκθεσης:** Η ενημέρωση του κόσμου για τα εκπαιδευτικά προγράμματα που προσφέρονται σήμερα σε Ελλάδα και εξωτερικό.
2. **Φορείς που συμμετέχουν στην έκθεση:** Δημόσια και ιδιωτικά πανεπιστήμια, φορείς Διά Βίου Μάθησης, εταιρείες που ασχολούνται με την εκπαίδευση.
3. **Κοινό στο οποίο απευθύνεται η έκθεση:** Άνθρωποι νεαρής ηλικίας, αλλά και άνθρωποι κάθε ηλικίας, οι οποίοι επιδιώκουν να αυξήσουν τις γνώσεις και τις δεξιότητές τους. Είναι κατάλληλη για όλες τις ηλικίες και για όλα τα στάδια της εκπαιδευτικής ή επαγγελματικής πορείας ενός ανθρώπου.
4. **Συχνότητα διοργάνωσης της έκθεσης:** Κάθε δύο χρόνια.
5. **Περίοδος διοργάνωσης της έκθεσης:** Την άνοιξη.
6. **Αφιέρωμα τελευταίας μέρας:** Ο εκφοβισμός στο σχολικό και στο εργασιακό περιβάλλον.

Σελ. 310

Άσκηση 1
1. διοργανώνω/ διοργανώνουν
2. τεράστιος/ τεράστια
3. κορυφαίος/ κορυφαίο
4. προοπτική/προοπτικές
5. επιδιώκω/ επιδιώκουν
6. αυξάνω/αυξήσουν
7. ασχολούμαι/ ασχολούνται

Άσκηση 2 1α, 2ε, 3γ, 4στ, 5δ, 6ζ

Άσκηση 3 1γ, 2α, 3ε, 4δ

Σελ. 311

Άσκηση 4

0	Π	Ρ	Ο	Π	Τ	Υ	Χ	Ι	Α	Κ	Ε	Σ	Ο	Π	Η	Υ	Χ
1	Μ	Ε	Τ	Α	Π	Τ	Υ	Χ	Ι	Α	Κ	Ε	Σ	Ι	Τ	Τ	Υ
2	Δ	Φ	Ε	Ρ	Υ	Ι	Θ	Ν	Μ	Φ	Ο	Ρ	Ε	Α	Σ	Ι	Θ
3	Ε	Τ	Ε	Τ	Α	Ι	Ρ	Ε	Ι	Α	Δ	Ο	Υ	Λ	Ε	Ι	Ρ
4	Α	Π	Ε	Κ	Θ	Ε	Τ	Η	Σ	Τ	Η	Λ	Ο	Ρ	Ι	Ε	Τ
5	Δ	Α	Π	Ε	Υ	Θ	Υ	Ν	Ο	Μ	Α	Ι	Κ	Ε	Ρ	Θ	Υ

Άσκηση 5 1α, 2α

1β: φιλοξενώ = παρέχω σε κάποιον δωρεάν τόπο διαμονής, καταφύγιο

1γ: φιλοξενώ = παρέχω σε κάποιον υπηρεσίες με πληρωμή

1δ: φιλοξενώ = διαθέτω χώρο σε κάποιον για δραστηριότητες

2β: πορεία = η βαθμιαία εξέλιξη μιας κατάστασης

2γ: πορεία = η κίνηση προς μια κατεύθυνση, προς έναν στόχο

2δ: πορεία = η διαδρομή

2ε: πορεία = η διάνυση μιας απόστασης από ομάδα ανθρώπων για έναν σκοπό

Σελ. 312

Άσκηση 7
1. πληροφορία
2. πληροφόρηση
3. πληροφορίες
4. ασχολίες
5. απασχόληση
6. ασχολίες
7. Εργασία
8. επαγγέλματος
9. εργασίας
10. επάγγελμα
11. εργασίας
12. οργανώσεις
13. Οργανώστε
14. διοργανώνει
15. διοργανώνει

Σελ. 313

Άσκηση 9 1. Σωστό 3. Λάθος 5. Σωστό 2. Σωστό 4. Λάθος

Άσκηση 10
1. εξ αποστάσεως εκπαίδευση
2. εξ αποστάσεως κατάρτιση
3. εξ αποστάσεως πρόγραμμα
4. εξ αποστάσεως μάθηση
5. επαγγελματικός προσανατολισμός
6. εργασιακό περιβάλλον
7. κοινωνικός λειτουργός
8. λαμβάνω χώρα
9. λαμβάνω κατάρτιση
10. εκπαιδευτικό περιβάλλον
11. εκπαιδευτικό πρόγραμμα
12. συμβουλευτική καριέρας
13. συμβουλευτική σπουδών
14. πρόγραμμα εργασίας
15. πρόγραμμα σπουδών
16. μεταπτυχιακό πρόγραμμα
17. συνθήκες εργασίας
18. συνθήκες σπουδών

Σελ. 314

Άσκηση 11
0. εταιρεία
1. συμμετείχαν
2. εκθέτες
3. μεταπτυχιακές
4. προοπτικές
5. ασχολήθηκα
6. φορέων
7. κορυφαίους
8. κατάρτιση
9. κατάλληλη
10. διοργανώνει
11. δεξιότητες
12. επιδιώξω

Άσκηση 12
0. επιχείρηση με παραρτήματα σε όλον τον κόσμο.
1. πήραν μέρος
2. οργανισμοί
3. σπουδές μετά την απόκτηση του βασικού τίτλου
4. ορίζοντες
5. ασχολήθηκα
6. μονάδων
7. πολύ σημαντικούς
8. κατάρτιση
9. κατάλληλη
10. οργανώνει
11. ικανότητες
12. προσπαθήσω ιδιαίτερα

Σελ. 315

Άσκηση 14

ρήμα	ουσιαστικό	επίθετο
ασκώ	άσκηση	ασκούμενος
αγοράζω	αγορά, αγοραστής	αγοραστικός
εργάζομαι	εργασία	εργατικός, εργασιακός
προγραμματίζω	πρόγραμμα, προγραμματισμός	προγραμματισμένος
προσφέρω	προσφορά	–
φιλοξενώ	φιλοξενία	φιλοξενούμενος, φιλόξενος
συμβουλεύω	συμβουλή	συμβουλευτικός
–	επάγγελμα	επαγγελματικός
προσανατολίζω	προσανατολισμός	προσανατολισμένος
αναζητώ	αναζήτηση	–
επισκέπτομαι	επίσκεψη, επισκέπτης	–
συμμετέχω	συμμετοχή	–

ρήμα	ουσιαστικό	επίθετο
κορυφώνω	κορυφή	κορυφαίος
εκθέτω	έκθεση, εκθέτης	εκθεσιακός
επιδιώκω	επιδίωξη	–
αυξάνω	αύξηση	–
γνωρίζω	γνώση, γνωριμία	–
–	πορεία	–
προβάλλω	προβολή	–
διαφημίζω	διαφήμιση	διαφημιστικός
διοργανώνω	διοργάνωση	–
εγκαινιάζω	εγκαίνια	–
επενδύω	επένδυση, επενδυτής	–

Σελ. 316

Άσκηση 15
1. επαγγελματικές
2. προγράμματα
3. γνώσεις
4. επαγγελματική
5. Προσανατολισμός
6. πορεία
7. επιδιώκουν
8. αύξηση
9. αναζήτηση
10. αγορά

ΓΡΑΜΜΑΤΙΚΗ

Σελ. 317
1. ενημερωθείτε
2. εφοδιαστείτε
3. Διδαχθείτε
4. Σιγουρευτείτε
5. Γραφτείτε
6. Αξιοποιείστε
7. προβληθείτε
8. Μην αποθαρρυνθείτε
9. θυμηθείτε

Σελ. 320

Άσκηση 1 κρεμαστείτε, αφαιρέσου, ξεχαστείτε, οδηγηθείτε, ζεσταθείτε, αισθανθείτε, αποκαλύψου, κρύψου, συνδέσου, στριμώξου, ανακατευτείτε, αστειεύσου

Σελ. 321

Άσκηση 2
1. Συντονιστείτε, απολαύστε
2. Βασίσου
3. Χωριστείτε
4. Γράψου
5. Προστατεύσου
6. Ασχολήσου
7. Παραιτήσου

Άσκηση 3
1. Αποδέξου τον εαυτό σου όπως είναι και όλα θα γίνουν πιο εύκολα.
2. Συμβουλευτείτε κάποιον ειδικό, αν δεν μπορείτε μόνοι σας να λύσετε τα προβλήματά σας.
3. Διαφημιστείτε μέσα από την ιστοσελίδα της εταιρείας μας.
4. Διδάξου από τα λάθη σου.
5. Εξοπλιστείτε με την απαραίτητη υπομονή και όλα θα γίνουν στην ώρα τους.
6. Κοιμήσου! Είναι πολύ αργά.
7. Παιδιά μου, πλυθείτε, είστε πολύ βρόμικα.
8. Σταθείτε μισό λεπτό! Ερχόμαστε!

Σελ. 322

Άσκηση 4
1. Εφοδιάσου με όλα τα απαραίτητα προσόντα, πριν ξεκινήσεις την αναζήτηση εργασίας!
2. Εξαφανίσου τώρα! Δεν μπορώ ούτε να σε βλέπω.
3. Ξεκουράσου και λίγο από το γυμναστήριο. Μην κάνεις όλες τις ασκήσεις.
4. Λούσου πρώτα, πριν πας στο κομμωτήριο.
5. Δανείσου κάποια χρήματα από μένα και επίστρεψέ τα μου/επίστρεψέ μου τα όποτε μπορείς.
6. Κουρέψου. Τα μαλλιά σου είναι πολύ μακριά.

Άσκηση 5
1. κρυφτείτε
2. Σκουπίσου
3. ευχηθείτε
4. Σιγουρέψου
5. Εμβολιαστείτε
6. Ετοιμάσου
7. Αγκαλιαστείτε
8. Βολευτείτε
9. Θυμήσου

Σελ. 323

Άσκηση 6
1. να επιδοτήσει
2. επισκέψου
3. Ενημερώσου
4. συμπλήρωσε
5. να περιγράψεις
6. να αναφερθείς
7. να παρουσιαστούν
8. να χρηματοδοτηθούν

ΠΑΡΑΓΩΓΗ ΠΡΟΦΟΡΙΚΟΥ ΛΟΓΟΥ

Σελ. 325

Άσκηση 4 0. **Θέμα συζήτησης:** Σχολικός εκφοβισμός
1. **Περιγραφή προβλήματος:** Ο Δημήτρης δεν τα πήγε καλά στον αγώνα μπάσκετ, όπου τον έβαλε να παίξει ο γυμναστής του σχολείου. Θύμωσαν οι συμπαίκτες του, όλο το σχολείο τον κοροϊδεύει και του έβγαλε και παρατσούκλι. Ο Δημήτρης σκέφτεται να αλλάξει σχολείο γιατί δεν αντέχει.
2. **Προτεινόμενες λύσεις:** Να μιλήσει στον γυμναστή και στον διευθυντή του σχολείου. Πρέπει να ζητήσει βοήθεια από γονείς και καθηγητές και να καταλάβει ότι αυτοί που τον κοροϊδεύουν έχουν το πρόβλημα.

ΠΑΡΑΓΩΓΗ ΓΡΑΠΤΟΥ ΛΟΓΟΥ

Σελ. 327

Άσκηση 1
1η παράγραφος, 1η σειρά: *η*
2η παράγραφος, 2η σειρά: *ο*
2η παράγραφος, 6η σειρά: *τις*
3η παράγραφος, 3η σειρά: *ένα*
3η παράγραφος, 7η σειρά: *πιο*
4η παράγραφος, 5η σειρά: *πολλές*

Σελ. 328

Άσκηση 3
εκπαίδευση: μορφώνω, διδάσκω, καλλιεργώ, καταρτίζω, τεχνική, επαγγελματική, μαθητής, στοιχειώδης, δημόσια, ιδιωτική, ανώτατη

εργασία: εθελοντική, εποχική, ασκώ, ελεύθερη, εξασκώ, βιβλιάριο, σύμβαση, μαθητευόμενος, εργαστήριο, ανειδίκευτος, ειδικευόμενος, μισθωτή, πνευματική

Άσκηση 4
1. Αφότου αποφοίτησα από το Πρόγραμμα Μεταπτυχιακών Σπουδών στα οικονομικά, ξεκίνησα...
2. Σε αυτό το διάστημα, απέκτησα σημαντική εμπειρία που αφορά την οικονομική διαχείριση μιας εταιρείας.
3. Το επόμενο βήμα στη σταδιοδρομία μου ήταν ο εκπαιδευτικός οργανισμός όπου εργάζομαι μέχρι σήμερα.
4. Ωστόσο, θεωρώ ότι δεν έχει να μου προσφέρει κάτι επιπλέον.
5. Θα πάω στην καινούρια μου εργασία, αφού έρθει κάποιος στη θέση μου.

Σελ. 329

Άσκηση 5
1. Σκοπεύω να παραμείνω στη θέση μου, ώσπου να βρεθεί ο αντικαταστάτης μου.
2. Βρήκα τη δουλειά, αφού ξεκίνησα τις μεταπτυχιακές σπουδές μου.
3. Όλα θα γίνουν πιο εύκολα, σαν περάσει καιρός.
4. Μπορούμε να πάμε μια βόλτα, άμα τελειώσω τις δουλειές.
5. Έγινε άλλος άνθρωπος, αφότου βρήκε αυτή τη δουλειά.

Ώρα για επανάληψη ΕΝΟΤΗΤΕΣ 5-7

ΛΕΞΙΛΟΓΙΟ

Σελ. 333

Άσκηση 1
1. ρισκάροντας/αξιοποιώντας ευκαιρίες/την οικονομική κρίση
2. επιδότησης
3. διάρκεια
4. να κυκλοφορήσουν δύο παιχνίδια
5. επειδή ο ανταγωνισμός
6. στις παραγγελίες

Σελ. 334

Άσκηση 2
1. απολαμβάνω
2. κύριος, βασικός/πολυσύχναστος
3. προβάλλω, εκθέτω
4. φανταστικός/συναρπαστικός
5. άγχος/ανησυχία
6. δεξιότητα
7. αυξάνω/εντείνω
8. τυχαία
9. ενημέρωση
10. παρουσιάζω/επιδεικνύω

Άσκηση 3
1. Λάθος
2. Σωστό
3. Σωστό
4. Λάθος
5. Λάθος
6. Λάθος
7. Λάθος
8. Σωστό
9. Σωστό
10. Λάθος

Άσκηση 4
1. εκπαίδευσης
2. εθελοντές
3. επιχειρήσεων
4. αυτοσχεδιασμούς
5. ηλικία
6. δικτύων
7. πρωτοβουλίες
8. ένταση
9. προσανατολισμός
10. ευλύγιστος

ΓΡΑΜΜΑΤΙΚΗ

Σελ. 335

Άσκηση 1
1. φωνακλού
2. τριετές
3. ευθεία
4. συνεπή
5. υγιούς
6. σπιναρόδικα
7. πολυλογάδες
8. ασαφείς
9. ευρεία
10. Διεθνών

Άσκηση 2
1. δημοφιλέστερη
2. κατασκότεινο/θεοσκότεινο
3. απλούστερο
4. καλύτερη, χειρότερη
5. άριστος
6. τρισευτυχισμένη/πανευτυχής
7. φαρδύτερη
8. απλούστατα
9. σπανιότατα
10. ξεκάθαρα/πεντακάθαρα

Άσκηση 3
1. να αγωνίζομαι
2. συμβουλευτείτε
3. να τρέφομαι/να τρέφεσαι/να τρέφεται/να τρεφόμαστε/να τρέφεστε/να τρέφονται
4. ευχήσου
5. να πειστεί/να πεισθεί
6. Να θυμηθείτε
7. να βαρεθείς
8. τραβήξου
9. να βρεθώ
10. πλύσου, ντύσου

1. ΚΑΤΑΝΟΗΣΗ ΓΡΑΠΤΟΥ ΛΟΓΟΥ

Σελ. 338

Ερώτημα 1

α.	παρά να	
β.	προκειμένου να	6
γ.	ενός μαθητή	
δ.	στις προσπάθειές τους	5
ε	**να νιώσουν**	**0**
στ.	να τους δείχνουμε	1
ζ.	να τους δίνουμε	
η.	εμπιστοσύνη στον εαυτό του	12
θ.	δεν τους μαθαίνουμε	7
ι.	καινούργιες δεξιότητες	10

ια.	εμπιστοσύνη στο σώμα του	
ιβ.	βάσει προγράμματος	8
ιγ.	ενός μωρού	2
ιδ.	να κοιμούνται	
ιε.	στην πράξη	3
ιζ.	να διασκεδάζουν	4
ιη.	να επαναλαμβάνουν	9
ιθ.	στη θεωρία	
κ.	είναι διασκέδαση	11

Σελ. 340

Ερώτημα 2

0.	**Ο Άγγελος πήρε διάφορα έπιπλα από τον προηγούμενο ενοικιαστή**	
α.	σε πολύ καλή τιμή	☐
β.	αρκετά ακριβά.	☐
γ.	**χωρίς χρήματα.**	☑
δ.	με γραμμάτια.	☐
1.	**Ο Άγγελος πήρε μερικά πράγματα**	
α.	που δεν χρησιμοποίησε καθόλου.	☐
β.	κάποια από τα οποία δεν χρησιμοποίησε καθόλου.	☑
γ.	που χρησιμοποίησε για λίγο καιρό.	☐
δ.	που χρησιμοποιούσε σπάνια.	☐
2.	**Τον πρώτο καιρό της παραμονής του στην Αθήνα, ο Άγγελος**	
α.	νόμιζε ότι αργότερα θα πήγαινε καλά η επιχείρησή του.	☑
β.	ήξερε ότι σε αυτό το μέρος θα αντιμετώπιζε πολλές δυσκολίες.	☐
γ.	δεν έβρισκε κανέναν καλό συνεργάτη.	☐
δ.	κέρδιζε αρκετά χρήματα από την επιχείρησή του.	☐
3.	**Όταν έφτασε στον Πειραιά, ο Άγγελος**	
α.	ήξερε ακριβώς πού θα έμενε.	☐
β.	ήταν μαζί με τους συγγενείς του.	☐
γ.	είχε γνωστούς να τον περιμένουν στο λιμάνι.	☐
δ.	είχε μαζί του πολλά πράγματα.	☑
4.	**Από τους υπαλλήλους της αμερικανικής πρεσβείας, ο Άγγελος**	
α.	πήρε πληροφορίες για χώρους εργασίας που ενοικιάζονταν.	☐
β.	έμαθε ότι θα ήταν δύσκολο να έχει πετυχημένη καριέρα.	☑
γ.	πήρε ευχές για καλή τύχη.	☐
δ.	πήρε την άδεια να αφήσει τα πράγματά του εκεί.	☐
5.	**Το σπίτι όπου έμενε ο Άγγελος ήταν**	
α.	στον ίδιο δρόμο με το γραφείο του.	☐
β.	μεγάλο και αχρησιμοποίητο.	☐
γ.	χτισμένο μακριά από άλλα κτίρια.	☐
δ.	στην ίδια περιοχή με το γραφείο του.	☑
6.	**Ο ιδιοκτήτης του Άγγελου του έδωσε το διαμέρισμα γρήγορα διότι**	
α.	ο Άγγελος ήταν μια καλή περίπτωση νοικάρη.	☑
β.	δεν ενδιαφερόταν κανείς άλλος να το νοικιάσει.	☐
γ.	χρειαζόταν άμεσα τα χρήματα του ενοικίου.	☐
δ.	ήταν σε πολύ καλή κατάσταση.	☐
7.	**Η πολυκατοικία στην οποία έμενε ο Άγγελος βρισκόταν**	
α.	κοντά σε ένα πάρκο.	☐
β.	κοντά σε παλιά μικρά σπίτια.	☐
γ.	δίπλα από την εκκλησία της Ζωοδόχου Πηγής.	☐
δ.	κοντά σε όμορφα κτίρια.	☑

Σελ. 342

Ερώτημα 3

0.	**με αποτέλεσμα**
1.	(μια) γραμματέα / βοηθό
2.	πρώτες ημέρες
3.	(ένα) ξενοδοχείο
4.	τον βοήθησαν

5.	στο κέντρο
6.	σχέσεις / γνωριμίες / επαφές
7.	πολύ κοντά / κοντά

2. ΚΑΤΑΝΟΗΣΗ ΠΡΟΦΟΡΙΚΟΥ ΛΟΓΟΥ

Σελ. 343

Ερώτημα 1

Ο παρουσιαστής της εκπομπής θα ξεκινήσει από κάτι θετικό διότι θέλει	**0. να ξεκινήσει ευχάριστα η ημέρα / να έχει ένα καλό ξεκίνημα η ημέρα.**
Τα πιο μεγάλα προβλήματα που αντιμετωπίζουν οι περιπτερούχοι είναι	1. η μείωση/συρρίκνωση των κερδών. 2. οι κλοπές.
Ο αριθμός των ανθρώπων που αναζητούν επαγγελματική αποκατάσταση στα περίπτερα	3. παρουσιάζει αύξηση / μεγαλώνει/αυξάνεται.
Ο χώρος των περιπτέρων προσαρμόστηκε στη νέα οικονομική κατάσταση με τη μείωση	4. των ενοικίων. 5. των δημοτικών τελών.
Προϋπόθεση για τη μείωση των τιμών στα περίπτερα είναι	6. η μεταφορά των εκπτώσεων των βιομηχανιών στα προϊόντα.
Η μέση δαπάνη των καταναλωτών στα περίπτερα μια συνηθισμένη ημέρα είναι	7. 3,6 ευρώ.
Τα έξοδα κατανάλωσης στα περίπτερα της Θεσσαλονίκης σε σχέση με τα περίπτερα της Αθήνας	8. είναι μικρότερα /χαμηλότερα.
Η συχνότητα με την οποία αγοράζει η πλειοψηφία των καταναλωτών σε σχέση με το παρελθόν	9. παραμένει η ίδια / είναι η ίδια / δεν έχει αλλάξει.
Το μεγαλύτερο ποσοστό των αγορών από τα περίπτερα αφορά τα	10. τσιγάρα και άλλα καπνικά είδη.

Σελ. 344

Ερώτημα 2

		Ο Πέτρος και ο λύκος	Τα τρία λυκάκια	Τα τρία γουρουνάκια
0.	Αντίθεση μεταξύ φύσης και ανθρώπων	✓		
1.	Παραδοσιακό παραμύθι	✓		✓
2.	Ο λύκος συμβολίζει το «κακό»	✓		✓
3.	Η εικονογράφηση συμπληρώνει το κείμενο	✓	✓	
4.	Διασκευή παλιότερου παραμυθιού		✓	
5.	Η εικονογράφηση προκαλεί γέλιο		✓	
6.	Παραμύθι που έχει κοινά χαρακτηριστικά με ένα άλλο		✓	✓

3. ΧΡΗΣΗ ΓΛΩΣΣΑΣ

Σελ. 345

Ερώτημα 1

	Αριθμός σειράς	Επιπλέον λέξη
0.	**2η**	**μια**
1.	5η	συνέχεια
2.	6η	από
3.	10η	για
4.	14η	εξαιτίας
5.	17η	του
6.	19η	παρά
7.	22η	το

Σελ. 346

Ερώτημα 2

0.	α. μειώνει	☐
	β. σημειώνει	☑
	γ. επισημειώνει	☐
	δ. σημαίνει	☐

1.	α. περιποιούνται	☐
	β. τελειοποιούνται	☐
	γ. αξιοποιούνται	☑
	δ. δημιουργούνται	☐

4.	α. ιδιότητες	☐
	β. ανισότητες	☐
	γ. δεξιότητες	☐
	δ. δραστηριότητες	☑

2.	α. επίδρασης	☐
	β. αντίδρασης	☐
	γ. δράσης	☑
	δ. απόδρασης	☐

5.	α. διαχειρίζονται	☑
	β. μεταχειρίζονται	☐
	γ. χειρίζονται	☐
	δ. εγχειρίζονται	☐

3.	α. Προϋπολογίζοντας	☐
	β. Συνυπολογίζοντας	☑
	γ. Καταλογίζοντας	☐
	δ. Αναλογίζοντας	☐

6.	α. ανάμεσες	☐
	β. ενδιάμεσες	☐
	γ. άμεσες	☑
	δ. μεσαίες	☐

Σελ. 347

Ερώτημα 3

που εκπέμπει	**0**
όσον αφορά	
οικονομικό	2
να υπάρχει	3
καλύτερο	
εάν	7
κατανάλωση	1

όταν περάσει	
αφού	
σε αντίθεση με	5
όταν έρθει	4
από	
ως	6

γλῶσσαν νωμᾶν

ΚΕΝΤΡΟ ΕΛΛΗΝΙΚΗΣ ΓΛΩΣΣΑΣ

ΜΕΛΟΣ ΤΗΣ ΕΥΡΩΠΑΪΚΗΣ ΟΜΟΣΠΟΝΔΙΑΣ
ΕΘΝΙΚΩΝ ΙΔΡΥΜΑΤΩΝ ΓΙΑ ΤΗ ΓΛΩΣΣΑ (EFNIL)

5. Έντυπο ή ηλεκτρονικό βιβλίο;

Ρόλος Α

Συζητάτε με έναν βιβλιοπώλη/μια βιβλιοπώλισσα για τα ηλεκτρονικά βιβλία. Εσείς πιστεύετε ότι πρόκειται για μια πολύ χρήσιμη εφεύρεση, η οποία θα λύσει το πρόβλημα της αποθήκευσης των βιβλίων. Ο βιβλιοπώλης/Η βιβλιοπώλισσα, όμως, έχει διαφορετική άποψη από εσάς. Εσείς προσπαθείτε να τον/την πείσετε ότι δεν έχει δίκιο.

Ρόλος Β

Είστε βιβλιοπώλης/βιβλιοπώλισσα και συζητάτε με έναν πελάτη/μια πελάτισσα για τα ηλεκτρονικά βιβλία. Εσείς πιστεύετε ότι πρόκειται για μια εφεύρεση που θα φέρει μεγάλες ανατροπές όχι μόνο στην αγορά του βιβλίου αλλά και στον ίδιο τον τρόπο ανάγνωσης. Θεωρείτε ότι αυτό θα έχει αρνητικές επιπτώσεις και εξηγείτε στον πελάτη/στην πελάτισσα γιατί. Εκείνος/Εκείνη, όμως, έχει διαφορετική άποψη από εσάς. Εσείς προσπαθείτε να τον πείσετε ότι δεν έχει δίκιο.

6. Διάβασμα: αργά το βράδυ ή νωρίς το πρωί;

Ρόλος Α

Συζητάτε με έναν φίλο/μια φίλη σας για το πότε διαβάζετε τα μαθήματά σας μέσα στην ημέρα. Εσείς προτιμάτε να τα διαβάζετε αργά το βράδυ, καθώς δεν μπορείτε να βρείτε άλλη ώρα την ημέρα. Την επομένη το πρωί, όμως, αισθάνεστε πολύ κουρασμένος/-η. Ο φίλος/Η φίλη σας σας προτείνει διαφορετική ώρα διαβάσματος και σας εξηγεί γιατί. Εσείς προσπαθείτε να του/της εξηγήσετε ότι δεν είναι εύκολο να αλλάξετε αυτή τη συνήθεια.

Ρόλος Β

Συζητάτε με έναν φίλο/μια φίλη σας για το πότε διαβάζετε τα μαθήματά σας μέσα στην ημέρα. Εκείνος/Εκείνη προτιμάει να τα διαβάζει αργά το βράδυ, καθώς δεν μπορεί να βρεί άλλη ώρα την ημέρα. Την επομένη το πρωί, όμως, αισθάνεται πολύ κουρασμένος/-η. Εσείς τον/την συμβουλεύετε να διαβάζει νωρίς το πρωί, διότι τότε και θα καταλαβαίνει και θα θυμάται καλύτερα όσα διαβάζει. Εκείνος/Εκείνη, όμως, σας εξηγεί ότι δεν είναι εύκολο να αλλάξει αυτή τη συνήθεια. Εσείς επιμένετε στην άποψή σας.

7. Εξωσχολικές δραστηριότητες

Ρόλος Α

Συμμετέχετε σε μια τηλεοπτική συζήτηση για τις δραστηριότητες που πρέπει να έχουν τα παιδιά. Εσείς θεωρείτε ότι τα παιδιά πρέπει από πολύ μικρά να αρχίζουν να έχουν εξωσχολικές δραστηριότητες, όπως εκμάθηση ξένων γλωσσών και ενασχόληση με αθλήματα ή κάποια άλλη δραστηριότητα. Ο συνομιλητής/Η συνομιλήτριά σας διαφωνεί. Προσπαθείτε να τον/την πείσετε.

Ρόλος Β

Συμμετέχετε σε μια τηλεοπτική συζήτηση για τις δραστηριότητες που πρέπει να έχουν τα παιδιά. Εσείς θεωρείτε ότι δεν πρέπει να επιβαρύνουμε τα παιδιά από πολύ μικρά με πολλές εξωσχολικές δραστηριότητες, όπως εκμάθηση ξένων γλωσσών και ενασχόληση με αθλήματα ή κάποια άλλη δραστηριότητα. Ο συνομιλητής/Η συνομιλήτριά σας διαφωνεί. Προσπαθείτε να τον/την πείσετε.